le Guide du routard

Directeur de collection et auteur
Philippe GLOAGUEN

Cofondateurs
Philippe GLOAGUEN et Michel DUVAL

Rédacteur en chef
Pierre JOSSE

Rédacteurs en chef adjoints
Amanda KERAVEL et Benoît LUCCHINI

Directrice de la coordination
Florence CHARMETANT

Rédaction
Olivier PAGE, Véronique de CHARDON,
Isabelle AL SUBAIHI, Anne-Caroline DUMAS,
Carole BORDES, André PONCELET,
Marie BURIN des ROZIERS, Thierry BROUARD,
Géraldine LEMAUF-BEAUVOIS,
Anne POINSOT, Mathilde de BOISGROLLIER,
Alain PALLIER, Gavin's CLEMENTE-RUÏZ
et Fiona DEBRABANDER

BOURGOGNE

2008

Hachette

Avis aux hôteliers et aux restaurateurs

Les enquêteurs du *Guide du routard* travaillent dans le plus strict anonymat. Aucune réduction, aucun avantage quelconque, aucune rétribution n'est jamais demandé en contrepartie. Face aux aigrefins, la loi autorise les hôteliers et restaurateurs à porter plainte.

Hors-d'œuvre

Le *Guide du routard,* ce n'est pas comme le bon vin, il vieillit mal. On ne veut pas pousser à la consommation, mais évitez de partir avec une édition ancienne. Les modifications sont souvent importantes.

ON EN EST FIERS : www.routard.com

● *routard.com* ● Vous avez votre *Routard* en poche, mais vous êtes un inconditionnel de la petite souris. Sur routard.com, vous trouverez tout pour préparer votre voyage : fiches pratiques sur les régions françaises, itinéraires, météo, agenda culturel... Mais aussi des services comme la réservation d'hôtels et de campings, et la possibilité de trouver sa location, de partager ses photos et de découvrir des milliers de clichés, d'échanger ses bons plans dans les forums... Le site indispensable pour bien voyager.

Petits restos des grands chefs

Ce qui est bon n'est pas forcément cher ! Partout en France, nous avons dégoté de bonnes petites tables de grands chefs aux prix aussi raisonnables que la cuisine est fameuse. Évidemment, tous les grands chefs n'ont pas été retenus : certains font payer cher leur nom pour une petite table qu'ils ne fréquentent guère. Au total, plus de 700 adresses réactualisées, retenues pour le plaisir des papilles sans pour autant ruiner votre portefeuille. À proximité des restaurants sélectionnés, 280 hôtels de charme pour prolonger la fête.

Nos meilleurs campings en France

Se réveiller au milieu des prés, dormir au bord de l'eau ou dans une hutte, voici nos 1 700 meilleures adresses en pleine nature. Du camping à la ferme aux équipements les plus sophistiqués, nous avons sélectionné les plus beaux emplacements : mer, montagne, campagne ou lac. Sans oublier les balades à proximité, les jeux pour enfants... Des centaines de réductions pour nos lecteurs.

Avis aux lecteurs

Les réductions accordées à nos lecteurs ne sont jamais demandées par nos rédacteurs afin de préserver leur indépendance. Les hôteliers et restaurateurs sont sollicités par une société de mailing, totalement indépendante de la rédaction, qui reste donc libre de ses choix. De même pour les autocollants et plaques émaillées.

Pour que votre pub voyage autant que nos lecteurs,
contactez nos régies publicitaires :
● fbrunel@hachette-livre.fr ●
● veronique@routard.com ●

Le contenu des annonces publicitaires insérées dans ce guide n'engage en rien la responsabilité de l'éditeur.

Mille excuses, on ne peut plus répondre individuellement aux centaines de CV reçus chaque année.

© **HACHETTE LIVRE (Hachette Tourisme), 2008**

Tous droits de traduction, de reproduction
et d'adaptation réservés pour tous pays.

© **Cartographie** Hachette Tourisme.

TABLE DES MATIÈRES

LES COUPS DE CŒUR DU ROUTARD 22

COMMENT Y ALLER ?

- EN VOITURE 23
- EN TRAIN 23

BOURGOGNE UTILE

- ABC DE LA BOURGOGNE 26
- AVANT LE DÉPART 26
- LANGUE 33
- LIVRES DE ROUTE 33
- PERSONNES HANDICAPÉES 34
- SITES INSCRITS AU PATRIMOINE MONDIAL DE L'UNESCO 35
- SITES INTERNET 35
- VILLES ET VILLAGES FLEURIS 35

HOMMES, CULTURE ET ENVIRONNEMENT

- ARCHITECTURE 37
- LE CANAL DE BOURGOGNE 38
- ÉCONOMIE 39
- ENVIRONNEMENT 40
- GÉOGRAPHIE 41
- HABITAT 41
- HISTOIRE 42
- MERVEILLES DE GUEULE 44
- PERSONNAGES 46
- TRADITIONS 47
- VINS ET ALCOOLS 48

LA CÔTE-D'OR

- ABC DE LA CÔTE-D'OR 52
- ADRESSES UTILES 52
- DIJON 53

LA ROUTE DES GRANDS CRUS

La Côte, de Dijon à Nuits-Saint-Georges

- CHENÔVE 77
- MARSANNAY-LA-CÔTE 78
- FIXIN 79
  - Le château de Brochon
- GEVREY-CHAMBERTIN 80
- MOREY-SAINT-DENIS 82

TABLE DES MATIÈRES

- CHAMBOLLE-MUSIGNY 82
- VOUGEOT 83
- VOSNE-ROMANÉE 84
- NUITS-SAINT-GEORGES 84

Les Hautes-Côtes de Nuits

- CURTIL ET REULLE-VERGY 87
  - Le pays des fruits rouges
- BOUILLAND 89

La Côte, de Nuits-Saint-Georges à Beaune

- COMBLANCHIEN 89
- LADOIX-SERRIGNY 89
- ALOXE-CORTON 90
- PERNAND-VERGELESSES 90
- SAVIGNY-LÈS-BEAUNE 91
- BEAUNE 93

La Côte, de Beaune à Santenay

- POMMARD 106
- VOLNAY 106
- MONTHELIE 107
- AUXEY-DURESSES 107
- MEURSAULT 107
- PULIGNY-MONTRACHET 109
- SANTENAY 110
  - Les Maranges

DES HAUTES-CÔTES AU MORVAN

Les Hautes-Côtes de Beaune

- NOLAY 111
- LA ROCHEPOT 113
  - Baubigny, Orches, Evelle • Le château de Corabœuf à Ivry-en-Montagne
- SAINT-ROMAIN 114

Le pays d'Arnay

- ARNAY-LE-DUC 115
  - Le pays d'Arnay

Le sud de l'Auxois

- CHÂTEAUNEUF-EN-AUXOIS 117
  - Le château de Commarin
- POUILLY-EN-AUXOIS 120

  - Le château d'Éguilly • Mont-Saint-Jean • L'église de Saint-Thibault

La vallée de l'Ouche

- BLIGNY-SUR-OUCHE 122
  - Les sources de l'Ouche à Lusigny
- PONT-D'OUCHE 124
  - La Bussière-sur-Ouche : les jardins et le parc du château de Barbirey-sur-Ouche, le château de Mâlain et les fouilles gallo-romaines • L'Arrière-Côte et le château de Montculot

LE NORD DE L'AUXOIS

- SEMUR-EN-AUXOIS 127
  - Le lac de Pont • Le château de Bourbilly à Vic-de-Chassenay
- ÉPOISSES 129
  - L'apothicairerie de l'hôpital Saint-Sauveur à Moutiers-Saint-Jean
- ALISE-SAINTE-REINE (ALÉSIA) 131
- FLAVIGNY-SUR-OZERAIN 133
- LES SOURCES DE LA SEINE 134
  - Le château de Frôlois • Salmaise
  - L'école-musée de Champagny
  - L'église abbatiale de Saint-Seine-l'Abbaye
- BUSSY-LE-GRAND 135
- MONTBARD 136
  - Les forges de Buffon • Le château de Quincerot • Le vignoble de l'Auxois
- L'ABBAYE DE FONTENAY 139

TABLE DES MATIÈRES

LE CHÂTILLONNAIS

- **MOLESME(S)** 139
  - Le lac de Marcenay • La ferme-musée du Châtillonnais à Bissey-la-Pierre • Les Riceys • Randonnées à cheval à Griselles
- **CHÂTILLON-SUR-SEINE** 140
  - Le site de Vix • Le château de Montigny-sur-Aube • Balade-dégustation de crémant
- **LA FORÊT DE CHÂTILLON** 143
  - Circuits botaniques et de santé en forêt de Châtillon • Villiers-le-Duc • Voulaines-les-Templiers
- Recey-sur-Ource • Bure-les-Templiers • L'abbaye du Val-des-Choues à Essarois • Rochefort-sur-Brevon
- **AIGNAY-LE-DUC** 145
  - Étalante
- **BAIGNEUX-LES-JUIFS** 146
  - Le musée du Matériel agricole et le musée de la Première Guerre mondiale à La Villeneuve-les-Convers • Le château de Villaines-en-Duesmois • Fontaines-en-Duesmois

ENTRE TILLE ET VINGEANNE

- **GRANCEY-LE-CHÂTEAU-NEUVELLE** 147
  - Salives
- **IS-SUR-TILLE** 148
  - Le petit train des Lavières • Selongey • Gémeaux

LE VAL DE SAÔNE

- **FONTAINE-FRANÇAISE** 149
  - Le château de Beaumont – La maison des Champs à Beaumont-sur-Vingeanne • La maison forte de Rosières • Champlitte
- **BÈZE** 151
  - La culture du houblon • La forêt de Velours • Le château de Lux • Le château d'Arcelot
- **TALMAY** 152
  - Le pont-levis de Cheuge
- **AUXONNE** 154
- **SAINT-JEAN-DE-LOSNE** 155
  - Le château de Longecourt-en-Plaine
- **SEURRE** 157
  - L'église de Bagnot
- **L'ABBAYE DE CÎTEAUX** 158

LA SAÔNE-ET-LOIRE

- ABC DE LA SAÔNE-ET-LOIRE ... 160
- UNE TERRE DE TRANSIT(ION) ... 160
- RANDONNÉES EN
- BOURGOGNE DU SUD 161
- ADRESSES ET INFOS UTILES ... 161
- MÂCON 164

LE SUD ET LES MONTS DU MÂCONNAIS

Le Sud mâconnais

- **ROMANÈCHE-THORINS** 173
- **DE ROMANÈCHE À SOLUTRÉ**
- **PAR LE VIGNOBLE** 174
  - Saint-Amour-Bellevue • Saint-Vérand • Leynes • Vinzelles • Fuissé

TABLE DES MATIÈRES

- Chasselas
- **SOLUTRÉ-POUILLY** 176
- Vergisson

Le Val Lamartinien

- **SAINT-POINT** 178
- **DE SAINT-POINT À PIERRECLOS** 180
- Le col des Enceints et le hameau de Montval
- **PIERRECLOS** 180
- Les carrières de la lie à La Roche-Vineuse • Bussières
- **MILLY-LAMARTINE** 181
- **BERZÉ-LA-VILLE** 182
- Le château de Berzé-le-Châtel
- Vaux • Le château de Monceau
- **IGÉ** 184

CLUNY ET SES ENVIRONS

- **CLUNY** 185
- La Voie verte de Cluny • Parcours Acro'bath à Bergeressin

De Cluny à Cormatin par le Haut-Mâconnais

- **BLANOT** 195
- Les grottes d'Azé • Laizé
- Clessé • Viré • Burgy • Bissy-la-Mâconnaise • De Blanot à Cormatin par le mont Saint-Romain
- **LE CHÂTEAU DE CORMATIN** 197
- Le musée du Vélo au Bois Dernier • Taizé • Le circuit des églises romanes, au nord de Cormatin

DE CORMATIN À TOURNUS PAR LES MONTS DU TOURNUGEOIS

- **CHAPAIZE** 200
- L'archiprieuré des Dames-de-Lancharre
- **BRANCION** 201
- Le domaine viticole et le musée de l'Outillage de l'artisanat rural à
- Cruzille • Ozenay
- **TOURNUS** 204
- Le circuit des églises romanes du Tournugeois : Uchizy, Farges-lès-Mâcon, Villars

LA BRESSE BOURGUIGNONNE

- **CUISERY** 212
- Le village médiéval de Romenay
- La réserve naturelle de La Truchère • Le musée de Rancy
- **LOUHANS** 213
- La Grange Rouge à La Chapelle-Naude • Le circuit des Vieilles Demeures bressanes : Saint-André-en-Bresse, Tenarre, Juif
- **CUISEAUX** 217
- Varennes-Saint-Sauveur • Sainte-Croix • Sagy
- **SAINT-GERMAIN-DU-BOIS** 218
- La foire de la Balme à Bouhans
- **PIERRE-DE-BRESSE** 219
- La maison de la Forêt et du Bois à Saint-Martin-en-Bresse • La chapelle de Bellefonds
- **VERDUN-SUR-LE-DOUBS** 219

CHALON-SUR-SAÔNE ET LA CÔTE CHALONNAISE

- **CHALON-SUR-SAÔNE** 220
- La maison de l'Invention de la
- Photographie à Saint-Loup-de-Varennes

La Côte chalonnaise

- **CHAGNY** 229
  - Bouzeron • Chassey-le-Camp • Les Maranges
- **RULLY** 231
  - Les grottes d'Agneux • Fontaines
- **MERCUREY** 232
  - Aluze et Chamilly • Le hameau de Touches • La vallée de Vaux : Barizey, Saint-Jean-de-Vaux, Mellecey, Saint-Martin-de-Montaigu et Dracy-le-Fort • Le château de Germolles
- **GIVRY** 233
  - Cortiambles • La Voie verte
- **SAINT-DÉSERT** 235
- **BUXY** 235
  - Montagny-les-Buxy, Saint-Vallerin, Chenoves, Saules, le château du Thil et l'ancienne carrière de Saint-Boil
- **SAINT-GENGOUX-LE-NATIONAL** 237

LE CHAROLAIS ET LE BRIONNAIS

- **CHAROLLES** 238
- **LA CLAYETTE** 239
  - L'église de Bois-Sainte-Marie • Le château de Drée à Curbigny • La filature Plassard et ses moutons à Varennes-sous-Dun • L'église de Vareilles
- **MATOUR** 243
  - Dompierre-les-Ormes
- **CHAUFFAILLES** 244
- **SAINT-CHRISTOPHE-EN-BRIONNAIS** 246
  - Varenne-l'Arconce • Oyé
- **IGUERANDE** 247
- **SEMUR-EN-BRIONNAIS** ... 248
- **MARCIGNY** 249
  - Anzy-le-Duc
- **PARAY-LE-MONIAL** 251
  - Le Moulin de Vaux à Nochize

ENTRE LOIRE ET CANAL DU CENTRE

- **DIGOIN** 253
- **BOURBON-LANCY** 255
- **DE BOURBON-LANCY À TOULON-SUR-ARROUX** ... 257
  - Le Musée charolais du Machinisme agricole à Neuvy-Grandchamp • Le mont Dardon
- **TOULON-SUR-ARROUX** ... 257
  - Le temple des Mille-Bouddhas à La Boulaye • Dettey
- **DE TOULON-SUR-ARROUX À MONTCEAU-LES-MINES EN LONGEANT LE CANAL** 259
  - L'église romane de Perrecy-les-Forges • La tranchée du canal à Génelard • Le château de Digoine à Palinges • La briqueterie de Ciry-le-Noble
- **MONTCEAU-LES-MINES** ... 260
  - Le musée de la Mine à Blanzy
- **LE CREUSOT** 262
  - Le musée du Canal du Centre à Écuisses
- **DU CREUSOT À AUTUN PAR LA ROUTE DES CHÂTEAUX** 268
  - Le Couchois • Le château de Brandon • Le château de Couches • Le château de Sully

LA NIÈVRE

- **ABC DE LA NIÈVRE** 270
- **UN PEU D'HISTOIRE** 270
- **COMMENT Y ALLER ?** 276
- **ADRESSES ET INFOS UTILES** ... 276
- **NEVERS** 277
  - Marzy et le musée Gautron-du-

Coudray • Le Bec-d'Allier • Apremont-sur-Allier • Le circuit de Nevers Magny-Cours et le musée Ligier • Entre Loire et Allier, la Sologne bourbonnaise : Saint-Pierre-le-Moûtier, Saint-Parize-le-Châtel, les châteaux de Chevenon et de Meauce et les ruines du château de Rozemont

LE VAL DE LOIRE

- **LA CHARITÉ-SUR-LOIRE** 287
  - Pougues-les-Eaux • Les forges de Guérigny • La forêt des Bertranges • Les jardins du Manoir de Chazeau à Chaulgnes
- **POUILLY-SUR-LOIRE** 292
  - Les Loges • Le château de Tracy
- La Réserve naturelle du Val de Loire
- **COSNE-SUR-LOIRE** 295
  - La ferme de Cadoux à La Celle-sur-Loire • Les coteaux du Giennois : le musée de la Machine agricole ancienne à Saint-Loup

LE PLATEAU DU NIVERNAIS

- **DONZY** 299
- **SAINT-AMAND-EN-PUISAYE** 300
  - Saint-Vérain
- **VARZY** 301
- **PRÉMERY** 302
- Le château de Giry • Arthel • La butte de Montenoison • Champallement • Le site gallo-romain de Compierre • L'église prieurale de Saint-Révérien

LE CANAL DU NIVERNAIS, DE DECIZE À CLAMECY

- **QUELQUES DATES ET CHIFFRES** 304
- **ADRESSES ET INFOS UTILES** ... 304
- **DECIZE** 305
  - Le musée de la Mine à La Machine
- **LE LONG DU CANAL, DE DECIZE À CHÂTILLON-EN-BAZOIS** 307
  - L'église de Verneuil • Cercy-la-Tour • La forêt domaniale de Vincence
- **CHÂTILLON-EN-BAZOIS** 308
  - L'église d'Alluy • La maison des Métiers du monde rural à Tamnay-en-Bazois • La poterie du Petit-Massé à La Tuilerie
- **LE LONG DU CANAL, DE CHÂTILLON-EN-BAZOIS À TANNAY** . 309
  - Le lac de Baye • Les voûtes de la Collancelle et l'échelle de Sardy • Épiry
- **CORBIGNY** 310
  - Le pays de Jules Renard : Chitry-les-Mines, Chaumot et le château de Villemolin à Anthien
- **TANNAY** 312
  - Metz-le-Comte
- **LE LONG DU CANAL, DE TANNAY À CLAMECY** 313
  - Dornecy • Chevroches
- **CLAMECY** 314

LE MORVAN, PARC NATUREL RÉGIONAL

- **LE DÉPARTEMENT IMPOSSIBLE** 318
- **UNE ÎLE DE GRANIT** 320
- **HISTOIRE ANCIENNE** 320
- **ET L'ON CRÉA LE PARC NATUREL RÉGIONAL DU**

MORVAN... ... 321	ADRESSES UTILES ... 322
• LE GOÛT DU MORVAN ... 322	• À FAIRE ... 323

DE CHÂTEAU-CHINON AU SUD-MORVAN

- CHÂTEAU-CHINON ... 324
- MOULINS-ENGILBERT ... 327
  - Les jardins du château de Limanton • Le prieuré de Commagny • Les châteaux de Marry, de Villaine et d'Anizy
- SAINT-HONORÉ-LES-BAINS ... 328
- LUZY ... 330
  - Les retables de l'église de Ternant

LE HAUT-MORVAN, D'AUTUN À BIBRACTE

- UCHON ... 332
- AUTUN ... 333
- BIBRACTE (LE MONT BEUVRAY) ... 341
- ENTRE BIBRACTE ET ANOST ... 344
  - Le Haut-Folin et Bussy
- ANOST ... 344

ENTRE AUXOIS ET MORVAN

- MÉNESSAIRE ... 346
- DE MÉNESSAIRE À SAULIEU ... 347
  - L'église de Bard-le-Régulier
- L'église de Manlay
- SAULIEU ... 347
- LA BUTTE DE THIL ... 350

LE MORVAN DES LACS

- LE LAC DE SAINT-AGNAN ... 351
- SAINT-BRISSON ... 352
  - Le saut du Gouloux • Le Musée vivant de la Saboterie à Gouloux
- DUN-LES-PLACES ... 354
- LE LAC DES SETTONS ... 355
- OUROUX-EN-MORVAN ... 356
- LE LAC DE PANNECIÈRE ... 357
- LORMES ... 357
- SAINT-MARTIN-DU-PUY ... 358
  - Le lac de Chaumeçon • Le lac de Crescent
- BAZOCHES ... 359

AU NORD DU PARC : L'YONNE EN MORVAN

- QUARRÉ-LES-TOMBES ... 360
  - L'écomusée du Morvan – maison Vauban et le château de Bazoches
  - L'abbaye de La Pierre-qui-Vire
- VÉZELAY ... 362
  - La Goulotte
- SAINT-PÈRE ... 367
- AVALLON ... 369
  - La vallée du Cousin • La verrerie d'art d'Avallon à La Baume • Le musée des Voitures des Chefs d'État à Sauvigny-le-Bois

L'YONNE

- ABC DE L'YONNE ... 374
- UN DÉPARTEMENT QUI VOIT GRAND ... 374
- UN ART DE VIVRE QUI INS-
- PIRE LES ROMANCIERS ... 375
- DES FIGURES EMBLÉMATIQUES ... 375
- ADRESSES ET INFO UTILES ... 378

TABLE DES MATIÈRES

L'AUXERROIS

- **AUXERRE** 378
  - Les villages aux portes d'Auxerre : Appoigny, Chevannes et Gy-l'Évêque
- **COULANGES-LA-VINEUSE** 385
- **ESCOLIVES-SAINTE-CAMILLE** .. 386
- **VINCELOTTES** 386
  - Les caves Bailly-Lapierre à Saint-Bris-le-Vineux
- **IRANCY** 387
- **SAINT-BRIS-LE-VINEUX** 387

LE CHABLISIEN

- **CHABLIS** 388
  - Les paysages et collines autour des villages de Chitry-le-Fort, Préhy et Courgis
- **PONTIGNY** 392

LE TONNERROIS ET SES ENVIRONS

- **TONNERRE** 394
  - Épineuil
- **TANLAY** 397
  - L'abbaye de Notre-Dame de Quincy • De Quincy au château de Maulnes • Cruzy-le-Châtel
- **ANCY-LE-FRANC** 399
  - Autour des villages et des lavoirs du canton : Nuits-sur-Armançon et Aisy-sur-Armançon • Le parc Aventure Acrobatix à Cry-sur-Armançon
- **NOYERS-SUR-SEREIN** 401
  - Le prieuré de Vausse à Châtel-Gérard • La tour de télégraphe Chappe à Annoux • Le P'tit Train de l'Yonne à Massangis
- **MONTRÉAL** 404
  - Le château de Pisy • Le canton de Guillon

ENTRE AUXERROIS ET MORVAN

- **ARCY-SUR-CURE** 406
- **VERMENTON** 407
- **CRAVANT** 408
- **MAILLY-LE-CHÂTEAU** 408
  - Les rochers du Saussois • Balades à vélo le long du canal du Nivernais • Châtel-Censoir

LA PUISAYE

- **DRUYES-LES-BELLES-FONTAINES** 409
  - Les carrières souterraines d'Aubigny et la table d'orientation à Taingy
- **TREIGNY ET LE CHANTIER MÉDIÉVAL DE GUÉDELON** 410
- **SAINT-FARGEAU** 412
  - Le lac du Bourdon • Les sept écluses de Rogny
- **SAINT-SAUVEUR-EN-PUISAYE** .. 415
  - Moutiers • Fontenoy
- **TOUCY** 417
  - Villiers-Saint-Benoît • Parly
- **LA FERTÉ-LOUPIÈRE** 420
  - La Fabuloserie à Dicy • Le musée des Arts populaires à Laduz

LE NORD DE L'YONNE

- **JOIGNY** 421
- **SAINT-FLORENTIN** 424
  - La réserve ornithologique de Bas-Rebourseaux • Seignelay • Brienon-sur-Armançon
- **CERISIERS** 426

- Dixmont • Le prieuré de l'Enfourchure • Le musée de la Pomme et du Cidre du pays d'Othe à Vaudeurs • Le Cidre fermier de Philippe Charlois à Bœurs-en-Othe
- **VILLENEUVE-L'ARCHEVÊQUE** .. 427
  - Les villages autour de la vallée de la Vanne : Vareilles, Les Clérimois, La Postolle, Les Sièges, Chigy • L'abbaye de Vauluisant à Courgenay
- **VILLENEUVE-SUR-YONNE** 428
  - Saint-Julien-du-Sault
- **SENS** 430
  - Pont-sur-Yonne • Vallery

- **INDEX GÉNÉRAL** 440
- **OÙ TROUVER LES CARTES ET LES PLANS ?** 449

Recommandations à nos lecteurs qui souhaitent profiter des réductions et avantages proposés dans le *Guide du routard* par les hôteliers et les restaurateurs : à l'hôtel, prenez la précaution de les réclamer **à l'arrivée** et, au restaurant, **au moment** de la commande (pour les apéritifs) et surtout **avant** l'établissement de l'addition. Posez votre *Guide du routard* sur la table ne suffit pas : le personnel de salle n'est pas toujours au courant et une fois le ticket de caisse imprimé, il est difficile pour votre hôte d'en modifier le contenu. En cas de doute, montrez la notice relative à l'établissement dans le guide et ne manquez pas de nous faire part de toute difficulté rencontrée.

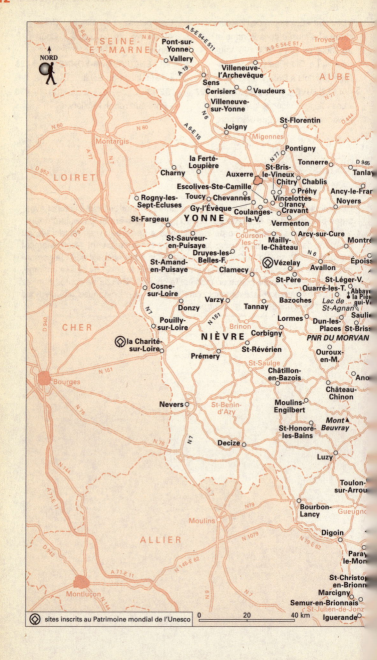

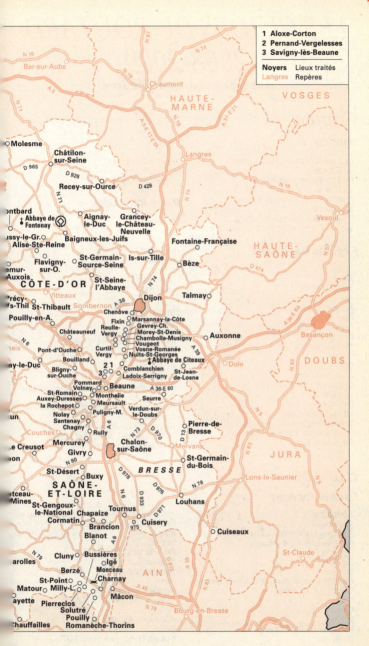

LA BOURGOGNE

LES GUIDES DU ROUTARD 2008-2009

(dates de parution sur **www.routard.com**)

France

Nationaux

- Nos meilleures chambres d'hôtes en France
- Nos meilleurs campings en France
- Nos meilleurs hôtels et restos en France
- Petits restos des grands chefs
- Tables à la ferme et boutiques du terroir
- Poitou-Charentes
- Provence
- Pyrénées, Gascogne

Villes françaises

- Bordeaux
- Lille
- Lyon
- Marseille
- Montpellier
- Nice
- Strasbourg
- Toulouse

Régions françaises

- Alpes
- Alsace
- Aquitaine
- Ardèche, Drôme
- Auvergne, Limousin
- Bourgogne
- Bretagne Nord
- Bretagne Sud
- Châteaux de la Loire
- Corse
- Côte d'Azur
- Franche-Comté
- Languedoc-Roussillon
- Lorraine
- Lot, Aveyron, Tarn
- Nord-Pas-de-Calais
- Normandie
- Pays basque (France, Espagne), Béarn
- Pays de la Loire

Paris

- Environs de Paris
- Junior à Paris et ses environs
- Paris
- Paris balades
- Paris exotique
- Paris la nuit
- **Paris ouvert le dimanche (avril 2008)**
- Paris sportif
- **Paris à vélo (nouvelle éd. avril 2008)**
- Paris zen
- Restos et bistrots de Paris
- Le Routard des amoureux à Paris
- Week-ends autour de Paris

Europe

Pays européens

- Allemagne
- Andalousie
- Angleterre, Pays de Galles
- Athènes et les îles grecques
- Autriche
- Baléares
- Belgique
- Castille, Madrid (Aragon et Estrémadure)
- Catalogne, Andorre
- Crète
- Croatie
- Écosse
- Espagne du Nord-Ouest (Galice, Asturies, Cantabrie)
- Finlande
- Grèce continentale
- Hongrie, République tchèque, Slovaquie
- Îles grecques et Athènes
- Irlande
- Islande
- Italie du Nord
- Italie du Sud
- Lacs italiens
- Malte
- **Norvège (avril 2008)**
- Pologne et capitales baltes
- Portugal
- Roumanie, Bulgarie
- Sicile
- **Suède, Danemark (avril 2008)**
- Suisse
- Toscane, Ombrie

LES GUIDES DU ROUTARD 2008-2009 (suite)

(dates de parution sur **www.routard.com**)

Villes européennes

- Amsterdam
- Barcelone
- Berlin
- Florence
- Lisbonne
- Londres
- Moscou, Saint-Pétersbourg
- Prague
- Rome
- Venise

Amériques

- Argentine
- Brésil
- Californie
- Canada Ouest et Ontario
- Chili et île de Pâques
- Cuba
- Équateur
- États-Unis côte Est
- **Floride (nouveauté)**
- Guadeloupe, Saint-Martin, Saint-Barth
- Guatemala, Yucatán et Chiapas
- **Louisiane et les villes du Sud (nouveauté)**
- Martinique
- Mexique
- New York
- Parcs nationaux de l'Ouest américain et Las Vegas
- Pérou, Bolivie
- Québec et Provinces maritimes
- République dominicaine (Saint-Domingue)

Asie

- **Bali, Lombok (mai 2008)**
- Birmanie (Myanmar)
- Cambodge, Laos
- Chine (Sud, Pékin, Yunnan)
- Inde du Nord
- Inde du Sud
- Indonésie (voir Bali, Lombok)
- Istanbul
- Jordanie, Syrie
- Malaisie, Singapour
- Népal, Tibet
- Sri Lanka (Ceylan)
- Thaïlande
- **Tokyo-Kyoto (mai 2008)**
- Turquie
- Vietnam

Afrique

- Afrique de l'Ouest
- Afrique du Sud
- Égypte
- Île Maurice, Rodrigues
- Kenya, Tanzanie et Zanzibar
- Madagascar
- Maroc
- Marrakech
- Réunion
- Sénégal, Gambie
- Tunisie

Guides de conversation

- Allemand
- Anglais
- Arabe du Maghreb
- Arabe du Proche-Orient
- Chinois
- Croate
- Espagnol
- Grec
- Italien
- **Japonais (mars 2008)**
- Portugais
- Russe

Et aussi...

- Le Guide de l'humanitaire
- **G'palémo (nouveauté)**

NOS NOUVEAUTÉS

G'PALÉMO (paru)

Un dictionnaire visuel universel qui permet de se faire comprendre aux 4 coins de la planète ET DANS TOUTES LES LANGUES (y compris le langage des signes), il suffisait d'y penser !... Que vous partiez trekker dans les Andes, visiter les temples d'Angkor ou faire du shopping à Saint-Pétersbourg, ce petit guide vous permettra d'entrer en contact avec n'importe qui. Compagnon de route indispensable, véritable tour de Babel... Drôle et amusant, *G'palémo* vous fera dépasser toutes les frontières linguistiques. Pointez simplement le dessin voulu et montrez-le à votre interlocuteur... Vous verrez, il comprendra ! Tout le vocabulaire utile et indispensable en voyage y figure : de la boîte de pansements au gel douche, du train-couchettes au pousse-pousse, du dentiste au distributeur de billets, de la carafe d'eau à l'arrêt de bus, du lit *king size* à l'œuf sur le plat... Plus de 200 dessins, déclinés en 5 grands thèmes (transports, hébergement, restauration, pratique, loisirs) pour se faire comprendre DANS TOUTES LES LANGUES. Et parce que le *Guide du routard* pense à tout, et pour que les langues se délient, plusieurs pages pour faire de vous un(e) séducteur(trice)...

SUÈDE, DANEMARK (avril 2008)

Depuis qu'un gigantesque pont relie Copenhague et la Suède, les cousins scandinaves n'ont jamais été aussi proches. Les Suédois vont faire la fête le week-end à Copenhague et les Danois vont se balader dans la petite cité médiévale de Lund. À Copenhague et à Stockholm, c'est la découverte d'un art de vivre qui privilégie l'écologie, la culture, la tolérance et le respect d'autrui. Les plus curieux partiront à vélo randonner dans un pays paisible qui se targue depuis les Vikings d'être le plus ancien royaume du monde mais qui ne néglige ni le design ni l'art contemporain. Les plus sportifs partiront en trekking vers le Grand Nord où migrent les rennes et où le soleil ne se couche pas en été.

SPÉCIAL DÉFENSE DU CONSOMMATEUR

Un routard informé en vaut dix ! Pour éviter les arnaques en tout genre, il est bon de les connaître. Voici un petit vade-mecum destiné à parer aux coûts et aux coups les plus redoutables.
Affichage des prix : les hôtels et les restos sont tenus d'informer les clients de leurs prix, à l'aide d'une affichette, d'un panneau extérieur ou de tout autre moyen. Vous ne pouvez donc contester des prix exorbitants que s'ils ne sont pas clairement affichés.

HÔTELS

1 - Arrhes ou acompte ? : au moment de réserver votre chambre par téléphone – par précaution, toujours confirmer par écrit – ou directement par écrit, il n'est pas rare que l'hôtelier vous demande de verser à l'avance une certaine somme, celle-ci faisant office de garantie. Il est d'usage de parler d'arrhes et non d'acompte (en fait, la loi dispose que « sauf stipulation contraire du contrat, les sommes versées d'avance sont des arrhes »). Légalement, aucune règle n'en précise le montant. Toutefois, ne versez que des arrhes raisonnables : 25 à 30 % du prix total, sachant qu'il s'agit d'un engagement définitif sur la réservation de la chambre. Cette somme ne pourra donc être remboursée en cas d'annulation de la réservation, sauf cas de force majeure (maladie ou accident) ou en accord avec l'hôtelier si l'annulation est faite dans des délais raisonnables. Si, au contraire, l'annulation est le fait de l'hôtelier, il doit vous rembourser le double des arrhes versées. À l'inverse, l'acompte engage définitivement client et hôtelier.

2 - Subordination de vente : comme les restaurateurs, les hôteliers ont interdiction de pratiquer la subordination de vente. C'est-à-dire qu'ils ne peuvent pas vous obliger à réserver plusieurs nuits d'hôtel si vous n'en souhaitez qu'une. Dans le même ordre d'idée, on ne peut vous obliger à prendre votre petit déjeuner ou vos repas dans l'hôtel ; ce principe, illégal, est néanmoins répandu dans la profession, toléré en pratique... Bien se renseigner avant de prendre la chambre dans les hôtels-restaurants. Si vous dormez en compagnie de votre enfant, il peut vous être demandé un supplément.

3 - Responsabilité en cas de vol : un hôtelier ne peut en aucun cas dégager sa responsabilité pour des objets qui auraient été volés dans la chambre d'un de ses clients, même si ces objets n'ont pas été mis au coffre. En d'autres termes, les éventuels panonceaux dégageant la responsabilité de l'hôtelier n'ont aucun fondement juridique.

RESTOS

1 - Menus : très souvent, les premiers menus (les moins chers) ne sont servis qu'en semaine et avant certaines heures (12h30 et 20h30 généralement). Cela doit être clairement indiqué sur le panneau extérieur : à vous de vérifier.

2 - Commande insuffisante : il arrive que certains restos refusent de servir une commande jugée insuffisante. Sachez, toutefois, qu'il est illégal de pousser le client à la consommation.

3 - Eau : une banale carafe d'eau du robinet est gratuite – à condition qu'elle accompagne un repas – sauf si son prix est affiché. La bouteille d'eau minérale quant à elle doit, comme le vin, être ouverte devant vous.

4 - Vins : les cartes des vins ne sont pas toujours très claires. Exemple : vous commandez un bourgogne à 16 € la bouteille. On vous la facture 32 €. En vérifiant sur la carte, vous découvrez que 16 € correspondent au prix d'une demi-bouteille. Mais c'était écrit en petits caractères illisibles.
Par ailleurs, la bouteille doit être obligatoirement débouchée devant le client.

5 - Couvert enfant : le restaurateur peut tout à fait compter un couvert par enfant, même s'il ne consomme pas, à condition que ce soit spécifié sur la carte.

6 - Repas pour une personne seule : le restaurateur ne peut vous refuser l'accès à son établissement, même si celui-ci est bondé ; vous devrez en revanche vous satisfaire de la table qui vous est proposée.

7 - Sous-marin : après le coup de bambou et le coup de fusil, celui du sous-marin. Le procédé consiste à rendre la monnaie en plaçant dans la soucoupe (de bas en haut) : les pièces, l'addition puis les billets. Si l'on est pressé, on récupère les billets en oubliant les pièces cachées sous l'addition.

NOS NOUVEAUTÉS

BALI, LOMBOK (mai 2008)

Bali et Lombok possèdent des attraits différents et complémentaires. Bali, l'« île des dieux », respire toujours charme et beauté. Un petit paradis qui rassemble tout ce qui est indispensable à des vacances réussies : de belles plages dans le Sud, des montagnes extraordinaires couvertes de temples, des collines riantes sur lesquelles les rizières étagées forment de jolies courbes dessinées par l'homme, une culture vivante et authentique, et surtout, l'essentiel, une population d'une étonnante gentillesse, d'une douceur presque mystique.
Et puis voici Lombok, à quelques encablures, dont le nom signifie « piment » en javanais et qui appartient à l'archipel des îles de la Sonde. La vie y est plus rustique, le développement touristique plus lent. Tant mieux. Les plages, au sud, sont absolument magnifiques et les Gili Islands, à deux pas de Lombok, attirent de plus en plus les amateurs de plongée. Paysages remarquables, pureté des eaux, simplicité et force du moment vécu... Bali et Lombok, deux aspects d'un même paradis.

TOKYO-KYOTO (mai 2008)

On en avait marre de se faire malmener par nos chers lecteurs ! Enfin un *Guide du routard* sur le Japon ! Voilà l'empire du Soleil-Levant accessible aux voyageurs à petit budget. On disait l'archipel nippon trop loin, trop cher, trop incompréhensible. Voici notre constat : avec quelques astuces, on peut y voyager agréablement et sans se ruiner. Dormir dans une auberge de jeunesse ou sur le tatami d'un *ryokan* (chambres chez l'habitant), manger sur le pouce des sushis ou une soupe *ramen,* prendre des bus ou acheter un *pass* ferroviaire pour circuler à bord du *shinkansen* (le TGV nippon)... ainsi sommes-nous allés à la découverte d'un Japon accueillant, authentique mais à prix sages ! Du mythique mont Fuji aux temples millénaires de Kyoto, de la splendeur de Nara à la modernité d'Osaka, des volcans majestueux aux cerisiers en fleur, de la tradition à l'innovation, le Japon surprend. Les Japonais étonnent par leur raffinement et leur courtoisie. Tous à Tokyo ! Cette mégapole électrique et fascinante est le symbole du Japon du IIIe millénaire, le rendez-vous exaltant de la haute technologie, de la mode et du design. Et que dire des nuits passées dans les bars et les discothèques de Shinjuku et de Ropponggi, les plus folles d'Asie ?

Nous tenons à remercier tout particulièrement Loup-Maëlle Besançon, Thierry Bessou, Gérard Bouchu, François Chauvin, Grégory Dalex, Fabrice de Lestang, Cédric Fischer, Carole Fouque, Michelle Georget, David Giason, Lucien Jedwab, Emmanuel Juste, Florent Lamontagne, Philippe Martineau, Jean-Sébastien Petitdemange, Laurence Pinsard, Thomas Rivallain, Déborah Rudetzki, Claudio Tombari et Solange Vivier pour leur collaboration régulière.

Et pour cette nouvelle collection, nous remercions aussi :

David Alon et Andréa Valouchova
Bénédicte Bazaille
Jean-Jacques Bordier-Chêne
Nathalie Capiez
Louise Carcopino
Florence Cavé
Raymond Chabaud
Alain Chaplais
Bénédicte Charmetant
Cécile Chavent
Stéphanie Condis
Agnès Debiage
Tovi et Ahmet Diler
Fabrice Doumergue et Pierre Mitrano
Céline Druon
Nicolas Dubost
Clélie Dudon
Aurélie Dugelay
Sophie Duval
Alain Fisch
Aurélie Gaillot
Lucie Galouzeau
Alice Gissinger
Adrien et Clément Gloaguen
Angela Gosman
Romuald Goujon
Stéphane Gourmelen
Claudine de Gubernatis
Xavier Haudiquet
Claude Hervé-Bazin
Bernard Hilaire

Sébastien Jauffret
François et Sylvie Jouffa
Hélène Labriet
Lionel Lambert
Francis Lecompte
Jacques Lemoine
Sacha Lenormand
Valérie Loth
Béatrice Marchand
Philippe Melul
Delphine Ménage
Kristell Menez
Delphine Meudic
Éric Milet
Jacques Muller
Anaïs Nectaüx
Alain Nierga et Cécile Fischer
Hélène Odoux
Caroline Ollion
Nicolas Pallier
Martine Partrat
Odile Paugam et Didier Jehanno
Xavier Ramon
Dominique Roland et Stéphanie Déro
Corinne Russo
Caroline Sabljak
Prakit Saiporn
Jean-Luc et Antigone Schilling
Laurent Villate
Julien Vitry
Fabian Zegowitz

Direction : Nathalie Pujo
Contrôle de gestion : Joséphine Veyres, Céline Déléris et Vincent Leav
Responsable éditoriale : Catherine Julhe
Édition : Matthieu Devaux, Magali Vidal, Marine Barbier-Blin, Géraldine Péron, Jean Tiffon, Olga Krokhina, Virginie Decosta, Caroline Lepeu, Delphine Ménage et Émilie Guerrier
Secrétariat : Catherine Maîtrepierre
Préparation-lecture : Véronique Rauzy
Cartographie : Frédéric Clémençon et Aurélie Huot
Fabrication : Nathalie Lautout et Audrey Detournay
Couverture : Seenk
Direction marketing : Dominique Nouvel, Lydie Firmin et Juliette Caillaud
Responsable partenariats : André Magniez
Édition partenariats : Juliette Neveux et Raphaële Wauquiez
Informatique éditoriale : Lionel Barth
Relations presse France : COM'PROD, Fred Papet. ☎ 01-56-43-36-38. ● info@com prod.fr ●
Relations presse : Martine Levens (Belgique) et Maureen Browne (Suisse)
Régie publicitaire : Florence Brunel

NOS NOUVEAUTÉS

NORVÈGE (avril 2008)

Des grands voyageurs classent ce royaume septentrional de l'Europe parmi les plus beaux pays du monde. Ils n'ont pas tort. La Norvège est un cadeau de Dame Nature fait aux humains. Et c'est vrai qu'au printemps, le spectacle des fjords aux eaux émeraude, bordés de vertes prairies fleuries dévalant des glaciers, est d'un romantisme absolu. Ici, la préservation de la nature est élevée au rang de religion. Oslo, Bergen, Trondheim sont des villes très agréables en été, mais ne peuvent rivaliser avec le bonheur intense d'un séjour dans les villages de marins aux îles Lofoten ou avec le spectacle émouvant d'une aurore boréale qui embrase la voûte céleste. Les plus intrépides de nos lecteurs continueront vers le mythique cap Nord et feront aussi un crochet par le Finnmark pour découvrir la culture étonnante des éleveurs de rennes.

FLORIDE (paru)

Du soleil toute l'année, des centaines de kilomètres de sable blanc bordés par des cocotiers et une mer turquoise. Voilà pour la carte postale. Mais la Floride a bien d'autres atouts dans son sac : une ambiance glamour et latino à Miami qui, au cœur de son quartier Art déco, attire une foule de fêtards venus s'encanailler sous les *sunlights* des tropiques ; des parcs d'attractions de folie qui feront rêver petits et grands ; une atmosphère haute en couleur et *gay-friendly* à Key West où l'âme de « Papa » Hemingway plane toujours. Là, on circule à bicyclette au milieu de charmantes maisons de bois. Et pour les amateurs de nature, le parc national des Everglades, un gigantesque marais envahi par la mangrove et peuplé d'alligators, qui se découvre à pied (eh oui) ou en canoë. Alors, *see you later alligator* !

Remerciements

Pour ce guide, nous remercions tout particulièrement

– Toute l'équipe du comité régional de tourisme de Bourgogne ;
– Chrystel Skowron, Isabelle Cassotti et Perrine Belin de l'ADT de la Côte-d'Or ;
– Sophie Eber et Séverine Verraes, de l'office de tourisme de Dijon ;
– Sonia Bardin, de la mairie de Dijon ;
– Françoise Bidot, Pia Roessler, Guillaume Boutefeu et Emmanuelle Deflandre, de l'office de tourisme de Beaune ;
– Xavier Massip de l'office de tourisme de Gevrey-Chambertin ;
– Stéphanie Tribolet, de l'office de tourisme du pays d'Arnay ;
– Christine Grenot et Alexandra Bouillot, de l'office de tourisme de Semur-en-Auxois ;
– Alexandra, Angélique, Anita et leur stagiaire Coline de l'office de tourisme du Montbardois ;
– Delphine Touchelet et Gaëlle Plancia de l'office de tourisme du pays d'Alésia et de la Seine ;
– Sophie Jouet du parc naturel du Morvan ;
– Ghislain Moureaux, du comité départemental de tourisme de Saône-et-Loire ;
– l'office de tourisme de Cluny ;
– l'office de tourisme de Chalon-sur-Sâone ;
– l'office de tourisme du Tournugeois ;
– Philippe Audoin, de l'agence de développement touristique de la Nièvre ;
– l'équipe de l'office de tourisme de Nevers ;
– Stéphanie Wahl, de l'agence de développement touristique de l'Yonne ;
– les offices de tourisme de Vézelay, Avallon, Saint-Fargeau et Tonnerre, pour leur aide précieuse.

Enfin, tous les offices de tourisme et syndicats d'initiative de villes et pays qui, année après année, nous apportent toujours leur aide précieuse avec le même dévouement. Il nous est impossible de tous les citer, il y en a tellement !

LES COUPS DE CŒUR DU ROUTARD

- Entrer de bon matin sous les verrières des halles de Dijon, où flotte un subtil mélange de parfums d'époisses, de jambon persillé et de pain d'épice, se laisser prendre au bagoût des commerçants, et prolonger la balade au parc de l'Arquebuse.

- Profiter de la solitude tranquille de la petite église des vignes de Fixey (à Fixin), dédiée à saint Antoine et dont le clocher point au milieu des ceps.

- Goûter les collections « Tastevinées » du château du clos de Vougeot, qui font rêver tous les œnophiles, ou, plus raisonnablement, déboucher un pinot Beurot des coteaux de l'Auxois, à Flavigny-sur-Ozerain. Une autre Bourgogne des vins de pays à déguster, avec les vignobles de Villaines-les-Prévôtes et Viserny.

- S'attabler autour d'une terrine maison et d'un verre de bourgogne, dans un bar à vin de Beaune après avoir découvert les fameux Hospices, à moins que vous vous laissiez tenter par une friture d'ablettes, à la terrasse ensoleillée d'une petite guinguette des bords de Saône.

- S'imprégner du décor de carte postale qui s'offre à vous depuis le petit pont de Vandenesse-en-Auxois, avec vue sur le château de Châteauneuf-en-Auxois et le canal de Bourgogne.

- À bord d'un bateau ou depuis ses rives, découvrir le canal de Bourgogne, ses courbes, ses écluses, ses berges verdoyantes, ou celui qui relie la Marne à la Saône et son petit pont-levis de Cheuge.

COMMENT Y ALLER ?

EN VOITURE

➢ *Par l'autoroute A 6 :* depuis Paris, elle traverse trois départements bourguignons : l'Yonne, la Côte-d'Or et la Saône-et-Loire.
Sorties Yonne : Sens, Auxerre, Nitry et Avallon. *Sorties Côte-d'Or :* Semur-en-Auxois, Pouilly-en-Auxois (connexion avec l'A 38 pour Dijon) et Beaune (connexion avec l'A 31 pour Dijon).
Sorties Saône-et-Loire : Chalon-sur-Saône, Tournus et Mâcon.
➢ *Par la N 6 :* elle sinue aussi en Bourgogne, dans l'Yonne et la Saône-et-Loire, passant par Sens, Joigny, Auxerre, Avallon, Saulieu, Arnay-le-Duc, Chagny, essentiellement Chalon, Tournus et Mâcon.
➢ *Par la N 7 :* reliant Paris à Lyon, elle traverse la Nièvre par Cosne, La Charité et Nevers.

EN TRAIN

Grandes lignes

Au départ de Paris
☎ Les trains partent de la *gare de Lyon.*
➢ *Paris-Auxerre :* 4 allers-retours/j. directs en moyenne. Meilleur temps de trajet : 1h35.
➢ *Paris-Chalon-sur-Saône :* 15 TGV/j. en moyenne, directs ou avec 1 changement à Dijon. Meilleur temps de trajet : 2h25.
➢ *Paris-Dijon :* 15 TGV/j. directs en moyenne. Meilleur temps de trajet : 1h37.
➢ *Paris-Le Creusot :* 6 TGV/j. directs en moyenne. Meilleur temps de trajet : 1h17.
➢ *Paris-Mâcon :* 6 TGV/j. directs. Meilleur temps de trajet : 1h31.
➢ *Paris-Montbard :* 7 trains/j. directs, dont 4 TGV. Durée du trajet : 1h03 en TGV, 2h23 en TER.
➢ *Paris-Nevers :* 14 allers-retours/j. en moyenne. Meilleur temps de trajet : 1h52.
➢ *Paris-Sens :* 21 allers-retours/j. en moyenne. Meilleur temps de trajet : 53 mn.

Au départ de la province
➢ Trains directs à destination de Dijon depuis **Lyon** (en 1h37), **Lille** (en 2h50), **Marseille** (compter 3h20)...

Pour préparer votre voyage

– *Billet à domicile :* commandez et payez votre billet par téléphone au ☎ 36-35 (0,34 €/mn) ou sur Internet, la SNCF vous l'envoie gratuitement à domicile.
– *Service Bagages à domicile :* appelez le ☎ 36-35 (0,34 €/mn), la SNCF prend en charge vos bagages où vous le souhaitez et vous les livre là où vous allez *en 24h de porte à porte.*

Pour voyager au meilleur prix

La SNCF propose de nombreuses réductions. Pour en profiter au maximum, il faut réserver à l'avance. Les billets sont en vente 3 mois avant la date de départ.
➢ *Prem's : plus vous anticipez, plus vous voyagez au meilleur prix*
Découvrez les prix *Prem's* à partir de 25 € l'aller en 2de classe en TGV, 20 € en 2de classe Téoz et 35 € en 2de classe Lunéa couchettes.

24   COMMENT Y ALLER ?

➤ ***Les Cartes : réduction garantie***
– Avec les cartes *Enfant +, 12-25 et Senior,* vous avez jusqu'à 50 % de réduction (25 % garantis sur tous les trains) pour un nombre de voyages illimité, pendant un an.
– La carte *Escapades* s'adresse aux voyageurs de 26 à 59 ans. Elle offre jusqu'à 40 % de réduction (25 % garantis), sur tous les trains, sauf TGV de nuit, pour des allers-retours de plus de 200 km, comprenant une nuit de samedi à dimanche.

➤ ***Découverte : à chacun sa réduction***
Avec les tarifs *Découverte,* vous bénéficiez de 25 % de réduction dans la limite des places disponibles : *Découverte Enfant +,* pour les voyages avec un enfant de moins de 12 ans ; *Découverte 12-25,* pour les jeunes de 12 à 25 ans ; *Senior,* pour les voyageurs de 60 ans et plus ; *Découverte Séjour,* pour des allers-retours d'au moins 200 km et la nuit de samedi à dimanche incluse (jusqu'à 35 % de réduction).

➤ ***Offres Dernière Minute***
Chaque mardi, les *Offres Dernière Minute* sur ● voyages-sncf.com ● et les agences de voyages en ligne partenaires de la SNCF vous proposent 50 destinations en France avec TGV et Corail à prix avantageux.
Toutes ces offres sont soumises à conditions.

Pour obtenir plus d'informations sur les conditions d'achat et de réservation de vos billets

– *Internet :* ● voyages-sncf.com ● tgv.com ● corailteoz.com ● coraillunea.fr ●
– *Téléphone :* ☎ 36-35 (0,34 €/mn).
– Également dans les gares, les boutiques SNCF et les agences de voyages agréées SNCF.

Voyages-sncf.com

Voyages-sncf.com, première agence de voyages sur Internet, propose des billets de train, d'avion, des chambres d'hôtel, des locations de voitures et des séjours clés en main ou Alacarte® sur plus de 600 destinations et à des tarifs avantageux. Leur site ● voyages-sncf.com ● permet d'accéder tous les jours 24h/24 à plusieurs services : envoi gratuit des billets à domicile, Alerte Résa pour être informé de l'ouverture des réservations et profiter du plus grand choix, calendrier des meilleurs prix (TTC), mais aussi des offres de dernière minute et des promotions...
Et grâce à l'Éco-comparateur, en exclusivité sur ● voyages-sncf.com ●, possibilité de comparer les prix, le temps de trajet et l'indice de pollution pour un même trajet en train, en avion ou en voiture.

Préparez vos vacances en vous connectant sur Internet

S'informer sur nos différents produits, notre actualité, nos promotions

Consulter
Réserver
tous les gîtes et toutes les chambres d'hôtes :
– par un moteur de recherche multicritères qui permet de choisir son séjour sur mesure,
– par une cartographie qui permet de s'affranchir des limites administratives.

Gagner des séjours, des lots en participant à nos jeux-concours

Commander les Guides Gîtes de France

www.gites-de-france.com

BOURGOGNE UTILE

ABC DE LA BOURGOGNE

- **Superficie :** 31 582 km², soit 5,8 % du territoire français (6ᵉ région française).
- **Préfecture régionale :** Dijon.
- **Préfectures départementales :** Dijon (Côte-d'Or), Nevers (Nièvre), Mâcon (Saône-et-Loire) et Auxerre (Yonne).
- **Population :** 1 626 000 hab. Région à faible croissance démographique.
- **Densité :** 51 hab./km². On trouve la plus faible densité dans la Nièvre, et la plus forte en Saône-et-Loire.
- **Population active :** 618 000 personnes.
- **Principales industries :** la mécatronique (mécanique, électronique, plastique), l'agroalimentaire (Unilever-Amora et Maille, Nestlé) et la métallurgie (Vallourec).
- **Spécificités régionales :** l'industrie du vin.

AVANT LE DÉPART

Adresses utiles

❶ **Comité régional de tourisme de Bourgogne :** 5, av. Garibaldi, BP 20623, 21006 Dijon Cedex. ☎ 03-80-280-280 ou 0825-002-100 (n° Indigo). • bourgogne-tourisme.com • Pas d'accueil du public, mais envoi de documentation par courrier.

■ **Gîtes de France :** ☎ 01-49-70-75-75. • gites-de-france.com • Ⓜ Trinité. Pour commander des brochures, s'adresser au 59, rue Saint-Lazare, 75009 Paris. Les résas sont à faire auprès des relais départementaux des Gîtes de France *(indiqués dans ce guide en introduction de chaque département).*

Carte FUAJ internationale des auberges de jeunesse

Cette carte, valable dans plus de 80 pays, vous ouvre les portes des 4 000 auberges de jeunesse du réseau *Hostelling International* réparties dans le monde entier. Les périodes d'ouverture varient selon les pays et les AJ. À noter, la carte est souvent obligatoire pour séjourner dans une auberge de jeunesse ; nous vous conseillons donc de vous la procurer avant votre départ. En effet, adhérer à la FUAJ en France vous reviendra moins cher qu'à l'étranger.

Comment y aller **au meilleur prix ?**

Hertz offre des réductions aux Routards

Bénéficiez immédiatement sur simple présentation de ce guide de

-15 € sur les forfaits Hertz Week-end*
-30 € sur les forfaits Hertz Vacances*

Réservation au 0 825 861 861** en précisant le code CDP 967 130.

* Offre soumise à conditions, valable sur tarifs non prépayés jusqu'au 31/12/2009, non cumulable avec toute remise ou promotion, non remboursable.
Personnel Hertz : déduire 12,54 € HT pour un forfait Week-end et 25,08 € pour un forfait Vacances sur le GL code 3108.
** 0,15 € TTC/min.

Pour tous renseignements et réservations en France

Sur place

■ **Fédération unie des auberges de jeunesse (FUAJ) :** *27, rue Pajol, 75018 Paris.* ☎ *01-44-89-87-27.* • *fuaj.org* • Ⓜ *Marx-Dormoy ou La-Chapelle. Lun 10h-17h, mar-ven 10h-18h. Montant de l'adhésion : 11 € pour la carte moins de 26 ans et 16 € pour les autres (tarifs 2007).* Munissez-vous de votre pièce d'identité lors de l'inscription. Une autorisation des parents est nécessaire pour les moins de 18 ans (une photocopie de la carte d'identité du parent qui autorise le mineur est obligatoire).
– Adhésion possible également dans toutes les auberges de jeunesse, points d'information et de réservation FUAJ en France.

Par correspondance

– Envoyer une photocopie recto verso d'une pièce d'identité et un chèque correspondant au montant de l'adhésion. Ajouter 2 € pour les frais d'envoi de la FUAJ. Vous recevrez votre carte sous une quinzaine de jours.
– La FUAJ propose aussi une **carte d'adhésion « Famille »,** valable pour les familles de deux adultes ayant un ou plusieurs enfants âgés de moins de 14 ans. Fournir une copie du livret de famille. Elle coûte 23 €. Une seule carte famille est délivrée pour toute la famille, mais les parents peuvent s'en servir lorsqu'ils voyagent seuls. Seuls les enfants de moins de 14 ans peuvent figurer sur cette carte.
– La carte donne également droit à des réductions sur les transports, les musées et les attractions touristiques de plus de 80 pays. Ces avantages varient d'un pays à l'autre, ce qui n'empêche pas de la présenter à chaque occasion. Liste de ces réductions disponible sur • hihostels.com • et pour les réductions en France sur • fuaj.org •

En Belgique

Le prix de la carte varie selon l'âge : entre 3 et 15 ans, 3 € ; entre 16 et 25 ans, 9 € ; après 25 ans, 15 €.

Renseignements et inscriptions

■ **À Bruxelles :** LAJ, *rue de la Sablonnière, 28, 1000.* ☎ *02-219-56-76.* • *laj.be* •
■ **À Anvers :** Vlaamse Jeugdherberg-centrale (VJH), *Van Stralen-straat 40, B 2060 Antwerpen.* ☎ *03-232-72-18.* • *vjh.be* •

– Votre carte de membre vous permet d'obtenir de 5 à 9 € de réduction sur votre première nuit dans les réseaux LAJ, VJH et CAJL (Luxembourg), ainsi que des réductions auprès de nombreux partenaires en Belgique.

En Suisse (SJH)

Le prix de la carte dépend de l'âge : 22 Fs pour les moins de 18 ans, 33 Fs pour les adultes et 44 Fs pour une famille avec des enfants de moins de 18 ans.

Renseignements et inscriptions

■ **Schweizer Jugendherbergen (SJH) :** *service des membres, Schaffhauserstr. 14, 8042 Zurich.* ☎ *01-360-14-14.* • *youthhostel.ch* •

e à l'EcoComparateur de voyages-sncf.com, s pouvez comparer le prix, le temps de t et un indice moyen d'émissions de CO_2 espondant à des offres du site, disponibles un même trajet en train et en avion, ou en ant votre véhicule personnel.

pagnie à bas coût.

NE VOUS TROMPEZ PAS DE MOYEN DE TRANSPORT. COMPAREZ.

EcoComparateur
TRAIN | AVION | LOW COST' | VOITURE

exclusivement sur
Voyages-sncf.com

Au Canada

La carte coûte 35 $Ca pour une durée de 16 à 26 mois (tarif 2008) et 175 $Ca à vie. Gratuit pour les enfants de moins de 18 ans qui accompagnent leurs parents. Pour les juniors voyageant seuls, la carte est gratuite, mais la nuitée est payante (moindre coût). Ajouter systématiquement les taxes.

Renseignements et inscriptions

■ **Auberges de Jeunesse du Saint-Laurent/Saint-Laurent Youth Hostels :**
– À Montréal : 3514, av. Lacombe, Montréal (Québec) H3T-1M1. ☎ (514) 731-10-15. N° gratuit (au Canada) : ☎ 1-866-10-15.

– À Québec : 94, bd René-Lévesque Ouest, Québec (Québec) G1R-2A4. ☎ (418) 522-25-52.
■ **Canadian Hostelling Association :** 205, Catherine St, bureau 400, Ottawa (Ontario) K2P-1C3. ☎ (613) 237-78-84.
• info@hihostels.ca • hihostels.ca •

– Il n'y a pas de limite d'âge pour séjourner en AJ. Il faut simplement être adhérent.
– La FUAJ propose deux guides répertoriant toutes les AJ du monde : un pour la France, un pour le monde (ce dernier est payant).
– La FUAJ offre à ses adhérents la possibilité de réserver en ligne depuis la France, grâce à son système de réservation international • hihostels.com •, 6 nuits maximum et jusqu'à 12 mois à l'avance, dans plus de 800 auberges de jeunesse situées en France et à l'étranger (le réseau Hostelling International couvre plus de 80 pays). Gros avantage, les AJ étant souvent complètes, votre lit (en dortoir, pas de réservation en chambre individuelle) est réservé à la date souhaitée. Et si vous prévoyez un séjour itinérant, vous pouvez désormais réserver plusieurs auberges en une fois. L'intérêt, c'est que tout cela se passe avant le départ, en français, et en euros donc sans frais de change ! Vous versez simplement un acompte de 5 % et des frais de réservation de 2,25 € (non remboursables).Vous recevrez en échange un reçu de réservation que vous présenterez à l'AJ une fois sur place. Ce service permet aussi d'annuler et d'être remboursé selon le délai d'annulation, qui varie d'une AJ à l'autre. Le système de réservation international est désormais accessible en ligne via le site • hihostels.com • D'un simple clic, il permet d'obtenir toutes les informations utiles sur les auberges reliées au système, de vérifier les disponibilités, de réserver et de payer en ligne, de visiter virtuellement une auberge et bien d'autres astuces !

Carte internationale d'étudiant (carte ISIC)

Elle prouve le statut d'étudiant dans le monde entier et permet de bénéficier de tous les avantages, services, réductions étudiants du monde, soit plus de 37 000 avantages, dont plus de 8 000 en France, concernant les transports, les hébergements, la culture, les loisirs... C'est la clé de la mobilité étudiante !
La carte ISIC donne aussi accès à des avantages exclusifs sur le voyage (billets d'avion spéciaux, assurances de voyage, carte de téléphone internationale, cartes SIM, location de voitures, navette aéroport...).
Pour plus d'informations sur la carte ISIC et pour la commander en ligne, rendez-vous sur les sites internet propre à chaque pays.

Pour l'obtenir en France

Pour localiser un point de vente proche de vous ☎ *01-49-96-96-49 ou* • *isic.fr* •
Se présenter au point de vente avec :
– une preuve du statut d'étudiant (carte d'étudiant, certificat de scolarité...) ;
– une photo d'identité ;
– 12 € (ou 13 € par correspondance, incluant les frais d'envoi des documents d'information sur la carte).
Émission immédiate.

En Belgique

La carte coûte 9 € et s'obtient sur présentation de la carte d'identité, de la carte d'étudiant et d'une photo auprès de :
■ **Connections** : rens au ☎ 02-550-01-00. • isic.be •

En Suisse

Dans toutes les agences *STA Travel* (☎ 058-450-40-00), sur présentation de la carte d'étudiant, d'une photo et de 20 Fs. *Commande de la carte en ligne :* • isic.ch • ou • statravel.ch •

Cartes de paiement

Quelle que soit la carte que vous possédez, chaque banque gère elle-même le processus d'opposition et le numéro de téléphone correspondant ! Avant de partir, notez donc bien le numéro d'opposition propre à votre banque (il figure souvent au dos des tickets de retrait, sur votre contrat ou à côté des distributeurs de billets), ainsi que le numéro à 16 chiffres de votre carte. Bien entendu, conserver ces informations en lieu sûr, et séparément de votre carte. Par ailleurs, l'assistance médicale se limite aux 90 premiers jours du voyage.
– *Carte* **MasterCard** : *numéro d'urgence assistance médicale :* ☎ 00-33-1-45-16-65-65. • mastercardfrance.com • *En cas de perte ou de vol, composer le numéro communiqué par votre banque ou à défaut au numéro général :* ☎ 00-33-892-69-92-92 pour faire opposition 24h/24.
– *Pour la carte* **American Express**, *téléphoner en cas de pépin au* ☎ (00-33) 1-47-77-72-00. *Numéro accessible 24h/24 et 7j/7, PCV accepté en cas de perte ou de vol.* • americanexpress.fr •
– *Carte* **Bleue Visa** : *numéro d'urgence assistance médicale* (Europ Assistance) : ☎ 00-33-1-45-85-88-81. *Pour faire opposition, contacter le numéro communiqué par votre banque ou à défaut depuis l'étranger le* ☎ 1-410-581-9994 *(PCV accepté).* • carte-bleue.fr •
– *Pour ttes les cartes émises par* **la Banque Postale**, *composer le* ☎ 0825-809-803 *(0,15 €/mn) et pour les DOM ou depuis l'étranger :* ☎ (00-33) 5-55-42-51-96.
– *Également un numéro d'appel valable quelle que soit votre carte de paiement :* ☎ 0892-705-705 *(serveur vocal à 0,34 €/mn). Ne fonctionne ni en PCV, ni depuis l'étranger.*

Monuments nationaux à la carte

Le Centre des monuments nationaux accueille le public dans tous les monuments français, propriétés de l'État. Ces hauts lieux de l'histoire proposent des visites, libres ou guidées, des expositions et des spectacles historiques, lors de manifestations événementielles.
Pour la région Bourgogne, sont concernés les monuments suivants : le château de Bussy-Rabutin, le château de Châteauneuf-en-Auxois et l'abbaye de Cluny.
– *Rens au* **Centre des monuments nationaux** : *62, rue Saint-Antoine, 75186 Paris Cedex 04.* ☎ 01-44-61-21-50. • monuments-nationaux.fr • Ⓜ Saint-Paul.

Travail bénévole

■ **Concordia** : *17-19, rue Etex, 75018 Paris.* ☎ 01-45-23-00-23. • concordia@wanadoo.fr • concordia-association.org • Ⓜ Guy-Môquet. Envoi gratuit de brochure sur demande par téléphone ou email. Travail bénévole. Logé, nourri.

Chantiers très variés : restauration du patrimoine, valorisation de l'environnement, travail d'animation... Places limitées. Également des stages de formation à l'animation et des activités en France. Sachez toutefois que les frais d'inscription coûtent entre 126 et 180 € selon la destination et que le voyage, l'assurance et les formalités d'entrée sont à la charge du participant.

LANGUE

Il existait en Bourgogne une grande variété de dialectes et de patois, ceux du Morvan se rattachant aux langues d'oïl alors que ceux de Saône-et-Loire se rapprochaient du franco-provençal. Ces parlers sont en voie de disparition, mais quelques-uns de leurs mots peuvent être encore entendus de-ci de-là. De nombreux mots étant issus de racines celtes, on les retrouve dans les patois d'autres régions. Nous vous proposons quelques mots pittoresques récoltés dans le nord de la Saône-et-Loire. La graphie « au » indique un ô très fermé et allongé.
– *beurdauler :* malmener
– *beuzenot :* naïf, ignorant
– *écapouti :* ratatiné
– *gaugé :* trempé
– *gauniché :* mal habillé
– *peut :* laid, vilain (le Peut = le Diable)
– *ragogner :* ronchonner
– *teugnas :* abruti
– *treuffe :* pomme de terre

LIVRES DE ROUTE

Parmi les « grands » enfants du pays, on retiendra **Lamartine,** qui évoque sa terre natale dans les *Méditations,* **Colette** et ses souvenirs de jeunesse à travers la série des *Claudine,* ou encore **Jules Renard,** heureux père de *Poil de carotte,* qui croque les Bourguignons avec une plume acérée, bien loin des récits de campagne idéalisés de ses contemporains.
– *Ciels changeants, menaces d'orages,* d'Elizabeth Motsch (éd. Actes Sud, 2005). Livre très attachant et documenté sur l'univers du vin en Bourgogne. Il possède l'avantage de se lire vraiment comme un roman, tout en donnant plein d'éléments concrets, d'infos précises et d'analyses pertinentes sur la fabrication du vin, son environnement, ses acteurs... Car ce livre donne aussi la parole aux vignerons, aux amoureux de leur métier, à ceux qui savent en parler avec enthousiasme et sincérité... Les accents chantent, les cœurs se libèrent et tout cela est mis joliment en musique par Elizabeth Motsch, une bourguignonne d'adoption qui sait raconter les choses. En contrepoint, des photos, des proverbes, des citations qui transmettent aussi fort bien les atmosphères, les saisons. En prime, aucune austérité dans les narrations techniques et de judicieuses adresses pour remplir sa cave de bonnes bouteilles. Un roman, un livre d'histoire, un guide tout à la fois... L'intro de rêve aux vignes du seigneur !
– *Le Village métamorphosé. Révolution dans la France profonde,* de Pascal Dibie (éd. Plon, coll. « Terre Humaine », 2006). En 1979, Pascal Dibie décrivait dans *Le Village retrouvé* son village d'enfance, Chichery, terre de valeurs, de traditions et d'authenticité. Près de 30 ans plus tard, l'ethnologue livre une nouvelle analyse, sensible et attentive, de cette communauté rurale à présent transfigurée par la modernité, dévorée par l'urbanisation et la technologie. De profondes mutations ont dévitalisé ce terroir, changé les modes de vie, créé de nouveaux codes. Bien au-delà d'une réflexion sur un petit village bourguignon, ce livre témoigne de l'évolution de la société, et de la regrettable perte du lien social.

– **La Billebaude,** d'Henri Vincenot (éd. Gallimard, coll. « Folio », 1982). Dans une langue pimentée de termes dialectaux, l'auteur nous emmène à la billebaude (c'est-à-dire en toute liberté) à travers ses souvenirs de jeunesse. Sa plume est tendre et nostalgique pour évoquer la vie rude et simple de ses grands-parents, sous un climat dur dans un hameau isolé. En refermant le livre, le lecteur garde l'émerveillement d'un regard humaniste sur des êtres simples, frustres et néanmoins généreux.
– **Le Pape des escargots,** d'Henri Vincenot (éd. Gallimard, coll. « Folio », 1972). La Gazette, un vagabond truculent et inspiré, un peu prophète et un peu fou, chemine à travers les hauts forestiers et les villages perdus, dormant dans les granges et recevant le couvert en échange de sa bonne parole. Il se prend d'amitié pour Gilbert de La Rouéchotte, sculpteur d'origine rurale déçu de la vie parisienne, et lui fait rencontrer les compagnons des cathédrales. Il partira avec eux à la restauration des églises pour y trouver la clé du symbolisme secret des grands sanctuaires de la Bourgogne.
– **Splendeurs de la cour de Bourgogne,** récit et chroniques de Danielle Régnier-Bohler (éd. Robert Laffont, coll. « Bouquins », 1995). La chevalerie bourguignonne au XVe siècle... pour les férus d'histoire et de romans de cape et d'épée.
– **Bourgogne,** ouvrage collectif (éd. Christine Bonneton, 2001). Pour une connaissance plus approfondie de la région, à travers plusieurs thèmes : histoire, ethnologie, langues et littérature, géographie et économie. Un ouvrage accessible et bien documenté.

PERSONNES HANDICAPÉES

> *Le label Tourisme et Handicap*
>
> Ce label national, créé par le secrétariat d'État à la consommation et au tourisme en partenariat avec les professionnels du tourisme et les associations représentant les personnes handicapées, permet d'identifier les lieux de vacances (hôtels, campings, sites naturels, etc.), de loisirs (parcs d'attractions, etc.), ou de culture (musée, monuments, etc.) accessibles aux personnes handicapées. Il apporte aux touristes en situation de handicap une information fiable sur l'accessibilité des lieux. Cette accessibilité, visualisée par un pictogramme correspondant aux quatre types de handicaps (moteur, visuel, auditif et mental), garantit un accueil et une utilisation des services proposés avec un maximum d'autonomie dans un environnement sécurisant.
>
> Pour connaître la liste des sites labellisés : • franceguide.com • (rubrique tourisme et handicaps).
>
>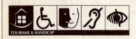

Par ailleurs, dans notre guide, nous indiquons par le logo ♿ les établissements qui possèdent un accès ou des chambres pouvant accueillir des personnes handicapées. Certaines adresses sont parfaitement équipées selon les critères les plus modernes. D'autres, plus simples, plus anciennes aussi, sans répondre aux normes les plus récentes, favorisent l'accueil des personnes handicapées en facilitant l'accès à leur établissement, tant sur le plan matériel que sur le plan humain. Évidemment, les handicaps étant très divers, des lieux accessibles à certaines personnes ne le seront pas pour d'autres. Appelez donc auparavant pour savoir si l'équipement de l'hôtel ou du resto est compatible avec votre niveau de mobilité. Malgré les combats menés par les nombreuses associations, l'intégration des personnes handicapées à la vie de tous les jours est encore balbutiante en France. Il tient à chacun de nous de faire changer les choses. Une prise de conscience est nécessaire, nous sommes tous concernés.

SITES INSCRITS AU PATRIMOINE MONDIAL DE L'UNESCO

Organisation
des Nations Unies
pour l'éducation,
la science et la culture

En coopération avec
le centre du patrimoine mondial de l'UNESCO

Pour figurer sur la Liste du patrimoine mondial, les sites doivent avoir une valeur universelle exceptionnelle et satisfaire à au moins un des dix critères de sélection. La protection, la gestion, l'authenticité et l'intégrité des biens sont également des considérations importantes.
Le patrimoine est l'héritage du passé dont nous profitons aujourd'hui et que nous transmettons aux générations à venir. Nos patrimoines culturel et naturel sont deux sources irremplaçables de vie et d'inspiration. Ces sites appartiennent à tous les peuples du monde, sans tenir compte du territoire sur lequel ils sont situés. Pour plus d'informations : ● http://whc.unesco.org ●
En Bourgogne sont concernées par ce classement : l'abbaye de Fontenay, la basilique et la colline de Vézelay, l'église Saint-Jacques-d'Asquins et l'église prieurale Sainte-Croix-Notre-Dame de la Charité-sur-Loire.

SITES INTERNET

● *routard.com* ● Vous avez votre routard préféré en poche, mais vous êtes un irréductible de la petite souris. Sur routard.com, vous trouverez tout pour préparer votre voyage en ligne : fiches pratiques sur les régions françaises, galerie de photos, pages de liens, adresses inédites, itinéraires, services (réservations, fêtes, livres, disques, cartes et météo). Le nouvel indispensable !
● *maille.com* ● Qui a parlé de la moutarde ? Le site de « Il n'y a que Maille qui m'aille » vous propose plein de recettes et dévoile les secrets d'une vinaigrette réussie !
● *fsc.cluny.free.fr* ● Pour suivre à la trace l'héritage culturel de Cluny. Créée en 1994, la fédération des sites clunisiens répertorie les sites, français ou européens, ayant eu un lien avec la fameuse abbaye.
● *bivb.com* ● En Bourgogne, comment ne pas parler des vins ? Pour satisfaire les curieux et les autres, voici le site du bureau interprofessionnel des vins de cette région. À consommer avec modération.
● *webbourgogne.com* ● Tout sur la Bourgogne, avec beaucoup de liens sur la culture, la gastronomie, le tourisme, la météo, etc.
● *bienpublic.com* ● Pour avoir les infos locales et régionales bourguignonnes et plein d'autres renseignements : art, culture, sport sur le site du *Bien public*.
● *bourgogne-recettes.com* ● Pour en savoir davantage sur la gastronomie bourguignonne et les spécialités régionales. Annuaire des restos, et si vous êtes à court d'idées, 1 001 recettes vous sont suggérées.
● *bourgogne.net* ● Pour découvrir la Bourgogne sous tous ses aspects : vins, tourisme, économie...
● *parcdumorvan.org* ● À l'image du parc, un site dynamique, qui recense aussi bien les offres d'hébergement que le programme des activités culturelles et sportives.
● *bourgogne-tourisme.com* ● Le site de la région Bourgogne, où les infos sont classées par thèmes ou par départements.

VILLES ET VILLAGES FLEURIS

Un panneau jaune et fleuri marque l'entrée de plus de 3 000 communes de France. Ce label de 1 à 4 fleurs est décerné par le Conseil National des Villes et Villages

Fleuris (CNVVF). Il est attribué suivant la qualité du fleurissement et contribue à l'amélioration de l'environnement de la commune. L'occasion pour nos lecteurs de découvrir de coquettes communes !

■ *Conseil National des Villes et Villages Fleuris (CNVVF) :* 23, place de Catalogne, 75014 Paris. • villes-et-villages-fleuris.com •

En Bourgogne sont concernées les communes 4 fleurs suivantes : Beaune, Dijon (21) ; Mâcon, Paray-le-Monial (71) ; Auxerre, Sens (89).

HOMMES, CULTURE ET ENVIRONNEMENT

La Bourgogne, pays magnifique et méconnu aux portes de la capitale, sort enfin de sa coquille. Cette coquille emblématique du fameux escargot, qu'une récente campagne de promotion touristique nous a montré plus facétieux, plus haut en couleur que jamais. Oui, la Bourgogne a bien changé. Elle a même fini par s'habituer aux autoroutes, qui la placent aujourd'hui au cœur de l'Europe, et qui furent longtemps la bête noire de ses habitants. C'est vrai qu'elles lui ont fait du tort aussi, ces gredines, supprimant les douces escales d'autrefois dans des bourgades paisibles où l'on se régalait d'escargots, de jambon persillé et de coq au vin, avant de s'attaquer à l'époisses pour finir sur un vieux marc plutôt que sur un dessert. Les escales les plus malignes ont tenu le coup. Et l'histoire leur a donné raison.

Du pays de Vincenot à celui de Colette, de cette Arrière-Côte – devenue, par snobisme, les Hautes-Côtes – jusqu'à la Puisaye, du Nivernais à la Vingeanne, la Bourgogne se décline en une mosaïque de pays ayant chacun ses couleurs, sa saveur, ses senteurs... Et il ne faudrait surtout pas la réduire à la bande étroite qui, de Beaune à Dijon via Nuits-Saint-Georges, arbore la pléiade de prestigieux vignobles dont la réputation s'étend bien au-delà de nos frontières. La Bourgogne historique est aussi constituée des noires forêts du Morvan, des plaines agricoles ceinturant Sens, des paysages verts et opulents du Charolais et du Brionnais annonçant déjà le Bourbonnais, de la superbe architecture rurale de la Bresse bourguignonne ainsi que des paysages parfois austères de la Côte-d'Or, parsemés de bourgades médiévales charmantes et rustiques. Mémoire du terroir, de la vouivre et des trains d'avant chantés par Vincenot, mais aussi mémoire ouvrière avec Le Creusot où furent fondus les canons qui sauvèrent la République en 1792 ! C'est tout ça la Bourgogne, et bien d'autres choses que vous découvrirez petit à petit.

Au-delà de son irremplaçable patrimoine architectural, de ses Vézelay, Cluny et autre palais des Ducs, ici, on en revient toujours à l'art de vivre. Comme Talleyrand qui, pour se faire élire à Autun, avait sa table pour régaler ses électeurs, la Bourgogne possède suffisamment de grandes et petites tables et de bons produits pour recevoir et retenir le connaisseur et le tout-venant. De vignes en caves, de fermes-auberges en châteaux, elle attend, l'œil malin, le visiteur qui saura prendre les chemins de traverse, une fois quittées les voies tracées de l'autoroute ou du TGV. « Entrez donc, on ne vous mangera point ! »

ARCHITECTURE

L'art roman bourguignon

L'art roman s'est particulièrement bien développé en Bourgogne, dont les églises romanes, d'une grande richesse architecturale et sculpturale, sont pour la plupart bien conservées. C'est surtout dans le Brionnais et le Mâconnais que le routard de passage sera frappé par le nombre et la beauté de ces églises, comme en témoigne cette phrase du moine Raoul Glaber, un routard de l'aube du deuxième millénaire : « Voyager ici, c'est trouver, après chaque colline de son agréable paysage, un nouveau clocher roman ». De la cathédrale d'Autun à l'humble chapelle Saint-

Martin-de-Laives, en passant par les églises de Berzé-la-Ville ou de Chapaize, vous attend tout un monde de foi chrétienne, d'histoire de l'art et d'harmonie bâtie autour du nombre d'or.

Les grandes abbayes

C'est en Bourgogne que naquirent deux des grandes abbayes qui vont rayonner sur la chrétienté. Celle de *Cluny,* en particulier, fondée en 910, va connaître une influence sans précédent, concrétisant par un ensemble architectural jamais égalé l'étonnante puissance spirituelle et temporelle qui fut la sienne. Mais en mars 1098, une poignée de moines quittent l'abbaye de *Molesmes,* à la limite de l'Yonne et de la Côte-d'Or, pour construire plus au sud, dans la clairière de *Cîteaux,* une abbaye en bois où ils pourront vivre selon la règle de saint Benoît, dans un esprit de pauvreté et de prière aux antipodes du faste de Cluny dont la nourriture riche et abondante, la boisson à volonté et le train de vie fastueux sont notoires dans tout le monde chrétien. L'ordre cistercien est né.
Si, dans le domaine artistique, Cîteaux conserve le goût de Cluny pour les livres ornés de merveilleuses enluminures, l'austérité des cisterciens se traduit aussi dans l'architecture. Pas de sculptures ni de fioritures, plus d'histoires ni de légendes à raconter. Le dépouillement doit conduire à la prière. Cette nudité des bâtiments n'est pas vraiment totale, la règle d'austérité est parfois légèrement trahie : ainsi, le cloître de l'abbaye de *Fontenay* n'est pas tout à fait symétrique, aucune colonne n'étant identique à une autre.

La pierre de Comblanchien

L'aspect d'une ville et la façon de construire dépendent principalement des matériaux disponibles sur place. Dijon est essentiellement une ville de pierre, puisque les carrières sont proches de son agglomération. La pierre dominante est le calcaire de Comblanchien, d'une couleur chaude, rosée ou jaunâtre, parsemée de points de rouille typiques. Elle est caractérisée par sa bonne tenue, tant dans les monuments (hôtel de ville, cathédrale Saint-Bénigne) que dans les façades des maisons anciennes et des hôtels particuliers (rue des Forges, rue Jeannin, rue Berbisey). Actuellement, seules les carrières situées au sud de Nuits-Saint-Georges demeurent en activité dans ce bassin de Comblanchien, dont le calcaire provient d'une boue de précipitation et d'un sable aux grains formés de débris d'invertébrés et d'autres micro-organismes, agglomérés il y a quelque 165 millions d'années dans un immense lagon.

Les toits bourguignons

Les toits en tuiles vernissées aux motifs géométriques font partie intégrante du paysage bourguignon au même titre que la vigne ou les riches pâturages du Charolais. Ces tuiles coiffent aussi bien des édifices religieux comme la cathédrale Saint-Bénigne de Dijon que des bâtiments civils de la grande époque des ducs de Bourgogne. Le plus célèbre d'entre eux est sans conteste l'hôtel-Dieu de Beaune, construit par Nicolas Rolin, chancelier de Philippe le Bon.

LE CANAL DE BOURGOGNE

La Saône est connue pour son activité fluviale dès le IVe siècle av. J.-C. et les ports de Chalon-sur-Saône et Saint-Jean-de-Losne datent respectivement des IIIe et Ier siècles av. J.-C.
Au Moyen Âge, la technique du flottage était largement utilisée et permettait le ravitaillement de la capitale en bois. Aussi, au XVIIe siècle, Colbert demande-t-il à Paul Riquet, l'architecte du canal du Midi, d'étudier le ralliement de la Seine à la Saône. Riquet répondra que ce projet est irréaliste. Vingt ans plus tard, Vauban

reprend les études de tracé. Celui-ci est arrêté en 1727. Tout le monde croit alors à une réalisation rapide. Mais le chiffrage des travaux fait remettre à plus tard son exécution. Le dossier est rouvert sous Louis XV, la réalisation est décidée... Les travaux commencent en 1775, mais le chantier est arrêté pour cause de Révolution. Le canal tombe dans l'oubli jusqu'en 1806, date à laquelle Napoléon fera aboutir le projet. Des travaux gigantesques sont entrepris afin de franchir le seuil de Bourgogne. Il ne faut pas moins de 6 réservoirs pour alimenter le canal à cet endroit, où 11 écluses sont nécessaires sur un parcours de 3,2 km, soit une écluse tous les 300 m !

L'ouvrage d'art le plus important est certainement le passage en souterrain à Pouilly-en-Auxois. Il fallait creuser sur une distance de 3,2 km. On employa des prisonniers de droit commun, dans d'épouvantables conditions de travail, sur un chantier qui dura 6 ans, de 1826 à 1832.

Le souterrain ne comporte pas de chemin de halage. Les mariniers faisaient avancer leur embarcation au moyen de perches, rendant épuisante une traversée qui prenait de 8 à 10h. Ce n'est qu'en 1867 que fut mis en service un toueur à vapeur, c'est-à-dire un bateau se tirant lui-même grâce à un tambour d'enroulement d'une chaîne immergée au fond du canal, et capable de pousser d'autres bateaux.

Quant au halage, il s'est longtemps effectué à col d'homme, on dit « à la bricole », du nom du harnais que l'homme portait. Le radier se tenait sur le bateau et le poussait dans l'axe du canal avec une perche. Travaux harassants. Le cheval venant ensuite remplacer l'homme, apparaissent des relais

> **J'ÉCLUSE, TU ÉCLUSES...**
> *À cette époque, on prenait le temps de vivre. Les mariniers et les éclusiers échangeaient les nouvelles durant l'éclusage. On ouvrait des bouteilles et on les vidait : on les éclusait.*

de charretiers jalonnant le canal. L'arrivée de la vapeur, en 1873, se heurte à l'hostilité générale, car la corporation du halage veut survivre. Le halage humain est toutefois interdit en 1918. Le tracteur à moteur arrive en 1923.

ÉCONOMIE

La Bourgogne, 14e région exportatrice de France, a pour clients principaux l'Allemagne, l'Italie et l'Espagne. Elle bénéficie également d'une position stratégique entre les deux premières régions économiques françaises, l'Île-de-France et Rhône-Alpes. Au risque d'en décevoir certains cette région n'est pas uniquement constituée d'une rangée de vignes, d'une douzaine d'escargots et d'un clocher roman ! L'économie bourguignonne se défend plutôt bien : pour plus de la moitié, les Bourguignons sont des « cols blancs » qui travaillent dans les transports, le commerce et les services.

Par sa position géographique enfin, la Bourgogne est un carrefour routier, ferroviaire et fluvial incontournable pour qui veut aller de la Méditerranée vers la mer du Nord, de la Suisse ou de l'Italie vers l'Île-de-France ou l'Atlantique.

Charolaises

L'homme bourguignon a su exploiter les particularismes d'un paysage fragmenté et varié. La surface occupée par l'activité agricole couvre 60 % du territoire, et même 94 % si l'on y ajoute la forêt. Dans la Bourgogne d'aujourd'hui, on peut reconnaître quatre grandes régions agricoles à différentes spécialisations. La zone de polyculture-élevage s'étend sur pratiquement la moitié de la région. Elle occupe presque entièrement l'Yonne, une grande partie de la Côte-d'Or et le nord de la Nièvre. Ces vastes surfaces produisent de préférence des céréales et du colza ; l'élevage est essentiellement bovin. La zone charolaise et morvandelle occupe pratiquement l'autre moitié. C'est le pays de bocage et d'habitat dispersé, le domaine de l'élevage, pour la viande, du bœuf charolais et de quelques porcs de qualité. La zone agricole de la vallée de la Saône est beaucoup plus restreinte, c'est une région de production diversifiée : élevage laitier, élevage de volailles, polyculture avec maïs, betterave à sucre et céréales. La zone viticole est la moins étendue mais la plus réputée et la plus originale. La forêt, qui couvre 32 % du territoire, place la région au 7e rang de France, mais son intérêt économique est loin de lui correspondre. Seules quelques futaies (produisant quand même du chêne de grande qualité), les sapins de Noël du Morvan et résineux sont actuellement exploités, le reste étant le domaine des chasseurs et des chercheurs de champignons (malheureusement, les premiers chassent les seconds).

La photographie et les cocotte-minute

Comparativement au reste du pays, la Bourgogne est une région plus industrielle que tertiaire (34 % des salariés contre 26,5 % en moyenne sur le territoire français). Le domaine industriel est très diversifié, mais on peut distinguer quelques secteurs phares : métallurgie, pharmacie, électronique, automobile (pièces détachées), plastique, emballage, textile, agroalimentaire et, bien sûr, l'industrie du vin.
Quelques noms ? Le Creusot, les cocottes SEB, Vallourec (centrales nucléaires), Sacilor, Schneider, Fournier, Urgo, Thomson, Kodak-Pathé (pratiquement à l'endroit où Nicéphore Niépce inventa la photographie), DIM, Studio Aventure, Look (fixations de ski), Saint-Gobain, Tetrapak, Longchamp, BSN (Amora, Maille et Grey-Poupon), Lanvin (groupe Nestlé) et... les innombrables producteurs de vins !

ENVIRONNEMENT

La Bourgogne est un territoire essentiellement rural (forêts, prairies, vignes). Pourtant, la répartition de la population entre villes et campagnes indique que 50 % des Bourguignons vivent sur 5 % du territoire, où ils occupent 70 % des emplois. Les villes bourguignonnes restent, en général, des cités à dimension humaine, qui échappent aux pressions et aux désagréments des grandes agglomérations.
Voici quelques indicateurs parmi d'autres, tirés en partie des rapports officiels d'*ALTERRE*, l'agence régionale pour l'environnement et le développement durable en Bourgogne (● *oreb.org* ●).
– *La qualité de l'air :* dans les villes bourguignonnes, on observe, depuis 1994, une diminution des concentrations de dioxyde de soufre et monoxyde de carbone. Des hivers plus doux, une réglementation plus stricte, une consommation plus raisonnable : ce sont les raisons de cette évolution. Par contre l'ozone, polluant secondaire mais réel dont les concentrations varient selon les conditions climatiques (ensoleillement), est en augmentation. Mauvais résultats également pour le dioxyde d'azote, émis par un trafic automobile de plus en plus dense (climatisation, courts trajets, etc.).
– *La qualité des cours d'eau :* elle s'améliore dans les rivières. Les meilleurs cours d'eau étant situés dans le Morvan, en amont des zones viticoles et des agglomérations qui rejettent des eaux insuffisamment épurées.
– *La faune et la flore :* 101 espèces animales et 17 espèces végétales observées en Bourgogne sont considérées comme menacées au niveau national. Parmi celles-ci : les chauves-souris, les loutres, les courlis, les hiboux, les busards, les anguilles, les brochets, les crapauds, les lézards, les écrevisses... Une des raisons de la richesse de ce patrimoine naturel bourguignon est la couverture forestière (un tiers environ de la superficie de la région).
– *SOS sangliers :* en Bourgogne, les forêts et les champs agricoles sont tellement imbriqués les uns dans les autres que les cultures (essentiellement les champs de maïs) sont régulièrement ravagées par les sangliers. Ce phénomène a pris une telle ampleur que les paysans bourguignons demandent chaque année des indemnités en compensation des dégâts causés. Le département de la Côte-d'Or (très apprécié des sangliers) perçoit à lui seul près de 50 % de ces indemnités. Depuis 2001,

des plans de chasse aux sangliers ont été progressivement mis en place dans la région et ont conduit à l'abattage de plusieurs milliers de bêtes en Bourgogne.

Les périls et les dangers

– **Le remembrement :** à l'origine (loi de 1941), le remembrement était destiné à regrouper et à rapprocher les parcelles autour de la ferme, afin de simplifier et de rationaliser l'exploitation des terres par le cultivateur. En Bourgogne, comme ailleurs, il a été efficace. Mais l'un des effets immédiats de cette rationalisation est la disparition des haies et des chemins ruraux. Tout devient plus facile pour le paysan, mais le paysage se banalise. Et de nombreux écosystèmes disparaissent, avec un effet certain sur la biodiversité de la région.
– **Les panneaux publicitaires :** des municipalités ont pris des mesures pour limiter l'affichage publicitaire : Autun, Dijon et Chalon-sur-Saône. La commune de Quétigny limite l'affichage publicitaire dans la ville, mais aussi dans les zones commerciales.

GÉOGRAPHIE

La plus grande partie de la région oscille entre 150 et 600 m au-dessus du niveau de la mer, culminant à 900 m grâce à quelques sommets du Morvan, géographiquement à nouveau attachés au Massif central depuis 2005. Les plaines alluviales de l'Yonne, de l'Armançon et de la Saône, elles, sont en dessous de 150 m. Et la partie restante ? Au nord-ouest, la partie inférieure du Bassin parisien ; au sud, les douces collines du Mâconnais et du Charolais ; du nord-est à l'ouest se succèdent les sévères plateaux du Châtillonnais, de Langres et du Nivernais, qui sont souvent incisés par des failles où coulent les méandres des rivières à truites. Parallèlement à la Saône, du nord au sud, la longue faille bordée de talus où poussent les vignes aux crus prestigieux. À l'est et au sud-est, l'ensemble des plaines que l'on désigne sous le nom de Fossé bressan. Enfin, au centre de la région, le massif granitique du Morvan.

La Bourgogne, lieu de passage, est également un carrefour climatique. Si le climat continental domine, les spécialistes distinguent 9 sous-climats, nourris d'influences océaniques et méridionales. Enfin, on retient surtout des étés chauds et secs ; le reste de l'année, que d'eau, que d'eau ! Ce qui donne du bon vin, certes, mais aussi des paysages magnifiques, comme celui du Parc naturel régional du Morvan, constitué de vastes plans d'eau et de 60 % de forêts.

HABITAT

L'habitat traditionnel a été conditionné par les matériaux locaux, le transport de matières premières restant difficile jusqu'au milieu du XIXe siècle. En Bourgogne du nord et de l'ouest, c'est la pierre qui domine, alors que dans le sud-est de la région, on utilise plus facilement la terre et le bois. La pierre provient du calcaire jurassique, de la craie blanche du Sénonais ou des blocs de granit du Morvan, assemblés par toutes sortes de mortiers, la plupart du temps de la chaux. Les murs en terre sont soit en *pisé* (dans la vallée de la Saône), soit à base de *torchis* (argile et paille) avec une structure en bois pour assurer la résistance. À l'origine, c'est ainsi que sont construites les fermes bressanes, ces belles maisons à colombages. La brique ne se généralise qu'à la fin du XVIIIe siècle dans le bassin de la Saône et dans le nord-est. Elle se substitue peu à peu aux sols battus, au torchis et aux colombages.

Le toit, enfin, est fait de tuiles, un artisanat florissant en Bourgogne aux XIVe et XVe siècles. Tuile canal en Saône-et-Loire, tuile plate dans le reste de la région. Le chaume, difficile d'entretien, est définitivement abandonné dans la deuxième moitié du XIXe siècle : facilement inflammable, il n'est plus couvert par les compagnies d'assurance, qui demandent qu'il soit remplacé par la tuile.

Outre les matériaux utilisés, les habitations bourguignonnes se différencient également par leur vocation, pastorale, céréalière ou vinicole. La région offre donc un habitat diversifié, qui régale l'œil du promeneur : les « maisons de craie » du Sénonais, les « chaumières du Morvan », les « maisons à galerie » du Mâconnais, principalement vinicoles, ou les « courts », reconnaissables à leurs grands porches extérieurs, les fermes bressanes à colombages, ou encore la « maison vigneronne », très répandue en Côte-d'Or, en calcaire jurassique, matériau idéal pour préserver la fraîcheur des caves.

HISTOIRE

Alésia

Les Romains occupent le sud de la Gaule depuis un demi-siècle et marchent vers le Nord indépendant en 58 av. J.-C. En 52 av. J.-C., toutes les forces s'allient à Vercingétorix qui devient le chef suprême de toutes les Gaules et mène une guerre sans merci contre Jules César. Mais, retranché sur l'oppidum d'Alésia, Vercingétorix doit se rendre et son armée capitule après deux mois de siège. Cet événement marque donc un tournant décisif : malgré quelques révoltes sporadiques, en 51 av. J.-C., la résistance est anéantie. La Gaule épuisée est réduite en province par César.

Le temps des Burgondes

Dès la fin du IIIe siècle, les invasions barbares mettent à mal l'autorité de Rome. C'est vers 480 que se fixe sur le territoire de l'actuelle Suisse romande un peuple venu de l'Est, les Burgondes, dont le roi Gondebaud mène une politique d'expansion vers l'ouest et tient la dragée haute à ses voisins, parmi lesquels le terrible Clovis. Annexé par Charlemagne en 771, le royaume burgonde retrouve sa souveraineté en 888. Grâce à un jeu de royales épousailles il réussit, en 935, à s'agrandir jusqu'en Provence, avant de s'éteindre doucement, du fait du morcellement féodal. Mais, suite au partage des possessions de Charlemagne au traité de Verdun en 843, ce royaume (dit de Bourgogne cisjurane) n'assoit pas son autorité sur les territoires s'étendant à l'ouest de la Saône. Là, un certain Richard le Justicier profite en 918 des désordres liés aux invasions des Vikings pour se faire nommer duc de Bourgogne transjurane. Ce duché, qui préfigure par son étendue la Bourgogne moderne, passe au début du XIe siècle à une branche des Capétiens, s'affranchissant pratiquement de la tutelle du roi de France.

La fournée des grands-ducs

En 1352, les Valois font main basse sur ce duché qui attire les convoitises, de par ses villes prospères aux monuments grandioses pour l'époque, ses foires regorgeant de produits du cru et son rayonnement religieux sans précédent dans l'histoire. Sous l'influence d'une étonnante dynastie ducale, la Bourgogne va se tailler une place dans la cour des grands.
– ***Philippe le Hardi*** *(1342-1404),* fils cadet du roi Jean le Bon, reçoit en apanage le duché de Bourgogne en souvenir de son courage à la journée de Poitiers où, presque enfant, il combattit aux côtés de son père. Son habileté politique lui permet de conforter ses positions vis-à-vis du royaume de France ; c'est ainsi qu'il épouse Marguerite de Flandre, qui lui apporte un ensemble de comtés qu'il accroît par divers achats et héritages. Philippe le Hardi établit une paix durable et la Flandre est désormais acquise au duc de Bourgogne. Allié de la Bavière par le mariage de ses enfants, Philippe le Hardi conclut un accord de paix avec l'Angleterre. Ce penchant européen insufflé par Philippe le Hardi sera une constante de la politique de tous les ducs de Bourgogne. Philippe le Hardi meurt à 62 ans en ayant fait de la Bourgogne un duché aussi riche et puissant, sinon plus, que le royaume de France.

– **Jean sans Peur** *(1371-1419)*, fils de Philippe le Hardi, est en compétition pour le trône de France avec son cousin le duc d'Orléans. Ses idées libérales, voire démagogiques, attisent les rivalités. Suite à la folie du roi Charles VI, la régence est confiée au duc d'Orléans. Rien ne pouvait plus irriter Jean sans Peur, qui fait assassiner son rival en 1407. La voie semble libre pour conquérir le trône de France : sa puissance oblige le roi à amnistier son crime. Mais il trouve une forte opposition en la personne de Bertrand d'Armagnac, beau-frère du duc d'Orléans, et de ses partisans, les Armagnacs. La guerre civile est inévitable. C'est le moment que choisit la perfide Albion pour débarquer en Normandie. Jean sans Peur refuse assistance aux Armagnacs, qui se font battre à plate couture à Azincourt, et passe une alliance secrète avec les Anglais contre le royaume de France. En 1418, les Bourguignons sont maîtres de Paris. Le dauphin, futur Charles VII, se réfugie à Bourges (comme d'autres, beaucoup plus tard, à Vichy...) et conclut un accord avec Jean sans Peur. C'est en allant signer cet accord que le duc de Bourgogne est assassiné d'un coup de hache en septembre 1419.

– **Philippe le Bon** *(1396-1467)* commence son règne par un drame : l'assassinat de son père, Jean sans Peur, par un séide de son beau-frère (son épouse Michèle était la sœur du dauphin). Quelle famille ! Du coup, Philippe jette son duché dans les bras des Anglais, en pleine guerre de Cent Ans. La lutte est confuse entre Bourguignons, Anglais et Français. Elle cessera grâce à Jeanne d'Arc, que les Bourguignons remercieront en la livrant aux Anglais. Le bon Philippe réussira un coup de maître en négociant la paix avec Charles VII : la Bourgogne devient un duché indépendant, et il peut se proclamer « grand-duc d'Occident ». Sobre ! Créateur de l'ordre de la Toison d'Or, mécène amoureux de la peinture flamande, Philippe le Bon fut également grand amateur de livres, à tel point que la bibliothèque ducale devint l'une des plus riches du monde occidental.

– **Charles le Téméraire** *(1433-1477)* reçoit une éducation européenne et parle le français, l'anglais, le flamand. Éloquent, travailleur, brillant, il a tout pour réussir, mais il va tout gâcher par son tempérament suspicieux, impulsif et ambitieux. Dès l'enfance, il hait Louis XI, son cousin, centralisateur sans concessions ni états d'âme. Devenu duc de Bourgogne en 1467, il épouse Marguerite d'York, sœur du roi d'Angleterre Édouard IV. Cette alliance fait trembler Louis XI : le duché de Bourgogne, déjà très puissant, devient maintenant une menace pour le royaume de France, d'autant que le bouillant Charles n'a de cesse d'établir une continuité territoriale entre ses possessions de Flandre et celles de Bourgogne. Louis XI va tenter de casser les alliances bourguignonnes, non par la guerre, car le rapport de force est incertain, mais par la diplomatie et la ruse, voire la félonie. De surcroît, d'autres puissances commencent à concevoir quelque inquiétude devant ce bouillant et ambitieux grand-duc : la confédération suisse, l'Empire germanique, le duché d'Autriche, celui de Lorraine et quelques villes alsaciennes se coalisent contre la Bourgogne... et bénéficient du financement de Louis XI ! Ça sent vite le roussi, d'autant que, après des succès comme la prise de Nancy en novembre 1475, Charles se prend quelques pâtées monumentales contre les Suisses. En mars 1476 à Grandson, ses troupes sont exterminées et il doit abandonner son artillerie, son trésor de guerre, sa vaisselle d'or et d'argent, ses joyaux et tapisseries précieuses, et même le sceau ducal en or. Entêté, le Téméraire repart au combat et rencontre la coalition à Morat. Nouveau désastre, avec de terribles pertes pour les Bourguignons : 14 000 morts, dont quelque 5 000 noyés dans le lac de Morat ! Le duc de Lorraine profite de la situation pour reprendre Nancy. Aussi, en décembre, Charles repart-il derechef attaquer la Lorraine et, contre l'avis de ses conseillers, assiège Nancy. Ses armées sont mal préparées, l'hiver est très rigoureux, le rapport de force leur est défavorable. Le siège tourne à la débâcle et, le 5 janvier 1477, le Téméraire est découvert dévoré par les loups devant Nancy, au milieu de ses soldats vaincus. C'est la fin d'une grande aventure.

L'incorporation au royaume de France

Les possessions ducales sont dépecées. Maximilien de Habsbourg, via son épouse Marie de Bourgogne, fille du Téméraire, reçoit tous les territoires de Flandre et de Luxembourg, ainsi que le comté de Bourgogne, future Franche-Comté. À l'ouest d'une ligne allant de Langres à Mâcon, les territoires sont rattachés au royaume de France, dessinant l'actuel tracé de la région.
Le nouveau pouvoir ne porte pas atteinte aux institutions traditionnelles : le parlement est définitivement établi à Dijon dès 1480. Il y restera jusqu'à la Révolution, avec un rôle judiciaire et politique.

MERVEILLES DE GUEULE

De multiples ouvrages les évoquent, et toutes les épiceries du pays mettent en vitrine moutarde, cassis et pain d'épice. Sans oublier les fromages, les escargots, etc.

La moutarde

Même si les grains de sénevé *(brassica nigra)* sont venus de Chine via les Romains, la moutarde est la véritable gloire de la capitale ducale. La moutarde de Dijon a changé de goût avec le temps, de la même façon qu'elle a changé le goût (initialement, on l'utilisait pour masquer le mauvais goût de certains plats/aliments justement). Ce condiment était composé d'un mélange de graines broyées avec du moût (mélange de jus de raisin et de verjus) de qualité et produit, bien entendu, dans la région même. Désormais, elle est produite de façon industrielle et le moût est souvent remplacé par du vinaigre. Certains rares artisans utilisent encore le procédé ancien avec broyage à la meule en silex pour éviter de chauffer le produit.

La crème de cassis et le kir

– **Le cassis :** encore une particularité bourguignonne. Sa véritable culture a commencé en 1841, lorsqu'un fabricant de liqueurs de Dijon, un nommé Lagoutte (ça ne s'invente pas !), produisit pour la première fois une liqueur de cassis selon une recette nouvelle (une macération de graines de cassis dans l'alcool avec adjonction de sucre).
– **Le kir :** c'est au chanoine Félix Kir, maire de Dijon entre 1945 et 1968, qu'on doit le nom et le mérite d'avoir popularisé dans le monde entier ce fameux élixir, composé d'un tiers de crème de cassis et de deux tiers de bourgogne aligoté. Le chanoine l'offrait volontiers à ses hôtes lors de réceptions officielles dans les magnifiques cuisines du palais ducal. À ne pas dédaigner, le *kir royal* : l'aligoté est remplacé par le crémant-de-bourgogne (et surtout pas par un vulgaire champagne...).

Le pain d'épice

Farine de blé, un miel fort en goût comme celui du Morvan et quelques épices aux parfums nostalgiques sont à la base de ce produit fin et artisanal, importé des Flandres par les ducs de Bourgogne.

Le plateau de fromages

Avec au moins 27 variétés recensées, la Bourgogne peut présenter un plateau de fromages assez varié.
– **Époisses** a donné son label à un fromage de caractère, au lait entier de vache, à pâte molle et onctueuse, lavé au marc de Bourgogne et affiné sur paille de seigle pendant un mois minimum. Son goût très relevé lui fait bien mériter le titre de « roi des fromages » que lui donna Brillat-Savarin. L'*ami du chambertin* est fait selon les

mêmes principes avec une forme différente, plus haut et moins large. L'*aisy cendré* est un époisses conservé dans la cendre.
– **Le soumaintrain** et le **saint-florentin** sont produits dans l'Yonne, à base de lait cru de vache. Ces fromages de caractère sont à consommer bien affinés « à point ».
– **Le chaource,** fromage à pâte blanche, légèrement salé, est à consommer frais.
– **Les cîteaux** et les **la-pierre-qui-vire** sont les fromages qui naissent sous les voûtes des abbayes. Si le *cistercien* est cousin du reblochon, le *morvandiau bénédictin* s'apparente plutôt au chaource.
– **Les fromages de chèvre** sont produits un peu partout dans la région. Sont très connus : les *crottins de Chavignol* (Sancerrois), *de Chaource* et *de Langres* ou les *pâtes molles du Charolais*. Renommés également, la *tomme du Poiset,* produite à Détain-et-Bruant dans les Hautes-Côtes de Nuits, et le rare *claquebitou,* produit dans la zone viticole de Beaune, qui se tartine avec ail et ciboulette.

Les autres spécialités

– **L'anis de Flavigny :** petites dragées délicieuses de sucre blanc de la grosseur d'un petit pois et renfermant, en guise de surprise, un grain d'anis parfumé, le tout conditionné dans des boîtes très romantiques.
– **Les gougères :** ces petits choux au fromage accompagnent traditionnellement les descentes de caves, mais elles sont aussi servies au moment de l'apéritif.
– **Les corniottes :** typiques de Saône-et-Loire, autrefois traditionnellement préparées pendant les fêtes de l'Ascension. On garnit de fromage une pâte brisée, on la referme en forme de bourse et on la colle en tricorne à sa partie supérieure.
– **Le miel du Morvan :** tout le parfum des fleurs de montagne.
– **Le jambon cru du Morvan :** cette dénomination indique un excellent jambon, séché naturellement et lentement en altitude.
– **La rosette du Morvan et le judru de Nolay :** ces saucissons paysans diffèrent plus par la taille que par le goût : 50 cm pour la rosette et seulement de 10 à 20 cm pour le joufflu judru, mais le poids demeure le même, aux alentours de 3 livres !
– **Le jambon persillé :** c'est une préparation composée de jambon d'épaule dessalé et cuit pendant plusieurs heures dans un court-bouillon corsé, coupé en dés, richement persillé et moulé en gelée dans une terrine ronde. Il était confectionné traditionnellement au moment des fêtes de Pâques un peu partout en Bourgogne ; aujourd'hui, on le trouve au quotidien dans de nombreuses charcuteries. Chaque année, la confrérie de Saint-Antoine organise un concours et prime d'une médaille la meilleure maison : guettez l'étiquette du « meilleur persillé » de l'année !
– **La pauchouse :** sorte de délicieuse matelote de poissons de rivière (tanches, anguilles, perches, carpes et brochets) au vin blanc. C'est une spécialité des bords de Saône et du Doubs, cuisinée essentiellement entre Verdun-sur-le-Doubs et Chalon-sur-Saône.
– **Le bœuf bourguignon :** autant de recettes que de familles pour ce grand classique de la gastronomie française. Mais toutes ont une chose en commun : pour la marinade, il faut utiliser du bon vin, et beaucoup...
– **Le coq au vin :** voir le bœuf bourguignon. Les puristes utilisent du chambertin pour la marinade. Notre conseil : buvez le chambertin et utilisez un autre rouge pour la cuisson !
– **Les œufs en meurette :** l'expression « en meurette » signifie que les œufs sont pochés directement dans une goûteuse sauce au vin... de Bourgogne ! En effet, la qualité du vin est déterminante pour la pleine réussite de ce plat.
– **Les écrevisses :** à la nage, cuites dans un fumet de poisson au vin blanc. Aujourd'hui, les écrevisses qu'on trouve sur les marchés sont essentiellement issues de l'élevage, et les sauvages appartiennent au passé. Cependant, cette recette reste un grand classique de la cuisine bourguignonne.
– **Les escargots :** véritables symboles de la gastronomie bourguignonne. La préparation appelée beurre d'escargot (beurre, ail, persil) est devenue un grand clas-

sique. Déboisage et sulfatage ont pratiquement rendu la vie impossible aux déjà rares gastéropodes sauvages et, à part ceux qui proviennent de quelques obstinés bons producteurs du cru, la plupart des escargots destinés aux différentes préparations sont importés des pays de l'Est.

PERSONNAGES

– *Roger de Bussy-Rabutin (1618-1693)* : général des armées de Louis XIV, célèbre pour ses faits d'armes, mais surtout pour ses libertinages et écrits. Son *Histoire amoureuse des Gaules*, médisances sur les frasques de Louis XIV, le mène tout droit à la Bastille puis à l'exil à vie en Bourgogne. Il y rédige une importante correspondance destinée à Madame de Sévigné, sa cousine.

– *Sébastien Le Prestre, seigneur de Vauban (1633-1707)* : né à Saint-Léger-Vauban, dans l'Yonne. « Ville assiégée par Vauban, ville prise ; ville défendue par Vauban, ville imprenable. » Célèbre citation illustrant bien le génie militaire du Bourguignon Vauban. Quelle ville de France ne possède pas une fortification, une tour, dont l'architecte est Vauban ?

– *Buffon (1707-1788)* : grand naturaliste, né à Montbard, il écrit son *Histoire naturelle*, œuvre monumentale en 40 volumes. Cet ouvrage a pour objectif de décrire la terre, le ciel et les hommes. Le grand mérite de Buffon sera de mettre en ordre et de classifier toutes ces données. Ainsi ouvre-t-il la voie à plusieurs branches des sciences naturelles modernes : géologie, paléontologie... Éminent homme de science, Buffon se fait aussi reconnaître par son style remarquable. Son œuvre littéraire lui vaudra d'être reçu à l'Académie française en 1753. Il sera aussi un industriel génial, et la visite des forges de Buffon, près de Montbard, vous fera découvrir l'ancêtre des hauts-fourneaux.

– *Nicéphore Niépce (1765-1833)* : la Bourgogne a été la première région photographiée au monde ! En 1827, après 5 ans de tâtonnements et d'essais de reproduction par contact, Niépce prend un cliché du paysage depuis la fenêtre de sa maison à Saint-Loup-de-Varennes (à 8 km de Chalon-sur-Saône). Le temps de pose est de plusieurs jours, mais la photographie est née ! Toutefois, l'invention de la photographie ne nourrit pas son homme et les dettes s'accumulent. C'est une association avec Daguerre, un autre chercheur, qui va éviter à Niépce de vendre son domaine en permettant le lancement commercial de cette invention. Mais Daguerre, finaud, tire la couverture à lui et le procédé devient connu sous le nom de daguerréotype. Il faudra plusieurs décennies pour que la mémoire de Niépce soit enfin honorée.

– *Alphonse de Lamartine (1790-1869)* : né à Mâcon, le jeune Alphonse s'était tout d'abord destiné à la carrière militaire. Sa rencontre avec Julie Charles, dont il tombe amoureux fou, en décide autrement. Le décès de Julie lui inspire *Les Méditations poétiques*. Il va devenir l'un des plus grands poètes français de l'époque romantique et laisser gravés dans nos mémoires des vers aussi célèbres que « Ô temps, suspends ton vol, et vous heures propices, suspendez votre cours ». La route Lamartine, au départ de Mâcon, permet de s'imprégner de l'ambiance des sites qui inspirèrent le poète.

– *Adolphe (1802-1845) et Eugène Schneider (1805-1875)* : la région du Creusot exploite le minerai de fer depuis le XVIIe siècle lorsque, en 1836, les frères Schneider rachètent le site industriel du Creusot. En quelques décennies, profitant de l'essor du chemin de fer, des ponts et des bateaux métalliques puis de la course aux armements, grâce à d'indéniables capacités, complétées par des liens familiaux habilement tissés et par l'appui de la banque Seillière, Eugène bâtit un empire industriel. Adolphe se tourne vers la politique, devient maire du Creusot en 1841 et député en 1842. À sa mort, Eugène devient à son tour député, puis ministre de l'Agriculture et du Commerce en 1851 et maire du Creusot en 1866. On doit aux Schneider l'invention du marteau-pilon, outil permettant de forger de très grosses pièces d'acier.

– **Sidonie Gabrielle Colette** *(1873-1954) :* native de Saint-Sauveur-en-Puisaye. L'écrivain puise son inspiration dans l'évocation de son enfance passée dans la nature bourguignonne, pour être publiée... sous le pseudonyme de son écrivaillon de mari. Colette va rapidement se dégager de cette tutelle machiste et devenir une femme étonnamment libre pour l'époque. Elle acquiert une réputation sulfureuse, par ses aventures tant masculines que féminines, ses prestations au music-hall et ses remariages. Elle va cependant jouir d'une large reconnaissance, comme en témoignent le succès populaire de ses ouvrages, son élection à l'Académie royale de langue et de littérature françaises de Belgique, sa Légion d'honneur, la présidence de l'académie Goncourt et les funérailles nationales auxquelles elle est la première femme à avoir droit.

– **Le chanoine Kir** *(1876-1968) :* né à Alise-Sainte-Reine, ordonné prêtre en 1901, son engagement dans la Résistance pendant la Seconde Guerre mondiale le propulse maire de Dijon en 1945. Âgé de 69 ans, il devient député-maire et le restera jusqu'à son décès. S'il est reconnu dans cette ville pour son œuvre et l'aménagement du lac qui porte son nom, sa notoriété a bien dépassé les limites de la petite cité, grâce à l'apéritif qu'il remit au goût du jour en l'offrant à tous ses visiteurs... le kir.

– **Henri Vincenot** *(1912-1985) :* petit-fils d'un maréchal-ferrant de Châteauneuf-en-Auxois devenu cheminot, fils de cheminot, Vincenot devient journaliste à la Vie du Rail et rédige des ouvrages historiques comme La vie quotidienne des paysans bourguignons au temps de Lamartine. Il acquiert sa réputation grâce à ses romans, tels Le Pape des escargots ou La Billebaude (voir « Livres de route »), profondément enracinés dans sa terre natale. Dans chacun, Vincenot célèbre sa Bourgogne et une vie rustique définitivement disparue, où l'homme fait corps avec la nature.

TRADITIONS

Les Trois Glorieuses

Le dimanche du 3ᵉ week-end de novembre fait la part belle aux traditions viticoles.

Samedi : chapitre de la confrérie des Chevaliers du Tastevin

Dans les années 1930, la mévente des vins ruinait toute la région, d'où cette idée géniale lancée par quelques vignerons visionnaires : puisque le bourgogne se vendait mal dans le monde, c'est le monde entier qui fut invité à venir le déguster et à faire du château du Clos de Vougeot la plus belle table d'hôtes de la planète, autour de la confrérie des Chevaliers du Tastevin, fondée en 1934 sur le modèle des confréries vineuses d'autrefois. La devise de cette nouvelle confrérie, « Jamais en vain, toujours en vin », ne laisse pas place à l'équivoque ! Elle se réunit au clos de Vougeot lors de banquets nommés chapitres, au cours desquels l'on chante, l'on boit et l'on exécute l'inévitable ban bourguignon. Pour l'occasion, la confrérie est habillée de pourpre et d'or à la mode rabelaisienne, et reçoit diverses personnalités d'honneur des mondes politique, littéraire, artistique et scientifique. Celles-ci sont intronisées après une cérémonie rituelle et burlesque au cours de laquelle elles prennent connaissance de leurs devoirs en tant que futurs chevaliers. Elles doivent aussi jurer fidélité au vin de France et plus particulièrement au vin de Bourgogne ! En 1950, la confrérie crée le tastevinage : il s'agit d'accorder l'estampille de la confrérie à une sélection de vins de Bourgogne jugés sur leurs qualités. Ne peuvent concourir que de jeunes vins mis en bouteille depuis plus de 6 mois. Ces vins sont dégustés à l'aveugle par un jury de 300 connaisseurs. Les vins sélectionnés ont droit à une étiquette numérotée aux armes de la confrérie.

Dimanche : vente des Hospices de Beaune

Mondialement connus, les Hospices de Beaune représentent, avec 58 ha de vignes de premier ordre, l'une des premières fortunes hospitalières de France. Ces vignes résultent de généreuses donations dont certaines remontent au XVᵉ siècle. La vente des vins provenant de ce domaine d'exception permit durant des siècles de soigner gratuitement les malades et d'accueillir les personnes âgées. Aujourd'hui, les fonds recueillis permettent l'entretien et la modernisation des installations hospitalières. C'est pourquoi on peut encore parler de « vente de charité ».

La vente attire une foule considérable : acheteurs du monde entier et négociants locaux mettant un point d'honneur à acquérir quelques pièces. C'est un spectacle à ne pas manquer, même si votre bourse ne vous permet pas d'enchérir. Dommage, car les vins produits par les Hospices sont d'une qualité irréprochable et constituent de remarquables vins de garde.

> **UNE VENTE... À LA BOUGIE**
>
> *La dégustation, qui a lieu le samedi, est ouverte au public. Issues de la récolte de l'année, les cuvées mises en vente le lendemain portent le nom des généreux donateurs. La vente a lieu par pièces ou ensemble de pièces de 228 l. Elle se déroule sous les halles de Beaune, en face de l'hôtel-Dieu, selon la tradition de la vente à la bougie. À la première offre, on allume la première bougie. Lorsque les offres cessent, on allume la seconde bougie. L'adjudication est prononcée lors de son extinction.*

Lundi : Paulée de Meursault

L'origine du mot « paulée » provient vraisemblablement du patois *paule*, qui signifie « pelle ». Il s'agirait de la dernière pelle de raisins versée dans le pressoir symbolisant la fin des vendanges. À midi, se déroule le banquet où chacun apporte à déguster ses meilleures bouteilles. Au cours du repas, on décerne un prix littéraire à un écrivain connu. L'heureux veinard repart avec 100 bouteilles de meursault.

La Saint-Vincent tournante

Autrefois, dans chaque village existait une confrérie des Vignerons, compagnie d'entraide de la corporation. Chaque confrérie fêtait dignement le saint patron des vignerons, saint Vincent. En 1938, les Chevaliers du Tastevin donnent un nouveau souffle à ces fêtes en réunissant l'ensemble des confréries des Côtes de Nuits et de Beaune. La Saint-Vincent tourne chaque année, le dernier week-end de janvier, de village en village. Elle revient dans chaque commune à peu près une fois par génération. L'événement est donc d'importance pour le village organisateur.

Tout commence le samedi au lever du jour. Les délégations de tous les terroirs se retrouvent pour participer à la procession, qui se déroule au milieu des vignes. En tête, la statue de saint Vincent, portée tour à tour par les vignerons, suivie des Chevaliers du Tastevin en costume d'apparat, de centaines de vignerons et de la foule des badauds. On célèbre ensuite la grand-messe traditionnelle. Le fameux banquet des vignerons accueille plus de mille convives...

VINS ET ALCOOLS

Si l'ancien duché de Bourgogne n'est pas la plus grande région viticole du monde ou la plus riche, elle est la plus renommée et la plus surprenante. Nulle part ailleurs le vin ne fait autant partie intégrante de la vie des hommes et nulle part ailleurs les hommes ne peuvent en parler avec autant d'éloquence. Le Bourguignon aime sincèrement le vin et le vigneron connaît parfaitement sa terre : le sol, la pente, l'exposition, l'ensoleillement, l'altitude, le régime des vents. Tous ces facteurs qui transforment le vignoble bourguignon en un puzzle magique, un dédale de terrains, un labyrinthe d'appellations qui font penser plutôt à une mosaïque byzantine !

Quelques chiffres pour donner une idée de sa complexité : pas moins de 115 appellations dans un terroir qui est grand comme la moitié de la ville de New York. La Romanée-Conti, fleuron des vins rouges de la Côte de Nuits, est produite sur un terroir de 18 050 m² (beaucoup moins que la place de la Concorde...). Pour la plupart, les appellations comptent jusqu'à 50 climats différents qui sont parcellés entre plusieurs propriétaires. De là, la certitude que, sans exagérer, la Côte-d'Or produit plusieurs milliers de vins différents ! C'est peut-être l'imprévisibilité de la qualité du vin à la simple lecture de l'étiquette (à moins de connaître chaque producteur !) qui détourne une frange de consommateurs, notamment étrangers, vers des vins plus constants, élaborés selon des méthodes industrielles et quasiment scientifiques, tels ceux de Californie, du Chili, d'Australie, voire... du Bordelais ! (Voir plus bas « Bourgogne rouge ou bordeaux ».)

Les origines du vignoble

Le plus ancien document sur la culture de la vigne en Bourgogne est un discours de remerciement des habitants d'Autun à l'empereur Constantin en 312 apr. J.-C. À cette époque, la surproduction et la concurrence font rage (déjà, en 92 apr. J.-C., l'empereur Domitien ordonna l'arrachage de la moitié des vignes gauloises).
Au Moyen Âge, les moines sont intéressés par la vigne à plus d'un titre. Outre le fait que le vin soit nécessaire au culte, ils doivent hospitalité aux voyageurs et offrent ce qu'ils ont de meilleur aux hôtes de marque. Cet usage d'offrir les meilleurs crus à ses hôtes s'est perpétué jusqu'à nos jours avec les « vins d'honneur ».
Le vignoble est un instrument politique en même temps qu'une source de revenus commerciaux. Quel meilleur ambassadeur que le vin ? Au cours des siècles, les moines sélectionnent les cépages et perfectionnent les techniques viticoles.
En Bourgogne, 4 abbayes ont marqué le vignoble : Cluny, qui a développé la viticulture (peut-être pour ses besoins importants ?) ; Cîteaux avec le célèbre clos-de-vougeot ; Bèze et son grand cru chambertin-clos-de-bèze ; enfin, l'abbaye de Saint-Vivant avec la romanée-saint-vivant.

La qualité

Grand amateur de bonne chère, Philippe le Hardi se dévoue dès son avènement à la cause des vins de Bourgogne. C'est le premier ambassadeur des vins de la région, mettant à profit ses possessions en Flandre. Dans toutes les négociations, dans tous ses déplacements, Philippe le Hardi est accompagné de convois de vins, offerts lors des banquets. Grand propriétaire, il se préoccupe ardemment de la qualité. Il s'oppose à certains vignerons qui s'orientent vers des vins médiocres à haut rendement – ce n'est donc pas un phénomène nouveau... En 1395, il interdit les cépages de gamay et les fait arracher au profit du célèbre pinot noir. Depuis cette date, les crus de bourgogne rouge ne sont élaborés qu'à partir de ce seul cépage. Encore une fois, Philippe le Hardi s'avère profondément novateur : c'est la première fois en France que l'on oblige à produire le vin d'un terroir avec un cépage bien déterminé. L'ancêtre de l'appellation d'origine contrôlée est né.

Les cépages

– **Le pinot noir** produit les grands vins rouges de la Côte. C'est le cépage idéal pour les terres calcaires de coteaux sous un climat tempéré comme celui de la Bourgogne où il donne ses meilleurs vins, savoureux et pleins de finesse. Son rendement est faible (50 hl/ha) et produit surtout des vins de garde, qui doivent vieillir de 10 à 20 ans, selon le sol et le millésime, avant d'atteindre leur apogée.
– **Le chardonnay** est par excellence le cépage des grands vins blancs de Bourgogne. Il privilégie les sols calcaires et marneux. Les vins issus du chardonnay brillent par leur finesse, leur équilibre et leur étonnante richesse aromatique. Dégustez donc un meursault à l'arôme incomparable de beurre frais !...
– **Le gamay** est le cépage des vins rouges typiques des terroirs granitiques du Beaujolais, mais il est aussi présent dans les vignobles des terres argilo-calcaires du Mâconnais, du Chalonnais, et même de la Côte et des Hautes-Côtes où il pro-

duit des vins de consommation quotidienne comme le « grand ordinaire » ou, lorsqu'il est associé au pinot noir, le « passetoutgrain ». On le dit originaire de la Côte-d'Or ; il aurait pris le nom d'un village autour duquel n'est cultivé aujourd'hui que du pinot !
– *L'aligoté* est le cépage blanc autochtone qui est utilisé pour la production du « bourgogne aligoté ». Il donne un vin blanc très frais, fruité, qui se boit normalement jeune, mais certains aligotés hors classe peuvent très bien vieillir en donnant des vins très fins.

Les régions viticoles

Le Chablisien et l'Auxerrois
Le vignoble de Chablis, situé sur les marges septentrionales de la Bourgogne, produit un vin connu dans le monde entier. Suivant les sites et les expositions, les terrains offrent une gamme de vins blancs de qualité : le « petit chablis », produit sur le plateau ; le « chablis », vin de coteaux bien ensoleillés ; le « chablis premier cru » et le « chablis grand cru » dans les meilleurs terroirs.
Le vignoble de l'Auxerrois fournissait surtout la capitale en vins rouges et rosés grâce aux facilités de transports fluviaux sur l'Yonne et la Seine. Les plus connus proviennent d'Irancy, Coulanges-la-Vineuse, Chitry et Saint-Bris, qui produisent un excellent vin blanc issu du cépage sauvignon.

La Côte de Nuits
Les fabuleux vignobles de la Côte de Nuits surgissent déjà depuis Chenôve, en quittant au sud de la ville de Dijon, et s'étendent sur une vingtaine de kilomètres jusqu'au village de Nuits-Saint-Georges. C'est dans ce lambeau exigu, large de 400 à 1 800 m et parallèle à la N 74, que se trouvent les appellations aux noms mythiques des villages de Fixin, Gevrey-Chambertin, Morey-Saint-Denis, Chambolle-Musigny, Vougeot, Vosne-Romanée et Nuits-Saint-Georges.

La Romanée-Conti
Le vignoble de la Romanée-Conti (1,8 ha) est le plus renommé du monde entier et son vin est entré dans la légende comme un symbole. Ainsi, dans le film *La liste de Schindler*, lors d'un repas dans un grand restaurant avec des officiers nazis, Schindler commande un romanée-conti 1937 ! Ce vignoble appartenait jadis à Mme de Pompadour et aux princes de Conti (l'un d'eux rajouta son nom à celui du vignoble). La vigne chère à Louis XIV est exploitée actuellement par le domaine de la Romanée-Conti, propriétaire entre autres du grand cru de La Tâche et de quelques parcelles dans le Richebourg, la Romanée-Saint-Vivant et quelques autres grands crus. Le domaine ne produit que 6 000 bouteilles par an, chacune commercialisée dans une caisse contenant également 11 bouteilles d'autres très grands crus du domaine.
Qu'est-ce qui confère à ce vin son incomparable perfection ? À part le terroir exceptionnel, sûrement le grand âge des vignes (40 ans en moyenne), leur taille stricte, une sélection rigoureuse non seulement des plants, des sarments, des grappes et même des grumes, mais aussi des hommes qui y travaillent, une culture biologique (le cheval a même été réintroduit dans certaines parcelles), une macération prolongée, l'utilisation exclusive de tonneaux en chêne neuf soigneusement sélectionnés et séchés durant 3 ans, des techniques de vieillissement traditionnelles... et le savoir-faire des maîtres de chais !

Le clos de Vougeot
Le clos le plus fameux de la Côte de Nuits possédait déjà son actuelle superficie (50 ha) au XIIIe siècle. Fondé par les moines de l'abbaye de Cîteaux, il appartient aujourd'hui à près de 70 propriétaires. Il produit un vin sombre, puissant et étoffé, que diversifie à l'extrême la patte des vinificateurs.

La Côte de Beaune
Elle s'étend entre Ladoix-Serrigny (au sud de Nuits-Saint-Georges) et Maranges, la dernière venue des appellations « villages ». Ici, on retrouve, à part les grands vins

rouges d'Aloxe-Corton et de Pommard, les vins blancs les meilleurs du monde : les cortoncharlemagne, meursault, chassagne-montrachet et puligny-montrachet.

Les Hautes-Côtes de Nuits et de Beaune
À l'ouest de la Côte, les collines des Hautes-Côtes constituent un paysage fractionné. Le vignoble en altitude et les températures moins élevées rendent ces vins plus légers et, sauf quelques exceptions, ils sont à consommer plus rapidement. Cependant, les chardonnays et les bourgognes aligotés y sont particulièrement élégants.

La Côte chalonnaise
Les vins de la Côte chalonnaise, peu connus, sont pourtant excellents, et leur prix est abordable. Les appellations bouzeron, rully, mercurey et givry donnent des vins rouges qui réjouiront plus d'un routard.

Le Mâconnais
La région du Mâconnais commence à Tournus et se termine à Mâcon. C'est le pays de l'élevage, de la vigne, de Cluny et de la roche de Solutré. Ici, le cépage roi est le chardonnay, qui aime les terrains calcaires et argilo-calcaires de ces collines douces et verdoyantes. Les grands vins pouilly-fuissé, pouilly-vinzelles, pouilly-loché et saint-véran ont une belle robe jaune d'or ; ils sont floraux, fruités et méritent une longue garde.

Bourgogne rouge ou bordeaux
Le vin, c'est avant tout une histoire d'amour. Alors, plutôt que de départager les belles dans un combat de soupirants perdu d'avance, on se contentera d'indiquer quelques pistes pour mieux les différencier.
Il y a d'abord le terroir, qui sublime les cépages : pinot noir en Bourgogne, principalement cabernet-sauvignon, cabernet franc et merlot dans le Bordelais. Puis il y a les hommes, qui ont façonné les vins à leur goût. Si l'histoire du vin remonte à l'Antiquité dans les deux régions, ce sont sans doute les moines de Cluny et de Cîteaux qui ont donné naissance aux grands crus à partir du Xe siècle, tandis que les vins de Bordeaux connaissaient un essor considérable au XIIe siècle sous l'impulsion du négoce avec les Anglais. Aujourd'hui, les types d'exploitations sont bien distincts : une mosaïque de domaines minuscules en Bourgogne, dont le nom est viscéralement lié à celui du village ; d'immenses domaines d'un seul tenant à Bordeaux, qui portent le nom du château. C'est pourquoi on a le plus souvent l'image d'un monde paysan en Bourgogne, aristocratique dans le Bordelais. Deux mondes qui ont transposé leurs différences dans le style. En Bourgogne, le monocépage donne des vins portés sur le fruit, agréables à boire dès les premières années, alors que les bordeaux, issus d'un assemblage complexe, doivent vieillir pour atteindre leur maturité. Vin de dégustation apprécié pour sa robe et sa richesse, il se distingue des bourgognes par l'austérité du cabernet-sauvignon, là où le pinot noir conquiert le monde par sa sensualité. Mais tout est histoire de sensibilité, et à chaque repas sa grande bouteille...

LA CÔTE-D'OR

Descendez les « Champs-Élysées de la vigne » de Dijon à Beaune, en suivant la petite route des vins, où l'on a en fait parfois bien du mal à se doubler et où chaque nom de village est connu du monde entier. Ici, la Côte-d'Or vous fait son cinéma. Rejouez *La Grande Vadrouille* de Meursault à Saint-Romain, puis gardez des forces pour les Hautes-Côtes. Une descente sur la vallée de l'Ouche vous permet de rejoindre le canal à Pont-de-Pany, là où Depardieu et Dewaere jetèrent Miou-Miou à l'eau dans *Les Valseuses*.

Quelques kilomètres d'une route express qui a plutôt tendance à faire la cour au canal, et vous voilà au pays de Vincenot et de Vercingétorix, deux célèbres moustachus. Les châteaux, les églises, les monastères sont légion dans l'Auxois, haut lieu de l'histoire des Gaules depuis Alésia.

Prenez les chemins de traverse qui, des forêts du Morvan à la vallée de la Saône en passant par l'Auxois et les sources de la Seine, vous donneront envie de mordre la Côte-d'Or à pleines dents.

Envie d'escargots, d'œufs en meurette, de coq au vin, de jambon persillé, de tourte morvandelle, de fromage d'Époisses ? Votre meilleur souvenir de Côte-d'Or sera peut-être ce lapin à la moutarde dévoré de bon cœur dans un café de village, au milieu de trognes sympathiques et à la bonne franquette. Il y aura heureusement toujours de belles et bonnes tables sur votre chemin. Et vous n'aurez pas envie de goûter la même chose dans une auberge en plein Morvan, avec les jambons pendus au plafond, dans les forêts du Châtillonnais, près d'une rivière à truites ou sur la route des grands crus, quand l'odeur des œufs en meurette ou du coq au vin vous chatouillera les narines.

ABC DE LA CÔTE-D'OR

- *Superficie :* 8 763 km^2.
- *Préfecture :* Dijon.
- *Sous-préfectures :* Beaune, Montbard.
- *Population :* 510 400 hab.
- *Densité :* 58 hab./km^2.

Adresses utiles

Côte-d'Or Tourisme (agence de développement touristique) : 19, rue Ferdinand-de-Lesseps, BP 1601, 21035 Dijon Cedex. ☎ 03-80-63-69-49. • cotedor-tourisme.com •
■ **Association des gîtes de France de Côte-d'Or :** 5, rue René-Char, BP 17011, 21070 Dijon Cedex. ☎ 03-80-45-97-15. • gites-de-france-cotedor.com •
■ **CDRP 21** (Comité départemental de randonnée pédestre) : ☎ 03-80-63-64-60. Pour toutes les infos sur les randonnées en Côte-d'Or.

DIJON (21000) 153 800 hab.

> Pour le plan de Dijon, se reporter au cahier couleur.

Dijon a le goût de l'ordre, ça se voit, ça se sent. Un peu trop même. Regardez l'hôtel de ville. Une noble bâtisse, presque ennuyeuse à force de symétrie, un poil trop prétentieuse et pourtant sauvée de l'ennui grâce à sa tour Philippe le Bon. C'est tout ce qui reste de vraiment visible, depuis la place royale, du Dijon des ducs, et ça suffit pour créer le panache. Vive le médiéval et sa touche de folie douce ! Une folie contagieuse car la place royale s'est démocratisée, désormais uniquement accessible aux piétons, ajoutant terrasses ici, jeux (c'est le mot) d'eau par là. Pas le désordre pour autant, on vous rassure... La place royale aux piétons, et Dijon aux cyclistes ! Des itinéraires cyclables sont aménagés au centre de la ville (parfois en dépit de la sécurité au niveau des grands ronds-points). Dijon surfe sur la vague environnementale des grandes métropoles. Une alternative de mobilité que la navette gratuite *Diviaciti* renforce en desservant toutes les petites rues chargées d'histoire...

UN PEU D'HISTOIRE

Cette « bonne ville de Dijon », comme l'appelait un de ses anciens maires, a le don de traverser le temps sans être jamais vraiment touchée par les désordres ou les folies du monde. Tout se joue à l'intérieur de ce qu'on appelle le « secteur sauvegardé », qui conserve intacte la mémoire des siècles, sur 97 ha, à travers monuments, hôtels particuliers, musées, jardins et maisons.

1er acte : il était une fois... Divio !

Imaginez Dijon au VIe siècle : un castrum d'une dizaine d'hectares, « enfermé dans une enceinte comportant une trentaine de tours et quatre ouvertures dont deux pour les voitures et deux pour les piétons. » Une vision quasi idyllique rapportée par Grégoire de Tours, qui évoque « des fontaines fort utiles », « des eaux tranquilles et des rivières poissonneuses » et « des vignobles nombreux qui fournissent un vin délicieux ».

Le castrum va faire place à une résidence ducale, au temps des Capétiens. Après l'incendie de 1137 fut entreprise la construction d'une nouvelle enceinte comportant 18 tours, 11 portes et poternes. La ville qui va naître, à l'intérieur des murs, ne va guère bouger jusqu'au milieu du XIXe siècle. Et, déjà, on s'y couchait tôt...

En 1187, Hugues III donne aux bourgeois de Dijon une charte communale. L'élection du maire et des échevins aura lieu annuellement sous le porche de l'église Saint-Philibert, le cœur du quartier vigneron. Dijon est une cité florissante sous le règne d'Eudes IV. Pour compenser les fastes de la cour, le bourg voit s'édifier de nombreuses églises dont celle du quartier du marché : Notre-Dame. Le décès, en 1361, du dernier Capétien, alors âgé de 17 ans, laissa le duché bourguignon sans héritier. La ville ainsi que le duché furent alors rattachés à la couronne de France, avant de tomber aux mains des Valois.

2e acte : la tournée des grands-ducs

En 1363, le roi Jean II le Bon donna le duché de Bourgogne en apanage à son quatrième fils, Philippe (tradition consistant à donner un territoire aux cadets de la famille royale, en compensation de leur exclusion de la couronne). Philippe avait été surnommé le Hardi depuis ses 14 ans, après la bataille de Poitiers : « Père gardez-vous à droite, père gardez-vous à gauche », phrase fameuse souvent citée ici,

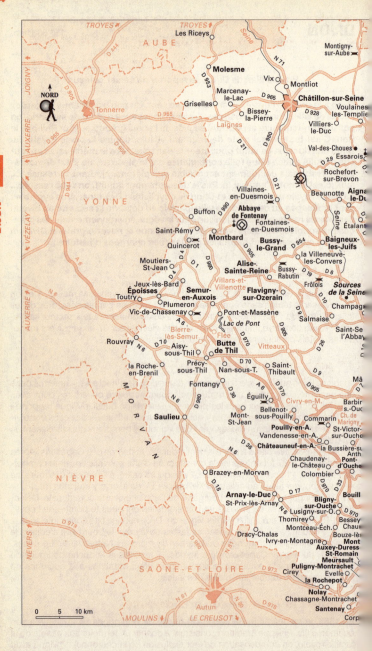

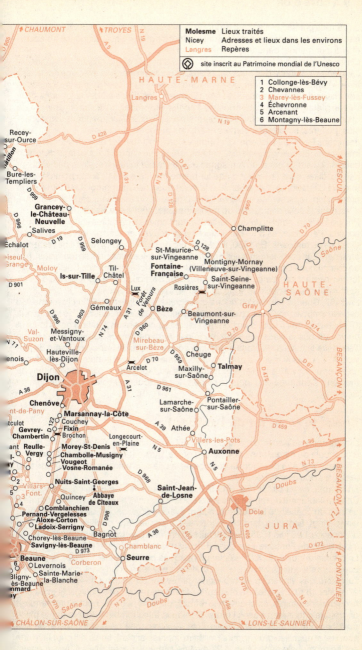

LA CÔTE-D'OR

en période préélectorale, c'est de lui ! Il gouvernera durant 40 ans, indiquant la voie à suivre à ses successeurs, qui auront, surtout à notre époque, tendance à s'accrocher à leur mandat pendant plusieurs décennies...

On se souviendra surtout de lui pour le nouvel hôtel de ville qu'il fit construire sur l'ancienne résidence des ducs capétiens, et pour son mariage avec une riche héritière, Marguerite de Flandre, qui fut à l'origine de l'« État bourguignon ». Pensant à son image de marque future, cet éternel absent décide de fonder aux portes de la ville un prestigieux monastère destiné à abriter les tombeaux de sa petite famille : la chartreuse de Champmol. Ce qui permettra de fixer à Dijon, pendant des décennies, peintres, sculpteurs, verriers et artistes de toutes disciplines.

Jean sans Peur, qui succède à Philippe le Hardi en 1404, est plus un manuel qu'un intellectuel. En pleine guerre de Cent Ans, il s'allie aux Anglais. Il a en face de lui son cousin Louis d'Orléans, un Armagnac qu'il finira par faire assassiner, déclenchant des hostilités sans fin, avant d'être lui-même trucidé en 1419 sur le pont de Montereau ! La dépouille fut ramenée à la chartreuse de Champmol. Le « film » de la procession, représentée au travers des pleurants du tombeau, est visible aujourd'hui dans la salle des gardes du palais, devenu musée des Beaux-Arts.

Philippe le Bon, son fils unique, fut tout autant amateur de fastes et de fêtes que de conflits. Pendant près d'un demi-siècle, il va gouverner avec sagesse, comme on disait en ce temps-là. En 1430, il crée l'ordre de la Toison d'Or, dont il ne reste rien ou si peu. Les commerçants, les grands bourgeois, les financiers se font construire de magnifiques demeures autour du palais. Les six cheminées des Cuisines ducales témoignent des fastes du XVe siècle et de la politique de ce « grand-duc d'Occident » qui créa en quelque sorte les premiers repas d'affaires.

En 1467, Charles hérite d'un duché prestigieux, à la dimension d'un royaume. Un cadeau empoisonné pour celui qui est devenu le Téméraire. Louis XI ne mettra que 10 années à venir à bout d'un homme belliqueux croyant un peu trop en sa force et ne voyant pas le travail de sape mené par le roi de France. On sait comment le Téméraire finit sous les crocs des loups, sous les murs de Nancy, un matin de janvier 1477. Louis XI réunit le duché à la couronne de France, construisant une forteresse pour surveiller la place et mettant fin au feuilleton le plus passionnant du moment. Dommage que, pour la plupart, les épisodes se soient déroulés loin de Dijon...

Entracte (sur l'air du Lanturlu)

L'installation du parlement à Dijon, en 1480, entraîne l'arrivée au cœur de la ville d'une foule de magistrats et de gens d'office, qui vont faire construire à leur tour. L'ordre règne. Afin de rendre la défense de la ville plus efficace, les faubourgs sont rasés, les boulevards dessinés...

En dehors, ça va plutôt mal. En 1572, lors des guerres de Religion, le comte de Charny, lieutenant du roi, ainsi que le président Jeannin, au cours d'une mémorable séance du conseil de la Province, surent éviter les massacres de la Saint-Barthélemy. Vingt ans plus tard, le Parlement manque être déchiré par les luttes d'influence. Le 5 juin 1595, Henri IV fait son entrée à Dijon après avoir défait la Ligue à la bataille de Fontaine-Française. Encore une fois, le pire a été évité.

La première moitié du XVIIe siècle est marquée par les épidémies de peste, auxquelles va s'ajouter le typhus, en 1629. Heures noires en Bourgogne comme ailleurs. La colère des vignerons va provoquer la révolte du « Lanturlu » dans la nuit du 27 février 1630. Excédés, ils mettent à sac les demeures des bourgeois et de certains parlementaires, en chantant le refrain du même nom. Au bout d'une semaine de troubles, tout rentre dans l'ordre. Quelques têtes tombent pour la forme place du Morimont, actuelle place Émile-Zola. Accompagné de la reine mère, de son épouse, et au milieu d'un appareil militaire impressionnant, Louis XIII peut faire une entrée triomphale dans Dijon le 27 avril de la même année. Mais il faudra quand même attendre le milieu du siècle pour voir la situation se stabiliser, une fois passé le plus gros des troupes impériales sous les ordres du terrible Gallas.

3ᵉ acte : princes et sans-culottes

À partir de 1646, sous le gouvernement des princes de Condé, la ville va devenir une vraie capitale provinciale : palais somptueux avec cour d'honneur et place royale, magnifiques hôtels et belles demeures particulières... Depuis 1688 se réunissent ici tous les 3 ans les états de Bourgogne, présidés par Monseigneur le Prince de Condé, gouverneur de la province. Il faut donner à ce dernier un environnement digne de lui. Ainsi naît, à partir de 1720, la future rue de la Liberté, un axe toujours majeur aujourd'hui. La cour d'honneur veut imiter celle du château de Versailles. En face, la place Royale, semi-circulaire, est bordée d'arcades. Ce n'est qu'en 1747 que tout sera achevé, soit un siècle après la pose de la première pierre. Dommage, la statue équestre de Louis XIV, qui avait tant attendu pour être installée, fut transformée en canons après la Révolution...

La période révolutionnaire fut ici moins sanglante qu'ailleurs, même si de nombreux monuments durent en souffrir. Certains et non des moindres disparaissent, comme la chartreuse de Champmol.

Une fois la tourmente révolutionnaire passée, Dijon retrouve son rythme provincial. Mais la vie quotidienne elle-même change grâce à l'utilisation du réseau de canaux permettant de renforcer les liens

> **LA MÉTHODE DE ROUSSEAU...**
> *Petite anecdote aux couleurs du temps : les académiciens décernèrent leur prix en 1750 à un certain Jean-Jacques Rousseau pour son* Discours sur les sciences et les arts. *Ils le reçurent moins bien lors d'un autre discours, quelques années plus tard, où il parla de l'inégalité entre les hommes et malmena la notion de propriété !*

avec le Bassin parisien, l'océan Atlantique et le monde méditerranéen. En souvenir de la construction du canal des Deux-Mers demeure, place du 1ᵉʳ-Mai, l'obélisque du Port, inauguré en 1783.

4ᵉ acte : Dijon à la croisée des chemins

En 1850, la bataille du chemin de fer donne à Dijon une position privilégiée sur la ligne reliant Paris à la Méditerranée ou à la vallée du Rhin. L'agrandissement de la ville vers l'ouest va permettre l'aménagement de la future place Darcy, bordée par les routes de Paris. Pendant un siècle battra ici le cœur de la vie dijonnaise, avant que celle-ci ne se déplace vers les halles.

Entre-temps, de nouveaux quartiers ont repoussé les murs de la vieille cité. Sur les ruines de la Bastille locale est édifié l'hôtel des postes. Un théâtre est construit, sur l'emplacement de la Sainte-Chapelle, et il faudra attendre un siècle pour voir sortir de terre un autre grand lieu de culture : l'Auditorium, au cœur du nouveau quartier Clemenceau créé, signe des temps, en dehors du secteur sauvegardé. Le quartier des facs, il est vrai, avait donné le ton. Exilés sur les hauteurs de Montmuzard pour ne pas déranger, les étudiants ont un des campus les plus calmes de France.

De tous les maires que Dijon connut, trois marquèrent le XXᵉ siècle, à leur façon. Les années 1920 virent le sacre d'un avocat célèbre, ministre sous la IIIᵉ République et initiateur de la Foire gastronomique de Dijon : Gaston Gérard. Dijon va faire rêver au travers de sa moutarde, son pain d'épice, son cassis, ses escargots. Quant au chanoine Kir, élu triomphalement à 69 ans en 1948, il fut certainement le plus populaire des maires de cette ville. Curé de campagne, il se dévoile orateur caustique, s'engageant dans des campagnes électorales épiques. Il restera maire jusqu'à l'âge avancé de 92 ans, votant « à l'unanimité », c'est-à-dire seul contre tous, la création – aux portes de la ville – du lac qui portera son nom et sortira de terre en 1964. Il va populariser la boisson qui, sous son nom, fera trinquer le monde à la santé de Dijon. Robert Poujade, quant à lui, fut durant trente ans le digne successeur de ces grands hommes qui ont su vivre avec le temps plus qu'avec leur temps. Dijon lui doit sa réputation de ville verte et sa tranquillité. Son successeur, François Rebsamen, a eu, entre autres priorités, la lourde tâche d'insuffler un peu de vie à cette ville-musée... Homme de gauche « adroit », il s'est installé dans la voie d'une rénovation à long terme, comptant comme ses prédécesseurs sur plusieurs mandats pour mener à bien ce grand chamboulement de la vie au quotidien non seulement de Dijon mais aussi des communes environnantes : les faubourgs connaissent une embellie, le *Zénith* est créé, des entreprises comme *Ikea* s'installent aux portes de la ville, tandis que l'on commence à débarrasser le centre ancien des voitures pour le rendre aux touristes, aux cyclistes, de plus en plus nombreux, et aux amoureux de l'histoire.

Dijon, capitale de la Bourgogne, pourrait-elle redevenir la capitale du... bourgogne, rôle repris par Beaune quand Dijon perdit ses vignes, ses vignerons (il n'en reste plus qu'un !) et même le sens des « Fêtes de la Vigne »... Depuis 2007, le combat autour de l'œnotourisme mobilise de nouveau les forces vives de la ville. Pourvu que ça dure !

Adresses et info utiles

■ *Offices de tourisme :*
– *Pavillon du tourisme (plan couleur A2, 1), pl. Darcy.* ☎ *0892-700-558 (0,34 €/mn).* ● *dijon-tourism.com* ● *Lun-sam 10h-12h30, 14h30-18h ; dim et j. fériés 14h-18h (mai-fin oct).*
– *Office de tourisme (plan couleur B-C2, 2), 11, rue des Forges.* ☎ *0892-700-558 (0,34 €/mn). Mai-fin oct : lun-sam 9h-19h ; dim et j. fériés 10h-12h30, 14h30-17h ; le reste de l'année : lun-sam 10h-12h, 14h-18h ; dim et j. fériés 14h30-17h30. Propose de nombreuses visites guidées de la ville, tous les jours, toute l'année. Également des visites à thèmes (histoire, architecture, « saveurs et piquant », etc.), des visites en Segway, un drôle d'engin électrique (d'un maniement assez enfantin...) et des « visiovisit ». Un bon plan : les formules « Pass Dijon – Côte de Nuits » 24h-48h-72h, qui donnent accès à différentes prestations et à la gratuité sur le réseau de transports publics de Dijon et de son agglomération. Location de vélos.*

✉ *Poste (plan couleur B1-2) : pl. Grangier.* ☎ *03-80-50-62-19. Lun-ven 8h-19h ; sam 8h-12h. Avant de glisser vos cartes postales dans la boîte, jetez un coup d'œil à la façade, pur style Art déco.*

■ *Consulat de Belgique (hors plan couleur par A1) : 99, rue de Talant.* ☎ *03-80-58-33-58.*

■ *Consulat de Suisse (hors plan couleur par C3) : 18, cours du Général-de-Gaulle.* ☎ *03-80-38-16-47.*

🚆 *Gare SNCF (plan couleur A2) : infos et résa au* ☎ *36-35 (0,34 €/mn). La nouvelle gare centralise l'achat de billets et l'information pour tous types de transports.*

🚌 *Gare routière (plan couleur A2) : 21, cour de la Gare.* ☎ *03-80-42-11-00. Des bus réguliers pour l'ensemble de la Côte-d'Or : le Châtillonnais, le val de Saône, la Côte, l'Auxois, le Morvan...*

✈ *Aéroport de Dijon-Bourgogne (hors plan couleur par C3) : 21600 Longvic.* ☎ *03-80-67-67-67.*

🚌 *Transports urbains (plan couleur B2) : pl. Grangier.* ☎ *0800-102-004 (appel gratuit). Le réseau dessert toute l'agglomération dijonnaise 5h30-0h30. Navette gratuite en centre-ville : Diviaciti. Pour les sites et monuments des rubriques « À voir, côté jardin » et « À faire » qui sont situés loin du centre, nous vous indiquons au cas par cas les lignes qui permettent de s'y rendre. Attention, les bus ne circulent pas le 1er mai. En soirée, à partir de 21h, et le dimanche matin, seules 7 lignes fonctionnent.*

■ *Location de vélos :* Claude Lahoussine organisation, *21160 Flavignerot.* ☎ *03-80-42-94-17* ou 📱 *06-81-47-59-05.* ● *claude-lahoussine.fr* ● *VTT et VTC à 18 €/j. Vélos à retirer à l'office de tourisme après réservation ou bien on vous les apporte là où vous logez.*

– L'accès aux collections des ***musées municipaux*** (fermés le mardi) de Dijon est gratuit sauf expositions temporaires.

Où dormir ?

Camping

Camping du Lac (hors plan couleur par A2, **10**) : 3, bd Chanoine-Kir. ☎ 03-80-43-54-72. Bus n°s 12 ou 18, arrêt « CHS La Chartreuse ». D'avr à mi-oct. Autour de 12 € l'emplacement pour 2 avec voiture et tente. Un site agréable pour ce 3-étoiles tourisme, tout à côté de la promenade de l'Ouche et du canal. Location de bungalows et mobile homes.

De bon marché à prix moyens

Centre de Rencontres Internationales et de Séjour de Dijon (hors plan couleur par D1, **15**) : 1, bd Champollion. ☎ 03-80-72-95-20. • reservation@auberge-cri-dijon.com • auberge-cri-dijon.com • Direction A 38 Paris puis Troyes-Nevers ; bus Liane 4, départ pl. République, arrêt « Epirey-Cap-Nord ». Fermé les 25 et 31 déc. Accueil 24h/24. Doubles 24 €/pers la nuit, petit déj compris. Possibilité de repas en self-service ou au resto env 8,60 € et 7,20 € à midi en sem. Réduc de 5 % sur le prix de la nuit et petit déj offert tte l'année sur présentation de ce guide. Ce centre d'hébergement entièrement rénové propose une centaine de chambres d'une capacité de 1 à 6 lits, équipées de douche, w-c (et TV pour celles à 1 ou 2 lits). Une adresse multiculturelle et pratique qui offre un hébergement de qualité à petit prix.

Hôtel du Palais (plan couleur C2, **12**) : 23, rue du Palais. ☎ 03-80-67-16-26. • hoteldupalais-dijon@wanadoo.fr • Suivre l'itinéraire « Palais des ducs de Bourgogne » jusqu'au palais de justice. Tte l'année. Doubles avec douche ou bains et w-c 44-65 €. Dans le centre historique mais d'un calme absolu. Installé dans une maison du XVIII° siècle. Chambres toute simples bien tenues, accueillantes et refaites à neuf pour la plupart (plus petites au 3° étage et au rez-de-chaussée). Superbe plafond ancien dans la salle du petit déj.

Hôtel Le Chambellan (plan couleur C2, **13**) : 92, rue Vannerie. ☎ 03-80-67-12-67. • hotelchambellan@aol.com • À deux pas du palais des Ducs de Bourgogne et de l'église Saint-Michel. Tte l'année. Doubles avec lavabo ou douche 28 et 33 €, avec douche et w-c ou bains et TV 44 et 50 €. Réduc de 10 % sur le prix de la chambre sur présentation de ce guide. Amoureux des vieilles pierres (cour intérieure du XVII° siècle) et du confort d'aujourd'hui, vous trouverez votre bonheur au *Chambellan*. Vieille bâtisse au charme ancien dont les chambres sont régulièrement rénovées (certaines s'ouvrent sur la petite cour). Prix gentils. Ambiance familiale.

Hôtel Le Jacquemart (plan couleur C2, **14**) : 32, rue Verrerie. ☎ 03-80-60-09-60. • hotel@hotel-lejacquemart.fr • hotel-lejacquemart.fr • Doubles avec lavabo ou douche 34 €, avec douche ou bains et w-c 51-63 € selon saison et confort. Réduc de 10 % sur le prix de la chambre déc-mars, sur présentation de ce guide. Au cœur de la vieille ville, dans le quartier des antiquaires, entre le palais des Ducs de Bourgogne et la préfecture. Une vieille et vaste maison du XVII° siècle qui offre, au hasard de ses escaliers (plutôt raides pour le 3° étage !) et couloirs, des chambres de confort variable, à tous les prix. Accueil aimable. Calme garanti.

Chambres d'hôtes Chez Monique Anouilh-Petithuguenin (hors plan couleur par D2, **23**) : 19, rue Dom-Edmond-Martène. ☎ 03-80-63-84-63. • monique.anouilh@wanadoo.fr • À 15 mn du centre, direction Gray et bd P.-Doumer ; bus Liane 3 Ste-Apollinaire ou Ligne 13 Neuilly, arrêt « P.-Doumer » (à 200 m). Doubles 67-75 € pour la suite terrasse climatisée, petit déj compris. Repas sur demande 22 € tt compris. Réduc de 10 % sur le prix de la chambre à partir de 3 nuits consécutives (hors vac scol), apéritif (si repas) et café offerts sur présentation de ce guide. Une petite maison tranquille nichée dans la verdure et une hôtesse au franc-parler, ancienne prof de gym, reconvertie dans la peinture. Trois chambres très confortables, dont l'une, indépendante, a accès au jardin. La suite familiale possède une grande terrasse au-dessus du séjour. Piscine (couverte et chauffée d'avril à octobre) avec jacuzzi et nage à contre-courant.

🛏 **Chambres d'hôtes Olivier Ferrut** (hors plan couleur par A3, **20**) : 9, rue des Marcs d'Or. ☎ 03-80-43-30-44. • ferrut@wanadoo.fr • chambre-hote-dijon.com • Bus n°6 Motte-Giron, arrêt « Esplanade des Marcs d'Or » (compter ¼h de trajet). Chambres doubles 65 €, petit déj compris. Table d'hôtes sur résa 20 €. Parking dans la cour. Un lieu naguère réputé pour les seules vignes dont Dijon pouvait s'énorgueillir, et qui est surtout aujourd'hui le point de départ de superbes balades dans les combes voisines, et même jusqu'à Marsannay. Dans une ancienne grange entièrement rénovée, avec accès indépendant, Olivier Ferrut a aménagé des chambres décorées avec goût et meublées en ancien. Petit déjeuner servi soit sur la terrasse, soit dans la vieille salle à manger. Une belle image de l'hospitalité à la bourguignonne qui devrait donner des idées à d'autres. Jardin caché, très sympa, pour attendre l'heure de l'apéro et de la table d'hôtes.

🛏 |●| **Hôtel du Stade** (hors plan couleur par D2, **16**) : 3, bd de Strasbourg. ☎ 03-80-65-35-32. • hotel.du.stade@wanadoo.fr • Bus Liane 3 Ste-Apollinaire ou Ligne 13 Neuilly, arrêt « Porte-Neuve ». Tlj sf dim. Doubles avec douche et w-c ou bains et TV 48-60 €. Resto également, avec des menus de 15 € (le midi, sf dim) à 28 €. Garage payant (8 €). Petit hôtel familial. Des chambres agréables comme tout, d'une tranquillité absolue côté jardin où l'on peut prendre son petit déj sous le figuier. Au resto, cuisine bourguignonne à la bonne franquette, un brin originale. Accueil chaleureux, « ce qui ne gâte rien », comme on dit ici. Parking municipal gratuit juste devant.

🛏 **Hôtel Montchapet** (plan couleur A1, **17**) : 26-28, rue Jacques-Cellerier. ☎ 03-80-53-95-00. • montchapet@aol.com • hotel-montchapet.com • À 5 mn à pied de la gare SNCF, derrière le jardin Darcy. Bus Ligne 11 Fontaine ou 12 Daix, arrêt « F. Cellerier ». Congés : 3 premières sem d'août. Doubles avec lavabo env 48 €, avec douche et w-c ou bains et TV à 58 €. Un hôtel simple et calme dans un quartier qui l'est tout autant. Faux plafonds, copie de meubles anciens dans l'entrée, salon TV pour la causette, chambres propres et quasi coquettes.

🛏 **Hôtel Victor Hugo** (plan couleur A1, **18**) : 23, rue des Fleurs. ☎ 03-80-43-63-45. • hotel.victor.hugo@wanadoo.fr • À 5 mn à pied de la gare SNCF. Bus Ligne 11 Fontaine ou 12 Daix, arrêt « Cellerier ». Tte l'année. Doubles (ttes avec TV) avec w-c sur le palier à 35 €, avec douche et w-c 43-47 € et avec bains 49 €. On ne vient pas au Victor Hugo (au cœur du quartier le plus bourgeois de la ville) pour s'éclater, l'ambiance étant plutôt sélecte. Mais les Anglais adorent ça et tout est nickel dans la vingtaine de chambres rénovées, confortables et accueillantes, de cette grande maison. Dormez en paix, fenêtre ouverte sur le jardin.

Plus chic

🛏 **Hôtel des Allées** (hors plan couleur par C3, **19**) : 27, cours du Général-de-Gaulle. ☎ 03-80-66-57-50. • infos@hotelallees.com • hotelallees.com • Accès bus Liane 6 Longvic, arrêt « Lenôtre ». Attention, ferme à 23h ; dim et j. fériés fermé 12h-17h : le code est sur la clé ! Doubles avec douche et w-c ou bains et TV 53 et 61 €. Parking privé gratuit. Installé dans une ancienne villa, face aux « allées du Parc », balade préférée des Dijonnais au XIXᵉ siècle, devenue rendez-vous des rollers et des joggeurs. Si la maison a de l'allure, les chambres font moins « grand genre » et ne sont pas très bien insonorisées. Jardin envahi par les oiseaux, calme garanti.

🛏 |●| **Hôtel du Nord** (plan couleur A2, **21**) : pl. Darcy. ☎ 03-80-50-80-50. • contact@hotel-nord.fr • hotel-nord.fr • Fermé autour des fêtes de fin d'année. Doubles avec douche et w-c ou bains et TV 88 et 118 €. Menus 22-36 € ou carte. La réception annonce un hôtel cossu, à l'ancienne, mais les chambres sont résolument contemporaines et d'un confort optimal. Resto au cadre rustico-moderne, mais ambiance et plats du terroir. Bar à vins dans la jolie cave voûtée, avec dégustation de fromage et de charcuterie.

Très chic

🛏 **Hôtel Philippe le Bon** *(plan couleur B3, 22)* : *18, rue Sainte-Anne.* ☎ *03-80-30-73-52.* • *hotel@hotelphilippelebon.com* • *hotelphilippelebon.com* • *Doubles 96-162 € selon confort et saison.* Un lieu très agréable pour passer des nuits tranquilles au milieu des hôtels particuliers du XVIIe siècle dont vous pourrez admirer toits et cours depuis la fenêtre de votre chambre (demandez le dernier étage, les chambres n°s 40 ou 41). Design contemporain, couleurs et confort d'aujourd'hui. On a un faible pour l'hôtel particulier, de l'autre côté de la rue, annexe discrète, avec son côté maison d'hôtes. Propose également une table appréciée, le resto *Les Œnophiles.* Voir « Où manger ? ».

Où manger ?

Bon marché

|●| **Bar de l'Industrie** *(plan couleur B1, 30)* : *15, rue des Godrans.* ☎ *03-80-30-20-81.* 🍴 *Tlj sf dim non-stop (17h sam). Congés : début mai et 2e quinzaine d'août. Formules 7-9 € ; menu 10,50 €.* C'est donné, vu la qualité. Une authentique cuisine de marché, réalisée par une femme qui s'y connaît. Service efficace, sous l'œil du patron. Salle traditionnelle et tables pour les habitués, près du comptoir, évidemment.

|●| **So Fresh** *(plan couleur C1, 32)* : *47, rue Jean-Jacques Rousseau.* ☎ *03-80-28-79-93. Ouv 10h-19h. Fermé dim sf j. de brocante. Salades 5-5,90 € ; formules 7,20-10,50 € à midi. Livraison au bureau ou à domicile.* Un lieu qui pourrait bien auguror du renouveau de la rue, avec un peu de chance (c'était l'ancien bureau électoral d'un député). Des couleurs flashi, des formules invitant à manger « différent, sain, naturel ». De bonnes salades, des jus de fruits pressés, des soupes originales, un service sympa. On aime bien. Et surtout, livraison facile. Pour changer des kebabs et des pizzas, une belle idée.

|●| **Brasserie Le Mayence** *(plan couleur B2, 35)* : *30, rue des Forges.* ☎ *03-80-30-42-21.* 🍴 *Tte l'année. Ts les midis sf dim et j. fériés. Congés : 1er mai et 15 août. Plat du jour 7,50 € ; formule 11 €.* Sous les fenêtres du palais des Ducs, le coup de cœur des Dijonnais, en salle ou en terrasse, pour partager un plat brasserie à moins de 10 € ou une copieuse salade *(compter 8 €).* À ce prix, et vu celui d'un verre de vin *(1,50-3,50 €)*, on s'autorise même à prendre un crumble ou une crème brûlée maison. En prime, service sympa et décontracté.

|●| **À Tout Va Bien** *(plan couleur B2, 31)* : *12, rue Quentin.* ☎ *03-80-30-68-70. Face aux halles. Ts les midis sf dim. Formule déj (en sem) 12,20 € ; autre menu 16 € ; compter 25 € à la carte. Apéritif maison offert sur présentation de ce guide.* Les jours de marché surtout, venez prendre ici une leçon de bonne humeur. Plats traditionnels, style tête de veau, rognons blancs, salades ou bœuf en tartare. Une adresse qui a gardé un peu de l'atmosphère du marché d'antan. Service efficace.

|●| **Les Pieds Bleus** *(plan couleur B3, 34)* : *13, pl. Émile-Zola.* ☎ *03-80-50-06-66. Lun-sam midi. Formules 11 et 12,50 €.* Une cantine végétarienne aux allures de futur antérieur (facile, pour un resto qui a pris la place du *Passé Composé*). Doublement tendance puisqu'on ne parle plus que de réfectoire, de cantine, aujourd'hui. Et de bios produits, comme on dit dans le Morvan. Buffet pour tous, et plat pour chacun. Déco et atmosphère juste assez décalées pour faire sourire et chasser les idées grises, quand les journées dijonnaises perdent leurs couleurs.

I●I À Bamako (plan couleur C3, 33) : 41, rue Pasteur. ☎ 03-80-38-08-43. Tlj sf dim. Formule autour d'un plat 11 €. Menus 12,50-35 €. Vous devriez bien rigoler À Bamako, car la patronne a un rire contagieux, et c'est déjà tellement exceptionnel que vous vous croirez transporté en Afrique, ou ailleurs. À midi, si vous êtes pressé, prenez le plat du jour et la bière du pays. Le soir, prenez votre temps. Et laissez-vous aller à choisir le menu « Les dimanches à Bamako », servi, en toute logique, seulement en semaine. Un poulet yassa, ça change du poulet Gaston-Gérard, et ça fait voyager à prix doux. On adore.

I●I Le Bouchon du Palais (plan couleur C2, 37) : 4, rue Bouhier. ☎ 03-80-30-19-98. Tlj sf mer, sam midi et dim midi. Formule autour d'un plat 18 € ; menus 22 et 26 €. Café offert sur présentation de ce guide. Nappes en papier sur les tables... et sur les murs, une fois dédicacées ! Ambiance bonne franquette et nourriture d'une généreuse simplicité. Dans ce bouchon (à la lyonnaise, évidemment), on se régale d'un os à moelle gratiné ou d'un camembert frit, d'une tête de veau ou de *joyeuses* d'agneau (rognons blancs). Service rapide, attentif, et d'une grande gentillesse. Ne pas craindre les fins de soirée agitées.

De prix moyens à un peu plus chic

I●I Le P'tit Bouchon (plan couleur D1, 45) : 19, rue de Mulhouse. ☎ 03-80-72-26-79. Tlj sf dim, lun-ven midi et les jeu, ven, sam soir. Menu 14 € à midi, 19 et 28 € ; vins au verre dès 3 €. Un vrai bistrot de quartier où l'on mange sur les traditionnelles nappes à carreaux. Lieu chaleureux, accueillant, avec un chef-patron qui ne se prend pas au sérieux mais ne prend pas ses clients pour des andouilles (ça change !). L'andouillette est dans l'assiette, parfaitement grillée. Supions à la provençale, brochettes ou carpaccio pour rester dans la note bistrot. Service tout sourire.

I●I Les Deux Fontaines (plan couleur C1, 41) : 16, pl. de la République. ☎ 03-80-60-86-45. Fermé lun-mar. Congés : 1 sem début janv et 3 sem en août. Formules 14 et 15 € à midi ; autre formule 27 € ; à la carte, compter 28-30 €. La terrasse couverte donne une belle ampleur à ce resto accueillant qui fait les beaux jours et le début des belles nuits de la place. Des allures de jardin d'hiver comme d'été, avec ses arrosoirs et ses pots en terre. Il fait toujours bon s'attabler devant des plats qui, comme le décor, donnent des envies de terroir. Banquettes, tables de bistrot, bar pour patienter autour d'un verre. La cuisine joue la carte nostalgie campagnarde, sans excès, au goût du jour, et un poil inventive (carpaccio de bœuf et foie gras). Les prix sont doux et le service gentil comme tout. Vins au verre, à prix sages aussi.

I●I Le Café Gourmand (plan couleur C2, 43) : 9, pl. de la Libération. ☎ 03-80-36-87-51. ● guillaume.bortolussi@wanadoo.fr ● Tlj jusqu'à 23h (le dim, jusqu'à 19h – fermé dim soir oct-avr). Congés : 24 déc-6 janv. Plat du jour 11 € à midi (sf dim et j. fériés) ; formules gourmandes 17 et 23 € ; formule « soir » 20 € ; compter 25-30 € à la carte. Incontournable terrasse de LA place de la Libération. Une des rares adresses dijonnaises ouverte le dimanche. Cadre resto – bar à vins – *lounge bar* pour avaler, au soleil, salades, tartare de bœuf, brochette de canard. Attrayante formule « soir » avec bouteille du vin de la semaine et assiette gourmande selon l'humeur du chef.

I●I L'O (plan couleur B1-2, 40) : 14, rue Quentin. ☎ 03-80-50-06-18. Tlj sf dim jusqu'à 22h (23h ven-sam). Formules 13 ou 18 € à midi en sem ; compter 28-30 € à la carte. L'adresse « tendance » des Halles, branchée et sympa. Pour nous mettre L'O à la bouche, une carte maligne, qui réunit tous les grands succès du moment, en France, du thon juste saisi aux légumes juste cuits, sur fond de décor très *lounge bar*. Des couleurs froides que la nuit réchauffe, un service un poil *speedé* et une cuisine aux couleurs méditerranéennes. Et il y a la terrasse, accueillante, théâtrale, car ici plus qu'ailleurs, c'est vous qui êtes l'acteur principal. Ne restez pas simple spectateur, ne soyez pas triste. L'O qui dort, on s'en méfie...

DIJON / OÙ MANGER ?

|●| Chez Léon (plan couleur B1, **48**) : 20, rue des Godrans. ☎ 03-80-50-01-07. ● chezleon@wanadoo.fr ● Fermé dim-lun. Menus 15 et 21 € à midi ; compter autour de 25 € à la carte. Bon choix de vins au verre. Café offert sur présentation de ce guide. Chez Léon, dès qu'on pousse la porte, on est ailleurs, déjà plus à Dijon, pas vraiment à Lyon, même si l'on parle volontiers de bouchon, ici. Mais faut pas pousser la comparaison trop loin. Léon, ou plutôt Eric Cordelet, pour redonner son vrai nom au propriétaire des lieux, est un bon vivant qui sait accueillir aussi bien les gens du théâtre que ceux des affaires, les amoureux du vin que les amoureux tout court. Dans sa salle de poche, il fait bon s'attabler, devant des entrées souvent innovantes, et des plats qui incitent tout naturellement à boire autre chose que de l'eau (andouillette, carré d'agneau, tête de veau...). En pleine saison des champignons, faites-vous plaisir avec le filet de bœuf aux champignons ou la poêlée de saint-jacques aux girolles. La carte des mets comme des vins joue sur tous les tableaux, qu'il vous faudra d'ailleurs consulter, au mur, pour faire votre choix. Formule maligne autour d'un plat de saison, à midi. Un lieu rassurant.

|●| Le Chabrot (plan couleur B2-3, **49**) : 36, rue Monge. ☎ 03-80-30-69-61. Tlj midi et soir. Menu du marché 16 € ; menu-affaire 22 €. Un bar à vins qui connaît une seconde jeunesse et devrait satisfaire ceux qui ne se contentent pas d'avaler n'importe quoi sous un parasol, place Zola. Une petite terrasse devant, sur le trottoir, mais ce n'est pas l'essentiel. Un coin pour ceux qui veulent manger debout, autour d'un verre et des salles aux couleurs du moment, relookées. Beau choix de vins, comme on pouvait l'espérer. Cuisine qui évolue dans le bon sens, avec des poêlées sympas à choisir en entrée ou en plat. Steak tartare sinon et plats plus traditionnels.

|●| Lilouhane (plan couleur B2, **53**) : 10, rue Quentin. ☎ 03-80-30-59-37. Fermé dim soir et lun. Menu à midi en sem 14,50 € ; le soir, carte env 35 €. Café offert sur présentation de ce guide. Un resto où le poisson est à l'honneur (poêlée de rougets et Saint-Jacques, bar grillé...). Des plats à découvrir le soir, en prenant son temps. Ce petit resto familial, au service gentil, a réussi à pousser ses tables sur la rue, devant les halles, en créant une terrasse fermée, utilisable hiver comme été. Et on s'y bouscule, car la cuisine contemporaine, tendance gastronomique, est aussi parfumée que savoureuse, aussi copieuse qu'originale. Comme les fauteuils sont confortables, l'atmosphère paisible, profitez du temps qui passe. Sinon, à midi, avec le menu du jour et l'animation du marché en prime, c'est pas mal non plus. Quant à son nom, c'est simplement le condensé des prénoms des enfants !

|●| Le Théâtre des Sens (plan couleur C2, **52**) : 31, rue Chabot-Charny. ☎ 03-80-31-39-53. Tlj sf sam midi et lun ; service jusqu'à 23h ven-sam. Congés : 15 juil-15 août. Formule midi 12,50 €, verre de vin compris ; env 25 € à la carte. Une des adresses les plus stables du centre-ville. Un petit menu attractif à midi, et à la carte, des plats savoureux comme l'entrecôte « Christophe » servie avec une poêlée de pieds de cochons persillés. Une cave et une salle perchée accueillantes, aux couleurs de la Bourgogne. Accueil sincère, à l'image de la cuisine. Et un chef au tour de taille aussi rassurant que son tour de main.

|●| Chez Septime (hors plan couleur par D1, **42**) : 11-13, av. Junot. ☎ 03-80-66-72-98. ● goldorak-stef@hotmail.com ● 🅿 Tlj sf dim-lun. Congés : 3 premières sem d'août. Formule déj 13,50 € ; compter env 27 € à la carte. Un lieu plus excentré qu'excentrique, où l'on vient pour manger ou boire un verre autant que pour se montrer. Des touches de couleurs qui flashent et tranchent avec le gris ambiant, des plats qui réveillent les sens sans trop déranger les habitudes... Jusqu'aux premiers froids, la terrasse attire les oiseaux de jour comme de nuit. Une adresse « baromètre » de la vie dijonnaise en toute saison.

|●| Grill Le Sauvage (plan couleur B3, **51**) : 64, rue Monge. ☎ 03-80-41-17-33. Tlj. Formule 16 € à midi en sem ; 35 € à la carte. Quand la brise est venue, on se laisse tenter par une table auprès de l'ample cheminée où rôtissent viandes et poissons. Quand on veut chanter tout l'été, on se pose sur la petite terrasse, idéalement installée et cachée dans une paisible cour pavée, une des plus belles de Dijon. Belles et bonnes viandes grillées. Tartare vraiment impec' (et les frites servies en accompagnement tiennent la comparaison). Le service se débrouille très bien et avec le sourire. Et la maison est du XVe siècle (mais il faut le savoir...).

Chic

|●| *Le Piano qui Fume* (plan couleur B3, **56**) : 36, rue Berbisey. ☎ 03-80-30-35-45. Tlj sf mer, sam midi et dim soir. Congés : 2 premières sem de janv et 3 sem fin juil-début août. Plat du jour 9,50 € et formule 12,50 € ; menu 16 € midi et soir en sem ; autres menus 27 et 30 € (avec le fromage pour ce dernier). *Café offert sur présentation de ce guide.* Autant l'annoncer d'entrée : le nom est plus fantaisiste que l'accueil ou la cuisine, très « pro ». S'il fume, ce *Piano*, c'est que le chef qui l'utilise est seul à envoyer, avec une belle régularité, des plats de saison qui ne trichent ni avec le goût, ni avec les produits utilisés. Il est revenu dans la ville de ses débuts, après un joli parcours chez des étoilés célèbres et sept années à la tête des cuisines du *Pot d'Étain*, à L'Isle-sur-Serein. Sa carte, courte, lui permet de travailler les produits de saison et de régaler, à petits prix, une clientèle qui vient chez lui comme dans un refuge hors du temps et des modes.

|●| *Le Bistrot des Halles* (plan couleur B1, **44**) : 10, rue Bannelier. ☎ 03-80-49-94-15. Tlj sf dim-lun. Formule déj 17 € ; env 30 € à la carte. Jean-Pierre Billoux, un des grands chefs de Bourgogne, veille toujours attentivement sur ce bistrot qu'il a contribué à créer. Un bistrot à la mode des années 1980 (le cadre est lui plutôt à la mode des années 1900), qui vieillit remarquablement bien : on se régale toujours autant avec le pâté en croûte à l'ancienne, le jambon persillé ou les plats du jour. Dur de prendre un dessert après ! Et puis, il y a la terrasse, qui vous permet de profiter de l'animation environnante les jours de marché et le soir, aux beaux jours. Bon accueil.

Très chic

|●| *Restaurant Stéphane Derbord* (plan couleur C3, **57**) : 10, pl. Wilson. ☎ 03-80-67-74-64. ● derbord@aol.com ● Fermé dim, lun midi, mar midi. Congés : 1re quinzaine d'août. Menus 25 € (à midi mer-ven), puis 45-85 € ; carte env 55 €. Du bel artisanat, pour reprendre un mot un poil suranné, qui colle bien à Stéphane Derbord, chef discret mais chaleureux, qui semble encore surpris de voir ses convives rester bouche bée devant des plats d'une composition actuelle, où règne toujours une certaine fantaisie mais jamais de confusion côté saveurs. Même les traditionnels escargots ont, ici, des parfums d'ailleurs. Service d'une vraie gentillesse, avec ses annonces à l'ancienne mode.

|●| *Les Œnophiles* (plan couleur B3, **55**) : 18, rue Sainte-Anne. ☎ 03-80-30-73-52. ● hotel-philippe-le-bon@wanadoo.fr ● Fermé dim (sf j. fériés). Formules 24 ou 30 € à midi en sem ; en été, formule fraîcheur 20 € ; autres menus 34-55 € ; env 55 € à la carte. *Apéritif maison offert sur présentation de ce guide.* Le resto de l'hôtel *Philippe le Bon*. Le chef joue la carte fraîcheur, tout en respectant le terroir, tradition maison oblige. En été, avec la jolie terrasse, ce n'est que du bonheur que vous devriez trouver, à l'ombre de ce bel hôtel toujours aussi particulier. Voir aussi « Où dormir ? ».

|●| *Le Pré aux Clercs* (plan couleur C2, **46**) : 13, pl. de la Libération. ☎ 03-80-38-05-05. ● le-pre-aux-clercs.com ● Tlj sf dim soir et lun. Menu 35 €, boisson comprise, à midi en sem ; autres menus 48-95 €. En recréant de la gastronomie en terrasse sur la place de la Libération, elle-même enfin libérée des voitures, Jean-Pierre Billoux a surpris tout le monde. Et a fait des émules. Le bonheur dans *Le Pré*, on l'attendait. Non

que la cuisine de cet étoilé ait vieilli : vous ferez chez lui un des repas les plus toniquement savoureux et les plus novateurs du moment, sur un fond classique revu avec panache. Et le panache, dans la cité des Ducs, c'est ce qui manquait le plus...

|●| **L'Hostellerie du Chapeau Rouge** (plan couleur B2, **58**) : 5, rue Michelet. ☎ 03-80-50-88-88. Pas de fermeture. Formule déj 40 € (49 € vins compris) ; menus-dégustation 80 et 100 €. William Frachot est un jeune chef revenu d'Amérique pour reprendre il y a 6 ans cette vénérable institution. Il a fait de son *Chapeau Rouge* une vraie « maison de cuisinier » ouverte à tous ceux qui comprendront le sens de ses recherches et apprécieront la dégustation de thon rouge et saumon Balik, le pigeon rôti saignant ou l'originalité de texture entre la tripe et le calamar. Entrées osées et suite tout aussi étonnante. Une maison qui devrait être rajeunie très bientôt.

Où dormir ? Où manger dans les environs ?

🏠 |●| **La Musarde** : 7, rue des Riottes, 21121 Hauteville-lès-Dijon. ☎ 03-80-56-22-82. ● hotel.rest.lamusarde@wanadoo.fr ● À 5 mn de Dijon par la N 71, la « route de Troyes ». Resto fermé dim soir, lun et mar midi. Congés autour des fêtes de fin d'année. Résa impérative pour manger, surtout le w-e. Doubles avec douche et w-c ou bains et TV 53-68 € selon saison et confort. Menu 19,50 € à midi en sem ; 6 autres menus 23-62 €. Apéritif maison ou 10 % sur le prix de la chambre tte l'année sur présentation de ce guide. Un hôtel-restaurant paisible, à l'atmosphère à la fois familiale, raffinée et décontractée. Le chef, en bon Breton, sert avant tout une cuisine de la mer... qui a les pieds sur terre. Originale et tout en fraîcheur, dans une belle mise en scène, elle ne peut que provoquer un coup de cœur... gourmand. Avec des menus aux prix bien étagés, on comprend l'affluence, surtout quand la terrasse vous tend les bras, aux beaux jours. Jolies chambres dans le genre campagnard-cossu. Excellent accueil.

|●| **L'Auberge des Tilleuls** : pl. de l'église, 21380 Messigny-et-Vantoux. ☎ 03-80-35-45-22. ● auberge-des-tilleuls.fr ● Sur la D 996, 10 km au nord de Dijon. Tlj sf dim. Congés : août. Pensez à réserver pour avoir une chance de trouver une table libre. Formule 15,50 € autour d'un plat et menu 18 € à midi ; le soir, les ven et sam, menu 24 €. Une des plus belles adresses des environs de Dijon pour aller déjeuner ou dîner au calme. Dans la grande salle à l'ancienne, on se sent hors du temps. Le tableau noir déborde de plats qu'on ne peut hélas pas tous goûter : de la terrine du moment à la fricassée de volaille ou au filet de poisson vapeur, sauce crevettes grises. Bon accueil, bons vins de pays, bon, bon.

|●| **Auberge de la Charme** : 12, rue de la Charme, 21370 Prenois. ☎ 03-80-35-32-84. ● davidlacharme@aol.com ● Sur la N 71, avt l'aérodrome de Darois, une petite route sur la gauche mène à Prenois. Tlj sf dim soir, lun et mar midi. Congés : vac de fév et 1er-15 août. Menus de 18 € (à midi en sem) à 75 €. Vous n'aurez aucune excuse si vous manquez ce rendez-vous avec un chef dont la cuisine joue malicieusement avec le terroir, aromatisé et présenté avec une précision et un sens des nuances assez rares. David Zuddas fait partie de cette nouvelle génération de cuisiniers qui, tout en restant rigoureux sur les produits et le travail, privilégie un cadre de vie. La décontraction stylée du service, le choc des cultures dans l'assiette s'inscriront dans votre mémoire à la fin de ce voyage culinaire, du Quercy aux Aldudes, du Maghreb à la Bourgogne.

Où boire un thé ? Où manger sur le pouce ?

☕ **Les Gourmandises de Tantine** (plan couleur C2, **32**) : 4, rue de la Chouette. ☎ 03-80-30-79-85. Tlj sf dim 11h-19h (22h ven et sam). Compter 15 €. Un petit salon de thé cossu et chaleureux, dans le quartier des antiquaires. Pour partager une tarte salée ou une belle salade. Et craquer pour un dessert maison, avec la douceur du service et de l'addition. Sympa comme tout.

🍴 *La Causerie des Mondes (plan couleur B2, 33) : 16, rue Vauban.* ☎ *03-80-49-96-59. Tlj sf dim-lun 10h-19h. Congés : 2ᵉ quinzaine d'août. Plats 6-7 € ; compter 12-15 € à midi. Réduc de 5 % sur le comptoir en boutique sur présentation de ce guide.* Un bar à thés qui a conservé dans ses murs l'histoire de cette belle maison d'angle, ancienne librairie devenue causerie pour tout le monde. Toutes les générations se retrouvent non seulement autour d'un des thés ou cafés qui ont fait la réputation du lieu (rafraîchissant « afghan » en été). Mais aussi de la *pasta* du jour, d'un gratin de légumes savoureux, d'une soupe *harira* qui réchauffe le cœur et le ventre, comme au Maroc. Toute la journée, tarte salée et ambiance sympa. Accueil toujours aussi chaleureux. Un lieu rare et pas cher, autant le signaler.

Où boire un verre ? Où sortir ?

🍸 Si le soleil vous incite à vous poser sur une **terrasse,** essayez celles de la **place François-Rude** *(plan couleur B2),* rendez-vous du Tout-Dijon, du café du matin à l'apéro du début de soirée. Les maisons anciennes qui bordent cette placette accueillent toutes un bar, à choisir suivant son humeur du moment. Et celle des serveuses et serveurs, devrait-on préciser !

🍸 Sinon, poussez jusqu'à la **place de la Libération,** d'une minéralité qui donne forcément soif. Idéal pour une petite faim de nuit (assiettes de charcuterie et salades) ou une grosse soif de jour : **L'Agora Café** *(plan couleur C2, 61).* Un bar à vin qui a trouvé ses aises sur la place de la Libération, au point de sombrer dans la facilité. Dommage. Autres terrasses, autres bars tout autour comme le **Café Gourmand,** bar à vins offrant par ailleurs une petite restauration sympathique (voir « Où manger ? »).

🍸 *La Part des Anges (plan couleur C2, 62) : 5, rue Vauban.* ☎ *03-80-49-89-56. Formules verre & assiette à partir de 7 € ; assiettes 5 ou 6,50 €. Tlj sf dim-lun 17h30-23h30.* Un lieu improbable, qu'on ne remarquait pas quand la rue n'était pas piétonne, et qui prend d'autant plus d'importance qu'il est aujourd'hui seul à l'animer ! Et en fin de journée seulement, car l'ouverture est tardive. Mais les amoureux du vin apprécient l'effort fait par une patronne dynamique et pas dijonnaise pour un sou qui entend privilégier les vins de propriétaires peu connus autant que les produits du marché, côté dégustation. Ne pas confondre avec le resto-*lounge* beaunois du même nom, car ici on ne joue pas dans la même cour : petite salle, vieilles photos, caveau à l'ancienne. Sympa l'été, avec la terrasse.

🍸 🎵 *Au Kil (plan couleur A1, 60) : 1, rue Auguste-Perdrix.* ☎ *03-80-30-02-48. Tlj sf dim-lun 17h-2h.* On l'aime bien, ce bon vieux pub, caché dans une cave comme au temps du *Blitz.* Concerts plusieurs fois par mois.

🍸 🎵 *Le Quentin (plan couleur B2, 63) : 6, rue Quentin.* ☎ *03-80-30-15-05. Tlj mat-soir... et même jusqu'au mat parfois. Congés : 24 déc-5 janv. Apéritif maison offert sur présentation de ce guide.* Face aux halles, un bar qui est retourné à sa vocation première de bistrot tout en accompagnant l'évolution du quartier. Plus tendance, plus dans l'air du temps... à l'image de sa terrasse. Et de ses soirées musicales, tous les week-ends.

🍸 🎵 *La Selsa Pelpa (plan couleur C1, 64) : 1, rue Marceau.* ☎ *03-80-73-20-72. Tlj sf sam midi, dim-lun. Congés : fêtes de fin d'année. Le w-e, réservez vos tables, surtout quand la terrasse est elle aussi de sortie.* Les voûtes en pierre rassurent, les rideaux couleur sang donnent le ton, les grilles ouvrent sur un espace que la nuit magnifie. Jusqu'à 23h, on sert ici une cuisine à la fois brésilienne, mexicaine et cubaine (paella, *cataplane*...), qui invite à boire et ensuite à danser, pour faire passer le trop-plein de calories. Y'a la boule au plafond qui tourne, la serveuse qui garde son imperturbable sourire, la musique qui se fait complice. Cours de salsa certains soirs, buffet de tapas d'autres soirs...

Y Chez Bruno (plan couleur C2, **65**) : 80, rue Jean-Jacques-Rousseau. ☎ 03-80-66-12-33. Tlj midi et soir, sf dim. Assiettes à partir de 5 €. Café offert sur présentation de ce guide. Bar à vins et bar à jambons (*pata negra*, bayonne, parme, serrano, san daniele...), comme l'indique l'enseigne. Un bar à des kilomètres des concepts branchés *lounge*. Les clients sont debout, verre à la main. Bruno Crouzat ne sert que des vins de producteurs qu'il connaît par cœur... en les accompagnant d'assiettes à sa façon : le crottin de Chavignol se marie au sauvignon et la charcuterie aveyronnaise aux plus belles références de Bourgogne et d'ailleurs. Des vins d'anthologie, des « introuvables », sélection d'un passionné-exalté. Le soir, l'ambiance monte au fil des verres... et des amis viticulteurs.

Y ♪ Pas mal de bars fréquentés par la jeunesse dijonnaise dans ce qui semble être les deux dernières rues un peu populaires du centre-ville : la **rue Jeannin** (plan couleur C-D2), où l'on aime bien *Au Vieux Léon* – les voisins n'ont pas encore eu la peau de cet iconoclaste bistrot –, et la **rue Berbisey** (plan couleur B2-3), où le *Crockodil* programme régulièrement des concerts. Enfin, vu le nombre de **bars** qui y ont ouvert leurs portes récemment, les **rues Marceau, du Général-Fauconnet** (hors plan couleur par C1)... qui se cachent derrière la place de la République sont devenues le quartier de nuit de Dijon.

À voir, côté cour

Départ du palais des Ducs, où commence et s'achève toute balade ici-bas. Pour vous aider, l'office de tourisme a créé un petit guide pratique, le « Parcours de la chouette », avec un cahier « junior » ludique et instructif, qui vous invite à mettre vos pas dans ceux de la chouette, si l'on peut dire, puisque vous n'avez qu'à suivre les petits pavés triangulaires portant le symbole fétiche des Dijonnais. Départ du pavillon du tourisme, place Darcy.

> **CHOUETTE PARCOURS**
>
> *Le parcours n'effraye pas malgré ses 22 étapes ! Compter une à deux heures (ou plus si l'on visite), petit guide (2,50 €) chouette en main, sur les traces de cet oiseau nocturne cher au cœur des Dijonnais. Outre la rue de la Chouette (son lieu de résidence), portes, jardins et hôtels particuliers jalonnent au fil des pavés ce parcours découverte.*

Le Dijon des ducs de Bourgogne

¶¶¶ **Le palais des Ducs** (plan couleur C2) : pl. de la Libération. ☎ 03-80-74-51-51 (mairie). Visite de la tour Philippe-le-Bon ttes les 45 mn 9h-17h30 ; résa indispensable auprès des hôtesses du bureau d'accueil aménagé dans le passage du Roy qui prolonge la cour d'honneur. Entrée : 2,30 € ; réduc.
La tour Philippe-le-Bon, dont la haute silhouette domine la ville ancienne, a été construite de 1450 à 1455. C'était un lieu d'observation pour prévenir le service du feu, vu le nombre de maisons encore en bois alentour. On vous conseille la montée au sommet, même si vous allez nous maudire au bout de quelques marches, parce que ça grimpe sérieusement ! Mais la vue devrait vous redonner le sourire, d'autant que la meilleure façon de comprendre cette ville secrète, c'est encore de la prendre de haut. À la sortie, si vous avez encore des jambes, traversez le beau passage voûté d'ogives entre la cour d'honneur et le petit square des Ducs (idéal pour une pause), d'où l'on découvre le palais côté pile.
À gauche, les hautes fenêtres gothiques sont celles de la grande salle des gardes. Cette vaste salle, qui abrite aujourd'hui les tombeaux des ducs de Bourgogne, était

la salle des festins. Pour imaginer les repas qui s'y déroulaient, revenez sur vos pas et, à gauche dans la cour d'honneur, prenez le passage qui conduit dans la cour de Bar. Dans les six immenses cheminées des cuisines ducales, on pouvait cuire des bœufs entiers. Juste en face se dresse la tour de Bar, construite par Philippe le Hardi au XIVe siècle, ce qui en fait la partie la plus ancienne du palais. Son rez-de-chaussée comme le bâtiment qui ceinture la cour de Bar, vestige du palais ducal entrepris dans les années 1360, est resté inachevé à la mort du Téméraire. C'est l'architecte du roi Louis XIV, Jules Hardouin-Mansart, qui concevra à la fin du XVIIe siècle le bâtiment tel qu'il est encore aujourd'hui. Le palais abrite aujourd'hui le musée des Beaux-Arts (voir plus loin la partie sur les musées).

À voir également, les *archives municipales,* nichées au cœur du palais. Elles contiennent une collection de chartes et autres documents historiques s'étalant sur 8 siècles d'histoire (☎ 03-80-74-53-82).

L'église Notre-Dame (plan couleur C2) : construite au XIIe siècle, c'est la doyenne des églises de Dijon et certainement la plus familière à ses habitants. Façade remarquable : toute une série de gargouilles offrent aux curieux levant le nez leurs plus belles grimaces.

Au-dessus des gargouilles, bien visible depuis la rue Musette, se détache dans le ciel une autre attraction célèbre : qu'il pleuve ou qu'il vente, le *Jacquemart* tape mécaniquement toutes les heures depuis 1383, tirant avec philosophie sur sa bouffarde, sans rancune envers ceux qui l'ont ramené avec son horloge du beffroi de Courtrai. Pour punir une rébellion des Flamands, Philippe le Hardi l'avait déclaré prise de guerre, fait empaqueter et charroyer jusqu'à Dijon. Depuis, dans cette ville très famille-famille, il a été doté d'une femme, Jacqueline, et de deux enfants, Jacquelinet et Jacquelinette (vous imaginiez quoi comme prénoms ?) qui sonnent les demi-heures et les quarts.

> **MORTELLES GARGOUILLES !**
>
> *Histoire ou rumeur ? Les gargouilles ne crachent plus d'eau. Les originales auraient causé la mort d'un usurier venu se marier à Notre-Dame, suite à une chute accidentelle (d'une gargouille, pas de l'usurier) vers 1240. Démontées à la demande des successeurs de la victime, elles seront remplacées par de fausses gargouilles commandées en 1881, œuvres du sculpteur Lagoule.*

L'église a été édifiée au milieu d'un quartier populaire dans un espace plus que restreint, ce qui a contraint ses maîtres d'œuvre à une jolie prouesse technique pour obtenir la légèreté et l'impression d'ampleur que l'on ressent à l'intérieur. À la droite de l'autel se trouve l'une des plus anciennes statues de Vierge noire de France, vraisemblablement du XIe siècle. Les Dijonnais ont pour cette Vierge d'inspiration byzantine en bois de cèdre une dévotion particulière. André Malraux l'admira tout en lui trouvant une « face d'idiote de village visitée de l'Éternel » !

Le bras nord du transept conserve cinq vitraux d'origine, vieux de plus de 700 ans !

La rue de la Chouette (plan couleur C2) : au chevet de l'église, deux belles maisons à pans de bois, dont la fameuse maison Millière, construite en 1483, lieu de tournage du « Cyrano de Bergerac », version Depardieu. Avec son échoppe au rez-de-chaussée, elle est devenue aujourd'hui salon de thé - boutique de vente de produits bourguignons. Sur son toit ont été perchés, au début du XXe siècle, un chat et une chouette des plus sympathiques.

Une autre chouette a donné son nom à cette rue aujourd'hui piétonne. Découvrez-la, usée par le temps et les hommes, sculptée sur l'angle d'un contrefort de Notre-Dame. Victime d'un acte de vandalisme qui l'a amputée de son flanc gauche en 2001, cette chouette-fétiche, aujourd'hui restaurée, est la gardienne de tous les vœux et secrets des Dijonnais (heureusement qu'elle est sourde et aveugle !). Elle n'exaucera les vôtres que si vous la caressez de la main gauche, celle du cœur.

DIJON / À VOIR, CÔTÉ COUR

🎭🎭🎭 **L'hôtel de Vogüe** *(plan couleur C2) : rue de la Chouette.* Le premier édifié au début du XVIIe siècle à Dijon sur le modèle des hôtels particuliers parisiens. Majestueux porche d'entrée ouvrant sur une cour au portique sculpté. À la conception classique et mesurée de l'édifice s'allie tout le raffinement décoratif de la Renaissance italienne : lierres entrelacés sur les colonnes, alternance de la pierre blanche et rose, éblouissement des toits recouverts de tuiles vernissées. À redécouvrir la nuit venue, son éclairage étant des plus réussis.

🎭🎭 **La rue Verrerie** *(plan couleur C1-2) :* bordée par un bel ensemble (il est rare d'en rencontrer d'aussi complets) de maisons à pans de bois dans l'esprit du Moyen Âge. Cette rue est l'épicentre d'un quartier fort agréable, riche en boutiques d'antiquaires, de design... Formant un angle avec la *rue de la Chaudronnerie,* une découverte : un ancien hôtel de commerçants dijonnais inspiré par la Renaissance italienne. Autre curiosité, toujours rue de la Chaudronnerie, au n° 5, la maison aux Trois Pignons, édifiée vers 1440. Intéressante façade par sa géométrie et par son architecture à pans de bois. En face, sur la place, les Pouffier, riches chaudronniers de l'époque – d'où le nom de rue Chaudronnerie ! – ont fait construire la maison des Cariatides. Revenir jusqu'au square des Ducs par la percée Lamonnoye (bel exemple d'erreur architecturale, que personne ne songe à réparer depuis quarante ans) pour la vue sur l'arrière de la maison des Cariatides, avec deux tours gothiques et une galerie de bois à portiques.

🎭🎭 **La rue des Forges** *(plan couleur B-C2) :* à l'ombre du palais, on trouve de petites résidences que s'était fait construire l'entourage des ducs. Au n° 34, l'hôtel d'Henri Chambellan, maire en 1490, représente le nec plus ultra de l'architecture médiévale en France. Longez le couloir pour découvrir, côté cour, un joyau du gothique flamboyant, avec sa galerie de bois ouvragée et l'escalier à vis qui se termine par une exceptionnelle statue de jardinier porteur de la voûte. À côté, au n° 38, la Renaissance a fait des siennes avec la façade de la maison Maillard. Exubérance florale et animale : chou bourguignon, mufle de lion, guirlandes de fleurs. Dans la cour, au bout d'un couloir en boyau, ne manquez pas d'admirer les quatre valeureux atlantes. Au n° 40, l'hôtel Aubriot (XIIIe-XIXe siècle) offre ses statues de la Justice et de la Force. Au n° 54, l'hôtel Morel-Sauvegrain, avec son garde-corps flamboyant en saillie, a été édifié pour le fils de la nounou de Charles le Téméraire (un fait qui compte dans cette ville où les ducs se contentaient souvent de naître et de venir mourir).

🎭🎭 **La place François-Rude** *(plan couleur B2) :* une place piétonne animée, au nom du sculpteur qui a réalisé le plus célèbre bas-relief de l'Arc de triomphe à Paris : la Marseillaise. Les jours de marché, il est même difficile d'y circuler. Le point de mire, c'est bien sûr la statue du Bareuzai. Pour prendre l'atmosphère de la place, allez boire un café en terrasse (voir plus haut la rubrique « Où boire un verre ? Où sortir ? »).

> **BAREUZAI ? BAS ROSÉS !**
> *Petit personnage au milieu de la foule du marché, rappelant les activités des vendangeurs et des vignerons au travers des « bas rosés » de ceux qui devaient fouler le raisin (à l'époque où l'on se foulait encore !). Mais pas toujours nus, comme ce rude Bareuzai.*

🎭🎭 **La cathédrale Saint-Bénigne** *(plan couleur A-B2) :* cinq églises ont été successivement construites sur le lieu de la découverte du sarcophage de saint Bénigne, longtemps le saint le plus aimé des Dijonnais – jadis, chaque famille comptait un petit Bénigne parmi ses nombreux enfants ! – avant que l'on apprenne qu'il n'avait peut-être jamais existé. En 1272, la chute d'une tour ayant écrasé le chœur, l'abbé Hugues d'Arc entreprit de reconstruire entièrement l'église romane dans le nouveau style gothique. Admirez l'élévation très pure de la nef et du chœur, typiques du gothique bourguignon, avec ses fenêtres hautes et élancées. Le clocher, le plus élevé de la ville aux 100 clochers, culmine à 93 m.

De fait, de l'immense abbatiale rebâtie à partir de 1001 par Guillaume de Volpiano, religieux envoyé de Cluny pour réformer une abbaye qui sombrait dans la décadence, ne subsiste aujourd'hui que la **crypte** (tlj 8h-18h, 17h en hiver ; entrée : 1 € ; accès intérieur et extérieur). Surprenant édifice. Une vaste rotonde copiée sur celle conçue pour le tombeau du Christ à Jérusalem (il n'en existe apparemment que huit dans le genre dans le monde). Des colonnes en nombre forment trois cercles autour de la crypte. Deux d'entre elles supportent encore leur chapiteau d'origine, orné d'un homme en prière, d'un coup de ciseau un peu malhabile, rare exemple de sculpture préromane. Vestiges d'un sarcophage du IIe siècle (les bouquets de fleurs en plastique sont, à priori, plus récents...). Dans le prolongement de la rotonde, chapelle mortuaire du VIe siècle (plus probablement du IXe siècle).

Visites guidées gratuites des combles, toitures et sous pentes, du carillon de 63 cloches (avec ou sans démonstration sonore !), de la chambre des cloches ou du musée de l'Orgue.

L'église Saint-Philibert (plan couleur B2) : la seule église romane de la ville jouxte la cathédrale. C'était la paroisse à la fois la plus civique et la plus remuante de Dijon ; en effet, ce quartier abritait la corporation des « culs bleus » (vignerons !). La jolie flèche à crochets fut élevée au début du XVIe siècle. Après avoir servi de grenier à sel à la Révolution puis de salle d'exposition, elle a été fermée par mesure de sécurité (!).

Le Dijon des parlementaires

La place Bossuet (plan couleur B2) : de beaux hôtels entourent la statue de Bossuet, accolée à l'église dans laquelle il a été baptisé, aujourd'hui transformée en théâtre, un comble pour un homme qui prisait peu les comédiens. Au n° 8, l'hôtel Fevret de Saint-Mesmin fut l'un des premiers hôtels ayant adopté la mode des combles brisés permettant un étage supplémentaire en toiture. Un toit dit à la Mansart, du nom de son créateur.

La rue Berbisey (plan couleur B2-3) : bel alignement d'hôtels particuliers, sur la droite. Au n° 23, petit hôtel de Ruffey (ouvert en semaine), élevé en 1752 pour un gros Richard (de Ruffey), président de la Chambre des comptes. Au n° 27, petit hôtel Berbisey, bijou revu au XVIIIe siècle. Au n° 25, grand hôtel Berbisey, élevé à partir de 1657 pour un conseiller au Parlement. Au n° 21, hôtel Legouz de la Berchère, au portail orné d'allégories de la Justice et de l'Abondance. Au n° 19 (accès sur demande par le resto *Les œnophiles*, rue Sainte-Anne), hôtel le plus ancien, qui abrite une merveilleuse petite cour gothique et appartint à Thomas Berbisey, secrétaire de Louis XI. Au n° 3, hôtel Le Compasseur, avec sa tourelle du XVIe siècle qui joue les curieuses, penchée sur la rue ! Au n° 6, hôtel Bretagne de Blancey, le seul qui ait osé franchir la rue pour se mêler, à gauche, au bon peuple des petits commerçants et cafetiers.

Laissez vous emmener à deux pas, rue Brûlard (plan couleur B2-3), au n° 2 pour pousser la grille (accès public) de l'hôtel Bouchu d'Esterno et profiter de la paix du petit jardin. Ou encore rue Sainte-Anne (plan couleur B3), dans le charmant jardin « Jean de Berbisey », sous l'emblème du Loup et de l'Agneau.

La rue Amiral-Roussin (plan couleur B-C2) : vous voilà au cœur du Marais dijonnais, secteur maintenant piéton ; poussez la porte du n° 23 (ouv w-e). Ancien hôtel d'un avocat au Parlement. Belle façade sur cour, au répertoire sculpté caractéristique de la Renaissance (il y a du Sambin dans l'air, des p'tits choux de travers...). Au n° 19, admirez le porche finement ciselé de l'ancienne église de la Madeleine, construite pour la communauté des Hospitaliers de Saint-Jean-de-Jérusalem, installée dans la ville depuis le XIIe siècle. Au n° 9, hôtel reconstruit pour Claude Marc, greffier en chef au parlement.

DIJON / À VOIR, CÔTÉ COUR

🎭 **Le quartier du Palais** *(plan couleur C2)* : la rue du Palais vous mène tout droit vers l'ex-parlement de Bourgogne, devenu le *palais de justice*. C'est là que la bourgeoisie dijonnaise pouvait venir s'anoblir, jusqu'à la Révolution, en achetant charges et offices. Assez mimi à l'extérieur, avec son pignon de belle allure et son porche d'entrée aux colonnes de pierre rose. L'original de la belle porte en bois, signé Sambin, se trouve au musée des Beaux-Arts. À l'intérieur, grande salle des pas perdus, dont le plafond ressemble à la carène d'un bateau renversé, et chambre dorée au somptueux plafond à caissons datant de 1522.

À l'arrière du palais de justice, rue Jean-Baptiste-Liégeard, beau déploiement d'échauguettes au revers de l'*hôtel Legouz Gerland*. L'entrée de l'hôtel, au n° 21, rue Vauban, annonce une cour très différente, très grand style, aménagée au XVIIIe siècle. Des lions superbes et généreux gardent la maison. En ressortant, jetez un œil sur l'hôtel Bouhier, parlementaire dijonnais et bibliophile d'exception. Puisqu'on parle bouquins, suivez le chemin des écoliers pour revenir rue de l'École-de-Droit et entrez à la *bibliothèque municipale*, pour goûter le silence et admirer la beauté de la salle de lecture installée dans l'ancienne chapelle du collège des Godrans (jésuites). Elle abrite plus de 200 000 volumes et 3 000 manuscrits, dont les plus fameux sont ceux de l'abbaye de Cîteaux (début XIIe siècle).

🎭 **La rue Chabot-Charny** *(plan couleur C2-3)* : aux n°s 43-45, l'hôtel des Barres, construit vers 1650 pour un président au parlement de Bourgogne, est un bien bel exemple d'hôtel construit entre cour et jardin. En face, au n° 32, l'hôtel de Vienne cache une galerie voûtée sur croisées d'ogives. Au n° 18, belle façade de la fin du XVIe siècle. Dans la cour postérieure, rue Philippe-Pot, façade encore plus étonnante, incrustée après 1850 d'un subtil cocktail de stèles gallo-romaines et de bas-reliefs antiques.

🎭 **L'église Saint-Michel** *(plan couleur C2)* : un merveilleux gâteau empilant savamment gothique et Renaissance, avec comme cerises les deux boules dorées rutilantes au sommet des tours du XVIIe siècle. Admirable Jugement dernier du tympan central. Originales boiseries des quatre piliers de la croisée du transept avec deux bancs arrondis qui épousent les colonnes.

Revenir par la rue Jeannin, très animée le soir par les lycéens et étudiants des bahuts voisins. Du moins dans sa partie bistrotière car, comme pour la rue Berbisey (et c'est assez typique du caractère dijonnais), elle présente un double visage : austère d'entrée de jeu, avec ses hôtels particuliers jamais ravalés, popu à la sortie.

🎭🎭🎭 **Le palais des États** *(plan couleur C2)* : rue de la Liberté. Retour au point de départ pour finir, côté cour, la balade dans le Dijon des parlementaires. Jetez plus qu'un œil à la **Chapelle des élus** *(accès gratuit par l'office de tourisme, 11, rue des Forges)*, désormais restaurée, que les élus de la province firent édifier, reflet de l'art de Versailles sous le règne de Louis XV.

Méconnue, enclavée dans les bâtiments des États, son chevet, visible de la rue des Forges, est le seul indice qui trahit sa présence. Sa hauteur démesurée lui permet de bénéficier de la lumière du jour ; somptueux décor sculpté sur les parois, autel en marbre.

Dans le passage, avec un peu de chance, une exposition organisée au 1er étage vous permettra d'emprunter l'escalier Gabriel, remarquable autant par sa conception que par sa belle rampe en fer forgé. Il mène au salon d'Apollon, antichambre de l'ancienne salle des états de Bourgogne. Le décor actuel, qui date de la fin du XIXe siècle, est d'un pompeux, voire d'un pompier avec l'inénarrable tableau des *Gloires de la Bourgogne*.

Au bel ensemble du palais des Ducs et du palais des États correspond la place de la Libération conçue en éventail. Enfin libérée des voitures, elle est devenue le lieu de rendez-vous dijonnais à la mode : déjà de nombreuses terrasses en été, l'arrivée de jeux d'eau ayant permis de rafraîchir les esprits surchauffés par toute cette pierre. De là, on voit parfaitement comment Jules Hardouin-Mansart, premier architecte du roi, a intégré avec beaucoup de respect le vieil hôtel des ducs de Bourgogne dans le palais des États.

Les musées municipaux

ATTENTION : l'accès aux collections des musées municipaux est **gratuit,** *mais les expos temporaires sont* **payantes.**

🎨🎨🎨 **Le musée des Beaux-Arts** *(palais des États de Bourgogne ; plan couleur C2) :* ☎ *03-80-74-52-70.* ♿ *(partiel). Tlj sf mar, mai-oct : 9h30-18h, nov-avr : 10h-17h (section d'art moderne et cuisines ducales fermées 11h45-13h45). Loc d'audioguide : 3,90 €.*

Un musée qui fut naguère parmi les premiers de France. Il va entrer en phase de rénovation mais cela ne devrait pas affecter les visites en 2008.

L'héritage des ducs de Bourgogne est présenté dans les salles appartenant à leur ancien palais. La visite permet de découvrir au rez-de-chaussée les cuisines ducales, construites vers 1433, remarquable exemple d'architecture civile gothique, et la salle du chapitre de la Sainte-Chapelle, qui abrite une statuaire religieuse du XVe et XVIe siècles. Au premier étage du corps de logis ducal, la grande salle des Tombeaux, baptisée salle des gardes au XVIIe siècle. Le tombeau de Philippe le Hardi, commandé par le duc en 1381, est l'œuvre des sculpteurs flamands Jean de Marville, Claus Sluter et Claus de Werve. Magnifiques pleurants. Une merveille : le retable de *La Crucifixion* (XIVe siècle), pour les dorures et les peintures des revers des volets. On voit aussi dans cette salle le *Portrait de Philippe le Bon* (1445), sorti de l'atelier de Rogier Van der Weyden. Prenez ensuite le temps d'admirer la collection de primitifs, en particulier suisses et rhénans, ensemble unique en France, du chef-d'œuvre du Maître de Flémalle, représentant *La Nativité,* à la danse macabre assez fantastique du Maître à l'Œillet (même la mort a une bonne tête), en passant par le Christ mort de l'atelier de Marco Palmezano, d'une grande modernité. Dans son décor Louis XVI, la salle des Statues réunit des œuvres de Prud'hon, Rude...

S'il ne fallait choisir qu'une toile pour représenter le XVIe siècle, ce serait évidemment l'anonyme *Dame à sa toilette,* qui a symbolisé le comble de l'érotisme pour certains. Le XVIIe siècle est bien évoqué avec *La Présentation de l'Enfant Jésus au Temple* de Philippe de Champaigne. Les œuvres du XVIIIe siècle français illustrent bien la variété des genres : Charles de La Fosse et son automnal *Bacchus et Ariane,* Boucher et l'énigmatique *Assomption de la Vierge* ou Van Loo et son valeureux *Saint Georges terrassant le dragon* pour l'histoire ; Nattier, peintre de la famille royale ; Greuze et ses modèles plus près du peuple, comme l'abbé Gougenot, pour le portrait...

Il faudrait encore citer nombre de chefs-d'œuvre de la peinture italienne, flamande et hollandaise du XVIe au XVIIIe siècle : Titien, Rubens, Bruegel... Ce tableau présenté dans la galerie de Bellegarde est comme une fenêtre qui s'ouvrirait quand la fatigue de traverser les âges vous prend. Est-ce la faute à son horizon bizarrement élevé ? Le regard a tout le temps de parcourir une campagne aux verts éclatants avant d'arriver au château lui-même.

La section d'art moderne et contemporain, qui mériterait d'avoir un musée rien qu'à elle (en tout cas autre chose que cet espace aménagé sous les combles, biscornu et vieillissant...), est essentiellement constituée par les donations de Pierre et Kathleen Granville. Certaines œuvres risquent de vous faire chavirer, comme le fascinant *Souffleur à la lampe* de Georges de La Tour. Ou même les animaux de Pompon, sculpteur préféré des Dijonnais. Pour le XIXe siècle, il y a là Eugène Delacroix, Géricault, les artistes de l'école de Barbizon, J.-F. Millet, Gustave Courbet, etc. Pour le XXe siècle, Rouault *(Portrait de Verlaine),* Manet (*La Maison dans le feuillage,* portrait de *Méry Laurent*), Monet *(Étretat-La Porte d'Aval),* Vuillard *(La Meule aux trois promeneurs),* Vallotton *(Jeune Femme se coiffant).* Et tous ceux qui étaient des amis du couple Granville : Lapicque (toute une salle !), Bertholle, Hajdu, Manessier, Szenes, Vieira da Silva ou encore Nicolas de Staël. Il y a, pour le plus grand plaisir des enfants qui adorent venir là, les *Footballeurs* de Nicolas de Staël, et surtout la *Vache-Paysage* de Buri, œuvre qui suscita beaucoup de réactions à l'époque et qui continue de regarder passer, impassible, les visiteurs du temps. À voir également : la salle cubiste, avec Rouault, Marcoussis, Gargallo, La Fresnaye, Gleizes...

Le Musée archéologique de Dijon *(plan couleur A-B2)* **:** *5, rue du Docteur-Maret.* ☎ *03-80-30-88-54. 15 mai-30 sept : tlj sf mar, 14 juil, 1er et 11 nov 9h-12h30, 13h30-18h. D'oct à mi-mai : mer-dim 9h-12h30, 13h-18h. Le musée accueille une expo temporaire de 62 œuvres de Camille Claudel 2 avr- 22 juin 2008.*
Une véritable machine à rêver, qu'abrite l'aile principale de l'abbaye bénédictine Saint-Bénigne. Voyez dans la cour d'entrée les sarcophages mérovingiens.
– Montez d'abord jusqu'au *2e étage* de l'ancien dortoir de l'abbaye bénédictine, construit par l'abbé Hugues d'Arc au XIIIe siècle. Vous découvrirez un vaste panorama de la présence de l'homme en Bourgogne, de la préhistoire au Moyen Âge, avec les sites incontournables de la région : Alésia, Les Bolards, Mâlain... Un paradis pour les « chercheurs d'or », des boucles d'oreilles de l'époque mérovingienne à la copie du magnifique bracelet de La Rochepot (1,3 kg d'or pur).
– *Au niveau 1 :* les voûtes gothiques accueillent les sculptures d'époques romane et gothique ainsi que les expos temporaires.
– *Au niveau 0 :* l'univers magique de la déesse des sources de la Seine Séquana, à qui l'on offrait des ex-voto dans l'espérance d'une prochaine guérison, est reconstitué. Représentant les parties du corps atteintes par le mal, ces rares sculptures de bois constituent un ensemble exceptionnel, l'un des seuls témoignages de l'art et des croyances populaires en Gaule avant et pendant l'occupation romaine. Prenez le temps de visiter l'ancienne salle capitulaire et le scriptorium, en jetant plus qu'un œil aux étonnants fragments de monuments funéraires représentant des scènes de la vie d'autrefois : marchand de vin et ses clients, charcutier avec son boudin et son bac à sang...

Le musée de la Vie bourguignonne *(plan couleur B3)* **:** *17, rue Sainte-Anne.* ☎ *03-80-44-12-69.* (par ascenseur). *Tlj sf mar et certains j. fériés. Oct-avr : 9h-12h, 14h-18h ; mai-sept : 9h-18h ; visites guidées mer, ven et dim 15h et 16h en été (slt dim 15h et 16h hors saison).* Collection étonnante d'objets pour plonger au cœur de la vie quotidienne du XIXe siècle, rassemblée dans les pièces entourant l'ancien cloître du monastère des Bernardines. Toute une rue commerçante de la fin du XIXe et du début du XXe siècle a été reconstituée au 1er étage. Il ne s'agit pas d'une simple enfilade de devantures, mais d'une atmosphère de rue, avec ses recoins où l'on découvre ici un atelier de fourrure, là une blanchisserie, une pharmacie... Des enseignes, des affiches en font revivre d'autres.
Salon de lecture, expositions temporaires, projection de films et atelier pour les enfants sous les combles.

Le musée d'Art sacré *(plan couleur B3)* **:** *15, rue Sainte-Anne. Même numéro de téléphone que le précédent, mêmes horaires et mêmes j. de fermeture.* Installé dans l'ancienne église Sainte-Anne, au dôme vert visible de loin et ancienne propriété des cisterciennes de l'abbaye Notre-Dame-de-Tart, le musée présente sculptures, peintures, mobilier et vases liturgiques, objets de piété populaire provenant principalement de Côte-d'Or. Il possède aussi une importante collection de vêtements et ornements liturgiques ainsi que de saintes reliques.

Le musée Rude *(plan couleur C2)* **:** *8, rue Vaillant.* ☎ *03-80-74-52-70. Slt juin-sept : tlj sf mar et 14 juil, 9h30-18h.* Il est tout petit, mais la réplique du *Départ des volontaires* de l'Arc de triomphe de l'Étoile est si haute. Amusez-vous à découvrir les moulages de sculptures de François Rude dans ce petit musée installé dans le transept de l'église Saint-Étienne désaffectée. Le musée abrite des éléments du castrum gallo-romain ; recueillez-vous devant, ça se fait rare !

Le jardin des Sciences – parc de l'Arquebuse *(plan couleur A2)* **:** *1, av. Albert-Ier.* ☎ *03-80-76-82-76. Tlj sf mar mat, sam mat, dim mat et j. fériés 9h-12h, 14h-18h.* Fort d'un jardin botanique, d'un musée d'histoire naturelle et maintenant d'un planétarium, le jardin des Sciences de Dijon se hisse désormais au rang de pôle scientifique. À l'entrée du parc de l'Arquebuse, il y a le **muséum,** point de départ de la visite. Ce lieu, qui a fait peur à des générations d'enfants avec ses bocaux remplis de monstres et ses animaux empaillés, est devenu un des musées les plus en avance sur leur temps. Chaque salle bénéficie d'une présentation adaptée aux collections entomologiques, zoologiques, minéralogiques, géologiques, et chaque vitrine se fait sa propre mise en scène. Du célèbre glyptodon (ancêtre du tatou) veillant sur le rez-de-chaussée aux reptiles de l'étage en passant par la salle écolo et les « lions de l'Atlas », vous avez du pain sur la planche avant d'arriver aux collections de papillons sous les combles ! Les expositions temporaires sont présentées à l'autre bout du jardin, au pavillon du Raines, plus récent. Éducatif et drôlement bien fait. Quant au **planétarium Hubert Curien,** *(tlj sf mar, sam et dim mat)* construit dans le prolongement, il est tout à la fois lieu de spectacle tourné vers le cosmos *(nouveau spectacle d'initiation à l'astronomie – entrée payante : 3 € ; réduc ; gratuit moins de 6 ans),* salle d'exposition permanente, lieu de conférences... Belle balade pour y arriver à travers le jardin botanique, véritable musée en plein air (voir plus loin).

Les autres musées

¶¶ **Le musée Magnin** (plan couleur C2) : 4, rue des Bons-Enfants. ☎ 03-80-67-11-10. *Tlj sf lun, 1er janv et 25 déc 10h-12h, 14h-18h. Entrée : 3,50 € ; réduc ; gratuit jusqu'à 18 ans et le 1er dim de chaque mois.* Cette belle collection de peintures françaises et étrangères a été léguée à l'État en 1938, avec l'hôtel particulier du XVIIe siècle (un des plus beaux de Dijon). Ensemble étonnant comprenant des œuvres des écoles italienne, flamande, hollandaise et française, du XVIe au XIXe siècle, des meubles et objets d'art. Au gré des salles, on va d'Allori à Girodet, de la Hyre à Gros, de Lastman à Géricault, en prenant le temps de goûter, surtout, au charme hors du temps de cet hôtel particulier caché à deux pas de la place de la Libération.

¶¶ **Le musée de la Moutarde** (hors plan couleur par A3) : 48, quai Nicolas-Rolin. ☎ 03-80-44-11-44 *(office de tourisme).* Reste encore fermé en 2008. Fermeture « compensée » par les visites guidées « Saveurs et piquant » organisées au centre-ville par l'office de tourisme.

À voir, côté jardin

À Dijon, l'espace vert est choyé. Les habitants disposent de 700 ha de parcs et jardins publics. Il y a déjà tous ceux que vous aurez entrevus lors de votre visite du vieux Dijon : la quiétude des lieux, cette rusticité inattendue vous font brusquement comprendre le caractère de la ville, un mélange d'aristocratie et de bonhomie. *Horaires identiques : tlj 7h30-17h30 (19h mars et 20h avr-sept).*

¶ ♁ **Le parc de la Colombière** (hors plan couleur par C3) : cours du Parc. À la périphérie sud-est de Dijon, vers Longvic. Bus n° 32. Les « allées du Parc », longue avenue commençant place Wilson et bordée de nombreuses maisons du XIXe siècle, mènent jusqu'à l'ancienne résidence d'été du prince de Condé. Dès 1688, ce bon prince avait mis le domaine de la Colombière à la disposition des citadins, lançant la mode des jardins publics. Ce parc à la française, réalisé par un élève de Le Nôtre, a remarquablement traversé le temps et reste un des lieux de promenade favoris des familles dijonnaises. On y vient avec les enfants voir les animaux dans leurs enclos. Hors des sentiers battus, on trouve les fragments de l'ancienne voie romaine reliant Lyon à Trèves. Rien n'a vraiment dû changer depuis le passage d'Henry James, en 1877 : « Je crois que ce que j'ai le plus aimé à Dijon, c'est le vieux parc », écrit-il, évoquant « ses petites perspectives bleu-vert, ses allées et ses ronds-points : un endroit où tout s'équilibre… »

Le jardin Darcy (plan couleur A1-2) : pl. Darcy. Le premier vrai jardin public (malheureusement également fréquenté par de nombreux toutous…). Créé en 1888 en plein centre pour rafraîchir les poumons des ouvriers de l'époque, dans un souci d'hygiène morale. Imaginé autour du réservoir construit par l'ingénieur Darcy pour amener l'eau en ville. Un assemblage d'escaliers et de balustrades encadrent des vasques en terrasses d'où l'eau s'écoule en cascade, dans le style italien alors en vogue. À voir pour le fameux ours blanc de Pompon, sculpteur animalier cher aux Dijonnais, qui n'est pas de lui mais de son élève Martinet.

Le parc des Carrières-Bacquin : rue des Marmuzots. Au nord-ouest du centre. Bus n° 11, arrêt « Saint-François ». Entre la gare et l'avenue Victor-Hugo, un espace vert qui témoigne d'une conception assez originale puisque l'ancien front de taille d'une carrière a été utilisé pour créer bassin et cascade artificielle face à un amphithéâtre de verdure. Jardin de rocaille, étang romantique, enclos animaliers, minigolf et buvette, jeux pour enfants.

Le jardin botanique de l'Arquebuse (plan couleur A2) : 1, av. Albert-Ier. À la fois jardin botanique et parc, il forme un même ensemble avec le muséum d'Histoire naturelle (voir plus haut « Le jardin des Sciences – parc de l'Arquebuse »). Le jardin botanique, avec ses 66 planches bordées de buis, correspond plus à la vocation scientifique. On cultive là environ 3 500 espèces, toutes étiquetées. Conservatoire d'espèces végétales, le jardin offre un échantillonnage de la flore régionale. D'ici sortent, mine de rien, les semences expédiées aux quelque 600 jardins botaniques et instituts de recherche du monde entier avec lesquels il correspond régulièrement… en latin ! Le ruisseau du Raines, avec ses cygnes et sa collection vivante d'anatidés, comme il est écrit (des canards, quoi !), sépare le pôle botanique d'un petit parc resté romantique (statues, temple d'amour, bancs publics pour se bécoter, écureuils en folie…).

À faire

➤ **La combe à la Serpent** : bus n° 3, changer arrêt « Belin » puis prendre la ligne n° 20, arrêt « Fontaine d'Ouche Combe ». Le plus grand espace vert aux portes de la ville, au fond du quartier de la Fontaine-d'Ouche, poussé dans les années 1960 entre les collines et le lac Kir. Plus de 300 ha, en dénivelée, bois, plaine… Bien balisés, les chemins offrent 23 km de balades complétées par des liaisons avec d'autres combes récemment réaménagées, comme la combe Persil et la combe Saint-Joseph. Observatoire pour les amoureux des astres. Montez jusqu'au parc à daims et rejoignez Corcelles-les-Monts, où vous attend sur la place du village un café-resto de campagne, *Le Petit Arlette* (☎ 03-80-42-90-04), tenu par une dame adorable (Arlette, évidemment…) qui vous donnera de quoi grignoter. Sur les murs du bistrot, grandes toiles peintes par des artistes du cru réputés.

➤ **Balade au long de l'Ouche** : depuis le centre-ville, en passant par la rue Monge, on arrive à l'hôpital général d'où part une coulée verte, longue de 2,2 km, en direction du lac Kir. Arrêtez-vous pour visiter le **puits de Moïse** (ligne n° 3, arrêt « CHS La Chartreuse », visible slt de l'intérieur lors des visites guidées organisées par l'office de tourisme. Mai-oct mar et sam 15h ; nov-fin avr sam 15h). Magnifique et pathétique vestige de la chartreuse de Champmol, la nécropole des ducs de Valois, aujourd'hui enfermé au sein de l'hôpital psychiatrique. Un lieu étonnant, à découvrir absolument. Simplement, pensez que vous êtes dans un hôpital (voir introduction : « La tournée des grands-ducs »). Piste cyclable et sentier vous mènent jusqu'à Plombières, faisant un moment un brin de cour au canal de Bourgogne.

➤ **Le lac Kir :** bus n° 30, arrêt « Vannes » (pour la base nautique). La promenade préférée des Dijonnais toute l'année. Le site de « Dijon-Plage » l'été. « La mer-Kir » en quelque sorte. Ou quand Dijon baigne et se baigne dans une multitude d'animations estivales. Ce lac est entouré de 30 ha d'espaces verts et ses rives sont réservées à la détente sous toutes ses formes : plages, terrains de volley, de tennis, minigolf avec buvette et terrasse, base de canoës-kayaks et parcours de santé. Lieu de drague la nuit. Ne confondez pas le parking « sortie du chien ou de la belle-mère » avec celui marqué « échangistes » ou celui réservé à la drague homo si vous voulez éviter les surprises ! Face au lac, adossé à la falaise, saluez le frère du zouave du pont de l'Alma (tous deux ont été sculptés par Diébolt). Lui est bien au sec, sur son bout de pelouse.

➤ **L'Observatoire du lac Kir :** en venant du centre, au croisement avec le bd Chanoine-Kir (camping) ; à droite aux feux, petite route escarpée – fléchage « observatoire Lac Kir », puis 1re à gauche dans un quartier résidentiel. Pour embrasser tout le site d'un seul regard et se promener sur les sentiers balisés du **parc de la Fontaine aux Fées.**

Où acheter de bons produits ?

❀ **Boutique Maille** (plan couleur B2, 70) : 32, rue de la Liberté. ☎ 03-80-30-41-02. Tlj sf mar 9h-19h. Une superbe vitrine, à l'enseigne d'une marque qui a plus de 300 ans d'existence : « Il n'y a que Maille qui m'aille ». Vente de moutarde à la pompe ou au pot (plus de 36 variétés, 8 nouvelles par an) et pots copies d'anciens.
❀ **Pains d'épice Mulot et Petitjean** (plan couleur B2, 71) : 13, pl. Bossuet. ☎ 03-80-30-07-10. Tlj sf dim et lun. Ne cherchez pas un musée du pain d'épice à Dijon. Cette drôle de maison d'allure et d'esprit médiévaux en fait office : pains d'épice en forme de sabots, cloches, poissons, ou tout simplement de « pavés de santé » à l'ancienne, glacés-minces et nonnettes fourrés. Également une boutique rue de la Liberté, **Bourgogne Street.**
❀ **Biscuiterie La Rose de Vergy** (plan couleur C2, 72) : 1, rue de la Chouette. ☎ 03-80-61-42-22. Ceux qui ont connu la fameuse adresse de Reulle-Vergy, qui fut au départ de l'aventure, retrouveront l'ambiance maison dans cette jolie biscuiterie installée au rez-de-chaussée d'une des plus belles demeures à colombages du vieux Dijon, entièrement rénovée dans des couleurs pain d'épice, justement. Petit coin salon de thé pour déguster les biscuits et les pains d'épice « pur miel », spécialité maison. Vente également de confitures, bonbons, etc.
❀ **Les halles** (plan couleur B2) : mar, jeu (à l'intérieur), ven et sam mat. Également **marchés** à la fontaine d'Ouche le mer mat. Grésilles jeu et sam mat. Fromagerie *Delin*, charcuterie *Alviset*... deux noms à retenir, au passage, pour préparer votre pique-nique.

Fêtes et manifestations

– **Tribu Festival :** fin mai-début juin. Rens : ☎ 03-80-28-80-42. • tribufestival.com • Sympathique (et d'une belle ouverture d'esprit) festival autour du jazz, des musiques électroniques et des musiques du monde qui célèbre sa 10e édition en 2008.
– **L'été on continue, Dijon en continu :** de mi-juin à fin août. Rens à l'office de tourisme ou sur • dijon-tourism.com • Une vingtaine de festivals, spectacles, concerts, expos,... Parmi ces manifestations, les **Estivades** (fin juin-début juil) : Dijon renoue alors avec la tradition du spectacle de rue (groupes folkloriques, chorales, fanfares, orchestres d'harmonie...) dans différents lieux de la ville. Les festivals **Carte Blanche** et **Dièse 2** intègrent ce vaste programme de l'été dijonnais.

– **Foire internationale et gastronomique :** *1ʳᵉ quinzaine de nov. Rens :* ☎ *03-80-77-39-00. Dix journées passées à bien manger et boire, ou plutôt à bien boire... et manger.*
– **Fêtes de la Vigne :** *ts les 2 ans (années impaires).* • *fetesdelavigne.com* • *Soirées à thèmes, musique, festival international de folklore, artisanat du monde, bals, animations en ville ; tout cela mériterait d'ailleurs d'être repensé, pour revenir à une vraie fête... de la vigne !*
– **Marchés :** *mar, jeu et sam mat, autour des Halles. Marché aux livres le sam mat.*
– **Circuit de Dijon-Prenois :** *Coupes Moto-légendes (mai) pour les motos,* • *coupes-moto-legende.fr* • *; Grand prix de l'âge d'or (juin) et Trophée historique de Bourgogne (sept) pour les voitures,* • *gpao.fr* •

LA ROUTE DES GRANDS CRUS

Durant toute l'histoire, cette Côte-là a suscité bien des convoitises... de la part des chanoines. Du côté de Beaune, c'est l'influence d'Autun et de Cluny qui domine. On est déjà au sud ! Du côté de Dijon, c'est le nord qui gagne. Les évêques de Langres, qui sont également ceux de Dijon jusqu'au XVIIIᵉ siècle, ont la haute main sur les clos les plus fameux, comme celui de Bèze. Les moines de Cîteaux, établis dans la plaine il y a 900 ans, arriveront trop tard pour avoir les beaux morceaux. Ils créeront tout de même le clos de Vougeot, ce qui n'est pas si mal, il faut l'avouer !
Il est difficile de comprendre les vins qui se font ici. Tous sont différents et intéressants à divers titres. Seul point commun, le raisin ! Et le pinot noir, ce n'est pas seulement le monde des abbayes, c'est aussi celui des grandes familles, des petits rendements et de la qualité, qu'on se le dise !

LA CÔTE, DE DIJON À NUITS-SAINT-GEORGES

CHENÔVE (21300) 16 454 hab.

Si Chenôve, dans son (grand !) ensemble, évoque quelque « ville nouvelle » poussée dans les années 1970, sur les hauteurs, le vieux village a su conserver quelques belles maisons vigneronnes. On y découvre l'ancienne cuverie des ducs de Bourgogne, qui abrite deux magnifiques pressoirs annoncés comme datant de 1238. Une vigne pentue répond au nom toujours savoureux de « Montre-cul ».
– *À ne pas manquer : le marché du dim mat, sur le Mail.*

Où manger ?

|●| **Le Clos du Roy :** *35, av. du 14-Juillet, quartier « Les Grands Crus ».* ☎ *03-80-51-33-66.* • *clos.du.roy@wanadoo.fr* • *Tlj sf dim soir, lun tte la journée et mer soir. Congés : août. Menus 16 €, à midi en sem, et 22-55,50 € ; carte env 60 €. Café offert sur présentation de ce guide. Malgré l'environne-*

ment un peu bétonné et un faux air de resto de chaîne, voici une bonne adresse où la carte et les menus sont régulièrement renouvelés. Surveillez toutefois l'éventuelle présence d'un bus sur le parking...

À voir

Les pressoirs des ducs de Bourgogne : 8, rue Roger-Salengro. ☎ 03-80-51-55-00 (mairie). Accès (bien) fléché. Juil-août et 1re quinzaine de sept : tlj 10h-12h, 14h-18h ; hors saison, sur rendez-vous pour les groupes. Gratuit. Parmi les plus anciens pressoirs connus, même s'ils n'ont pas été construits au XIIIe siècle par la duchesse de Bourgogne, comme le veut la légende, mais au début du XVe siècle, sous les ducs de Valois. Ils ont été prévus pour presser le marc de 100 pièces de vin. Superbe charpente en chêne soutenue par des piliers qui évoquent quelque cathédrale. Système de pression par deux contrepoids en pierre de 5 t. Tous les ans, les pressoirs sont remis en marche lors de la fête de la Pressée (lire ci-dessous).

Fête

– **Fête de la Pressée :** 2e ou 3e w-e de sept, ☎ 03-80-51-55-70. Dégustation de vin « bourru », animations folkloriques, expos...

MARSANNAY-LA-CÔTE (21160) 5 210 hab.

Marsannay fut longtemps célèbre pour son rosé, qui tapait joyeusement dans les têtes. Unique en Bourgogne, sa production remonterait vers 658, période où le pinot noir garnissait les coteaux. Au fil des ans, les vignerons de Marsannay n'ont cessé de se battre pour voir reconnues les qualités de leurs vins, au point d'obtenir une AOC en 1987 pour les trois couleurs de leur palette : rouge, rosé et blanc.

Adresse et info utiles

Maison du patrimoine et du tourisme : 41, rue de Mazy. ☎ 03-80-52-27-73. • ot-marsannay.com • En été : tlj sf dim ap-m ; hors saison : horaires légèrement réduits et fermé dim. Juil-sept : jeu, ven et sam à 10h et 16h, intéressantes visites guidées géoviticoles du vignoble avec un géologue sympa et dégustation de 3 vins (8 € ; réduc ; gratuit moins de 12 ans). Petit musée sur la société viticole rurale traditionnelle.
– Trois sentiers de découverte balisés au départ de l'office de tourisme (Village-Vignoble 3,7 km, Milieu forestier 5,3 km et Combes 8,5 km) pour flâner aux portes de la Côte-de-Nuits.

Où dormir dans les environs ?

Chambres d'hôtes chez Anne et François Brugère : 7, rue Jean-Jaurès, 21160 Couchey. ☎ 03-80-52-13-05. • http://françoisbrugere.net • À 4 km, entre Marsannay et Fixin. Congés : 1er déc-1er mars. Doubles avec douche et w-c ou bains 60-63 €, petit déj compris. Une demi-bouteille de la production du patron offerte sur présentation de ce guide. Un village dont le nom invite au repos, dans les vignes ou dans les chambres coquettes (toutes rénovées) du seigneur de ces lieux, qui saura vous faire découvrir les vins de sa propriété. Dégustation mémorable, si François Brugère est en forme, avec saucisson, fromage du pays et histoires du cru. Maison ancienne de caractère (bourguignon, évidemment) au fond de sa cour et départ de belles balades à vélo. Copieux et succulent petit déj.

Où acheter de bons produits ?

🏵 **Domaine Audoin** : *7, rue de la Boulotte.* ☎ *03-80-52-34-24.* ● *domaine-audoin@wanadoo.fr* ● *Lun-sam et dim mat sur rendez-vous.* Des vins en finesse et délicatesse qui riment avec gentillesse de l'accueil : Fixin, Gevrey-Chambertin, Marsannay, Favières et Longeroies.

🏵 **Domaine Régis Bouvier :** *52, rue de Mazy.* ☎ *03-80-51-33-93.* ● *dom.reg.bouvier@wanadoo.fr* ● *Morey-Saint-Denis* « Rue de Vergy », Marsannay rosé, Marsannay rouge « Tête de Cuvée » et blanc « Clos du Roy »... Des vins riches, puissants, « à l'ancienne ». Excellent accueil.

FIXIN (21220) 810 hab.

Premier village de la Côte-de-Nuits, Fixin (prononcez « Fissin » si vous ne voulez pas qu'on vous regarde avec des yeux ronds !) produit essentiellement des rouges un rien sauvages, très structurés. Il faut les découvrir au *Manoir de la Perrière* par exemple, là où les ducs de Bourgogne avaient leur pavillon de chasse, cédé ensuite aux moines de Cîteaux (☎ **03-80-52-47-85**).

À voir

🚶🚶 **Le parc Noisot :** ☎ *03-80-52-45-52 (mairie) et office de tourisme de Gevrey-Chambertin. Accès fléché. Parc ouv tte l'année (slt à pied) ; musée slt 15 avr-15 oct : sam-dim 14h-18h. Entrée : 1,50 € ; gratuit moins de 18 ans.* Un curieux parc-musée dominant le village et consacré au culte impérial. Originaire d'Auxonne, dans le val de Saône, autre ville marquée par le passage de Napoléon, Claude Noisot a combattu à Wagram, en Espagne, fait la campagne de Russie, accompagné Napoléon à l'île d'Elbe. Les Cent-Jours ? Waterloo ? Il en était. Retiré sur ses terres, et plutôt argenté par un heureux mariage, le vieux grognard commanda au sculpteur dijonnais François Rude ce *Napoléon s'éveillant à l'immortalité,* que l'on a baptisé ici plus simplement *Le Réveil de Napoléon.* Le buste du sculpteur se trouve à quelques mètres. Noisot aménagea un parc autour du monument, créa un petit musée nostalgique et fit aménager, en souvenir des Cent-Jours, cent marches dans la combe qui sont toujours le point de départ d'une belle balade. Panorama au sommet sur le val de Saône, le Jura et les Alpes (par temps clair !). Site d'escalade et sentiers de balades balisés.

🚶 **L'église de Fixey :** ☎ *03-80-52-45-52 (mairie). Sam-dim slt ; sur demande les autres j. et (normalement) tlj en été.* Peut-être le plus ancien monument d'art roman de la Côte, puisque cette église se trouvait là dès 902. Superbe de simplicité, de pureté, elle voue l'un des cultes les plus anciens à saint Antoine. À cet endroit s'élevait en effet un oratoire dédié au « père des Ermites », invoqué pour la guérison de nombreuses affections contagieuses. Il donna son nom à l'ordre des Antonins, dont l'emblème orne la porte d'entrée.

🚶 **Autres curiosités :** le four banal, vieux d'un demi-millénaire, toujours couvert de lauzes, ces pierres plates ramenées du plateau, qui noircissent avec le temps. Et un impressionnant lavoir rond de 1827 alimenté par de l'eau ferrugineuse, à un carrefour de la route des grands crus.

LA ROUTE DES GRANDS CRUS

➤ DANS LES ENVIRONS DE FIXIN

Le château de Brochon (21220) : à 3 km au sud par la D 122. ☎ 03-80-52-93-01. De mi-juil à fin août (se renseigner pour connaître les dates exactes) jeu-dim ; visites guidées à 14h30 et 16h30. Entrée : 4 € ; réduc. Au milieu des arbres, caché par un moche lycée des années 1960, un château étonnant, dans le style Azay-le-Rideau (néo-Renaissance, quoi) ! C'est normal, son propriétaire l'a fait construire en 1895 sur ce modèle, prétextant justement : « Ce qui manque à la Côte, ce sont les châteaux de la Loire. » Un petit rigolo ? Mais non, un sous-préfet ! Enfin, pas n'importe lequel. Se piquant de poésie, Stephen Liégeard inspira à Alphonse Daudet, alors qu'il était à Carpentras, Le Sous-Préfet aux champs ! Député sous le Second Empire, bien marié et donc libre de son temps et de son argent, il publia un ouvrage sur la Riviera qui ne passa guère à la postérité en dehors d'une formule célèbre : pensant à sa chère Côte-d'Or, il inventa... la « Côte d'Azur » ! Belle roseraie.

GEVREY-CHAMBERTIN (21220) 3 260 hab.

Au cœur du village vigneron, on se demande ce qui se passe derrière ces hauts murs, ces façades aveugles couvertes parfois de lierre ou de glycines pour donner un peu de vie. Car la vie, ici, en dehors des vendanges qui créent une certaine animation, c'est ce qui aurait plutôt tendance à manquer. Heureusement qu'il y a de nombreuses adresses, certes touristiques, certes pas toujours données, où se réfugier, à la nuit tombée.

GEVREY TOUT COURT

Un jour, un fermier du nom de Bertin planta une parcelle qui allait devenir célèbre. C'est au chambertin que le village doit sa gloire. Jusqu'en 1847, en fait, il s'appelait Gevrey. Mais Louis-Philippe a autorisé l'adoption du patronyme de son grand cru. Cela n'a d'ailleurs pas suffi à certains qui auraient voulu que le village s'appelât Chambertin, tout simplement. Le préfet les menaça de l'appeler « Gevrey-tout-court », et l'on en resta là !

Adresse utile

🛈 **Office de tourisme** : 1, rue Gaston-Roupnel. ☎ 03-80-34-38-40. • ot-gevreychambertin.fr • Tlj (sf dim hors saison) 9h-12h30, 13h30-18h. Internet (payant) et point poste (timbres). Visites guidées en saison (4-8 € ; réduc) et cartes randos (pédestres et VTT).

Où dormir ? Où manger ?

Plutôt chic

🛏 **Hôtel Arts et Terroirs** : 28, route de Dijon. ☎ 03-80-34-30-76. • arts-et-terroirs@wanadoo.fr • arts-et-terroirs.com • ♿ Tte l'année. Doubles avec bains et TV 66-86 €. Apéritif maison offert sur présentation de ce guide. La nationale longe la maison ? Pas de panique ! Ici, tout se passe côté jardin. Élégantes chambres romantiques et cosy, aux tons doux, atmosphère apaisante d'un bel hôtel qui se met en quatre pour vous servir. Petit déj servi dans le jardin.

🛏 **Hôtel Les Grands Crus** : rue de Lavaux. ☎ 03-80-34-34-15. • hotel.lesgrandscrus@nerim.net • Doubles 75 €

GEVREY-CHAMBERTIN

(mansardées) et 85 €. Un hôtel rassurant, style vieille France. Les « étrangers » l'adorent car ils peuvent rentrer sans problème après une étude approfondie des crus locaux. Les chambres n'ont rien de design mais sont confortables. Réveil au chant des oiseaux... ou aux cris des vendangeurs, selon l'époque.

|●| Chez Guy : *3, pl. de la Mairie.* ☎ *03-80-58-51-51.* • *chez-guy@hotel-bourgogne.com* • *Formules 27-36 € et 50 € les j. fériés ; carte env 45 €.* Un lieu cosy comme tout, avec parquet et pierre de Chassagne pour rassurer les gens du cru, tableaux colorés et déco épurée pour attirer les autres. Un fond de jazz et une clim' tout en douceur, en été. Pour vous accompagner dans la découverte d'une savoureuse cuisine du terroir intelligemment réinterprétée : la Grande Bourgogne d'autrefois revit dans des plats qui vous font voyager de l'Espagne à la Belgique. Cuisine au vin l'hiver, cuisine du soleil en été. Terrasse au cœur du village pour les belles journées et les soirées. Beau choix de vins de Gevrey (quelques introuvables) et d'appellations voisines, à prix corrects.

|●| Le Bonbistrot de la Rôtisserie du Chambertin : *rue du Chambertin.* ☎ *03-80-34-33-20.* • *rotisserieduchambertin-bonbistrot@wanadoo.fr* • *Fermé dim soir, lun, mar midi. Congés : 3 sem mi-fév et la 1re quinzaine d'août. Petite carte côté bistrot autour de 30 € ; plat du jour 13 €.* Derrière ces grilles, à la sortie du village, une vieille maison qui en impose. On pousse une porte et l'on tombe dans un musée de la Tonnellerie et du Vin, qui débouche dans une cave abritant l'un des plus cossus restaurants de la Côte. Si ça vous fait peur, rassurez-vous, il suffit de remonter dans la cour et d'aller au *Bonbistrot*, tout à côté. Déco type, banquette en cuir, bar, miroir, parquets, nappes à carreaux et petites tables où l'on vous sert de bons plats du terroir (compote de lapin, bœuf braisé, jambon à la chablisienne) réalisés par le chef de *La Rôtisserie*. Petite terrasse ombragée.

À voir

🎯 Le château : ☎ *03-80-34-36-77 Sur rendez-vous. Entrée : 5 € ; réduc. Visite guidée (compter 1h).* Forteresse médiévale du Xe siècle, située au milieu des vignobles. Sa grande salle, aujourd'hui pièce d'habitation, pouvait abriter les habitants en cas de danger. Dégustation et vente des vins du domaine dans l'ancien cellier du château.

🎯 L'église Saint-Aignan : bien ancrée au sommet du vignoble, elle a été construite à la fin du XIIe siècle ou au début du XIIIe siècle. Son ciment rose doit sa couleur, dit-on, au vin qu'on y aurait versé. De très belles boiseries avec figures du Christ et de la Vierge, des stalles Louis XIV agrémentent le chœur ; autel Louis XV. La grille du sanctuaire date de 1710. Cuve baptismale de la fin du XVe siècle et statue de saint Jean-Baptiste (début du XVIe siècle) dans un costume et une attitude qui évoquent l'école allemande. Belles pierres tombales.

🎯 La Combe Lavaux : *balade au départ de l'office de tourisme (40 mn env).* La nature sauvage, réserve naturelle qui recèle une faune et une flore rares. La profonde dépression de la Combe, bordée de corniches rocheuses, offre depuis son « sommet » un magnifique point de vue sur le vignoble

Parcours aventure

– Vertical sports : 📱 *06-87-87-50-42 (Jérémie) ou 06-84-97-67-99 (Mathieu).* • *vertical-sports.com* • *De début mars à mi-sept, sur résa. Compter 16 € par adulte le parcours aventure ; tarifs groupes et réduc pour enfants (circuit adapté).* Au-dessus de la route des vins, plusieurs parcours aventure sympathiques pour se griser d'un autre air que celui des caves. En pleine forêt, sauts de singe, tyroliennes, sauts pendulaires et chute libre d'environ 10 m, tout cela de 5 à 15 m du sol.

Festival

– *Musique au Chambertin :* sept. Festival de musique classique, chanson, jazz... Repas bourguignons et dégustations des vins du cru.

MOREY-SAINT-DENIS (21220) 690 hab.

Comme Gevrey l'a fait pour le chambertin, Morey s'est adjoint, en 1925, le nom du cru Saint-Denis. Quelques noms de grands crus à retenir (après tout, vous êtes là pour ça !) : Bonnes-Mares, clos de la Roche, clos Saint-Denis, clos des Lambrays et clos de Tart. À découvrir en se promenant dans ce village qui abrite quelques anciennes et typiques maisons de vignerons, avec des escaliers sous auvent.

Où acheter de bons produits ?

Le Caveau des Vignerons : 3, pl. de l'église. ☎ 03-80-51-86-79. • caveau-des-vignerons@wanadoo.fr • Tlj 9h-12h, 14h-19h. Plus de 170 vins en dégustation (gratuite), venant de la plupart des vignerons du village : grands crus de chambertin, clos des Lambrays, clos de Tart, premiers crus de Morey, Gevrey ou Chambolle-Musigny, villages...

CHAMBOLLE-MUSIGNY (21220) 315 hab.

Village très attachant, avec un vin qui annonce le changement de *climat,* d'où son nom de « perle du milieu ». On passe de la force du chambertin à la grâce de la romanée, pour parler vigneron. Des *climats* aux noms évocateurs : « les Amoureuses », « les Charmes », « Derrière la grange ».
Mais au fait, qu'est-ce qu'il a de si original, le *climat* bourguignon, pour être mis à toutes les sauces (au vin, certes) ? Il désigne, en fait, à chaque fois, un bout de terre valant souvent son pesant de cailloux, identifié sous son nom propre depuis le Moyen Âge, et qui doit sa personnalité, unique au monde, aussi bien au sous-sol qu'au sol, à son exposition qu'à son... microclimat. Si l'on vous offrait un charmes-chambertin et que vous préféreriez un beaujolais nouveau, passez nous voir, on fera l'échange !
Belles peintures murales dans l'abside de l'église (1539) révélées lors d'une rénovation en 1895. Respect pour le tilleul planté sous Sully (XVIe siècle) dans le petit coin bucolique à côté de l'église.

Où manger ?

I●I *La Maison Vigneronne :* 1, rue Traversière. ☎ 03-80-62-80-37. • mazoyer matthieu@hotmail.com • Ouv mar-dim midi. Menus 16,50 € *(midi en sem)* et 27 €. Face au château de Chambolle, petit à petit, Matthieu Mazoyer a fait son nid. Une auberge de village qui renoue avec la tradition bourguignonne, pour le plus grand bonheur de ceux et celles qui sillonnent la route des vins. Vous aurez droit à un pressé de pieds de cochon vinaigrette et jus d'agneau ou un marbré de queue de bœuf au foie gras. Caveau tout à côté pour faire son choix.

VOUGEOT   (21640)   200 hab.

La plus petite commune de la Côte, qui s'étire entre les coteaux et la nationale, que vous rejoignez ici. Vougeot doit son nom célèbre à... de l'eau ! Un pont fut érigé au XVIe siècle sur la rivière, la Vouge. Un pont à péage, à proximité duquel on trouvait, comme aujourd'hui, des auberges bon marché pour les bourses plates et des hôtelleries pour les riches.
L'attraction, c'est bien sûr le célèbre château du clos de Vougeot, au milieu des vignes, emplacement si inhabituel en Bourgogne. Un lieu qui a vu naître les premières relations publiques dans les années 1930. Puisque le bourgogne se vendait mal dans le monde, c'est le monde entier qui fut invité à venir le déguster et à faire du château la plus belle table d'hôtes de France, autour de la confrérie des Chevaliers du Tastevin, fondée en 1934 sur le modèle des confréries vineuses d'autrefois.

Où dormir ?

Hôtel de Vougeot : 18, rue du Vieux-Château. ☎ 03-80-62-01-15. • contact@hotel-vougeot.com • hotel-vougeot.com • Congés : fin déc-fin janv. Doubles avec douche, w-c et TV 58-108 € selon saison. Possibilité de plateau-repas (20 €) sur résa. Réduc de 10 % sur le prix de la chambre sur présentation de ce guide. Dans ce petit village célèbre dans le monde entier pour les fêtes vineuses organisées à prix d'or par la confrérie du clos de Vougeot, on ne s'attend pas à trouver un petit hôtel comme celui-là. Calme, confortable, avec de belles chambres d'une sobre rusticité donnant sur la rue ou la cour, dont plusieurs avec vue sur le clos (avec accès direct). Belle terrasse face aux vignes et caveau de dégustation.

À voir

๛๛๛ **Le château du clos de Vougeot :** ☎ 03-80-62-86-09. • tastevin-bourgogne.com • Avr-sept : 9h-18h30, oct-mars : 9h-11h30, 14h-17h30 ; sam, portes fermées à 17h en tte saison. Visite guidée de 45 mn (dernier départ 1h avt la fermeture). Entrée : 3,60 € ; réduc ; gratuit moins de 8 ans. Pas de dégustation ni de vente de vins. L'œuvre des bons moines de Cîteaux, qui étaient venus jusque-là pour trouver du vin de messe convenable. De nouvelles fouilles et des recherches remettent en cause la datation initiale du château, notamment par rapport à l'âge de la cuverie. La « révolution » historique fait l'objet d'un livre. Selon l'ancienne version, le château, d'inspiration Renaissance, aurait été édifié autour de 1550 par Dom Loisier, 48e abbé de la communauté, auprès du cellier et de la cuverie du XIIe siècle. Une cuverie qui vaut à elle seule la visite, avec ses quatre pressoirs gigantesques qui permettent d'imaginer les vendanges d'autrefois. Il fallait huit hommes pour abaisser l'énorme pièce en bois qui écrasait les grappes... Le château, vendu au lendemain de la Seconde Guerre mondiale à un groupement de familles de la Côte, est le chef-d'œuvre de la confrérie des Chevaliers du Tastevin. Il a été classé Monu-

> **TÂTEVINAGE !**
>
> *Ne prononcez pas le S de tastevinage. Le « Tâtevinage » consiste à sélectionner de manière rigoureuse des vins de la grande Bourgogne viticole qui répondent au mieux aux caractéristiques de leur appellation et de leur millésime. Crus du Beaujolais, chablis, crémants de Bourgogne et encore rouges ou blancs de Bourgogne arborent l'estampille de la Confrérie des Chevaliers du Tastevin. Un tiers des vins présentés et dégustés est agréé.*

LA ROUTE DES GRANDS CRUS

ment historique en 1949. Le clos lui-même a vu ses limites fixées entre les XII° et XV° siècles : 50 ha et 85 ares. Depuis, impossible d'y toucher !

VOSNE-ROMANÉE (21640) 470 hab.

Comme Andorre, le domaine de la Romanée-Conti (1,8 ha, soit 5 000 à 10 000 bouteilles par an) est géré par deux coprinces, représentant les deux familles propriétaires depuis un demi-siècle. Depuis 1232, il n'a changé que 9 fois de famille et doit son nom actuel au prince de Conti, qui l'acheta en 1760, au nez et à la barbe de Madame de Pompadour. Pour sa part, la Romanée-Saint-Vivant (6,5 ha) fut l'œuvre des moines de Saint-Vivant de Vergy (voir le circuit des Hautes-Côtes de Nuit, plus loin).

Où dormir dans les environs ?

Chambres d'hôtes du Petit-Paris : *rue du Petit-Paris, 21640 Flagey-Échézeaux.* ☎ *03-80-62-84-09.* • *petit paris.bourgogne@free.fr* • *À partir de la N 74, au rond-point de Vougeot, prendre la direction du centre de Gilly, puis suivre les flèches ; au pont Chevalier (1679), traverser la Vouge, la maison est à votre gauche. Tte l'année. Doubles 85 €, petit déj compris. Apéritif maison* offert sur présentation de ce guide. Joli parc planté d'arbres centenaires au bord de la rivière de la Vouge. Un site protégé qui a vu défiler les élégants au XIX° siècle, d'où le nom. Quatre chambres aménagées dans les dépendances d'une maison du XVII° siècle. Atelier de peinture le samedi matin et le lundi après-midi, toute l'année, car Nathalie Buffey est artiste-peintre.

NUITS-SAINT-GEORGES (21700) 5 660 hab.

Une petite ville qui est « connue sur la lune », depuis que les astronautes d'*Apollo XV* ont donné en 1971 son nom à un cratère, en hommage à ce vieux Jules Verne. Relisez *Autour de la Lune*, les héros boivent une bouteille de vin de Nuits pour célébrer « l'union de la Terre et de son satellite » !
Son histoire remonte, vous vous en doutiez, à la nuit des temps. Elle commence avec le développement d'une cité gallo-romaine florissante dans la plaine, au lieu-dit Les Bolards. Au XVI° siècle, le bourg s'entoure de remparts (hélas, démolis), édifie en son centre un beffroi en 1619 (dont le carillon rythme toujours l'activité de la ville !) et se dote, grâce aux dons multiples, d'un hospice dont les produits du domaine viticole sont toujours vendus aux enchères le dernier dimanche de mars.
Ses vieilles rues, ses demeures anciennes, ses maisons à portail ou sa promenade du Jardin-Anglais font de Nuits-Saint-Georges une gentille petite ville, amoureuse de ses vins autant que de sa tranquillité.

Adresse utile

Office de tourisme : *3, rue Sonoys.* ☎ *03-80-62-11-17.* • *ot-nuits-st-geor ges.fr* • *Lun-sam 9h-12h30, 14h-17h30 (voire 18h ou 18h30 selon saison) ; dim 10h-12h30 juin-sept et 14h30-17h30 juil-août.* Infos sur la « Route des Cassis », un itinéraire dans les environs de Nuits-Saint-Georges à la rencontre de producteurs artisanaux de cassis. Cartes de randonnée (payantes).

NUITS-SAINT-GEORGES

Où dormir ? Où manger ?

De bon marché à prix moyens

🏠 |●| **Hôtel-bar de l'Étoile :** 5, pl. de la Libération. ☎ 03-80-61-04-68. Au centre du bourg. Tlj sf mer. Congés : 20 déc-fin janv. Doubles avec lavabo (w-c sur le palier) 27 €, avec douche et w-c ou bains 35 €. Plat du jour 8,50 € ; menus 17 et 21 €. Digestif maison offert sur présentation de ce guide. Ce petit hôtel familial n'a effectivement qu'une étoile sur sa plaque réglementaire, et dessinée sur son toit, en tuiles vernissées à la bourguignonne. Chambres toutes simples, proprement rénovées et tranquilles sur l'arrière. Bar d'habitués où traîner au comptoir pour tout savoir de l'actualité du canton. Vins au verre et bonne sélection de bières artisanales. Petite restauration régionale. Accueil naturellement sympathique.

|●| **Le Caveau Saint-Uguzon :** 3, rue du Grenier-à-Sel. ☎ 03-80-61-39-87. ● caveausaintuguzon@wanadoo.fr ● 🍴 Tlj sf dim soir et lun. Congés : Noël, 1re quinzaine de janv et dernière sem d'août. Formule déj (en sem) 10,50 € ; formule 12 € ; menus 15-25 € ; à la carte, compter 30 €. Café offert sur présentation de ce guide. Dans une rue discrète du centre ancien, un petit resto-bar à vins sympa avec carte de spécialités régionales du même tonneau à prix très attractifs. Cuisine bien bourguignonne : charcuterie de pays, jambon persillé... mais aussi « Citeau-flette » ou lasagnes d'escargots. Terrasse aux beaux jours. **Au P'tit Saint-Uguzon,** l'annexe, restauration non-stop 10h-19h, ouv avec carte bistrot (14h-19h) et vins au verre pour accompagner une assiette (14 €) « Promeneur » de 7 fromages ou « Vigneron » de 7 charcuteries, avec salade et pain !

Chic

🏠 |●| **Hôtel La Gentilhommière-Restaurant « Le Chef Coq » :** 13, vallée de la Serrée. ☎ 03-80-61-12-06. ● contact@lagentilhommiere.fr ● lagentilhommiere.fr ● 🍴 À 10 mn du centre-ville (fléché depuis le centre). Hôtel ouv tlj ; resto fermé mar, mer midi et sam midi. Congés hôtel et resto : de mi-déc à début fév. Doubles dès 90 €. Menus de 25 € (à midi en sem) à 59,50 € ; à la carte, compter 55-60 €. Apéritif maison offert sur présentation de ce guide. Une belle et immense maison, entièrement relookée dans les couleurs du temps, où l'on prend le temps de vivre, sauf en cuisine où il n'y a pas de temps mort, chaque service affichant complet ou presque. Une adresse idéale en été, avec piscine et terrasse. Et avec le petit menu, en semaine, évidemment. René Pianetti a mis en place une carte maligne, bien dans l'air du temps, dont les assaisonnements, comme les cuissons, sont parfaitement maîtrisés. Cuisine plaisir, servie par de vrais pros, qui devraient vous dégoter un vin à prix correct si vous n'essayez pas de les bluffer. Quand il fait plus gris, l'atmosphère des salles est à la fois chic et décontractée. À l'hôtel, des chambres (et des suites) façon motel de choc, new look haut de gamme. Les suites sont vraiment réussies (mention spéciale à la « Pop Art » et à la « Zen »).

Où dormir ? Où manger dans les environs ?

🏠 **Chambres d'hôtes chez Chantal Dufouleur :** L'Albizia, pl. de l'Église, 21700 Quincey. ☎ 03-80-61-13-23. ● gaelle.dufouleur@21700-nuits.com ● http://perso.wanadoo.fr/gite.nuits-saint-georges/ ● À 4 km au sud-est par la D 35, puis à droite la D 35c (face à l'église). Tte l'année. Doubles avec douche et w-c ou bains 65-89 €, petit déj compris, avec de bonnes confitures maison. Chambres charmantes (attention, celle de la mezzanine n'est pas très intime et ne possède pas de salle de bains), calmes et confortables, dans

LA ROUTE DES GRANDS CRUS

une vieille maison en pierre couverte de vigne vierge désormais tenue par Gaëlle. Dégustation possible de fromages avec les vins du domaine et visite des caves. Jardin paysager et terrasse.

À voir

🍷 **Le Musée municipal :** *12, rue Camille-Rodier.* ☎ *03-80-62-01-37. 2 mai-31 oct : tlj sf mar, 10h-12h, 14h-18h. Entrée : 2,15 € ; réduc.* Un petit musée passionnant, installé dans la maison de Camille Rodier. Dans les caves voûtées de cette ancienne maison de vins, sculptures, vaisselle, bijoux, ex-voto... évoquent l'activité sociale, économique et religieuse à l'époque gallo-romaine sur le site voisin des Bolards. Autour de tombes mérovingiennes, mobilier funéraire, armes franques, parures, vases à offrandes témoignent d'une époque mal connue... Au 1er étage, une exposition temporaire, renouvelée tous les ans, dévoile un des aspects du patrimoine régional.

🍷🍷 **Le Cassissium :** *impasse des Frères-Montgolfier (av. du Jura).* ☎ *03-80-62-49-70.* • *cassissium.com* • ♿ *Du centre-ville, prendre la direction de l'autoroute (A 31), tourner à droite au 2e rond-point, c'est fléché ensuite. Avr-19 nov : tlj 10h-13h, 14h-19h ; le reste de l'année : mar-sam 10h30-13h, 14h-17h30. Visites guidées (de 5 à 6/j. selon saison). Entrée : 6,80 € ; réduc ; gratuit jusqu'à 12 ans.*
Un musée intégralement consacré au cassis conçu par Védrenne, un des grands noms de la région. On colle son nez sur les premières vitrines. Et, séduit par la poupée Crème de cassis de 1953, inspirée par une starlette qui aimait en siroter au bar du Ritz, étonné par le Dijonnet, pichet à deux compartiments, idéal pour servir l'immortel blanc cass', on poursuit la visite d'un pas allègre ! On pose ses doigts sur les écrans interactifs, son nez sur les orgues à parfums, un casque sur les oreilles pour chiper quelques bribes de textes de Nerval, Flaubert, Huysmans, Céline, Agatha Christie. Le Cassissium, c'est tout ce que vous avez toujours voulu savoir sur le cassis sans jamais avoir pensé le demander !
De ses vertus médicinales (au Siècle des lumières, il était censé guérir de tous les maux, jusqu'à la petite vérole !) à la recette du Fond de Culotte ou du Communard, de l'invention, en 1841 à Dijon, de la crème de cassis à l'utilisation des bourgeons de cassis par les plus grands parfumeurs français, en passant par l'impossibilité de recréer chimiquement le goût du cassis... À voir aussi, des extraits de film où le cassis est mis en scène.

> **IL NE S'USE QU'ASSIS...**
> À l'aligoté, au vin blanc ou au crémant, il est Kir ! Au vin rouge, il devient Communard ! Au champagne, on le surnomme Royal ! À la Suze, il n'en finit pas... surtout si vous restez debout, la recette du « Fond de culotte », ou Suze-Cassis, étant qu'il ne s'use qu'assis.

Depuis le Cassissium, on peut visiter le site de production mitoyen où, entre les gigantesques cuves (elles peuvent contenir entre 35 000 et 41 000 l), est expliqué tout le processus de fabrication de la crème de cassis. Dégustation évidemment prévue à la fin de la visite. Boutique.

🍷🍷 **L'Imaginarium :** *av. du Jura.* ☎ *03-80-62-61-40.* • *imaginarium-bourgogne.com* • ♿ *Nov-mars : tlj sf lun 10h-13h, 14h-19h. Env 1h30 de visite. Entrée : 7 € ; réduc.* L'engouement créé par les champagnes, crémants et autres astis spumante est mondial. Et c'est pour explorer ce monde des « vins à bulles » que le Nuitor Louis Bouillot a décidé de leur consacrer une exploration sensorielle complète, de la vigne à la table, en passant par l'élaboration, la mise en bouteille... Tout naturellement situé à proximité immédiate du lieu de production, le site de 1 200 m², unique en Europe, a été conçu en 3 étapes : la découverte interactive, le film et la dégustation ; 1h15 à 2h de parenthèse, pour plonger dans une autre dimension celle de la bulle... Une bulle dans la bulle... Une visite pédagogique et ludique.

🍴 🚶 **Le site gallo-romain des Bolards :** lieu-dit Les Bolards, route de Seurre. Du centre-ville, prendre la direction de l'autoroute (A 31), à droite au 2ᵉ rond-point, puis continuer tt droit. Visite guidée tte l'année, sur rendez-vous au Musée municipal. La cité perdue des Bolards conserve ses secrets malgré de nombreuses fouilles menées depuis 1948. Des caves, ateliers, boutiques et un important centre religieux comprenant un mithræum (les thermes de Mithra) ont été mis au jour. En territoire éduen s'est développée entre le Iᵉʳ siècle av. J.-C. et la fin du IVᵉ siècle apr. J.-C. une cité active qui disparut à l'époque des invasions.

LES HAUTES-CÔTES DE NUITS

Les Hautes-Côtes ont remplacé sur les cartes, mais pas dans le langage courant ni dans les cœurs, l'Arrière-Côte, terme plus vrai, plus bourguignon mais moins vendeur aux yeux des vignerons. Les petites routes foisonnent, elles vous ramènent à des villages où l'on peut encore trouver des artisans authentiques, des vignerons ayant le sens de l'accueil. On n'est pas sur la Côte, comme on dit ici, même si l'océan des vignes n'est pas loin.

CURTIL ET REULLE-VERGY (21220) 190 hab.

Quel triste sire que ce « sire de Vergy », jaloux d'un mort au point d'aller faire manger ses restes par sa moitié (voir encadré) !
Profitez du panorama sur les Hautes-Côtes, une fois terminé le tour des ruines de ce château qui rayonna, aux alentours de l'an 1000, sur toute la région. Les sires de Vergy des XIᵉ et XIIᵉ siècles prétendaient ne dépendre de personne. Deux femmes dominèrent la famille : Élisabeth de Vergy, protectrice de Cîteaux, à l'origine de l'abbaye, et, cent ans plus tard, Alix de Vergy, qui devint duchesse de Bourgogne.

> **CUISINE ÉCŒURANTE**
>
> *L'amant de la châtelaine, mort en croisade, avait demandé que son cœur soit remis à sa bien-aimée. Mais le triste sire de Vergy intercepte le « cadeau », le confie à son cuisinier et le fait servir à table à la châtelaine, qui trouve cela fort bon... avant d'apprendre l'ignoble et indigeste vérité.*

Où dormir ? Où manger ?

Prix moyens

🛏 🍽 **Chambres d'hôtes Le Val-de-Vergy :** Pellerey, Le Val-de-Vergy, 21220 Curtil-Vergy. ☎ 03-80-61-41-62. • pu vis-de-chavannes@wanadoo.fr • valde vergy.com • Congés : janv-fev. Doubles avec douche et w-c ou bains 55-70 €, petit déj compris. Table d'hôtes (1 fois/sem et sur résa) 25 et 35 €, apéritif et vin compris. Apéritif maison offert à l'arrivée sur présentation de ce guide. Difficile de trouver mieux pour un séjour dans le vignoble des Hautes-Côtes, surtout si vous voulez jouer la carte chambre d'hôtes de prestige qu'offre cette ancienne maison de vigneron du XVIIIᵉ siècle. La salle commune a tout ce qu'il faut comme poutres, la cheminée est là pour vous accueillir si la température baisse, pré, jardin, terrasse... le bonheur !

Un peu plus chic

▲ **Hôtel Le Manassès :** *rue Guillaume-de-Tavanes, 21220 Curtil-Vergy.* ☎ *03-80-61-43-81.* ● *hotel.manasses@free surf.fr* ● *ifrance.com/hotelmanas ses* ● *Congés : déc-fév. Doubles avec bains et TV 75-100 €. Apéritif maison offert sur présentation de ce guide.* Une voix du coin, qui porte, qui roule les « r », vous accueille à la façon Hautes-Côtes ! Les Chaley font partie des vignerons qui ont bâti la réputation des Hautes-Côtes. Le grand-père, dans les années 1960, allait livrer lui-même son vin en « deux-pattes ». Le fils a continué, tout en construisant à côté cet hôtel, bon chic bon genre (salles de bains en marbre, s'il vous plaît !). La vue depuis les chambres (entièrement rénovées) est splendide, le calme règne. On « petit-déjeune » à la bourguignonne. Dégustation de vins (épique !) tous les soirs à partir de 18h. Et visite du petit musée du Vin installé dans une ancienne grange.

À voir

🏛 **Le village de Reulle-Vergy :** ce presque hameau a longtemps été déserté, au pied du château détruit. Envahi par les artisans dans les années 1970, Reulle-Vergy a retrouvé des habitants et réussit l'exploit, chaque week-end de Pentecôte, de remplir ses rues et d'ouvrir ses maisons le temps d'un carrefour artisanal haut en couleur locale. Grimpez jusqu'à l'*église*, dédiée à saint Saturnin, construite à partir du XIIe siècle. De cette époque subsistent le chœur et le clocher, mais l'église est rarement ouverte. Le sentier de la Butte de Vergy (13 km) longe les ruines de l'ancienne forteresse et permet d'embrasser les environs. Au passage jeter un coup d'œil sur les ruines du monastère Saint-Vivant (affilié en 1005 à la célèbre abbaye de Cluny). Dans ses caves vieillissait jadis le célèbre romanée-saint-vivant. C'est aujourd'hui une propriété privée.

🏛 **Le musée des Arts et Traditions populaires des Hautes-Côtes :** *2, rue Mont, 21220 Reulle-Vergy.* ☎ *03-80-61-40-95.* ♿ *(rez-de-chaussée). Oct-mai : mer-dim 10h-18h ; plus juin-sept : lun-mar 14h-19h. Entrée : 2 € ; réduc ; gratuit jusqu'à 15 ans.* Un joyeux bric-à-brac dans une vieille maison et sa grange : outils de tonnelier, pressoir, croix du XVe siècle, tord-nez pour tenir immobile les chevaux quand on les ferrait, clé de voûte de l'église de Vergy, programme du *Sire de Vergy,* opéra bouffe donné au théâtre des Variétés à Paris en 1903... Sympathique et, ici ou là, étonnant. Boutique.

➤ LE PAYS DES FRUITS ROUGES

🏛 **Le pays des fruits rouges :** une belle route qui conduit de Bévy à **Collonges-les-Bévy** et à son château du XVIIe siècle. Vient ensuite **Chevannes,** avec son ancienne petite église dotée de la traditionnelle flèche bourguignonne polychrome. Par Meuilley, dirigez-vous ensuite vers **Arcenant,** la capitale des fruits rouges, afin d'admirer son église du XIVe siècle et ses grottes, et surtout pour goûter la production locale. En alternance avec la vigne sont venues s'ajouter des cultures de framboisiers et cassissiers qui ont acquis une belle réputation. Jean-Baptiste Joannet (☎ *03-80-61-12-23*) fabrique et vend directement ses crèmes de cassis, de framboise et de fraise. Un régal. Autre régal à la *Ferme Fruirouge* (à **Concœur :** ☎ *03-80-62-36-25. Tte l'année : tlj 9h-12h, 14h-19h. Accès fléché par les D 25 et D 109).* Isabelle et Sylvain Olivier produisent et transforment les fruits rouges dans leur ferme des Hautes-Côtes depuis 12 ans. Belles et subtiles originalités : moutarde au cassis, ketchup au cassis, beurre de fruits (cassis), vinaigres, ratafia et somptueuses confitures gourmandes (à la bassine). Accueil charmant.

Autre curiosité : le *site gallo-romain de L'Ecartelot* (à **Arcenant**, dans le bois du même nom. ☎ 03-80-61-24-70. Tte l'année (mais attention à la période de la chasse...) 8h-19h. Ensemble rural du début de notre ère, sanctuaire, bassin d'alimentation en eau...
La route qui rejoint Beaune en passant par Pernand-Vergelesses et Aloxe-Corton vous mène jusqu'à *Échevronne*, autre village célèbre pour ses crèmes et liqueurs de fruits rouges (maisons de pierre, lavoirs, chapelle du XIIe siècle dans l'église).

BOUILLAND (21420) 170 hab.

Depuis Arcenant, suivre la combe de Pertuis jusqu'à Bruant. Les eaux bouillonnantes du Rhoin ont sans doute donné leur nom à ce village dominé par de magnifiques falaises, au point qu'on parle même de Suisse bourguignonne. Le paradis pour les amateurs d'escalade.
Petite balade (compter 1,5 km depuis le centre du village) jusqu'aux ruines de l'abbaye Sainte-Marguerite, établie par la famille de Vergy au XIIe siècle (propriété privée, les ruines ne sont plus accessibles). Au cœur des bois, le chant du coucou a remplacé celui des moines blancs de Saint-Augustin.

Où dormir ? Où manger ?

Gîte d'étape de la Trentinière : ferme de la Trentinière. ☎ 03-80-61-42-64. • latrentiniere@hotmail.fr • Sur la D 18, à 3 km au nord-ouest. Ouv de mi-avr à mi-nov. Nuitée 16 € (draps fournis et petit déj compris) ; possibilité de louer le gîte (12 pers) à la nuitée. Table d'hôtes 16 € sans vin (vous pouvez venir avec les bouteilles découvertes dans la journée). Dans sa ferme, Marie-Jeanne Jouquet n'élève plus de chèvres, mais elle est toujours aussi sympathique et communicative. Gîte d'étape avec dortoir et chambres pour qui veut un (tout) petit peu plus de confort. Les repas (cuisine bourguignonne de rigueur) se prennent autour d'une grande table commune.

LA CÔTE, DE NUITS-SAINT-GEORGES À BEAUNE

COMBLANCHIEN (21700) 640 hab.

La Côte tout entière est assise sur un banc de calcaire dur et compact, le calcaire de Comblanchien. Les dalles du musée du Louvre, celles de la gare de Lyon, l'aéroport d'Orly, l'Opéra de Paris, les marches du Sacré-Cœur, tout ça vient d'ici ! Voir aussi dans « Hommes, culture et environnement » le paragraphe consacré à la pierre de Comblanchien, dans la rubrique « Architecture ».

LADOIX-SERRIGNY (21550) 1 635 hab.

Au pied de la montagne de Corton (400 m d'altitude !), dans un vallon, se niche ce village viticole qui doit son nom à de l'eau. *Ladoix* vient du celte *doix*, qui

LA ROUTE DES GRANDS CRUS

signifie la source. La Lauve, rivière de 8 km, sort en effet de la fontaine de la Louée, au centre du village. Sur le bord gauche de la route, la chapelle de Notre-Dame-du-Chemin fut, dès le XIe siècle, célèbre par des pèlerinages.

Où manger ?

Prix moyens

Auberge de la Miotte : 4, rue de la Miotte. ☎ 03-80-26-40-75. À 1,5 km de Ladoix (suivre la direction Corgoloin et le fléchage). Tlj sf le soir dim-jeu en hiver et dim-mar en été. Congés : sem Noël-Nouvel an et 1re quinzaine d'août. Menus 16-27 € ; à la carte, autour de 35 €. Apéritif maison offert sur présentation de ce guide. Installée dans un ancien relais de chasse du XVIIe siècle, à l'orée de la forêt. Monumentales tables de bois posées sur des dalles de pierre usées, solides poutres et lustres de métal au plafond. Bonne petite cuisine du marché, à l'ancienne. Et, à écouter le patron discuter avec ses potes vignerons à la table d'à côté, on comprend le choix de cette carte des vins, plutôt exceptionnelle. Service sans chichis. Belle petite terrasse sous les frondaisons.

ALOXE-CORTON (21420) 170 hab.

Ses vignes exposées au sud-est et au midi produisent de grands vins rouges et un blanc magnifique comme le corton-charlemagne, « monument historique » produit sur 72 ha ici et à Pernand-Vergelesses. Cédé en 775 à la collégiale de Saulieu par l'empereur Charlemagne, le clos Charlemagne est à l'origine de ce grand cru. On peut faire une visite intéressée au château Corton-André, du XVe siècle, sous le prétexte d'admirer ses toits, tout en allant déguster ses vins.

Où dormir ?

Hôtel Villa Louise : 9, rue Franche. ☎ 03-80-26-46-70. • hotel-villa-louise@ wanadoo.fr • hotel-villa-louise.fr • À côté du château. Congés : de mi-janv à mi-fév. Doubles avec bains, TV et wi-fi 96-149 € selon saison. Un charme fou et de jolies chambres pour se réveiller au milieu des vignes (belle terrasse et vue sur le vignoble pour certaines). Une adresse très courue en automne, évidemment, qui respire la sérénité et le goût exquis de la maîtresse des lieux. Piscine, hammam, solarium. Excellent petit déj.

PERNAND-VERGELESSES (21420) 320 hab.

Accroché au flanc d'une colline, un des plus beaux villages de la Côte, avec ses belles maisons aux toits de tuiles vernissées, Pernand-Vergelesses offre, depuis la statue de la Vierge, un magnifique panorama sur son vignoble, fierté de ses habitants. Une fierté bien placée, surtout en ce qui concerne le corton et le corton-charlemagne, mais ses vins rouges courants ont aussi du caractère et ses aligotés sont à bénir.
Ici, on cultive le souvenir d'une odyssée théâtrale qui remonte aux années 1920, celle de Jacques Copeau, qui fut le père de la *NRF* et de la compagnie théâtrale du Vieux-Colombier. Quand il fallut fermer ce haut lieu du

théâtre français, lui, l'ami de Jouvet, de Dullin, de Gide, s'offrit le luxe de tout quitter pour ce petit village de Bourgogne où, avec quelques jeunots, les Copiaus, il allait réinventer le théâtre. Le plus surprenant, c'est que cette greffe d'une troupe de comédiens sur le terroir bourguignon réussit à merveille, créant l'émotion, le rire... Sa maison, qui accueillait toujours des jeunes comédiens en stage et s'entrouvrait au public lors des journées du Patrimoine, était restée en l'état, musée vivant et chaleureux. Mais, frais d'entretien oblige, la petite-fille de Jacques Copeau a été amenée, la mort dans l'âme, à vendre la demeure... Cette belle aventure devrait continuer avec le nouveau propriétaire (des activités théâtrales y ont toujours lieu).

Où manger ?

Chic

Le Charlemagne : route de Vergelesses. ☎ 03-80-21-51-45. laurent.peugeot@wanadoo.fr Sur la départementale, en contrebas du village. Tlj sf mar-mer (slt midi juin-août). Congés : fév et dernière sem de juil. Menus 28-77 €. D'abord il y a les vignes, le paysage et la petite route qui font pousser des soupirs d'aise. Et puis, surtout, il y a la carte. Une vraie mise en bouche, avec des plats qu'on devine d'une beauté et d'un équilibre dignes des plus grands. Le chef marie le terroir bourguignon et la rigueur nippone, les escargots avec les langoustines, la subtilité des épices et le velouté d'un vin de Pernand. Il fallait oser pour devenir cette table d'exception.

SAVIGNY-LÈS-BEAUNE (21420) 1 450 hab.

Un joli village ceinturé de vignes et de champs, où des murs de pierre sèche bordent les propriétés de leurs traits crayeux. Site naturel par sa vallée et ses falaises rocheuses, Savigny révèle un intérêt historique de tout premier ordre : un château bâti au XIVe siècle. Démantelé, il sera restauré au XVIIe siècle. Aujourd'hui, il a une double vocation : viticole et muséographique. À découvrir avec les autres curiosités du village.

> ### « SANTÉ ! » ET SANCTI
>
> « Les vins de Savigny-lès-Beaune sont vins nourrissants, théologiques et morbifuges ». *Nourrissants ? Avec modération ! Théologiques ? Savigny n'échappe pas à la règle : l'évêque d'Autun, l'abbaye de Cîteaux, les Carmélites de Beaune ou les moines de Maizières y furent tous propriétaires de vignobles. Mais morbifuges ? On ne sait pas toujours que le vin fut l'auxiliaire du médecin : usage externe, macération de plantes, antiseptique, excipient pour des antidotes tel que le foie de taupe, prescrit contre une forme de fièvre...*

Adresse utile

Syndicat d'initiative : 13, rue Vauchey-Véry. ☎ 03-80-26-12-56. En saison slt : mar-sam 10h-12h30, 14h-18h30.

Où dormir ? Où manger ?

Prix moyens

L'Ouvrée : route de Bourgogne. ☎ 03-80-21-51-52. hotelouvree@wanadoo.fr Congés : de fév à mi-mars. Doubles avec douche et w-c ou bains et

LA ROUTE DES GRANDS CRUS

TV 54 et 60 € ; juin-sept : ½ pens souhaitée 50-54 €/pers. Menus 20-39 €. À l'entrée de la vallée de Fontaine-Froide, un archétype d'hôtel de campagne qui traverse le temps. Grand classique beaunois pour se mettre au vert dans le beau parc arboré ou à la terrasse. Chambres à prix corrects et avec des salles de bains toutes neuves. Au resto, grand choix de menus proposant du filet de bœuf en pot-au-feu ou une daube de joue de bœuf notamment. Excellent accueil.

Plus chic

🏠 🍽 *Le Hameau de Barboron :* lieu-dit Barboron. ☎ 03-80-21-58-35. ● lehameaudebarboron@wanadoo.fr ● hameau-barboron.com ● ♿ À 3 km du bourg (accès très bien fléché). Doubles avec douche et w-c ou bains et TV 100-200 € en hte saison. Déj ou dîners possibles autour d'un sanglier à la broche (formule Obélix) pour au moins 15 pers, à partir de 40 €. Un lieu perdu au milieu d'un parc de 350 ha, où l'on chasse le sanglier de septembre à mars (en été, les survivants viennent parfois vous accueillir à l'entrée). Ce hameau du XVIᵉ siècle, très bien restauré, abrite dans ses différents bâtiments de belles et grandes chambres (à des tarifs qui peuvent faire sourciller), mais dans l'esprit chambre d'hôtes. Superbe petit déj jusqu'à midi et dégustation des vins élevés au *Hameau*.

À voir

🎯 *L'église Saint-Cassien :* surmontée d'une flèche octogonale du XIIᵉ siècle, elle cache une superbe fresque du XVᵉ siècle représentant des anges et des saints arborant les instruments de la Passion. Beaux lavoirs au passage, et très ancien four, dit de la Communauté, **rue Eulalie-Fion** (c'est son nom !). Lever le nez pour déchiffrer les nombreux proverbes, inscriptions et dictons gravés sur le fronton des maisons : « Il ne faut pas donner son appât au goujon quand on peut espérer prendre une carpe ».

🎯 👤 *Le château :* ☎ 03-80-21-55-03. 🌳 (parc). De mi-avr à fin oct : tlj 9h-18h30 ; le reste de l'année : 9h-12h, 14h-17h30 ; fermé les 3 premières sem de janv. Compter 1h30 de visite (dernière entrée 1h30 avt la fermeture). Entrée : 8 € ; réduc ; gratuit jusqu'à 9 ans. Château construit en 1340, percé de multiples fenêtres au XVIIᵉ siècle. L'actuel propriétaire, Michel Pont, a rendu au château sa vocation viticole (40 ha de vignes en exploitation), et les caves des XIVᵉ et XVIIᵉ siècles suffiraient à attirer bon nombre de visiteurs. Comme c'est un fou de motos, qu'il en possède 500, des plus anciennes aux motos de course, il en expose 200 au 2ᵉ étage. Le rez-de-chaussée et le 1ᵉʳ étage ont été aménagés en salles de réception (logique !), mais le proprio a réussi à placer un musée de la Maquette, à côté (2 300 modèles). De plus, dans le parc planté de vignes, 85 avions de chasse (des vrais, cette fois !), sont noyés dans le décor. Une quatrième collection : 22 modèles Abarth, autant de voitures avec lesquelles l'heureux homme participait à des courses internationales ! Une cinquième, pour ceux qui en veulent pour leur argent, de tracteurs et autres enjambeurs de vignes. Et une sixième, pour revenir à la vocation viticole : le musée du Matériel viti-vinicole, avec les outils ancestraux pour élaborer du vin ! Vous en avez au moins pour la journée, et votre argent.

🎯 *Le domaine Chandon de Briailles :* 1, rue Sœur-Goby. ☎ 03-80-21-52-31. De début mars au 1ᵉʳ nov : 9h-12h, 14h30-19h ; de nov à mi-fév : l'ap-m slt. Visite libre et gratuite du parc slt. Dégustation sur rendez-vous. Beaucoup ignorent encore les merveilles cachées de ce beau domaine viticole, dont le nom est associé depuis 1834 à une vieille famille de la Côte. Un vrai décor pour comédie de Marivaux que cette « folie » du XVIIIᵉ siècle. À l'arrière, caché de la route par un mur de pierres sèches, un jardin à la française, avec ses allées de buis, vous mène jusqu'à une étrange grotte en forme de coquille, alternant pierres percées et pierres d'échantillon. Accueil inégal.

BEAUNE (21200) 22 900 hab.

> Pour le plan de Beaune, se reporter au cahier couleur.

Beaune fait partie de ces hauts lieux touristiques que l'on peut visiter en toute saison. Au printemps, quand la vigne reverdit, quand sortent les premières terrasses et les décapotables des fils de bonnes familles... En été, quand les rues grouillent de touristes, quand le festival de Musique baroque donne une note culturelle à une cité portée par nature vers des plaisirs plus terre à terre... En automne, quand flotte dans l'air un parfum qui n'est pas encore celui de l'argent de la vente des vins mais celui du raisin commençant sa mue... En hiver, quand la vigne ne dort que d'un œil, et qu'il fait bon aller, de vignes en caves et de caves en tables, goûter à un art de vivre typiquement bourguignon. Beaune reste une cité secrète, où de hauts murs et des grilles ouvragées bordent des rues silencieuses. Des rues où vous aurez peut-être l'impression de tourner en rond au bout d'une journée passée à visiter caves et musées, églises et salons de thé. Impression d'autant plus réelle que Beaune est cerclée par ses remparts et ses bastions comme un tonneau par ses douelles.
Le rapport au tonneau, ici, est essentiel pour comprendre et les vins et les hommes. Dieu merci, vous diront les Beaunois, les vrais, ceux qui ont au moins cent ans de vie locale derrière eux et qui préfèrent toujours s'adresser à Lui qu'à ses saints... Le béton, le ciment ont certes poussé, comme partout, autour de la ville, jusqu'aux pieds des vendangeurs qui n'ont plus à (se) fouler, avec ces cuves aux nouvelles normes. Mais ici, on a beau vivre avec son époque, on aime le bois. Pour un peu, on plaquerait de chêne tous ces fichus téléphones portables qu'il faut bien avoir pour garder le contact avec les bourses du monde entier. Le bois rassure, dans les boutiques de vêtements où l'on vient acheter des grandes marques, chez soi, ou au bureau, du sol au plafond en passant par les murs, pour accrocher les portraits des grands ancêtres... Ces hommes illustres qui ont donné leurs noms aux grandes maisons de négoce, noms qui résonnent mieux que ceux des nouveaux « repreneurs » américains, japonais, hollandais ou même français, dont on a déjà été suffisamment attristé de devoir accepter, avec les capitaux, certains conseils de gestion...
Longtemps repliée sur ses secrets d'alcôve ou de fabrication, Beaune s'est ouverte à une vitesse fabuleuse sur le monde extérieur, devenant réellement la capitale d'une Bourgogne viticole au carrefour des voies ferrées et routières de l'Europe d'aujourd'hui. À la sortie principale de l'autoroute, des hôtels de chaîne ont poussé, mais la vieille ville a gardé tout son charme, et les Hospices cet attrait qui en fait l'un des premiers Monuments historiques visités en France !

UN PEU D'HISTOIRE

Des frères convers travaillant les vignes des abbés de Cîteaux aux salariés actuels œuvrant pour le vin des Hospices, le vin reste encore le meilleur fil rouge que l'on puisse trouver pour raconter l'histoire de Beaune. Pas besoin donc de remonter jusqu'aux Éduens. Encore que... L'invention du tonneau, à la place des bonnes vieilles amphores, c'est quand même à eux qu'on la doit.

Même le christianisme naissant dut s'adapter aux mœurs locales : quand la Vierge à l'Enfant apparut sur les armes de la ville, ce dernier tenait une grappe dans sa petite menotte...

Au Moyen Âge, ce sont les riches marchands drapiers qui se chargèrent du négoce du vin. Ils étaient les seuls à se déplacer autant, avant de revenir goûter au plaisir de vivre dans leur bonne ville, dont ils avaient accéléré la prospérité. Beaune joua le rôle de place forte et de capitale judiciaire du duché de Bourgogne, avant que les ducs ne lui préfèrent Dijon. Au début du XVIIe siècle, les ordres religieux, tirant profit des bonnes âmes et du vignoble, occupèrent plus de la moitié de la surface habitable, donnant à la ville cette architecture particulière encore visible aujourd'hui, malgré les démantèlements successifs.

Lorsque Beaune perdit, au XVIIIe siècle, son importance stratégique, les terrasses des bastions et les fossés furent transformés en jardins. Quant aux caves des fortifications, devenues inutiles, elles furent acquises par la nouvelle bourgeoisie de négociants. Ce fut elle aussi qui récupéra ces propriétés à la Révolution, quand furent désaffectés les domaines religieux. Ce qui fit dire à Raymond Dumay : « Beaune est la seule ville au monde entourée d'un rempart de bouteilles. »

> **BACCHUS ? NON, PAR BELENOS !**
>
> *Le nom même de Beaune n'aurait rien à voir avec Bacchus, mais avec Belen, ou Belenos, dieu cher aux Gaulois depuis Astérix ! En 52, année fatidique pour un certain Vercingétorix, les Romains, en arrivant, remplacèrent le culte de Belen par celui d'Apollon. Leurs fortifications s'élèvent à l'intersection de deux grandes voies. Et la vigne fit naturellement sa première apparition...*

Adresses et info utiles

■ **Office de tourisme :** Accueil de la porte Marie-de-Bourgogne *(plan couleur B2)* : 6, bd Perpreuil. ☎ 03-80-26-21-30. • ot-beaune.fr • Tlj sf dim et j. fériés. Congés : janv-mars. L'office organise de nombreuses visites guidées de la ville et de ses environs avec options (en voiture hippomobile, avec un guide, des caves, avec dégustation, visite gourmande, etc.). *Également service « Bed and Tel »*, ☎ 0890-71-21-24 (résas d'hébergements tlj 24h/24), résas hôtelières de dernière minute et résas de spectacles.

✉ **Poste** *(plan couleur B3)* : 7, bd Saint-Jacques. ☎ 03-80-26-29-50.

🚆 **Gare SNCF** *(plan couleur C2)* : av. du 8-Septembre. ☎ 03-80-22-13-13. Infos et résa : ☎ 36-35 (0,34 €/mn).

■ **Location de vélos** *(plan couleur C2)* : Bourgogne Randonnées, 7, av. du 8-Septembre. ☎ 03-80-22-06-03. Lun-sam 9h-12h, 13h30-19h ; dim 10h-12h, 14h-19h. Loc avec propositions de circuits touristiques. Compter 4 €/h, 17 €/j. Propose également des séjours à la carte (avec visites de cave, dégustation, repas chez des vignerons, etc.) à des prix très compétitifs. Compétent et (très) accueillant.

■ **Location de vélos, scooters et quads** *(plan couleur C2)* : Holiday Bikes, 26, av. du 8-Septembre. ☎ 03-80-22-72-90. • beaune@holiday-bikes.com • Lun-sam 9h30-12h30, 14h-18h30 ; fermé dim.

– **Marché :** sous les halles. Produits de bouche mer mat, grand marché sam mat.

Où dormir ?

Camping

⛺ **Camping municipal Les Cent Vignes** *(hors plan couleur par A1, 10)* : 10, rue Auguste-Dubois. ☎ 03-80-22-03-91. De mi-mars à oct. Emplacement pour 2 avec voiture et tente env 12 €. Forfaits possibles au mois. Petit camping dans un quartier tranquille. Ombragé et emplacements bien délimités par des haies. La solution la moins chère pour dormir à Beaune. Mérite un petit coup de fraîcheur mais globalement très bien.

Prix moyens

▲ **Hôtel Le Grand Saint-Jean** (plan couleur B2, **18**) : 18, rue du Faubourg-Madeleine. ☎ 03-80-24-12-22. • hotel-au-grand-st-jean@wanadoo.fr • hotel-au-grand-st-jean.com • Congés : grosso modo fin nov-fin janv. Doubles avec douche et w-c ou bains et TV 50-65 €. Parking privé payant, mais offert sur présentation de ce guide. Grand, ce Saint-Jean l'est, avec sa centaine de chambres. Pas la petite adresse de charme donc, mais un acceptable confort, des prix serrés et des chambres pour les familles en font le parfait hôtel d'une nuit.

▲ |●| **Hôtel de France** (plan couleur C2, **12**) : 35, av. du 8-Septembre. ☎ 03-80-24-10-34. • hoteldefrance.beaune@wanadoo.fr • hoteldefrance-beaune.com • ⚒ (pour le resto). Resto fermé mer midi. Congés : aux env du 20 déc, 1 mois. Doubles avec bains et TV à partir de 53 € ; sam, ½ pens souhaitée, 55,50 €/pers. Formule déj (en sem) 14 € ; autres menus 20-35 €. Garage privé payant. Apéritif maison offert sur présentation de ce guide. Pile en face de la gare, pour ceux qui arriveraient en TGV, un hôtel à la mode d'autrefois, repris par une famille de Bretons bosseurs qui l'a intégralement (et joliment) rénové. Difficile de trouver mieux pour le prix. Salle de resto sympa pour une cuisine de tradition.

Un peu plus chic

▲ **Chambres d'hôtes chez Danièle Duthy** (plan couleur B1, **13**) : 5, rue Jean-Belin. ☎ 03-80-24-00-13. • dduthy@wanadoo.fr • Doubles avec douche et w-c ou bains 60 ou 67 €, petit déj compris. Tte l'année, réduc de 10 % dès la 2ᵉ nuit sur présentation de ce guide. Dans une petite rue tranquille, à deux pas (allons, quelques dizaines...) du centre historique. La maison est toute petite, mais on a ses aises dans les 2 chambres, même si la « Rouge » est plus spacieuse. Plaisante déco. Accueil souriant et décontracté.

▲ **Hôtel Grillon** (plan couleur C3, **14**) : 21, route de Seurre. ☎ 03-80-22-44-25. • joel.grillon@wanadoo.fr • hotel-grillon.fr • Prendre la direction Seurre-Dôle, sur le bd périphérique. Congés : de fév à mi-mars. Doubles avec douche et w-c et wi-fi 54-70 €. Réduc de 10 % sur le prix de la chambre 1ᵉʳ déc-9 mars sur présentation de ce guide. Une vieille maison de famille avec jardin, piscine et terrasse, l'été, pour le petit déj. Chambres climatisées. Dommage qu'on perçoive le bruit de la circulation, mais (on vous rassure !) d'une part toutes les chambres ne donnent pas sur la route, et d'autre part des travaux d'aménagement paysager l'ont rendue plus « humaine ». Au final, un lieu charmant où l'on s'endort après avoir fait un tour des caveaux ou des remparts de la ville, selon l'humeur du temps.

▲ **Chambres d'hôtes La Maison des Bressandes** (hors plan couleur par A2, **15**) : chez Babeth Sérouart, chemin du Dessus-des-Bressandes, La Montagne. ☎ 03-80-22-93-50. • denis.serouart@wanadoo.fr • maisonbressandes.com • À 3 km du centre. Fermé 30 nov-1ᵉʳ mars. Doubles avec douche et w-c ou bains 65 et 80 €, petit déj compris. Table d'hôtes le soir, sur résa, 25 €, boisson comprise. Un sachet de lavande maison offert sur présentation de ce guide. Splendide maison au lieudit « La Montagne », si cher au cœur des Beaunois. Le plus dur, c'est de la trouver. Quand vous aurez passé le chemin des Mariages et dépassé celui dit de Bouche-de-Lièvre (!), vous serez tout près. Deux chambres et une suite, adorable, avec un salon-salle à manger et un balcon avec vue imprenable sur les vignobles et la piscine de la propriété.

LA CÔTE-D'OR / LA ROUTE DES GRANDS CRUS

🛏 🍴 **Hôtel Central** (plan couleur A2, **16**) : 2, rue Victor-Millot. ☎ 03-80-24-77-24. • hotel.central.beaune@wanadoo.fr • hotelcentral-beaune.com • En plein cœur du vieux Beaune. Resto fermé mar-mer. Congés : déc. Doubles avec douche et w-c ou bains et TV 70-89 € selon saison. Menus 15-32 €, avec possibilité de se contenter de salades en été. Wi-fi. Une bouteille de crémant offerte au moment de votre départ, sur présentation de ce guide. Une maison calme et confortable, à deux pas des Hospices. Adorables et coquettes, petites ou grandes, préférez des chambres ouvertes sur la cour. Et en été, une des chambres climatisées. Accueil généreux et souriant.

🛏 **Hôtel La Villa Fleurie** (plan couleur C1, **17**) : 19, pl. Colbert. ☎ 03-80-22-66-00. • la.villa.fleurie@wanadoo.fr • lavillafleurie.fr • Fermé janv. Résa indispensable : 10 chambres slt. Doubles avec douche et w-c ou bains et wi-fi 69-79 €. À deux pas du centre ancien, petite villa 1900 avec un jardin de poche. Ce dernier fait craquer les Anglais qui adorent le look très British de cette maison complètement transformée par Monique Chartier. Un intérieur chaleureux, un accueil souriant et des chambres de style contemporain qui savent rester cosy. Toutes climatisées. Chaises longues dans le jardin, pour se détendre après une journée passée de vignes en caves.

🛏 **Hôtel Le Home** (hors plan couleur par B1, **19**) : 138, route de Dijon. ☎ 03-80-22-16-43. • info@lehome.fr • lehome.fr • Doubles avec douche et w-c ou bains et TV 58-75 € selon confort et saison. Réduc de 10 % et apéritif maison offerts déc-mars sur présentation de ce guide. En venant de Dijon, on voit à peine cette vieille maison bourguignonne cachée dans la verdure, derrière un mur, à l'entrée de la ville. Accueil charmant, déco (inévitablement !) à l'anglaise, récent salon de lecture... ou de travail au 1er étage, chambres donnant sur le jardin (qu'on préférera, of course, à celles côté route). Très beau et bon petit déj.

Beaucoup plus chic

🛏 🍴 **Hôtel de la Poste** (plan couleur A2, **11**) : 1-5, bd Clemenceau. ☎ 03-80-22-08-11. • poste.hotel@najeti.com • hoteldelapostebeaune.com • Doubles avec douche et w-c ou bains 130-255 € ; suites. Congés : 1 mois janv-fév. Restos Le Relais tlj soir et dim midi, sf mar ; Le Bistro, slt à midi, lun-sam (sf mar). Menu Le Bistro 25 € (déj) et 30-35 € à la carte ; menus Le Relais 35 et 56 € ; 50-55 € à la carte. Place de garage et animaux en supplément. L'histoire et la tradition de la grande hôtellerie, où le luxe n'est pas ostentatoire mais présent dans les moindres détails, du silence, de l'attention et d'un service impeccable. Les chambres confinent à la volupté, isolées du monde extérieur, climatisées. Petites suites sans bluff, même sous les charpentes. Dans l'assiette, grand raffinement et cuisine gastronomique : une touche d'innovation dans une cuisine classique revisitée, avec une pointe d'originalité. Plaisir épicurien des menus accompagnés d'une très belle sélection de vins de Bourgogne. Certes pour routards aisés, mais le chaleureux Bistro ouvre ses portes gourmandes avec un menu à 25 € et ses « petits » plats dans les grands. à découvrir sur la terrasse en été. Et à prolonger le soir au bar « Art déco » dans un fauteuil confortable. Service prévenant, mais décontracté et souriant. Le petit déj tient du brunch !

Où manger ?

Prix moyens

🍴 **Le Caveau des Arches** (plan couleur B2, **20**) : 10, bd Perpreuil. ☎ 03-80-22-10-37. • info@caveau-des-arches.com • De mi-juil à mi-août et 23 déc-20 janv : mar-sam. Formule déj (en sem) 16 € ; menus 20-35 €. Un caveau du

XVe siècle, ça plaît toujours. Accueil cordial et repas goûteux, on n'en demande pas plus. La carte est suffisamment riche pour que vous trouviez votre bonheur.

I●I Le Conty (plan couleur B2, 21) : 5, rue Ziem. ☎ 03-80-22-63-94. *Fermé dim-lun (sf lun soir en saison). Formule déj (en sem) 13 € ; menus 19-36 € ; 30 € à la carte. Apéritif maison offert sur présentation de ce guide.* Fils d'un « étoilé » célèbre, Laurent Parra a ouvert là un vrai resto-bar à vins, style bistrot chic néoclassique. Il flatte la tradition au détour de quelques accents terroir et revendique une cuisine fraîcheur : risotto aux truffes, verrine de Saint-Jacques au crémant et truffes, tajine de sanglier... Belle carte des vins classés par ordre alphabétique (300 références) et vins au verre à partir de 4 €. La terrasse, très convoitée l'été, confère un air touristique qui peut se ressentir dans le rapport qualité-prix.

I●I Le P'tit Paradis (plan couleur A2, 24) : 25, rue Paradis. ☎ 03-80-24-91-00. *Proche des Hospices. Tlj sf dim-lun. Congés : mars, août et nov-déc. Menus 27 € (à midi)-35 € ; à la carte 40 €.* Le chemin du paradis gustatif. Juste en face du musée du Vin, c'est un amour de petit resto, à la déco sobre, aux couleurs aussi fraîches que la cuisine maison, proposée à prix gentils. Goûtez donc au pavé de charolais au beurre d'Époisses. Terrasse en été.

I●I L'Horloge (hors plan couleur par C3, 29) : 5, route de Seurre. ☎ 03-80-24-05-10. ● l.horloge21@orange.fr ● *Tlj sf dim et lun soir. Congés : 10 j. vac scol de fév et 15 j. août. Menus de 12 € à midi en sem à 22 €.* Brique, bois blond et carrelage blanc : la déco pourrait être celle d'un loft new-yorkais. Bonne petite cuisine dans l'air du temps, entre tentations régionales et cuisine du monde. Viandes à la broche pour les amateurs. On y « déjeune d'affaires » le midi ; le soir, c'est plutôt dîners d'amoureux ou bandes de copains.

I●I Le Bistrot Bourguignon (plan couleur A2, 30) : 8, rue Monge. ☎ 03-80-22-23-24. ● le.bistrot.bourguignon@wanadoo.fr ● *Tlj sf dim-lun, ainsi que mar et mer soir hors saison. Congés : courant mars. Formule déj (en sem) 12,90 € ; menus 19 et 30 €.* Bar à vins, tendance jazz certains soir. Deux petites salles : l'une au fond pour les concerts (une fois par mois), l'autre sur l'avant, prolongée l'été d'une terrasse sur la rue piétonne. Une déco de bric et de broc avec fauteuils et canapés, d'inamovibles potes du patron pour faire monter l'ambiance au gré des verres de vin (de Bourgogne ou d'ailleurs, ici on n'est pas sectaire) et quelques gentils plats élaborés façon bistrot.

I●I La Table du Vieux Vigneron (plan couleur B2, 31) : 6, rue du Faubourg-Madeleine. ☎ 03-80-24-07-78. ● aubergevieuxvigneron@free.fr ● *Tlj sf dim-lun. Congés : début janv, vac scol de fév et 2 sem courant août. Menus de 16 € à midi en sem à 26 € ; à la carte 25-30 €. Apéritif maison offert sur présentation de ce guide.* Une déclinaison maligne de l'*Auberge du Vieux Vigneron* de Corpeau. Jean-Charles Fagot, viticulteur à Chassagne-Montrachet et propriétaire des deux établissements, a été bien inspiré de reprendre ce petit bistrot très bien situé, à deux pas des remparts. Déco qui joue la carte viticole à fond, et bonne cuisine de pays à prix doux. On se régale avec une poêlée de gésiers confits ou un jambon persillé graines de moutarde avant d'attaquer une bavette à l'époisses. Belle sélection de vins de propriétaires, si vous n'avez pas déjà succombé à ceux du domaine, servis au verre.

I●I Le Goret (plan couleur A2, 34) : 2, rue Maizières. ☎ 03-80-22-05-94. *Tlj sf dim et lun. Résa impérative les faims, pardon, les fins de sem. Formules déj 12 et 15 € (jambon persillé, 12 escargots et verre de bourgogne blanc) ; planches à partager, 14 et 20 €. Café offert à nos lecteurs sur présentation de ce guide.* Bouchon beaunois étonnant, bien à l'image du patron, ex-marbrier reconverti qui goûte à tous les plats et vins qu'il met sur table. Vin au verre à partir de 2,50 €. Choisissez celui qui accompagnera le mieux la terrine chaude à la sauce tomate, le jambon à l'os à la crème ou la fricassée d'andouillette à l'ancienne. Si vous n'avez pas compris que vous n'êtes pas là pour faire régime, il y a aussi le fromage de tête maison ou la rouelle de porc au foin. On arrête, car on a trop faim, rien que d'en parler. Terrasse cachée avec vue sur la cathédrale, ça frôle la provoc. Ambiance bon enfant.

Un peu plus chic

Le Comptoir des Tontons (plan couleur B2, **22**) : 22, rue du Faubourg-Madeleine. ☎ 03-80-24-19-64. Près de la pl. de la Madeleine (parking gratuit), à 5 mn du centre-ville. Tlj sf dim-lun. Congés : 3 sem juil-août. Menus 18-30 €. Pépita et Richard, son « bonhomme » comme elle l'appelle devant les habitués, ont réussi à fidéliser une clientèle qui apprécie la rigueur des cuissons, le goût des préparations et le caractère bien trempé de Dame Pépita, qui officie seule en cuisine. Choisissez le petit menu et venez à midi, ou réservez votre table pour passer une soirée dans un décor ensoleillé.

Via Mokis (plan couleur B1, **25**) : 1, rue Eugène-Spüller. ☎ 03-80-26-80-80. Tlj. Doubles env 200 €. Formule déj 18 €. Sentiers gourmands 25-45 €. Vin au verre à partir de 3 €. Les rares ouvriers qui viennent encore toquer à la porte de cet ancien bar routier comprennent vite, en poussant la porte, que les prix, comme l'ambiance, ont changé. Dans les étages, quelques chambres design au prix en conséquence, pour recréer, auprès des visiteurs d'outre-Atlantique, une ambiance de maison particulière (avec un service hôtelier). Un bar-restaurant avec 36 bouteilles au verre pour apaiser sa soif, et une formule de mokis (les fameuses petites pierres chaudes à la japonaise) pour les petites faims. Une nouvelle façon d'aborder le vin, la vie, la cuisine dans ces lieux que les propriétaires ont conçu avant tout comme un espace de bien-être contemporain. C'est David Zuddas, le chef de *La Charme*, à Prenois, qui a composé la carte et mis en place une équipe qui assure le suivi, au fil des jours.

Ma Cuisine (plan couleur B2, **23**) : passage Sainte-Hélène. ☎ 03-80-22-30-22. • macuisine@wanadoo.fr • Tlj sf mer, sam et dim. Menu unique 20 € ; à la carte 35 €. Le lieu où le Tout-Beaune essaie toujours de trouver une place pour goûter quelques bons petits plats. Dommage qu'on ait parfois l'impression de ne pas « faire partie des initiés »... mais vous êtes dans un lieu typique, où le spectacle n'est donc pas forcément dans l'assiette. Et puis, ici, c'est le vin qui a le dernier mot, alors goûtez l'instant, à quelques pas de l'animée place Carnot !

Sushikai (plan couleur B1, **28**) : 50, faubourg Saint-Nicolas. ☎ 03-80-24-02-87. Tlj sf mer, jeu midi, dim midi. Congés : janv. Formule 19 € à midi (sauf dim et j. fériés) ; menus 32-52 €. Laurent Peugeot a prouvé au *Charlemagne*, à Pernand-Vergelesses, qu'il savait comme personne marier le terroir bourguignon et la rigueur nippone. Il a laissé son chef exécutif, Masami, prendre la direction des cuisines de l'annexe beaunoise, s'occupant lui-même de soigner carte et décor. Pour rassurer les Beaunois, qu'ils soient ou non vignerons, il a choisi le bois et un design sage, pour la vue, tout en mettant à la carte une belle sélection de vins régionaux. Ils accompagnent avec justesse une cuisine enthousiasmante. Tables haut perchées, lumières tamisées, jardin reposant, avec ses bambous et son petit ruisseau qui ne se prend pas pour une grande rivière : découvrez à votre tour « la révélation des arômes et saveurs du Japon », au gré de vos envies. Et méditez sur les sushis selon la création du chef.

Très chic

Loiseau des Vignes (plan A2, **27**) : 31, rue Maufoux. ☎ 03-80-24-12-06. Tlj sf dim et lun. Menus du marché 23-28 €. Menus le soir 55-75 €. Vin au verre de 3 (pour un montagny) à 45 € (Lafitte-Rotschild). Une création maligne et savoureuse tout à la fois. À Paris, dans les autres bistrots du groupe, on a du mal à retrouver, par-delà une cuisine appliquée, ce qui faisait l'âme de *La Côte d'Or* à Saulieu : le bonheur de l'assiette, certes, mais surtout un esprit bourguignon réinventé avec naturel et talent. Ici, tout y est : l'accueil, le cadre (l'ex-restaurant *Morillon*), la carte simplifiée mais fûtée (du pâté en croûte façon Dumaine, au bon vieux bœuf bourguignon en passant par les quenelles de sandre maison)... Mais ce qui pourrait n'être qu'un pastiche devient un vrai lieu de vie, avec ces grandes banquettes qui habillent les murs, et surtout cette incroyable bibliothèque vivante où quelque 70 bouteilles vous permettent de réviser, en les dégustant au verre, vos leçons d'histoire du vin. Et de mathématiques, car il vous faudra faire le calcul, les prix au verre grimpant vite. Le soir, prix des menus un tantinet exagérés.

I●I Le Bénaton (hors plan couleur par A2, **26**) : 25, rue du Faubourg-Bretonnière. ☎ 03-80-22-00-26. • lebenaton@club-internet.fr • À la sortie de Beaune, direction Meursault. Tlj sf mer-jeu hors saison, mer-jeu midi et sam soir en saison. Congés : 1re sem de juil et 1re sem de déc. Menu du marché 22 € le midi en sem ; autres menus 42-75 € ; à la carte 60 €. Café offert sur présentation de ce guide. Du terroir revisité avec une touche asiatique et de la cuisine d'aujourd'hui, inventive, qui ne s'endort pas dans son assiette ! Ambiance zen, décor dépouillé, en complète harmonie avec une carte qui varie selon les saisons et les envies d'un chef sorti de sa coquille. En été, le jardin japonais est vraiment idéal pour un repas en amoureux... ou même entre amis, car le menu « affaires » en est vraiment une. N'hésitez pas à prendre le menu du marché (il change tous les jours) et choisissez à la carte un vin d'ici (à un prix qui l'est aussi forcément).

I●I Le Jardin des Remparts (plan couleur A2, **32**) : 10, rue de l'Hôtel-Dieu. ☎ 03-80-24-79-41. • info@le-jardin-des-remparts.com • Fermé dim-lun sf certains j. fériés. Congés : fév-début mars et 1 sem déc. Menu 30 €, le midi en sem ; autres menus 55-85 € ; à la carte 60 €. L'adresse la plus cotée de la Côte, avec une petite pointe de cuisine moléculaire. Une fête des papilles qui sera complète avec le tartare de bœuf aux huîtres, grand classique, ou un poisson façon Roland Chanliaud (le chef) qui vous laissera un goût de bonheur dans la bouche. Comme cette surprenante et délicate glace à la moutarde. Sans oublier les fromages affinés et desserts raffinés du moment. Grand jardin et superbe terrasse.

Où dormir ? Où manger dans les environs ?

De prix moyens à chic

â Le Parc : 13, rue du Golf, 21200 Levernois. ☎ 03-80-24-63-00. • leparc@levernois.com • hotelleparc.fr • Par la D 970, direction Verdun-sur-le-Doubs, puis à gauche. Fermé de fin janv à début mars. Doubles avec douche ou bains et w-c 55-70 €. Animaux non admis. Nos lecteurs sont invités à une visite de cave et dégustation sur présentation de ce guide. Une vieille maison adorable, avec son parc aux arbres centenaires envahis par les oiseaux. Derrière la façade couverte de vigne vierge, des chambres pleines de charme, ayant chacune leur atmosphère, leur décor. Une de nos adresses préférées, reprise début 2007 par Jean-Louis Bottigliero (directeur de L'Hostellerie, le remarquable 4-étoiles de Levernois, auréolé de sa table étoilée). La sérénité du parc se prolonge dans la cour fleurie, en terrasse, pour un petit déjeuner bucolique, voluptueux même...

â Bistrot du bord de l'eau : rue du Golf. ☎ 03-80-24-73-58. • levernois.com/bistrot • Entrer par le parc de l'Hostellerie de Levernois (le Relais & Châteaux). Formules 28 et 32 € à midi slt, sf dim. La « petite » table gourmande de l'Hostellerie réinvente le terroir et la tradition, au goût du jour. Incontournable en terrasse aux beaux jours.

â I●I Le Relais Sainte-Marie : 1, rue de la Poste, 21200 Sainte-Marie-la-Blanche. ☎ 03-80-26-60-51. • patricia.letocart@wanadoo.fr • À 4 km au sud de Beaune, sur la route de Verdun (sur le Doubs). Doubles avec bains et TV 50 €. Menus 15-32 €. Un hôtel-resto à l'ancienne, avec des chambres claires, agréables, un ventilo pour les chaudes soirées, et une bonne table qui devrait un peu vous changer des spécialités bourguignonnes.

Le Berger du Temps : 16, rue des Gravières, 21200 Montagny-lès-Beaune (à 5 km au sud de Beaune). ☎ 03-80-24-14-27. Avr-oct : tlj sf lun et les midis ; nov-fin mars : le soir, jeu-dim slt. Menu 20 € ; autres menus 28 et 33 €. Café offert sur présentation de ce guide. Des cuisses de grenouilles en cocotte (et en sauce crémée), des viandes parfaitement cuites, servies avec des pommes de terre sautées et de grosses tranches de pain dont on se nourrirait rien qu'à l'odeur. Le tout apporté dans de petites trouvailles de vaisselle. De toute la région, c'est aussi pour la terrasse (elle aussi digne d'un conte de Ma Mère l'Oie) que l'on se presse dans cette maison où il convient de réserver le week-end. Et prolonger le bonheur dans une des 4 chambres d'hôtes confortables (chaussons, peignoirs) et climatisées (doubles 65-85 €, petit déj compris).

La Bouzerotte : 21200 Bouze-lès-Beaune. ☎ 03-80-26-01-37. • contact@labouzerotte.com • Au bord de la D 970. 1er déc-30 mars : tlj sf lun-mar et dim soir. Congés : fermé fin août-début sept et 22 déc-19 janv env. Formule déj (en sem) 13,50 € ; menus 17-40 €. Café offert sur présentation de ce guide. Une authentique auberge de campagne, avec de vraies trognes, des accents et des plats sur la carte qui sentent bon le terroir bourguignon. Et puis des fleurs naturelles sur les vieilles tables en bois (on aime celles vers la baie vitrée), un buffet grand-mère, une cheminée avec un feu de saison dans la grande salle claire. Terrasse aux beaux jours. Beau menu du jour. La surprise est à l'arrivée des assiettes : fraîcheur et qualité des produits, belle présentation ; vous serez conquis. Ne serait-ce que par le bœuf aux morilles. Conseils vins par la maîtresse de maison, ancienne sommelière. Une bonne adresse.

Le Bareuzai (hors plan couleur par A2, **33**) : RN 74, 21200 Chorey-lès-Beaune. ☎ 03-80-24-93-22. Au bord de la N 74, sur la droite, 500 m après la sortie de Beaune. Tlj sf le soir lun-jeu en hiver. Formule 14 € et menu 18 €. Ici, après avoir pioché dans l'imposant buffet de hors-d'œuvre, c'est dans une monumentale cheminée du XVIIe siècle que l'on cuit soi-même sa viande, choisie à l'étal. Jolie sélection de vins de Bourgogne à déguster au verre, ou à la planchette de 4 verres, accompagnée d'une assiette de charcuterie et de fromages régionaux.

Où boire un verre ? Où manger sur le pouce ? Où sortir ?

Les Mille et Une Vignes (plan couleur B1, **45**) : 61, rue de Lorraine. ☎ 03-80-22- 03-02 Tlj mar-sam 11h-minuit et dim midi (avec casse-croûte slt) ; fermé dim soir et lun en saison, dim-mar hors saison. À voir la devanture, on imagine mal le début d'un conte de fée, et pourtant : dans cette rue de Lorraine où c'est la croix et la bannière pour se garer, se cache non seulement ce drôle de caviste, qui propose de vieux millésimes à prix décents, mais surtout un vrai bar à vins. Un bistrot où l'on se retrouve vite entre amis, sans connaître personne, autour d'un verre de vin, ou de deux si l'on se laisse entraîner par Marine, grande fan de rugby, ou Didier Sevestre, son paternel, personnages déjà hauts en couleur sans que le vin y soit pour beaucoup (quoique !). Avec une assiette de terrines maison, de fromages ou autres tapas à la bourguignonne, on se réchauffe vite le corps et le cœur au bar ou à la grande table d'hôtes. Et offrez-vous, tant qu'à faire, et au prix cave, une belle bouteille de la collection maison ! La plus vieille date de 1904, après, il ne vous reste plus qu'à remonter le temps.

Pickwick's (plan couleur A1, **40**) : 2, rue Notre-Dame. ☎ 03-80-22-55-92. Tlj sf dim. Happy hour 18h-19h. Situé derrière la basilique, dans l'ancien quartier des chanoines, un pub inattendu où se côtoient bons vins de propriétaires et de nombreuses bières importées de la perfide Albion. Et deux fois par mois environ, des soirées à thèmes (latino, country, blues...).

Le Bout du Monde (plan couleur B2, **42**) : 7, rue du Faubourg-Madeleine. ☎ 03-80-24-04-52. • con tact@leboutdumonde.net • leboutdu monde.net • ♿ Tlj, tte l'année. LE bar branché de Beaune. Fauteuils clubs et objets du monde entier, murs peints à l'éponge où s'accrochent régulièrement des œuvres de jeunes artistes, adorable terrasse dans une cour intérieure, musique entre *house* tranquille et « downtempo », pour une clientèle finalement assez hétéroclite. Il y a même un caveau dédié à la musique et au théâtre (programme disponible sur le site internet). Une petite bibliothèque avec livres et revues sur l'art, la mode, les voyages... pour lire en grignotant sur le pouce salade composée ou tapas.

🍷 🎵 **Le Parisien** (plan couleur B2, **41**) : 7, rue d'Alsace (petite pl. Carnot). ☎ 03-80-22-18-58. ♿ Tlj sf dim hors saison. Congés : 15 j. janv et dernière sem d'oct. Petite terrasse ensoleillée et protégée. Quelques concerts en saison. Une planque idéale pour siroter un verre tranquillement ou partager un petit plat. Spécialités de whiskies et d'alcools rares.

|●| 🍷 **La Part des Anges** (plan couleur B2, **44**) : 24 bis, rue d'Alsace. ☎ 03-80-22-07-68. Tlj sf dim et lun. Congés : Noël-Nouvel An inclus et 2 sem août. Menus 17-25 € à midi en sem ; autres menus à 39 et 49 € ; autour de 35 € à la carte. Resto-bar à vins tendance chic et branché. Cadre *lounge* à la déco néo-moderniste sobre, comme il se doit, avec belle verrière et petite terrasse pour voir, et être vu ! Ambiance feutrée côté bar pour déguster une copieuse assiette de salaison avec un verre de vin (prix toniques !). Cuisine de terroir revisité. Service sympa. Au fait, si vous ne le savez pas, demandez donc ce que signifie *la part des anges*...

|●| 🍷 **Le Bistro des Cocottes** (plan couleur B2, **43**) : 3, pl. Madeleine. ☎ 03-80-22-17-82. • lebistrodescocottes@wanadoo.fr • Tlj 17h-1h (ouv le midi en été), sf dim et lun. Formule cocotte 10 €. Un bar à vins et à cocktails créé par un jeune couple sympathique, qui a réanimé une place Madeleine qui pourrait devenir savoureuse, si toutes les terrasses s'y mettaient, pour la faire vivre l'été, sous les platanes. Celle des *Cocottes* n'a rien de triste. Plat unique, pour ceux qui ont un creux (moules-frites, poulet Gaston-Gérard, etc.), et généreuses planches charcuterie-fromages pour accompagner un verre de vin ou une bonne bière (belge, pourquoi pas ?). On danse ensuite devant le bar, les fins de semaine. Service super, jeune et décontracté. À l'image du concept, du public et de l'ambiance.

À voir

Un seul billet d'entrée donne accès à l'ensemble des musées (musée du Vin, musée des Beaux-Arts et musée Marey). Coût : 9,60 € ; réduc ; gratuit pour les moins de 10 ans.

🎎🎎🎎 **L'hôtel-Dieu** (plan couleur A2) : rue de l'Hôtel-Dieu. ☎ 03-80-24-45-00. Janv-24 mars et 20 nov-fin déc : tlj 9h-11h30, 14h-17h30 ; 25 mars-19 nov : tlj 9h-18h30. Entrée : 6 € ; réduc ; gratuit moins de 10 ans.
Un rare témoignage de l'architecture civile du Moyen Âge, dont la toiture est en réfection jusqu'en 2009, au moins. Les échafaudages masquent donc momentanément certaines parties de l'édifice. Il faut pénétrer dans la cour d'honneur pour avoir le choc de ces toits de tuiles émaillées multicolores en terre cuite, dessinant d'extraordinaires figures géométriques et décorés d'une cinquantaine de girouettes. On doit cet hôtel à Nicolas Rolin (1380-1462), homme de bien ; du moins en avait-il. Lorsqu'il créa l'hôpital, en 1443, Louis XI, toujours charitable, aurait dit : « Il a fait assez de pauvres dans sa vie pour pouvoir aujourd'hui les abriter ! » Ainsi naquit l'hôtel-Dieu, sur une architecture d'inspiration flamande, qui fonctionna sans interruption jusqu'en 1968. Les derniers malades partirent en 1982.
La visite des Hospices donnerait presque envie de tomber malade, si la « salle des Pôvres », avec son célèbre plafond, ses lits à colonnes bien alignés, habillés de blanc et rouge, n'était plus qu'un décor somptueux s'achevant sur une chapelle d'un gothique flamboyant, servant l'été de salle pour des concerts baroques haut de gamme. La cuisine a été intelligemment reconstituée avec sa vaste cheminée

gothique égayée par un savant tournebroche à automate datant de 1698. La visite continue avec l'apothicairerie et ses pots de verre et de faïence dont les noms laissent rêveur : « poudre de cloportes », « yeux d'écrevisses », « poudre de nux vomica »... On admirera aussi la salle Saint-Hugues réservée aux malades les plus riches et dont les peintures murales illustrent des miracles de Jésus.

Allez admirer avant de sortir le polyptyque du Jugement dernier, œuvre de commande non signée mais attribuée à Rogier Van der Weyden. C'est l'une des plus célèbres œuvres de la peinture flamande du XVe siècle. Le tableau ne se présente plus dans sa forme originelle car il a été scié dans son épaisseur, ce qui permet de voir d'un seul coup d'œil le sujet du Jugement dernier et les donateurs. Au milieu en haut : le Christ en majesté, regard vers l'au-delà, style icône sur fond or, cape pourpre symbole de la Crucifixion et très beau mouvement de plissés. À droite, un glaive, symbole de la sévérité. À gauche, une fleur de lys, symbole de sa mansuétude. Le Christ est assis sur un arc-en-ciel, symbole des liens qui unissent les cieux et la terre. Panneaux à droite et à gauche : les anges vêtus de blanc présentent les instruments de la Passion. Sous les pieds du Christ, l'archange saint Michel, beauté androgyne, front haut et visage spirituel, pèse les âmes avec beaucoup d'élégance et sans parti pris. À droite de l'archange, les maudits, une expression d'horreur indicible dans les visages, filent vers l'enfer. À gauche, les bienheureux, béats, sereins, sont accueillis au paradis, représenté par une église d'un gothique tout flamboyant.

🎭 **La collégiale Notre-Dame** (plan couleur A2) : pl. du Général-Leclerc. ☎ 03-80-24-56-86. Tlj 9h-17h (19h juin-sept). Entrée libre. Visite des tapisseries : avr-nov lun-sam 9h30-12h30, 14h-19h ; dim et j. de fêtes religieuses 13h-17h (19h juin-sept). Entrée libre ou visite guidée à 2,30 € ; réduc ; gratuit moins de 12 ans. Bel exemple d'art roman bourguignon, qui s'est vu adjoindre au cours des siècles un décor gothique (portail et chevet), un clocher et une chapelle du XVIe siècle. Au XIXe siècle, l'inévitable Viollet-le-Duc n'a pas pu s'empêcher d'y ajouter une galerie couverte. Collection de tapisseries, du XVIe siècle, consacrées à la vie de la Vierge dans le chœur. Prenez le temps de flâner dans l'ancien cimetière, pour admirer le cloître et le logis du XVe siècle. En sortant, choisissez votre route en votre âme et conscience : la rue Paradis ou la rue d'Enfer.

🎭 **Le musée du Vin** (plan couleur A2) : rue d'Enfer, dans l'hôtel des Ducs. ☎ 03-80-22-08-19. Déc-mars, tlj sf mar 9h30-17h ; le reste de l'année, tlj 9h30-18h. Congés : 25 déc et 1er janv. Dernier billet vendu ½h avt la fermeture. Tarif : 5,40 € ; réduc ; gratuit moins de 10 ans. Depuis 1947, un vrai musée des arts et traditions populaires. Toute l'histoire de la vigne et du vin, de l'Antiquité à nos jours. Très beaux pressoirs dans la cuverie de l'ancienne résidence des ducs de Bourgogne. Tapisserie de Jean Lurçat sur le motif du vin.

🎭🎭 **La place Fleury** (plan couleur A2) : il suffit, à Beaune, de pousser, parfois avec force, quelques portes pour découvrir de magnifiques cours et galeries dissimulées aux regards... La porte de l'hôtel de Saulx est du XVIIe siècle, mais l'intérieur de cet hôtel ayant appartenu à Jean de Saulx, chancelier de Bourgogne, en 1404, est bien de la même époque que l'hôtel-Dieu.

🎭 **La rue Maufoux** (plan couleur A2) : dans cette rue, les belles façades Renaissance ont disparu, mais les cours intérieures demeurent dans leur état d'origine. Celle du n° 27 a été décorée de galeries de pierre avec des médaillons Renaissance.

🎭 **La rue Monge** (plan couleur A2) : pour les anciens Beaunois, on va toujours « rue Couverte ». Cette dénomination remonte au XIIIe siècle. Pour protéger les pans de bois, les toits descendaient beaucoup plus et l'étroitesse de la rue interceptait presque complètement les rayons du soleil.

🎭 **La place Monge** (plan couleur A-B2) : l'ancienne place d'Armes. Derrière la statue de Monge, étonnant beffroi du XIVe siècle, d'un aspect tout flamand, avec sa toiture à lanterne, surmontée de la couronne ducale. En jetant un œil dans les rues avoisinantes, vous découvrirez quelques-unes des plus belles façades de Beaune. Les riches drapiers, qui furent également autrefois les précurseurs des négociants en vins, construisirent ici des maisons avec des échoppes où tout se traitait et se triait, au sens strict, sur le volet.

🧍🧍 **Le musée des Beaux-Arts** *(plan couleur B2)* : *porte Marie-de-Bourgogne, 6, bd Perpreuil et rue Poterne.* ☎ *03-80-24-56-92 (w-e 03-80-24-98-70). Le musée possède quelques belles pièces de peintures, sculptures et dessins, depuis le XVIe siècle jusqu'au XXe siècle. Peintures flamande et hollandaise des XVIe-XVIIIe siècles, Michaud et Ziem pour le XIXe, etc.*

🧍🧍🧍 **La moutarderie Fallot** *(hors plan couleur par A2)* : *31, rue du Faubourg-Brétonnière.* ☎ *03-80-26-21-30. Visites (sur résa préalable à l'office de tourisme) 19 mars-18 nov tlj sf dim et j. fériés 10h et 11h30. Compter 1h. Entrée : 10 € ; réduc.* Tourisme industriel ? Très loin de la réalité... Musée ? Pas vraiment non plus... Ou alors un de ces nouveaux musées qui évoque presque plus qu'il ne montre. Des fondus enchaînés qui font danser les vieux murs autour d'une séculaire meule de pierre en granit breton, Bocuse qui surgit de l'écran niché dans une vieille caisse de bois pour accompagner une dégustation de mises en bouche aux originales moutardes maison (au miel, au cassis de Dijon, au pain d'épice...), un mortier interactif avec lequel fabriquer (enfin s'essayer à...) sa propre moutarde en écrasant et liant les graines de sénevé, le verjus et les épices, un vieil atelier en soupente où se joue un concerto de tamis, de poulies... Étonnant, vivant et prenant, ce lieu ouvert par la maison Fallot, ultime moutarderie artisanale (et indépendante !) de Bourgogne, dans le vieux bâtiment où elle a vu le jour en 1840.

🧍🚶 **Le parc de la Bouzaise** *(hors plan couleur par A1)* : *rue du Faubourg-Saint-Martin. Avr-oct : 9h-21h ; nov-janv : 8h-17h ; fév-mars : 8h-18h.*
Entouré de vignes, classé depuis 1943, c'est le refuge des familles beaunoises, qui connaissent nombre des 740 arbres de cet adorable jardin anglais. Location de barques en saison. Et point de départ de la Véloroute Beaune-Santenay (20 km par Pommard, Volnay, Meursault, Puligny et Chassagne).
Des randos vers la montagne de Beaune et le pays beaunois démarrent au parc (parking aisé). Demander la brochure 30 itinéraires de randonnée pédestre à l'office de tourisme.

À faire

➢ **Le circuit des remparts :** commencez le circuit par la tour de l'hôtel-Dieu et remontez le temps jusqu'au XIIe siècle, quand la ville commença de boucler cette ceinture qu'elle consolidera au XVe siècle, sur l'ordre de Louis XI. Remarquez au passage les toits, les petits jardins. La tour des Dames, aux pierres taillées en bossage, abrite deux étages de caves. Du bastion des Lions, transformé en jardin public, au bastion Notre-Dame, rien ne vous empêche de tricher en coupant par la place Marey et les rues du vieux Beaune. Ne cherchez pas le château, dans la rue du même nom. La maison Bouchard Père et Fils a gardé le nom de ceux qui, en 1810, achetèrent le château de Beaune et transformèrent les puissants bastions, construits pour la guerre, en caves de vieillissement. Située entre le château et le bastion Sainte-Anne, la tour Renard, avec sa couverture en laves, date probablement du XIVe siècle. À ne pas confondre avec la petite tour des... Billes, accolée à la grosse tour, sur le rempart Madeleine.

➢ **Sensation Vin :** *(plan couleur A2)* : *1, rue d'Enfer.* ☎ *03-80-22-17-57.* • *sensation-vin.com* • *À partir de 2 pers, en 30 mn (4 vins, 8 €), 1h (6 vins, 18 €) ou 2h (12 vins, 33 €) et sans rendez-vous. Mais mieux vaut s'informer et s'inscrire. Également des journées et w-e de dégustation.* Un concept innovant qui fait déjà fureur : déguster avec un pro du vin, ancien directeur du bureau interprofessionnel des vins de Bourgogne. La rue d'Enfer est pavée de bonnes intentions, pour se décomplexer, se désinhiber et aborder la route des vins en parlant du vin, des vins, de ses sensations autour d'une table (lumineuse) ou dans le petit caveau.

➢ **L'Atelier de la Bulle :** Veuve Ambal, *le Pré Neuf à Montagny-lès-Beaune.* ☎ 03-80-25-90-81. • tourisme@veuve-ambal.com • ♿ *Avril-3ᵉ w-e de nov : 10h-13h, 14h-19h (17h fin nov-mars). Entrée, visite avec audioguide ou guidée avec dégustation : 6 € ; réduc et gratuit moins de 12 ans.* La maison *Veuve Ambal* élabore des crémants depuis la fin du XIXᵉ siècle. Un parcours didactique à travers le site de production, des films et un parcours dédié aux enfants. Intéressant, et moins commercial que prévu.

➢ **ULM et hélicoptère :** *aérodrome de Beaune-Challanges, route de Seurre.*
– « U Ailes Aime » : ☎ 03-80-22-42-90 et 📱 06-03-69-57-42. • ulmbeaune@wanadoo.fr • *À partir de 50 €, c'est presque donné !* André-Georges Laffite (nom prédestiné pour un pilote) vous emmène pour un vol commenté vers un des plus beaux clos de la région. Unique !
– « Héli travaux » : ☎ 03-80-22-42-90 et 📱 06-03-69-57-42. • ulmbeaune@wanadoo.fr • *Vols 8-30 mn (30-120 €/pers sur base de 3 pers).* Survol de Beaune ou des Côtes de Beaune et de Nuits.

Où acheter de bons produits ?

Vins

On trouve des vins rouges correspondant grosso modo à deux grands types, selon qu'ils tirent sur Savigny ou sur Pommard. Les uns sont des vins tanniques, robustes, puissants, d'une robe intense et foncée, tandis que les autres sont plus ronds, plus souples.

🍷 **Domaine Yves Darviot** (plan couleur B1, 50) : *2, pl. Morimont.* ☎ 03-80-24-74-87. Un petit propriétaire qui a retrouvé le chemin de la vérité emprunté par sept générations avant lui, après avoir travaillé dans l'informatique. Accueil très sympathique, dégustation dans la tradition.

🍷 **Athénæum de la Vigne et du Vin** (plan couleur A2, 51) : *5, rue de l'Hôtel-Dieu.* ☎ 03-80-25-08-30. *Tlj 10h-19h (9h30-19h30 en été) ; fermé à Noël et le Jour de l'an.* Il se présente comme le premier centre culturel au monde sur la vigne, le vin et l'art de vivre. Amusant, passionnant, un lieu de vie qui a le mérite d'exister pour LE cadeau original. À la fois librairie et cave à vins.

🍷 **Marché aux vins** (plan couleur A2, 52) : *2, rue Nicolas-Rolin.* ☎ 03-80-25-08-20. *Face aux Hospices. Juil-août : tlj 9h30-17h30 ; sept-juin : tlj 9h30-11h30, 14h-17h30. Entrée : 10 €.* Pour ceux qui seraient fatigués de marcher, un lieu de mémoire (les caves et la chapelle de l'ancienne église des Cordeliers des XIIIᵉ et XVᵉ siècles), où l'on peut déguster du vin tous les jours, jusqu'à plus soif.

🍷 **Domaine de la Galopière, Claire et Gabriel Fournier :** *6, rue de l'église, 21200 Bligny-lès-Beaune.* ☎ 03-80-21-46-50. • galopiere@hotmail.fr • *De Ladoix (blanc et rouge à 11 €) à Aloxe-Corton (1ᵉʳ cru à 20 €), de Pommard (18 €) à Meursault (17-23 €) et Savigny,* cette famille décline de superbes terroirs bourguignons à prix doux. À commencer par les cuvées *« Délectine » (5 €), « Bourgogne » (6 €)* et *« Lavelle » (9,50 €).*

Spécialités du terroir

🧀 **Fromagerie Alain Hess** (plan couleur B2, 54) : *7, pl. Carnot.* ☎ 03-80-24-73-51. *Tte l'année, tlj 9h-12h15, 14h30-19h15 ; dim 10h-13h de Pâques au 31 déc.* Ce fromager-là, non content de proposer de bons fromages de Bourgogne (Cîteaux fondant) ou d'ailleurs, fabrique les siens. Essayez son « délice de pommard », affiné au son de moutarde ou au cassis. Suprême plaisir

gourmand, le délice à la truffe.
- **Charcuterie Bourgeon** (plan couleur B2, 53) : 9, pl. Monge. ☎ 03-80-22-13-22. Tlj sf dim ap-m et lun 10h-12h, 15h-18h. Congés : 3 premières sem d'août. Comment rester indifférent devant la vitrine de ce charcutier qui fabrique terrines appétissantes, hures originales et autres verrines colorées ? Mais surtout aire des meilleurs jambons persillé. à ajouter au pique-nique.
- **Le Palais des Gourmets** (plan couleur A2, 55) : 14, pl. Carnot. ☎ 03-80-22-13-39. Le rendez-vous des vraies Beaunoises, autour d'un thé ou d'un chocolat, ou simplement venues chercher les gâteaux commandés la veille. Parmi les spécialités maison : les truffettes au caramel, les petits tonneaux au cassis, ou encore les fameuses cassissines, avec la petite goutte de crème de cassis emprisonnée dans une pâte de fruits au cassis. Surprenants et délicats (petits) macarons au son de moutarde, au pinot noir ou à la pêche de vignes.
- **Pâtisserie Bouché** (plan couleur B2, 56) : 1, pl. Monge. ☎ 03-80-22-10-35. Tlj sf lun. Le confiseur-chocolatier dans toute sa splendeur. Grande spécialité, les burgondines : un praliné au chocolat très fin, enrobé d'un sucre glacé lui permettant de voyager. Mais surtout, d'étonnants et détonants chocolats à la ...moutarde ou à la ganache de vin rouge.
- **Boulangerie Bruno Liégeon** (plan couleur C2, 57) : 29, av. du 8-Septembre. ☎ 03-80-22-24-97. Derrière cette vitrine de boulangerie de quartier, dans l'ingrat quartier de la gare, se cache peut-être bien le meilleur boulanger de la ville. Emportez, pour un pique-nique, son pain des hospices ; vous nous en direz des nouvelles !

Fêtes et manifestations

– **Festival Cours, Eau, Jardins** : fin juin-début sept 2008. Rens à l'office de tourisme. Gratuit sf les visites guidées de cours. Les quartiers de Beaune, les rues du centre-ville, les parcs et les jardins seront le théâtre de nombreuses animations : jardins éphémères, découverte de cours exceptionnellement ouvertes au public, spectacles de rue pour petits et grands.
– **Festival international d'opéra baroque** : tt le mois de juil. Infos : ☎ 03-80-22-97-20. • festivalbeaune.com • Concerts des plus prestigieux ensembles mondiaux ven-dim dans la cour des Hospices ou dans la collégiale Notre-Dame. Un pari gagné depuis vingt ans par une poignée d'amateurs fous de baroque réunis autour d'une Beaunoise étonnante, Anne Blanchard. Si, à Beaune, on ne prend plus William Christie pour le fils de la reine du crime, Monteverdi pour un aventurier sans scrupule et l'ensemble Clément Janequin pour la dernière création d'un grand couturier, c'est bien grâce à elle et son organisateur de mari.
– **Ciné Rétro** : 14e édition pdt tt le mois d'août, dans l'ancienne chapelle Saint-Étienne. Infos : ☎ 03-80-24-90-57. Places à partir de 9 €. Oubliez les écrans démesurés, les sons Dolby, les distributeurs de pop-corn. Ici, on renoue avec l'épique époque des débuts du cinéma, quand des pianistes accompagnaient en direct les projections, quand il fallait attendre que le projectionniste ait fini de se débattre avec ses bobines pour connaître la chute du gag de Chaplin ou de Buster Keaton. Étonnant voyage dans les années 1920 !
– **Jazz à Beaune Festival Jazz et Grands Vins de Bourgogne** : 3 j. en sept. ☎ 03-80-24-69-41. • jazzabeaunefestival.com • Plus blues, swing et New Orleans que free jazz, mais ça, à Beaune, vous auriez pu vous en douter.
– **Salon Pains, Vins, Fromages** : 3e w-e d'oct. ☎ 03-80-24-40-15. Histoire d'avoir quelque chose à se mettre sous la dent en goûtant moult vins de Bourgogne : 460 fromages de toute la France et de nombreuses variétés de pain. Dégustation sur place, mais vous pourrez aussi remplir votre petit panier.
– **Vente aux enchères des vins des Hospices de Beaune** : 3e dim de nov. Panneau central du triptyque des Trois Glorieuses. Chaque cuvée est offerte par lots et sous la dénomination qui rappelle les donateurs. Naguère baromètre de la Côte, la vente des vins signale surtout les tendances du marché : reprise ou stagnation. Bon an mal an, elle rapporte aux Hospices plus de la moitié du produit des enchères.

LA CÔTE, DE BEAUNE À SANTENAY

Une Côte qui change d'atmosphère. D'austère, de cistercienne, elle devient clunysienne, dans l'esprit comme dans la forme. Est-ce à Puligny ou à Chassagne que la terre est « si rare, si précieuse que l'on prend soin de racler ses chaussures en quittant la vigne » (Jean-François Bazin) ? Si, de Dijon à Beaune, ce sont surtout des rouges qui ont marqué votre chemin vineux, de Beaune à Santenay sont rassemblés tous les grands blancs, du meursault au montrachet.

POMMARD (21630) 600 hab.

Un village de caractère ; même le donjon du XVIIe siècle est carré, ce qui l'oppose à la traditionnelle élégance élevée du gothique et aux courbes douces du roman, plus familiers en ces parages. Avant d'entrer dans le village, on croise la croix de Pommard ; elle marquait au Moyen Âge l'heureuse issue d'un passage à gué difficile. Pommard est connu dans le monde entier pour ses vins rouges puissants et charpentés, qui furent les préférés d'Henri IV et de Louis XV, pour ne citer que ces soiffards-là.

Où dormir ? Où manger ?

Hôtel du Pont : rue Marey-Monge. ☎ 03-80-22-03-41. Fax : 03-80-24-14-19. Doubles avec douche et w-c ou bains 51 €. Menus déj 13 € en sem et 18 €. Réduc de 10 % sur le prix de la chambre d'oct à avr sur présentation de ce guide. Chambres rénovées, colorées et agréables. Au rez-de-chaussée, bistrot avec terrasse où l'on peut manger bourguignon : andouillette dijonnaise, coq au vin, escargots, etc. Simple, sympa.

VOLNAY (21190) 330 hab.

Pommard et Volnay, c'est un peu comme entre les O'Timmy et les O'Hara (relisez vos vieux *Lucky Luke* !), une querelle de clocher qui remonte à la nuit des temps... Et se prolonge jusqu'à Meursault : « entre Pommard et Meursault, c'est toujours Volnay le plus haut ». Référence géographique à sa position dominante sur les coteaux du vignoble... Même les vins sont frères ennemis, car les volnay, dont beaucoup de premiers crus sont célèbres, sont fins, délicats, féminins. Sinon, Volnay est un adorable village appuyé à flanc de coteau...

Où acheter de bons produits ?

Domaine Georges Glantenay : rue de la Barre. ☎ 03-80-21-61-82. Un domaine réputé qui décline notamment Volnay en appellation village, 1er cru brouillards et santenots mais aussi Pommard 1er cru les rugiens et, depuis le millésime 2005, un Chambolle-Musigny parmi nos préférés.

Où manger ?

Le Cellier Volnaysien : pl. de l'Église. ☎ 03-80-21-61-04. Tlj sf mer le midi slt, plus sam soir. Congés : de mi-déc à mi-janv. Formule déj (en sem)

13,50 € ; autres menus 22-27,50 €. Apéritif maison offert sur présentation de ce guide. Un caveau avec de grandes tables en bois, cadre on ne peut plus rustico-bourguignon pour déguster les vins en direct de la propriété (château de Savigny-lès-Beaune), donc à prix accessibles. Avec quelques spécialités faciles à imaginer : coq à la lie, œuf en meurette... Au resto, menus plus élaborés.

MONTHELIE (21190) 200 hab.

Un des villages les plus typiques de la Côte de Beaune, bâti à flanc de coteau, avec ses ruelles étroites, sa belle église romane du XIIe siècle, son château aux toits colorés. De la D 73, en haut de la colline, remarquable panorama sur la région. Les grands vins rouges de Monthelie sont charpentés et acquièrent avec le temps un bouquet ample et harmonieux. Ses premiers crus se distinguent par leur élégance et leur finesse.
– Fin juin, le *Monthelie Festival* propose la rencontre des arts du cirque et de la musique pour une découverte du terroir, à travers visites et dégustations. *Rens :* Monthelie-découverte. ☎ 03-80-21-22-63. ● rudolph.js@wanadoo.fr ●

AUXEY-DURESSES (21190) 370 hab.

Ce paisible village de vignerons garde l'entrée d'un pittoresque vallon, placé autrefois sous la protection d'un camp romain. Église avec deux curiosités à ne pas manquer : le clocher orné de pyramidions et le retable du XVIe siècle. Vins blancs à découvrir et vins rouges ayant un air de famille avec ceux de Pommard ou de Volnay.
La route continue vers les Hautes-Côtes. Revenir sur Meursault en cherchant à repérer dans les vignes ces maisons de vignerons authentiques que sont les cabottes.
– *Coup d'œil, coup de cœur :* Caves ouvertes à Auxey-Duresses 3e w-e d'oct. Contact : ● coupdoeilauxey@wanadoo.fr ●

MEURSAULT (21190) 1 620 hab.

Rime avec « oh », la bouche s'arrondissant pour goûter d'avance les grands vins blancs, issus du chardonnay, aux saveurs de noisette et d'amande grillée ! À leur apogée, ils ont des saveurs de beurre et de miel... Village prospère mais pas youp-la-boum, l'argent ne faisant pas le bonheur ici-bas.

Adresse utile

🅘 *Office de tourisme :* pl. de l'Hôtel-de-Ville. ☎ 03-80-21-25-90. ● ot-meursault.fr ● *En hiver :* lun-ven 9h-12h, 14h-18h ; Pâques-début nov : mar-sam 9h30-12h30, 14h30-18h30 (19h en été) ; fermé 5 sem en basse saison. Organise des visites guidées du village avec dégustation en saison (5 €). Si vous avez l'impression de bien connaître la mairie, c'est que vous n'avez pas manqué les rediffusions de *La Grande Vadrouille,* le lieu ayant servi de siège à la Kommandantur dans le film.

LA ROUTE DES GRANDS CRUS

Où dormir ? Où manger ?

Camping

Camping La Grappe d'Or : 2, route de Volnay. ☎ 03-80-21-22-48. • info@camping-meursault.com • camping-meursault.com • Avr-15 oct. Emplacement pour 2 avec voiture, tente et électricité 15 € en hte saison. Loc de mobile homes 2-5 pers (2 nuits min). Resto avec terrasse : menus 13 et 20 €. Apéritif maison offert sur présentation de ce guide. Piscine, tennis, location de bicyclettes.

Prix moyens

Hôtel Les Arts : pl. de l'Hôtel-de-Ville. ☎ 03-80-21-20-28. • hotel.restaurant.les.arts.meursault@wanadoo.fr • Hôtel fermé 3 sem fin déc. Resto fermé mar hors saison. Doubles 39-67 €. Menus 14 € à midi en sem et 18-34 €. Une situation idéale fait de ce petit hôtel simple une bonne alternative pour visiter Meursault. Chambres correctes et propres (quelques-unes derrière la petite cour), calmes. À table, dans la salle à manger rustique ou sous le vieux tilleul, dans la cour, cuisine régionale avec quelques incursions plus lointaines.

Chambres d'hôtes La maison du Charmes : chez Brigitte Lanoe, 29, rue de Mazeray. ☎ 03-80-21-68-81. • lano e-brigitte@tele2.fr • maison-du-charmes.com • Congés : Noël-fin janv. Doubles avec douche et w-c 50 €, petit déj compris. Au pied des vignes, une maison on ne peut plus bourguignonne, qui fait plus d'un heureux : l'accueil est sympathique, les chambres sont confortables. Quant au petit déj, il fait craquer les gourmands car Brigitte Lanoe propose 16 confitures différentes, joliment présentées.

Le Chevreuil : pl. de l'Hôtel-de-Ville. ☎ 03-80-21-23-25. • reception@lechevreuil.fr • lechevreuil.fr • Tlj sf mer et jeu midi ainsi que dim soir et mar soir hors saison. Congés : en fév. Menu régional 18 € ; autres menus 19-55 €. Meursault, ses vins et le souvenir de *La Grande Vadrouille* ; désormais, Meursault, son *Chevreuil* et sa gastronomie. Aux fourneaux, Jean-Christophe Moutet. Dans l'assiette, les traditions du pays, avec, entre autres réjouissances, la terrine chaude de la mère Daugier (à l'origine, un pâté d'alouette), le jambon persillé et sa mousse acidulée aux cornichons, ou encore la mousse tiède d'époisses au pain d'épice... Salle à la déco épurée mais chaleureuse. Service exemplaire de gentillesse, prévenant et souriant. Tout contribue au plaisir ; un plaisir que l'on peut prolonger dans l'une des 15 chambres, simples et coquettes.

À voir

La léproserie : admirez, en contrebas de la route, lorsque vous arrivez par la nationale, le superbe portail à voussures, d'une austère beauté. Spectacle émouvant que celui de ces lieux qui ont résisté aux méfaits du temps et surtout des hommes, les bâtiments ayant abrité pendant deux siècles machines agricoles et animaux de basse-cour.

L'église Saint-Nicolas : belle église du XVe siècle, qui était la chapelle du château féodal, actuel hôtel de ville. À la suite d'un incendie, vers 1480, les abbés de Cluny la firent rebâtir, élevant une flèche octogonale avec crochets et petits arcs-boutants. Bel édifice avec son portail principal, ses vitraux et sa Vierge à l'Enfant en pierre polychrome du XIVe siècle.

À faire

➢ *Rando gourmande :* 8 km à pied... ou en vélo, d'étape gourmande en étape vinique, dans le village et dans le vignoble. Un grand classique. Renseignements à l'office de tourisme.

➢ *Rando et pique-nique :* le site de Saint-Christophe domine le village et le vignoble (accès fléché). Une aire de pique-nique s'ouvre sur un panorama grandiose, à 180° sur les vignes. C'est le point de départ de la rando de 9 km balisée (Pays beaunais n° 15 – en vente 3 € à l'office de tourisme).

➢ *Spa Bourgognes :* Vignes et Bien-Être, *14, pl. de l'Hôtel-de-Ville.* ☎ *03-80-21-19-91.* • spa-en-bourgogne.com • *Tlj lun-sam sur rendez-vous.* Après Bordeaux, la Bourgogne se met aux spas... Ou le pinot noir contre les cabernets. Une ligne de cosmétiques naturels aux actifs de raisins. Lutte contre les rides (déjà un verre de vin déride, alors les principes actifs du raisin...) Compter 15 € pour détendre le visage et jusqu'à 130 € pour le forfait découverte « Vigne, source de bien-être ».

Festival

– *Festival de Musique de Bach à Bacchus :* juil. Un festival qui est aussi l'occasion de rencontres bien arrosées. Organisé par un enfant du pays, Yves Henry, pianiste de surcroît, et même de talent, qui rassemble autour du piano amateurs de vins et amoureux du classique.

PULIGNY-MONTRACHET (21190) 470 hab.

Village de vins réputés dans le monde entier : montrachet, chevalier-montrachet, bâtard-montrachet, etc. Le vocable « bâtard » fait référence au Grand Bâtard Antoine, fils illégitime du duc Philippe le Bon, qui reçut en héritage certaines terres de ces villages. Un vin de roi, ça n'empêche, le plus grand vin blanc sec du monde, dit-on, et l'on n'est pas chauvin en Bourgogne (encore que... le Montrachet, c'est le mont pelé, le mont chauve, donc...) ! « Il faut le boire à genoux et la tête découverte », disait Alexandre Dumas, qui n'a pas vécu ici que d'amour et d'eau fraîche, manifestement... Et attention, ne prononcez pas le « t », sacrilège !
Si Puligny produit presque exclusivement des vins blancs, avec de superbes *climats,* Chassagne se partage entre blancs et rouges, avec un terroir qui se prolonge vers Santenay et évolue vers le pinot noir.

Où dormir ?

🛏 *Hôtel La Chouette : 3 bis, rue des Creux-de-Chagny.* ☎ *03-80-21-95-60.* • info@la-chouette.fr • chateauxhotels.com/chouette • *Doubles 140 €, petit déj compris (prix dégressifs sur base de 1, 2 ou 3 nuits). Congés : Noël-début janv. Pas d'animaux.* Chambres confortables à souhait (certaines familiales, d'autres avec terrasse), cosy comme tout, dans cette élégante maison bourguignonne à la sortie du village. Salles de bains ultra-modernes. Adresse idéale ouverte sur le vignoble, pour séjourner au calme, dans le beau jardin ou dans le salon classique, au coin du feu, près de l'apaisante bibliothèque. Cela confine à la volupté lorsqu'on peut prendre son petit déj en terrasse ou à l'ombre des grands arbres.

LA ROUTE DES GRANDS CRUS

Où manger ? Où déguster du vin ?

|●| La Table d'Olivier Leflaive : pl. du Monument. ☎ 03-80-21-37-65. ● contact@olivier-leflaive.com ● Ts les midis sf dim et j. fériés. Congés : de janv à mi-fév. Une idée originale, qui permet de déjeuner à la bourguignonne pour 39 € en goûtant 7 vins du domaine, ou pour 49 € avec 14 crus ! Café ou digestif ou 1 petit déj/pers par nuit ou 10 % sur le prix de la chambre (1er avr-fin nov) sur présentation de ce guide. À conseiller vraiment aux amateurs voulant déguster, en toute liberté, un bourgogne blanc Les Sétilles ou un pommard, en passant par un rully et un chassagne, car on ne vient pas vraiment là, dans cette vieille maison vigneronne, spécialement pour manger. Mais on y mange bien... tous les jours sauf le dimanche, jour que le seigneur des lieux réserve pour des concerts jazz-rock en famille ! Également des chambres de charme *(140-170 €)* si vous êtes converti. Et alcootest gratuit avant de reprendre le volant !

Où manger dans les environs ?

|●| L'Auberge du Vieux Vigneron : route de Beaune, 21190 Corpeau. ☎ 03-80-21-39-00. ● aubergevieuxvigneron@free.fr ● Face à la mairie. Tlj sf lun-mar. Congés : 1re sem de janv, vac de fév (zone B) et 2e et 3e sem d'août. Formule déj (en sem) 12 € ; menus 18-26 €. Apéritif maison offert sur présentation de ce guide. Un lieu qui porte bien son nom, avec une salle à manger qui reconstitue l'ambiance des repas de vendanges : vieilles tables, vieux meubles, vieille cheminée où cuisent entrecôtes ou côtes de bœuf. On vient manger ici escalope de poulet à l'époisses, escarbœuf (joue de bœuf confite aux escargots)... Tout simple, tout bon, tout bourguignon. Vins de la maison, évidemment, avec un chassagne-montrachet ou un puligny abordables à déguster au caveau.

|●| Le Chassagne : 4, impasse des Chevenottes, 21190 Chassagne-Montrachet. ☎ 03-80-21-94-94. Fermé dim soir, lun et mer soir. Congés : de mi-déc à mi-janv et 1re quinzaine d'août. Résa impérative. Menus 25 € à midi en sem et 29-85 €. Apéritif maison offert sur présentation de ce guide. Au centre de Chassagne. Si vous êtes perdu, renseignez-vous : on ne parle plus, dans les vignes, que de ce jeune chef qui réalise, voire même réinvente, chaque jour, une cuisine centrée sur le produit, le goût, par-delà les frontières du terroir, et même de tous les terroirs. Laissons-lui le temps de faire son nid dans cette maison de village à la décoration pour l'instant sans grand rapport avec l'assiette. L'amour du métier, du produit, éclate ici : amateurs de salé, laissez-vous éblouir avec homard, truffes, sole et turbot ou millefeuille de bœuf au foie gras. Service attentif, et carte des vins magnifique : 400 références locales au verre ou à la bouteille !

SANTENAY (21590) 920 hab.

Mêler eau et vin mais pas dans le même verre, tel est le pari réussi de ce village. Sans trop insister sur les bienfaits de ses eaux thermales, connues depuis l'Antiquité, Santenay produit de remarquables vins.

Adresse utile

🛈 Office de tourisme : av. de la Gare. ☎ 03-80-20-63-15. ● ville-de-santenay.fr ● En saison : tlj 10h-12h30, 14h-18h30 ; avr-juin et sept : 14h-18h. Fermé oct-mars.

Où dormir ? Où manger ?

Camping

Camping des Sources : av. des Sources. ☎ 03-80-20-66-55. ● info@campingsantenay.com ● campingsantenay.com ● De mi-avr à nov. Emplacement pour 2 avec voiture, tente et électricité 16 €. Menus 12,50 et 16,50 €. Apéritif maison offert sur présentation de ce guide. Un must dans le genre, avec piscine, minigolf, tennis, épicerie, resto à petits prix, plats à emporter, etc.

Prix moyens

Le Terroir : 19, pl. du Jet-d'Eau. ☎ 03-80-20-63-47. ● restaurant.le.terroir@wanadoo.fr ● Fermé jeu, dim soir, ainsi que mer soir nov-mars. Congés : déc-10 janv. Menus 20-46 €. Kir maison offert sur présentation de ce guide. Vous apprécierez la cuisine d'un jeune chef plein de talent, d'audace et d'imagination. Goûtez la fricassée du braconnier (aux escargots, puisqu'on est en Bourgogne !). Mais faites-vous déjà plaisir avec le menu du marché (20 €). En été, profitez d'une belle salade sur la terrasse en bord de place... et de rue pour certaines tables. Vins au verre. Service agréable.

À voir

L'église Saint-Jean-de-Narosse : sur rendez-vous auprès de l'office de tourisme. Église des XIIIe et XVe siècles. Porche roman, voûte gothique, belles statues de saint Martin du XVe siècle, de saint Roch et d'une Vierge au dragon du XVIIe siècle...

Le château : ☎ 03-80-20-61-87. Tlj (téléphoner pour les horaires). Majestueuse demeure seigneuriale des IXe, XIVe et XVIe siècles, qui appartenait jadis à Philippe le Hardi. Visite des chais et des caves. Dégustation.

➤ DANS LES ENVIRONS DE SANTENAY

Les Maranges : il aura fallu attendre la Saint-Vincent tournante de 1997, la plus grosse fête vigneronne de toute la Bourgogne, pour que le monde découvre vraiment, par un frais et ensoleillé dimanche de janvier, cette appellation méconnue rattachée à la Côte de Beaune mais partagée entre trois villages appartenant au département voisin. Un vin étonnant et des villages pittoresques, accrochés au flanc d'un coteau installé plein sud sur les pentes du mont de Sène, lieu de promenade et de dépaysement complet. Magnifique panorama circulaire au sommet.

DES HAUTES-CÔTES AU MORVAN

LES HAUTES-CÔTES DE BEAUNE

NOLAY   (21340)   1 560 hab.

Si dans ce paysage où paissent paisiblement les charolaises, où grimpent les vignes sans se presser non plus, surgit un clocher dentelé qui, au fur et à mesure de votre approche, s'enfonce au milieu de maisons hautes, c'est Nolay qui vous accueille.

Adresse et info utiles

🛈 Office de tourisme : 24, rue de la République. ☎ 03-80-21-80-73. • nolay. com • Ouv tte l'année. Mar-sam 10h-13h, 14h-18h (19h lun-sam de juin à mi-août). Accès Internet. Organise des visites guidées de la ville, avec dégustation vins-fromages et des visites nocturnes. Couvre également les communes de La Rochepot, Saint-Aubin, Chassagne, Saint-Romain, Puligny et Corpeau.
– **Hôtel de ville :** ☎ 03-80-21-73-00.

Où dormir ? Où manger ?

🛏 **Hôtel de la Halle :** pl. des Halles. ☎ 03-80-21-76-37. • la-halle@terroirs-b.com • terroirs-b.com/lahalle • Dans le centre du vieux bourg, en face de l'église. Doubles avec douche ou bains et w-c 46-52 €. Un vieil, étroit et raide escalier grimpe vers d'adorables chambrettes pimpantes, aux tonalités gaies : robustes meubles anciens amoureusement cirés, fleurettes sur les rideaux... Tout aussi adorable, la petite cour intérieure transformée en jardin où est servi le petit déj quand le soleil joue les invités. Accueil d'une vraie gentillesse. Les propriétaires proposent également, juste en face, 4 superbes chambres d'hôtes dans une non moins superbe maison à pans de bois *Au temps d'Autrefois*.

🛏 I●I **Hôtel du Parc :** 3, pl. de l'Hôtel-de-Ville. ☎ 03-80-21-78-88. Fax : 03-80-21-86-39. Congés : déc-1er avr. Doubles avec douche et w-c ou bains et TV 68-82 € selon saison ; juil-sept, ½ pens souhaitée, 59-69 €/pers. Menu 12 € le midi en sem ; 4 autres menus 16-34 €. C'était autrefois le relais de poste de La Roche-Nolay ; c'est aujourd'hui une gentille adresse où l'on dort dans des chambres néorustiques, où l'on se laisse prendre au charme, les jours gris, d'une salle à manger « bourguignonnante » en diable et où l'on profite, l'été, des trois terrasses ou du jardin. Cuisine traditionnelle et régionale de qualité.

I●I **Le Burgonde :** 35, rue de la République. ☎ 03-80-21-71-25. • jean-noel.aprikian764@orange.fr • Tlj sf dim soir, mar soir et mer. Formule déj (en sem) 13 € et menus 20-52 €. Une adresse rare dans la rue principale qui fait le bonheur des gourmets de Nolay. Tables simples, dans le pastel de la salle de cette ancienne boutique ou sous la lumineuse verrière. Dans l'assiette, poêlée d'escargots avec œuf poché, persillé de poulet, beaux tajines ou terrine de canard aux lentilles. Service agréable.

Où manger dans les environs ?

I●I **Ferme-auberge La Chaume des Buis :** route de Cirey, hameau de Dragny, à Cirey-lès-Nolay (21340). ☎ 03-80-21-84-10. 🍴 Traverser Cirey-lès-Nolay ; après 1 km, tourner à droite sur un petit chemin de campagne et continuer sur 2 km. Sur résa. De mi-mars à fin nov : w-e slt ; 12 juil-31 août : tlj sf lun ; fermé le reste de l'année. Menu unique 21 €. Une ferme-auberge perdue en pleine nature, dans un cadre extraordinaire avec jolie vue sur la vallée (par temps clair, on voit même le mont Blanc !). Élevage de cochons en plein air. On retrouve donc à table : charcuterie à l'ancienne, cuisse de cochon, civet, terrine... Service à la bonne franquette.

À voir

🎨 **Le quartier ancien :** belles maisons à pans de bois et encorbellements, qui ont gardé la trace du blason des corporations qu'elles abritaient. L'église Saint-Martin, du XVe siècle, possède, à l'intérieur, quelques belles statues des XVe et XVIe siècles et un amusant clocher en pierre qui a conservé ses sculptures originales. La pièce maîtresse du quartier, ce sont les halles, puissantes et sobres, qui s'animent depuis 1388 de marchés et de foires en tout genre (dont une, célèbre, à la brocante et aux antiquités, les week-ends de Pâques et du 15 août). Une charpente monumentale soutient le toit immense, à quatre pans, recouvert de laves bourguignonnes. Quant à la petite chapelle Saint-Pierre (XVIe siècle), située sur la place du même nom, c'est la seule survivante parmi les quinze chapelles que Nolay possédait au Moyen Âge.

Fête

– **De cep en verre :** *1er w-e d'août. Rens à l'office de tourisme.* Nolay est en fête, une fête gourmande, culturelle, artisanale, ludique et cinématographique... Rallye pédestre dans les vignes, « Paulée » et menu gastronomique.

LA ROCHEPOT (21340) 260 hab.

Jolie paysage de carte postale, avec le château-forteresse aux toits de tuiles vernissées, accroché à son éperon rocheux. En contrebas, le village, riche de maisons anciennes où, çà et là, on reconnaît une arcade gothique empruntée au château lors d'une destruction partielle à la Révolution.

Où dormir ?

▲ **Chambres d'hôtes La Pauline :** *rue de l'Orme.* ☎ *03-80-21-72-80. Fax : 03-80-21-74-69. Dans le village, monter vers le château et suivre le fléchage. Doubles avec douche et w-c 46 €, petit déj compris.* Dans 2 petits bâtiments, 2 chambres d'hôtes installées de chaque côté de la petite rue. Le petit déj est servi dans une belle salle rustique avec cheminée. Lucienne et Marc Fouquerand sont vignerons, et vous pourrez déguster gratuitement hautes-côtes-de-beaune, aligoté, santenay premier cru et un excellent volnay premier cru Chanlins. Accueil chaleureux.

À voir

✻ **Le château :** ☎ *03-80-21-71-37.* • *larochepot.com* • *Tlj sf mar ; avr-oct : 10h-11h30, 14h-17h30 (16h30 en oct) ; juil-août : 10h-18h. Entrée : 6 € ; réduc.* Avec ses toitures de tuiles vernissées et ses tours rondes et carrées, cette forteresse médiévale perchée sur son piton rocheux semble sortie d'un conte de fées bourguignon revu façon Disney. Ce que vous voyez est en fait la reconstitution fidèle et assez récente (elle a un siècle) d'un château fort des XIIIe et XVe siècles, ancienne demeure de la famille Pot, chevaliers de la Toison d'Or et familiers de la cour des ducs de Bourgogne. Au XIXe siècle, le colonel Sadi Carnot, digne fils de son père, restaura le château d'après les plans du Moyen Âge, mobilisant les 600 habitants du village, au chômage technique pour cause de phylloxéra. Aujourd'hui, une fois franchi un double pont-levis nanti d'une barbacane, on visite la chapelle du XIIe siècle (miraculeusement rescapée de l'incendie du château primitif), la salle des gardes, qui pouvait accueillir tout le village en cas de guerre, la cuisine et la chambre du capitaine. Une curiosité : la chambre chinoise, cadeau de la dernière impératrice de Chine au président Carnot. Belle vue depuis le chemin de ronde.

À faire

➤ **Le village de La Rochepot :** *certains soirs d'été (juil-août), visites guidées de l'église et du village. Rens à l'office de tourisme de Nolay. La soirée se termine par une dégustation chez un viticulteur local.*

Festival

– **Festival de Musique classique :** *début juil. Concerts de qualité en l'église romane. Rens à l'office de tourisme.*

➤ *DANS LES ENVIRONS DE LA ROCHEPOT*

🥾 **Baubigny, Orches, Evelle :** un semis de hameaux juchés au pied de superbes rochers ou à mi-pente dans un site plaisant. Idéal pour une randonnée du genre costaud : 6 sentiers balisés *(cartes en vente à l'office de tourisme : 3 €).* Au-dessus d'Orches, beau panorama bucolique pour un pique-nique improvisé.

🥾 **Le château de Corabœuf :** *à **Ivry-en-Montagne**. à la sortie d'Ivry, sur la route de Nolay.* ☎ *03-80-20-22-87.* Bâtiments des XIIIe et XIXe siècles, granges fortifiées et pavillons forment un ensemble architectural original, caractéristique d'une maison forte féodale. Exposition sur l'histoire du château dans la salle voûtée du donjon à tourelles d'angle.

SAINT-ROMAIN (21190) 230 hab.

Pittoresque village abrité par ses falaises. Au-dessus de Saint-Romain, à 400 m, cirque naturel avec une vue à couper le souffle sur les villages en contrebas. Église du XVe siècle. Ruines du château médiéval, qui servait de cellier fortifié aux ducs de Bourgogne. Fouilles archéologiques nombreuses. Hommes et animaux y firent étape bien avant nous, il y a quelque 4 000 ans. Et les grottes ont servi souvent de refuge par la suite, notamment au moment des invasions barbares du VIe siècle.

– *Petit musée pour les curieux dans la mairie. Ouv l'ap-m en été et sur résa le reste de l'année. Visite du site :* ☎ *03-80-21-28-50.* Vins blancs secs et rouge rubis, vifs et hardis, pour vous remettre de vos émotions.

Où dormir ? Où manger ?

🛏 **Chambres d'hôtes Domaine de la Corgette :** *rue de la Perrière.* ☎ *03-80-21-68-08.* • *maisondhotescorgette@yahoo.fr* • *domainecorgette.fr* • *Compter 60-90 € pour 2, superbe petit déj compris. Parking clos privé.* Une superbe étape d'exception. Niché sous les hautes falaises de Saint-Romain, le domaine de la Corgette tire son nom de « petite cour » en patois bourguignon. Dans cet ancien domaine viticole, Véronique Moiroud vous accueille avec la chaleur et la convivialité des enfants du pays. La maison a été entièrement rénovée. Les quelques chambres déclinent le goût de la propriétaire pour un style campagne, naturel et douillet. Elles possèdent toutes salle de bains et toilettes. Le salon-bibliothèque et la terrasse ensoleillée ont une vue imprenable sur les falaises et il fait bon s'y abandonner à la rêverie, un verre de vin à la main.

🛏 |●| **Hôtel-restaurant Les Roches :** *pl. de la Mairie.* ☎ *03-80-21-21-63.* • *les roches.sarl@wanadoo.fr* • *Doubles avec douche et w-c 55-75 € ; carte 20-25 €. Resto fermé lun soir, mar (et mer en basse saison). Café offert sur présentation de ce guide.* Un hôtel-restaurant de poche, longtemps fief des marcheurs, qui est devenu une des bonnes petites tables du pays, le nom de

Crotet aidant. Guillaume est le petit dernier d'une famille de restaurateurs célèbre par ici. Il a hérité de son paternel le goût pour une cuisine de pays qui ne triche pas, et de sa mère un caractère certain. Petites gougères servies en guise d'apéritif avec un saint-romain blanc à choisir dans une carte des vins attractive. En terrasse, aux beaux jours, face à la rue principale du village, ou près de la cheminée, dans une salle de bistrot joliment aménagée. Vrai hachis parmentier, tatin d'oreilles de cochon à la sauge qui va « vous rigoler dans le ventre », plats des anciens remis en selle et servis avec gentillesse. Belles chambres si l'on veut prolonger le séjour.

LE PAYS D'ARNAY

Du pays d'Arnay à celui de Vincenot, de la vallée de l'Ouche au portes du Parc du Morvan (voir plus loin ce chapitre), le sud-ouest du département vous tend ses bois et ses pâturages. Prenez de bonnes chaussures, le pays est grand et propice aux rencontres de toutes sortes, si vous savez y faire.

ARNAY-LE-DUC   (21230)   1 945 hab.

Au croisement de la N 6 et de la N 81, Arnay-le-Duc est justement l'une des portes du Morvan. On peut imaginer le bourg qui s'est formé, au Xe siècle, sous la protection du château féodal de la Motte-Forte, en se promenant dans les environs immédiats de la tour du même nom, où se tiennent chaque été des expos. Devenir simple chef-lieu de canton n'a pas dû être chose facile à supporter pour cette cité fortifiée qui, depuis 1342, pour avoir appartenu au domaine ducal,

> **T'AS DU POT, MA POULE !**
>
> *La confrérie de la Poule au pot veut mettre en valeur les richesses gastronomiques du pays d'Arnay. Elle tient donc chapitre à Arnay. Quel rapport avec la poule, le pot et le roi ? Lors des guerres de religion, en 1570, le jeune prince de Navarre et futur Henri IV participa à une bataille dans la région. Vainqueur de 12 000 catholiques, avec seulement 4 000 protestants, ils s'installèrent à Arnay et firent ripaille. Quant à la poule au pot, vous connaissez...*

s'appelle Arnay-le-Duc. Pendant près de 500 ans, elle fut le chef-lieu d'un baillage important, comme en témoignent les belles demeures bourgeoises, résidences de nombreux gentilshommes...

Adresse utile

🛈 **Office de tourisme :** 15, rue Saint-Jacques. ☎ 03-80-90-07-55. • arnay-le-duc.com • De mi-juin à mi-sept : tlj 9h30-12h30, 14h-18h ; le reste de l'année : mar-sam 10h-12h, 14h-17h. Visites guidées le mer en juil-août (2 € ; réduc).

Où dormir ? Où manger ?

Camping

🏕 **Camping municipal de l'étang de Fouché :** rue du 8-Mai-1945. ☎ 03-80-90-02-23. • info@campingfouche.com • campingfouche.com • ♿ De mi-avr à

DES HAUTES-CÔTES AU MORVAN

mi-oct. L'emplacement pour 2, avec voiture, tente et électricité env 10-15 €. Également des bungalows pour 4-6 pers à la sem. Ombragé et au bord d'un étang aménagé : baignade surveillée, toboggan aquatique, jeux, initiation au canoë-kayak, pêche, etc. Pavillon bleu européen depuis 2003 ; base de loisirs à proximité.

Bon marché

🛏 **Hôtel Le Clair de Lune :** 4, rue du Four. ☎ 03-80-90-01-38. ● chez-camille@wanadoo.fr ● chez-camille.fr ● Doubles avec douche, w-c et TV 32 €. Café offert sur présentation de ce guide. Dans la petite rue voisine de *Chez Camille* (les proprios sont les mêmes), un petit hôtel tout simple mais confortable et standardisé, avec ses chambres modernes et toutes identiques.

Un peu plus chic

🛏 |●| **Chez Camille :** 1, pl. Édouard-Herriot. ☎ 03-80-90-01-38. ● chez-camille@wanadoo.fr ● chez-camille.fr ● Au centre du bourg, sur la N 81. Tlj tte l'année. Doubles avec bains et TV 79 € ; ½ pens à 158 € pour 2 pers. Menus 20-38 €. Gratuité au resto comme à l'hôtel pour les enfants de moins de 11 ans ! Au pied de la vieille ville, cette véritable auberge à la mode d'autrefois cache, derrière ses volets bleus, une scène d'opérette. Des serveuses à la robe fleurie vous apportent gougères et jambon persillé maison, avec l'apéritif servi au salon, avant de vous placer, pour le spectacle gourmand qui vous attend, dans la salle. De chaque côté de la scène, surélevée et séparée par une vitre, où se joue en silence un étonnant ballet de marmitons, vous avez les loges : à gauche, la pâtisserie, à droite, une tonnelle. Le tout sous une grande verrière, avec plantes et fauteuils en osier. Si vous prenez le 1er menu, déjà riche en goûts et d'un remarquable rapport qualité-prix, vous regarderez d'un drôle d'œil les familles du coin qui font la fête, avec des menus plus élaborés, servis pour toute la tablée. Vins superbes, comme la cave, à visiter pour le plaisir.

Où dormir ? Où manger dans les environs ?

🛏 |●| **Chambres d'hôtes Ferme de Lascivia :** à Dracy-Chalas, 21230 Viévy. ☎ 03-80-90-23-51. ● brigittelanglade.lascivia@wanadoo.fr ● http://perso.wanadoo.fr/lascivia/ ● À 10 km par la D 16, direction Viévy, puis la D 14. À 200 m des bois. Doubles avec douche et w-c ou bains 43 €, petit déj compris. Table d'hôtes, le soir slt, 19 € tt compris. Relativement basse, cette maison vieille de trois siècles est très fraîche en été. Deux chambres, dont une installée dans l'ancienne écurie, avec sol d'origine. Table d'hôtes partagée avec les proprios : des spécialités bourguignonnes, évidemment. Le tout copieux et réussi. Abri possible pour les chevaux. Ambiance bohème et décontractée, qui peut ne pas plaire à tout le monde.

À voir

🍷 **La vieille ville :** après avoir visité l'église Saint-Laurent, salué ses œuvres d'art, ses piliers et sa nef reconstruits au XVe siècle, le chœur et les six chapelles du XVIe, la tribune et le clocher du XVIIIe, prenez le temps d'admirer les anciennes maisons à arcades et colombages de la rue Saint-Honoré (au n° 24 se trouve la plus vieille maison d'Arnay). Et les belles maisons anciennes de la rue des Trois-Tonnelles. Sans oublier le château des princes de Condé pour la nostalgie (il ne se visite pas,

CHÂTEAUNEUF-EN-AUXOIS 117

c'est une propriété privée). Quoi que vous fassiez, vous vous retrouverez place Bonaventure-des-Périers (poète contemporain de Clément Marot), place pittoresque qui a connu l'essentiel de la vie arnétoise : exécutions, feux de joie, festivités, théâtre, assemblées d'habitants... Admirez-y la maison Bourgogne, édifice Renaissance du XVIe siècle avec ses ornements et son échauguette collée à la tour d'escaliers.
La tour médiévale constitue le seul vestige de l'ancien château fort de la Motte-Forte situé à cet endroit *(accès gratuit au public juin-fin août, les ap-m mer-dim).*

La maison régionale des Arts de la table : 15, rue Saint-Jacques. ☎ 03-80-90-11-59. *Avr-11 nov : tlj 10h-12h, 14h-18h. Entrée : 4 € ; réduc ; gratuit jusqu'à 8 ans.* Dans une superbe bâtisse du XVIIe siècle (l'ancien hospice Saint-Pierre), un lieu qui sent bon la vie quotidienne, où sont présentés, autour d'un thème gourmand par excellence (comme les œufs, le sucre, le cochon, les épices, les bonbons, les biscuits...), outils, objets, documents, images et traditions de cuisine populaire. Profitez de l'expo pour admirer l'ancienne cuisine et le jardin.

La ferme du Colombier : chez M. et Mme Nauwynck, hameau de Sivry à Saint-Prix-lès-Arnay. ☎ 03-80-90-03-07. • http://fermeducolombier.free.fr • *Visite de la ferme sur rendez-vous (fermé dim).* Installé dans une belle ferme de caractère, ce couple, qui lui-même n'en manque pas, vous fera partager sa passion de l'élevage et de la transformation du lait. Fabrication visible depuis le magasin.

Fête et manifestation

– *La Cyclosportive Claudio Chiappucci : début juin.* Trois parcours ouverts à tous, en présence de nombreux anciens champions. Le vainqueur gagne son poids en vin de Bourgogne...
– *Les Nocturnes estivales : juil-août, ts les jeu soir.* Animations, restauration en plein air et artisanat dans le centre-ville.

➤ DANS LES ENVIRONS D'ARNAY-LE-DUC

Le pays d'Arnay (21230) : il présente une certaine unité, avec ses champs étroits et serrés entre leurs haies, ses vallons où naissent de nombreux petits cours d'eau, ses fermes isolées et ses multiples hameaux. Belles promenades dans les bois, auprès des étangs (Antigny-la-Ville, Lacanche, Magnien, Maligny), au creux des collines parsemées de vieilles fermes et de moulins à eau, dans ses villages conservant les vestiges d'anciens châteaux (Clomot, Mimeure). Belles églises romanes et châteaux surgissant de façon inattendue (Voudenay, Saint-Pierre-en-Vaux)... Faites-vous indiquer au passage lieux de sabbat (Saint-Pierre-en-Vaux), maisons hantées (Foissy, Viévy) et autres arbres maudits qui ne figurent pas au programme des circuits touristiques.

LE SUD DE L'AUXOIS

CHÂTEAUNEUF-EN-AUXOIS (21320) 80 hab.

Paysage magnifique et carte de visite pour tout l'Auxois. Comment résister à la vue de ce splendide nid d'aigle, souvent photographié avec le canal et un bateau au premier plan, visible de l'autoroute et de toute la campagne environnante ? Châteauneuf-en-Auxois plaît tellement aux étrangers qu'ils ont

DES HAUTES-CÔTES AU MORVAN

racheté bon nombre de vieilles maisons médiévales, ce qui crée, l'été, une atmosphère assez originale. Très pittoresque, avec son château médiéval, ses halles, sa promenade et son église du XVe siècle, devant laquelle on peut jouir d'un superbe panorama sur l'Auxois. Difficile, l'été, d'échapper au bain de foule, entre les marchés, les brocantes, les fêtes de tout poil...

BALADE SUR LES PAS DE VINCENOT

Pour vous mettre au vert, prenez la petite route qui, de tournant en tournant, vous mène de l'autre côté du canal de Bourgogne, à Vandenesse-en-Auxois. Si vous avez eu la bonne idée de louer un bateau pour jouer les vieux loups de rivière quelques heures ou quelques jours durant, vous n'aurez qu'à reprendre la barre direction la vallée de l'Ouche ou bien remonter le canal en direction d'Auxerre. Avec les écluses, c'est sûr, vous n'êtes pas arrivé !

Sinon, promenade conseillée le long du canal ou sur les sentiers balisés qui partent de Châteauneuf pour atteindre un très beau panorama sur le lac de Panthier et Commarin, village tranquille où vécut l'écrivain bourguignon Henri Vincenot : il y écrivit, entre autres, *La Billebaude* et *Le Pape des escargots*.

Henri Vincenot est l'homme qui donna aux Bourguignons, par-delà le folklore de sa tenue et de ses propos, une conscience autant que des racines. À commencer par les règles et les bases d'un vrai repas : le lard, le vin, la crème, épaisse, onctueuse... et la conversation ! « Il faut manger en compagnie (la famille, les amis sont la meilleure) et jaser ! »

Pas de bon repas sans soupe, pour reprendre le nom de ces vénérables brouets dont on apprenait aux enfants qu'ils faisaient grandir. Soupe à la guillemette, soupe humble s'il en est : « Quand elle bout, elle est faite ! » Il suffit de jeter l'eau bouillie sur des croûtons de pain rassis sur lesquels on a posé une cuillerée de crème épaisse ! Soupes aux herbes, à la courge... Pas d'entrées, seulement de vrais « amuse-gueules » que l'on met « sur la table, avec l'air de rien, presque par inadvertance, dans le but d'éveiller la curiosité des convives, de provoquer salive, et d'aider à boire. » Pas d'apéritif, mot sacrilège ici, mais un petit blanc vif. Des gougères, des tartelettes au fromage, des escargots en coquille ou en tarte, ou aux orties, fabuleuse recette sortie tout droit de la *Billebaude*. Et les œufs, bien sûr, en sauce blanche ou en meurette, à la bourguignonne. Et les tourtes, et les écrevisses, et les quenelles...

Où dormir ? Où manger ?

Camping

▲ I●I **Le Lac de Panthier :** ☎ 03-80-49-21-94. ● info@lac-de-panthier.com ● lac-de-panthier.com ● ⚒ *De mi-avr à mi-oct. Emplacement pour 2 avec voiture, tente et électricité 25 € en hte saison. Kir maison offert sur présentation de ce guide.* Camping de grand confort (c'est un 4-étoiles avec piscine, resto, épicerie...) calme et bien ombragé, entre l'orée de la forêt et une petite rivière, et à deux pas d'un lac. Les emplacements les plus recherchés... mais les moins intimes sont d'ailleurs situés face au lac. Chalets.

De prix moyens à un peu plus chic

🏠 I●I **Hostellerie du Château :** à gauche du château, dans le village. ☎ 03-80-49-22-00. ● infos@hostellerie-chateauneuf.com ● hostellerie-chateauneuf.com ● *Fermé lun-mar (sf en juil). Congés : déc-fév. Doubles avec douche et w-c ou bains 45-70 €. Formule bistrot 15 € ; 3 menus 23-39 €.* Cet hôtel au charme médiéval est situé dans le cœur historique de ce minuscule village. Très confortable, il reste une étape tranquille et agréable. Jolies chambres à l'ancienne (plafonds à la française pour certaines et vue magnifique sur la vallée pour d'autres). Premier menu d'un bon rapport qualité-prix.

🛏 **Chambres d'hôtes chez Annie Bagatelle :** *rue des Moutons.* ☎ *03-80-49-21-00.* • *jean-michel.bagatelle@wanadoo.fr* • *chateauneuf.net/bagatelle* • *Au cœur du village. Congés : vac de fév (zone B). Doubles avec douche et w-c 55 € (simple) et 65 € (avec mezzanine), petit déj compris.* Par une ruelle, on accède à cette ancienne bergerie avec cour intérieure. Quatre chambres charmantes. La jaune est agrémentée d'une jolie cheminée et les deux plus grandes ont un lit en mezzanine. Gâteau, miel et confitures maison au petit déj.

🍴 **L'Auberge du Marronnier :** *pl. du Marché.* ☎ *03-80-49-21-91. Tlj sf le soir en sem en basse saison. Congés : de mi-nov à fin janv. Plat du jour 11 €, formules 13,50 et 15,70 € ; menus 22-29 €. Café offert sur présentation de ce guide.* Salle d'auberge de campagne et, quand le temps le permet, charmante terrasse sur la place du village. Inévitablement un peu touristique, mais l'accueil est affable, le service a le sourire, et la cuisine, d'une stricte orthodoxie bourguignonne, un certain allant. Honorables plats du jour pour un déjeuner pressé, charcuteries, bon pain et bière artisanale pour un roboratif goûter. Belle terrasse sous le marronnier, sur la place pour profiter du cadre... et des touristes.

Où dormir ? Où manger dans les environs ?

🛏 🍴 **Péniche « Lady A » – Chambres d'hôtes (Catherine et Sami Yazigi) :** *port du canal, 21320 Vandenesse-en-Auxois.* ☎ *03-80-49-26-96.* • *ladyabarge@yahoo.fr* • *peniche-lady-a.com* • *Doubles 65 € pour 2, petit déj compris. Table d'hôtes à 25 €, boissons comprises. Possibilité de navigation à partir de 6 pers. Loc de vélos. Animaux refusés.* Du pont sur le canal, près de l'écluse, c'est une vraie carte postale. La péniche amarrée dans le petit port, les fleurs et le château de Châteauneuf en fond. Catherine et Sami ont racheté la péniche pour en faire leur résidence et prolonger sa vocation d'accueil. Les 3 chambres (cabines, évidemment !) possèdent chacune leurs sanitaires privés. L'accueil laisse augurer d'une croisière (à quai) des plus plaisantes, à table ou sur le pont pour profiter de l'air du large.

À voir

Le château : ☎ *03-80-49-21-89. Tlj sf lun et certains j. fériés 10h-12h, 14h-18h (19h 13 mai-15 sept). Visite guidée. Entrée : env 5 € ; réduc. Visites en nocturnes (à la chandelle) certains soirs d'été (5 € ; réduc ; gratuit jusqu'à 18 ans) et visites des combles.* La curiosité principale de Châteauneuf reste son château médiéval, avec ses cinq tours, construit au XIIe siècle par Jean de Chaudenay et offert plus tard par Philippe le Bon à son fidèle conseiller Philippe Pot, dont le tombeau a été reconstitué en ces lieux. Spécimen si bien conservé de l'architecture militaire bourguignonne au XVe siècle qu'il servit de lieu de tournage au *Jeanne d'Arc* de Rivette en 1993. On peut flâner dans la cour, scruter l'horizon de la tour de défense, avant d'aller admirer la cheminée de la salle des gardes et la chapelle décorée de belles peintures murales.

Manifestation

– **Marché médiéval :** *dernier w-e de juil, ts les 2 ans (années paires).* On replonge dans l'atmosphère, les couleurs et les saveurs du Moyen Âge, le temps d'un « marché médiéval ». Rues et places exhalent les épices, les confitures au miel et le fumet des rôtis. Du four à pain sortent boules dorées et tartes cuites au feu de bois, tandis que, sur la place, bœufs, cochons et moutons grillent devant vous.

LA CÔTE-D'OR / DES HAUTES-CÔTES AU MORVAN

➤ DANS LES ENVIRONS DE CHÂTEAUNEUF-EN-AUXOIS

※※ Le château de Commarin (21320) : ☎ 03-80-49-23-67. • commarin.com • Avr-Toussaint : tlj sf mar 10h-12h, 14h-18h. Visites guidées des appartements (45 mn) ; visite libre du parc tte l'année. Entrée : 6,50 € (réduc) ; 2 € pour le parc slt. Ce village tranquille possède l'un des plus beaux châteaux de la région, tout en mesure et équilibre : deux grandes grilles, de longues allées, des pièces d'eau, un beau parc et des douves ; l'ensemble a une gueule terrible. Même s'il est bien antérieur, c'est au XVIIIe siècle qu'il s'éveilla vraiment, avec Marie-Judith de Vienne qui l'aménagea avec goût. Depuis, rien n'a changé : décoration et mobilier sont intacts. Exceptionnelles tapisseries héraldiques du XVIe siècle aux armes de Vienne. La particularité de ce château vient de la famille de Vogüé, qui en est propriétaire depuis des siècles. Pendant la Révolution, l'aïeul était tellement aimé qu'il fut protégé jour et nuit par ses paysans armés de fourches et de faux. Ce fut d'ailleurs l'un des rares nobles rescapés de la région. Aujourd'hui, c'est toujours un Vogüé qui gère et entretient le château familial. Il y habite avec sa famille.
À noter encore, à Commarin, la maison de l'écrivain Henri Vincenot, chantre du terroir.

POUILLY-EN-AUXOIS (21320) 1 625 hab.

Ce qui est le plus intéressant à Pouilly, c'est ce qu'on ne voit pas, en traversant cette bourgade commerçante où se croisent les usagers de l'autoroute et les vacanciers qui se promènent sur le canal de Bourgogne : sa célèbre voûte (ici, on ne parle pas de tunnel) empruntée par le canal de Bourgogne avant de resurgir à l'air libre.

ENTRE MER, MER ET MER

Vous êtes arrivés, mine de rien, sur le Toit du Monde occidental, incroyable ligne de partage des eaux, où le « Pape des escargots », personnage fétiche de Vincenot, l'écrivain bourguignon, aimait aller pisser, à chaque solstice : « Trois gouttes pour la Manche, trois gouttes pour la mer des Atlantes et trois gouttes pour la Méditerranée. Amen ! »

Adresses utiles

🛈 Office de tourisme : *Le Colombier.* ☎ 03-80-90-74-24. • ot.pouilly.en.auxois@wanadoo.fr • pouilly-auxois.com • *En saison :* lun-sam 9h30-13h, 14h-18h30 ; dim 10h-12h30. *Hors saison :* horaires plus restreints (fermé dim et j. fériés nov-avr). Joliment installé dans un vieux colombier (dont les niches servent d'étagères pour les prospectus). Location de VTT. Pavillon de tourisme ouvert à la Capitainerie (port de plaisance) d'avril à octobre (☎ 03-80-90-77-36).
■ **Maison de pays de l'Auxois-Sud :** en bordure de l'A 6, sortie péage ; au rond-point direction Créancey. ☎ 03-80-90-75-86. On y trouve de bons produits régionaux.

Où dormir ? Où manger ?

Camping

⏃ Le Vert Auxois : *voûte du Canal de Bourgogne.* ☎ 03-80-90-71-89. • vert.auxois@wanadoo.fr • http://camping.vertauxois.free.fr • *De mi-avr à mi-oct.* Emplacement pour 2 avec voiture, tente et électricité à env 9 €. Apéritif offert sur *présentation de ce guide.* Petit camping sympathiquement installé hors ville, juste au bord du canal et en face de la « voûte », célébrité locale.

Prix moyens

🛏 🍴 *Hôtel-restaurant de la Poste :* 2, rue du Docteur-Chauveau. ☎ 03-80-90-86-44. Fax : 03-80-90-75-99. ♿ Tlj sf dim soir et lun. Doubles avec douche et w-c ou bains et TV à partir de 46 €. Menu 12 € midi et soir en sem ; autres menus 19-37 €. Apéritif maison offert sur présentation de ce guide. Une auberge à l'ancienne qui reste une des bonnes adresses régionales, idéale pour une halte rustique, dans une chambre ou devant une assiette. Un ragoût d'escargots, un bœuf sauce bourguignonne ou des quenelles de brochet, mais pas les deux, ou alors, ne vous plaignez pas en cas d'insomnie. Ici, vous ne pourrez pas accuser la circulation (quoique !). Sinon demandez une chambre sur l'arrière.

Où dormir ? Où manger dans les environs ?

🛏 🍴 *Chambres d'hôtes chez Martine Denis :* 21320 Bellenot-sous-Pouilly. ☎ 03-80-90-71-82. • mrdenis@club-internet.fr • ifrance.com/chambres-hotes-bellenot/ • À 2 km au nord-ouest de Pouilly par la D 108. Doubles avec douche et w-c ou bains 45 €, petit déj compris. Repas 17 €. Apéritif maison et 2 repas offerts pour un séjour d'1 sem avec table d'hôtes sur présentation de ce guide ! Une grande propriété paisible, face aux vertes prairies de l'Auxois. Une adresse appréciée autant pour l'accueil, la propreté et le confort des chambres, toutes simples (même si l'une d'elles, les Boutons d'or, possède cheminée et four à pain !), que pour la cuisine familiale servie à la table d'hôtes, sans chichis. TV en salle commune.

🛏 🍴 *Ferme de la Rente d'Éguilly :* 21320 Éguilly. ☎ et fax : 03-80-90-83-48. ♿ À 8 km de Pouilly-en-Auxois ; pour y accéder, il faut quitter le village en contrebas et gravir une côte de 2 km. Congés : 15 sept-20 oct. Doubles avec douche et w-c ou bains 53-63 €, petit déj compris ; ½ pens 45-50 €/pers. Table d'hôtes 18 et 20 €. N'accepte pas les animaux. À l'écart de toute habitation, dans un écrin de verdure, une belle ferme en pierre de pays. Chambres et suite impeccables, joliment décorées. Des fleurs partout, et une table où l'on mange avec les hôtes les produits du potager et se régale de spécialités.

🍴 *Le Médiéval :* pl. de la Halle, 21320 Mont-Saint-Jean. ☎ 03-80-84-34-68. • restaurant-lemedieval.com • À 15 km à l'ouest par la D 977 bis, puis la D 117. Tlj sf lun en saison (plus mar soir, mer soir et jeu soir hors saison). Congés : début sept. Menu du jour 14 € à midi en sem ; menus 21-45 € ; à la carte env 25-40 €. Apéritif maison offert sur présentation de ce guide. Une cuisine fraîche et copieuse, inventive et contrastée, avec des petits pains faits maison. Du régional de bon goût. Conseils mets-vins avisés de Chantal.

À voir. À faire

🎯 *Centre d'interprétation, Cap Canal :* port de plaisance, route de Saulieu. ☎ 03-80-90-67-20. • cap-canal.com • Pour découvrir l'univers du canal de Bourgogne (remorqueur du XIXe siècle, centrale hydroélectrique...) au travers d'un espace muséographique abrité dans un bâtiment d'architecture contemporaine. Pour mieux comprendre le pourquoi et le comment du canal, se reporter également à la rubrique « Le canal de Bourgogne » du chapitre « Hommes, culture et environnement » en début de guide.

⛵ *Balades sur le canal à bord de la « Billebaude », bateau électro-solaire :* résa obligatoire au ☎ 03-80-90-77-36. Comme les mariniers du début du XXe siè-

DES HAUTES-CÔTES AU MORVAN

cle, empruntez le temps d'une traversée, sur 3,3 km, le tunnel souterrain que le canal utilise pour franchir la ligne de partage des eaux entre le bassin du Rhône et celui de la Seine. Également des circuits d'une journée, avec possibilité de repas dans un resto au bord du canal.

➤ *Sentiers balisés :* 200 km de balades autour des lacs de Cercey, Panthier, Grosbois, Chazilly et le Tillot, réservoirs aménagés autour de Pouilly pour alimenter en eau le canal de Bourgogne et qui font le bonheur des pêcheurs et des amateurs de jeux nautiques en tout genre. Fiches de randonnées en boucle (distances variées) proposées à l'office de tourisme.

➤ DANS LES ENVIRONS DE POUILLY-EN-AUXOIS

🛉 *Le château d'Éguilly* (21320) : ☎ 03-80-90-72-90. *À 6 km au nord par la D 970 ; suivre le fléchage ensuite. Pâques-Toussaint : tlj 10h-12h, 14h-18h. Entrée : 4 € ; réduc ; gratuit moins de 15 ans.* Place forte du XIIe siècle, transformée en château au XVe siècle puis modifiée aux XVIIe et XVIIIe siècles. Drôle de château, entouré de douves et drôles de châtelains. Visite guidée indispensable (compter 1h15) pour apprécier les deux, des tours à la salle des gardes, en passant par les chambres du 1er étage, les charpentes aménagées sous les combles et même la cuisine. Les proprios, qui ont une galerie d'art contemporain à Paris, en ont fait leur annexe ; aussi des expos y tournent-elles régulièrement.

🛉 *Mont-Saint-Jean* (21320) : *à 13 km à l'ouest par la D 977 bis, puis la D 117.* Petit bourg féodal pittoresque situé au sommet d'une butte. Belle promenade sous les arbres menant au château actuel qui est le vestige d'une forteresse dont les origines remontent au Xe siècle. Remarquable église Saint-Jean-Baptiste, dont certaines parties datent du XIIe siècle avec quelques transformations au fil du temps *(visite guidée sur rendez-vous : contacter M. Canat, ☎ 03-80-84-31-22).* Nombreuses maisons des XIIe et XVIIe siècles.
– *Musée de la vie rurale :* *1er juil-15 sept, sam et dim 14h30-18h. Gratuit.* Ateliers de ferblantier, de sabotier et de menuisier.

🛉🛉 *L'église de Saint-Thibault* (21350) : *à 13 km au nord-ouest par la D 970. 15 mars-15 nov : tlj 9h-12h, 14h-18h.* ⚜ *Visites guidées de la chapelle Saint-Gilles, sur rendez-vous au ☎ 03-80-64-66-07.* Qui ne sentirait battre un peu son cœur en découvrant, au sein d'un petit village, surplombant un paysage typique du coin, cet ancien prieuré dont le clocher, reconstruit, est plus petit que la superbe nef gothique ? Un chœur de cathédrale pour une nef de village ! Ce bijou d'architecture gothique est la fierté de ce village, notamment pour la hardiesse, l'élégance de son chœur du XIIIe siècle. Celui-ci contraste avec le reste de l'édifice, reconstruit au XVIIIe siècle après un incendie. Il faut évidemment imaginer les pèlerins du XVe siècle faisant 30 km à pied pour venir se reposer dans ce prieuré dépendant de l'abbaye de Cluny, célèbre pour avoir recueilli les reliques de saint Thibault. Superbe retable du XIVe siècle dans le chœur. On peut voir, dans la chapelle Saint-Gilles, l'énorme coffre en bois peint, du XIVe siècle, qui les renfermait.

LA VALLÉE DE L'OUCHE

BLIGNY-SUR-OUCHE (21360) 800 hab.

Trait d'union entre le sauvage Morvan et la Côte des vins, Bligny conserve les caractères et les tempéraments profonds des deux contrées : l'âpreté au travail jointe à une bonne humeur naturelle (*dixit* l'office de tourisme !).

Adresse utile

Office de tourisme : pl. de l'Hôtel-de-Ville. ☎ 03-80-20-16-51. • ot.blignysurouche@wanadoo.fr • Juin-août : mar-ven 9h-13h, 14h-18h ; sam 10h-13h. Juil-août : également dim et lun mat. Location de VTT, fiches de circuits de randonnées pédestres en vente. Produits locaux.

Où dormir ? Où manger dans les environs ?

Chambres d'hôtes La Monastille : 21360 Thomirey. ☎ 03-80-20-00-80. • moine.francoise@wanadoo.fr • monastille.com • Tte l'année. Doubles avec douche et w-c 62 €, petit déj compris. Repas 25 €, apéritif et vin compris. Apéritif maison offert sur présentation de ce guide. À côté de l'église, une belle maison du XVIIIe siècle, très classe, dans un village où l'on n'a pas souvent l'occasion de faire la fête, ce qui vous assure un sommeil réparateur. Quatre chambres à la mode d'autrefois. Beau jardin. Accueil chaleureux et excellente table (bourguignonne, comme il se doit).

Chambres d'hôtes La Saura : route de Beaune, 21360 Lusigny-sur-Ouche. ☎ 03-80-20-17-46. • la-saura@wanadoo.fr • douix.com/la-saura • Doubles avec douche et w-c 70-80 €, petit déj compris. Belle propriété bourgeoise avec une cour ombragée et un joli parc, au bord de l'Ouche. Pour remonter à la source de vie (la saura), des chambres spacieuses, meublées avec beaucoup de goût par des hôtes qui aiment à la fois la peinture, l'œnologie et la région. Piscine. Que demander de plus ?

Ferme du Pigeonnier : 21360 Montceau-Écharnant. ☎ 03-80-20-23-23. • bernard.lagrande@free.fr • ferme-du-pigeonnier.fr • Doubles avec douche et w-c 45 €, petit déj compris. Le soir sf w-e, table d'hôtes sur résa 18 €, vin compris. Trois chambres d'hôtes à la ferme (on élève ici non pas des pigeons mais des charolais). La maison a de l'allure, les chambres ont du confort. Parking dans l'établissement.

Ferme-auberge de la Bache : RD 970, lieu-dit La Bache, 21360 Bessey-en-Chaume (Bligny-sur-Ouche). ☎ 03-80-20-11-58. • fermedelabache@wanadoo.fr • Sur la D 970, entre Bligny et Bouze-lès-Beaune. Tte l'année sur résa, sinon, jeu soir-dim soir. Menu 18 € ; à la carte compter 25 €. Dispose également de chambres d'hôtes : doubles 50 €, avec bains et w-c. Réduc de 10 % sur le prix de la chambre, tte l'année, et apéritif maison offert sur présentation de ce guide. Un vrai bon repas fermier : salade au chèvre chaud, grillades, volailles fermières, pain et terrines maison. Pour faire passer le tout, essayez donc la grolle, un café aromatisé et flambé au marc !

À voir. À faire

Bon à savoir : un billet collectif est disponible dans les offices de tourisme. Il comprend une entrée pour les musées (musée de l'Outil du bois et de la Vie paysanne et le musée du Chanvre), ainsi qu'une place à bord du train touristique de la vallée de l'Ouche. Tarif : 10 € ; réduc.

L'église Saint-Germain d'Auxerre : siège de la confrérie de Saint-Sébastien, fondée au XIIIe siècle, qui célèbre tous les ans son saint patron, en janvier. Jetez un œil sur cette belle église à clocher roman, autrefois située dans l'enceinte d'un château fort détruit au XVe siècle.

Le musée de l'Outil du bois et de la Vie paysanne : 7, rue du Moulin-Papotte. ☎ 03-80-20-12-71. Mai-juin et oct : dim et j. fériés 14h30-18h ; juil-sept : tlj 14h30-18h ; nov-avr sur rendez-vous. Entrée : 3 € ; réduc ; gratuit jusqu'à 12 ans. Un musée des Arts et Traditions populaires de plus, pourrait-on se dire en poussant la porte de cet ancien atelier de menuiserie-ébénisterie. Sinon que celui-là est animé par de passionnés (et passionnants) bénévoles. Anecdotes, histoires vécues, démonstration de confection de sabots offrent une seconde vie aux vilebrequins, varlopes et autres scies accrochés aux murs. Reconstitution d'une salle de classe, que de sages (enfin, on suppose...) écoliers de 1842 semblent juste avoir quittée. Et plein d'autres objets dont certains plutôt étonnants. On y a par exemple découvert un miroir aux alouettes (eh oui, cela existe !).

🌿 *Le musée du Chanvre* : 14, rue de l'Église. ☎ 03-80-20-14-53. Mai-oct : tlj sf mar 14h-18h. Pour les groupes, tte l'année sur rendez-vous. Entrée : 3 € ; réduc. Installé dans un bâtiment du XVe siècle, il abrite un métier à tisser et vous apprendra tout de cette plante qu'on cultivait ici jusqu'au début du XXe siècle. Petite boutique.

➤ *Le chemin de fer touristique de la vallée de l'Ouche* : ☎ 03-80-01-48-29. Au départ de l'ancienne gare de Bligny. Juil-août : dim et j. fériés 14h45, 16h15, 17h45 en vapeur ; tlj 15h30 en Diesel. Mai-juin et sept : slt en vapeur dim et j. fériés 15h et 16h30. Tarifs : 7 € (adultes) ; 5 € (enfants). Montez à bord d'un tortillard d'autrefois pour une promenade de 1h aller-retour le long de la vallée. On se laisse bercer au rythme du petit train filant à la vitesse de 25 km/h à peine, entre forêts et prairies. Boisson offerte sur présentation de ce guide.

Fêtes

– *Saint-Sébastien* : 3e sam de janv. Une fête moins médiatisée que la *Saint-Vincent*, qui se déroule la semaine suivante, dans un des villages de la Côte. Dans les jours qui suivent, l'ancien et le nouveau bâtonniers distribuent aux familles des « michottes », petits pains symbolisant l'entraide sur laquelle est fondée cette confrérie.

– *Festival des Arts* : fin sept-début oct, ts les 2 ans (années paires). Des artistes prennent possession des rues de la ville.

➤ DANS LES ENVIRONS DE BLIGNY-SUR-OUCHE

🌿 *Les sources de l'Ouche* : à Lusigny (21360). Remontez jusqu'aux sources de l'Ouche par un chemin bucolique pour voir où Louis Malle tourna *Les Amants* en 1958. Les lieux n'ont guère changé. Notre-Dame-de-Presles, sur le flanc de la colline, est restée un lieu de pèlerinage fréquenté.

PONT-D'OUCHE (21360) 90 hab.

Village perdu à la jonction des trois vallées, qui a moins de charme depuis la construction, en 1959, du viaduc de l'autoroute A 6, le plus grand ouvrage d'art de cette liaison (500 m de long) soutenu par 84 piliers mastoc. Port de plaisance pour compenser (location de bateaux pour faire un tour sur le canal de Bourgogne) et village de Colombier pour séjourner au vert. En suivant le canal (qui passe au-dessus de l'Ouche, grâce à un pont, curiosité à ne pas manquer) en direction de Châteauneuf et Pouilly-en-Auxois, on entre dans le pays de l'écrivain Henri Vincenot.

Où dormir dans les environs ?

🛏 🍴 *Chambres d'hôtes chez Yvette Brocard* : rue du Lavoir, 21360 Colombier. ☎ et fax : 03-80-33-03-41. Tlj sf dim soir. Doubles avec douche ou bains

46 €, petit déj compris. Également gîte à la sem pour 4, 6 ou 8 pers. Table d'hôtes 19 € (sur résa, le soir, sf w-e). Apéritif maison offert sur présentation de ce guide. À côté d'une très belle demeure du XVIIIe siècle, 5 chambres d'hôtes que la maîtresse des lieux et son mari, agriculteur à la retraite, ont aménagées dans une ancienne étable. Confort d'aujourd'hui, draps de lit assortis aux tentures. Bonne cuisine de terroir servie avec un petit vin de pays. Possibilité de déjeuner sur l'herbe.

▲ |●| *Chambres d'hôtes chez Gisèle Schierini* : 21360 Antheuil. ☎ 03-80-33-04-37. *Doubles avec douche et w-c 40 €, petit déj compris. Table d'hôtes le soir 16 €, vin compris. Animaux refusés.* Deux chambres agréables et spacieuses dans une belle maison du XVIIIe siècle. Gisèle Schierini, adorable mamie, vous dorlotera dès le matin avec ses confitures maison, ses gaufres ou ses crêpes. Repas avec de bons plats régionaux comme les œufs en meurette, la poule au riz, sans oublier les gougères avec l'aligoté. Accueil d'une grande gentillesse.

▲ *Chambres d'hôtes Le Cottage* : 21360 Chaudenay-le-Château. ☎ 03-80-20-00-43. ● le.cottage@libertysurf.fr ● *Fermé de mi-déc à début mars. Doubles avec douche et w-c ou bains et TV 52 et 62 €. Coin-cuisine équipé. Un petit déj/pers par nuit offert sur présentation de ce guide.* Vous n'aurez pas besoin de compter les moutons pour vous endormir dans cette ancienne bergerie, indépendante et rénovée, aux chambres confortables, avec entrée individuelle et terrasse privée. Vue panoramique sur les bois et les pâturages. Cerise sur le gâteau : la visite de l'ancienne école du village, qui sent encore l'encre noire, le poêle à bois et la craie pour écrire au tableau noir.

Où manger dans les environs ?

Bon marché

|●| *Écluse de la Charme n° 28* : chemin de la Charme, 21140 Saint-Victor-sur-Ouche. ☎ 03-80-49-05-22. ● fdfr21@wanadoo.fr ● *De mi-juin à début sept slt : tlj sf dim soir, lun et le 14 juillet. Menu unique 19 € et plats à la carte. Apéritif maison offert sur présentation de ce guide (histoire de se mettre dans l'ambiance).* Sur le canal de Bourgogne, à Saint-Victor-sur-Ouche, l'écluse n° 28 est un phénomène de société à elle seule. Après avoir fait un bout de route sur le chemin de halage, on débarque dans un autre monde. Autour de tables en plastique, des bouilles de plus en plus rouges avec l'arrivée de l'été et l'heure de l'apéro vous regardent arriver. Ce sont les habitués, qui viennent chaque année faire la fête façon guinguette au bord du canal. Pour les autres, dégustation et vente de produits régionaux : pleurotes, terrines, fromages de chèvre, pain d'épice... Une glace au miel à la liqueur de cassis avec son pain d'épice, ça vous dit pour terminer ?

➤ *DANS LES ENVIRONS DE PONT-D'OUCHE*

LA BUSSIÈRE-SUR-OUCHE

Où manger ?

|●| *Abbaye de La Bussière* : 21360 La Bussière-sur-Ouche. ☎ 03-80-49-02-29. ● info@abbaye-dela-bussiere.com ● *Menus 30 ou 35 € à midi et 65-80 € le soir.* En pleine vallée de l'Ouche, on va pouvoir redécouvrir l'abbaye de La Bussière, véritable trésor du XIIe siècle, remarquable à la fois par son architecture monastique et par son parc aux arbres centenaires. L'ancienne abbaye a été transformée en hôtel de luxe, au grand dam des nostalgiques de la vieille maison d'autrefois. Dans la partie « bistrot », tous les midis,

ils proposent une restauration simple et classique dans un cadre qui vaut à lui seul le déplacement. Pour le reste, et pour l'instant, c'est simplement hors de prix. Sur demande, il est néanmoins possible de visiter cette ancienne abbaye.

À voir dans les environs

Les jardins et le parc du château de Barbirey-sur-Ouche (21410) : ☎ 03-80-49-08-81. Mai-juin et sept-oct : w-e et j. fériés slt, 14h-18h ; juil-août : tlj sf lun 14h-19h. Entrée : 6 € ; réduc. Visite du parc et des jardins (le château étant privé). Côté château, les terrasses de l'ancien potager ont été restituées avec leurs parterres cernés de buis. Côté parc, tout a été fait pour respecter le terrain en reprenant le style paysager prévu au XIXe siècle. Le cheminement parmi les 8 ha se fait sous des arbres séculaires, contourne l'étang et traverse le bois pour rejoindre le verger. Dans la prairie se succèdent, au fil des saisons, l'anémone, la pervenche, les géraniums, l'ancolie et les colchiques... Le domaine accueille de nombreuses manifestations autour des plantes et ouvre aussi ses portes à des soirées « branchées » organisées par le festival « Entre cour et jardins ».

Le château de Mâlain (21410) **et les fouilles gallo-romaines :** ☎ 03-80-23-60-73. • malaingam@hotmail.com • malaingam.free.fr • De l'autre côté de la D 33 en arrivant à Pont-de-Pany. Château : avr-nov slt, mer-dim 14h-18h (2 € ; réduc) ; visites guidées en saison dim ap-m. Chaque été, de jeunes bénévoles viennent piocher, racler, pour enfin remonter les vestiges du château fort surplombant le village. Le reste de l'année, les habitants prennent le relais. Ils souhaitent que leur château, abandonné à la fin du XVIIe siècle, renaisse de ses cendres et raconte son histoire, qui est aussi la leur. D'autant qu'un autre chantier, à l'entrée du village, a permis de retrouver dans un état exceptionnel tout un quartier de *Mediolanum,* l'ancienne cité gallo-romaine. Pour découvrir les trésors déterrés ainsi que les maquettes reconstituant les maisons telles qu'elles étaient à l'époque, il faut se rendre au musée, dans le village *(entrée : 1 €).*

L'ARRIÈRE-CÔTE

Suivre toujours la D 33, remonter jusqu'à Pont-de-Pany, d'où il faut prendre cette fois la direction d'Urcy ; la petite route longe le canal de Bourgogne. C'est tout près d'ici que Depardieu et Dewaere ont jeté plusieurs fois à l'eau Miou-Miou lors du tournage de la scène célèbre du film de Bertrand Blier, *Les Valseuses.*
Plus haut, sur le plateau, la nature est restée très sauvage, ouvrant sur d'immenses panoramas d'une beauté grave et sereine. Des forêts apaisantes, des prés qui invitent à se dégourdir les jambes, un relief tourmenté mais pas speed pour autant : vous êtes arrivé dans un pays qui n'existe que dans la mémoire des gens du coin, l'Arrière-Côte, terme plus vrai, plus évocateur que celui de Hautes-Côtes, qui l'a pourtant remplacé aujourd'hui sur les cartes (voir précédemment la partie sur les Hautes-Côtes de Nuits).
Une halte s'impose, avant Urcy, devant le **château de Montculot** pour rêver comme Lamartine qui venait s'y « enivrer de solitude ». Le poète, venu s'y réfugier après la mort de Julie, passait ses journées à lire les vieux livres de la bibliothèque en faisant la grasse matinée au fond de son lit. Il y composa une partie des *Méditations poétiques,* entre deux promenades à pied ou à cheval. Le château actuel, qui date du XVIIIe siècle, ne respire pas non plus la joie de vivre. Pas de visite.
Jolies petites routes peu fréquentées pour redescendre dans la vallée. De La Bussière-sur-Ouche, une autre jolie route, souvent empruntée par cyclistes et randonneurs, mène, à travers bois et champs, jusqu'à Châteauneuf-en-Auxois.

LE NORD DE L'AUXOIS

Un périple à travers de calmes paysages sur les traces de grands hommes : des perdants magnifiques comme Vercingétorix à Alésia ou Bussy-Rabutin retiré dans son château de Bussy ; des visionnaires qui allaient à leur façon changer la face du monde, des forges de Buffon à l'abbaye de Fontenay, empreinte de l'esprit de saint Bernard.

SEMUR-EN-AUXOIS (21140) 5 085 hab.

Que l'on arrive par le nord ou par l'ouest, la vue est doublement saisissante : le pont Joly, les remparts, les tours du donjon, les vieilles maisons, la flèche de la cathédrale, la falaise finissant dans l'Armançon et toute la ville qui se reflète dans ses eaux calmes...

Adresse utile

fi Office de tourisme : 2, pl. Gaveau. ☎ 03-80-97-05-96. • ville-semur-en-auxois.fr • À l'entrée de la cité médiévale. Juil-août : lun-sam 9h-13h, 14h-19h ; dim 10h-12h30, 15h-18h ; le reste de l'année : mar-sam 9h-12h, 14h-18h (17h sam en janv-avr et oct-déc) ; certains w-e fériés (Pâques, Pentecôte, etc.) 10h-12h30, 15h-18h. Balades nocturnes théâtrales (5 €) certains soirs en juillet-août. Petit train touristique (juil-août ; 4,50 €). Expos régionales temporaires.

Où dormir ? Où manger ?

â Hôtel des Cymaises : 6, rue du Renaudot. ☎ 03-80-97-21-44. • hotel.cymaises@wanadoo.fr • hotelcymaises.com • ⚒ Au cœur de la vieille ville. Congés : vac de fév et début nov-début déc. Doubles avec bains et TV env 58-62 €. Parking privé gratuit. En plein cœur de la vieille ville, juste derrière la porte Sauvigny, une belle demeure du XVIIIe siècle, qui a su très bien s'adapter aux besoins hôteliers du XXIe siècle. Le petit déj est servi sous la véranda, c'est frais, propre et confortable. Chambres gentiment meublées. Petit jardin fleuri.

I●I Restaurant des Minimes : 39, rue des Vaux. ☎ 03-80-97-26-86. ⚒ Dans la ville basse, à 500 m du centre-ville. Tlj sf dim soir en saison et lun. Formule 11 € (à midi en sem) et menus 16-27,50 €. Digestif maison offert sur présentation de ce guide. Au pied des remparts, cuisine correcte entre bistrot et gastronomie, dans cet ancien bistrot de quartier.

I●I L'Oriflamme : 16, rue Févret. ☎ 03-80-97-32-40. Dans une petite rue qui descend de la pl. Notre-Dame vers les remparts. Ts les soirs (sf mer), sam midi et dim midi, plus ven midi en saison. Menu express 30 mn 20 € en été ; carte 30 €. Café offert sur présentation de ce guide. Nouveau resto médiéval, « L'Oriflamme » vous baille la bienvenue » et ouvre son grimoire gourmand dans un cadre médiévo-kitsch de fausses flammes, d'armures et d'épées. Viandes à la broche, potences et chapeaux tatares (flambés, pour 2 personnes), pierrades et marmites bouillantes ! Plats copieusement accompagnés. Vins de l'Auxois.

I●I Le Saint-Vernier : 13, rue Févret. ☎ 03-80-97-32-96. • lesaintverier@wanadoo.fr • Dans une petite rue qui descend de la pl. Notre-Dame vers les remparts. Menu 11 € (en sem) ; autres menus 16-30 €. C'est d'abord un bar. « À vins » dit l'enseigne, avec une assiette gourmande (10 €) pour les accompagner. Mais on pourrait aussi le classer dans la rubrique « Bistrot de quartier », voire « Adresse branchée ». Ambiance chaleureuse et sonore prisée des jeunes (et de ceux qui ont su le rester).

Où dormir ? Où manger dans les environs ?

🏠 |●| **Hôtel du Lac :** *10, rue du Lac, 21140 Pont-et-Massène.* ☎ *03-80-97-11-11.* ● *hoteldulacdepont@wanadoo.fr* ● *hoteldulacdepont.com* ● *À 4 km au sud de Semur, direction lac de Pont. Resto fermé dim soir, lun et mar midi hors saison. Congés : fin nov-début janv. Doubles 48-59 € selon saison et confort. Menu 15,50 € à midi sf dim et j. fériés ; autres menus 21-31 €.* Une grande construction années 1950, au-dessus du lac. Quelques chambres agréables. Au resto, nourriture régionale. Profitez de la terrasse sous la tonnelle, l'été.

À voir

🚶 Pénétrez à pied dans la vieille ville par la ***porte Sauvigny.*** La devise de la cité, inscrite sur cette belle porte fortifiée du XIVᵉ siècle, devrait vous rassurer : « Les Semurois se plaisent fort en l'accointance des estrangers. » On accède à la rue Buffon, piétonne et commerçante, bordée de maisons anciennes. Elle débute par un vieux puits et forme un coude avant de déboucher sur la collégiale.

🚶🚶 ***La collégiale Notre-Dame :*** une des plus belles églises gothiques de Côte-d'Or, restaurée au XIXᵉ siècle par Viollet-le-Duc. Le tympan de la porte des Bleds (des Blés !) conte avec moult détails la légende de saint Thomas. Sur l'une des colonnes rampent deux escargots de Bourgogne. À l'intérieur, l'étroitesse de la nef (6,50 m) surprend par rapport à son élévation (21 m) et sa longueur (66 m). Les bas-côtés sont bordés de chapelles des XVᵉ et XVIᵉ siècles. Dans celles dites des Drapiers et des Bouchers, côté nord, figurent des scènes particulières à ces deux corporations. Du même côté, très belle Mise au tombeau polychrome (1490) appartenant à l'école bourguignonne. Petit cloître pour prendre l'air, squatté par la mairie.

🚶 ***La tour de l'Orle-d'Or :*** la plus célèbre des tours rondes qui marquaient les angles de l'ancien château ne se visite pas. À voir en redescendant de la collégiale par la petite rue Févret, qui débouche sur la rue du Rempart. En face, l'ancien et joli théâtre à l'italienne, superbement restauré, qui accueillit les festivals d'été et d'automne, du temps où il y en avait encore, et connaît aujourd'hui un long hiver. Vue plongeante sur le pont Pinard.

🚶 ***La promenade des remparts :*** plantée de tilleuls, à l'extrémité du quartier du château. Belle vue sur l'Armançon. Descendre vers la rivière par de petites ruelles débouchant à hauteur du pont Joly, qui fut jeté sur l'Armançon au XVIIIᵉ siècle. Autre très belle vue sur l'ensemble de la ville, avec ses remparts, ses vieilles maisons, ses tours massives. Balade pleine de charme par les rues de Vaux et des Tanneries, le quai d'Armançon...

🚶🚶 ***Le Musée municipal :*** *rue Jean-Jacques-Collenot.* ☎ *03-80-97-24-25.* Installé dans les locaux de l'ex-couvent des Jacobines. *Tlj sf mar, w-e et certains j. fériés, 14h-18h (17h oct-mars). Entrée : 3,50 € ; réduc. Visites guidées sur demande.* Dans l'ex-cloître, plâtres originaux d'œuvres célèbres, dus pour l'essentiel à Augustin Dumont (*Le Génie* de la Bastille !). Au 1ᵉʳ étage, galerie de géologie et salle de zoologie. Préservé, par une restauration intelligente, dans son état du XIXᵉ siècle, ce musée a un charme fou, et l'on finit par trouver toute naturelle la présence de plusieurs tableaux de Corot *(Jeune Garçon à la casquette, Le Verger...)* au milieu d'un bel ensemble de peintures du XIXᵉ siècle, au second étage. Une salle abrite les découvertes archéologiques. Deux salles sont consacrées à l'époque médiévale, une plus particulièrement au début de la période gothique (fin XIIe siècle et XIIIe siècle) et l'autre aux peintures et sculptures des XVe et XVIe siècles.

Fêtes

– **Courses médiévales :** *3 j. durant fin mai.* La cité médiévale vibre au son du galop des chevaux et renoue avec les fêtes d'antan.
La *course des Chausses* ouvre les festivités. Pour la petite histoire, cette célèbre course à pied se déroule à Semur depuis 1369 et le premier arrivé gagnait... une paire de bas tricotés : les chausses.
Le 31 mai, l'animation la plus attendue reste la *course de la Bague,* tradition remontant à 1639. Le vainqueur se voit récompensé par une chevalière en or aux armes de la ville, sous les acclamations de la foule.
Pour la dernière des courses, dite *de la Timbale,* la distance est la même que pour celle de la Bague (2 112 m), mais les chevaux, attelés à un sulky, concourent au trot, sans effectuer plus de trois foulées au galop.
– **Fête médiévale :** *Semur vit également à l'heure médiévale pdt le w-e de Pentecôte (se renseigner à l'office de tourisme).*
– **Fête de Marie :** *autour du 15 août (selon jour).* Fête de la patronne de la ville avec feu d'artifice sonorisé et thématique
– **Championnats de France cyclistes :** *les maillots de champions de France seront décernés 26-29 juin 2008.*

Où acheter de bons produits ?

Patisserie-Chocolaterie Cœur : 14, rue Buffon (juste après la porte Sauvigny). Tlj sf lun hors saison, 8h-19h15. La façade bleue de cette ancienne boutique est à croquer. L'artisan a mis du cœur pour créer les « Semurettes » (1920), sorte de truffes, sans beurre ! Le « Mont auxois », gâteau aux amandes, est unique par son moelleux. Le pain d'épice, fourré cassis, enrobé cassis est une autre création (très) gourmande. Petite terrasse sympa en été pour déguster tout cela et des glaces maison.

➤ DANS LES ENVIRONS DE SEMUR-EN-AUXOIS

Le lac de Pont : *à 4 km au sud de la ville, par la D 103.* Beau lac artificiel. En le franchissant, vous découvrirez un sentier forestier faisant le tour du lac. Belle balade d'automne ou même de fin de printemps, à travers la forêt. Possibilité de faire du canoë et du ski nautique (inscription au club).

Le château de Bourbilly : *à **Vic-de-Chassenay** (21460).* ☎ 03-80-97-05-02. *(sf la chapelle). À 10 km au sud-ouest par la D 9. Juil-15 sept slt : tlj sf mar 10h-12h, 15h-18h. Entrée : 6 € ; réduc ; gratuit jusqu'à 10 ans. Visite guidée. Parc ouv tte l'année (10h-18h) ; entrée : 1 €.* L'ancien château des pères de la marquise de Sévigné, femme de lettres à sa manière, fut sauvé de la ruine après la Révolution. Ses vastes salles habitées abritent des souvenirs, des collections de coffres et de lustres de Venise. Dans la chapelle contemporaine, le « Paradisus », anthologie des portraits des propriétaires depuis la moitié du XVe siècle. Une visite guidée qui rend passionnante la découverte d'un des plus anciens châteaux de Bourgogne.

ÉPOISSES (21460) 740 hab.

À 12 km à l'ouest de Semur, un village célèbre pour son fromage, né au début du XVIe siècle près de la place du Champ-de-Foire, et pour son château, où la marquise de Sévigné venait reposer sa plume. C'est par l'une de ses fameuses lettres que l'on entendit parler pour la première fois, à l'extérieur, du fromage fabriqué au pied de cette ancienne place forte édifiée entre les XIVe et XVIIIe siècles.

UN PEU D'HISTOIRE

Nul ne sait par quels moyens les fermières des environs réussirent à s'approprier les secrets des moines cisterciens, pères de ce fromage à la belle croûte bien bourguignonne. Les pierres d'égouttage, les séchoirs exposés nord-est, les celliers et caves d'affinage omniprésents dans les bâtiments ruraux antérieurs au XIXe siècle témoignent en tout cas d'une activité fromagère intense au XIXe et au début du XXe siècle. Délaissée avec les guerres, la fabrication de l'époisses redémarre en laiterie en 1956, grâce à un couple de fermiers, Robert et Simone Berthaut. Aujourd'hui, une usine ultramoderne remplace l'atelier d'autrefois, mais rien n'a changé au fond. Caillé, moulé, égoutté, salé, séché, lavé à l'eau salée puis affiné au marc : le mystère de la fabrication de l'époisses est jalousement gardé. Boutique de vente au cœur du village.

Où dormir ? Où manger dans les environs ?

■ *Chambres d'hôtes chez Bernard et Claudine Virely* : 2, route du Serein, 21460 Plumeron. ☎ 03-80-96-44-66. ● *fermedeplumeron@wanadoo.fr* ● À Époisses, prendre la D 4 en direction de Montberthault ; la ferme est à 1 km. Doubles avec douche et w-c 50 €, petit déj compris. Tarif réduit à partir de 2 nuits et 6 nuits au prix de 5 sur présentation de ce guide. Deux jolies chambres, l'une avec terrasse ouvrant sur le parc, l'autre avec une belle charpente apparente. Coin-cuisine à disposition.

I●I *Ferme-auberge La Garande* : 9, rue des Tilleuls, 21460 Jeux-lès-Bard. ☎ 03-80-96-74-51. À 6 km d'Époisses ; prendre la D 4 en direction de Montbard, puis à droite après Bard-lès-Époisses. Sur résa, dim et j. fériés à midi slt. Congés : de mi-déc à mi-mars. 3 menus 22-27 €. Apéritif maison offert sur présentation de ce guide. Un cadre qui ne paie pas de mine, mais de bons et copieux plats campagnards (terrines) et bourguignons.

Où sortir dans les environs d'Époisses ?

∞ ▼ I●I *Café-Théâtre de la Côte-d'Or* : rue Teureau, 21460 Toutry. ☎ 03-80-96-41-41. Apéritif maison offert sur présentation de ce guide. À Toutry, près d'Époisses (à peine 500 habitants), toute une tribu a décidé de « mettre le feu » au café du village, une dizaine de fois l'an. L'hiver, c'est plutôt théâtre et musique, moyennant une petite majoration du prix des boissons. Car l'entrée est gratuite ! Du coup, toutes les générations sont de nouveau réunies les jours de spectacle. On y vient en famille, respectant la tradition qui veut aussi que toute la tribu Dal'Dosso, parents, enfants et même petits-enfants, se retrouve derrière le bar ou dans la salle. Trois petites chambres simples (28-32 €) vous ouvrent leurs lits si la soirée se termine trop tard ou trop tôt.

À voir

🕺 *Le château* : ☎ 03-80-96-40-56 ou 01-42-27-73-11. Visite du parc tte l'année : tlj 9h-19h ; visite guidée de l'intérieur en juil-août : tlj sf mar 10h-12h, 15h-18h. Entrée : 6 € ; 2 € pour l'extérieur ; réduc ; gratuit jusqu'à 12 ans. L'élégant château où Madame de Sévigné aimait séjourner, quand elle venait en Bourgogne s'occuper du domaine hérité de ses parents à Bourbilly (voir plus haut « Dans les environs de Semur-en-Auxois »), est aujourd'hui comme hier la propriété de la famille de Guitaut, qui habite ici depuis 1672. Mieux vaut suivre la visite commentée pour découvrir, au milieu des beaux salons (essentiellement des XVIIe, XVIIIe et XIXe siècles), le souvenir des personnages illustres qui y ont séjourné : le Grand Condé, Chateaubriand et la marquise de Sévigné. Sinon, promenade libre à l'intérieur de cette double enceinte de fortifications magnifiques enserrant maisons médiévales, chapelle, colombier du XVIe siècle. Un lieu clos fascinant et attachant. Très beaux jardins.

➤ DANS LES ENVIRONS D'ÉPOISSES

L'apothicairerie de l'hôpital Saint-Sauveur : à *Moutiers-Saint-Jean (21500).* ☎ *03-80-96-74-61 (mairie). Juin-sept : tlj sf mar et ven 14h-17h (18h dim). Entrée : 2,30 € ; réduc ; gratuit moins de 12 ans.* Nichée au sein de l'ancien hôpital Saint-Sauveur, cette pharmacie du XVIIe siècle possède une magnifique collection de 224 pots en faïence, piluliers, chevrettes servant à conserver huiles et sirops... le tout posé dans des niches en bois, séparées par des colonnettes torsadées. Belle collection d'étains du XVIIIe siècle.
En sortant, jetez un œil, en contrebas du village, aux très attachants *jardins du président Cœurderoy* (1650), avec leurs portiques en rocaille Renaissance. Visibles de la petite route et ouverts à la visite *(juil-août : tlj 10h-19h ; gratuite).*

Les chemins du Morvan, de Précy à Saulieu : *au sud d'Époisses ; voir plus loin la partie « Le Morvan ».*

ALISE-SAINTE-REINE (ALÉSIA) (21150) 671 hab.

À 12 km de Semur, au bord de la D 905, se cache dans les hauteurs Alise-Sainte-Reine, un village célèbre pour ses ruines du mont Auxois, également appelé Alésia.
Véritable serpent de mer depuis une vingtaine d'années, le programme de mise en valeur du site (Muséo Parc d'Alésia) va enfin voir le jour, avec un centre d'interprétation à l'entrée de Venarey-les-Laumes et, sur l'oppidum, le futur Musée archéologique. On en est toujours au stade de la carte postale, avec une statue géante d'un Vercingétorix résumant à lui seul la mythologie gauloise

> **ALISE ? NON, ALÉSIA !**
> *Malgré des querelles de spécialistes qui durèrent plus d'un siècle, il est désormais acquis (grâce aux fouilles et à l'interprétation des photos aériennes) que le village d'irréductibles Gaulois assiégés par César se trouvait bien ici. Même si certains, dans le Jura notamment, persistent à voir Alésia chez eux...*

telle qu'on nous l'apprenait autrefois : épée de l'âge du bronze, moustache à la gauloise, chevelure à la mérovingienne... Mais les travaux commencent. Il faudra patienter jusqu'en 2010 ou 2011 !
L'autre vedette locale n'était pas triste non plus : c'était le chanoine Kir, parrain d'une boisson célèbre et de bons mots terribles, du style : « Les grèves, il n'y a qu'une solution : il faut payer les gens ! » Il repose en paix au cimetière d'Alésia, visité par tous ceux qui vont ensuite trinquer à son souvenir, en redescendant.

Adresse utile

❶ Office de tourisme du pays d'Alésia et de la Seine : pl. de Bingerbrück, 21150 Venarey-les-Laumes. ☎ 03-80-96-89-13. • alesia-tourisme.net • Avr-sept : lun-sam 9h30-12h30, 14h-19h ; dim 10h-12h juil-août. Oct-mars : lun-sam 10h-12h, 15h-18h. Très compétent. Accueil plus que charmant. Se met en quatre pour vous trouver une chambre ou un resto ouvert le dimanche soir, ce qui, ici, tient du miracle. Quoique, avec Alise-Sainte-Reine, ils soient un peu coutumiers du fait. Organise des balades guidées en saison.

Où dormir ? Où manger ?

Camping

⚑ Camping municipal : 15, rue du Docteur-Roux, Venarey-les-Laumes. ☎ 03-80-96-07-76. De début avr à mi-oct. Forfait emplacement pour 2 avec voiture, tente et électricité à 8,20 €. Beau camping, bien ombragé, près d'un plan d'eau. Location de chalets.

Prix moyens

|●| Auberge du Cheval Blanc : 9, rue du Miroir. ☎ 03-80-96-01-55. • regis.bolatre@free.fr • regis-bolatre.com • Au centre du bourg (c'est fléché). Fermé lun-mar. Congés : janv-début fév. Menu 19 € (en sem) ; autres menus 30 et 43 €. L'été, on peut jouer la carte brasserie autour d'un plat tout simple partagé avec les habitués. Bonne cuisine régionale. Le chef utilise les produits du potager et du marché. Équipe jeune en salle comme en cuisine, où l'on s'active pour sortir du filet de bœuf de charolais ou du foie gras poêlé aux asperges. Du classique allégé. Profitez-en pour goûter le petit vin de pays, un chardonnay revigorant.

À voir

⚑ Les fouilles : de fin mars au 1er juil et de début sept à mi-nov, tlj 10h-18h ; juil-début sept, tlj 9h-19h. Bon choix de livres sur les Gaulois. Pas grand-chose à voir, pour l'instant, mais les passionnés d'histoire ou les archéologues en herbe apprendront (parcours fléché avec notice explicative) que le village gallo-romain comprenait un théâtre, un temple, un forum et même quelques cabanes en bois.

⚑ L'hôpital Sainte Reine : chemin des Bains. ☎ 03-80-89-77-77. ⚑ Juil-août slt : visite guidée dim 14h-18h ; sur rendez-vous slt le reste du temps. Entrée : 4 € ; gratuit jusqu'à 12 ans. On peut visiter la jolie petite apothicairerie cachée à l'arrière de la magnifique chapelle baroque de cet hôpital toujours en activité. On découvre une ancienne salle de malades, la salle du conseil d'administration du XVIIe siècle, ainsi qu'une lingerie réaménagée en bibliothèque. Dans la chapelle, une série de cartons de tapisseries, bien conservés, retracent la vie de l'héroïne locale, à qui l'on doit la création de l'hôpital : il a été construit au XVIIe siècle pour héberger les pèlerins malades venus dans l'espoir d'une guérison miraculeuse auprès de la source jaillie à l'endroit du martyre de sainte Reine ! La visite se termine par la découverte de l'exposition temporaire, dont le thème est toujours en lien avec l'hôpital.

⚑ L'église Saint-Léger : rue du Palais. Coincée entre deux maisons du village, une petite église très âgée (ses parties les plus anciennes remontent aux VIIe et Xe siècles). Plan inspiré de celui des premières basiliques chrétiennes : inévitable abside en cul-de-four, belle charpente coiffant la nef.

Fêtes

– **Le Martyre de Sainte-Reine :** *1er w-e de sept. Rens :* ☎ *03-80-96-89-13.* • *alesia-tourisme.net* • *Entrée : 7 €.* Cette manifestation rend encore hommage à une chrétienne canonisée pour avoir été martyrisée au IIIe siècle sous un certain Olibrius, proconsul des Gaules. Pour l'occasion, tout le village se mobilise : cérémonies, pièces de théâtre en costumes d'époque, retraite aux flambeaux. Et grand cortège historique le dimanche matin. Certains prient, d'autres rient. C'est cette jeune Reine qui donne donc la deuxième partie de son nom au village, la première étant, comme on s'en doute, une déformation d'Alésia. Voilà, vous savez tout !
– **Les Nuits Péplum d'Alésia :** *dernier w-e de juil. Rens :* ☎ *03-80-96-89-13.* • *lesnuitspeplumdalesia.com* • Trois jours et trois nuits de fête, avec des affiches toujours prestigieuses (camping gratuit). Le dimanche est programmé pour les enfants.
– **Les Musicales en Auxois :** *fin juil-début août. Rens :* ☎ *03-80-96-20-24.* • *auxois.free.fr* • Une dizaine de sites régionaux accueillent ces éclectiques musicales.

FLAVIGNY-SUR-OZERAIN (21150) 370 hab.

Petit bourg fortifié, classé parmi les « Plus beaux Villages de France » et perché sur un escarpement rocheux dominant la campagne environnante. Très peu de constructions récentes, ce qui lui donne un joli aspect médiéval. Cadre utilisé pour le tournage du film *Le Chocolat* avec Juliette Binoche et Johnny Depp. Dans l'abbaye bénédictine, construite au VIIe siècle, on fabrique toujours les bonbons à l'anis (que l'on trouvait autrefois dans les distributeurs automatiques du métro parisien).

Adresse utile

Maison des Donataires : *rue de l'Église.* ☎ *03-80-96-25-34. Mars-oct.* Petit point d'info sur Flavigny, géré par l'association des *Amis de la cité.*

Où dormir ? Où manger ?

Gîte de la Licorne Bleue : *chez Marthe et Jean-Luc Tahon, rue de la Poterne.* ☎ *03-80-96-20-59.* • *jean-luc@wanadoo.fr* • *licorne-bleue.net* • *Env 380 €/sem.* Un gîte pour 4 personnes, comprenant 2 chambres situées dans une ancienne grange, un séjour avec coin-cuisine et une salle d'eau. Et un appartement 2 à 4 personnes. Jolie vue sur la vallée et le soleil qui se lève devant les fenêtres. L'endroit abrite une galerie d'art.

La Grange : *pl. de l'Église.* ☎ *03-80-96-20-62.* De début mars à juin et de mi-sept à fin nov : slt w-e et j. fériés ; de juil à mi-sept : tlj sf lun. Menus 15 et 20 €. Café offert sur présentation de ce guide. Les agricultrices des environs servent à partir de 12h30 un copieux repas à base de produits de la ferme ou du moins artisanaux. En hiver : lapin moutarde, poulet à la crème... En été, on essaie de faire plus léger. Délicieux et sympathique aux yeux de ceux qui ont réservé, les autres n'ayant que leurs yeux pour pleurer et leur nez pour humer les parfums des plats qui passent. « Quatre-heures soupatoire » le dimanche (16h-20h) avec crêpes, omelettes, poulet, salades, charcuterie...

À voir

La fabrique d'anis artisanale de la famille Troubat : *dans l'abbaye.* ☎ 03-80-96-20-88. • anisdeflavigny.com • *Tlj sf w-e et j. fériés 9h-10h45. Congés : 3 premières sem d'août et Noël-Jour de l'an. Gratuit.* Depuis le XVIe siècle, on y produit les fameux petits bonbons à l'anis. Aujourd'hui, environ 25 ouvriers perpétuent la tradition, et 250 t de bonbons sortent chaque année de l'abbaye. De nouveaux parfums viennent régulièrement s'ajouter à la gamme (il y a même des anis bio). Et les petites boîtes métalliques sont toujours aussi joliment rétro. Boutique sur place *(tlj avr-oct).*

La crypte carolingienne : *dans l'abbaye. Lun-ven 9h-12h, 14h-18h ; w-e, horaires de la fabrique d'anis. Visite audioguidée possible (compter un petit quart d'heure). Entrée : 1 € ; gratuit jusqu'à 12 ans.* Date évidemment de la fondation de l'abbaye sous Charlemagne. En juillet et août, petite expo et dégustation d'anis.

La Maison des Matières et du Design textile : ☎ 03-80-96-20-40. • algranate.com • *Tlj. En saison : 10h30-19h ; hors saison : 10h30-12h30 et 14h-18h. Jardin botanique accessible de mi-avr à mi-oct. Maison et jardin : 7,50 € ; réduc.* Musée-galerie qui propose des expos sur le design textile, le chanvre textile, un atelier de design. également centre de formation (stages organisés) et boutique. Le jardin botanique n'est agrémenté que de plantes textiles, évidemment : plantes à fibres ou « teintantes ». Et découvrir que l'on peut tisser l'ananas...

Le vieux village : il faut se promener au hasard des ruelles tortueuses, à la découverte des tourelles d'escaliers, des vestiges d'imposants bâtiments religieux et d'une foule de maisons anciennes dont certaines sont fort bien restaurées. Quelques jolis spécimens dans la rue de l'Église, avec la maison au Loup (levez les yeux vers sa gargouille et vous comprendrez d'où vient son nom...), du XIIIe siècle. Une niche y abrite une statue de Vierge à l'enfant du XIVe siècle. Également la maison des Donataires (voir « Adresse utile »), de style Louis XIII et aux élégantes fenêtres.

Le vignoble de Flavigny-Alésia : *domaine de Flavigny-Alésia, pont du Laizan, en contrebas du village.* ☎ 03-80-96-25-63. • vignoble-flavigny.com • *Tlj 10h-19h.* Le site classé (réhabilité) de l'ancienne dépendance monastique de l'abbaye de Flavigny abrite cuverie, petit musée et salle de dégustation (gratuite). Les 13 ha du vignoble, un des plus anciens de France, répertorié dès 741, produisent des vins de pays des coteaux de l'Auxois. Aux heures de gloire médiévale a succédé le déclin phylloxérique. Le renouveau (1994) débouche (la bouteille) sur de très beaux vins blancs, rouges et rosés (le Beurot ou pinot gris, notamment, est remarquable). Accueil souriant et avisé. Prix doux.

LES SOURCES DE LA SEINE

À quelques kilomètres de Saint-Germain-Source-Seine. Le célèbre fleuve chanté par tant de poètes commence là son périple par un ridicule filet d'eau qu'on franchit en deux pas sur une minuscule passerelle (qui est, mine de rien, le premier pont sur la Seine !). Une fausse grotte de pierres percées, un peu kitsch, protège depuis le XIXe siècle (et sur proposition d'un certain baron Haussmann) la source principale de la Seine et une statue de la nymphe Sequana. On en oublierait presque l'importance du site archéologique : un ancien sanctuaire gaulois et gallo-romain d'où proviennent les remarquables ex-voto (les Gaulois prêtaient à l'eau de la source des vertus miraculeuses) en bois, pierre ou bronze trouvés entre 1933 et 1963, exposés désormais au Musée archéologique de Dijon.

Point d'info touristique, en été.

➤ DANS LES ENVIRONS DES SOURCES DE LA SEINE

🚶 **Le château de Frôlois** *(21150)* : ☎ 03-80-96-22-92. *Visite guidée des extérieurs et de la chambre d'Antoine de Vergy, juil-août, tlj 14h30-18h30. Entrée : 4,50 € ; réduc.* Le château féodal (XIVe siècle) a été remanié au XVIIIe siècle. Son site exceptionnel, sur un éperon rocheux, et son mobilier de qualité méritent un détour. Voir, en sortant, les chapiteaux et statues de la remarquable église du XIIIe siècle.

🚶🚶 **Salmaise** *(21690)* : inscrit comme « Haut lieu de Bourgogne », à plus d'un titre. L'église (chœur du XIIIe siècle), les halles communales armoriées (XIIe), les puits, les fontaines couvertes de laves, les lavoirs, les vieilles rues en font tout le charme. Sans oublier les vestiges du château bâti par les Mont-Saint-Jean au XIIIe siècle, dominant la vallée de l'Oze, et la pâtisserie artisanale *(rue de la Croix ; ☎ 03-80-35-80-54 ; ouv tte l'année)*. On vient chercher ici macarons, gâteaux apéritif, pâtés en croûte et autres productions maison.

🚶 **L'école-musée de Champagny** *(21440)* : ☎ 03-80-41-23-82. *Pâques-juin et sept-Toussaint : dim et j. fériés 14h-18h ; juil-août : tlj 15h-18h. Visite commentée d'env 1h. Entrée : 2 € ; réduc.* En 1851, le conseil municipal du village admirait les plans d'une construction qui allait abriter une salle de classe, un logement pour l'instit et, à l'étage, une mairie. Installé en 1856 pour l'ouverture de l'école, le mobilier ne fut jamais retouché par la suite. Tables, ardoises, bancs, tableaux noirs... Le temps ici s'est arrêté...

🚶🚶 **L'église abbatiale de Saint-Seine-l'Abbaye** *(21440)* : ☎ 03-80-35-07-63 *(office de tourisme). D'avr à mi-oct : tlj 9h-19h ; en mars et de mi-oct à début nov : 10h-17h. Il vaut mieux téléphoner avt de s'y rendre. Possibilité de visite guidée payante.* Saint Seine fut le fondateur d'un important monastère dont ne subsiste aujourd'hui qu'une splendide église gothique, la plus ancienne de Bourgogne : portail encadré de deux tours du XVe siècle, stalles du XVIIIe siècle, peintures murales du XVIe siècle retraçant la vie de saint Seine en 22 tableaux, pierres tombales, une petite partie des fortifications du XIVe siècle et quelques bâtiments reconstruits au XVIIIe siècle. Saint Seine emboîta le pas à la déesse païenne Sequana au sein des croyances populaires, en devenant un saint guérisseur et attirant à l'abbaye la foule des malades et pèlerins venus chercher remède à leurs maux. Comme quoi, on n'échappe pas à son destin.

BUSSY-LE-GRAND (21150) 270 hab.

Ce village a abrité, à quelques siècles d'écart, deux personnages anticonformistes, Roger de Rabutin et Douglas Gorsline, qui méritent largement le détour que vous ferez pour visiter leurs demeures marquées, ô combien, par leur présence.

Où dormir ?

🏠 **Gîte d'étape et de séjour La Bretonnière** : *15, route de Baigneux.* ☎ 03-80-96-19-46. • la-bretonniere2@wanadoo.fr • gites-la-bretonniere.com • ♿ *Tte l'année. Doubles avec douche et w-c 43-45 € selon saison ; petit déj 5 €.* Installé dans une ferme du XIXe siècle isolée au cœur d'une jolie campagne (bois et étang), le gîte propose 6 chambres doubles, dont une pour les personnes handicapées. Grande pièce avec coin-cheminée, salon, salle à manger. Également, possibilité de gîte rural pour 6 personnes.

À voir

Le château de Bussy-Rabutin : ☎ 03-80-96-00-03. (partiel). De mi-mai à mi-sept : tlj sf lun et certains j. fériés 9h15-12h, 14h-18h (17h de mi-sept à mi-mai). Visites à 10h, 11h, 14h, 15h et 16h (de mi-mai à mi-sept, visite supplémentaire à 17h). Entrée du château : 6,50 € ; entrée jardin et labyrinthe végétal : 3 € ; réduc ; gratuit moins de 18 ans accompagnés d'un adulte. Billet jumelé avec Châteauneuf-en-Auxois : 8 €. Ancienne maison forte, le château de Bussy fut reconstruit par la famille de Rabutin au XVIIe siècle au cœur d'un domaine de 30 ha. Qui ne connaît pas le cousin de Mme de Sévigné, Roger de Rabutin, comte de Bussy et célèbre homme à femmes ! Il écrivit une *Histoire amoureuse des Gaules* qui dévoilait les aventures galantes de la Cour. Pas étonnant que Louis XIV en prît ombrage et l'embastillât : mieux vaut prévenir que guérir ! Puis il fut exilé dans son château pendant 16 ans. Pour se venger, ce grand gamin fit dessiner, sur certains murs, des devises cinglantes et les visages des maîtresses du roi. À voir également : la fameuse galerie des rois de France, le reluisant salon de la tour Dorée, des portraits de grands hommes de guerre... Quatre grosses tours rondes flanquent les angles de ce château acquis par l'État en 1929. Le parc a fait l'objet d'une complète restructuration, prenant pour principe la restitution du plan du jardin à la française du XVIIe siècle, idéalisé, avec parterres cernés de buis, cabinets de verdure, labyrinthe et bosquets délimités par des allées en étoile.

Le musée Gorsline : route d'Étormay. ☎ 03-80-96-03-29. (partiel). Juin-sept : tlj sf lun 15h-19h ; et tte l'année sur rendez-vous. Entrée : 2 € ; réduc. Depuis 1994, cette ancienne bergerie remarquablement aménagée abrite le musée Gorsline. Séduits par la beauté de la région et l'accueil des habitants, Douglas et Marie Gorsline ont posé là bagages et chevalets en 1965. Cela ne les a pas empêchés de voyager à travers le monde, de la Chine à Venise, de Florence à New York. Partout, le regard du peintre a su se traduire en des œuvres originales « à double foyer », jouant à fond sur les illusions d'optique, exposées aujourd'hui dans le monde entier... et ici, à Bussy. À la mort du peintre, Marie a en effet ouvert ce lieu d'exposition chaleureux, où tout l'Auxois culturel se retrouve.pour les concerts « musique au musée » certains soirs de juillet-août. Chaque été, en outre, exposition sur un thème différent qui approfondit un sujet ou une technique cher à l'artiste.

MONTBARD (21500) 6 800 hab.

Le TGV a mis à une heure de Paris cette petite ville industrielle qui ne mériterait pas, somme toute, que l'on s'y arrête, si le grand naturaliste Buffon ne l'avait tant marquée de sa présence. On visitera donc le parc et l'ancienne résidence de ce précurseur de l'écologie, sans oublier les célèbres forges situées non loin, en attendant la réouverture du musée consacré à cette gloire locale.

Adresse utile

Office de tourisme : pl. Henri-Vincenot. ☎ 03-80-92-53-81. • ot.montbard@wanadoo.fr • Tte l'année : lun-sam 9h-13h15 et 14h-19h (et dim 9h-13h en saison). En saison, visites-découvertes des villages et balades pédestres accompagnées. Expos temporaires d'artistes locaux.

Où dormir ?

Camping

△ **Camping municipal :** rue Michel-Servet. ☎ et fax : 03-80-92-21-60. • mairie.montbard@wanadoo.fr • ♿ Mars-oct. Emplacement pour 2, avec voiture et tente 14,10 €. Location de chalets. À l'écart de la ville. La verdure fait oublier le voisinage bétonné. Tout confort (c'est un 4-étoiles). Juste à côté, du centre nautique *Amphitrite* (5 bassins, sauna, hammam, toboggan, etc.).

Où dormir ? Où manger dans les environs ?

Prix moyens

🛏 **Chambres d'hôtes Mme Flot – M. Dekmeer :** 5, rue des Forges, 21500 Buffon. ☎ 03-80-92-46-00. • agnesflot@hotmail.fr • À 6 km au nord-ouest par la D 905. Tlj. Congés : Noël-fin janv. Doubles 45 €, petit déj compris. Avec le canal de Bourgogne en paysage, la grande maison s'ouvre aux hôtes, accueillis de façon charmante par Agnès Flot. Trois chambres (douche et w-c indépendant) ainsi qu'un studio (2 chambres avec coin-cuisine) forment un ensemble très coquet, avec le jardin fleuri et sa terrasse.

Un peu plus chic

🛏 |●| **Le Marronnier :** 6, route des Forges, 21500 Buffon. ☎ 03-80-92-33-65. • lemarronnier.buffon@wanadoo.fr • http://perso.orange.fr/lemarronnier • ♿ À 6 km au nord-ouest par la D 905. Tlj. Congés : Noël-fin janv. Doubles climatisées 60-80 €. Menu déj (en sem) 12 € et formules 17-29 €. Bar d'habitués, resto gourmand et petit hôtel de 5 chambres : le *Marronnier* cumule avec bonheur (seul son bar à la déco miroitante kitsch ne vaut pas le déplacement). Côté chambres, c'est impeccable : look contemporain, calme et clim'. Vue sur le canal de Bourgogne en prime (pour la n° 5). Et si vous avez peur de la route qui sépare l'hôtel du canal, demandez une chambre qui donne sur l'arrière. Côté table, dehors sous le marronnier ou en salle rustico-classique, la cuisine généreuse, bien mise en valeur, séduit (excellents rognons et ris de veau, moutarde à l'ancienne).

À voir

Deux siècles et des poussières après sa disparition, Georges-Louis Leclerc, comte de Buffon, continue à hanter sa ville natale. Né en 1707, il succède à Jussieu à l'Académie des sciences et devient administrateur des jardins du Roi (actuel Jardin des Plantes de Paris) tout en poursuivant des recherches en botanique, en physique et en métallurgie. On lui doit, entre autres choses, la fameuse et colossale *Histoire naturelle* (36 volumes !), où tous les sujets du monde vivant sont soigneusement décrits et analysés, pour le plus grand bonheur de la science. Ami de Daubenton, de Jean-Jacques Rousseau et du ministre Maurepas, Buffon parvient pourtant à s'isoler de la cour de Louis XV, passant huit mois par an à Montbard. Châtelain avisé, il agrandit sa propriété, aménage des jardins en terrasses et installe un observatoire et sa bibliothèque dans les tours de l'ancien château ducal surplombant la ville. Pionnier dans de nombreux domaines, Buffon a également laissé en héritage à sa ville un important savoir en matière sidérurgique grâce à ses célèbres forges, première « usine modèle » du Siècle des lumières.

Buffon admire-t-il sa ville, le dos tourné à la gare et aux voyageurs qui débarquent ? Ou bien les snobe-t-il ? De la place Buffon, face à son hôtel particulier, vers la place Vincenot, le déménagement de la statue du plus célèbre Montbardois a suscité la polémique.

– *À signaler* que désormais, sur le modèle de la métropole dijonnaise, tous les musées municipaux sont gratuits, à savoir, pour Montbard, le musée des Beaux-Arts, le musée de l'Orangerie, la visite du cabinet de travail de Buffon ainsi que la visite guidée du parc Buffon.

Le parc Buffon : sur les hauteurs de la ville. ☎ 03-80-92-50-42. Accès fléché. Visites guidées des tours, du cabinet de travail de Buffon de mars à oct : tlj sf mar 10h-12h, 14h-18h (19h en juil-août). Entrée libre. Dominant la ville, c'est une succession de jardins en terrasses, reliés par de beaux escaliers fleuris. On peut simplement s'y balader le nez au vent ou visiter les deux tours (dont celle de l'Aubespin, du XIVe siècle, au sommet de laquelle Buffon se livrait à des expériences sur le vent) et le cabinet de travail (sur le seuil duquel s'est agenouillé Jean-Jacques Rousseau).

Le musée de l'Orangerie : rue du Parc-Buffon. ☎ 03-80-92-50-42. Dans une ancienne orangerie, face à l'entrée basse du parc. La ville de Montbard s'est lancée dans un vaste programme de réhabilitation du patrimoine laissé par Buffon. L'ancienne Orangerie, entièrement restaurée, propose une préfiguration du futur musée qui doit prendre place dans l'hôtel Buffon dans les prochaines années. Elle offre un voyage dans l'esprit scientifique des Lumières : cabinet de curiosités, objets scientifiques des XVIIIe et XIXe siècles, évocation d'un cabinet de travail avec le bureau de Buffon, etc. Également des expos temporaires consacrées aux rapports entre l'art et la science.

Le musée des Beaux-Arts : rue Piron. ☎ 03-80-92-50-42. Juin-sept : tlj sf mar 10h-12h, 14h-18h. Dans une ancienne chapelle des Ursulines du XIXe siècle, aux escaliers Renaissance et aux voûtes néogothiques. Abrite en majorité des œuvres d'artistes locaux des XIXe et XXe siècles. Chez les sculpteurs, l'enfant du pays Eugène Guillaume (1822-1905). Expos temporaires en été.

▶ DANS LES ENVIRONS DE MONTBARD

Les forges de Buffon (21500) : ☎ 03-80-92-10-35. À 6 km au nord-est par la D 905. Avr-sept : tlj sf mar 10h-12h, 14h30-18h ; visites guidées à 15h, 16h et 17h. Oct-mars, pour les groupes et sur rendez-vous. Entrée : 6 € ; réduc ; gratuit moins de 12 ans. Cette forge (propriété privée) devenue Monument historique fut construite en 1768 par Buffon pour lui permettre de poursuivre ses expériences sur les minéraux. On visite la forge et la roue à aubes actionnant les soufflets, installée au bord d'une rivière, et le pavillon Buffon.

Le château de Quincerot (21500) : ☎ 03-80-96-75-81. À 10 km au sud-ouest par la D 905, puis la D 4. Visite des cours de juil à mi-août : 9h-12h, 13h-17h. Gratuit (rare aujourd'hui, en ces temps où l'on fait payer la moindre visite à prétention historique).
Après avoir visité la grande forge de Buffon, plutôt que de passer directement par Montbard, faites un détour par la D 103 et suivez les panneaux, sans tomber dedans. Gardienne de la vallée de l'Armançon, de l'an mil à la Révolution, cette maison forte à donjon du XIIIe siècle fut remaniée au XVIIe siècle par Roland d'Haranguier (capitaine du château de Semur pour Henri IV) qui y aménagea pigeonnier, jardins et terrasses. C'est toujours sa famille qui y réside aujourd'hui.
Profitez-en pour vous promener dans le village, où vous pourrez admirer une très belle maison à tourelle du XVe siècle, avec fenêtres à meneaux et toit en tuiles vernissées.

Le vignoble de l'Auxois : caveau de dégustation des coteaux de Villaines-les-Prévôtes et Viserny, à 12 km au sud. ☎ 03-80-96-71-95. • vins-auxois.com • Lun-ven (plus sam en juil-août) 14h-18h ; sam 10h-12h. Un vignoble qui fournissait les tables royales de Versailles, du Louvre et des Tuileries, moins pour ses vins rouges, de qualité assez médiocre il est vrai, que pour ses blancs, mémorables bien souvent. Dégustation gratuite des vins actuels, très agréables, en blanc et en rouge, au caveau.

L'ABBAYE DE FONTENAY

C'est un des monuments majeurs de toute visite en terre bourguignonne. Grand parking à l'entrée. Visites nocturnes « à la bougie » en été et concerts prestigieux.

L'abbaye de Fontenay : 21500 **Marmagne.** À 3 km à l'est de Montbard. ☎ 03-80-92-15-00. • abbayedefontenay.com • (partiel). Sept-juin : tlj 10h-12h, 14h-17h ; juil-août : tlj 10h-19h. Entrée : 8,90 € ; réduc. Visite libre ou guidée. L'abbaye de Fontenay, aujourd'hui classée au Patrimoine mondial de l'Unesco, est restée telle qu'elle fut fondée en 1118 par saint Bernard, au creux d'un vallon boisé. Une des rares, en France, à avoir conservé son église, les bâtiments claustraux (on peut le dire !) et ses dépendances : boulangerie, forge, pigeonnier, hôtellerie, le tout bien à l'abri derrière un haut mur de pierres. On visite d'abord l'église abbatiale aux dimensions imposantes et d'une simplicité monacale. Un grand escalier donne directement accès au dortoir, couvert d'une superbe voûte en bois, où les moines se réveillaient deux fois par nuit pour aller faire leurs dévotions dans l'église. Admirable cloître roman, remarquable pour sa broderie d'arcades et la simplicité toute cistercienne des quatre parterres de ses jardins classés « Jardin Remarquable » de Fontenay. Les ombrages des arbres font de ces jardins un lieu de rêverie où flotte désormais, sous les tilleuls, le souvenir du dernier dialogue de Roxane et de Cyrano de Bergerac, tel que l'a filmé Jean-Paul Rappeneau en 1989. Mais le lieu qui a servi au tournage n'est pas ouvert à la visite.

LE CHÂTILLONNAIS

MOLESME(S)   (21419)   235 hab.

Pourquoi un « s » amovible ? Parce que l'abbaye, qui fut au départ de l'aventure cistercienne, s'écrit ainsi, alors que le village qui vous accueille aujourd'hui a perdu sa lettre finale dans les méandres du temps...

Où dormir ? Où manger dans les environs ?

Camping

Les Grèbes : 5, route du Lac, 21330 Marcenay-le-Lac. ☎ 03-80-81-61-72. • marcenay@club-internet.fr • À 20 km au sud-est par la D 953, puis la D 965. Avr-sept. Env 12 € l'emplacement pour 2, avec voiture et tente. Joliment situé, à proximité immédiate du lac, Nombreux emplacements spacieux et bien ombragés.

Prix moyens

Hôtel-restaurant Le Santenoy : 2, route du Lac, 21330 Marcenay-le-Lac. ☎ 03-80-81-40-08. • accueil@lesantenoy.fr • À 20 km au sud-est par la D 953, puis la D 965. Doubles avec douche et w-c ou bains et w-c (annexe) 40-50 €. Menus de 17 € en sem à 40,50 €. Réduc de 10 % sur le prix de la chambre et apéritif maison offerts sur présentation de ce guide. Quelques chambres simples dans le bâtiment principal (dont certaines avec vue sur le lac). D'autres sur l'arrière, dans ce qui, malheureusement, ressemble à un hôtel de chaîne. Resto au 1er étage, dont les baies vitrées avec le lac en vis-à-vis sont, aujourd'hui, quasiment le seul intérêt. Solide carte de plats brasserie au bar.

À voir

L'abbaye de Molesmes : visites guidées pour les groupes de 4 pers min sur rendez-vous. S'adresser à Mme Gelis, ☎ 03-80-81-44-47. Fermé en août. Entrée : 5 € ; réduc. Bâtiment conventuel et cour du cloître d'une célèbre abbaye bénédictine restaurée au XXe siècle mais fondée en 1075, par dom Robert, dans l'intention de retrouver l'authenticité de la règle de saint Benoît. C'est d'ici que partirent, en 1098, douze moines désireux de vivre dans le strict respect de leur règle bénédictine, en direction de la forêt de Cîteaux alors absolument sauvage, où ils fondèrent une abbaye en bois et torchis qui allait entrer dans l'histoire... À voir : le logement du prieur, le cellier et les caves (XIIIe et XVe siècles), le réfectoire, les jardins et terrasses. Animations l'été : théâtre, expositions, concerts...

➤ DANS LES ENVIRONS DE MOLESME(S)

Le lac de Marcenay : créé par les moines de Molesmes, c'est aujourd'hui, avec ses 90 ha, un des plus grands lacs de Côte-d'Or. Joli site, réserve ornithologique et activités en nombre : baignade (et plage de sable, s'il vous plaît), pêche, location de canoës en saison, balades à cheval.
– Expo-vente de produits régionaux dans l'ancienne halle au charbon d'un haut-fourneau du XVIIIe posée sur la digue du lac. Juil-août : tlj 14h30-19h30 ; d'avr à mi-sept : le w-e slt aux mêmes horaires.

La ferme-musée du Châtillonnais : à **Bissey-la-Pierre** (21330). ☎ 03-80-81-64-14. À 20 km au sud-est par la D 953, puis une petite route (fléchée) sur la droite. Sur résa. Entrée : 3 € ; réduc. Collection de matériel agricole en état de fonctionnement dans les bâtiments d'une très belle ferme du XVIIIe siècle que vient de reprendre un couple d'Anglais. Javeleuses, faucheuses, tracteurs, tombereaux, tarares... Parmi les curiosités, le trieur « toboggan », qui servait à séparer le bon grain de l'ivraie par gravité, un ancien corbillard... Et qui dit ferme dit animaux : ânes, chevaux de trait, mérinos... Parmi les nouveautés : un bateau à vapeur qui promène les enfants sur le canal de Cosne et un train à vapeur miniature.

Les Riceys (10340) : petite incursion (à 7,5 km au nord par la D 453) dans le voisin département de l'Aube pour découvrir ce quatuor de charmants villages viticoles (pour plus d'infos, voir le Guide du routard Week-ends autour de Paris).

➤ **Randonnées à cheval :** Relais des Randonnées de Haute-Bourgogne, chez Michel Burel, à **Griselles**. ☎ 03-80-81-46-15.

CHÂTILLON-SUR-SEINE (21400) 6 300 hab.

Sur cette terre de passage régnait, six siècles avant notre ère, une superbe Gauloise. Ou du moins était-elle très puissante, si l'on en juge par le cadeau qu'on lui fit fondre en Grèce et qui est aujourd'hui l'orgueil du musée de Châtillon, joli bourg au nord du département. Comme son nom l'indique, il est baigné par la Seine, dont les eaux sont grossies par la Douix, source vauclusienne qui jaillit au pied d'une falaise. Plusieurs fois prise d'assaut, pillée et brûlée, cette petite ville, entrée dans l'histoire au IXe siècle, paya fort cher son rôle de forteresse avancée du duché de Bourgogne. Bombardée en 1944, elle conserve heureusement de belles traces de son passé.

Adresse utile

Office de tourisme : pl. Marmont. ☎ 03-80-91-13-19. • tourism-chatillon-sur-seine@wanadoo.fr • Tte l'année. Lun-sam 9h-12h, 14h-18h ; dim 10h-12h mai-sept. Organise des visites guidées (payantes) avec des guides de pays en saison. Accueil chaleureux.

Où dormir ?

Camping

Camping municipal Louis-Rigoly : esplanade Saint-Vorles. ☎ 03-80-91-03-05. Fax : 03-80-91-21-46. Avr-sept. Compter 11 € l'emplacement pour 2, avec voiture et tente. Électricité slt pour les emplacements caravanes. Un joli site ombragé et agréable, près de l'église Saint-Vorles et de la piscine.

De bon marché à prix moyens

Sylvia Hôtel : 9, av. de la Gare. ☎ 03-80-91-02-44. • sylviahotel@wanadoo.fr • sylvia-hotel.fr • À la sortie de Châtillon, direction Troyes. Doubles avec douche et w-c ou bains et TV 41 et 47 €. Un verre de bienvenue offert sur présentation de ce guide. Petit hôtel installé dans une ancienne maison bourgeoise, au milieu d'un jardin. Chambres douillettes et d'un vrai confort pour celles qui ont été rénovées. Quelques-unes dans une pittoresque petite maison de brique, plus modestes mais charmantes également. Accueil comme si l'on faisait partie de la famille, petit déj gourmand pris autour d'une grande table commune. Un endroit qu'on aime bien.

Où dormir ? Où manger dans les environs ?

Hôtel Le Magiot : rue de Magiot, 21400 Montliot. ☎ 03-80-91-20-51. • lemagiot@free.fr • http://lemagiot.free.fr • Doubles avec bains et TV 48 €. Garage gratuit. Apéritif maison offert sur présentation de ce guide. Un hôtel moderne, propre et correct, au calme côté jardin, avec des chambres de plain-pied.

Chez Florentin : RD 971, 21400 Montliot. ☎ 03-80-91-09-70. À 4 km au nord, sur la D 971, à l'entrée du village. Tlj sf dim soir. Menus 13-46 €. On peut passer par le bar, où mangent les routiers (menu spécial 11 € et pizzas). Dans la grande salle aux fenêtres couvertes de peintures paysagères (ou en terrasse, le long de la fresque des vaches), on sert une cuisine traditionnelle, avec de petites notes de l'accent basque du chef. Service dévoué et prix imbattables, au 1er menu notamment.

LE CHÂTILLONNAIS

À voir. À faire

La source de la Douix : *de la pl. Marmont, où se trouve l'office de tourisme, traversez le jardin de la mairie, puis le pont aux Grilles jeté sur la Seine. Prenez l'allée des Boulangers, aménagée sur les anciens remparts, puis un deuxième pont sur la Seine. Vous êtes alors tt près de la résurgence de la Douix, à laquelle vous accédez par l'ancienne porte de la ville.* Savourez le moment présent auprès de cette fontaine vauclusienne, puis retournez sur vos pas pour prendre les escaliers qui aboutissent sous la tour de Gissey, ancienne tour du château fort. Prenez à droite pour monter jusqu'à l'église Saint-Vorles. Superbe point de vue.

L'église Saint-Vorles : *esplanade Saint-Vorles.* ☎ *03-80-91-24-67. D'avr à mi-juin : mer, w-e et j. fériés ; de mi-juin à mi-sept : tlj 10h30-12h, 14h30-17h30 ; de mi-sept au 11 nov : w-e et j. fériés 14h30-16h30 ; le reste de l'année sur résa pour les groupes. Entrée gratuite.* Dominant la ville, un édifice de l'an mil de toute beauté. Remarquable sépulcre du XVIe siècle. Chapelle souterraine où se serait produit le miracle de la lactation de saint Bernard. Redescendre ensuite en ville par l'escalier qui se trouve en face de l'église. Tourner tout de suite à droite par la rue des Évolots, d'où l'on peut découvrir les quartiers anciens.

Le Musée archéologique du Châtillonnais : *7, rue du Bourg.* ☎ *03-80-91-24-67. Juil-août : tlj 10h-18h ; le reste de l'année : tlj sf mar 9h30-12h, 14h-17h. Entrée : 4,50 € ; réduc.* Installé dans un hôtel de la Renaissance bourguignonne du XVIe siècle, cet étonnant musée devrait subir un lifting complet (et donc fermer ses portes) à partir de 2009 ; renseignez-vous. Il présente des collections couvrant les périodes protohistoriques et historiques jusqu'au Moyen Âge. En fait, tout le monde vient là pour voir le trésor de Vix (VIe siècle av. J.-C.), comprenant, entre autres, un énorme vase en bronze (cratère) haut de 1,64 m et pesant 208 kg. C'est le plus important récipient en bronze que nous ait transmis l'Antiquité grecque. La sépulture découverte à Vix, telle qu'elle est ici reconstituée, renfermait également les restes d'une femme, la mystérieuse princesse de Vix, portant un torque en or, travail celtique unique. Belles découvertes archéologiques. Collections gallo-romaines de Vertault et des sanctuaires régionaux, Essarois, Le Tremblois, monuments funéraires de Nod-sur-Seine, ainsi que le sanctuaire de la Résurgence de la Douix...

➤ **Des circuits pédestres** jalonnés de plaques explicatives sur les monuments et sites remarquables de la ville ont été mis en place. Une façon sympa de parcourir les quartiers Saint-Vorles, Saint-Nicolas, Marmont et Chaumont.

Fêtes et manifestations

– **Carnaval :** *rens au* ☎ *03-80-91-50-50 (mairie).* Synonyme de **Tape-Chaudron** et de **Fête du Crémant**, il a lieu le 3e samedi de mars. Un défilé de chars ponctué par quelque 500 bidons et chaudrons agités frénétiquement. Une tradition qui a traversé les siècles. En l'an 437 de notre ère, les Burgondes étaient dans la plaine, traversée par la Seine, où ne se reflétaient alors que quelques huttes, embryon du Châtillon actuel. Contre les Huns, ils utilisèrent des escargots qu'ils excitaient (!) en cadence sur les boucliers et en scandant ce refrain digne d'Astérix : « Au chaudron, tap'chaudron ». En complément indispensable, pour arroser la fin de l'hiver, la **fête du Crémant.**
– **Journées Châtillonnaises :** *dernier w-e de juin.* Exposition artisanale et grande vente annuelle de la race bovine locale : la race Brune.
– **Semaine musicale Saint-Vorles :** *dernière sem d'août. Rens à l'office de tourisme.*

LA FORÊT DE CHÂTILLON 143

➤ DANS LES ENVIRONS DE CHÂTILLON-SUR-SEINE

🚶 **Le site de Vix :** à 7 km au nord-ouest par la D 971 (ex-N 71), puis suivre le fléchage. C'est au pied de la grosse colline (à 306 m d'altitude exactement) du mont Lassois qu'a été découvert le trésor de Vix. On suivra la petite route qui grimpe jusqu'au sommet pour la vue panoramique sur la plaine environnante et la petite *église Saint-Marcel*, du XIIe siècle *(mai-sept : dim et j. fériés slt, 15h-18h30)*.

🚶 **Le château de Montigny-sur-Aube :** à 25 km au nord-est par la D 965. ☎ 03-80-93-55-23. Parc, extérieurs du château et chapelle accessibles tlj, 1er juil-30 sept, 14h-18h. Tte l'année sur rendez-vous pour groupes. Exemple typique de style Renaissance édifié en 1550, avec ses grandes baies séparées par des colonnes doubles. De la forteresse médiévale initiale subsiste la tour rouge.

➤ *Balade-dégustation de crémant :* à faire en voiture ou à vélo, selon la façon dont on tient soi-même la route. Balade-dégustation de crémant-de-bourgogne de chaque côté de la Seine, entre Massingy *(domaine Brigand* et *musée Ampelopsis* dédié à l'évolution de la vigne et au vin)* et Chaumont-le-Bois, à 2 km d'Obtrée *(musée de la Vigne et dégustation chez M. Bouhelier ;* ☎ *03-80-81-95-97)*.

LA FORÊT DE CHÂTILLON

Dépliez votre carte : c'est cette grosse tache verte qui s'étend au sud-sud-est de Châtillon. Le plus grand massif forestier de Côte-d'Or, avec 9 000 ha d'une nature miraculeusement préservée (le marais des Brosses cache par exemple une faune et une flore d'une vraie rareté). L'homme, pourtant, y a vécu de longue date : les fouilles menées autour d'Essarois ont révélé que les Gallo-Romains s'y plaisaient déjà. Au XIe siècle, Bernard de Clairvaux aimait, paraît-il, en fouler les sous-bois. Dans les petits villages qui cernent la forêt, de nombreuses communautés de Templiers ont laissé quelques étonnants vestiges. Et la forêt de Châtillon a, pendant la Seconde Guerre mondiale, servi de refuge aux résistants à l'occupant nazi. Au carrefour des routes forestières typiques au plan en étoile qui sillonnent la forêt, un imposant monument a été élevé à la mémoire de ces maquisards.

Adresse utile

■ **Centre d'Interprétation de la Forêt :** *ruelle de la Ferme, 21290 Leuglay.* ☎ *03-80-81-86-11 ou 82-50.* • *maison-foret.com* • *De mi-mai à mi-sept : mar-ven 9h-12h, 14h-18h ; w-e 14h-18h. De mi-sept à mi-mai : lun-ven 14h-17h30 ; w-e sur résa. Entrée : 5 € ; réduc.* Expositions autour du bois, visites guidées de la forêt, parcours dans les arbres, sorties nature.

Où dormir ? Où manger dans et autour de la forêt de Châtillon ?

🏠 |●| **Chambres d'hôtes L'Abbaye du Val-des-Choues :** *21290 Essarois.* ☎ *03-80-81-01-09.* • *contact@abbayeduvaldeschoues.com* • *abbayeduvaldeschoues.com* • *Au cœur de la forêt. Doubles 70-80 € selon confort, petit déj compris. Repas familial avec vin et café compris 20 et 25 €. Visite de l'abbaye offerte sur présentation de ce guide.* Belles chambres d'hôtes aménagées dans les anciennes cellules des frères convers, qui n'en revien-

LE CHÂTILLONNAIS

draient pas. Mais que ne ferait-on pas pour le plaisir d'ouvrir sa fenêtre, le matin, sur la vaste cour de l'abbaye fleurie de roses et égayée par le chant des oiseaux, avec la forêt alentour ? Balades en calèche jusqu'à l'étang voisin du Marot.

Ie Le Sabot de Vénus : 21290 Bure-les-Templiers. ☎ 03-80-81-00-28. Tlj sf dim. Congés : 2 sem en fév et 2 sem en août. Menu du jour 12 € et 3 menus 13,50-30,50 €. Café offert sur présentation de ce guide. Comme un pied de nez au récurrent discours sur la désertification des campagnes. Petit bar-tabac-resto-épicerie tenu par une jeune et accueillante équipe. Si vous êtes dans le coin, on vous incite à encourager l'initiative, en passant y boire un verre, en terrasse s'il fait beau. Si c'est l'heure du déjeuner ou du dîner, n'hésitez pas non plus : salle toute pimpante et bonne cuisine à prix serrés.

➤ AUTOUR DE LA FORÊT DE CHÂTILLON

➤ **Circuits botaniques et de santé en forêt de Châtillon :** rens auprès de l'ONF au ☎ 03-80-91-55-20. Prévoir une petite participation. L'ONF organise régulièrement des sorties découvertes de la forêt.

🛖 **Villiers-le-Duc (21400) :** dans ce petit village à l'orée de la forêt, église Saint-Jean-Baptiste des XIIIe-XVe siècles avec peintures murales classées (visite tlj. S'adresser à Mme Beaumunier, en face de l'église).

🛖 **Voulaines-les-Templiers (21290) :** le village a été le siège du grand prieuré de Champagne de l'ordre du temple de Jérusalem. Vingt-quatre succursales relevaient de ce prieuré dont la juridiction s'étendait jusqu'à Trèves. Visite extérieure de la tour des Hospitaliers.

🛖 **Recey-sur-Ource (21290) :** Recey est comme couronné de villages semés çà et là, blottis dans un frais vallon ou escaladant les pentes. Le bourg lui-même est bâti en amphithéâtre sur les pentes du Grand-Foiseul, haut de quelque 442 m. À la fin du XVIe siècle, il fut entouré d'importantes fortifications dont subsiste la partie nord avec quelques tours. À 3 km, on peut voir de la route la « Courroirie », ancienne église des Chartreux de Lugny remontant aux premières années du XIIIe siècle, convertie aujourd'hui en gîte rural. De Recey, prendre la direction de Saint-Broing-les-Moines (c'est fléché) pour découvrir le très ancien marais des Brosses (un sentier aménagé de 250 m permet d'en percer tous les mystères).

🛖 **Bure-les-Templiers (21290) :** c'était – comme son nom l'indique – une des premières commanderies de France, fondée vers 1130. Dans la vieille église des Templiers, la tourelle abrite la pierre tombale d'un moine-soldat, commandeur des Hospitaliers. À voir également : le lavoir, sous la mairie-école, ensemble communal caractéristique de la IIIe République, ainsi que les extérieurs du château de Romprey. Quant au marais du Cônois (fléché depuis le village), il cache des plantes rares, dont certaines sont protégées. Sentier botanique balisé sur 1 500 m (accès libre et dépliant gratuit sur demande auprès du conservatoire des sites naturels bourguignon : ☎ 03-80-79-25-99).

🛖 **L'abbaye du Val-des-Choues :** à Essarois (21290). ☎ 03-80-81-01-09. • abbayeduvaldeschoues.fr • (60 %). Avr-juin et sept : tlj 13h-17h ; juil-août : tlj 10h-18h ; oct-Toussaint : slt le w-e 10h-17h. Entrée : 5 € ; réduc. Au cœur de la forêt, nichée dans un vallon, une ancienne abbaye cistercienne du XIIe siècle qui a résisté à la Révolution. Musée de la Vénerie, salle des Échos, salle de la Toison d'Or, galeries d'exposition, parc animalier. Reconstitution de jardins à la française avec de beaux bassins de pisciculture. Nombreuses randonnées et balades en forêt. Ne pas rater le repas de la meute des chiens (autour de 150), l'après-midi vers 16h. Fondée par Eudes III, duc de Bourgogne. Un musée avec quelque 500 trophées de cervidés et une salle de la forêt vivante pour découvrir tous les habitants de la forêt, du blaireau au sanglier.

Rochefort-sur-Brevon (21510) : à la lisière sud de la forêt domaniale de Châtillon, un joli village groupé autour d'un étang, et l'un des sites les plus admirés du Châtillonnais, marqué par l'ancienne activité sidérurgique avec des édifices encore très préservés et le magnifique château du maître de forges.

AIGNAY-LE-DUC (21510) 410 hab.

Le duc, c'est Robert I(er), premier duc capétien, fils de Robert le Pieux, roi de France, qui reçut le duché de Bourgogne en 1033 et habita le château d'Aignay. Au XV(e) siècle, le pays était un centre de commerce de draps, toiles, cuirs très important. Les guerres de Religion et les invasions lui furent fatales.

Adresse utile

Syndicat d'initiative : pl. Charles-de-Gaulle. ☎ 03-80-93-91-21. Juil-août : lun-ven 9h-12h, 14h-18h.

Où dormir ?

Chambres d'hôtes La Demoiselle : rue Sous-les-Vieilles-Halles. ☎ 03-80-93-90-07. • claude.o.bonnefoy@wanadoo.fr • maisonlademoiselle.com • Tte l'année. Doubles avec douche et w-c 40 €, petit déj compris. Repas, sur résa 16 €, vin compris. Apéritif maison ou café ou digestif offerts sur présentation de ce guide. La propriété de Claude et Myriam Bonnefoy se caractérise par son traitement minéral spécifique à la région. Belle maison de maître du début du XVIII(e) siècle. Repas servi près de la cheminée, dans le séjour. Jardin, vue sur le village et l'église du XIII(e) siècle.

Où dormir ? Où manger dans les environs ?

De bon marché à prix moyens

Chambres d'hôtes chez Rita Bonnefoy : rue du Centre, 21510 Échalot. ☎ 03-80-93-86-84. • leschambresderita.com • À 11 km au sud-est d'Aignay par la D 101. Tte l'année. Doubles avec douche et w-c 40 €, petit déj compris. Repas de terroir 16 €, boisson comprise. Apéro, café ou digestif offerts sur présentation de ce guide. Une maison de village qui vous dévoile tout son charme sitôt que vous en franchissez le seuil. Ses origines remontent au XVII(e) siècle, mais au cours de sa longue vie, elle devint le bistrot du village (d'où le peu d'attrait de la façade). Trois chambres avec de jolis meubles campagnards, dont une avec accès direct sur le jardin.

Le Val des Mâs : 21510 Beaunotte. ☎ 03-80-93-81-43. À 2,5 km au nord-ouest d'Aignay par la D 901. Tlj midi sf sam ; ainsi que dim en saison. Menus 11-20 €. Apéritif maison offert sur présentation de ce guide. Un petit resto à la mode d'autrefois, doté d'une déco incroyable (un rocher en plein milieu de la salle !). On se remplit la panse avec une viande et une purée maison ou un suprême de volaille aux morilles, un plateau de fromages du coin puis une tarte qui ne vient pas de la grande surface d'à côté...

Un peu plus chic

🛏️ 🍴 *Maison d'hôtes Manoir de Tarperon* : chez Soisick de Champsavin, 21510 Aignay-le-Duc. ☎ 03-80-93-83-74. • manoir.de.tarperon@wanadoo.fr • À 5 km au nord-ouest d'Aignay par la D 901. Mars-fin nov. Doubles avec douche et w-c ou bains 68-70 €, petit déj compris. Repas (sur résa slt) 28-30 €, apéro, vin et café compris. Niché dans un écrin de verdure, gentil manoir du XVIIIe siècle remanié par l'arrière-grand-père de Soisick au XIXe siècle. Une demeure de famille riche en souvenirs, dont ceux de Jean Bart, corsaire plein de panache, anobli et nommé chef d'escadre par Louis XIV. Cinq chambres plus craquantes les unes que les autres et une maison totalement ouverte aux hôtes, du vaste hall à la cuisine campagnarde, en passant par l'immense salon et la salle à manger aux portraits et encore l'atelier où peindre, modeler, chanter, danser... Accueil décontracté-chic et nature superbe.

À voir

🚶 Belles maisons du XVIe siècle, lavoirs intéressants et bien restaurés, ancienne forge. Ensemble architectural : lavoir de la Margelle et maison de tanneur, illuminé. Église Saint-Pierre-et-Saint-Paul construite au XIIIe siècle. Une des plus belles du Châtillonnais, avec un somptueux retable Renaissance en pierre, où neuf scènes de la Passion sont sculptées en haut relief, peintes et dorées.

➤ DANS LES ENVIRONS D'AIGNAY-LE-DUC

🚶 *Étalante* (21510) : *à 5 km au sud-est par la D 101*. Petit village un peu accroché à la pente. En contrebas, source de la Coquille aménagée (site idéal pour pique-niquer). Pour les marcheurs, insolite circuit des Girouettes, qui fait le tour des nombreuses fermes isolées, bâties pour la plupart aux XVIe et XVIIe siècles. Celle de *la Potière*, sur la D 901, plus près d'Aignay-le-Duc, une belle ferme forte (XVe-XVIe siècle), étant la plus connue. *Sam-dim et j. fériés slt, 10h-18h, sur rendez-vous* : ☎ 03-80-93-80-06. • lapotiere@aol.com •

BAIGNEUX-LES-JUIFS (21450) 320 hab.

Il aura suffi d'une autorisation de s'installer donnée vers la fin du XIIIe siècle à une colonie juive pour que le village trouve ce déterminatif qui intrigue tant les visiteurs. Bel ensemble de maisons anciennes des XVe et XVIe siècles, avec tourelles octogonales. Église gothique du XIIIe et joli lavoir. À 5 km, château début Renaissance de Jours-les-Baigneux. Beaucoup d'allure.

➤ DANS LES ENVIRONS DE BAIGNEUX-LES-JUIFS

🚶 *Le musée du Matériel agricole* : *21450 La Villeneuve-les-Convers*. ☎ 03-80-96-21-08. À 9 km de Baigneux. *Ouv sur demande à Guy Languereau. Entrée* : 4 € ; *gratuit jusqu'à 12 ans*. Un musée insolite sur 2 000 m², qui rend hommage à la vocation première du pays de Baigneux : une centaine de tracteurs, machines à vapeur, matériel de battage et de culture. Outils datant de 1850 à 1950.
– Au même endroit (la propriété de la famille est étendue), *musée de la Première Guerre mondiale* (*visite slt sur rendez-vous* ; ☎ 03-80-96-23-45 ; *gratuit*), en hommage à Louis Languereau, mort à Verdun. La collection des objets personnels s'es-

peu à peu élargie à tout ce qui concernait le quotidien de l'homme de troupe au cours de ces années terribles.

🍴 *Le château de Villaines-en-Duesmois (21450) :* ☎ *03-80-89-03-10. À 5 km de Baigneux. Ouvertures restreintes, il vaut mieux téléphoner avt de s'y rendre.* Château ducal du XIVe siècle. Exposition permanente sur la géologie (notamment la pétrographie) dans le Châtillonnais. Il ne reste que les quatre tours en cours de sauvegarde. Nombreuses maisons anciennes, dont l'ancien presbytère. Photos d'hier et d'aujourd'hui de Villaines. Remarquable mare circulaire (à 2 km, sur la route de Montbard).

🍴 *Fontaines-en-Duesmois (21450) : à 10 km de Baigneux.* Une place ombragée idéale pour un pique-nique avec, tout autour, manoir du XVIe siècle, chapelle du XVIe bâtie sur la source et faisant face à un lavoir, suivi d'un abreuvoir. Belles maisons anciennes dans le village.

ENTRE TILLE ET VINGEANNE

Au nord-est de Dijon s'étendaient autrefois des terres très convoitées. Entre la Tille (on devrait dire les Tilles, car tous les ruisseaux de ce bassin portaient naguère le même nom) et la Vingeanne, était-on bourguignon, champenois ou franc-comtois ? Querelles dépassées qui n'empêchent pas cette région d'être l'une des plus paisibles du département. Les châteaux d'apparat n'y sont-ils pas plus nombreux que les forteresses ? Si vous aimez l'eau (la région porte aussi le nom de pays des trois rivières) et la verdure, vous allez être servi.

GRANCEY-LE-CHÂTEAU-NEUVELLE (21580) 290 hab.

Important patrimoine historique : remparts du Xe siècle, porte fortifiée, collégiale Saint-Jean du XIIIe siècle, église Saint-Germain du XVe siècle. À découvrir avec le sentier des remparts, qui court sur 5,5 km. Magnifiques illuminations de l'ensemble des fortifications. Visite guidée toute l'année. Et, pour garder la forme, suivez le sentier des Girolles, sur 22 ou 24 km (!), ou celui de Saint-Germain si vous ne voulez pas vous fatiguer (3 km). Été musical et culturel.

Adresse utile

🛈 *Point Information Tourisme :* pl. de la Mairie. ☎ *03-80-75-63-45.*

Où dormir ? Où manger dans les environs ?

🏠 🍴 *Ferme-auberge de Larçon : chez Simone Ramaget, Larçon, 21580 Salives.* ☎ *03-80-75-60-92.* 🍴 *À 5 km de Salives. Avr-nov : dim soir, lun et à midi mar-sam. Sur résa slt. Doubles avec douche et w-c 40-45 €, petit déj compris. Menus 17-25 €.* Auberge rurale haute en couleur comprenant sept chambres d'hôtes, toutes simples mais pas désagréables. À la ferme-auberge, fameuses omelettes au lard, terrines de volaille ou encore les nombreuses tartes et crêpes. Accueil sympa.

➤ DANS LES ENVIRONS DE GRANCEY-LE-CHÂTEAU

🍴 **Salives** (21580) : *à 16 km au sud-ouest par la D 959, la D 112 puis la D 19d.* Beau donjon de l'an mil, le seul en Bourgogne de cette époque avec sa porte à... 12 m du sol ! Agréable promenade des remparts autour du village médiéval fortifié et de ses 12 tours restaurées. église médiévale intéressante par son architecture et ses sculptures. Autre curiosité : la source de la Tille jaillissant sous l'église, dans le lavoir (voir la plaquette sur le circuit des Lavoirs dans le Châtillonnais). Très beau jeu de lumière, œuvre d'un artiste contemporain. Tennis et golf.

IS-SUR-TILLE   (21120)   11 600 hab.

Tous les amateurs de mots croisés connaissent cette « gare de triage » en deux lettres... Is, pour remercier de tant de célébrité, organise tous les ans, le 3ᵉ week-end de mai, le festival de Mots-croisés. C'est aussi l'une des communes les plus dynamiques de la Côte-d'Or en matière d'art floral, autour du thème de la rose. À part ça... quelques vestiges d'enceinte et agréable promenade des Capucins.

Adresse utile

🛈 **Office de tourisme** : *2, rue Jean-Moulin.* ☎ *03-80-95-24-03.* • *is-sur-tille.com* • *is-sur-tille.fr* • *Avr-oct : mar-sam 9h-12h, 14h-18h (plus dim 9h30-12h30 en juil-août et j. fériés) ; nov-mars : mar-sam 9h-12h.* Point Internet. Accueil très sympathique. L'office organise des « demi-journées découverte de la truffe » de septembre à décembre. Visite et dégustation *(12 € sur résa).*

Où dormir ? Où manger ?

Camping

🏕 **Camping municipal des Capucins** : *rue des Capucins.* ☎ *03-80-95-02-08.* • *webmestre@is-sur-tille.fr* • *is-sur-tille.fr* • *Juin-sept. Emplacement pour 2 avec voiture, tente et électricité 9,50 €.* Petit camping sympathique en bordure de l'Ignon. Seulement quelques emplacements bien ombragés. Calme relatif en bord de route. à côté du parc et du centre sportif.

Prix moyens

🛏 🍽 **Auberge Côté Rivière** : *3, rue des Capucins.* ☎ *03-80-95-65-40.* • *cote.riviere@wanadoo.fr* • *auberge-cote-riviere.com* • ⚓ *Hôtel tlj ; resto tlj sf dim soir. Doubles tt confort 75-90 € (120 € pour le colombier, avec douche hydromassante). Menu du marché env 19 € ; autres menus 28-56 €.* Située dans la partie la plus bucolique du petit bourg, une belle maison de caractère, avec un parc ombragé et une terrasse au bord de l'Ignon, bien agréables en été. Pour les jours gris, une grande salle rustico-chic avec cheminée et plusieurs salons. Poutres en chêne et pierre apparente : ambiance intimiste garantie pour soirée en tête à tête. Bien bonne cuisine de saison, dans le style bourguignon. Pain maison, produits frais. Beau petit menu du jour. Chambres cosy, exquises, d'un confort rassurant.

Où dormir ? Où manger dans les environs ?

🛏 🍴 **Hôtel de la Poste :** 42, rue d'Aval, 21120 Til-Châtel. ☎ 03-80-95-03-53. Fax : 03-80-95-19-90. À 5 km à l'est par la D 959. Tte l'année, le soir lun-ven et dim midi ; sam soir en saison. Congés : 2e quinzaine d'oct et de Noël à mi-janv. Doubles avec douche et w-c ou bains 47-53 €. Menus 13-27 €. Café offert sur présentation de ce guide. Au calme, dans la ville basse, un ancien relais de poste évidemment, aux mains de la même famille depuis quatre générations, qui a le mérite d'être sérieux, de proposer des chambres très correctes et d'offrir une cuisine de tradition et de terroir bien calée, avec des menus honnêtes.

➤ DANS LES ENVIRONS D'IS-SUR-TILLE

➤ 🚶 **Le petit train des Lavières :** ☎ 03-80-95-36-36. De mi-juin à mi-sept : dim et j. fériés 15h-19h ; une nocturne mi-août. Compter env 1,50 € pour les grands. Un petit train touristique, tiré par son locotracteur Diesel, pour une balade champêtre sympa comme tout, dans des wagons découverts. Circuit en boucle dans une forêt de pins.

🍴 **Selongey (21260) :** à 10 km au nord-est par la D 659 et la D 3. Le bourg figure dans le *Larousse* pour avoir été, en 1953, le lieu d'une révolution. C'est ici que Frédéric et Henri Lescure ont inventé la fameuse « Cocotte-Minute » SEB, ensuite fabriquée dans leur usine. À voir, la petite chapelle Sainte-Gertrude, élevée en 1530.

🍴 **Gémeaux (21120) :** à 6 km au sud-est par la D 112. Des siècles d'histoire avec, entre autres, sa voie romaine, ses halles du XVe siècle.

LE VAL DE SAÔNE

Un long ruban vert déroulé de chaque côté d'une rivière d'apparence nonchalante, entouré de prairies au sud, de cultures maraîchères au nord... tel apparaît le val de Saône. Une vallée particulièrement convoitée au fil des siècles, dont les habitants se sont regroupés autour de ses villes fortifiées.

FONTAINE-FRANÇAISE (21610) 940 hab.

C'est à Fontaine-Française que s'est déroulé l'ultime épisode des guerres de Religion. Un monument commémoratif, aujourd'hui lieu de pique-nique, sur la route de Saint-Seine, à 1 km, rappelle la victoire remportée par Henri IV le 5 juin 1595 contre les troupes de la Ligue, commandées par le duc de Mayenne. Celui qui ne risque pas d'avoir un monument, c'est Gallas, qui, en 1636, à la tête des troupes suédoises, détruisit nombre de châteaux sur son passage. Pour se venger, on fait une méga-fête, de Selongey à Saint-Jean-de-Losne, tous les... cinquante ans. La dernière ayant eu lieu en 1988, vous avez encore le temps de prendre des places pour la prochaine !

Adresse utile

ℹ **Syndicat d'initiative :** à la mairie. ☎ 03-80-75-81-21.

Où dormir ? Où manger ?

🛏️ 🍽️ **Hôtel-restaurant de la Tour :** pl. Henri-IV. ☎ et fax : 03-80-75-90-06. Tlj sf mer soir. Congés : en sept. Doubles avec douche (w-c sur le palier) 37 €, avec douche et w-c 41 €. Menu 12 € à midi en sem ; autres menus 20-35 €. Café offert sur présentation de ce guide. Des chambres qui sentent encore bon la campagne, un resto qui a repris du poil de la bête, dirigé par un boucher-charcutier qui cuisine aussi la truite (au vin d'Arbois) et le filet de sandre. Beaux petits menus du jour.

Où dormir ? Où manger dans les environs ?

Camping

⛺ **Camping du Trou d'Argot :** pl. du Moulin, 21610 Montigny-Mornay (Villeneuve-sur-Vingeanne). ☎ 03-80-75-80-97 (mairie). • montigny-vingeanne@wanadoo.fr • À 8 km au nord-est par la D 960. De mi-mai à mi-sept. Emplacement pour 2 avec voiture et tente env 6 €. Camping tout simple, au bord de la rivière, à l'écart d'un vieux village accroché sur le coteau. Sanitaires assez corrects, laverie gratuite. Jeux pour enfants...

Plutôt chic

🛏️ 🍽️ **Château de Rosières :** 21610 Saint-Seine-sur-Vingeanne. ☎ et fax : 03-80-75-96-24. • rosieresbb@aol.com • À 8 km à l'est par la D 960, puis la D 30 après Saint-Seine ; à 3 km de la sortie du village, entre étangs et forêt, les pieds dans les deux départements – la Côte-d'Or et la Haute-Saône. Doubles avec douche et w-c 60 €, avec bains 70-120 €, petit déj compris. Dîner sur résa 25 €, boissons comprises. Apéritif maison offert sur présentation de ce guide. Un château du XVIe siècle qui ne manque pas d'allure. Son propriétaire ne cesse de l'aménager, entre deux trains (non, il n'est pas dans les affaires, il travaille comme contrôleur à la SNCF, ce qui en fait un châtelain pas vraiment comme les autres !). Des chambres avec carrelage du XVe siècle, et une suite avec porte de la même époque et des murs peints à la chaux, plus chère évidemment.

🛏️ **Commanderie de la Romagne :** 21610 Saint-Maurice-sur-Vingeanne. ☎ 03-80-75-90-40. • xavier.quenot@wanadoo.fr • romagne.com • À 12 km au nord-est par la D 960, puis la D 30. Doubles avec douche et w-c ou bains 80 €, petit déj compris. Aux confins de la Champagne et de la Franche-Comté, sur une boucle de la Vingeanne, cette ancienne commanderie de Templiers fondée avant 1144 devint, au début du XIVe siècle, commanderie de l'ordre de Malte. Ses fortifications sont renforcées à la fin du XVe siècle car elle se situe sur une frontière stratégique. Après la bataille de Fontaine-Française, elle reçoit Henri IV, qui y installe son camp et ses poules. Vous n'aurez rien à lui envier puisque vous serez accueilli dans de superbes chambres d'hôtes (1 chambre, 1 suite et 1 appartement) aménagées dans le bâtiment du pont-levis ; un lieu où les pierres se marient avec l'eau et les bois. Idéal pour rêver du trésor des Templiers.

À voir

🏛️ **Le château :** ☎ 03-80-75-80-40. Juil-sept : tlj sf mar 10h-12h, 14h-18h ; visite guidée (compter 40 mn). Entrée : 5 € ; réduc. Demeure parfaite du XVIIIe siècle, témoignage de la splendeur au Siècle des lumières, mais surtout d'un remarquable équilibre maison-environnement. Beau parc à la française avec 372 tilleuls taillés en portique, alignés comme pour une revue militaire, et des buis taillés en boule, pour égayer. Belle perspective sur la pièce d'eau.

➤ DANS LES ENVIRONS DE FONTAINE-FRANÇAISE

🚶 *Le château de Beaumont – La maison des Champs* : à *Beaumont-sur-Vingeanne (21310). Pas de téléphone.* • *aliette.rouget@wanadoo.fr* • *À 6 km au sud par la D 27. Visite de la maison en juil et sept slt : lun-sam 14h30-18h30. Tarif : 3 €. Jardin ouvert tte l'année sans rendez-vous. Entrée gratuite.* Maison édifiée au XVIIIe siècle par le chapelain de Louis XV. Belles dimensions, savantes proportions, ornementation type des hôtels particuliers parisiens.

🚶 *La maison forte de Rosières* : *tte l'année, 10h-19h. Visite libre (compter 20 mn). Entrée : 4 € ; gratuit jusqu'à 18 ans.* Chemin de ronde avec mâchicoulis, cheminées monumentales, boiseries intéressantes, magnifique plafond à la française, de quoi fantasmer un peu. Pour rêver tout à fait, on peut même y dormir loin du monde et du bruit (voir plus haut « Où dormir ? Où manger dans les environs ? »).

🚶🚶🚶 *Champlitte (70600)* : *à 17 km au nord-est par la D 960*. Ce gros bourg de Haute-Saône cache un des plus intéressants musées des arts et traditions populaires qu'il nous ait été donné de visiter. Les autres musées de Champlitte (de la Vigne et du Vin, et des Arts et Techniques 1900) ne sont pas mal non plus. Et l'histoire du bourg est plutôt étonnante. Si vous voulez en savoir plus, plongez-vous dans le *Guide du routard Franche-Comté*.

BÈZE
(21310)   650 hab.

Allez savoir pourquoi les gens sourient toujours lorsqu'on leur parle de Bèze ! Ce village se présente d'emblée comme un petit bourg de caractère, doté d'une maison à baies ogivales des XIIe et XIIIe siècles, ancienne école monastique classée, et de nombreuses maisons à colombages.

DE BÈZE AU CLOS DE BÈZE

L'ancienne abbaye fut à l'origine de l'un des très grands crus de Bourgogne : le clos de Bèze, à Gevrey-Chambertin. Les ceps de pinot noir furent transplantés par les moines à Gevrey-Chambertin. Pour devenir l'illustre Clos de Bèze, le plus vieux (?) vin vinifié de France. Mais il y a aussi des millésimes récents...

LE VAL DE SAÔNE

Où dormir ? Où manger ?

Très chic

🛌 🍽 *Moulin de Belle-Isle-en-Bèze* : *2, rue Porte-Depeset.* ☎ *03-80-85-50-85.* • *yasmine.boudot@online.fr* • *moulin-belle-isle.com* • *Sur résa avr-oct ; fermé nov-mars. Doubles avec bains, slt en ½ pens de prestige 260 € pour 1 couple.* Un vénérable moulin à l'écart du bruit, blotti entre deux bras de rivière, sur sa petite île. Étonnantes chambres décorées maison, façon chevaliers de la Table ronde (la propriétaire a longtemps vécu en Normandie !). Club salon très anglais. Au resto, cuisine gourmande de terroir (une pointe d'originalité avec la fricassée d'escargots au basilic ou le sandre soufflé au safran...). De tous les terroirs, d'ailleurs.

À voir

Les grottes de Bèze : ☎ 03-80-75-31-33. *Mai-sept : 10h-12h, 13h30-18h30 ; avr et oct : w-e slt. Entrée : env 4,50 € ; réduc.* Lac souterrain illuminé. Promenade à pied et en barque sur près de 300 m. Belle balade ensuite le long de la Bèze pour aller à la découverte de la deuxième source vauclusienne de France.

La maison de l'Éventail : *à l'hôtel-resto Belle-Isle-en-Bèze.* ☎ *03-80-85-50-85. À l'entrée du village. Sur rendez-vous. Entrée payante.* Une collection qui raconte l'histoire et l'origine de l'éventail, de 1533 à 1952, par la voix de Yasmine Boudot, patronne du *Moulin de Belle-Isle-en-Bèze* (voir « Où dormir ? Où manger ? »).

Le petit Lavoir des sœurs : à côté du cellier des moines qui avaient construit ce lavoir pour les sœurs. Parce qu'elles les distrayaient. Profitez-en pour admirer la **Tour d'Oysel** (XIVe siècle) et ses murs épais de 1,75 m.

➤ DANS LES ENVIRONS DE BÈZE

La culture du houblon : si vous êtes amateur de bière, vous vous régalerez du spectacle du houblon, cultivé en bord de route, entre Bèze et Beire-le-Châtel. Après la guerre de 1870, les Alsaciens et les Lorrains qui avaient fui l'occupant donnèrent une belle extension à une culture timidement introduite sur ces terres au milieu du XIXe siècle. Pas de production purement locale, mais, pour les amateurs, il existe quelques bières bourguignonnes qui ont déjà fait leur apparition dans les bars et les grandes surfaces.

La forêt de Velours : une forêt profonde et remplie de mystères comme les craignaient nos ancêtres. On y rencontre encore quelques vieilles bâtisses du XIXe siècle qu'habitaient autrefois les charbonniers. La forêt de Velours présente l'avantage d'être découpée en étoile. Explication : on y pratiquait à l'origine la chasse à courre, et ce découpage facilite le rabattage du gibier.

Le château de Lux : ☎ *03-80-75-37-18. À 5,5 km au nord-ouest par la D 959. Possibilité de visite slt lors de la journée du Patrimoine.* Édifice médiéval remanié au XVIIIe siècle, ancienne propriété des gouverneurs de Bourgogne et de la famille des Saulx-Tavannes. La mairie est plus haute que le château. La République a eu le dernier mot !

Le château d'Arcelot : dans un hameau de la commune d'Arceau (21310). ☎ *03-80-37-02-32.* • arcelot.com • *À 15 km au sud-ouest par la D 960. Juin-sept : mer-dim 14h-18h ; le reste de l'année : pour groupes slt et sur rendez-vous ; visite guidée (compter 45 mn). Entrée (château et parc) : 5 € ; réduc (parc seul : 2 €).* Deux petits pavillons construits au milieu du XVIIIe siècle, réunis par un bâtiment central quelques décennies plus tard, et voilà le premier château (de famille) néo-classique de Bourgogne sorti de terre. À l'intérieur, la chapelle et le Grand Salon présentent d'invraisemblables décors en stuc coloré, pas très bourguignons (ils ont d'ailleurs été façonnés par un artiste allemand). En ressortant de la visite guidée, 45 ha d'un grand parc à l'anglaise où s'ébattre (enfin, c'est vous qui voyez...) entre animaux et arbres séculaires.

TALMAY (21270) 470 hab.

Le village de Madame Sans-Gêne, à mi-chemin de Bèze et Auxonne, mérite une petite halte, autour de son château et de la ferme-auberge dudit château.

Où dormir ? Où manger ?

🛏 🍴 **Ferme-auberge de la Vingeanne** : route de Renève. ☎ et fax : 03-80-36-11-19. ♿ Resto fermé lun en hiver et 15 j. en janv. Résa impérative pour déguster terrines de lapin, volaille et desserts gourmands. Doubles 38-54 € selon confort et saison. Menus 20-30 € (25 € dim). Cinq chambres d'hôtes dans l'ancienne propriété de Madame Sans-Gêne (la cantinière de Napoléon, qui finit dans de beaux draps !). La famille Asdrubal sait recevoir, il suffit de voir les mines réjouies à la fin du repas.

Où dormir ? Où manger dans les environs ?

Camping

⛺ **Camping municipal de la Chanoie** : 46, rue de la Chanoie, 21270 Pontailler-sur-Saône. ☎ 03-80-36-10-58. • otpontailler@wanadoo.fr • ♿ À 7 km au sud-ouest par la D 976. Juste après le pont sur la Saône, 1re route à gauche. De mi-avr à mi-oct. Compter 11 € l'emplacement pour 2, avec voiture et tente. Tout fleuri, tout sympa, en bord de Saône. Balades en barque. Guinguette ouverte tous les jours. Plage aménagée et base de loisirs tout à côté.

Prix moyens

🛏 🍴 **Chambres d'hôtes chez Janine et Yves Fontenille** : 2, rue de Talmay, 21270 Maxilly-sur-Saône. ☎ 03-80-47-41-95. À 3 km au sud-ouest par la D 976. Fermé dim. Doubles avec douche et w-c ou bains 48 €, petit déj inclus. Table d'hôtes (le soir sf w-e, sur résa) 20 €, boisson comprise. Dans une grosse maison ancienne, noyée sous la vigne vierge. Les 3 chambres ont de l'allure : belle hauteur sous plafond, poutres apparentes et vieux meubles de famille. Délicieuse cuisine familiale et traditionnelle. Salon décoré façon bistrot : un billard (rond !) et un vieux juke-box dans un coin. Accueil extrêmement chaleureux. On vous prête des vélos si vous voulez pédaler sur les petites routes du coin, des cannes à pêche et une barque si vous préférez taquiner le poisson sur la Saône.

À voir. À faire

🎯 **Le château** : ☎ 03-80-36-13-09. Accès par la rue Thénard, près de l'église. Juil-août : tlj sf lun 15h-18h. Visite guidée (compter 40 mn). Entrée parc + donjon : 6 € ; entrée donjon : 5 € ; parc : 3 € ; réduc ; gratuit pour les moins de 12 ans. Un haut donjon du XIIIe siècle attire les regards de ceux qui s'arrêtent, songeurs, devant les grilles de la propriété. Aménagé au XVIIe siècle avec boiseries et mobilier d'époque, il domine un château classique du XVIIIe siècle et un parc avec jardins à la française.

➤ 🚶 **Circuit des monuments, rivière et nature** : rens à l'office de tourisme de Pontailler-sur-Saône, ☎ 03-80-47-84-42. • tourisme-cantonpontailler.com • Autour de Talmay, balade pédestre de 11 km (balisage blanc pas toujours évident) au fil de l'histoire, du château à la maison natale de Mme Sans-Gêne, vers la Saône, avant de revenir par la chapelle du Frêne et sa fontaine d'eau vive.

➤ DANS LES ENVIRONS DE TALMAY

🎯 **Le pont-levis de Cheuge** (21310) : à 6 km au nord-ouest par la D 112d. Un peu à l'écart du village (point de vue par la route de Jancigny, sur le pont), étonnant pont-levis du XIXe siècle sur le canal de la Marne à la Saône, où a été tourné *La Veuve Couderc* avec Alain Delon et Simone Signoret. Le bistrot du village conserve pieusement, accrochées à ses murs, des photos du tournage. Par la rue du Moulin ou la rue du Café pour l'approcher avec la nostalgie des amoureux du 7e art.

AUXONNE (21130) 7 785 hab.

Ville de garnison pour les uns, capitale de l'oignon ou arrêt pain-beurre et café sur la route du ski pour les autres... Cette petite ville, forte de son passé de ville frontière, est devenue une agréable station verte, avec un port de plaisance à 500 m du centre-ville, adossé à 400 m de fortifications du XVIIe siècle. Intégration d'autant plus facile que le bassin existait déjà à l'époque.

Adresse utile

ℹ️ Office de tourisme : pl. d'Armes. ☎ 03-80-37-34-46. • ot-auxonne.fr • Face à l'église. Tlj sf dim et lun mat 9h-12h, 14h-18h. Visite guidée de ts les monuments de la ville (3,50 €) sur rendez-vous. Également un chalet en bord de Saône, tlj en saison. ☎ 03-80-31-18-44.

Où dormir ?

Camping

⛺ Camping de l'Arquebuse : route d'Athée. ☎ 03-80-31-06-89. • camping.arquebuse@wanadoo.fr • campingarquebuse.com • Tte l'année. Autour de 15,40 € l'emplacement pour 2, avec voiture, tente et électricité. Un camping bien équipé en bord de Saône. Canoë, ski nautique... Piscine et resto.

Où dormir ? Où manger dans les environs ?

🛏️ 🍴 Chambres d'hôtes Les Laurentides : 27, rue du Centre, 21130 Athée. ☎ 03-80-31-00-25. • michrobroyer@wanadoo.fr • http://leslaurentides.over-blog.com • À 4 km au nord par la D 24. Doubles avec douche et w-c 50 €, petit déj compris. Table d'hôtes le w-e 21 €, avec apéritif et boissons à volonté. Vélos à disposition. Apéritif maison, café, digestif maison et réduc de 10 % sur le prix de la chambre, hors saison et à partir de 3 nuits, sur présentation de ce guide. Maison de caractère du XIXe siècle, avec un grand jardin. Accueil chaleureux qui fait oublier l'impression de bord de route, et atmosphère entretenue par une fan de brocante qui a su donner une âme à sa maison. Chambres à thème : une « Mexicaine », une autre toute bleue « Myosotis » donnant sur le jardin (notre préférée). L'été, les dîners sont servis sur la terrasse, autour d'un barbecue.

🛏️ 🍴 Chambres d'hôtes chez Claudette et Gilbert Millière : 17, rue de la Serpentière, 21130 Athée. ☎ 03-80-37-36-33. • gc-milliere@ifrance.com • À 4 km au nord par la D 24. Ouv tte l'année. Doubles avec douche et w-c 44 €, petit déj compris. Table d'hôtes 20 €, boisson comprise. Chambres décorées avec goût dans une ancienne ferme fleurie et calme. Solide petit déj. Table excellente et copieuse, avec beaucoup de produits du terroir : terrine, coq au vin... Belle adresse.

🛏️ 🍴 Hostellerie Le Saint Antoine : 32, rue Franche-Comté, 21760 Lamarche-sur-Saône. ☎ 03-80-47-11-33. • le saintantoine@wanadoo.fr • lesaintantoine.com • À 10 km au nord par la D 976. 1er nov-31 mars : tlj sf dim soir et lun midi. Congés : 2 sem en nov et 2 sem en fév. Doubles avec douche ou bain et w-c 60 € (2 suites « jardin » climatisées 130 €). Menu 14 € à midi lun-ven ; autres menus 26-60 € ; compter 30-35 € à la carte. La déco à thème, personnalisée selon les chambres, est revue régulièrement. Pimpantes, fonctionnelles et (très) spacieuses pour certaines, elles sont un poil plus calmes sur l'arrière. La table régionale de Jean-Pierre Jagla propose une très bonne cuisine de terroir (agrémentée de plantes aromatiques). Fraîcheur et couleurs mis en exergue par un service souriant et efficace. Piscine couverte ; sauna, hammam (payants).

I●I **Le Nymphéa :** 32, rue Franche-Comté, 21760 Lamarche-sur-Saône. ☎ 03-80-32-02-50. à 10 km au nord par la D 976. Accès par le petit chemin à côté de l'hostellerie Le Saint-Antoine (sur la D 976). Tte l'année, tlj midi et soir en saison, sf lun et sam midi. Fermé dim soir hors saison. Congés : Noël-Nouvel An et vac scol de fév. Résa plus qu'indispensable le w-e... et même en sem ! Compter 20-25 € à la carte. Le Nymphéa fleurit en bord de Saône. Une vraie guinguette tenue par le fils Jagla, de l'hostellerie voisine. On y vient d'abord pour les copieuses fritures d'ablettes ou d'autres poissons servies dans la grande salle, ou à la terrasse fleurie qui domine les berges, là où accostent les bateaux ! Mais entre terrines et salades, fritures, poissons, viande et volaille (gratiné de poulet aux écrevisses), l'estomac hésite. D'autant que l'accueil est super sympa et naturel avec la pétillante jeune patronne.

À voir

🎯 **Sur les pas de Bonaparte :** ancienne place forte, Auxonne cultive le souvenir de Bonaparte qui séjourna ici à deux reprises, de juin 1788 à septembre 1789, puis de février à juin 1791, entre deux longs semestres de congés en Corse.
– Petit *musée Bonaparte* dans l'une des tours du château d'Auxonne (XVe siècle), abritant quelques souvenirs du séjour de Napoléon (☎ 03-80-31-15-33. 2 mai-30 sept : tlj 10h-12h, 15h-18h. Ouverture sous réserve ; était fermé en 2007. Gratuit). Armes, objets du Premier et du Second Empire et quelques effets personnels du petit caporal corse.

🎯🎯 **L'église Notre-Dame :** le transept méridional date du XIIe siècle, tandis que le reste fut construit du XIIIe au XIVe siècle, le porche ayant été rajouté en 1516. Le guide signale en un heureux amalgame qu'il faut voir « orgues, chaire à prêcher, lutrin, aigle en bronze de 1562, statue de la Vierge au raisin du milieu du XVe siècle, saint Antoine polychrome de la fin du XVe, christ de pitié du XVIe ».

🎯🎯 En sortant, prenez le temps d'admirer les **maisons des XVIe et XVIIe siècles,** avant d'aller jeter un œil aux **fortifications** et à l'*arsenal* d'artillerie construit par Vauban. Il sert de halles, le vendredi, pour le marché.

Manifestations

– **Carnaval d'Auxonne :** 1er dim de mars. ☎ 03-80-37-34-46, rens à l'office de tourisme. Un des plus importants de la région, depuis près d'un siècle.
– **Son et lumière au château :** août, ts les 2 ans (années impaires).

SAINT-JEAN-DE-LOSNE (21170) 1 270 hab.

Plus petite commune de France par sa superficie (36 ha de terre et 20 ha d'eau), Saint-Jean-de-Losne est aujourd'hui le premier port fluvial de plaisance européen, « surbooké » en été. Sa situation, au confluent de la Saône et des canaux de Bourgogne et du Rhône au Rhin, lui a valu d'être, en effet, depuis le XIXe siècle, la capitale de la batellerie.

Adresse utile

Office de tourisme : 5, av. de la Gare-d'Eau. ☎ 03-80-29-05-48. • saintjeandelosne.com • Mai-oct : tlj sf dim et j. fériés, 9h30-12h, 14h-18h ; nov-avr : lun 14h-17h30, mar-sam 9h30-12h et 14h-17h30. Location de VTT. Point Internet (payant).

Où dormir ? Où manger ?

Camping

Camping Les Herlequins : ☎ 03-80-39-22-26. • info@saintjeandelosne.com • saintjeandelosne.com • Mai-sept. Env 11 € l'emplacement pour 2, avec voiture et tente. Camping classique sur les bords de la Saône. Snack proposant une petite restauration.

Prix moyens

Le Saint Jean : 12, rue du Château (quai de Saône à gauche, après l'église et avt le pont). ☎ 03-80-29-03-93. • hotelsaintjean@wanadoo.fr • Tlj tte l'année sf dim soir et lun midi 1er nov-31 mars. Congés : 2 sem en nov et 2 sem en fév. Doubles avec douche ou bains et w-c 58-85 €. Menu 11 € le midi lun-ven ; autres menus 26-40 €. Ne vous arrêtez pas à la déco du bar, avec ses filets de pêche. Ce petit hôtel du bord de Saône abrite des chambres modernes, impeccables (très calmes derrière, vers la petite place), entièrement rénovées. Cuisine de poisson (belle friture !), aromatique, un soupçon originale. Outre l'actuelle terrasse brasserie, une nouvelle terrasse en surplomb du fleuve devrait être installée en 2008 !

À voir. À faire

La maison des Mariniers : 5, rue de la Liberté. Rens : office de tourisme. Mai-sept : tlj sf lun 14h30-18h30. Entrée libre ou petite participation. Pour tout savoir sur la batellerie. Une des plus vieilles maisons de la ville. Remarquez la Vierge bourguignonne sculptée à même l'une des poutres de l'escalier.

L'église Saint-Jean-Baptiste : gothique (XVe et XVIe siècle). Un immanquable édifice de brique élancé comme un gratte-ciel. Clocher à tourelle et toits très pentus, recouverts de tuiles vernissées pour bien se rappeler qu'on est en Bourgogne. À l'intérieur, chœur bizarrement orienté vers l'ouest, contrairement à la tradition catholique qui voulait qu'il soit tourné vers l'est ; majestueux orgue du XVIIIe siècle.

Croisière sur la Saône : Société S2N. ☎ 03-80-29-15-88 ou 06-72-10-81-80. Propose des croisières simples ou avec repas au départ d'Auxonne, Pontailler-sur-Saône et Saint-Jean-de-Losne.

Parcours éco-pagayeur : rens et tarifs auprès de l'office de tourisme, ☎ 03-80-29-05-48. Concept original, peut-être unique en France, pour découvrir la faune et la flore des rivières en canoë canadien (bien stable). Cette pratique écologique réduit l'impact environnemental sur l'écosystème. Après les conseils de pros, en suivant le topoguide, on se lance à la découverte de la Saône ! Il suffit de suivre l'audioguide à déclenchement GPS (nouvelle petite merveille de technologie). Itinéraires de 2h à ½ journée entre Saint-Jean et Seurre.

Fêtes et manifestation

– **Pardon des Mariniers :** *3ᵉ w-e de juin.* Grande fête de la batellerie. Une fête solennelle avec une flotte de péniches superbement décorées et une grand-messe donnée sur l'une d'elles.
– **Salon du Livre et du Vieux Papier :** *11 nov.* Les bouquinistes envahissent la ville.
– **Saint-Nicolas :** *début déc, dim le plus proche de cette fête.* Arrivée de saint Nicolas sur la Saône, défilé et grand marché à travers la ville.

➤ DANS LES ENVIRONS DE SAINT-JEAN-DE-LOSNE

¶ **Le château de Longecourt-en-Plaine (21110) :** *2, rue du Château.* ☎ 03-80-39-88-76. *À 15 km au nord-ouest par la D 968. Juin-sept : tlj sf ven 14h-17h30, sur rendez-vous ; visite guidée (compter 1h). Entrée : 5 € ; visite libre des extérieurs : 2 €.* Beau château Renaissance remanié au XVIIIᵉ siècle. Extérieur de brique et de stuc (très abîmés) dans le goût italien de l'époque. Entouré de douves et de tours rondes, cet ancien rendez-vous de chasse des ducs de Bourgogne est la propriété de la famille de Saint-Seine depuis trois siècles. Dans le parc, des arbres du même âge et une belle collection de rosiers, un peu plus jeunes, dans le jardin. Le château abrite également des chambres d'hôtes.

SEURRE (21250) 2 800 hab.

Cette petite ville tranquille s'étirant le long des berges accueillantes de la Saône partage avec Nuits-Saint-Georges le lourd privilège d'être la plus près des diables et du bon Dieu. Les diables étant peints sur des fresques à l'église de Bagnot, Dieu étant chez lui partout ailleurs dans ce plat pays, naguère marécageux et forestier. Il vit, en 1098, s'élever un monastère bâti en bois et torchis qui allait devenir célèbre dans le monde entier : Cîteaux.

Adresse utile

🅘 **Office de tourisme :** *maison Bossuet, 13, rue Bossuet.* ☎ 03-80-21-09-11. *Horaires fluctuants, se renseigner.*

À voir

¶ **L'hôtel-Dieu :** *14, Grande-Rue-du-Faubourg-Saint-Georges.* ☎ 03-80-20-39-11. ♿ *Avr-nov : tlj sf ven 14h-17h. Visite libre de la salle des malades et de la chapelle ; visite guidée des autres pièces sur rendez-vous.* Nouveau parcours aménagé pour une très belle alternative aux Hospices de Beaune. Toujours en activité, l'hôpital renferme, dans sa partie ancienne (XVIIᵉ-XVIIIᵉ siècle), de véritables trésors : apothicairerie avec une belle collection de faïences, cuisines, grande salle des hommes avec ses anciens lits clos, chapelle.

¶ **La maison Bossuet, écomusée du Val de Saône :** *13, rue Bossuet.* ☎ 03-80-21-09-11. *Avr-oct : mar-ven 10h-12h, 14h-17h30. Entrée : 2,30 € ; réduc.* C'est *l'office de tourisme...* Dans la maison familiale de Bossuet (XVIe siècle), où vécurent les ancêtres du grand prédicateur, bourgeois aisés qui exerçaient les métiers de charron et drapier, et dont plusieurs furent échevins ou maïeurs. Beau bâtiment en brique rouge, typique de l'habitat local. Outre l'office de tourisme, l'endroit abrite aujourd'hui une galerie d'exposition et un musée de 3 étages regroupant des pièces du patrimoine naturel et traditionnel du val de Saône (céramique et archéologie, batellerie, vieux métiers à l'origine de l'industrie de la prothèse).

L'étang Rouge, écomusée du Val de Saône : *rue de Franche-Comté. À la sortie de la ville, direction Saint-Aubin. Mai-sept : sur rendez-vous (à l'office de tourisme) ; juil-août : jeu 15h-18h. Entrée : 2 €.* Suite quasi obligatoire de la maison de Bossuet (avec reconstitution de fermes, maisons bressanes, granges, pigeonniers). Une passionnante réhabilitation du patrimoine local sur 6 ha. Nombreuses manifestations : brocantes, saveurs d'automne...

▶ DANS LES ENVIRONS DE SEURRE

L'église de Bagnot *(21700) : à 10,5 km au nord-ouest par la D 996, puis la D 20. Rens :* ☎ *03-80-21-09-11 (office de tourisme). Ouv en principe tlj 9h-19h.* Avant de marcher sur les pas des moines de Cîteaux, allez tenter le diable dans cette belle petite église fleurie, mignonne comme tout, dont les murs sont ornés de fresques naïves et saisissantes datant du XVe siècle et connues sous le nom de *Diables de Bagnot*.

L'ABBAYE DE CÎTEAUX

Abbaye fondée à la fin du XIe siècle, berceau de l'ordre cistercien. *Sur la D 996.* ☎ *03-80-61-11-53.* • *citeaux-abbaye.com* • *Mai-début oct : 9h45-18h30 (dernière visite 17h) ; fermé dim mat, lun (sf 14 juil), les mat de l'Ascension et du 15 août, ainsi que lun et mar en basse saison. Résa conseillée pour les visites guidées :* ☎ *03-80-61-32-58 ou par e-mail* • *visites@citeaux-abbaye.com* • *Visite guidée : 7 € ; réduc ; gratuit jusqu'à 7 ans.*
Un petit livret interactif est distribué à chaque enfant. Parcours guidé « Cîteaux d'hier et d'aujourd'hui ». Audiovisuel sur la vie des moines. Diaporama (30 mn). Exposition gratuite : « La Journée du moine ». Vente de fromage de Cîteaux *(tte l'année, tlj sf lun, à l'exception des lun fériés).*
Eh oui, c'est ici que l'aventure cistercienne a commencé, au cœur d'une forêt marécageuse, à mi-chemin entre Seurre et Dijon. C'est parmi les « cistels » (roseaux) que dom Robert décida d'ériger le « nouveau monastère » pour vivre, loin du faste de Molesmes, selon la stricte règle de saint Benoît, dans l'esprit de pauvreté, de travail et de prière. Le 21 mars 1098, une poignée d'hommes venant du monastère de Molesmes est arrivée dans la forêt de Cîteaux. Ils furent rejoints 15 ans plus tard par le futur saint Bernard, personnage passionné, flamboyant et très engagé dans les débats de son temps. Son influence fut déterminante sur son siècle et sur la vie de son ordre. Huit siècles après, le 2 octobre 1898, une nouvelle poignée d'hommes a réoccupé les lieux d'où les moines avaient été chassés à la Révolution. Aujourd'hui, on vient du monde entier pour découvrir l'atmosphère de Cîteaux.
Ne soyez pas surpris, il n'y a plus grand-chose à voir du Cîteaux du XIIe siècle : deux des bâtiments qui ont échappé au massacre de la Révolution (bibliothèque et définitoire) sont cependant ouverts au public. La bibliothèque (1509), restaurée, offre aux visiteurs une exposition des premières enluminures créées à Cîteaux, au XIIe siècle, et l'on peut également visiter le cloître des copistes, lui aussi restauré. Dans l'une des cellules est exposée une maquette de l'abbaye en 1720 ; dans une autre, un atelier de moine copiste.

L'ABBAYE DE CÎTEAUX

Depuis peu, un aménagement paysager retrace au niveau du sol les contours d'une partie des bâtiments anciens.
En 2008 se tient une exposition sur le thème « Cîteaux, 900 ans d'aménagement durable en Bourgogne ».
Le site présente un intérêt exceptionnel, et le parcours mis en place, en 1998, à l'occasion des cérémonies du neuvième centenaire, permet de mieux comprendre encore la spiritualité et l'organisation cistercienne, celle qui voit aujourd'hui, sur cinq continents, dans plus de 350 monastères, des communautés vivantes marcher sur le chemin ouvert ici par les « aventuriers du nouveau monastère ».
Un document audiovisuel très bien fait donne à lire le déroulement historique des neuf siècles écoulés et la vie actuelle des moines.
Après la visite, c'est sereinement que vous prendrez la route pour découvrir un autre département où règne l'esprit sans que la bonne chère soit oubliée : la Saône-et-Loire.

LA SAÔNE-ET-LOIRE

Si vous avez pris l'autoroute pour rejoindre Mâcon, depuis Dijon ou Beaune, l'apparition de villages aux toits de tuiles douces et rondes à la romaine, accompagnée dans l'air d'un changement de climat et d'atmosphère, d'une lumière soudain plus gaie, vous a signalé, mieux qu'un panneau frontalier, le passage du « Nord » au « Sud » non seulement de la Bourgogne, mais aussi de la France. Frontière architecturale d'abord : au niveau de Tournus, les toits très inclinés recouverts d'ardoises ou de tuiles plates s'évasent, s'étalent, prennent de la couleur, se couvrent de tuiles rondes à la romaine ou provençales. Frontière linguistique : c'est au nord du Mâconnais aussi que passe la limite entre le « franco-provençal » et la langue d'oïl. À Prety, 3 km au sud de Tournus, le « mas », mot méridional pour l'habitation rurale, est remplacé par « meix », sa forme nordique.

ABC DE LA SAÔNE-ET-LOIRE

- *Superficie :* 8 575 km^2.
- *Préfecture :* Mâcon.
- *Sous-préfectures :* Chalon-sur-Saône, Autun, Charoller et Louhans.
- *Population :* 546 000 hab.
- *Densité :* 64 hab./km^2.

UNE TERRE DE TRANSIT(ION)

Les paysages se caractérisent par leur grande diversité, avec des particularismes propres au Mâconnais. Trois massifs « montagneux » : au sud, les monts du Mâconnais ; au nord, ceux du Clunisois et du Tournugeois. Point culminant : le signal de la Mère-Boitier (758 m). On y trouve beaucoup de forêts composées de sapins Douglas, de différentes variétés de chênes – dont le chêne rouvre et le pubescent, à l'aise sur les sols calcaires –, d'érables, de hêtres, de châtaigniers, etc. Au fond des vallées, les pâturages ; au-dessus, les cultures et vignes, puis une végétation propre à la région, la *teppe*. Là, sur les hauteurs, sur les crêtes nues et ventées des collines, s'étendent de vastes zones de cette *teppe*, toundra herbeuse parsemée de buissons malingres. Panoramas montagnards étonnants ! Au sud, vigne omniprésente et villages opulents, tandis que le nord du Mâconnais laisse sa forêt prendre le dessus. Entre les deux, le Mâconnais central ondoie paisiblement. Pâtures, maïs et vignes s'y côtoient sans heurts, et nos amis ruminants y sont nombreux. Au nord enfin, la vigne se fait rare ; dans de séduisants paysages forestiers, la petite agriculture traditionnelle régresse, la campagne se désertifie, les villages se vident... Vallées, routes de crête plus intimes, architectures rurales émouvantes de simplicité rugueuse et de charme.
Puis c'est toute la plaine de la Bresse bourguignonne qu'il vous faudra découvrir, avant de repartir vers Chalon-sur-Saône, la capitale économique du pays, et cette Côte chalonnaise qui cache quelques merveilles de gueule. La suite de l'itinéraire n'appartient qu'à vous, s'il vous prend l'envie de suivre le canal du Centre, trait d'union entre Saône et Loire, entre Chalon et Digoin, les deux villes-portes du département. Long de 112 km, il fut réalisé au XVIIIe siècle par l'ingénieur-architecte Emi-

land Gauthey et fut le principal vecteur du développement industriel local avant de devenir un des pôles touristiques majeurs du pays pour ce début de XXIe siècle. Quel que soit le moyen de transport choisi, fluvial ou terrestre, le voyage en Bourgogne du Sud passe tout naturellement par le Charolais et le Brionnais, terres méconnues riches en patrimoine roman, avant de se poursuivre, selon le temps et l'envie, entre une Loire qui, quoique fort discrète, a donné la moitié de son nom à ce département, et les bords du canal du Centre. D'autres destinations s'ouvrent au tourisme, lentement, car ce pays a du mal à se détacher de ce qui fut longtemps sa première raison d'être, le travail : Toulon-sur-Arroux, Montceau-les-Mines, Le Creusot... Vous voilà arrivé aux portes du Morvan, entre Bibracte et Autun, qui racontent à elles seules une autre histoire, développée dans un autre chapitre.

RANDONNÉES EN BOURGOGNE DU SUD

Vallées fluviales de la Loire et de la Saône, côte calcaire du Mâconnais et du Chalonnais, bocages du Charolais-Brionnais, étangs de la Bresse, Morvan... la Saône-et-Loire dispose d'un potentiel considérable pour la pratique de la randonnée (pédestre, équestre, cycliste). Tout le monde y trouve son compte, le marcheur chevronné comme celui du dimanche.

La fameuse **Voie verte**, aménagée par le Conseil général, dispose désormais de plus de 80 km de pistes goudronnées, utilisant aussi bien les anciennes voies de chemin de fer que les chemins de halage. Après avoir longé le canal du Centre, sur 22 km, entre Chagny et Chalon, c'est à l'entrée de ce village de la Côte chalonnaise qu'elle trouve véritablement sa « voie » : 44 km de rêve entre bocages, forêts et coteaux viticoles, permettant d'accéder aussi bien à Buxy, Cormatin que Cluny, où elle commence son dernier parcours, long cette fois d'une vingtaine de kilomètres, à travers le Val Lamartinien et jusqu'à l'entrée de Mâcon. Un itinéraire qui présente des dénivelées plus importantes que le reste du parcours. Indispensable : le dépliant-carte *Voies vertes et cyclotourisme,* avec le descriptif de la vingtaine de boucles balisées (voies vertes et véloroutes), disponible dans tous les offices de tourisme situés sur le parcours. Noter que la ligne de bus Mâcon-Cluny-Chalon (n° 7) permet de revenir au point de départ. Résa obligatoire, la veille, pour le transport des vélos.

> ### LE TOUR DU MONDE EN MORVAN
>
> *Le département compte plus de 1 600 km de chemins de randonnée, ainsi qu'une partie du GRP « Tour du Morvan ». Environ 300 itinéraires balisés, répartis sur plus de 5 000 km, permettent de découvrir autrement le pays grâce à de nombreux circuits thématiques ou d'interprétation (environnement, archéologie, patrimoine...).*

– **Quelques ouvrages :** *Circuits pédestres et VTT Mâconnais-Charolais* (guide Franck), *Cyclotourisme en Saône-et-Loire* (34 itinéraires ; édité par le CDT), *22 Circuits en pays clunisois* (édité par la maison de la Randonnée à Rennes), etc.
– **Formules intéressantes :** les produits forfaitisés pour individuels. Parcours insolites, comme le tour du Brionnais à pied, le « Pass Balad » sur la route des Vins ou encore le circuit des églises romanes à vélo, élaborés par le CDT et France-Randonnée.

Adresses et infos utiles

ℹ Maison de la Saône-et-Loire (CDT) : 389, av. De-Lattre-de-Tassigny, 71000 Mâcon. ☎ 03-85-21-02-20. • in fo@bourgognedusud.com • bourgogne-du-sud.com • Édite toutes sortes de brochures sur les circuits (route des châteaux de Bourgogne du Sud, route des vins mâconnais beaujolais...) et une liste des établissements labellisés « Tourisme et handicap ».

LA SAÔNE-ET-LOIRE

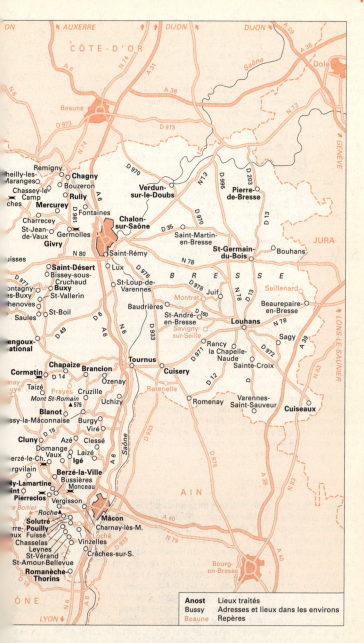

LA SAÔNE-ET-LOIRE

Syndicat d'initiative de Charnay-lès-Mâcon : *espace de loisirs Charnay-Condemine, 2727, route de Davayé, 71850.* ☎ 03-85-20-53-90. ● charnay.com ● Fermé Noël-Jour de l'an. Après 30 ans de désaffection, l'ancienne gare s'est ouverte à une « voie » nouvelle : la Voie verte, qui relie Mâcon à Saint-Léger-sur-Dheune. Transformée en syndicat d'initiative, c'est devenu le lieu rêvé de départ et d'arrivée de nombreux itinéraires de randonnées et de découverte, qu'ils se fassent à pied, à cheval ou à vélo.

Gîtes de France : *esplanade du Breuil, BP 522, 71010 Mâcon Cedex.* ☎ 03-85-29-55-60. ● gites71.com ●

Comité départemental de tourisme équestre : *à la mairie de Saint-Gengoux-le-National (71460).* ☎ 03-85-50-77-80. Nombreux renseignements si vous voulez faire des randonnées équestres.

– *Spécial « têtes blondes » :* demander au CDT la brochure « Aventures mômes » qui recense les sites sympas pour les 4-14 ans (environ 65 en 2007). La liste des prestataires apparaît sur le site internet ● bourgogne-du-sud.com ● et dans le dépliant-carte (téléchargeable sur le site). Parmi les thèmes retenus : Musées Marrants, Châteaux Rigolos, Petits Maîtres, Aventures Nature, Petits Gourmets et Gros Dormeurs (eh oui, on a même pensé aux restos et hôtels !), etc.

MÂCON (71000) 34 000 hab.

> Pour le plan de Mâcon, se reporter au cahier couleur.

Pour découvrir vraiment Mâcon, petite ville active à la frontière du Beaujolais, du Mâconnais et de la Bresse, il faut traverser la Saône. Là, vous avez la plus belle des vues sur le quai et ses maisons bien alignées, le vieux pont, l'ancienne cathédrale se détachant en fond. Le samedi matin, il règne une belle animation sur les quais : c'est le marché sur l'esplanade Lamartine !
Les autres jours, Mâcon reste une ville plaisante à vivre, même si on est dérouté par l'absence de centre réel, le peu de maisons anciennes (mais on y trouve l'une des plus belles de Bourgogne) et un plan de circulation bizarre qui n'arrive pas à rendre véritablement les quais aux piétons. La faute à la N 6 (disent les riverains, blasés), qui draine par là un flot ininterrompu de véhicules et empêche désormais Mâcon de devenir une ville véritablement touristique, malgré ses atouts majeurs.

UN PEU D'HISTOIRE

Pourtant, l'histoire plaide pour une mise en avant de ce lieu stratégique qui fut un port important dès le IIIe siècle avant notre ère. Les Romains y bâtirent un castrum : Matisco, bien placé sur la voie Agrippa, la grande voie reliant Lugdunum (Lyon) aux provinces du Nord. Dès 536, la création d'un évêché et, quelques années plus tard, l'arrivée des reliques de saint Vincent de Saragosse allaient accroître l'importance du bourg. Lors du partage de l'empire de Charlemagne en 843, Mâcon devint une ville frontière, la Saône marquant la limite entre le royaume de France et l'empire d'Allemagne. En 1238, Saint Louis acheta le Mâconnais et sa capitale : il y installa une petite cour de justice. En 1455, cependant, Charles VII le cédait à nouveau à Philippe le Bon, duc de Bourgogne. Dernier transfert en 1477, à la mort de Charles le Téméraire, lorsque toute la Bourgogne revint à la France.
Les guerres de Religion furent dévastatrices en Mâconnais comme partout, mais à Mâcon même, il n'y eut pas de Saint-Barthélemy, grâce à son gouverneur, Philibert de la Guiche, réputé pour sa tolérance et son courage. Tout au long des XVIIe et XVIIIe siècles, la ville tint bon et défendit son bailliage face aux pressions de Dijon,

MÂCON

la toute-puissante. À la Révolution, Mâcon fut désigné comme chef-lieu du département, malgré la vive opposition de Chalon-sur-Saône. Et c'est ici que naquit Lamartine, immense poète et homme politique mémorable qui marqua profondément la région.

Aujourd'hui, Mâcon est une ville active, bénéficiant toujours de son rôle charnière entre Bresse, Beaujolais et Mâconnais. Sa foire aux vins annuelle a acquis une réputation mondiale et, à mi-chemin sur la route des vacances méditerranéennes, la ville constitue une étape gastronomique et culturelle, surtout si l'on veut effectuer l'émouvant et riche itinéraire Lamartine.

Adresses et info utiles

Office de tourisme *(plan couleur A3)* : 1, pl. Saint-Pierre. ☎ 03-85-21-07-07. • macon-tourism.com • En été : lun-sam 9h-12h30, 14h-19h ; dim 9h30-12h30 ; le reste de l'année : lun-sam 10h-12h30, 14h-18h. En hte saison, un autre point d'accueil est ouvert sur l'esplanade Lamartine. Promenades à thème originales et croisières fluviales en été.

Route des Vins Mâconnais-Beaujolais : 6, rue Dufour. ☎ 03-85-38-09-99. • http://suivezlagrappe.free.fr • Tlj sf dim-lun mat 9h-12h, 14h-18h. Propose huit circuits touristiques, culturels et gastronomiques, à travers 70 villages-étapes. Guides touristiques gratuits sur demande.

Maison mâconnaise des Vins : 484, av. De-Lattre-de-Tassigny. ☎ 03-85-22-91-11. Superbe espace accueil-présentation-vente des vins du Mâconnais.

Gare SNCF *(plan couleur A3)* : rue Bigonnet. ☎ 36-35 *(0,34 €/mn)*. Trains pour Tournus, Chalon, Dijon, Paris, Lyon, Marseille, Nice, Montpellier, Perpignan, etc. Également des TGV pour Genève depuis Mâcon-Loché (à 6 km).

Bus : pour Cluny, Montceau-les-Mines, Le Creusot, Tournus, avec *CVS* (☎ *0810-811-014)*. Pour Tournus, Marcigny, etc., avec *RSL (n° Indigo :* ☎ *0825-884-448)*. Pour Tournus, avec *SECAM*.

Où dormir ?

De prix moyens à plus chic

Hôtel Concorde *(hors plan couleur par A2, 6)* : 73, rue Lacretelle. ☎ 03-85-34-21-47. • hotel.concorde.71@wanadoo.fr • hotelconcorde71.com • Doubles avec douche et w-c ou bains 50-58 €. Un poil excentré mais au calme, et le centre n'est qu'à 5 mn à pied. D'allure modeste mais proposant des chambres correctes, bien équipées, dont deux donnant de plain-pied côté jardin. Stationnement aisé.

Hôtel d'Europe et d'Angleterre *(plan couleur B2, 7)* : 92, quai Jean-Jaurès. ☎ 03-85-38-27-94. • europangle@wanadoo.fr • hotel-euroangleterre-macon.com • Doubles avec douche ou bains 50-70 €. Parking gratuit (sf en été) sur présentation de ce guide. Un ancien couvent du XVIIIe siècle, sur les quais de la Saône. Chambres rénovées et insonorisées, très grandes pour certaines (idéal donc pour une famille). Un hôtel qui plaira aux routards recherchant les établissements de caractère ! De son prestige d'antan, il a conservé un escalier original et d'amples salles.

Hôtel de Genève *(plan couleur A3, 8)* : 1, rue Bigonnet. ☎ 03-85-38-18-10. • hotel.geneve.de.macon@wanadoo.fr • hotel-de-geneve.com • Assez central et pas loin de la gare. Doubles avec douche ou bains 62-67 €. Un petit déj par chambre offert sur présentation de ce guide. Hôtel au look très classique, à l'angle de rues passantes. Les chambres sont correctes et spacieuses ; celles sur cour sont plus calmes et ont été rénovées. Petit jardin agréable en été. Possibilité de restauration au pied même de l'hôtel. Garage payant à proximité.

🏨 **Hôtel de Bourgogne** (plan couleur A2, **9**) : 6, rue Victor-Hugo. ☎ 03-85-21-10-23. ● hoteldebourgogne.com ● Suivre le fléchage « La Poste ». Doubles climatisées 59-85 €. Parking privé payant. Réduc de 10 % sur le prix des chambres sur présentation de ce guide. Bien situé sur une place fleurie et ombragée, à deux pas du quartier piéton. Un certain charme dès qu'on est à l'intérieur (belle montée d'escalier dans le hall, patio pour patienter). Les chambres sont de couleurs pastel. Tours, détours, demi-étage, petits escaliers et recoins. Resto sur place.

🏨 **Charm'hôtel Terminus** (plan couleur A2, **10**) : 91, rue Victor-Hugo. ☎ 03-85-39-17-11. ● contact@hotelterminus.fr ● hotelterminus.fr ● Doubles 63-81 €. Réduc de 10 % sur le prix des chambres sur présentation de ce guide. Hôtel étonnant, à deux pas de la gare (forcément !), qui cache, derrière une façade au look désuet, un intérieur contemporain au concept original. Les chambres sont progressivement joliment rénovées dans le ton et l'esprit de la peinture murale placée en tête de lit, réalisée par un des artistes de la famille. Salle agréable pour les petits déj, dans des tons chauds. Jardin avec piscine. Parking payant. Possibilité de restauration.

Où manger ?

Bon marché

|●| **Le 88** (plan couleur B2, **13**) : 39-47, pl. aux Herbes. ☎ 03-85-38-00-06. ✗ Tlj sf dim-lun et fêtes de fin d'année. Plat du jour 9 € (le midi en sem), puis menus 12-27 €. L'été, évidemment, on y va pour la terrasse donnant sur une jolie place qu'on aimerait voir enfin débarrassée de toutes ses voitures. Comme le service est sympa et qu'on peut dîner assez tard, on y revient forcément un jour ou l'autre pour profiter du bar ou de la salle ensoleillée.

|●| **La Dolce Vita** (plan couleur A2, **15**) : 23, pl. Émile-Violet. ☎ 03-85-39-13-11. Tlj sf dim-lun. Repas env 16 €. Apéritif maison offert sur présentation de ce guide. Au pied d'un immeuble qu'on ne se risquera jamais à classer historique, un petit resto qui fait parler de lui pour son cadre, changeant au fil des humeurs et des voyages de son patron. Idéal pour se dépayser, autour d'un plat du jour simple et bon. Ici, tout est frais et servi gentiment. Il y a même des pâtes et des pizzas végétariennes, pour qui veut se refaire une santé. L'été, sympathique terrasse entourée de bambous, pour changer d'air.

Prix moyens

|●| **Au P'tit Pierre** (plan couleur A3, **16**) : 10, rue Gambetta. ☎ 03-85-39-48-84. ✗ En été tlj sf dim et lun ; sept-juin mar soir, mer et dim soir. Congés : 3 sem en juil-août. Formule en sem 14 € et menus 16-31,50 € ; à la carte, autour de 34 €. Entre la gare et le quai Lamartine, on s'arrête au P'tit Pierre pour profiter de sa cuisine bistrot, très soignée, concoctée par l'ancien second de chez Pierre (voir plus bas). Personnel très accueillant. Un lieu pour manger vite et bien. Beaucoup de viande charolaise servie avec de solides frites. On se régale dans un cadre reposant, sans fatiguer son portefeuille.

Plus chic

|●| **L'Amandier** (plan couleur A2, **18**) : 74, rue Dufour. ☎ 03-85-39-82-00. En centre-ville, dans une rue piétonne. Fermé sam midi, dim soir et lun. Congés : 10 j. en fév et 15 j. mi-août. Menu du jour 16 € servi le midi en sem slt ; autres menus 26-55 €. L'influence du marché incite le chef à mitonner et à varier souvent ses menus. Il est facile de repérer l'adresse : c'est bleu, bleu comme la devanture, bleu comme les fleurs et les assiettes, tandis que les tis-

sus de la salle sont jaunes. Cadre cossu et confortable. Terrasse fleurie très agréable.

|●| Le Poisson d'Or (hors plan couleur par B1) : allée du Parc, port de plaisance. ☎ 03-85-38-00-88. À 1 km du centre, sur la N 6, direction Tournus (fléché à droite), en bord de Saône. Tlj sf mar soir, mer ainsi que dim soir en basse saison ; fermé 2 sem en mars et de mi-oct à mi-nov. Menu 23 € (midi et soir en sem) ; autres menus 31-60 € ; à la carte, autour de 60 €. Les reflets de l'eau, les rivages ombragés sont à vous depuis les grandes baies vitrées de cet établissement dans les tons exotiques et pas vraiment guindé. Raffinement oblige, d'épaisses nappes blanches, de gros bouquets de fleurs coupées, un accueil et un service particulièrement attentionnés ajoutent au plaisir d'une cuisine qui ne s'endort pas sur le terroir. Grande terrasse ombragée.

|●| Restaurant Pierre (plan couleur A3, 19) : 7, rue Dufour. ☎ 03-85-38-14-23. En plein centre-ville. Tlj sf dim soir, lun et mar midi ; Congés : 1 sem pour les vac de fév (zone B) et 3 sem en juil. Menu 28 € (sf sam soir et j. fériés) ; autres menus 44,50-72 €. Cadre tout à fait plaisant pour de romantiques tête-à-tête. Une belle arche sépare les salles, murs de pierre sèche, chandeliers, fleurs fraîches... Ne vous laissez pas impressionner par l'accueil, l'important est ce qu'on découvre dans l'assiette : de beaux produits cuisinés avec doigté, des saveurs qui fusionnent avec allégresse, des poissons cuits parfaitement, de succulents desserts.

Où dormir ? Où manger dans les environs ?

Camping

⛺ Camping municipal : sortie nord de Mâcon, RN 6. ☎ 03-85-38-16-22. ● camping@ville-macon.fr ● De mi-mars à fin oct. Compter 11,30 € l'emplacement pour 2, avec voiture et tente. Piscine. Bon confort. Terrain herbeux et ombragé.

Chambres d'hôtes

🏠 Chambres d'hôtes Les Tournesols : chez Marcelle Rouveyrol-Lafond, 1147, route de Dracé, 71680 Crêches-sur-Saône. ☎ 03-85-36-50-22. ● rouveyrol.com ● À 10 km au sud de Mâcon. Doubles 52 €, petit déj compris. Réduc de 10 % dès la 2ᵉ nuit, sf juil-août, sur présentation de ce guide. Une vieille demeure beaujolaise qui retrouve des couleurs. Cinq chambres agréables, dont 3 studios de plain-pied. Piscine chauffée pour se mettre au bleu, et jardin pour se mettre au vert. Également une cuisine extérieure à disposition. Nos amis les animaux sont acceptés.

🏠 Chambres d'hôtes chez Marie-Thérèse Marin : rue du Lavoir, 71960 Chevagny-les-Chevrières. ☎ 03-85-34-78-60. ● marie-therese.marin@wanadoo.fr ● À 5 km au nord-ouest de Mâcon, près de la gare TGV. Doubles 50 €, petit déj compris. Dégustation de vins sur présentation de ce guide. Une belle maison du XVIIᵉ siècle près de l'église, avec vue imprenable sur la région. Marie-Thérèse Marin, viticultrice passionnée très couleur locale, vous fera goûter un excellent mâcon blanc fruité. Très bon accueil. Et pour vous restaurer, sympathique resto à 50 m de chez elle.

🏠 Château des Poccards : 120, route des Poccards, 71870 Hurigny. ☎ 03-85-32-08-27. ● chateau.des.poccards@wanadoo.fr ● chateau-des-poccards.com ● À 7 km de la sortie Mâcon nord. Congés : du 20 déc à mi-mars. Chambres d'hôtes de charme, sinon de luxe, 100-140 € pour 2, petit déj compris. Un château toscan, à 7 km de la sortie Mâcon nord, on croit rêver ! Planté sur une colline, au milieu d'un parc de 3 ha, il abrite 6 chambres magnifiques, spacieuses, lumineuses, meublées à l'ancienne. Piscine. Beau petit déj servi dans un salon baroque. Terrasse avec vue sur le parc. Une étape haut de gamme, pour amoureux de la vie.

De prix moyens à un peu plus chic

🛏 🍽 **La Vieille Ferme :** bd du Général-de-Gaulle, 71000 Sancé. ☎ 03-85-21-95-15. • vieil.ferme@wanadoo.fr • hotel-restaurant-lavieilleferme.com • Sortie nord de Mâcon par la N 6. Congés : 20 déc-10 janv. Doubles 43-50 €. Menus 12-29 €. Café offert sur présentation de ce guide. Une ancienne ferme transformée en petit complexe hôtelier avec piscine. La partie moderne a été construite façon motel, mais les chambres sont spacieuses, plaisantes et, surtout, largement ouvertes côté Saône et campagne. Train en fond sonore, autant prévenir. Salle de resto agréable (décor rustique, meubles anciens), mais aux beaux jours c'est la terrasse qui remporte tous les suffrages. Cuisine classique, exécutée avec sérieux : ris de veau aux morilles, grenouilles persillées, etc.

🛏 🍽 **Château de la Barge :** le Bourg, 71000 Crêches-sur-Saône. ☎ 03-85-23-93-23. • hotelchateaudelabarge@wanadoo.fr • chateaudelabarge.fr • 🍴 À 8 km au sud de Mâcon, par la N 6. Congés : vac de Noël. Doubles 85-90 €. Au resto, menus 19-62 € ; à la carte, env 45 €. Apéritif maison offert sur présentation de ce guide. On aime bien cette grosse demeure de 1679 recouverte de vigne vierge, dans la quiétude d'un parc aux arbres centenaires. Côté resto, même style, même ambiance, et cuisine savoureuse qui sait rester simple.

🛏 🍽 **Le Moulin du Gastronome :** 540, route de Cluny, 71850 Charnay-lès-Mâcon. ☎ 03-85-34-16-68. • moulindugastronome@wanadoo.fr • moulindugastronome.com • 🍴 Tlj sf dim soir et lun sf j. fériés. Congés : vac scol de fév (zone B) et 2 sem juil-août. Doubles 72 € ; petit déj 8 €. Menu 23,50 € (en sem) ; autres menus 31-58 €. Café offert sur présentation de ce guide. Un petit hôtel tout neuf, confortable, pratique, sans prétentions esthétiques, avec quelques touches kitsch (comme les poupées, côté resto) pour distraire les convives. Bon resto classique, surtout, avec une carte attractive et un coin-terrasse bienvenu le soir en été. Belle carte des vins.

Où boire un verre ? Où sortir ?

🍷 **Le Bistroquai** (plan couleur B2, **26**) : 253, quai Lamartine. ☎ 03-85-38-37-40. Le Bistroquai, c'est l'un des rendez-vous favoris des « traînauds » mâconnais. Accueil sympa. On peut même grignoter sans façon (autour de 10 €).

🍷 🎵 **Le Saint-Antoine** (plan couleur B2, **27**) : 92, rue Saint-Antoine. ☎ 03-85-38-84-54. Tlj 10h-1h. Snack à midi. Sept-juin : ts les dim apéro-concert 18-21h. Clientèle écolo-margeo et patron sympa. Parfois, des initiatives culturelles intéressantes, comme les concours de châteaux de sable, les courses de petites voitures, etc.

🍷 🎵 **Crescent Jazz Club** (plan couleur A2, **28**) : 83, rue Rambuteau. ☎ 03-85-39-08-45. • crescentjazz@free.fr • Congés : août. Entrée : 10 € et carte d'adhérent obligatoire à 3 €. Conso pas chère. Excellent jazz-club (ts les 15 j., sam soir) proposant une très bonne programmation.

🍷 🎵 **La Cave à Musique** (plan couleur A3, **30**) : 119, rue Boullay. ☎ 03-85-21-96-69. Congés : août. Deux à trois concerts par semaine. Toutes les musiques actuelles et très bonne sono.

🍷 🎵 **Le Galion** (plan couleur B2, **29**) : 46, rue Franche. ☎ 03-85-38-39-45. Tlj 22h-2h sf jeu, ven, sam 17h-3h. Très beau cadre (voûte médiévale) et style pub. Clientèle 30-50 ans. Plein le week-end.

À voir

⚜ **L'ancienne cathédrale Saint-Vincent** (plan couleur B2) : rue de Strasbourg. Juin-sept slt : tlj sf dim mat et lun 10h-12h, 14h-18h. Une drôle d'église dont ne subsistent plus que le narthex et deux tours octogonales. On se demande bien comment elle tient encore debout. À la Révolution, elle servit, comme beaucoup, de carrière. L'une des tours présente à la base un petit appareillage de pierre roman du XIe siècle et des arcatures lombardes. Plus haut, on passe aux parties des XIVe et XVe siècles. On distingue bien les différentes campagnes de construction. Bout de nef en gothique primitif et narthex roman du XIIe siècle. À l'intérieur, le tympan traité en frise fut martelé pendant les guerres de Religion. Dans l'entrée, restes de fresque à droite (costumes), comme réalisée à la sanguine. Sarcophages, vestiges du couvent des Cordeliers.

🏛️🏛️ **Le musée des Ursulines** (plan couleur B2) : allée de Matisco et rue des Ursulines. ☎ 03-85-39-90-38. Pas loin de la cathédrale Saint-Vincent. Tlj sf dim mat, lun et certains j. fériés 10h-12h, 14h-18h. Entrée : 2,50 € ; billet jumelé 2 sites : 3,40 €. Installé dans l'ancien couvent des Ursulines datant du XVIIe siècle, il est organisé en trois sections : archéologie, ethnologie et beaux-arts, ainsi que des œuvres du XXe siècle.
– Histoire archéologique de Mâcon, mosaïque gallo-romaine, statuettes du Trésor de Mâcon datant du IIIe siècle (fac-similés). Du Moyen Âge, gisant de Dorothée de Poitiers, enseigne de marchand de vin de la ville du XIIIe siècle. Statues et beaux fragments de sculpture de l'église Saint-Vincent, pièces de jeu d'échecs de Loisy (début XIe siècle).
– *Au 1er étage :* le Mâconnais traditionnel. Scènes champêtres façon Millet, dont des toiles de Jean Laronze. Belles horloges locales qui font encore tic tac. Expo de tuiles, témoignages sur l'habitat, girouettes, etc. Belle vitrine de poteries (cruches du val de Saône). Beaux meubles des XVIIIe et XIXe siècles. Reconstitution d'un intérieur du XIXe siècle. Intéressante section sur les métiers de la Saône : construction des bateaux, pêche. Le travail de la vigne n'est pas oublié : instruments agricoles, pressoir, instruments de caviste, maillet à enfoncer les bondes, baquets à cœur, pipettes, robinets de foudres, etc. Espace aviron, s'appuyant sur le patrimoine des Régates mâconnaises, consacré à l'histoire de ce sport (affiches, photographies, bateaux).
– Beaux-arts : joli *Suzanne et les Vieillards,* école franco-flamande du XVIe siècle, *Mucius Scaevola devant Porsenna* de Charles le Brun, un *Échevin* par Nicolas de Largillière, aux belles couleurs. Écoles flamande et hollandaise, scène galante de Nicolas Knupfer, belles porcelaines, *Portrait de Monseigneur de Valras* par Greuze, nombreuses œuvres néoclassiques, un ensemble symboliste de Gaston Bussière et un pointilliste, H. Petitjean. Un joli Ziem, *Le Bosphore.* Puis *Repos sous les saules* de Corot, *Paysage à Emerings* de Courbet, *Gardeuse de chèvres* de Puvis de Chavannes. Œuvres du XXe siècle également : cubisme, Albers, Bill, Nemours, art construit... Ouverture de la salle consacrée à l'œuvre graphique de Pierre Székely : crypte de la chapelle des Ursulines.

🏛️🏛️🏛️ **Le musée Lamartine** (plan couleur A-B2) : 41, rue Sigorgne. ☎ 03-85-39-90-38. Tlj sf dim mat, lun et certains j. fériés 10h-12h, 14h-18h. Entrée : 2,50 € ; billet jumelé 2 sites : 3,40 €.
Il occupe l'élégant hôtel Sénecé du XVIIIe siècle, construit pour le secrétaire du roi en charge de la chancellerie de Bourgogne. Propriété de l'Académie de Mâcon dès la fin du XIXe siècle, société savante (dont Lamartine fut le plus jeune membre en 1811) qui y créa, en 1969, le musée. La vie et l'œuvre du poète y sont présentées de façon particulièrement didactique, à travers de riches documents, témoignages, souvenirs et objets personnels.
– La présentation actuelle commence par le grand portrait d'Alphonse de Lamartine à 49 ans par Henri Decaisne, à nouveau installé dans son cadre d'origine. Le salon suivant est consacré aux thèmes d'actualités : Lamartine et l'abolition de l'esclavage. Ensuite, Marianne de Lamartine, femme du poète, est mise à l'honneur dans sa dimension d'artiste (peintre, sculpteur, musicienne...). Nouvelle salle consacrée à Lamartine et au sentiment de la nature (gravures).

– Bien entendu, salle consacrée aux voyages, notamment en Terre sainte. Manuscrits sur le voyage en Orient, ravissante chromo-litho anglaise, *Descente vers la vallée du Jourdain,* épisodes de la mort de Julia et publication de *Jocelyn.*
– Salles consacrées à l'action politique lorsque Lamartine était député, puis au pouvoir. Particulièrement émouvant, son combat et sa proposition de loi contre la peine de mort en 1830. Drapeau qui lui fut offert et belle estampe le représentant en train de haranguer le peuple. D'autres documents, comme ce décret sur l'organisation du travail signé Lamartine, Arago, Ledru-Rollin, Louis Blanc (qui ne sont donc pas seulement des noms de stations de métro parisiennes !) et des manuscrits récemment acquis. Caricatures mordantes.
– Pour finir, salles consacrées aux années sombres, les dettes, les « travaux forcés littéraires ». Objets personnels, insigne de député, photos à l'âge de 76 ans par Alexandre Martin, une du journal annonçant sa mort.

¶¶ *L'hôtel-Dieu (plan couleur A2) : sq. de la Paix (entrée rue des Épinoches). Rens au musée :* ☎ *03-85-39-90-38 ; ou à l'office de tourisme :* ☎ *03-85-21-07-07. Juin-sept (sf 14 juil) : mar-dim 14h-18h. En dehors de ces périodes, s'adresser à l'accueil du musée des Ursulines.*
Plans dessinés par Soufflot, l'architecte du Panthéon. Dôme d'une ampleur et d'une hauteur remarquables pour l'époque. Originalité architecturale : les salles des malades s'ordonnent autour de la chapelle en rotonde, pour que ceux-ci puissent suivre la messe de leur lit. Vaste couloir pour la circulation de l'air.
Visite également de l'*apothicairerie* datant de 1775 *(entrée : 1,60 €).* Elle présente une très belle collection de pots de pharmacie en faïence de Mâcon, dans de superbes boiseries Louis XV en loupe d'orme et frêne. Le décor des fenêtres reproduit celui des vitrines. Sur les pots, inscription des produits populaires à l'époque : colophane, coloquinte, os de cœur de cerf (!), colle de poison (!), soye en coton, yeux d'écrevisses, etc. Noter les deux superbes vases d'un mètre de haut, appelés à l'époque « pots de monstre », c'est-à-dire pots à montrer. Ils contenaient surtout les préparations les plus élaborées : la « thériaque » ou panacée universelle, le « mithridate », etc.

¶ *La nouvelle cathédrale Saint-Vincent (plan couleur A2) : en face de l'hôtel-Dieu, de l'autre côté de la place.* On se dit « quelle pauvreté architecturale ! », mais on n'est pas étonné d'apprendre que son architecte n'est autre que Guy de Gisors, le pâle copieur de l'Antiquité et auteur de la Madeleine et du palais Bourbon à Paris. C'est ici que repose Lamartine, dont les funérailles ont été célébrées le 4 mars 1869.

> **À QUEL SAINT SE VOUER ?**
>
> *Napoléon offrit une grosse somme d'argent pour la construction de cette cathédrale, qu'on baptisa, en « renvoi d'ascenseur »,... Saint-Napoléon ! Quand l'empereur abdiqua, elle devint... Saint-Louis, en hommage à Louis XVIII. Mais à son retour de l'île d'Elbe, on rechangea vite le nom en... Saint-Vincent pour éviter que cela ne tourne à la confusion !*

¶ *L'hôtel de ville (plan couleur A-B3) : quai Lamartine (et pl. Saint-Pierre).* Il occupe l'ancien hôtel de Montrevel de 1750, édifié pour le président du parlement de Bourgogne. En 1792, la municipalité s'y installe et, à la fin du XIXe siècle, le maire de l'époque fait construire les deux ailes en retour sur la place Saint-Pierre. Côté quai, sobre façade Louis XVI avec rampe à balustre courant en corniche et angelots. À l'intérieur, boiseries d'époque dans la salle des mariages, belle montée d'escaliers avec rampe en fer forgé dominant le hall d'entrée.

¶ *Le quai Lamartine (plan couleur A-B2-3) :* jusqu'au pont Saint-Laurent, c'est l'emplacement d'un ancien bras de la Saône et d'une petite île, comblé au XVIIIe siècle. Devant la mairie, promenade arborée avec la statue de Lamartine. Un peu plus loin, à l'angle de la rue Gambetta, l'illustre poète est honoré par une immense mosaïque évoquant son action politique dans la ville, plus précisé-

🏃 **Le pont Saint-Laurent** *(plan couleur B2)* : c'est au XIVe siècle que l'on en a les premières descriptions. Il subira maintes modifications et réparations (à cause des dramatiques crues de la Saône) au fil des siècles et sera souvent menacé de destruction. En 1772, il est élargi à 8 m et gagne de nouvelles arches. Au XIXe siècle, d'autres crues très violentes le mettent en danger, mais la Ville et la population se donnent à chaque fois les moyens de le sauver. En 1944, à la retraite de l'armée allemande, une seule arche est détruite. C'est probablement cet attachement des Mâconnais pour leur pont qui le sauve une ultime fois, lorsqu'il est question de l'amputer (voire de le démolir) pour permettre la navigabilité de la Saône. Les arches trop étroites et basses ne permettaient plus un trafic fluvial aux normes européennes. Finalement, un canal de dérivation est créé dans les années 1980 et, désormais, Mâcon conserve pour toujours son pont Saint-Laurent, pièce historique et esthétique indispensable à son paysage urbain !

🏃 **L'église Saint-Pierre** *(plan couleur A2)* : *pl. Saint-Pierre (ça paraît logique !).* Pour une fois, un édifice du XIXe siècle assez réussi ! Construit en 1860, dans un style néoroman, par Berthier, un élève de Viollet-le-Duc. Façade élégante, avec ses trois niveaux d'arcatures ouvragées et sa rosace centrale. Les différences de ton entre les pierres de construction donnent un effet intéressant. Deux tours de pierre ajourées presque gracieuses s'élèvent au-dessus. À l'intérieur cependant, on ressent moins cette impression de légèreté ! Dans le transept droit, marbre funéraire de la famille de Senecé. Dans le transept gauche, deux toiles de J.-F. de Troy : *Crucifixion de saint Pierre* et *La Prédication de saint Vincent de Paul*. Dans la 1re chapelle collatérale gauche, beau devant d'autel sculpté du XVIIIe siècle.

🏃 **L'ancien hospice de la Charité** *(plan couleur A3)* : *249, rue Carnot.* Fondé en 1621 par saint Vincent de Paul, curé, à l'époque, de Châtillon-sur-Chalaronne, dans les Dombes voisines. Ce fut l'une des toutes premières charités de France. En 1752, il fut décidé de construire un nouvel hospice dont les plans furent réalisés par Soufflot. La grande originalité du lieu, c'est le « tonneau tournant » (ou tourniquet) qui date des débuts de l'hospice, une pièce très rare en France. Il permettait l'anonymat aux mères qui voulaient abandonner leur bébé, tout en leur garantissant qu'il allait être pris en charge immédiatement. Il suffisait de placer le bébé dans le tonneau et de sonner la cloche pour qu'il soit de suite recueilli à l'intérieur. L'hospice servit de prison pendant la Révolution. C'est aujourd'hui une maison de retraite ; il ne se visite donc pas.

Petite balade dans le centre

🏃 **La rue Carnot,** piétonne, reste l'un des axes commerciaux de la ville. On aperçoit encore quelques **traboules,** typiques de la région (comme à Lyon). Ce sont d'étroites ruelles couvertes ou de simples couloirs qui permettaient de parvenir directement à la Saône. Généralement, elles traversent de petites cours pittoresques séparant les immeubles. Aujourd'hui, pour la plupart, les traboules ont été fermées, mais l'office de tourisme organise de juin à sept des visites du « Mâcon insolite » (traboules et autres cours intérieures, d'ordinaire fermées au public).
Au n° 133, rue Carnot, cour avec tourelle-escalier. Au n° 79, vécut et mourut un homme qui eut inconsciemment un poids énorme dans l'histoire : Jean-Baptiste Drouet. C'est l'homme qui reconnut Louis XVI et la famille royale à Varennes et qui les fit arrêter, alors qu'ils étaient en fuite vers l'étranger. En disgrâce pendant la Restauration, il était venu s'installer sous un faux nom à Mâcon où il vécut très discrètement avant d'y mourir en 1824. C'est une maison du XVIIe siècle avec petite

LA SAÔNE-ET-LOIRE

cour intérieure à balcon de bois. Au n° 40, une belle porte Renaissance, probablement pièce rapportée provenant d'un édifice plus ancien. Au linteau, le *Triomphe de Neptune*.

Place aux Herbes s'élève la **maison de Bois** *(plan couleur B2)*, devant laquelle on passa longtemps en jetant un œil soit outré soit amusé, quelques figures grivoises, voire licencieuses, y étant gravées : personnages à masques de singes, parfois nus ou habillés seulement d'un chapeau, et représentation de dragons et autres animaux fantastiques. Fenêtres à meneaux, beaux panneaux de bois sculptés. Magnifique demeure datant de l'an 1500 environ, dont on se demande toujours par quel miracle elle a réussi à parvenir jusqu'à nous ! Sur la place se tient un petit marché sympa en semaine.

Au n° 105, rue Dombey, escalier intérieur original classé. Rue Franche, au n° 83, l'hôtel de Meaux possède un bel escalier intérieur du XVIIIe siècle, dit « à cage vide », avec rampe en fer forgé. Au n° 63, à côté du *Melodie Comedia*, jeter un œil à travers la grille sur l'une des belles traboules du quartier. Plus loin, au n° 41, une des plus ravissantes cours avec escalier à vis, porte et fenêtre à accolade et deux galeries en bois d'origine.

Retour **rue Sigorgne**. À l'angle de la rue Saint-Nizier, belle fenêtre Renaissance. À l'angle des rues Sigorgne et Barre, demeure d'époque Louis XIII. Au n° 51, rue Sigorgne, belle maison du XVIIIe siècle. Au n° 15, **rue Lamartine** s'élève la maison où ce dernier écrivit la plupart de ses *Méditations* et où naquit sa fille Julia. Plus loin, au n° 3, **rue Bauderon-de-Senecé**, une autre demeure du clan Lamartine. Elle fut construite en 1740 par le grand-père du poète. Allure assez austère, n'évoquant guère les fastes d'un hôtel particulier. Dans la **rue de la Paix,** hôtel Chandon de 1720. Au fait, au n° 18, rue des Ursulines, ne cherchez pas la maison natale de Lamartine... elle a disparu dans la tourmente immobilière en 1970 (ce n'est pas parce qu'il avait honte d'y être né et qu'il n'en parlait quasi jamais qu'il fallait en profiter !). Enfin, pour achever cette petite balade, arrivée au *square de la Paix* qui a donc viré sa cuti (ancienne place d'armes où manœuvraient les soldats). À l'angle de la place et de la rue de la Libération, imposante maison du Coq des XVIIIe et XIXe siècles.

Balade gourmande

– **Marché du samedi matin :** *esplanade Lamartine*. Un marché haut en couleur, où se retrouvent les producteurs des environs, et où vous pourrez, entre autres, faire le plein de fromages de chèvre.

– **Petit marché place aux Herbes :** tlj sf dim-lun. Emprunter la rue Dombey, piétonne, puis tourner sur la droite, rue Philibert-Laguiche. Producteurs locaux, fleuristes, et surtout l'occasion de boire un café en terrasse.

Pâtisserie de la Barre : (plan couleur A2, 40) 39, rue de la Barre. ☎ 03-85-38-31-11. Parmi les spécialités, la fameuse gaufrette mâconnaise, une gaufre fine roulée en cigarette (l'*oublie* du Moyen Âge), qui était la pâtisserie fabriquée par la maîtresse de maison dans les grandes occasions. C'était naguère un signe de richesse, eh oui : on notait l'opulence de la famille, à la noce, au nombre de gaufrettes offertes aux invités... On trouve également cette spécialité à la **pâtisserie Poissonnet** (54, rue Victor-Hugo).

Festival

– **Festival l'Été frappé :** *de début juil à mi-août env*. Rens : ☎ 03-85-39-71-47. Pas un soir sans une manifestation culturelle, un concert ou un spectacle pour enfants... et toujours gratuit ! Remarquable programme.

LE SUD ET LES MONTS DU MÂCONNAIS

Le Mâconnais est tellement vaste et si diversifié qu'il fait l'objet de circuits différents proposés aussi bien au départ de Mâcon, au sud, que de Cluny, à l'ouest, et de Tournus, au nord. Trois villes qui sont autant de portes pour une découverte de paysages pour le moins variés, avec des particularismes propres au Mâconnais.
Au départ de Mâcon, l'homme le mieux placé pour nous guider reste bien sûr Lamartine : dans ce val qui commence en fait au pied de Solutré, dans les monts du Mâconnais, pour s'achever aux portes du Clunisois, entre Berzé et Igé, c'est sa route que nous emprunterons, après avoir fait un détour buissonnier dans un Sud Mâconnais si proche du Beaujolais qu'on pourrait s'y tromper...

LE SUD MÂCONNAIS

Au sud de Mâcon, le Mâconnais se confond avec le Beaujolais, pas de frontière marquée géographiquement. Pour ajouter à la confusion, on trouve en Saône-et-Loire deux grands crus du Beaujolais (le saint-amour et le moulin-à-vent), tandis que le chenas et le juliénas se répartissent des deux côtés de la limite départementale.
En Saône-et-Loire, on sait différencier Mâconnais et Beaujolais. Point n'est besoin, ici, pour vendre son vin, de se montrer trop entreprenant, démonstratif, voire jovial : en Mâconnais, on apprend dès l'enfance à être plus mesuré dans l'expression du bonheur.
Le Mâconnais est le plus vaste des vignobles de Bourgogne : 6 500 ha. Un tempérament déjà méridional. C'est d'abord une région de vins blancs (pouilly-fuissé et saint-véran notamment). Quant aux rouges, si agréables, ils annoncent le beaujolais voisin plus que le côte-de-beaune...

ROMANÈCHE-THORINS   (71570)   1 767 hab.

Un petit village à l'extrême-sud du département, que l'on rejoint par la N 6, et qu'un enfant du pays a rendu célèbre au-delà des frontières du Beaujolais : un certain Georges Dubœuf. Le roi du beaujolais nouveau, c'est bien cela, oui... Pour les autres enfants de tous les pays, c'est avant tout un parc zoologique sur 10 ha.

Où dormir ? Où manger ?

🛏 |●| *La Maison Blanche :* RN 6. ☎ 03-85-35-50-53. Fax : 03-85-35-21-22. Au sud de Mâcon, à la frontière du Rhône. Dans le bourg. Tlj sf dim soir, lun et en janv. Doubles 45 €. Menus 15,50-45 €. | Apéritif maison offert sur présentation de ce guide. Belle maison située au bord d'une route très fréquentée. Piscine. Spécialités : le foie gras, le saumon fumé maison et le coq au vin.

À voir

- **Le Hameau du Vin :** à la gare de Romanèche. ☎ 03-85-35-22-22. • hameau duvin.com • À la frontière du Rhône. Tlj sf le 25 déc. Avr-oct : 9h-18h ; hors saison : 10h-17h. Tarifs : 13-16 € selon périodicité ; réduc ; gratuit moins de 15 ans. On est accueilli d'abord au *Hameau du Vin* dans le cadre d'une gare du début du XXe siècle. Salle de dégustation, musée du Vin, musée de Cire, théâtre d'automates racontant les quatre saisons de la vigne, diaporama et film en trois dimensions, évoquant avec humour la fin des vendanges... Et un savoureux théâtre optique : si vous ne saviez pas encore que Noé fut le premier des vignerons, Pierre Tchernia vous fera remonter au Déluge, en deux temps et trois dimensions. Immenses espaces et très beau décor, rien n'a été négligé pour séduire le visiteur. Un hameau qui a une âme, celle qu'a su lui insuffler la famille Dubœuf, et un musée du Vin à découvrir en famille (les enfants ne sont jamais oubliés) pour se laisser prendre au charme de l'évocation, à la beauté des objets présentés, témoins d'un temps disparu. Balade panoramique sur les collines du Beaujolais et du Mâconnais grâce à une maquette animée. Dégustation à la fin de la visite. Boutique.
En complément de la visite : juste en face du hameau, la gare et son circuit sur le monde des trains et du chemin de fer avec, en pièce maîtresse, le wagon impérial de Napoléon III. Et puis encore un autre site à voir : *Un Jardin en Beaujolais,* tout près du nouvel espace de vinification des établissements Dubœuf, implanté côté Rhône, sur la commune de Lancié (à quelques minutes en petit train routier). Six jardins à thème à découvrir en toute saison. Quant à la visite de l'espace de vinification, elle donne une juste idée de l'entreprise Dubœuf aujourd'hui. Si la faim vous tenaille, faites un tour en revenant sur vos pas au *Café des Deux Horloges,* situé dans le fameux hall de gare que vous avez traversé en entrant. Petite terrasse.

- **Le musée départemental du Compagnonnage :** ☎ 03-85-35-22-02 ou 83-23. (partiel). Tlj. Juin-sept : 10h-18h ; le reste de l'année : 14h-18h. Congés : 16 déc-1er janv. Entrée : 3,50 € ; réduc ; gratuit pour les pers handicapées et pour ts le 1er dim de chaque mois. Intéressant musée présentant le compagnonnage en charpenterie à travers la vie de Pierre-François Guillon qui laissa une œuvre considérable. Il avait créé une école dont le rayonnement s'étendait aux quatre coins de la France, en Suisse et jusqu'aux États-Unis. Présentation des métiers du bois et nombreuses superbes maquettes de projets.

- **Touroparc :** ☎ 03-85-35-51-53. • touroparc.com • Tlj 9h30-18h (19h en été), en hiver 13h30-17h30 (les attractions fonctionnent tlj sf en hiver, 13h30-17h30). Entrée : 15,50 €. Un parc zoologique (120 espèces sauvegardées sur 12 ha), avec une serre tropicale, un vivarium, des expositions sur les vieux métiers et les minéraux, dont la « romanéchite », qui n'a rien de contagieux. Restauration sur place et attractions diverses, dont une base aquatique ouverte en été.

DE ROMANÈCHE À SOLUTRÉ PAR LE VIGNOBLE

- **Saint-Amour-Bellevue (71570) :** détour obligé par le Beaujolais saône-et-loiresque pour goûter aux charmes et aux vins de ce village au si joli nom.

L'Auberge du Paradis : au lieu-dit Le Plâtre-Durand, 71570 Saint-Amour-Bellevue. ☎ 03-85-37-10-26. • info@aubergeduparadis.fr • aubergeduparadis.fr • (au resto). Dans le village de Crèches-sur-Saône, une petite route sur la droite mène à Saint-Amour. Resto tlj sf dim soir, lun, mar, ven midi et janv. Résa conseillée. Doubles 95-130 €. Petit menu déj (en sem) 25 € ; menu-dégustation 42 €. Cyril Laugier est aux fourneaux et Valérie à la décoration et au service. Très jolie salle à manger fleurie aux couleurs claires, décorée façon voyageurs du monde. Mais l'essentiel se passe dans les assiettes. La carte change toutes les 3 semaines, au gré des produits et de l'inspiration du chef, un vrai routard gourmet, qui a rapporté de Turquie ou du Maroc l'amour des épices et des mélanges audacieux sucrés-salés. Passé chez les plus grands, il réalise des plats qui vous laisseront un joli goût en bouche et le sourire aux lèvres. Ajoutons à cela que l'accueil est charmant et la carte des vins étonnamment bon marché pour la région. Également quelques chambres très confortables dans le même esprit, tout à côté, pour prolonger le plaisir d'une halte au *Paradis* avec un soin du détail : les poignées de porte rappellent les couteaux du resto !

LE SUD ET LES MONTS DU MÂCONNAIS

Saint-Vérand (71570) : c'est l'ultime village du Beaujolais saône-et-loiresque avant d'entrer en Mâconnais ! Nombreuses et intéressantes maisons vigneronnes, dont la maison de la Balmontière, du XVIIIe siècle. Église du XIVe siècle fort bien restaurée, avec flèche de pierre.

L'Auberge du Saint-Véran : La Roche, 71570 Saint-Vérand. ☎ 03-85-23-90-90. • direction@auberge-saint-veran.com • auberge-saint-veran.com • ♿ (au resto). Résa indispensable (téléphoner car parfois fermé lun et/ou mar midi). Congés : janv. Doubles 57-70 € selon saison. Formule rapide 15 € ; menus 19,50-52 €. Apéritif maison ou 5 % de réduc sur le prix de la chambre en basse saison sur présentation de ce guide. Belle maison en pierre avec terrasse et jardin. Hôtel propre et de bon confort. Cuisine régionale. Quelques plats de la carte : marmiton d'andouillette, escargots à la bourguignonne, et gibier en période de chasse.

Leynes (71570) : à 15 km au sud-ouest de Mâcon, ce village, qui s'étage sur une colline orientée au sud-est, possède pas mal de charme, une pittoresque grand-place et une jolie église du XVIe siècle.

Chambres d'hôtes chez Nadine et Bruno Jeandeau : prieuré du bois de Leynes. ☎ 03-85-35-11-56. • bruno.jeandeau@wanadoo.fr • Pour y aller, suivre les panneaux, tt en montant. Compter 47 € pour 2, petit déj compris. Dégustation de vin gratuite sur présentation de ce guide. Une halte à ne pas manquer, et pas seulement pour déguster les productions du cru, que ne manqueront pas de vous faire découvrir Nadine et Bruno. Ces deux jeunes viticulteurs n'ont pas ménagé leur peine pour restaurer ce vieux domaine situé au cœur du vignoble, et ils mettent à la disposition de leurs hôtes un coin-cuisine. Accueil authentique et vrai.

Le Fin Bec : sur la place du village. ☎ 03-85-35-11-77. Tlj sf dim soir et lun, ainsi que jeu soir hors juil-août. Congés : 15 j. début janv, 2 sem fin juil-début août et 1 sem en nov. Menus 16-41 € ; à la carte, env 35 €. Apéritif maison offert sur présentation de ce guide. Cadre baroquisant original. Plats régionaux finement préparés : fricassée de volaille façon coq au vin, escalope de sandre, etc. Les meilleurs vins de propriétaires à prix modérés en prime !

Vinzelles (71680) : à 7 km de Leynes et de Mâcon, en fait. Depuis Saint-Vérand, on peut se rendre directement à Vinzelles, dont le nom vient du latin *vincella* (petite vigne), en passant par Chaintré et son château du XVe. Église du XIIe siècle, remaniée au XVIIe, qui n'a guère souffert du temps. Châteaux classés, mais qui ne se visitent pas : dommage, un trésor serait toujours caché dans une des quatre grosses tours du Laye (XIIe-XVIIe siècle).

Chambres d'hôtes chez Pierre-Yves Spay : Les Galopières, 71680 Vinzelles. ☎ 03-85-32-90-32. • cavede chaintre@wanadoo.fr • cavedechaintre.com • Compter 75-115 € pour 2, petit déj compris. Dégustation des vins du domaine sur présentation de ce guide. Six très belles chambres, aménagées par un fou de vin et de déco, qui s'est amusé à créer, dans les dépendances de la propriété viticole, un univers à la dimension de ses rêves (de voyages, entre autres). Comme il est tout seul pour s'occuper de la maison, il y aura peut-être quelques traces de laisser-aller lors de votre passage, mais la piscine, le jacuzzi, le sauna ou encore le home cinéma sauront vous décontracter, tout comme la vue et l'environnement.

|●| Pour se restaurer sur le pouce, à midi, deux institutions : le *Caveau de Chaintré* et le *Caveau du Pouilly-Vinzelles et Pouilly-Loché*.

¶ *Fuissé (71960)* : c'est évidemment la petite capitale de la célèbre appellation. On y trouve l'une des plus belles maisons à galerie de la région (auvent avec une vingtaine de colonnes de pierre). Le mont Pouilly domine le paysage avec ses 484 m.

❦ ***Société civile du Château Fuissé :*** ☎ 03-85-35-61-44. *Dégustation en sem 8h-12h, 13h30-17h30 ; sam sur rendez-vous.* Une belle gamme de pouilly-fuissé.

¶ *Chasselas (71570)* : le village apparaît superbement quand on arrive du nord par la D 31. Beau château avec trois tours médiévales, qui, curieusement, ne domine pas le village comme à l'habitude. On ne visite que l'extérieur. Accès à la cour : 10h-12h, 14h-18h. On peut en profiter pour visiter leur cave-dégustation. Église des XIIe et XIVe siècles. Là aussi, belles maisons à galerie. Au-dessus du village, une carrière de pierre a fourni tous les pavés des rues de Lyon. Enfin, une délicieuse variété de raisin de table produite à Moissac a pris le nom du village.

SOLUTRÉ-POUILLY (71960) 430 hab.

Village célèbre pour sa spectaculaire roche dominant la région, et pour les escales que François Mitterrand y faisait régulièrement. Elle s'avance dans le paysage comme une étrave de navire et, s'il n'y avait le patchwork des vignes, ce fier escarpement calcaire, torturé et modelé par des millénaires de vents puissants, suggérerait bien quelque cliché de « l'Ouest », le vrai... La forme en proue de ce rocher est due aux coraux silicifiés qui composent les couches du sommet et qui le protégèrent de l'érosion. Solutré est réputé pour son site archéologique et pour avoir donné son nom à une période du Paléolithique supérieur. Ce fut pendant 25 000 ans un espace de chasse pour les hommes des quatre grandes cultures de l'époque : aurignacien (Haute-Garonne), gravettien (Périgord), solutréen et magdalénien (Périgord). Périodes qui s'étendirent de 30 000 à 10 000 ans av. J.-C. Ils vinrent se mettre en embuscade, au pied de l'escarpement rocheux, sur ce lieu de migration des animaux et purent ainsi tuer rennes et chevaux par milliers, dépeçant et boucanant leur viande sur place. On retrouva d'ailleurs un véritable « magma » d'os sur près d'un mètre d'épaisseur.

Une route pittoresque mène au village de Vergisson, qui constitue avec son célèbre voisin un ensemble patrimonial prestigieux, classé désormais parmi les Grands Sites de France. Cela devrait permettre dans les années à venir de restaurer ces lieux mis à mal par une sur fréquentation quelque peu anarchi-

SOLUTRÉ AVAIT LA COTE À LA PENTECÔTE !

En choisissant Solutré-Pouilly comme lieu de pèlerinage annuel, le président Mitterrand contribua quelque peu à la notoriété du lieu. En effet, à partir des années 1980, il y grimpait rituellement à chaque Pentecôte, sous l'œil des caméras.

DANS LES ENVIRONS DE SOLUTRÉ-POUILLY / VERGISSON 177

que, d'améliorer l'accueil (problème du stationnement) et de conduire les visiteurs sur des parcours aménagés dans le respect des milieux traversés.

Où dormir ? Où manger ?

🏠 **Chambres d'hôtes chez Karine Gribenski :** « La Grange du Bois », à Solutré. ☎ 03-85-35-85-28. • karine.gribenski@wanadoo.fr • la-grange-du-bois.com • Doubles 50 € pour 2, petit déj compris (pain et confitures maison) ; également 3 gîtes ruraux pour 2-6 pers, 170-275 €/sem. Un pot de confiture maison offert sur présentation de ce guide. La plus belle vue du Mâconnais, face au grand site de Solutré, pour cette ancienne auberge de campagne transformée en maison d'hôtes. Déco un peu spartiate, mais accueil décontracté et vraiment chaleureux. Séjours à thème basés sur la randonnée et les produits fermiers.

🏠 |●| **Le Pichet de Solutré :** le Bourg. ☎ 03-85-35-80-73. • le.pichet@wanadoo.fr • Tlj sf dim soir et lun mai-sept, ainsi que mar en basse saison. Congés : déc-fév. Doubles 32 € (w-c sur le palier) et 36 €. Menus 13,80 € en sem et 22 €. Café offert sur présentation de ce guide. Tellement central qu'on pourrait se méfier. Et pourtant, allez-y en toute confiance, l'accueil est cordial, il suffit de montrer patte blanche. Chambres simples mais très correctes, au calme, idéales pour des randonneurs, qui se régaleront avec les plats de saison et de maison (coq au saint-véran, hmm !). Ambiance bistro de village et terrasse avenante.

À voir. À faire

🎨 **Le musée départemental de Préhistoire :** ☎ 03-85-35-85-24. Avr-sept : tlj 10h-18h ; janv-mars et oct-nov : 10h-12h, 14h-17h. Congés : 1ᵉʳ janv, 1ᵉʳ mai et déc. Entrée : 3,50 € ; réduc ; gratuit pour les moins de 18 ans, les pers handicapées et pour ts le 1ᵉʳ dim du mois. Impeccablement dissimulé dans les entrailles de la roche, au-dessus du parking, il présente bien sûr de riches collections archéologiques : évolution des techniques de fabrication des outils préhistoriques, paysages préglaciaires à Solutré, sites préhistoriques du Mâconnais (grottes d'Azé, Romanèche-Thorins, Vergisson), civilisation du Paléolithique supérieur présente dans la région, techniques de chasse (bâtons percés, propulseurs), le cheval à Solutré et autres faunes, l'art (os, blocs et statuettes gravés). Expositions temporaires passionnantes et récente ouverture d'un jardin archéologique et botanique.

🚶 **La roche de Solutré :** grimpette facile jusqu'au sommet (493 m). Compter environ 45 mn aller-retour. Beau panorama, ça va de soi (par beau temps, jusqu'aux Alpes).

🚶 Dans le village, belles demeures traditionnelles de vignerons. Record de domaines viticoles (près d'une cinquantaine !). Église avec un chœur roman du XIIᵉ siècle. Dans la **maison Bressan,** vieux pressoir « à grand pont » qui fut utilisé jusqu'à la fin du XIXᵉ siècle.

> ### DANS LES ENVIRONS DE SOLUTRÉ-POUILLY

VERGISSON (71960)

Le site possède lui aussi un bel entablement calcaire (une année, le président Mitterrand fit une farce aux journalistes en le gravissant au lieu de Solutré !). Le village, idéalement orienté au sud-est, bien protégé par sa falaise et bénéficiant d'un microclimat, produit aussi un excellent pouilly-fuissé (près d'une cinquantaine de vignerons répertoriés). Et son destin est désormais lié à celui de son voisin dans le cadre du projet Grand Site, qui devrait amener dans les dix ans à venir une refonte totale du secteur. Prenez le temps de vivre pour l'heure sur les petites routes qui vous mènent au cœur même du Val Lamartinien, qui commence véritablement ici, ou allez faire un tour à dos d'âne (voir, ci-dessous, la rubrique « À faire »).

Où dormir ?

Domaine d'Entre les Roches : à l'entrée de Vergisson. ☎ 03-85-35-84-55. ● domaine@sangovard-guyot.fr ● Résa conseillée Gîte d'étape pour 4 pers, 240-310 €/sem, 160 €/w-e (chauffage et draps en sus). Dégustation des vins du domaine sur présentation de ce guide. Chez les Guyot, on ne fait pas de chichis mais on sait accueillir, et même verre en main si l'occasion se présente. Si vous rêvez de charme et de vue imprenable, passez votre chemin. Si vous avez envie d'une halte à la bonne franquette, arrêtez-vous chez ces viticulteurs. Vous serez installé dans une petite maison indépendante, arrangée gentiment.

À faire

➤ **Ânes et sentiers :** ☎ 03-85-35-84-28. ● anes-sentiers.com ● Mai, juin et sept : w-e slt ; juil-août : tlj. Marche à l'ânée (4h à 4 km/h !) au départ de Vergisson, avec un compagnon fidèle et attachant. Roger Lassarat, un des bons propriétaires-récoltants du village, a trouvé ce moyen original de faire découvrir le sud du Mâconnais aux petits comme aux grands.

LE VAL LAMARTINIEN

Pour se rendre directement à Saint-Point, depuis Solutré, suivre la D 31, puis la D 45, vers Tramayes, par le col de Grand-Vent. Au sud de la route s'élève le signal de la Mère-Boitier, point culminant des monts du Mâconnais (758 m). On y accède par une route de 4,5 km depuis Tramayes, puis par 300 m de chemin cailloteux en pente raide. Superbes échappées sur les vallées et paysages pleins de sereine joliesse. Les derniers arpents de vigne s'effilochent, se mêlant doucement aux pâtures et à la *teppe*, cette toundra herbeuse parsemée de buissons malingres. Après le col, descente livrant toute la vallée de la Valouze et, au loin, Saint-Point.

SAINT-POINT (71520) 320 hab.

« Point » de saint portant ce nom ; « Saint-Point » est en fait une déformation de « Saint-Pons ». Vous voilà au cœur du circuit lamartinien, avec balade obligée autour du lac et visite du château où vécut Lamartine. Pour une cure de romantisme, même si, hélas, les choses ont bien changé ! Il n'y a pas que la plume de Lamartine qui ait été remplacée au château, mais la visite n'en reste pas moins un grand moment.

Où dormir ?

Camping

Camping : au bord du lac de Saint-Point. ☎ 03-85-50-52-31. Avr- oct. Une centaine d'emplacements : compter 12,50 € l'emplacement pour 2 en hte saison. Chalets également. Sur une douzaine d'hectares, avec pas mal de commodités (snack, machines à laver, etc.), bien situé et au calme. Jolies balades dans les environs.

Où dormir ? Où manger dans les environs ?

≜ **Chambres d'hôtes du Moulin des Arbillons :** 71520 Bourgvilain. ☎ 03-85-50-82-83. ● moulin@arbillon.fr ● arbillon.fr ● ☒ (1 chambre). À env 4 km au nord de Saint-Point ; accès par la D 980, puis la D 22. Avr-oct. Compter 79 € pour 2. Un apéritif maison ou un verre de vin du pays offert sur présentation de ce guide. Cinq chambres confortables dans les dépendances d'un ancien moulin du XVIIIe siècle. Copieux petit déj servi dans l'orangerie. Caveau avec vins régionaux.

|●| **L'Auberge de la Pierre Sauvage :** 71520 Bourgvilain. ☎ 03-85-35-70-03. Sur la D 212, au col des Enceints, entre Pierreclos et Bourgvilain ; accès par la D 980, puis la D 22. En été : tlj sf lun ; en demi-saison : mar soir-dim midi ; en hiver : ven-dim midi. Congés annuels : 7 janv-7 fév. Résa conseillée. Assiette végétarienne 15,50 € ; beaux menus 19,50-35,50 €. Digestif maison offert sur présentation de ce guide. Au sommet du col (529 m !), un resto où il fait bon s'arrêter. On ne pratique plus, comme autrefois, le troc (2 pièces de vin pour un cochon de 110 kg !), mais on vous rassasie avec une cassolette d'escargots forestière ou des terrines et pâtisseries maison.

À voir

🎭 **Le château :** ☎ 03-85-50-50-30. Début avr-fin oct : w-e et j. fériés ; en juil-août : tlj. Visite guidée (1h) ttes les heures. Entrée : env 6 € ; réduc. Le père du poète acheta ce château en 1801 et le lui offrit en 1820 pour son mariage. D'origine médiévale, avec de grosses tours auxquelles Lamartine ajouta une terrasse, puis, plus tard, une aile de style Walt Disney. L'ensemble présente un aspect hétéroclite certain ! Le célèbre poète y vécut comme un gentilhomme campagnard, recevant ses amis : Victor Hugo, Liszt, Charles Nodier, Eugène Sue, Ponsard, etc. Visite guidée des appartements qui ont conservé, malgré certains réaménagements malheureux, leur atmosphère familière. Souvenirs, objets personnels, petits détails de la vie intime contribuent à renforcer la charge émotionnelle des lieux... Chambre du secrétaire de Lamartine, sans son lit, désormais, mais avec son bidet de voyage. Chambre à coucher aux murs tendus de cuir de Cordoue, avec sa cheminée ornée de personnages aimés, peints par la femme de Lamartine (Shakespeare, Dante, Homère, Racine, etc.). Émouvant cabinet de travail, toute petite pièce voûtée et capitonnée de tissu pour atténuer les bruits de l'extérieur (et sûrement protéger un peu du froid). Portrait d'Alphonse à 8 mois, de Julia, sa fille, décédée à 10 ans lors du voyage en Orient. Souvenirs divers, cheveux du poète, tableaux : *Chute d'un Ange* (1858) revu et corrigé, statue de Graziella...

🎭 **L'église :** bordant le parc (porte communicante), c'est une mignonne église romane avec, pour une fois, un vieux cimetière dont on a gardé les tombes les plus anciennes bien dans la tonalité des lieux. Intéressant clocher carré à deux étages de type brionnais (le dernier, bien ouvragé). Harmonieux chevet avec ses trois absidioles recouvertes de pierre. À l'intérieur, gros piliers, le banc des Lamartine bien sûr, une fresque gothique dans le chœur figurant le Christ en majesté. Deux tableaux peints par la femme de Lamartine : *Sainte Geneviève* et *Sainte Élisabeth*. Noter, dans le transept, la « litre », bandeau noir peint sur les murs des églises quand le seigneur mourait, avec ses armoiries (ici, la famille de Saint-Point). Contre le mur du parc s'élève la chapelle abritant les tombeaux de Lamartine et de sa famille (sa mère, sa belle-mère, sa fille Julia, sa femme Marianne et Valentine de Cessiat, sa nièce, celle qui réussit à éviter la vente du château et la dispersion des souvenirs du poète). Noter certaines pierres tombales du cimetière aux sculptures intéressantes, œuvres de J.-B. Duport, le tailleur de pierre de Saint-Point.

DE SAINT-POINT À PIERRECLOS

Suivre la route de « montagne » passant par le *col des Enceints* **(529 m). Nature vraiment sauvage. Au col, si vous avez un peu de temps, possibilité de suivre l'un des petits sentiers de randonnée à travers une belle forêt. On trouve dans ces massifs du Mâconnais beaucoup de forêts composées de sapins Douglas, de différentes variétés de chênes, dont le chêne rouvre et le pubescent, à l'aise sur les sols calcaires, mais aussi des érables, hêtres, châtaigniers, etc. Nombreuses échappées sur la vallée. Bien bonne auberge. En redescendant, petit** *hameau de Montval,* **avec quelques beaux exemples d'architecture rurale.**

PIERRECLOS (71960) 910 hab.

Pierreclos est devenu incontournable depuis que l'office de tourisme du Val Lamartinien s'y est implanté. Vous y trouverez une documentation fournie sur tout le secteur, à commencer par un petit livre très bien fait qui recense une quinzaine de boucles de petites randonnées, dont la plupart sont praticables à VTT (dans la collection des guides *Pays côté chemin*, à 5,50 €). Pour tout savoir sur la faune, la flore, ou seulement pour mieux sentir l'âme des lieux et des objets chers à tous les inconditionnels de Lamartine.

Adresse utile

◨ *Office de tourisme intercommunal du Val Lamartinien :* à côté de la mairie. ☎ 03-85-35-77-15. • val-lamartinien. net • Sept-juin : lun-ven 9h-12h, 14h-18h ; juil-août : lun-ven 10h-12h, 14h-19h ; sam jusqu'à 18h ; dim mat. Documentation sur tous les sites, hébergements, etc., de la région (17 communes en tout). Accueil tonique et « in » de « la Christine » ou de « la Martine ». L'office propose également, sur réservation, un gîte de groupe pour 16 personnes.

À voir

᛭᛭ *Le château :* ☎ 03-85-35-73-73. ♿ (pour les caves slt). • chateaudepierreclos. com • Tlj sf dim hors saison 10h-18h (16h ven-sam). Entrée : 7,20 € (visite et dégustation) ; sans dégustation : 4,80 € ; réduc ; gratuit jusqu'à 10 ans. Tarif cave slt à 3 €. Visite nocturne avec dégustation sur rendez-vous l'été : 7,80 €.
Sur sa colline, il a fort belle allure et s'intègre superbement dans le paysage. Bien sûr, lié à l'histoire de Lamartine qui fut un familier du château et y situa l'action de *Jocelyn.* On dit aussi qu'il fut un temps l'amant de Nina, la femme du fils du châtelain. Ce château a eu autrefois une grande importance stratégique, commandant toutes les routes de la région. De style composite, ayant été remanié plusieurs fois du XIIe au XVIIIe siècle, suite aux guerres et aux destructions.
On commence la visite par la chapelle du XIIe siècle, dont il ne reste que le clocher, l'abside et le chœur, les pierres de la nef ayant servi à la construction de l'église du village. Grosse tour du XIIe siècle également, avec tuiles vernissées. Celle sur cour, plus haute, date du XVe siècle et le corps du bâtiment du XVIe. Immense cuisine avec deux très grandes cheminées. La broche fonctionne comme un mécanisme

d'horloge. Four banal du Moyen Âge et réserve à sel. Objets et outils liés au pain. Sol d'origine. Puis salle des gardes et salle à manger du XVIIIe siècle, avec carrelage Renaissance. L'élément le plus intéressant du château demeure le monumental escalier à vis spiralée (le plus large de France). Véritable prouesse technique, l'axe de l'escalier se met en torsade en même temps qu'il monte.
Pour finir, visite des caves du XIIe siècle. Anciens cachots. Cellier, petit musée de la Vigne, outils et presse du XIXe siècle. Dégustation de vins et liqueurs. Et l'on repart avec un bon ratafia des familles ou un vin de Bourgogne.

➤ DANS LES ENVIRONS DE PIERRECLOS

Les carrières de la lie : à *La Roche-Vineuse* (71960). ☎ 03-85-35-77-15 (office de tourisme du Val Lamartinien). Fin juin-début sept : visite guidée payante jeu-sam 15h ; dim 16h. Sur rendez-vous pour les groupes tte l'année. Site de fouilles archéologiques d'une carrière antique (sarcophages gallo-romains et mérovingiens) dans un cadre naturel préservé. Un sentier botanique de promenade est aménagé. Pendant les journées du Patrimoine, atelier de fouilles archéologiques pour les enfants à l'issue duquel ils emportent l'objet qu'ils auront trouvé et mise à disposition d'outils et de blocs de pierre pour s'essayer à la taille de la pierre.

Bussières (71960) : *à 1,5 km de Pierre-Clos par la D45.* Village natal de l'abbé Dumont (1767-1832), grand ami de Lamartine. Pittoresque vieux centre ramassé autour de la petite église. À deux pas, une plaque indique le presbytère où vécut l'abbé. Ce dernier devint vicaire de la paroisse peu avant la Révolution et il prêta serment en 1791 à la Nation. Dans l'ébullition de l'époque, il eut une petite histoire d'amour avec une jeune fille noble du coin. Lamartine intégra plus tard cette aventure dans *Jocelyn*. Le poète rencontra l'abbé pour la première fois en 1803, lorsque, adolescent, il vint suivre avec lui des cours de latin. Ce fut le début d'une longue amitié et Lamartine, très fidèle, lui rendit souvent visite et s'assura toujours, jusqu'à sa mort, qu'il ne lui manquât rien. Sa tombe, jadis dans le cimetière autour de l'église, a été relevée contre le chevet. Le poète en rédigea l'épitaphe.
À l'intérieur de l'église, voûte en bois en berceau, christ rustique en bois du XVIIIe siècle sur une poutre en fer forgé, lambris et porte de la sacristie d'époque Louis XV. Au fond, un confessionnal de poche.

MILLY-LAMARTINE (71960) 320 hab.

Milly, qui gagna le nom Lamartine au début du XXe siècle (en hommage au poète), se blottit sur sa colline, ses maisons serrées autour de l'église. Le village et la campagne lamartinienne n'ont guère changé ici, malgré l'autoroute et le TGV tout proches.
C'est ici que le grand homme passa son enfance et il y fut très heureux. Son trisaïeul y avait fait construire une maison au début du XVIIIe siècle pour surveiller les vendanges. La famille Lamartine s'y installa en 1797 ; jeune Alphonse avait alors

QUAND LA VIGNE DEVIENT SOURCE D'INSPIRATION

L'attachement qu'éprouve Lamartine pour le peuple, et l'épanouissement de sa sensibilité à la nature trouvent racine dans cette enfance passée entre les vignes. Milly fut une source prodigieuse d'inspiration, à commencer par sa première méditation de « L'Isolement » écrite en 1818, puis une partie des « Préludes » (Nouvelles Méditations, 1823), « Milly ou la Terre natale », « La Vigne et la Maison » (1858).

7 ans. Là, avec ses cinq sœurs, sous la vigilante tendresse de sa mère, il court et découvre la campagne avec les fils des vignerons de son père. En 1830, le poète acquiert la maison au moment du partage des biens familiaux, ainsi que les 50 ha de vignes qui vont avec. On imagine le déchirement que fut la vente du domaine en 1860 pour un Lamartine criblé de dettes.

Où manger ?

Chez Jack : *pl. de l'Église.* ☎ *03-85-36-63-72.* De Cluny ou Mâcon, suivre la N 79 et sortir à Milly-La Roche-Vineuse. Tlj sf lun, mar soir et mer soir, ainsi que les soirs jeu-dim hors saison. Menu déj (en sem) 11 € puis menu 16,50 €. *Café offert sur présentation de ce guide.* Sympathique petit resto de village à l'ombre de la maison de Lamartine. L'occasion de déguster une bonne cuisine du Beaujolais. Salle traditionnelle où l'on trouve au coude à coude travailleurs du coin et touristes. Aux beaux jours, quelques tables dehors devant l'église.

À voir

La maison de Lamartine : ☎ *03-85-37-70-33. Tte l'année, dim 10h et 16h ouv j. fériés sf Noël et Nouvel An. Entrée : 6 € ; gratuit pour les moins de 12 ans.*
Au fond d'une grande cour fleurie, une maison d'allure simple, presque modeste mais chargée d'une réelle aura romantique. Au centre d'un grand domaine viticole constitué dès le XIIIe siècle, on visite, non sans émotion, ce « vendangeoir » où le poète devenu homme politique revint chaque année surveiller les vendanges et retrouver ses souvenirs, avant de le vendre, contraint et forcé, faute d'avoir été un bon gestionnaire. Depuis 1861, donc, la maison est propriété de la famille Sornay et c'est M. Sornay lui-même qui assure la visite. Il y vit toujours et vous confiera que peu de choses ont changé depuis le départ de Lamartine. C'est dire que vous visiterez une demeure doublement « habitée » !
Impossible de décrire une atmosphère, laissez-vous porter par les explications par tous ces détails qui parleront d'eux-mêmes autour de vous... Historique de la maison et de la vie de Lamartine, bien sûr, et, au passage, notez certains éléments toujours en place : dans la cuisine, la vieille pierre d'évier, la table et le banc familiaux, les carreaux d'origine.
Certaines choses ont évolué, une armoire classique et un vaisselier ont été convertis en vitrines. Dans la salle à manger, décor en bois de style anglais très à la mode au XIXe siècle. Objets originaux, lit à baldaquin, berceau florentin, etc. Petite librairie et possibilité d'acheter la cuvée « La Maison de Lamartine ». Son producteur vous en indiquera toutes les qualités.

L'église : fréquentée en son temps par Lamartine qui aimait beaucoup son clocher carré, « où restait suspendue une vieille cloche toujours immobile. » Toit de pierre et clocher percé de jolies baies géminées romanes. À l'intérieur, le banc de la famille Lamartine, toujours.

BERZÉ-LA-VILLE (71960) 520 ha

Village qui donne déjà un aperçu du Clunisois, avec son côté coquet et fleuri et ses belles maisons à galerie. En haut du village, une carrière de gypse fut exploitée jusqu'au début du XXe siècle.
Vestiges des fours à chaux du XVIIIe siècle, du moulin à plâtre. Au hasard des rues, vous rencontrerez vieux lavoirs, puits à deux étages, meules à plâtre

etc. L'église paroissiale, à l'architecture toute simple, date du XIIe siècle. Sur son clocher carré à baies géminées tourne toujours une girouette aux armes de l'abbaye de Cluny. À l'intérieur, peintures au pochoir du XVIe siècle.
Pour bénéficier d'une belle vue sur le Val Lamartinien, balade jusqu'à la roche Coche (455 m), à travers les vignes.

Où dormir ? Où manger dans les environs ?

Un peu plus chic

Relais du Mâconnais : La Croix-Blanche. ☎ 03-85-36-60-72. ● resa@lannuel.com ● lannuel.com ● Quitter la N 79 et prendre la route touristique (D 17). Tlj sf dim soir et lun. Congés : de mi-janv à mi-fév. Doubles confortables 68 € ; juin-sept, ½ pens souhaitée, 81 €/pers. Menus 28-90 €. L'atmosphère feutrée, l'accueil un poil guindé pourront vous surprendre. Laissez-vous aller. Christian Lannuel est un amoureux des beaux produits, et sa cuisine vous étonnera, de l'amuse-bouche, surprenant, aux desserts, magnifiques, servis à l'assiette.

À voir

La chapelle aux Moines : mai-sept, tlj 9h-12h, 14h-18h ; avr et oct, tlj 10h-12h, 14h-17h30. Entrée : 3 € ; gratuit jusqu'à 12 ans.
Curieuse destinée que celle de cette chapelle située sur les terres du prieuré de Berzé (qui dépendait de l'abbaye de Cluny et la fournissait en céréales). Saint Hugues aimait venir s'y reposer des vicissitudes du pouvoir spirituel. La chapelle est contemporaine de la célèbre abbaye de Cluny III. Au cours des siècles, elle se retrouva affublée d'une habitation et fut convertie en grange.
À l'extérieur subsiste le décor de bandes et arcatures lombardes. Ce n'est qu'en 1887 qu'un prêtre découvrit ces admirables fresques. L'abbaye ayant été démolie en 1798, la chapelle constitue donc un témoignage unique de l'art de la fresque clunisienne de cette époque. Raffinement de son style dont on perçoit encore les influences byzantines. Fraîcheur et vivacité des couleurs, c'est l'émerveillement ! Sur le cul-de-four, remarquable christ en majesté, de 4 m de haut, entouré des apôtres. On le voit remettant les clés et la Loi à saint Pierre. Sur l'arc triomphal, deux abbés de Cluny. Dans les arcades latérales, légendes de saint Blaise et de saint Vincent. On peut encore distinguer des Vierges couronnées de perles, des feuillages, etc. Enfin, accès à la chapelle basse où sont présentés l'historique et l'objet des fresques (vidéo).

➤ DANS LES ENVIRONS DE BERZÉ-LA-VILLE

Le château de Berzé-le-Châtel (71960) : ☎ 03-85-36-60-83. Juil-août : tlj à partir de 10h, dernière visite 18h ; juin et sept : tlj sf jeu 14h-18h ; Pâques-juin : dim à 15h ; le reste de l'année : sur rendez-vous pour les groupes. Entrée : 6,50 € ; réduc, gratuit jusqu'à 10 ans. Bien assis sur son éperon, impossible qu'il vous échappe : c'est le château le plus imposant du Mâconnais. Édifié autour d'une chapelle carolingienne et d'un puits de 40 m taillé dans le roc, et siège de la première baronnie du Mâconnais. Accès par un gros châtelet flanqué de tours des XIIIe et XVe siècles. Sur les terrasses, vergers, potager et jardins à la française. Vente de vins de la propriété.

Vaux (71460) : à quelques kilomètres à l'ouest de Berzé, sur une colline, village de poche offrant une croquignolette église et un beau panorama. Si vous le pouvez, passez en fin d'après-midi pour la qualité de la lumière et les tons pourpres dorés que prend l'église. De style roman primitif, décorée de bandes lombardes. Auvent en pierre avec charpente, du XVIIIe siècle. Sur une porte latérale, quelques tombeaux mérovingiens de remploi. À l'intérieur, sobre architecture et douce pénombre devenant au fur et à mesure plus lumineuse l'après-midi, au fil des heures.

¶ **Le château de Monceau :** *à gauche de la N 79, sur la route de Mâcon.* ☎ 03-85-37-81-52. Fin de l'itinéraire purement lamartinien avec ce château que les Lamartine acquirent en 1662. Le poète le reçut en héritage en 1833 et il partagea son temps entre cette demeure et Saint-Point. Belle façade flanquée de deux pavillons. Jusqu'en 1850, de nombreux amis littéraires et politiques y vinrent lui rendre visite. Ce seront les plus brillantes années de sa vie. Après, déçu par la politique et l'attitude de ses concitoyens, il se mit à écrire des poèmes désabusés : « Je suis las des soleils, laisse mon urne à l'ombre... J'ai vécu pour la foule et je veux dormir seul » *(Ode au comte d'Orsay).*
Le château ne se visite pas, mais l'extérieur et la chapelle sont accessibles gratuitement. À gauche de la façade, en bas de la pente, se trouve le bosquet d'arbres que Lamartine appelait « le salon de Dieu ». Noter aussi le petit pavillon octogonal dans les vignes, où il aimait se retirer pour méditer et écrire, sa fameuse « Solitude ». C'est là que furent écrits une grande partie de l'*Histoire des Girondins* en 1845, ainsi que le *Voyage en Orient*. Les groupes de lamartiniens purs et durs demanderont s'il est possible de visiter la chapelle.

IGÉ (71960) 785 hab.

À la frontière du Clunisois et du Haut-Mâconnais, appartenant encore à ce Val Lamartinien qui s'aventure ici hors des sites incontournables du pays. Un village qui mérite le détour, moins pour son château médiéval, très largement remanié au XIXe siècle et devenu depuis hostellerie de luxe, que pour la jolie chapelle du hameau voisin de *Domange*.

Où dormir ? Où manger dans les environs ?

🏠 ¶| **Maison d'hôtes Côté Vigne :** *à Domange.* ☎ 03-85-33-46-64. ● cotevigne@wanadoo.fr ● cotevigne.com ● Congés : vac. de Noël. Cinq chambres 85-130 €. Table d'hôtes le soir (sur résa, mer-dim) 27,50 €. Café et apéritif offerts, ainsi qu'une réduc de 10 % sur le prix de la chambre, sf juin-août, sur présentation de ce guide. Une belle maison vigneronne à qui ses propriétaires ont redonné vie et couleurs pour un séjour de charme. Reposant, réconfortant, réjouissant aussi si l'on recherche avant tout le silence, les moments de lecture, dans le pré ou le salon d'été, et de douillettes chambres aménagées avec le souci du détail. Table d'hôtes gourmande le soir et petit déj joliment préparé.

À voir

¶ **La chapelle de Domange :** dans ce hameau d'Igé, l'église date du XIe siècle et possède un beau clocher à arcatures lombardes et baies géminées. En travaux.

CLUNY ET SES ENVIRONS

Terre d'art et de savoir-vivre, le Clunisois est un pays qui attire chaque année de plus en plus de visiteurs, émerveillés par l'harmonie qui se dégage d'u monde qui, de Cluny à Cormatin, invite à emprunter les chemins de traverse : à pied ou à vélo, le regard s'attarde là sur une croix ou un lavoir ancien, ici sur une maison paysanne ou un manoir ayant connu des jours meilleurs. Une balade hors du temps, dans des paysages vallonnés couverts de forêts et de pâtures, entre les monts du Mâconnais à l'est et les monts du Charolais à l'ouest.

CLUNY (71250) 4 540 hab.

Pour le plan de Cluny, se reporter au cahier couleur.

L'un des points forts de tout voyage en Saône-et-Loire, une fascinante immersion dans ce qui fut le plus grand complexe d'architecture romane religieuse, militaire et civile des XIIe et XIIIe siècles. Malgré les destructions du temps, cette ville qui influença longtemps tout l'Occident conserve une capacité d'évocation prodigieuse. Le fait que Cluny soit encore presque entièrement contenue dans ses limites médiévales, qu'aucun modernisme incongru autour ne vienne troubler le rêve et qu'une intelligente politique de conservation soit menée par la ville y contribue bien sûr fortement.
Et puis il y a l'atmosphère particulière d'une ville qui cache de bonnes petites adresses pour qui aime les tables jeunes autant que les vieilles pierres, et s'anime aux premiers rayons du soleil, en attendant le jour béni (facile, ici !) où tout son centre deviendra réellement piéton.

UN PEU D'HISTOIRE

L'abbaye fut fondée en 910 par Guillaume, duc d'Aquitaine. C'est Bernon, abbé de Baume et Gigny (dans le Jura), qui préside à la naissance de l'abbaye, et l'acte fondateur, signé à Bourges, stipule qu'elle sera totalement indépendante de tous les pouvoirs, à l'exception du pape. C'est la règle de saint Benoît qui est adoptée.

> **1 ABBÉ = 7 PAPES !**
> À Cluny, l'élection de l'abbé se fait exclusivement par ses pairs : on dit que le vote à bulletin secret aurait été inventé à cette occasion. Il permit en tout cas l'émergence de véritables « patrons » d'abbaye, en général choisis jeunes. C'est ainsi qu'en deux siècles il n'y eut que six grands abbés à Cluny contre... 42 papes à Rome !

Un rayonnement européen et de grandes réformes

Cluny va devenir la « capitale » d'un empire religieux et temporel considérable qui comprend dix provinces et plus de 1 100 prieurés clunisiens (sans compter filiales, succursales et autres)... et plus de 10 000 moines. L'influence de Cluny sur tous les grands problèmes de son temps sera énorme : reconquête de l'Espagne, organisation des grands pèlerinages, relations avec le Saint Empire germanique, l'Angleterre normande, le royaume capétien, réforme grégorienne, liens et discussions avec l'Église d'Orient, etc. Cluny intervient également dans le domaine des arts, de la musique, de la peinture, de l'orfèvrerie. Sa liturgie et sa pompe deviennent d'une richesse incroyable (opposées à d'autres ordres monastiques beaucoup plus austères). Elles occupaient plus du tiers de la journée en de longues processions, une débauche de milliers de cierges, de multiples chants et les volées de cloches qui sonnaient quasiment tout le temps... Et du beau monde vient rendre visite à Cluny :

princes, rois, évêques. C'est à Cluny que les cardinaux portent pour la première fois leur célèbre couvre-chef.

Le règne des grands abbés

Il y eut d'abord Bernon, on l'a vu au début. Odon lui succède, bien entendu élu démocratiquement en 926. Beau boulot de réformes et agrandissement de l'« empire ». En 942, Aymard prend la suite. Il contribue à augmenter largement le nombre des « franchisés » et entame la construction d'une nouvelle église abbatiale. En 964, Mayeul poursuit l'édification de l'église (c'est Cluny II, dans la terminologie des archéologues). Il marque considérablement son « règne » : ami des empereurs d'Allemagne, conseiller de Hugues Capet et également grand réformateur. Il refuse de devenir pape à Rome pour mieux servir Cluny.

Odilon de Mercœur succède à Mayeul en 994 et régnera 54 ans. Avec lui, c'est le véritable décollage de Cluny. Il continue le travail de conseiller auprès des princes et des rois. Il ira neuf fois à Rome dénouer les intrigues, résoudre de graves problèmes. Il est à l'origine de la « trêve de Dieu » et de la création de la fête des Morts. Surtout, il lance l'idée de la « grande reconquête » chrétienne de l'Espagne sur l'Islam, puis sa mise en œuvre. Il entame un gros travail de centralisation et d'organisation de l'« empire », qui possède désormais une richesse fabuleuse.

Odilon meurt et saint Hugues, un vrai Bourguignon (de Semur-en-Brionnais) reprend en 1049, à l'âge de 25 ans, une multinationale prospère qu'il va mener à son apogée. De nouveaux monastères indépendants adhèrent à Cluny, l'argent entre à flots. Un dicton rapporte que « Partout où le vent vente, l'abbé de Cluny rente ». Saint Hugues continue également à perpétuer la tradition de conseiller politique auprès des papes, notamment Grégoire VII (un ancien de Cluny). C'est lui qui est derrière la célèbre entrevue de Canossa où l'empereur d'Allemagne vien. s'humilier et reconnaître l'autorité du pape.

Le moment est donc venu d'entamer la construction d'une nouvelle église, Cluny II Il y a énormément d'argent et il continue d'en entrer en quantité inouïe (à la prise de Tolède, en Espagne, le roi Alphonse VI offre à Cluny la majeure partie du butin !).

La plus grande église de la Chrétienté

Le premier coup de pioche est donné en 1088. Saint Hugues possède bien sûr le moyens de voir grand : 187 m de long (seulement battu par Saint-Pierre de Rom au XVIe siècle), une vaste avant-nef, cinq nefs, un transept de 74 m de large, u chœur immense avec déambulatoire, mini-transepts, chapelles rayonnantes, tro clochers. Le tout sur 30 m de hauteur sous voûte. Un tout petit bout du chœur es consacré en 1095 par Urbain II. Quand Hugues meurt, après 60 ans de bons et loyaux services, l'église n'est pas encore achevée. C'est son successeur, Por de Melgueil, qui en assure la pré-ouverture en 1120, lorsque la nef est terminée. annonce déjà la décadence par son scandaleux train de vie. En outre, dès la mis en route de Cluny III, il fait démolir une grande partie de Cluny II pour agrandir cloître.

Finalement, en 1122, Pons est viré et c'est Pierre le Vénérable (après un intérim c 3 mois par Hugues II de Semur) qui symbolisera le dernier grand abbé de Clun Sous son règne, en 1130, le pape Innocent II inaugure l'église officiellement, alo qu'il ne reste plus que l'avant-nef à couvrir et le grand portail à construire (en fait, seront achevés un siècle plus tard !). Entre-temps, Pons joue « Melgueil, le retou et tente de reprendre l'abbaye par la force avec une petite armée. Échec, et il mourir à Rome un an plus tard. Sous l'autorité de Pierre le Vénérable, Cluny conn ses derniers moments de gloire. Le malheureux Pierre Abélard vient y oubl Héloïse et se réconcilier avec l'Église. L'abbaye assure aussi la traduction latine Coran.

L'abbatiale fera l'admiration de toute l'Europe. Ce qui stupéfie le plus, outre l volumes impressionnants et l'harmonie des lignes, c'est l'époustouflante déco tion. D'abord, les fresques, dites de l'école du mont Cassin, absolument éblouissantes, et les sculptures, dont les chapiteaux rescapés, aujourd'hui au Farinier, restituent toute la splendeur. Quant aux fresques, pour s'en faire une idée, il reste heureusement celles de la chapelle aux Moines à Berzé-la-Ville, qui furent peintes probablement par les mêmes artistes.

Le début de la fin

XIIIe siècle : l'âge d'or est terminé. L'ordre de Cîteaux, créé par saint Bernard, est en train de supplanter celui de Cluny, avec son ascétisme plus conforme aux idéaux du christianisme. Du XIVe au XVIe siècle, la guerre de Cent Ans, le conflit franco-bourguignon, les guerres de Religion vont considérablement affaiblir Cluny en désorganisant son empire, en empêchant les entrées d'argent, en permettant à de nombreux monastères de reprendre leur liberté. Trésor, bibliothèque et archives, pillés en 1562 par les protestants, disparaissent à jamais. Coup de grâce avec l'ingérence du pouvoir royal qui intervient désormais dans la nomination des abbés. Charge toutefois encore très recherchée (et aux revenus substantiels), puisque Richelieu et Mazarin ne la refusent pas. Les abbés des XVIIe et XVIIIe siècles appartiennent tous à de nobles familles (les Conti, La Rochefoucauld, La Tour d'Auvergne), mais cela n'empêche pas l'inéluctable déchéance. Rongé par les querelles doctrinales, l'ordre subit une dernière humiliation : en 1744, un décret place l'abbaye sous les ordres directs de l'évêché de Mâcon. C'en est fini de l'indépendance de Cluny ! En 1750, ce qui reste de Cluny II est rasé et l'on construit de nouveaux bâtiments monastiques autour d'un grand cloître.
En 1789, rideau ! Les derniers moines sont dispersés. Comme beaucoup d'autres, l'abbaye, bien national, est vendue sous le Directoire. De 1798 à 1823, elle servira de carrière et sera systématiquement dépecée. En 1801, une rue est percée dans la nef. En 1811, les clochers du chœur sautent à l'explosif. Pour la petite histoire, c'est l'horloge du petit clocher dans le transept droit qui le protège de la destruction : il était bien utile pour donner l'heure aux halles. Le transept gauche disparaît avec l'installation des haras. Enfin, en 1823, le transept droit, avec le clocher de l'Eau-Bénite et la tour de l'Horloge, ainsi que le petit transept (avec la chapelle Bourbon) sont définitivement sauvés.

Arriver – Quitter

En bus

- **Cars SNCF :** liaisons avec Mâcon et Chalon-sur-Saône (par Taizé), ainsi qu'avec la gare TGV de Mâcon-Loché. À Cluny, arrêt à l'ancienne gare SNCF et rue Porte-de-Paris.
- **Cars du val de Saône :** liaisons avec Mâcon, Paray-le-Monial, Montceau-les-Mines. Renseignements et horaires à l'office de tourisme.

Adresses utiles

Office de tourisme (plan couleur A1- : tour des Fromages, 6, rue Mercière. ☎ 03-85-59-05-34. • cluny-tourisme. com • Très dynamique et fort bien documenté. On y trouve un guide très pratique permettant de découvrir les plus belles randonnées de la région.
Location de vélos :
LudiSports, ☎ 06-62-36-09-58. • con tact@ludisport.com • VTT, rollers, etc. Intéressant système de navette si vous êtes trop fatigué pour revenir, ou si vous voulez échanger en route votre vélo pour des rollers.
– Également des locs chez Cluny Récompense : *10, rue des Griottons.* ☎ 03-85-59-34-59.

Où dormir ?

Camping

△ **Camping Saint-Vital** (hors plan couleur par B2) : rue des Griottons. ☎ 03-85-59-08-34. • camping.st.vital@orange.fr • À côté de la piscine ; pas loin à pied du centre (vue sur le clocher de l'Eau-Bénite). Du 1er w-e de mai au 1er w-e d'oct. Compter env 14,80 € l'emplacement pour 2, avec voiture, tente et électricité. Trois-étoiles agréable et arboré. Prix modérés. Piscine municipale gratuite pour les clients.

Bon marché

▣ **Cluny Séjour** (plan couleur B2, 5) : 22, rue Porte-de-Paris. ☎ 03-85-59-08-83. • cluny.sejour@wanadoo.fr • Tlj sf dim en basse saison. Congés : de mi-déc au 15 janv. Résa conseillée. Nuitée env 16,50 €/pers, en chambre à partager de 2, 3 ou 4 lits. Installée dans l'un des bâtiments du XVIIIe siècle de l'abbaye (la ciergerie), c'est une sorte d'AJ communale (plus de 70 lits) hyper bien tenue et vraiment pratique. En prime, accueil très sympa ! Chambres au calme. Prévoir sa serviette de toilette. Parking pour la voiture et garage à vélos.

▣ **Hôtel du Commerce** (plan couleur B2, 6) : 8, pl. du Commerce. ☎ 03-85-59-03-09. • hotelducommerce71@orange.fr • hotelducommerce-cluny.com • Congés : 1 sem début déc et 1 sem début mars. Doubles avec w-c sur le palier 25,50 €, avec douche et w-c ou bains 42 €. Tarif préférentiel pour le petit déj sur présentation de ce guide. Un petit hôtel de centre-ville fort bien tenu et capable d'offrir des chambres simples et propres à prix modérés. Certaines sont particulièrement au calme, demandez-les de préférence. Sans compter l'accueil tout à fait affable de la patronne.

Prix moyens

▣ **Hôtel Saint-Odilon** (plan couleur B2, 7) : rue Belle-Croix. ☎ 03-85-59-25-00. • contact@hotelsaintodilon.com • hotelsaintodilon.com • À côté de l'hippodrome et de la piscine, à moins de 10 mn à pied du centre. Doubles avec douche 52 €. Apéritif offert, au bar, sur présentation de ce guide. Établissement de construction récente, respectant correctement l'environnement. Une architecture basse, rappelant une ferme, avec sa tour carrée et ses deux ailes. Bon accueil. Tout le confort moderne et des coloris plaisants, tout concourt à en faire une sympathique étape.

▣ |●| **Le Potin Gourmand** (plan couleur A1, 8) : 4, pl. du Champ-de-Foire. ☎ 03-85-59-02-06. • lepotingourmand@wanadoo.fr • potingourmand.com • Resto ouv slt le midi ; en basse saison, hôtel fermé dim soir et lun. Congés : de janv à mi-fév. Sept chambres hors normes 55-70 €. Menus 23-34 €. Apéritif maison ou un petit déj par nuit et par chambre offert sur présentation de ce guide. C'est un lieu étonnant, qui aurait pu devenir une hostellerie de charme chic et chère, si Serge Ripert n'avait pas un caractère aussi indépendant. Ne croyez pas qu'on cancane, quoique indirectement... le potin désignait autrefois la chaufferette de terre cuite utilisée par les femmes pour se chauffer, à la veillée. Vous êtes ici dans une ancienne fabrique de poterie, d'où un certain laisser-aller sympathique. Serge est un chef fabuleux, un créateur inspiré, et s'il est en forme, vous vous régalerez. Sinon, prenez votre mal en patience, louez une de ses chambres toutes inspirées par ses voyages, ses rêveries. Ou flemmardez autour de la piscine (chauffée), si la saison s'y prête.

▣ **Chambres d'hôtes La Maison des Gardes** (plan couleur B2, 9) : chez Ph lippe et Hélène Beaulieu, 18, av. Charles-de-Gaulle. ☎ 03-85-59-19-46. • phi lippebeaulieu@club-internet.fr • lamai sondesgardes.com • Doubles 60 €, petit déj compris. Gîte pour 7-8 pers à louer à la sem. Boisson offerte sur présentation de ce guide. Une belle demeure de caractère, en plein cœur de ville, restée en partie dans son jus, comme le parc. Très belles chambres dans la maison même, décorées avec un goût très sûr par une jeune propriétaire qui trouve le temps d'être aux petits soins pour ses hôtes, tout en s'occupant de ses enfants en bas âge. Si vous craignez pour le calme et la tranquillité d'esprit, rassurez-vous, la maison est grande.

Très chic

🏠 |●| **Hôtel de Bourgogne** (plan couleur B1, 10) : pl. de l'Abbaye. ☎ 03-85-59-00-58. • contact@hotel-cluny.com • hotel-cluny.com • Resto fermé mar-mer. Congés : déc-janv. Doubles 80-94 €. Menus 24-41 €. Apéritif maison offert sur présentation de ce guide. Une vénérable maison, édifiée en 1817 sur le site de l'ancienne abbaye, qui a retrouvé vie et jeunesse grâce à un jeune couple de propriétaires. Ils ont su trouver le ton juste, dans la déco comme en cuisine, pour n'effaroucher personne. Vous pourrez vous reposer dans la suite où dormit Lamartine. L'idéal est de pouvoir profiter du jardin et de la terrasse aux beaux jours, mais la grande salle, hors saison, a un petit côté nostalgique pas désagréable.

Où manger ?

Même si vous n'avez pas choisi de séjourner à l'hôtel, jetez un coup d'œil à nos adresses ci-dessus : *Le Potin Gourmand* (plan couleur A1, 8) et l'*Hôtel de Bourgogne* (plan couleur B1, 10) méritent largement le détour. Sinon, vous devriez trouver votre bonheur dans le centre-ville, même hors saison.

Bon marché

|●| **Le Café du Centre** (plan couleur B2, 13) : 4, rue Municipale. ☎ 03-85-59-10-65. Tlj sf dim soir. Assiette de cochonnailles avec un verre de mâcon 1,50 €. Près de l'office de tourisme, un lieu qui vit de jour comme de nuit, qui s'enflamme les soirs de matchs, ronronne à l'heure de la sieste, s'anime pour l'apéro. Idéal pour se restaurer au milieu des habitués, imperturbables. Terrasse bien sympathique.

Prix moyens

|●| **Auberge du Cheval Blanc** (plan couleur B2, 15) : 1, rue Porte-de-Mâcon. ☎ 03-85-59-01-13. Tlj sf ven soir, sam, plus le soir en mars et nov. Congés : déc-12 mars et 10 j. début juil. Menus 17-39,50 €. Dans une agréable maison de pierre sèche, dégustez une bonne cuisine traditionnelle. Quelques plats : coq au vin, pavé de charolais sauce morilles, pigeon rôti... Intérieur frais et coloré (tons verts et grande fresque).

Où dormir ? Où manger dans les environs ?

Chambres d'hôtes La Ronzière : Collonge, 71250 Lournand. ☎ et fax : 03-85-59-14-80. Lournand est à 5 km au nord de Cluny ; accès par la D 981 vers Taizé ; ne pas prendre pas la route qui va vers Lournand, mais la 3ᵉ à gau-

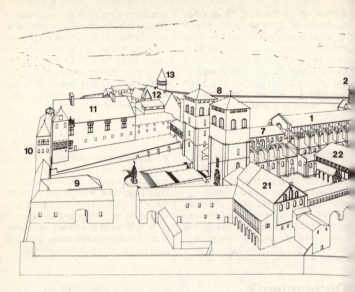

1. Eglise abbatiale Saint-Pierre-et-Saint-Paul
2. Clocher des Bisans
3. Clocher du Chœur
4. Clocher des Lampes
5. Clocher de l'Eau Bénite
6. Tour de l'Horloge
7. Narthex
8. Barabans
9. Anciennes prisons
10. Double porte et pavillon de Guise
11. Palais Jean-de-Bourbon
12. Palais Jacques d'Amboise

che. Compter 48 € pour 2, petit déj compris. Cinq chambres d'hôtes dans un grand corps de ferme remarquablement restauré. Accueil jeune et agréable. Brigitte et Bernard, qui sont éleveurs de charolais, vous conseilleront des circuits de randos à partir de chez eux pour fuir la foule et admirer Cluny de loin, aux heures chaudes.

|●| ***Restaurant L'Embellie*** **:** 71250 Sainte-Cécile. ☎ 03-85-50-81-81. • sarl.delagrange@wanadoo.fr • À l'entrée du village en venant de Cluny (5 km au sud). Tlj sf mer, mar soir, plus mar midi en été et dim soir hors saison. Formule déj (en sem) 11 € ; menus 13,50-38 € ; à la carte, compter env 32 €. Apéritif maison offert sur présentation de ce guide. Une terrasse fleurie et ombragée avec vue sur un carmel vous accueille aux beaux jours. Sinon, poussez la porte de cette vieille demeure sympathique, parlez des nourritures terrestres (à Cluny ça n'a rien de choquant, on n'est pas Cîteaux) avec le chef, qui sortira la tête de sa cuisine, si sa jeune femme n'est pas là. Menus attrayants, avec même un spécial « petit écolier » que l'intéressé pourra prendre au bureau à l'ancienne installé près des tables.

À voir. À faire

Le musée et l'abbaye ont les mêmes horaires d'ouverture, et le billet permet de visiter les deux sites. ☎ 03-85-59-12-79. • abbaye-de-cluny@monuments-nationaux.fr • &. Mai-août : tlj 9h30-18h30 ; sept-avr : 9h30-12h, 13h30-17h. Congés : 1er janv, 1er mai, 1er et 11 nov, 25 déc. Entrée : 6,50 € ; réduc.

¶¶ ***Le musée d'Art et d'Archéologie de Cluny*** (plan couleur A1) : une des plus belles collections de sculpture romane. Au rez-de-chaussée, les tombeaux de

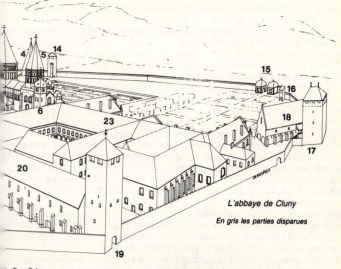

L'abbaye de Cluny

En gris les parties disparues

- Tour Fabry
- Tour Ronde
- Porte des Jardins
- Tour de Guet
- Tour du Moulin
- Farinier et cellier

19 Tour des Fromages (Ancienne Tour des Fèves).
20 Malgouverne
21 Ecuries de Saint-Hugues
22 Façade du Pape Gélase
23 Bâtiments conventuels du XVIIIe s.

L'ABBAYE DE CLUNY

abbés Hugues de Semur (1049-1109) et Pierre le Vénérable (1122-1156), maquettes de l'abbaye et de la ville au XIIIe siècle, etc. Au sous-sol, sculptures et vestiges découverts pendant les fouilles : portions de frises avant-nef avec animaux fantastiques, rosaces et personnage assis (tireur d'épine). Délicats petits fragments sculptés, têtes de vieillards, chapiteaux. À l'étage, deux salles consacrées aux sculptures et fragments d'architecture provenant de la ville médiévale : belles cheminées monumentales, décors sculptés exprimant les métiers, chapiteaux historiés, ravissantes colonnettes sculptées. Ancienne bibliothèque réunissant 4 000 volumes reliés. Également un fonds de près de 1 500 ouvrages et des revues spécialisées.

★★★ **L'abbaye** (plan couleur A-B1-2) : avant toute chose, il faut rendre hommage au formidable travail de l'archéologue américain K.-J. Conant, qui passa plus de vingt ans à travailler sur le site et rendit merveilleusement lisible le plan de l'abbatiale.
- Point de départ de la visite sur le parvis, devant le plan de l'église. C'est là qu'on mesure l'ampleur architecturale de l'édifice. Tout au fond, à droite, la tour de l'Eau-Bénite n'est finalement qu'un morceau du transept sud ! Des fouilles furent effectuées dans la rue qui recouvrait la nef. Elles mirent au jour les soubassements des deux tours qui précédaient l'église (appelées « barabans »), ainsi que le piédroit du portail, la nef centrale et le bas-côté sud de l'avant-nef, les bases monumentales des piliers cruciformes. Avec ses 3 nefs à 5 travées, l'avant-nef était déjà une grande église ! Après s'ouvrait le vrai portail de l'abbatiale. Songez qu'il fallut, en 1810, 9 jours aux démolisseurs pour le détruire à coups d'explosifs, ainsi que son magnifique tympan.
- Il faut passer par le grand cloître du XVIIIe siècle – qui vient d'être restauré- pour accéder au transept droit. Place du 11-Août s'étend la longue façade dite « du

pape Gélase ». Elle date du XIIIe siècle, mais fut restaurée au XIXe, par un élève de Viollet-le-Duc. D'origine, la belle série de fenêtres gothiques en trèfle à l'étage.
– Avant d'accéder au grand cloître, on conseille de passer par la salle de projection. Un film en 3D (10 mn) permet de découvrir l'église Cluny III, la « Maior Ecclesia », au temps de sa splendeur.
– Accès au grand cloître du XVIIIe siècle, de style assez sévère. Il fut construit en 1750 à la place du cloître roman de l'abbé Pons de Melgueil (celui-là même qui avait démoli une partie de Cluny II pour réaliser le sien, bien fait, na !). Dans la cour, grand cadran solaire. Le passage Galilée, du XIIe siècle, reliait Cluny III à Cluny II et était utilisé pour les grandes processions des bénédictins. Une seconde installation permet de découvrir la perspective vers l'intérieur de l'église Cluny III que les moines avaient sous les yeux lorsqu'ils pénétraient dans ce passage. Une image issue du film en 3D a été retravaillée et est installée dans un caisson lumineux.
– Le transept droit étonne par l'ampleur de ses volumes et, surtout, par l'incroyable sentiment d'élévation qu'il procure. On se sent carrément aspiré vers le haut ! Et pourtant, des 74 m de transept, il n'en reste plus, aujourd'hui, que 25 m ! Avec de telles proportions, le transept à lui seul évoque presque une cathédrale. Sous le clocher de l'Eau-Bénite, à la deuxième travée, la coupole sur trompes et quatre arcs brisés s'élève à plus de 30 m.
– Regardez par curiosité le plan pour vous faire une idée de l'ampleur architecturale de l'édifice. L'immense arche qui s'ouvre devant vous correspond sur le plan à un truc riquiqui ! En outre, architecture vraiment audacieuse quand on songe que ce clocher de plus de 60 m de haut repose sur peu de chose.
– Dans le transept s'ouvrent deux chapelles : celle de droite, la chapelle Saint-Étienne, date de la construction initiale (voûte en cul-de-four) ; l'autre, celle de Saint-Martial, fut édifiée au XIVe siècle.
Continuer plus en avant, le long du collatéral rescapé. On parvient au petit transept sud. On y trouve une petite chapelle romane d'origine et la chapelle Bourbon qui en remplaça une autre au XVe siècle, à l'initiative de l'abbé Jean de Bourbon. Entrée par une porte à accolade. Superbe vantail en bois de l'époque, parvenu jusqu'à nous par miracle. À l'intérieur, belle série de prophètes, représentés en entier mais complètement recroquevillés sur eux-mêmes, dont certains aux visages particulièrement expressifs. Au-dessus, il y avait les apôtres sous des dais finement ciselés. Intention claire à l'époque d'établir un parallèle entre eux, et entre l'Ancien et le Nouveau Testament. Belles clés de voûte. Une curiosité : le petit oratoire qui, pour le confort de l'abbé, était chauffé. Noter la petite baie à ébrasements parallèles dans le sens de l'autel, qui lui permettait de suivre l'office sans décoller du feu !
– À l'extérieur, le clocher de l'Eau-Bénite se révèle un modèle d'équilibre et d'harmonie. De forme octogonale, sur trois niveaux assurant chacun sa fonction dans cette remarquable architecture. Le premier est aveugle, le deuxième présente des arcatures aveugles, avec juste une baie ouverte au milieu. Le décor, particulièrement élaboré, assure la transition avec le dernier étage, qui est très ouvragé. Plus d'ouvertures, des fines colonnes à cannelures verticales, des arcatures de type lombard, tout concourt à alléger progressivement la masse du clocher, à lui donner beaucoup d'élégance, sans pour autant diminuer l'impression de puissance, de solidité. Beaucoup de clochers s'en inspireront par la suite.

Les jardins et les bâtiments monastiques du XVIIIe siècle (plan couleur B2) certains sont occupés aujourd'hui par l'École nationale des arts et métiers. La longue façade de style classique et les ailes présentent de magnifiques ferronneries de style rocaille. Élégance des façades des ailes, avec leurs arcs concaves encadrant le fronton triangulaire. Tout au fond des jardins, la tour Ronde, du XIIIe siècle, témoin de l'ancienne enceinte du monastère.

Le Farinier (plan couleur B2) : l'un des plus beaux bâtiments civils de Cluny. Édifié au XIIIe siècle à côté de la tour du Moulin (une grosse tour carrée de la même époque). Si, extérieurement, l'architecture n'impressionne guère, il faut savoir que l'édifice fut raccourci de 20 m pour permettre la construction de l'aile sud du nouveau monastère. À l'origine, le Farinier se divisait en trois parties : en bas, le cellier aux superbes voûtes d'ogives ; au-dessus, le magasin à farine ; et à l'étage, le grenier à blé. Cette dernière salle étonne par son immense volume et, surtout, par sa magnifique charpente de bois d'origine, en chêne et châtaignier, en forme de carène renversée.

Dans ce cadre idéal, exposition des chapiteaux retrouvés de l'abbatiale. Belles maquettes des travaux de K.-J. Conant. Noter le parement d'autel avec les marguerites, toutes de formes différentes. Table d'autel en marbre, probablement celle qui fut consacrée par Urbain II en 1095. Quant aux chapiteaux, ils datent de la construction du chœur (1010-1020). Le « Maître de Cluny » ira ensuite exercer ses talents sur le tympan de Vézelay. Finesse d'exécution, mouvement des corps, richesse des drapés en sont les principales caractéristiques. Enfin, remarquez dans le coin droit, à côté de la porte du moulin, le déversoir à blé.

Dans la vieille ville

La balade en ville, balisée de belles maisons romanes, possède beaucoup de charme. De nombreuses boutiques ont conservé leur vieille devanture en bois, et l'on tente de proscrire des autres les matériaux trop modernes (plastique, alu, etc.).

Rue Lamartine, ravissante maison romane au n° 15 avec petites baies en plein cintre. À l'angle, un rajout XVIe avec colombages à remplage de brique et fenêtre à meneaux. Au rez-de-chaussée, pittoresque boutique d'artisanat et produits régionaux. Au n° 9, demeure du juge Mage du XVIe siècle. Estienne Lamartine, ancêtre du poète, possédait cette maison. *Rue de la Barre* (place Notre-Dame), belle maison des Griffons du XIIe siècle. Plus haut, la maison des Échevins. La *rue Sainte-Odile* mène à la rustique porte de ville du même nom (XIIIe siècle).

L'église Notre-Dame (plan couleur A2) : pl. Notre-Dame. Elle date du XIIe siècle mais fut transformée plus tard en édifice gothique. Notez les jolies roses rayonnantes aux croisillons, les stalles et les boiseries du XVIIe siècle. Sur le parvis, une fontaine du XVIIIe siècle.

La tour des Fromages (plan couleur A1-2) : rue Mercière. Elle abrite l'office de tourisme. Date du XIe siècle. L'un des éléments de défense de l'abbaye les plus anciens. Ne pas manquer d'y grimper pour la vue sur la ville. Plus haut, place de l'Abbaye, les *écuries de Saint-Hugues.* Hostellerie des pèlerins au XIe siècle. Au rez-de-chaussée, on logeait les chevaux. Au pignon sud, un beau lion sculpté.

Quelques pittoresques demeures encore : *rue de la République,* celle du puits des Pénitents. Exquise façade percée d'une grande arche, l'ancienne échoppe. Au-dessus, série de petites baies romanes à colonnettes aux décors ciselés. *Rue d'Avril,* trois autres intéressantes maisons dont l'hôtel de la Monnaie.

La Maison du Rire et de l'Humour (plan couleur A1) : 6, pl. du Champ de Foire. ☎ 03-85-59-08-98 ou 06-75-48-31-86. Mar 10h-12h et 15h-19h ; dim 15h-19h ; également sur rendez-vous. Fermé de mi-janv à mi-fév. Entrée libre (à vot' bon cœur !). « L'humour, c'est comme les essuie-glaces, ça n'arrête pas la pluie mais ça permet d'avancer » (Bruno Coppens). Voilà, le ton est donné ! Un nouvel espace muséographique complété par un centre de documentation (où trouver les festivals du rire ? qu'est-ce que la thérapie par le rire ?...) a ouvert ses portes. On y trouve des objets loufoques ou détournés comme la pelle du 18 juin 1940 ou le verre solitaire, de bons mots (« L'homme n'est que poussière, c'est dire l'importance du plumeau », Alexandre Vialatte), des affiches, des journaux satiriques... Ici tout n'est que facétie et dérision ; à consommer sans modération donc. Expos temporaires régulières ; en mars 2008 débutera une expo consacrée à Albert Debout.

Balade sympa vers le haut de la ville, en direction du cimetière. On y découvre, avec un vestige du rempart – la tour et la porte Saint-Mayeul –, un intéressant aspect du Cluny fortifié. En redescendant, on suit le tracé de l'ancien fossé, aujourd'hui boulevard circulaire planté de tilleuls, jusqu'à la promenade du Fouettin. Au passage, laissez-vous conter, à l'entrée de la *rue du Merle*, l'histoire de ce drôle d'oiseau devenu l'emblème du quartier. Une légende vieille de 600 ans qui rappelle le passage en ces lieux de Blanche de Castille, qui y gagna un joli page, répondant au nom de Dumerle !

Au sud de la ville s'élève l'*église Saint-Marcel* dont on admire le délicieux clocher octogonal du XIIe siècle. Celui-ci hérita au XVIe siècle d'une fine flèche de brique qui épouse fort bien l'ensemble. Jolie vue depuis la route de la Digue (la D 980) qui suit la rivière Grosne.

🚶 *L'hôtel-Dieu* (plan couleur B2) : pl. de l'Hôpital. ☎ 03-85-59-59-59. *Visite libre de la chapelle et de la salle des malades tte l'année 9h-17h (en dehors des offices). Visites guidées de l'apothicairerie et de la salle des administrateurs : juin-sept, sam 14h30 et 16h ; le reste de l'année, slt sur rendez-vous. Entrée : 3 € ; gratuit jusqu'à 16 ans.* Construit par le cardinal de Bouillon, abbé de Cluny, en 1683. Visite doublement attachante de la chapelle (avec salles des malades autour), de la salle des administrateurs, de l'apothicairerie, de la salle Saint-Lazare. On découvre dans la chapelle des statues qui devaient orner le tombeau de F.-M. de La Tour d'Auvergne, frère de Turenne et, surtout, père du cardinal de Bouillon, abbé de Cluny de 1683 à 1715. Dans une châsse, des fragments de la crosse de saint Hugues. Surtout, on découvre, ébahi, le plafond peint en 2003 par Chaimowicz, qui s'est refusé à jouer la carte de l'art contemporain, préférant la légèreté d'une création un peu hors du temps.

🚶🚶 *Le haras national* (plan couleur B1) : 📱 06-22-94-52-69. ● haras-nationaux.fr ● *Visites guidées des écuries tlj sf lun et sam (3 visites/j.). Compter 5 €/adulte.* Fondé par Napoléon en 1806 et construit en grande partie sur l'emplacement de l'abbatiale avec ses pierres. Un des cinq grands haras de France (avec Compiègne, le haras du Pin, etc.). De la cour d'honneur, on a la plus jolie vue du clocher de L'Eau-Bénite. Attention, l'ensemble des chevaux et poneys n'est visible que de mi-juillet à début mars. En dehors de cette période, l'effectif est réduit. Manifestations hippiques et présentations toute l'année.

Randonnées

Demandez à l'office de tourisme la brochure rassemblant les différents circuits situés dans l'ancienne emprise du ban sacré de l'abbaye, territoire délimité par les crêtes environnantes à environ 5 lieues du monastère. Également un topoguide en vente sur toutes les randonnées de la région.

Où acheter de bons produits ?

🍬 **Pâtisserie-chocolaterie Germain** (plan couleur A2, 20) : 25, rue Lamartine. ☎ 03-85-59-11-21. ● germain.cluny@wanadoo.fr ● *Tlj.* Pour les gourmand(e)s, l'adresse où faire le plein de douceurs, comme le rocher de Solutré, les perles bourguignonnes, les aman des caramélisées enrobées de choco lat, la truffe du moine, etc. On y trouv même un whisky « Cluny » ! Salon d thé tout à côté, pour grignoter en ter rasse.

Fêtes et manifestations

– *Manifestations du haras national :* tte l'année. 📱 06-22-94-52-69. Concou hippiques, défilés d'attelages et présentation d'étalons, journées portes ouverte etc.

- **Grandes Heures de Cluny :** *juil-août.* ☎ *03-85-59-26-29.* Festival de musique classique, devenu lui-même un classique, à l'abbaye et à Notre-Dame.
- **Un P'tit air de festival :** *fin juil.* ☎ *03-85-59-29-02.* Festival des spectacles vivants. Un amour de festival, qui fait chaud au cœur, à Lournand et dans les communes avoisinantes de Cluny. Guinguette après-spectacle. Prix tout doux.
- **Jazz à Cluny :** *2ᵉ quinzaine d'août ; rens à l'OMC (office municipal de la culture) au* ☎ *03-85-59-04-04.* Ateliers d'initiation et de perfectionnement pour tous niveaux. Dans le même temps, concerts bien sûr.
- **Fête des Potiers :** *ts les 2 ans (les années paires), en août.* La prochaine édition a donc lieu en 2008.
- **Foire à la brocante :** *sept, dans le cloître de l'abbaye.*
- **Fête de la Pomme :** *oct.* ☎ *03-85-59-10-61.* Expo de centaines de pommes, dégustation, vente de produits régionaux et artisanaux, etc. Venez, on se fend la poire tout en s'instruisant !

➤ DANS LES ENVIRONS DE CLUNY

➤ **La Voie verte de Cluny :** elle suit le tracé de l'ancienne voie de chemin de fer jusqu'à Givry, puis emprunte les chemins de halage le long du canal du Centre, de Chalon à Saint-Léger-sur-Dheune, puis de Paray-le-Monial à Digoin. *Rens à l'office de tourisme.*

➤ **Le parcours Acro'bath :** à **Bergeressin.** ☎ *03-85-50-87-14.* ● *acrobath. com* ● *À 6 km au sud-ouest de Cluny. Juil-août : tlj ; avr-nov : w-e et vac scol, 10h-19h. Entrée : 9-17 € selon taille (enfant, ado, adulte).* Cinq parcours d'arbres en arbres, dans les bois, aux difficultés différentes : l'aventure entre 4 et 15 m de haut, à travers près de 80 ateliers-jeux.

DE CLUNY À CORMATIN
PAR LE HAUT-MÂCONNAIS

BLANOT (71250) 150 hab.

À 10 km de Cluny, frémissement de plaisir en arrivant à Blanot. Déjà, tout le coin est charmant et paisible. Le village semble faire la sieste à tout moment. Par les rues pentues, on parvient à l'église et au prieuré. Quelques maisons à galeries, des fontaines et des lavoirs, et un ancien four à pain que l'on découvre en suivant les *murgers,* ces murs de pierre sèche, typiques du coin. Quelques artisans d'art, dont un potier qui fait de belles choses.

À voir

L'église : une de nos chouchoutes, comme on dit par ici ! Avec le prieuré et les demeures de pierre sèche tout autour, belle homogénéité architecturale. Édifiée au IIᵉ siècle sur une ancienne nécropole mérovingienne. Clocher à arcatures aveugles qui semble disproportionné. Normal, on en a rajouté un bout au XVIᵉ siècle pour mieux faire le guet. Belle toiture de lauzes. À l'intérieur, nef unique et très vieille charpente. Fenêtres si étroites qu'elles durent bien servir d'archères. C'est ici que l'on envoyait naguère les moines trop turbulents, le calme et la sérénité de l'endroit étant reconnus de longue date. Faites un test, en famille !

Le prieuré : du XIIe siècle, modifié au XVIe siècle, c'est un prieuré clunisien. Arbore une belle tourelle octogonale et un petit air fortifié qui lui sied bien. Pendant la guerre de Cent Ans, ça devait parfois servir. Porche voûté, invitant à l'évasion vers la campagne...

Les grottes de Blanot : au nord du village, au hameau de Fougnières. ☎ 03-85-50-03-59. Début avr-fin sept : départs de visites tlj sf mer 10h-12h, 13h30-17h45 ; juil-août : tlj 9h30-18h ; oct : ouv également les ap-m. Visite guidée : 5,40 € ; réduc. Nombreuses salles étagées sur 80 m de profondeur, festival de concrétions, stalactites et autres mites. On descend jusqu'à 80 m de profondeur. Vitrine sur les découvertes préhistoriques locales : fragments de squelettes d'ours, de hyènes, de bisons, etc.

➤ DANS LES ENVIRONS DE BLANOT

Les grottes d'Azé (71260) : ☎ 03-85-33-32-23. Au sud-est de Blanot, à 12 km à l'est de Cluny par la D 15. Avr-sept : tlj 10h-12h, 14h-19h ; oct : dim slt. Visite guidée : 6 € ; réduc. C'est la plus longue caverne de Bourgogne : parcours de 1 000 m aménagé sur quatre étages avec, au niveau le plus bas, une rivière souterraine. Outre la balade dans les concrétions les plus pittoresques, on observera des vestiges peu communs, comme des squelettes d'ours vieux de plusieurs centaines de milliers d'années, les restes d'un des dix lions de caverne connus en France, etc. Musée archéologique regroupant plus de 2 000 pièces de la Préhistoire au Moyen Âge.

Camping des Grottes : ☎ 03-85-33-32-23. ● grottes.aze@wanadoo.fr ● Mai-sept. Forfait emplacement pour 2 avec voiture, tente et électricité 11,50 €. Larges emplacements bien ombragés. Bar-resto. Belle piscine ouverte en juillet-août.

Laizé (71870) : entre Azé et Clessé, faites un détour pour découvrir une église qui fut clunisienne et présente un inhabituel et adorable clocher. Particulièrement mince et élégant, avec son hourd (véritable collier défensif digne des châteaux forts !) et sa flèche à huit pans. À l'intérieur, stalles du XVe siècle.

Clessé (71260) : charmant village viticole, dans un paysage de douces collines. Beaucoup de randonneurs à vélo, ce n'est pas un hasard. Sur la place principale voir l'église du XIe siècle, un des plus beaux exemples d'art roman primitif. Superbe clocher octogonal avec sa flèche à tuiles vernissées polychromes. Longues arcatures de type lombard et baies géminées. On retrouve ces arcatures aveugles sur la façade. Intérieur très rénové. Charpente en bois apparente.
La balade à pied dans le bourg révèle de belles maisons de vignerons. Leur vin possède une fort bonne cote, qu'il ne tient qu'à vous de soutenir. Appellation communale depuis 1998 : viré-clessé.

L'Auberge des Chasseurs : pl. du Marché, 71260 Clessé. ☎ 03-85-36-93-66. ● auberge-des-chasseurs@wanadoo.fr ● Fermé soir et dim. Menu ouvrier (en sem) 11,80 €. Digestif maison offert sur présentation de ce guide. En plein centre du village, une petite auberge qui ne paie pas de mine. Poussez la porte, vous vous sentirez tout de suite à l'aise. Le menu ouvrier est toujours aussi copieux et bien préparé. Vin compris, comme il se doit, pour les travailleuses qui décidément sont bien tombés. Le week-end, les amateurs de bonne viande seront à la fête. Déco ambiance caveau (non, pas de famille et vieux tonneaux, avec de bonnes tables de bistrot autour desquelles il fa bon s'asseoir.

Domaine Michel : à Cray, 7126 Clessé. ☎ 03-85-36-94-27. Tlj sf dim e j. fériés. Dégustation sur rendez-vou Deux frères, Denis et Frank, véritable ment amoureux de leur vigne et qui son parmi les derniers à vendanger encore à la main, vous feront découvrir ces vins fruités, gouleyants à souhait et d'un remarquable rapport qualité-prix. Accueil chaleureux en prime !

🚶 *Viré* (71260) : un village relié à Burgy par une route très touristique, qui a l'originalité d'être jumelé avec Montmartre.

🚶 *Burgy* (71260) : l'église romane du XIe siècle, bien tassée sur son promontoire, offre un remarquable point de vue sur la vallée de la Saône.

🚶 *Bissy-la-Mâconnaise* (71260) : on l'aime bien, la petite église au roman très rustique. Bien trapue avec son clocher barlong (court et rectangulaire), sa toiture recouverte de belle pierre de lave, sa tourelle ronde et, surtout, son pittoresque auvent surmontant le porche. À l'intérieur, belle charpente apparente. Quelques statues intéressantes des XVe et XVIe siècles en bois ou pierre polychrome, dont une belle *pietà* et une Vierge à l'Enfant. Voir aussi, pas très loin, le joli lavoir.

➤ *De Blanot à Cormatin par le mont Saint-Romain* : de Blanot, suivre la D 446 puis la D 187 vers Prayes. Route délicieuse jusqu'au col de la Croix. Puis on plonge dans la forêt domaniale, avant de tourner à droite pour le mont Saint-Romain (579 m), le plus haut « pic » du Nord-Mâconnais. De tout temps il connut des touristes : traces d'un oppidum de l'âge du fer et d'un temple gallo-romain ; plus tard, un petit prieuré clunisien s'y installa (disparu depuis). Pierre le Vénérable, abbé de Cluny, aimait bien, dit-on, s'y reposer de ses problèmes de gestion et d'intendance. Au sommet, panorama total sur toute la région, y compris par très beau temps sur les Alpes, le Jura, le Morvan, les monts du Charolais... Table d'orientation pour s'y retrouver. Belles balades dans les sous-bois. Retrouvez la D 187 en direction de Cormatin. Très jolie route, par le col de Pistole et le hameau de Fragnes, qui court le long de la montagne. Il faut se perdre dans le lacis des petites routes locales. Peu de touristes, villages et hameaux à la belle architecture rustique. Ce n'est plus l'opulence des collines vigneronnes, ici, on navigue plutôt dans la poésie âpre des villages qui s'éteignent doucement. Au hameau de Lys, belles et solides demeures à galeries qui dissimulent une petite église émouvante de simplicité. Haut clocher à petits pignons surélevés.

LE CHÂTEAU DE CORMATIN (71460)

Un des plus séduisants châteaux de Saône-et-Loire. Quelque 60 000 visiteurs font chaque été, en Bourgogne du Sud, le détour par Cormatin pour admirer tout autant le parc, le potager et les jardins que le château de ce petit village à quelques kilomètres de Cluny.

Rens : ☎ 03-85-50-16-55. Ouv Pâques-11 nov : tlj 10h-12h, 14h-17h30 (18h30 juil-août et sans interruption de mi-juil à mi-août). Visite guidée : 8,50 €, réduc ; parc seul : 4 €.

UN PEU D'HISTOIRE

Cette demeure est un précieux – à tous les sens du mot – témoignage de l'époque Louis XIII. Le château fut construit par Antoine du Blé d'Huxelles, seigneur de Cormatin. Membre du parti catholique, en lutte contre Henri IV, il profita de la guerre pour piller sans vergogne le Mâconnais et le Chalonnais, et s'enrichit considérablement. À la conversion d'Henri IV, il changea bien sûr de camp et se mit à son service. En récompense, le roi le nomma gouverneur de la région. En 1605, grâce à sa fortune, il fit construire le château. Pour prouver son attachement au roi, il adopta une monumentalité et une architecture très parisiennes, comme le démontre l'utilisation de l'ardoise pour le toit. Son fils Jacques lui succéda en 1611. Ce dernier se maria en 1617 avec une riche héritière. Pendant que son époux guerroyait, celle-ci s'occupait de la décoration du château, là aussi en référence directe avec ce qui se faisait de mieux à Paris. Les travaux furent interrompus en 1629, à cause de la mort de Jacques du Blé au siège de Privas (au cours d'une révolte protestante).

Au moment de la Grande Peur de 1789, Sophie Verne, héritière des du Blé (par la main gauche), sauva le château de l'incendie en ouvrant sa cave à vin aux émeutiers. En 1812, sa fille, Nina de Pierreclau, reçut souvent au château, dans son « île enchantée », le jeune Alphonse de Lamartine. Après les promenades à cheval, ils n'étaient que parties de bateau sur la rivière, concerts en plein air, roucoulades sous les charmilles et jeux plus ou moins innocents dans le labyrinthe. De ces jeux et de sa liaison en 1813 avec Alphonse de Lamartine naquit d'ailleurs le dernier descendant des du Blé, qui régnaient depuis six siècles sur Cormatin.

À la Belle Époque, Raoul Gunsbourg, directeur de l'opéra de Monte-Carlo, l'acheta et y reçut Cécile Sorel, Chaliapine, Saint-Saëns, Sarah Bernhardt, Caruso, Massenet, etc. Pour la première fois, on invita le public local à se mêler aux invités de marque pour écouter, dans le parc, les plus grandes voix du siècle !

La Grande Guerre mit fin à la fête. Il fallut attendre six décennies pour que les ronces soient arrachées et pour que la vie, et la belle vie, revienne. En 1980, le domaine est racheté par trois amateurs passionnés qui se lancent dans la restauration du château puis du parc. Ni nobles ni héritiers du dernier châtelain, Anne-Marie Joly, Pierre Almendros et Marc Simonet-Lenglart sont sans fortune particulière mais pas sans relations ni bagages culturels : ils sont archiviste, historien et historien d'art. Quand François Mitterrand demanda à l'un d'eux, au cours d'une de ses visites « Et vous, commencez-vous à faire le châtelain ? », il eut du mal à imaginer, derrière le sourire de son interlocuteur, l'homme levé aux aurores pour « passer la serpillière, comme tous les matins » !

La visite « au château »

La visite du château, ou plutôt « au château » – tant les propriétaires actuels ont à cœur de faire revivre le quotidien de l'époque – permet de remonter aisément le temps. Avant qu'elle ne commence, vous pouvez à loisir admirer des façades concentrant rigueur et harmonie tout à la fois, avec un beau rythme créé par les doubles bandeaux séparant les étages, les chaînages d'angle, le soubassement à bossage. Entrée par une belle porte où se note une petite influence italienne, pour découvrir l'un des premiers émerveillements du château : l'escalier monumental Escalier à cage vide sur plan carré, de 23 m de haut, le plus ancien de France. Très élégant chromatisme des pierres. Arrivée dans les salles dorées dont il est impossible de décrire toutes les richesses. C'est un témoignage exceptionnel du style Louis XIII en matière de décoration. En voici les principaux musts : l'antichambre de l'appartement de la marquise ; ici, on tient avant tout à affirmer sa fidélité au roi d'où le portrait au-dessus de la cheminée. Dans la chambre de la marquise, omniprésence du bleu lapis-lazuli, symbole de la fidélité en amour (le mari était souvent à la guerre !). Au-dessus de la cheminée, Vénus et Vulcain, allégorie du feu de l'amour conjugal. Fleurs et fruits en abondance évoquent la fécondité. Superbe cabinet des Miroirs avec le portrait du marquis et collection de « raretés », typique de l'époque maniériste (coquillages, animaux empaillés, cristaux, etc.).

Mais c'est dans les appartements du marquis qu'on trouve la pièce la plus époustouflante : le *cabinet de Sainte-Cécile*. Décor extrêmement précieux pour ce lieu de méditation partagé par quelques rares intimes. L'or et le lapis-lazuli y dominent. C'est un genre de cabinet philosophique bourré de symboles, de signes comme le portrait de sainte Cécile, patronne de la musique, entourée des quatre vertus (justice, prudence, force, tempérance). L'antichambre du marquis fut transformée en cuisine à la Révolution.

La vue du « potager », dans un coin de la pièce – la cuisine se faisait dans des pots de terre (à feu doux) – incite, après la visite du château, à poursuivre par celle du jardin du même nom où étaient cultivés herbes et légumes destinés aux dits pots

C'est dans ce jardin potager que l'on peut faire une pause, après la visite du château : il est devenu aujourd'hui un lieu des plus visités, non seulement parce qu'il abrite, l'été, un fort sympathique salon de thé, mais aussi parce que les jardiniers « s'amusent » chaque année à croiser formes et couleurs, pour mieux surprendre les visiteurs.

RECETTES DE GRAND-PÈRE

C'est ici, en 1651, que fut rédigé le premier livre de recettes moderne : Cuisinier françois. *Son auteur, François Pierre de La Varenne, était officier de bouche du marquis. Son ouvrage marque le passage de la cuisine médiévale à la cuisine moderne. On y trouve entre autres les recettes du* bœuf à la mode, *des* œufs à la neige *et de la* bisque.

La visite des jardins

La grande allée ombragée qui mène le visiteur au château ne laisse rien deviner des jardins, ceux-ci n'étant visibles qu'une fois arrivé à la hauteur du potager. Des jardins qui jouent sur la présence de l'eau qui baigne le château, une présence que l'on peut juger toute naturelle si l'on ne sait pas que la remise en eau des douves ne se fit, en 1988, qu'en dégageant quelque 12 000 m³ de terre...
Tous les éléments composant un jardin du XVIIe siècle sont là : parterres fleuris, bosquets pour la lecture ou la conversation, allées pour les promenades, miroir d'eau pour la contemplation. Tout un itinéraire reconstitué en 1991, menant logiquement au labyrinthe de buis, étape initiatique inévitable. Mikhaïl Gorbatchev s'y est perdu en 1993 et se serait écrié à l'attention de François Mitterrand resté prudemment en dehors du dédale : « C'est terrible, je ne sais plus où j'en suis. J'ai l'impression d'être au milieu du Soviet suprême ».
Au centre, le bassin accueille un arbre de vie en fer forgé d'où jaillit l'eau. Dans sa perspective apparaît la volière à coupole, image de la voûte céleste, d'où l'on domine le labyrinthe et les parterres. Un bel escalier de pierre mène à la contemplation de cet univers de verdure. Le parcours spirituel a non seulement su respecter l'esprit qui anima le parc à d'autres époques mais laisse aussi de beaux espaces de liberté. Avant ou après la visite, forcément guidée (mais pas guindée), du château, chacun peut, à son rythme, s'en rendre compte.
Tout autour des parterres, le talus masque promenades et cabinets de verdure entre des haies de charmille. Lieux de rêverie, où les seules rencontres que vous ferez seront celles de personnages de pierre, sur fond de vieux saules et de chênes des marais, ou de jardiniers coupant la charmille. Difficile de résister à l'envie de remonter l'allée Lamartine, à l'ombre des 200 tilleuls bicentenaires qui accompagnent le canal d'une longue promenade hors du temps.
Avec la prairie, on aborde le côté du parc où furent plantées, au XIXe siècle, des espèces exotiques. Témoins de l'époque, sept hauts cyprès chauves, repaires de hérons cendrés, bordent un étang tranquille. Des oies passent, imperturbables... L'angélus pourrait indiquer la fermeture des grilles. Ici, les enfants peuvent continuer à jouer à saute-mouton... Il n'y a pas vraiment d'heure de fermeture. Les propriétaires sont heureux de voir s'attarder des visiteurs qui partagent leur passion pour ces lieux.

Théâtre au château

Certaines fins d'après-midi estivales, prolongez le plaisir de la visite du château de Cormatin par une des représentations données par la troupe de comédiens des « *Rendez-Vous de Cormatin* », dans le délicieux théâtre de verdure, ou revenez à la nuit pour gagner votre place dans le théâtre du château et retrouver Shakespeare, Molière ou un auteur contemporain retravaillé par cette troupe de comédiens en herbe parmi lesquels sortiront sans doute les grands de demain. La nuit s'achève sous les étoiles,

DANS LES ENVIRONS DE CORMATIN

🚶 🚴 **Le musée du Vélo :** au **Bois Dernier.** ☎ 03-85-50-16-00. • museeduvelo.free.fr • À 1 km du château, au carrefour des routes de Cluny et Salornay. 1er juin-15 sept : 10h-12h, 14h-18h30 ; hors saison : l'ap-m slt ; Congés : 11 nov-Pâques. Entrée : 4,50 € ; réduc ; tarif adulte à 4 € sur présentation de ce guide. Unique en France : 7 000 pièces exposées ! Un musée sympathique que la Voie verte a mis plus que jamais au goût du jour. Cent soixante-dix vélos retracent son évolution de 1870 à aujourd'hui. Une jolie façon de remonter le temps, à bicyclette, avec ou sans Paulette, la fille du facteur...

🚶 **Taizé (71250) :** tout petit village qui a gagné une notoriété mondiale quand s'y est implantée la communauté religieuse œcuménique créée par Roger Schutz. Ce dernier fut assassiné en 2005, en pleine cérémonie. À côté, sur sa butte, la belle église d'Ameugny. Massif clocher joliment ajouré.

➤ **Le circuit des églises romanes, au nord de Cormatin :** en remontant vers le nord, par la D 981, d'autres églises romanes vous attendent, à Malay (quel équilibre, quelle harmonie !), Ougy (église séduisante, et lavoir pas mal non plus), Saint-Hippolyte... Cette dernière présente un insolite clocher fortifié coincé entre deux tours !

DE CORMATIN À TOURNUS PAR LES MONTS DU TOURNUGEOIS

Inutile de se lancer à l'assaut des monts du Tournugeois si l'on ne prend pas le temps, après Chapaize et Brancion, de visiter la mère de toutes les églises romanes du pays : Saint-Philibert à Tournus.

CHAPAIZE (71460) 160 hab.

On quitte peu à peu le Clunisois pour entrer dans le Tournugeois. Sur place, la splendide église, datant de l'an mil et ultime vestige d'un monastère, est typique du premier art roman et donne une idée assez précise de ce que put être Cluny II. On est d'abord frappé par la hauteur inhabituelle du clocher (35 m). Deux étages de fenêtres géminées et longues arcatures lombardes. Chevet aux lignes harmonieuses. À l'intérieur, nef centrale imposante aux énormes piliers ronds surmontés de chapiteaux dénués de décor, en forme de triangle renversé. La belle pierre blanche prodigue, malgré le peu d'ouvertures, une certaine luminosité. Derrière le chevet, l'ancien presbytère avec une tourelle. Du côté nord, la tour de guet est le seul vestige du mur d'enceinte érigé au XVIe siècle.
Le village présente une homogénéité architecturale assez réussie. Maisons anciennes fleuries, parfois à galeries appelées « meurots ».

Où dormir dans les environs ?

🏠 **La Ferme :** chez M. et Mme de la Bussière, 71460 Bissy-sous-Uxelles. ☎ 03-85-50-15-03. • dominique.de-la-bussiere@wanadoo.fr • bourgogne chambres-hotes.fr • *À 6 km au nord-est de Cormatin ; à côté de l'église. Doubles 42-65 €, petit déj compris. Réduc de 10 % dès la 3ᵉ nuit hors juil-août sur présentation de ce guide.* Ferme de caractère dans laquelle les propriétaires proposent 6 chambres bien tenues, assez typiques de la région, avec de jolies couettes pour des nuits paisibles. Accueil familial et dynamique.

La Griolette : *chez Micheline et Jean Welter, 71460 Bresse-sur-Grosne.* ☎ 03-85-92-62-88. • *la-griolette@club-internet.fr* • *france-bonjour.com/la-griolette* • *Doubles 56-61 €, petit déj royal compris. Réduc de 10 % dès la 2ᵉ nuit hors juil-août, sur présentation de ce guide.* Une vieille maison typique du pays, à 600 m de l'église. La déco de cette bonbonnière, les petits bibelots, l'accueil chaleureux et attentionné, tout cela concourt à créer une atmosphère douillette, réconfortante. Agréable piscine pour se détendre.

➤ DANS LES ENVIRONS DE CHAPAIZE

L'archiprieuré des Dames-de-Lancharre : *sur la route de Tournus, peu après Chapaize.* Il fut fondé au XIᵉ siècle par les seigneurs de Brancion pour les familles nobles de la région. N'ayant pas fait vœu de pauvreté, celles-ci possédaient leur propre maison et le droit d'avoir une servante. Obligées de quitter les lieux lors de la Contre-Réforme, en 1626, les religieuses s'installèrent à Chalon-sur-Saône. Au XVIIᵉ siècle, l'église perdit sa nef. Vestige de la porte de l'enclos monastique. Là aussi, belle vision sur le chevet et les belles toitures de lauzes. Intéressantes pierres tombales des XIIIᵉ et XIVᵉ siècles.

BRANCION (71700) 261 hab.

En marge de la N 14, à mi-chemin de Cormatin et Tournus, voici l'un des plus séduisants villages de Saône-et-Loire, blotti depuis le Moyen Âge au pied d'un imposant château et dominant un vaste horizon du haut de son promontoire. Le château avait une position hautement stratégique, contrôlant

> **LE REPAIRE DES SOLITAIRES**
>
> *À Brancion, on ne risque pas de se sentir à l'étroit ! On dénombre 11 habitants intra-muros et… 250 tout autour dans la campagne. Hors saison, le rêve pour les amoureux, les poètes, les solitaires, etc.*

tout le flux entre la vallée de Saône et celle de la Grosne. Le village est bien sûr connu, très fréquenté en haute saison même, mais il n'a pas perdu son naturel. Comment le pourrait-il d'ailleurs, il est piéton et certaines rues sont gazonnées.
– *Marché bio au col de Brancion, depuis plus de 30 ans, les 1ᵉʳ et 3ᵉ dim du mois.*

UN PEU D'HISTOIRE

Le fondateur de Brancion fut probablement Warulfe de Brancion, né vers 875. Au XIᵉ siècle, les seigneurs de Brancion étaient tellement puissants qu'on les surnommait les « Gros ». En fait, ils passaient leur temps à piller les terres de l'abbaye de Cluny… à partir en croisade et à faire des cadeaux à l'abbé pour obtenir le pardon. Josserand de Brancion avait poussé le bouchon tellement loin que le pape Eugène II l'excommunia en 1147. Il fit alors amende honorable, offrit aux moines une forêt et… recommença. En 1180, le roi Philippe Auguste dut lui-même intervenir avec ses troupes pour faire cesser ses exactions. Pour le punir, le monarque lui imposa, avec son compère le comte de Chalon, de partir avec lui en croisade contre Saladin qui menaçait Jérusalem (comme punition, un voyage organisé au soleil : ce n'était pas trop méchant !).

Le plus célèbre des Brancion fut Josserand IV, qui partit en croisade avec Saint Louis et mourut à la bataille de Mansourah, en 1250. Le fameux chroniqueur de l'époque, Joinville, écrivit que le seigneur de Brancion était : « li uns des meilleurs chevaliers qui fust en l'ost et fu mors de celle bleceure ou servise de Dieu. » Son fils Henry rapporta son corps en France et offrit de nouvelles terres aux abbayes pour faire pardonner toutes les persécutions passées de la famille. Ruiné par les dons et les croisades, il fut contraint de vendre le château en 1259 au duc de Bourgogne, Hugues IV. À partir de là, la famille perdit toute puissance.

Où dormir ? Où manger dans les environs ?

Chambres d'hôtes

Chambres d'hôtes chez Sylvie et Thierry Meunier : le Bourg, 71700 Royer. ☎ 03-85-51-03-42. • thierry.meunier3@wanadoo.fr • dormiraroyer.com • À 3 km de Brancion et 7 km de Tournus. Ouv de fév à mi-nov. Doubles 47 €, petit déj compris. Réduc de 10 % à partir de 2 nuitées (hors juil-août) sur présentation de ce guide. Une maison vigneronne avec une belle vue sur les coteaux environnants. Extérieurs très soignés : fleurs, salon de jardin. Ensemble de maisonnettes de charme. Cuisine commune. Accueil jeune et décontracté.

Beaucoup plus chic

La Montagne de Brancion : col de Brancion. ☎ 03-85-51-12-40. • lamontagnedebrancion@wanadoo.fr • brancion.com • (au resto). Bien indiqué de la D 14. Resto ouv ts les soirs et à midi ven-lun. Congés : de début janv à mi-mars. Doubles 80-100 € avec douche et w-c, 140-160 € avec bains ; mai-sept ainsi que pdt les fêtes, ½ pens demandée. Formule à midi en sem 28 €, autres menus 48-75 €. Apéritif maison offert sur présentation de ce guide. Sur la « montagne » faisant face au vieux village, un complexe hôtelier en pleine nature, au calme assuré. Chambres de charme et confortables. Cuisine gastronomique réputée, servie dans un beau cadre. Superbe piscine chauffée dominant l'horizon. Vol en ULM possible, sur réservation.

À voir

Attention : l'aspect non restauré du château, l'absence de sécurisation de deux ou trois endroits potentiellement dangereux ne doivent pas vous faire croire qu'il s'agit d'un site libre d'accès, aux risques et périls des visiteurs. On demande désormais une participation et on vous fait payer le parking, sans prévenir, et selon l'humeur du moment.

Le château : le premier date du Xe siècle (quelques vestiges en arêtes de poisson). Reconstruit au XIVe siècle par le duc de Bourgogne qui y rajouta une résidence flanquée de tours, la maison de Beaufort. Très endommagé durant les guerres de Religion, mais le donjon fut restauré.

La *tour de Chaul* défendait la porte de ville : noter les archères qui permettaient de tirer dans trois directions. Dans la *maison de Beaufort*, salle de justice des ducs de Bourgogne et cheminée avec armes des ducs (Philippe le Hardi). À droite, l'imposant *donjon*. Salle des gardes avec grande baie ogivale et escalier devant. À côté, la *tour des Archives*. Celles-ci furent incendiées en 1594 par le capitaine La Folie. Vestiges de fenêtres trilobées. L'ensemble, noyé dans la verdure et le chant des oiseaux, possède beaucoup de charme. Dans la tour des Archives, petit poste de guet et latrines de l'époque. Reste de cheminée monumentale. Dans le donjon, au-dessus de la cheminée, le récit de Joinville sur la mort de Josserand IV. De là-haut, au bout des 87 marches, l'un des points de vue les plus romantiques qui soient sur le village, dont on savoure l'urbanisme désordonné et les variétés de toits au milieu d'une belle végétation. Au fond, l'adorable église peinte dans le ciel.

🏃🏃 Délicieuse balade dans le village au long de pittoresques **demeures** du XIIIe au XVIe siècle, dont une ancienne hostellerie. Peu d'unité architecturale et de style ; pourtant, l'ensemble distille une sereine harmonie. Quelques ruelles tapissées de gazon. Au milieu, très belle **halle** du XIVe siècle, intacte. Charpente en châtaignier (anti-araignées) entièrement chevillée en bois. Noter les échancrures pour poser les étals et la pierre du peseur au milieu.

🏃🏃 *L'église Saint-Pierre :* un de nos coups de cœur ! Construite au XIIe siècle. Architecture sobre en petit appareillage de pierre, toits de lauzes. On y sent une petite influence cistercienne. Chevet particulièrement bien proportionné. Émouvante de simplicité. Belle flèche de pierre à quatre pans. L'intérieur est sombre et mystérieux à souhait. Voûte en berceau brisé et croisée de transept avec coupole sur trompes. Le must, ici, ce sont les fresques du XIVe siècle. Admirer le beau gisant de Josserand IV. Au-dessus, une fresque retrouvée sous son enduit de chaux et montrant la Pesée des âmes (dans le châle). Dans l'absidiole gauche, intéressante *Nativité* (Vierge dans un lit clos). Dans le cul-de-four, belle série d'anges et Christ en majesté. Dans le chœur, à droite, *Résurrection des morts*. Dans l'absidiole droite, *Arrivée des pèlerins à Jérusalem*. Inhabituelles pierres tombales ovales. La cerise sur le gâteau maintenant : le paysage qui s'ouvre à l'infini devant l'église. Tout en bas, la minuscule silhouette de l'église de *La Chapelle-sous-Brancion*. Plus de pieds de vigne mais, au loin, les points blancs des vaches charolaises...

➤ DANS LES ENVIRONS DE BRANCION

🏃 *Le domaine viticole et le musée de l'Outillage de l'artisanat rural :* à **Cruzille** (71260). ☎ 03-85-33-20-15. • vignes-du-maynes.com • Visite guidée 9h30-11h, 14h30-18h30 (sf période de vendanges). Vérifier quand même les horaires d'ouv. Entrée libre. Situé sur l'un des derniers contreforts, avant de descendre sur Tournus, juste au sud de Brancion. Ce domaine possède 3 pôles de visite : le 1er est la cave de vieillissement traditionnelle, le 2e la salle de cuvage avec les vieux pressoirs en bois, et le 3e le musée de l'Artisanat où sont représentés une quarantaine de vieux métiers avec plus de 3 500 outils. Également une salle de dégustation où se trouve une très belle collection de verres soufflés du XVIIIe siècle à nos jours. Comme le musée se trouve au sein d'un domaine viticole, vous pourrez aussi visiter les chais et une cave sur pilier et voûtes croisées, avec des pressoirs de la fin du XIXe siècle, et faire une halte-dégustation des vins du domaine.

🏠 🍽 *L'Auberge du Château :* le Bourg, 71260 Cruzille. ☎ 03-85-33-28-02. • monique.leselle@wanadoo.fr • http://perso.wanadoo.fr/auberge-chateau • Fermé dim soir et lun soir sf en juil-août. Pas de resto à midi. Ouv Pâques-Toussaint. Doubles 29-47 € ; menu 17 € (sur résa). Réduc de 10 % sur présentation de ce guide. Quelques chambres au calme, dans la verdure, plutôt confortables et un repas du soir assuré dans une maison qui a su conserver son cadre rustique, à deux pas du château du XVIe siècle.

🏃 *Ozenay* (71700) : à 7 km à l'ouest de Tournus, sur la D 14. Dans l'un des premiers contreforts des monts du Tournugeois, un village de caractère aux grosses maisons traditionnelles de vignerons. Imposant château des XIIIe et XVIIe siècles, composant avec l'église un pittoresque tableau. Église du XIIe siècle d'allure massive, auvent du XVIIIe sur piles de pierre, bien en harmonie avec le reste. Le tout recouvert de pierre de lave (comme le château, d'ailleurs). À l'intérieur, nef à voûtes de type clunisien (en berceau brisé). Retable en bois du XVIIIe siècle encadrant une Résurrection, *pietà* en pierre du XVIe dans le transept gauche.

TOURNUS (71700) 5 892 hab.

Tournus était déjà un castrum-étape pour les Romains au Ier siècle de notre ère. Elle est aujourd'hui la halte bienvenue des pèlerins du XXIe siècle, en route vers le soleil. Ville agréable qui plaira particulièrement aux trekkeurs urbains pour son riche patrimoine médiéval, Tournus n'a pas encore fini de réhabiliter nombre de vénérables demeures anciennes qui sont encore à deviner sous les crépis, les badigeons, les vieilles patines ou des décors et enseignes parfois un peu intempestifs. Un œil averti saura dénicher toutes sortes de pittoresques détails architecturaux : portes murées, fenêtres dépourvues de leurs meneaux, ruelles et passages mystérieux, signes oubliés de la ville, témoignages du passé qui ne s'offrent vraiment qu'aux poètes et aux curieux...

UN PEU D'HISTOIRE

Comme beaucoup de villes de la vallée de la Saône, Tournus connut son village gaulois, puis son castrum romain, important point de ravitaillement sur la voie Agrippa. Au VIe siècle, peut-être y avait-il déjà un oratoire ou un petit monastère sur la colline où eut lieu le martyre de saint Valérien, évangélisateur de la région en 179 apr. J.-C.
Mais le véritable décollage de la ville eut lieu en 875, avec l'arrivée des moines de Noirmoutier chassés par les incursions normandes. Après avoir erré longtemps, les moines se virent attribuer par le roi Charles le Chauve la colline de Saint-Valérien où les reliques de saint Philibert (fondateur de Jumièges, mort à Noirmoutier en 685) vinrent tenir compagnie à celles du saint local. Lieu de pèlerinage, bien sûr, qui devint rapidement très populaire. Cet engouement enrichit inévitablement la ville, et, à la fin du Xe siècle, démarra la construction d'une nouvelle abbaye. En 1019, consécration du chœur de l'église. Au XIIe siècle, consécration définitive par le pape Calixte II, un ancien de Cluny.
Endommagée pendant le conflit des Armagnacs et des Bourguignons, pillée par les protestants en 1562 (disparition de la prestigieuse bibliothèque), l'abbaye échappa cependant aux violentes destructions de la Révolution grâce à son affectation au culte constitutionnel.

Adresses utiles

Office de tourisme (plan A1) : pl. de l'Abbaye. ☎ 03-85-27-00-20. • tournugeois.fr • Tlj Pâques-fin oct : 10h-13h et 14h-19h en juil-août, horaires réduits sinon ; le reste de l'année se renseigner. L'office organise, certains samedis en été, des balades gourmandes (visite guidée de la ville ancienne et dégustation de produits locaux) et des visites thématiques.
Gare SNCF (plan A1) : pl. de la Gare. En haut de l'av. Gambetta.

Où dormir ? Où manger ?

Camping

Camping de Tournus : à Bagatelle. ☎ 03-85-51-16-58. Au nord de la ville. Mai-sept. Forfait emplacement pour 2 avec voiture et tente à 9,60 €. Bien situé en bord de Saône. Emplacements (une centaine) et équipements de bon confort.

TOURNUS 205

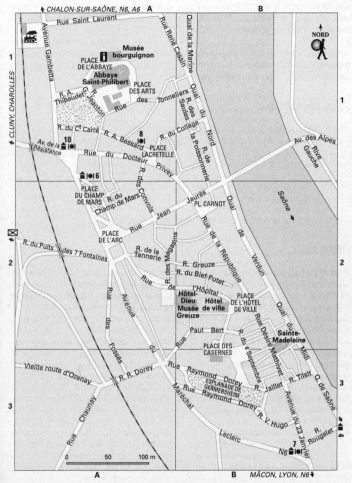

TOURNUS

- **Adresses utiles**
  - Office de tourisme
  - Poste
  - Gare SNCF

- Où dormir ? Où manger ?
  - **4** Chambres d'hôtes Marie Clémentine
  - **6** Hôtel Le Sauvage
  - **7** Hôtel Aux Terrasses
  - **8** Le Bourgogne
  - **10** Le Rempart

Chambres d'hôtes

Chambres d'hôtes Marie Clémentine (hors plan par B3, 4) : chez Françoise Dourneau, 1, quai de Saône. ☎ 03-85-51-04-43. ● francoise.dour neau@wanadoo.fr • http://perso.wanadoo.fr/marie.clementine.chambres.hotes • Ouv Pâques-Toussaint. Compter 75 € pour 2, petit déj compris. Françoise est une hôtesse pétillante, chaleureuse et pleine d'humour, qui a donné à sa maison le nom des deux femmes qui ont marqué son enfance : Marie-Marthe, sa mère, et Clémentine, sa tante. C'est en fait la maison bleue de la chanson : volets bleus, pièce d'accueil de la même couleur. Mobilier rustique et Art déco, atmosphère romantico-rétro-campagnarde.

Prix moyens

|●| **Le Bourgogne** (plan A1, **8**) : rue Alexis-Bessard (une seconde entrée rue du Dr-Privey). ☎ 03-85-51-12-23. Jeulun. Menus 15-25 €. *Café offert sur présentation de ce guide.* On n'en finira bientôt plus de découvrir tous les jeunes chefs formés auprès de Jean Ducloux. Christophe Canet est revenu à Tournus pour ouvrir, face à l'église Saint-Valérien, un resto où la cuisine traditionnelle bourguignonne et les spécialités lyonnaises font bon ménage. Pas de service à l'assiette, on vous apporte encore le plat à table. Convivialité assurée. Toutes les charcuteries sont travaillées sur place par le chef. Régalez-vous avec le jambon persillé, la tête de veau ravigote...

Plus chic

■ |●| **Hôtel Le Sauvage** (plan A1, **6**) : 15, pl. du Champ-de-Mars. ☎ 03-85-51-14-45. • contact@hotel-le-sauvage.fr • hotel-le-sauvage.fr • Tte l'année. Doubles 68-79 €. Menu 17 € à midi, sinon menus 24-47 €. *Réduc de 10 % sur le prix de la chambre oct-avril sur présentation de ce guide.* Très centrale (parking privé payant), bien à l'abri derrière sa façade couverte de vigne vierge, une bonne vieille maison aux chambres plaisantes. Ici, également bon choix de plats régionaux : quenelles de brochet, œufs en meurette...

■ |●| **Hôtel Aux Terrasses** (plan B3, **7**) : 18, av. du 23-Janvier. ☎ 03-85-51-01-74. • courrier@aux-terrasses.com • aux-terrasses.com • Avt la sortie sud de la ville, pas loin du centre à pied. Tlj sf dim soir, lun et mar midi. Congés : 7 janv-4 fév, 1 sem en juin et en nov. Doubles 62-75 €. Menu 25 € servi à midi en sem ; autres menus 31-77 €. Grosse auberge en bord de route, qui cache l'une des meilleures tables de la ville. Deux grandes salles assez cossues, séparées par le salon. Réception de la clientèle assez chic, mais atmosphère pas trop guindée et service diligent. À la carte, de la cuisine traditionnelle bourguignonne.

■ |●| **Le Rempart** (plan A1, **10**) : 2-4, av. Gambetta. ☎ 03-85-51-10-56. • lerempart@wanadoo.fr • lerempart.com • ⚘ Doubles à partir de 110 € ; ½ pens 90 €/pers. Menus 17-23 € côté brasserie, 30-75 € au resto. *Un petit déj par chambre et un apéritif maison offerts sur présentation de ce guide.* Une ancienne maison de gardes devenue l'un des grands établissements de la ville. Si le resto est plutôt cher et un rien guindé (superbe patio en été), à côté, en revanche, *Le Bistrot* propose deux bons menus à prix plutôt doux. Plats de brasserie à prix modérés également.

Où dormir ? Où manger dans les environs ?

Voir aussi nos bonnes adresses dans les monts du Tournugeois et dans la Bresse voisine.

Camping

⚐ |●| **Camping d'Uchizy Le National** : au port, à quelques kilomètres du village. ☎ 03-85-40-53-90. • camping.uchizylen6@wanadoo.fr • http://camping.

uchizy.free.fr • Avr-sept. Emplacement pour 2 avec voiture, tente et électricité 14,20 €. Tranquillou en bord de Saône et bien ombragé. 125 emplacements. Petite restauration sur place : friture, grenouilles. Piscine.

Chambres d'hôtes

🏠 **Chambres d'hôtes chez Monique et Michel Joly** : Pingeon, 71700 Boyer. ☎ et fax : 03-85-51-78-14. Depuis Tournus, direction Mancey ; franchir le pont au-dessus de l'autoroute, puis direction « Greuze's Folies » ; au sommet de la côte, à l'intersection marquée par un gros pin, prendre la petite route en face sur env 1,5 km (fléchage). Doubles 75-80 €, petit déj compris. Apéritif maison ou boisson chaude offert à l'arrivée sur présentation de ce guide. À 2 km de Tournus, dans le cadre d'une jolie propriété entourée d'un vaste jardin, 3 chambres aussi agréables que confortables et aménagées avec soin. Accueil chaleureux.

⚑ 🏠 |●| **Chambres d'hôtes et ferme-auberge d'Étrigny** : Malo, 71240 Étrigny. ☎ 03-85-92-21-47 ou 23-40. • au bergemalo.com • À 13 km à l'ouest de Tournus ; prendre la D 215 vers Saint-Gengoux-le-National ; à Nogent, la D 159 vers Champlieu et suivre le fléchage. Emplacement tente et véhicule pour 2 env 10 €. Chambres d'hôtes 48 €. Repas 13-23 €, servis du w-e de Pâques à nov. En pleine campagne, dans un petit hameau, une ferme-auberge dans la tradition. Volailles à l'honneur. Chambres et camping à la ferme également, selon les goûts et les moyens de chacun. Vélos à disposition.

Prix moyens

|●| **L'Auberge des Gourmets** : pl. de l'Église, 71700 Le Villars. ☎ 03-85-32-58-80. • aubergedesgourmets@orange.fr • À 3 km au sud de Tournus, sur la route de Mâcon. Tlj sf dim soir, mar soir et mer. Congés : Toussaint, fin d'année, courant janv et 1 sem début juin. Menus à partir de 20 € en sem et jusqu'à 45 € ; env 30 € à la carte. Café offert sur présentation de ce guide. Daniel Rogié, l'ancien chef du Rempart à Tournus, a créé cet endroit mignon tout plein, comme on dit ici, dans un très joli village qui surplombe la Saône. Face à l'église romane à double nef, vous ne pouvez pas le manquer. De grands arbres sur la place pour ombrager la terrasse et un intérieur frais et reposant. Résa obligatoire si vous voulez avoir une chance de goûter une cuisine de saison qui a su renouveler la tradition, le tout servi dans une ambiance très conviviale.

À voir

🏛🏛🏛 **L'abbaye Saint-Philibert** (plan A1) : ouv 8h-19h (18h en basse saison). ♿ (partiel). Accès libre. Visite guidée sur rendez-vous pour les groupes. Loc d'audioguides pour 5 €. Billetterie, rendez-vous et résa à l'office de tourisme, 2, pl. de l'Abbaye (☎ 03-85-27-00-20).
Saint-Philibert fait donc partie des premières églises dites de style roman primitif, construites autour de l'an mil. On retrouve dans la façade tous les éléments de ce style : les bandes lombardes (arcatures aveugles), le petit appareillage de pierre assez rustique, peu d'ornementation ou alors employée de façon subtile (ici, les frises de pierre). Noter la conception encore défensive de l'architecture. Les pierres blanches indiquent l'utilisation de matériaux de remploi romains. Elles renforçaient la maçonnerie tout en assurant une variation chromatique au décor. Clocher du XIIe siècle en calcaire coquillé rose superbement ornementé.
– *Le narthex* : la partie la plus ancienne, massive, assez écrasante ; peu de lumière. Noter les piliers ronds énormes, mais ça n'étonne pas quand on songe qu'il leur

faut supporter la lourde chapelle Saint-Michel au-dessus. Quelques fresques murales : dans la travée avant la nef, Christ en majesté et, à sa gauche, calvaire et blason à damier d'une famille noble donatrice. Curieux tombeaux circulaires (pour les morts qu'on enterrait debout).
– *La grande nef :* gros contraste avec le narthex. Ici, tout est presque léger, élancé, lumineux, de style toujours dépouillé. Le plus remarquable est la géniale combine des voûtes transversales, à la manière des arches d'un pont, technique fort peu habituelle qui permettait de ne pas peser sur les côtés et assurait, bien sûr, plus de stabilité et de solidité à l'ensemble. Beaux piliers roses. Le magnifique grand orgue sculpté en cul-de-lampe semble comme suspendu dans le vide. Il fut construit en 1629.
Derrière la chaire, niche gothique avec fresques figurant une procession funéraire. Au-dessus, l'abbé, la Vierge et le Christ. Statue de Notre-Dame la Brune du XIIe siècle.
À la croisée de transept, belle coupole sur trompes très décorée. Dans le transept, grande verrière du XVe siècle. Détaillez les chapiteaux à gauche du chœur : dans celui de la médisance, des serpents partent de la bouche et vont dans l'oreille. À côté, le diable arrache la langue du médisant. Un autre diable tire un baladin avec une corde (symbole de la paresse). À droite, un personnage fait des pirouettes (symbole des conversions).
– *Le chœur* a été reconstruit au XIIe siècle et on utilisa la pierre blanche de Tournus, plus tendre, plus facile à sculpter. C'est le maître orfèvre Goudji qui a réalisé le mobilier liturgique du chœur, dont le reliquaire de saint Philibert. Dans le déambulatoire, les colonnes et les chapiteaux de la rotonde ont été refaits au XIXe siècle (sans grâce, ni légèreté !). Cependant, ceux du pourtour sont du XIe siècle et délicatement travaillés. On peut également admirer des mosaïques du XIIe siècle représentant des signes du zodiaque et des activités liées à la saison estivale (en tout bien tout honneur).
– *La crypte :* escalier à gauche. C'est une vraie petite église souterraine. Au centre, trois nefs à fines colonnes (pour l'époque !) et chapiteaux à feuilles d'acanthe, entourées d'un déambulatoire et de chapelles rayonnantes. Près du puits, deux colonnes romaines de réemploi. Noter la voûte brute de décoffrage, cendres et chaux, avec des bouts de bois (visiblement jamais achevée). Dans l'axe, tombeau de saint Valérien. En 979 eut lieu la translation de ses reliques (dispersées lors des guerres de Religion). Chapelle avec fresques du XIIe siècle (Christ pantocrator).
– *La chapelle Saint-Michel :* retour à l'entrée du narthex, pour emprunter l'escalier à vis menant à cette « église dans l'église ». Elle est l'héritage des tours occidentales destinées à la liturgie carolingienne. Les chapelles hautes s'appelaient souvent « Saint-Michel », l'archange étant le protecteur-gardien des sanctuaires. Au contraire du narthex, sombre et trapu, ici, l'architecture se révèle presque aérienne ! Trois nefs et voûte en berceau s'élevant à plus de 12 m, soutenue par quatre gros piliers ronds. Belle lumière. Décor végétal des chapiteaux au coup de ciseau particulièrement rustique.

Les bâtiments conventuels
– *L'ancien chauffoir :* il abrite aujourd'hui un petit musée lapidaire avec les chapiteaux des galeries du cloître détruites et les deux statues-colonnes qui trônaient sur le clocher : saint Philibert et sa crosse, et saint Valérien avec sa palme de martyr.
– *Le cloître :* il n'en reste qu'un côté, voûté sur croisées d'arêtes. Du cloître, très belle vue sur l'ensemble de l'église et le clocher de style clunisien surmontant la croisée de transept, avec son appareillage de pierres finement taillées.
– *La salle capitulaire :* chaque matin, les moines se réunissaient dans cette salle pour écouter un chapitre de l'Évangile. Reconstruite en gothique au XIIIe siècle, avec d'élégantes croisées d'ogives sur colonnes à chapiteaux.
– Sortie par la place des Arts, pour admirer le chevet à cinq chapelles. Appareillage assez archaïque, en épis ou arêtes de poisson. L'abside de droite montre encore des réminiscences carolingiennes. De l'autre côté de la place, le logis abbatial du XVe siècle. Porte en gothique fleuri et fenêtres à meneaux et à accolade.

Autour de l'abbaye

🎭 Au XVIIe siècle, les moines firent bâtir autour de l'abbaye des maisons qui épousèrent la forme de l'enceinte monastique, dont il subsiste d'importants vestiges. À côté du Musée bourguignon, la **maison du Trésorier,** avec une tourelle. Retour rue des Tonneliers pour la **tour de Quincampoix** (Xe-XVe siècle) englobée dans l'habitat, puis rue Jeanton pour la **tour du Portier** (Xe-XVIe siècle) qui commandait l'entrée de ville. Revenant vers l'abbaye, on longe l'ancien réfectoire et le cellier. Devant la façade, les deux tours de la **porte des Champs** (Xe-XIIe siècle). Aux nos 15-17, rue de Tronfois, **maison du roi Guillaume** (XVIIe siècle). Aux nos 21-22, quai du Nord naquit Simone Évrard, femme du révolutionnaire Marat.

🎭 **L'église Saint-Valérien** du XIe siècle, aujourd'hui désaffectée, rue A.-Bessard. Place Lacretelle, la boulangerie présente de belles fenêtres à meneaux Renaissance. **Rue du Docteur-Privey,** au n° 13, la maison des Gendarmes du XVIe siècle, avec une jolie porte à fronton triangulaire. Au n° 38, maison Raverot (XIVe-XVIe siècle) avec fenêtres trilobées. Au n° 45, l'hôtel Chapuys Montlaville (XVIIIe siècle). Au n° 60, l'hôtel Berardon (XIVe-XVIe siècle) aux baies cintrées avec mascarons, et au n° 62, l'hôtel Aux Mouchettes (XVIe siècle) avec deux grandes ouvertures en anses de panier. Aux nos 66-68, la maison Saulnier de la Noue (XVIe siècle). Porte Renaissance et baie en anse de panier. En face, au n° 61, maison Bureteau (XIIIe-XIVe siècle). Boutique en anse de panier. À l'angle de la rue Jean-Jaurès, au-dessus de la Maison de la Presse, une frise du XIIe siècle (ancienne maison Dugas).

🎭 **Rue de la République,** aux nos 3 et 5, la maison Guérard (XVe-XVIe siècle). En descendant à droite, prendre la **rue du Passage-Étroit** (la bien nommée !) ; sur la gauche, les flancs d'un hôtel particulier du XIIIe siècle, aux ouvertures obstruées. Tout en haut, une échauguette. Revenir sur ses pas et admirer au n° 2, pl. Carnot, le logis de la Tête Noire (XIVe-XVIe siècle). Superbe façade à colombages. Au n° 13, la façade de l'hôtel de Montrevel ne laisse pas deviner le beau décor Renaissance de la cour intérieure. Au n° 17, élégante façade Louis XV de l'hôtel Lacroix-Laval : arcades, frise sculptée, hautes fenêtres, mascarons, balcon en fer forgé. **Rue Greuze,** au n° 5, maison Greuze (où vécut le peintre durant son enfance).

🎭 Continuer la rue Greuze jusqu'à un étroit passage médiéval (sur la gauche). Il débouche sur la **rue du Bief-Potet** *(plan B2),* l'une des ruelles les plus pittoresques de la ville. C'est là que vivaient les tanneurs au Moyen Âge. Les balcons et encorbellements mangent la moitié de la ruelle. Depuis des siècles, elle n'a guère changé de physionomie. À droite de la ruelle, un peu plus loin, original escalier à vis extérieur à colombages.

🎭 Retour **rue de la République.** Du n° 41 au n° 47, intéressants détails architecturaux à saisir. Au n° 63, l'hôtel d'Eaubonne (XVIIe-XVIIIe siècle) en pierre rose avec entablement. En face, à l'angle de la place de l'Hôtel-de-Ville, on devine, sous le hideux crépi, l'élégant *hôtel de l'Escargot* de la famille de Tournus (1616), avec sa tourelle d'angle en encorbellement (évoquant un escargot, d'où, paraît-il, son nom).

🎭 Charmante **place de l'Hôtel-de-Ville** *(plan B2),* du XVIIIe siècle. Statue de Greuze au milieu. Maisons basses fleuries, quelques-unes avec arcades. Suivre la **rue Désiré-Mathivet.** Au n° 2, hôtel Jean-Magnon avec de belles fenêtres à meneaux et accolade. Niche en gothique fleuri avec Vierge. Du n° 44 au n° 54 et aux nos 43-45 (entre les rues Jules-Ferry et E.-Jaillet), remarquable succession d'arcades commerciales médiévales. C'est le quartier de l'église Sainte-Madeleine, où vous découvrirez beaucoup de demeures anciennes. À faire de nuit, dans le halo des réverbères, balade très romantique ! **Rue de la Pompe,** au n° 1, noter le joyeux désordre des fenêtres et des portes à accolade murées. Lieu de naissance du poète Jean Magnon (1620-1662). Côté rue, larges baies avec entablement et fenêtres à meneaux obstruées. La **rue de la Friperie** prend déjà un air méditerranéen avec ses fleurs et ses plantes grasses. À l'angle de la rue Jules-Ferry, maison gothique avec porte à accolade et fenêtre à encorbellement. Au n° 1, *rue du Petit-Jour,* vénérable demeure médiévale qui possède toujours son entablement d'origine. Le sam matin, pittoresque marché de la *place Lacretelle* à la **rue Mathivet,** avec une animation réjouissante et de bons produits.

¶¶ *L'église Sainte-Madeleine* (plan B2-3) : rue Désiré-Mathivet. Du XIIe siècle, remaniée au XVe. Remarquable porche roman aux profondes voussures retombant sur des colonnettes délicatement ciselées. Grande richesse du décor, différent d'une colonne à l'autre. Élégante porte en bois de style Louis XV, qui fut offerte par le cardinal de Fleury, abbé de Tournus et ministre du roi. À l'intérieur, voir la séduisante chapelle Renaissance, son arcade ouvragée et, surtout, la voûte superbe ornée de caissons en trompe l'œil. Descendre jusqu'au quai de Saône pour la vue sur le chevet (recommandé de nuit, pour son côté un peu expressionniste !).

¶¶¶ *L'hôtel-Dieu et le musée Greuze* (plan B2) : rue de l'Hôpital. ☎ 03-85-51-23-50. Dernier w-e de mars-1er w-e de nov : tlj sf mar 10h-13h, 14h-18h. Entrée : 5,35 € ; réduc.
Beau portail de pierre rose avec grille en fer forgé. L'hôtel-Dieu se divise en deux sections : la partie hospitalière, dont la visite est complétée par le jardin de plantes médicinales, et le musée Greuze consacré à ce peintre originaire de Tournus.
– *Les salles des malades :* la première fut ouverte en 1675 par le cardinal de Bouillon, abbé de Tournus, désireux que la ville se dotât enfin d'un hôpital convenable. Elle comprend une vingtaine de lits, et les soins sont assurés par les sœurs de Sainte-Marthe. Au XVIIIe siècle, création de la salle des hommes et de la chapelle et, à la Révolution, de celle des soldats. Les trois salles convergent vers l'autel de manière à ce que tout le monde puisse bénéficier de l'office. Difficile d'imaginer que l'hôpital ne ferma qu'en 1982 ! Organisation hospitalière logique pour l'époque : grands volumes pour que l'air circule, lits en boxes, « couloirs de soins » pour préserver l'intimité des malades, ruisseau qui permettait d'évacuer les eaux usées et les pansements, loges des infirmières.
– *L'apothicairerie :* l'une des plus belles de Bourgogne. Créée en même temps que la première salle. Carrelage et plafond peint d'origine. Meubles à rayonnages et colonnettes torses en noyer et chêne, accueillant une belle collection de pots en faïence. Superbe commode à dessus de marbre et bois marqueté. Dans l'ancienne salle de chirurgie, exposition des étains.
– *Le musée Greuze :* évidemment, quelques tableaux de l'artiste, mais surtout une belle collection de dessins originaux, lavis et sanguines, exposés par roulement. Également une section archéologie, afin d'approcher l'histoire de Tournus et de son pays depuis le Paléolithique jusqu'à l'époque mérovingienne (outils, céramiques, plaques de ceinturon en fer damasquiné, etc.) ; et des sections peinture (écoles flamande, française et italienne du XVe au XXe siècle), sculpture (dont une salle consacrée à Désiré Mathivet, artiste local) et art contemporain.

Fêtes et manifestations

Se procurer à l'office de tourisme le magazine *Tournus Passions*. On y trouve le programme complet de toutes les activités de l'été.
– **Salon des Antiquaires :** *mai.*
– **Salon de Printemps :** *mai-juin, sur 3 sem.* Des amateurs d'art exposent dans les bâtiments monastiques.
– **Saint-Philibert :** *3e w-e d'août.* Fête annuelle patronale, pendant 3 jours sur les quais de Saône, avec le traditionnel feu d'artifice du dimanche soir.
– **Salon du Livre ancien :** *dernière sem de sept.*
– **Tournuscîmes :** *3e dim d'oct.* Grande randonnée pédestre, équestre ou cycliste, qui attire chaque année des milliers de randonneurs.
– **Marché de Noël :** *sur 2 j. en déc.*

DANS LES ENVIRONS DE TOURNUS

Le circuit des églises romanes du Tournugeois : si vous n'avez pas encore eu votre compte de belles églises romanes, de Cluny à Tournus en passant par les monts du Tournugeois, vous pouvez revenir sur Ozenay et continuer vers Chardonnay (qui a donné son nom au célèbre cépage). Arrêtez-vous au bourg. On aperçoit la flèche du clocher d'*Uchizy*, à 2 km : cette église du XIe siècle possède un clocher exceptionnellement haut pour la région (le dernier étage servait de tour de guet). Vous pouvez poursuivre votre circuit par celles de *Farges-lès-Mâcon* (10 km au sud de Tournus, sur la N 6), église construite selon les principes architecturaux de Saint-Philibert) et du *Villars* (3 km au sud de Tournus, sur la N 6). Structure originale d'une église à deux nefs accolées avec chœur et clocher communs.

LA BRESSE BOURGUIGNONNE

Tournus est une des portes de la plaine de la Bresse, le pays le plus à l'est de la Bourgogne : 1 690 km², 112 communes, 70 000 habitants. Un pays délimité naturellement à l'ouest par la Saône et à l'est par les monts du Jura.
C'est en quelque sorte le plat pays de la Saône-et-Loire. Un immense lac il y a quelques millions d'années, qui a conservé en héritage un réseau dense de rivières, rus, ruisseaux et étangs découpant le bocage. Aujourd'hui, l'ancienne Bresse se partage entre trois régions et trois départements. La Révolution française s'y entendait pour dépecer les anciennes provinces. Quand on dit « plat », il faut d'ailleurs moduler, le paysage n'est nullement mièvre et se « mamelonne » suavement quand il le faut. Région principalement agricole à l'habitat dispersé, proposant la plus séduisante architecture rurale qui soit.

La Bresse possède en outre des productions particulières comme son fameux poulet à pattes bleues et plumes blanches (aux normes d'élevage précises : c'est la seule volaille au monde à posséder une AOC), la pauchouse, délicieuse matelote de poissons de rivière, la belle armoire bressane, etc. Traditions culturelles et folklore très riches et vivaces, comme en témoignent les nombreuses antennes de l'écomusée.

DE BRIC ET DE BROC

Autrefois, dans un pays dépourvu de pierre, les paysans durent construire avec les moyens du bord. Ils utilisèrent donc le bois, l'argile, la paille, et bâtirent en torchis et colombages. Plus tard, le remplage se fit souvent en brique (sans fondations, et facile à déménager !). Résultat : on y trouve les plus belles fermes du département, à découvrir au fil de petites routes adorables, ainsi que des moulins.

Il règne en Bresse, dans cette enclave rive gauche de la Saône, une atmosphère bien particulière. C'est un « pays » qui a su garder une réelle authenticité, qui avance dans la modernité lucidement, sans sacrifier son patrimoine humain et culturel. Un pays qui, avec l'arrivée de l'autoroute A 39, s'ouvre lentement et sûrement au tourisme, multipliant les chambres d'hôtes de charme en quelques années, tout en conservant ses auberges traditionnelles. Même les inévitables maisons contemporaines de mauvais goût ne parviennent pas à en altérer le charme discret, ni cet équilibre harmonieux entre hommes, paysages et habitat.

CUISERY (71290) 1 605 hab.

Au sud-ouest de la Bresse bourguignonne, un village qui sort lentement de son anonymat grâce aux artistes et aux bouquinistes implantés sur cette terre qui ne manque décidément pas d'atouts pour les retenir.

Où dormir ? Où manger chic ?

L'Hostellerie Bressane : 56, route de Tournus. ☎ 03-85-32-30-66. • hostellerie.bressane@wanadoo.fr • hostellerie-bressane.fr • Tlj sf mer, jeu et en janv. Doubles 70-80 €. Menus de 25 € (en sem) à 45 € ; menu-dégustation 65 €. Café offert sur présentation de ce guide. La belle adresse de la région, avec des chambres au calme, dont certaines disposent d'un bout de terrasse. Celles de l'annexe sont de plain-pied, avec vue sur le coffre de la voiture, pour rassurer les éternels inquiets. Belle salle de resto pour gourmets prenant le temps de vivre. Service attentif et carte attrayante.

Où dormir dans les environs ?

Zone de loisirs Les Liaurats : 71440 Saint-Vincent-en-Bresse. ☎ 03-85-76-58-11. À 15 km au nord de Cuisery, 3 chalets, 200-250 €/sem. Aménagés spécifiquement pour la pêche au bord d'un étang. Cadre agréable et reposant. Les pêcheurs amateurs peuvent même obtenir des conseils auprès du gardien.

Chambres d'hôtes La Cassinette : chez Brigitte et Jean-Pierre Baudet, à Lissiat, 71470 Romenay. ☎ 03-85-40-36-86. • la.cassinette@wanadoo.fr • lacassinette.fr • À 6 km au sud de Cuisery, près de Romenay. Fév.-nov. à partir de 52 € pour 2, petit déj inclus. Table d'hôtes le soir, sur résa, 20 €. Apéritif maison, café et 10 % de réduc hors juil-août offerts sur présentation de ce guide. Nichée dans la verdure, cette fermette bressane a été restaurée dans son jus. Pour les amoureux du calme, c'est un petit paradis. D'autant que ce couple de retraités se mettra en quatre pour vous faire découvrir d'un autre œil cette région méconnue.

Chambres d'hôtes La Chaumière : chez Arlette Vachet, route de Saint-Germain-du-Plain, 71370 Baudrières. ☎ 03-85-47-32-18. • arlette.vachet@wanadoo.fr • lachaumierebaudrieres.com • À 15 km au nord de Cuisery, sur la D 160. Doubles 70 € et suite pour 285 €, petit déj compris. À partir de la 4e nuit, 10 % de réduc sur les nuits suivantes ainsi qu'apéritif maison et café offerts sur présentation de ce guide. Une belle maison couverte de vigne vierge, avec l'un des plus chaleureux décors intérieurs que l'on connaisse. Meubles régionaux, couleurs chatoyantes, beaux objets. Accueil fort sympathique de l'hôtesse. Belles chambres avec sanitaires, jardin et beau *cottage* à louer (pour un plus long séjour). Piscine.

À voir

Le village du Livre : passez à l'accueil du village du Livre, 55, Grand-Rue (☎ 03-85-40-16-08), pour prendre une plaquette le présentant en détail. • cuisery-livre.com • La plupart des boutiques sont ouvertes à l'année, mais le village revit surtout le 1er dimanche de chaque mois, 8h-19h, lors du *marché du Livre*. Un lieu un peu endormi le reste du temps, en attente du prince charmant qui le transformera d'un coup de baguette magique en petit frère de Pézenas ou de tout autre bourg médiéval aujourd'hui sauvé de l'oubli par une politique d'accueil des

LOUHANS 213

visiteurs comme des artisans. Des manifestations sont proposées, comme le salon de la bande dessinée et du polar, le salon du livre neuf, le concours de nouvelles, etc.

🎭🎭🎭 **Le centre Éden :** *rue de l'Église.* ☎ *03-85-27-08-00.* • *centre-eden.com* • ♿ *Juil-août : tlj 10h-18h ; vac de printemps-fin des vac de la Toussaint : mar-dim 14h-18h. Entrée : 4 € ; réduc.* Un centre de découverte des richesses naturelles et des paysages de la Bourgogne, dans un château superbement rénové. Muséographie vraiment réussie avec notamment une « salle météo ». Immersion garantie au cœur des milieux naturels. La mise en valeur scénographique du parc complète la visite. Expositions temporaires.
En sortant, jetez un œil sur l'église du XVIe siècle, et imaginez le reste de la ville à l'image de ce quartier : on peut rêver !

➤ DANS LES ENVIRONS DE CUISERY

🎭 **Le village médiéval de Romenay (71470) :** à 10 km au sud de Cuisery. Jetez un coup d'œil au petit *musée du Terroir*, antenne de l'écomusée de la Bresse bourguignonne (☎ *03-85-76-23-16. De mi-mai à fin sept : tlj sf mar 15h-19h. Entrée : 3 € ; réduc).* Mobilier bressan, outils, objets domestiques et costumes régionaux. Prendre le temps de visiter cette vieille bourgade qui possède encore deux portes fortifiées et de belles demeures à colombages.

🎭 🚶 **La réserve naturelle de La Truchère (71290) :** à 6 km au sud de Cuisery *(suivre le fléchage).* Sentier de découverte ouvert à tous toute l'année. Un univers à conseiller aux amoureux de la marche et du VTT. Situé au confluent de la Seille et de la Saône, en limite du département de l'Ain, le village de La Truchère a plutôt des allures de petit port de pêche breton avec ses nombreuses barques amarrées et ses quais de pierre construits par les prisonniers prussiens au temps des guerres napoléoniennes. Une Seille tranquille et accueillante, un des derniers ponts-barrages à aiguilles (l'eau est retenue par des aiguilles de bois et non des pelles mécaniques) et un rendez-vous obligé de la pêche au silure font partie de ses atouts naturels, auxquels s'ajoutent des insectes rares, et des plantes carnivores qui les boulottent, sur fond de dunes de sable éolien vieux de 5 000 ans, venues se perdre au milieu des tourbières et des chênes.

🎭 **Le musée de Rancy (71290) :** sur la D 971, à mi-chemin de Cuisery et Louhans. ☎ *03-85-76-27-16.* ♿ *15 mai-30 sept : tlj sf mar 15h-19h ; le reste de l'année : sur demande pour les groupes. Entrée : 3 € ; réduc.* C'est une antenne de l'écomusée de la Bresse. *Expo Chaisiers et pailleuses :* 200 ans de cette petite industrie locale. Reconstitution d'un atelier ancien et d'un atelier mécanisé. Audiovisuel.

LOUHANS (71500) 6 420 hab.

Capitale de la Bresse bourguignonne aux dimensions quasi villageoises et qui pourtant possède la plus longue rue à arcades de France. Ne ratez surtout pas le marché du lundi matin, un marché pas comme les autres. Peut-être à cause du cadre théâtral de ses arcades, plus sûrement grâce à son naturel étonnant où couleurs, visages, sourires et accents jaillissent avec force du fond du bocage. Beauté de la province qui résiste à grand renfort de sagesse et bon sens ! Vous aussi, faites preuve de raison en laissant votre voiture loin du centre, les embouteillages pouvant atteindre des sommets ! Attendez la fin du marché pour repartir.

LA BRESSE BOURGUIGNONNE

Adresse utile

Office de tourisme : 1, pl. Saint-Jean. ☎ 03-85-75-05-02. • bresse-bourguignogne.com • *Janv-mai et oct-déc : lun-sam 9h30-12h, 14h-18h (17h sam) ; juin-sept : lun-sam 9h30-12h30, 14h-18h30 (18h sam).* Excellente documentation.

Où dormir ?

Le Moulin de Bourgchâteau : chemin de Bourgchâteau (route de Chalon), rue du Guidon. ☎ 03-85-75-37-12. • bourgchateau@netcourrier.com • bourgchateau.com • *Du centre-ville, D 978, direction Chalon ; à env 500 m, tourner à droite (niveau Citroën). Resto fermé lun hors saison et 3 sem en nov. Doubles à partir de 57 €. Café offert sur présentation de ce guide.* Ancien moulin en bord de Seille, construit en 1778. Cadre très agréable et chambres très cosy. Petit faible pour celles du dernier étage, mansardées, mais celles du premier offrent une belle vue plongeante dans l'eau. Fait également resto.

Où manger ?

Ce ne sont pas les petits cafés sympas qui manquent, si vous avez déjà avalé votre tête de veau, le plat typique du pays, un peu plus tôt dans la matinée, comme tout un chacun par ici : le *Saint Jean,* sur la place du même nom, en face de l'office de tourisme (petits plats sympas et assiette de pays) ; le *Bar de l'Hôtel de Ville,* alias « Chez Dudu », 10, pl. du Général-de-Gaulle, avec sa terrasse sous la pergola en fer forgé ; et le *Saint Martin,* 74, Grande-Rue, en plein milieu des arcades, avec une belle terrasse en avancée de rue.

De bon marché à prix moyens

Chez Alex : 19, rue Lucien-Guillemaut. ☎ 03-85-75-11-75. *Lun-ven. Congés : 3 sem en janv ou fév. Menus à partir de 11,50 €.* The place pour déjeuner le lundi, jour de marché, entre 10h et 14h, autour d'une tête de veau (si, si, essayez !). Aux beaux jours, toutes tables dehors pour une cuisine de ménage présentée sans façon, dans une joyeuse et bruyante animation. Arrivez de bonne heure pour éviter l'attente. Addition très démocratique et chaleureux accueil en prime.

La Mère Jouvenceau : 26, rue Lucien-Guillemaut. ☎ 03-85-75-00-51. *À deux pas de la poste. Fermé mar et les soirs du lun, mer, jeu et dim. Menus 11,50-25 €. Café offert sur présentation de ce guide.* Là aussi, cuisine réputée, accueil convivial et des tarifs raisonnables. Remarquable poulet de Bresse, filet de sandre, etc.

Un peu plus chic

Le Saint-Claude : chemin des Toupes. ☎ 03-85-75-47-64. • st.claude333@orange.fr • *À l'entrée de Louhans, direction Montpont. Tlj sf mer, sam midi, dim soir. Congés : vac scol de fév. Faites comme les habitués, réservez (c'est impératif) et laissez-vous surprendre. Menu du jour 16 € ; formules 28,80-40 €.* Ne vous laissez pas avoir par le nom de l'établissement, ni par l'emplacement, vous êtes chez un vrai créateur, passé faire ses classes chez les grands. Agréable tonnelle avec pavés et vue reposante sur la campagne. Ne soyez pas pressé et vous serez comblé.

Où dormir ? Où manger dans les environs ?

🛏️ 🍴 **Chambres d'hôtes La Ferme des Fourneaux :** *chez Fabienne et Christian Thébert, les Chizes, 71500 Saint-Usuge.* ☎ 03-85-72-18-12. • fc.thebert@fermedesfourneaux.com • fermedesfourneaux.com • *À 6 km à l'ouest, par la D 13, direction Saint-Germain-du-Bois. Doubles 60-70 €, petit déj compris. Table d'hôtes 25 €, sur résa. Apéritif et café offerts sur présentation de ce guide.* Une jolie ferme bressane, rénovée avec beaucoup d'amour et d'humour. Maraîchère, Fabienne sera peut-être sur les marchés quand vous arriverez, mais son mari, Christian, vous accueillera, au milieu des plaques et des cafetières émaillées, des vieilles machines à sous et des fourneaux qui ont donné leur nom à cette drôle de maison. Quant aux chambres, elles sont toutes différentes, climatisées, joliment décorées et aménagées, et d'un confort incroyable. Le petit déj est un grand moment, lui aussi (un vrai buffet de fromages, confitures multiples, etc.) et on ne parle pas de la table d'hôtes, des œufs en meurette, du poulet de Bresse à l'estragon. Et puis il y a la terrasse, la piscine, le parc pour la détente... Nos lecteurs adorent.

À voir

🎭🎭🎭 **Le grand marché du lundi :** *mat (ainsi que l'ap-m des lun fériés), le long des arcades et pl. de l'Église.* Tous les bons produits du terroir, la quincaille et autres articles et vêtements qu'on ne retrouve plus guère que dans les derniers vrais marchés de campagne. Coutume locale : on achète souvent au plateau, pas au kilo. Promenade de la Charité, à deux pas, se déroule le pittoresque *marché à la volaille de Bresse*, classé « Site Remarquable du Goût », où les connaisseurs vérifient avec sérieux le bleu des pattes et l'immaculé des plumes. À l'entrée, l'un des rares monuments aux morts consacré à la guerre de 1870.

🎭🎭🎭 **L'hôtel-Dieu :** *rue du Capitaine-Vic.* ☎ 03-85-75-54-32. *Tlj sf mar, 1er janv, 1er mai et 25 déc. Mars-oct : visite guidée à 10h30, 14h30, 16h et 17h30 ; le reste de l'année : lun 10h30, 14h30 et 16h ; les autres j. : 14h30 et 16h. Entrée : 4 € ; réduc.* Fondé en 1682, l'hôtel-Dieu fonctionna jusqu'en 1977 ! Ses salles aux immenses dimensions rappellent celles de Beaune, mais il y a ici, en plus, une espèce d'humanité poignante, une atmosphère authentique comme si le dernier malade était parti la veille. L'hôtel-Dieu possède ainsi toujours sa vieille patine, ses lits clos en bois, les anciens lits en fonte à ruelle, sa chapelle, qui permettait à tous les malades de suivre messe et sermon.
L'*apothicairerie* est considérée comme l'une des plus belles d'Europe avec une collection exceptionnelle de faïences du XVIe siècle de style italo-hispano-mauresque. Vases contenant des médications ayant, hélas, disparu des ordonnances depuis : sang de bouc séché, yeux d'écrevisses pilés, poudre de mille fleurs, etc. Comptoir Louis XVI et jolies boiseries, œuvre des compagnons ébénistes. Superbe *pietà* du XVe siècle. Visite du laboratoire avec ses cuivres, étains, poteries bressanes et la tisanerie. Tout a été gardé en état : une telle richesse s'explique par la pauvreté d'autrefois, car il n'était pas question de changer quoi que ce soit pour suivre la mode ! Réfectoire des sœurs et quelques magnifiques exemples d'armoires monumentales et mobilier divers. En prime, l'enthousiasme des guides dont les pittoresques anecdotes permettent de captiver un auditoire de tous âges !
À la sortie, jetez un œil sur le campanile et la toiture (remarquable rénovation).

🎭 **L'église Saint-Pierre :** à l'origine gothique, remaniée au XIXe siècle. Beau toit de tuiles polychromes vernissées. À l'intérieur, superbe vitrail moderne dans la fenêtre du fond et chaire en chêne ciselé du XVIIe siècle.

🎭🎭 **Le musée de l'Imprimerie :** *29, rue des Dôdanes.* ☎ 03-85-76-27-16. *15 mai-30 sept : tlj sf mar 15h-19h ; oct-14 mai : lun-ven 14h-18h. Congés : Noël-*

LA BRESSE BOURGUIGNONNE

Jour de l'an. Entrée : 3 € ; réduc. L'ancienne imprimerie du journal *L'Indépendant* ferma en 1984 après un siècle d'existence. Au lieu d'envoyer les machines à la casse comme il était d'usage, les ateliers furent conservés en l'état et intégrés à l'écomusée de la Bresse bourguignonne.

> **DU PLOMB DANS L'AILE**
>
> *Le journal* L'Indépendant, *contrairement à l'immense majorité de ses collègues, fonctionnait toujours au plomb au moment de sa fermeture, avec du matériel (au regard strict de la rentabilité) obsolète depuis longtemps ! Résultat : ce musée est un exemple unique en France d'imprimerie de presse et commerciale, modèle années 1930, conservée intégralement dans ses locaux d'origine !*

Le Musée municipal : à la même adresse, mêmes horaires. Il occupe les premier et second étages et a le charme de ces petits musées de province capables de nous présenter des peintres locaux de talent comme Auguste de Loisy, Pierre Lenoir, Jules Guillemin. Superbes *Jeune Fille au trèfle* et autres sanguines. *Pleureuse* attribuée à Greuze. Même si parfois les cadres se révèlent plus beaux que les œuvres, elles ont toutes, au fond, un petit quelque chose à raconter.

L'exposition du Rail bressan : gare de Louhans, installé dans 2 anciens wagons. ☎ 03-85-75-46-56. 15 mai-oct : w-e slt 14h-18h (sf à l'Ascension et 3ᵉ w-e de juil-août). Entrée gratuite. Remarquable maquette de la gare telle qu'elle était en 1929. Œuvre de Pierre Jaillet, un passionné des trains, qui a méticuleusement reconstitué l'édifice, le pont sur la Seille, la ligne de Bresse, 120 m de voies, etc.

La Grand-Rue et autour : avec ses 157 arcades des XVᵉ et XVIᵉ siècles, la Grand-Rue présente un ensemble exceptionnellement préservé. Arcades de toutes les formes, toutes les matières (calcaire, grès, bois, brique, etc.). Arrêtez-vous dans une des pâtisseries (elles ont toutes un salon de thé) pour goûter à la fameuse *corniotte*, pâte à choux sur fond de pâte brisée, grande spécialité louhannaise. Les corniottes étaient à l'origine préparées par les sœurs de l'hôtel-Dieu le jour de l'Ascension et vendues devant l'église. *Chez Cadot,* autre spécialité : les *gaudiches*, petits sablés à base de farine de gaude.
Au n° 10, maison du Bailli, avec sablière au-dessus de la boutique (monstre sculpté) et médaillons. Quelques rares maisons à pans de bois. En revanche, on en trouve dans les ruelles donnant dans la rue de l'Église. Quelques vestiges de l'ancienne enceinte de ville : la tour Saint-Pierre, rue des Dôdanes (presque en face des musées), et la tour Saint-Paul, rue F.-Bourgeois. L'ancien hôtel de ville avec porche, place A.-Briand, reconstruite au XVIIIᵉ siècle, s'insérait dans les remparts.

➤ *DANS LES ENVIRONS DE LOUHANS*

La Grange Rouge : à *La Chapelle-Naude* (71500). ☎ 03-85-75-85-75. *Lun-ven 9h-12h, 13h30-17h30.* Ne pas rater, au sud-ouest de Louhans, la Grange Rouge, superbe maison traditionnelle à colombages du XVIIᵉ siècle, et son marché aux puces (3 fois dans l'été, la 4ᵉ session se déroulant sur le champ de foire de Louhans, fin sept). Ambiance garantie. Nombreuses activités à la Grange Rouge toute l'année : stages et ateliers de toutes sortes, concerts, rencontres, veillées, etc.

Le circuit des Vieilles Demeures bressanes

À l'ouest de Louhans. Pour les vététistes, c'est assez plat (notion subjective, bien sûr !). Adorables routes de campagne où la prudence est de rigueur, que l'on avance sur deux ou quatre roues. À *Saint-André-en-Bresse*, la plus belle ferme du coin, à droite en venant de Louhans (la D 160). Plusieurs corps de ferme et un puits au milieu. Dans le hameau de **Tenarre,** sur la D 933, superbe maison rurale du XVIIe siècle. Très fleurie avec un vieux puits. À *Juif,* une de nos maisons préférées : à 1 km du village, vers Simard, au lieu-dit Les Moutrets. Large toit et vénérable galerie en bois entre deux pigeonniers, l'allure d'un petit manoir rural. Beaucoup d'émotion. Pour les *addicts,* d'autres vieilles demeures à Sornay, Tronchy, L'Abergement-Sainte-Colombe, Villegaudin etc. Une jolie façon de rejoindre Saint-Martin-en-Bresse (voir plus loin). Noter que toutes ces fermes sont des propriétés privées.

CUISEAUX (71480) 1 783 hab.

À la frontière du Jura, c'est en fait une ancienne petite place forte qui possède d'intéressants vestiges.

Où dormir ? Où manger ?

Hôtel Vuillot : 36, rue Vuillard. ☎ 03-85-72-71-79. • hotel.vuillot@wanadoo.fr • *Tlj sf dim soir et lun midi. Congés : courant janv et 1 sem en juin. Doubles 52 €. Menus 13,50-40 € ; env 25 € à la carte. Apéritif maison offert sur présentation de ce guide.* Une adresse solide que cet ancien relais de poste qui ne laisse aucun de ses hôtes indifférent, et ceci depuis 1886. Les chambres sont simples, la cuisine aussi, mais là, c'est un compliment car l'essentiel se passe dans l'assiette ; beaux produits, bonne cuisson. La Bresse comme on l'aime. Le service est gentil comme tout, il y a une piscine pour barboter et le village à découvrir. Si c'est complet, le patron vous trouvera une place pour dormir ou manger dans son annexe, à deux pas : *Le Bourgogne.*

À voir

Le Vigneron et sa Vigne : *dans l'enceinte de l'ancien château des princes d'Orange, dans le centre-ville. 15 mai-sept : tlj sf mar 15h-19h. Entrée : 3 € ; réduc.* La cave et les techniques de vinification, vieux pressoirs, matériel de bouilleur ambulant (depuis 1960, le titre s'éteint avec la personne). Reconstitution d'une maison de vigneron, avec lit clos, armoire de mariage, etc. Au 1er étage, outils de vignerons, fabrication des tonneaux. Vous saurez parfaitement comment « soummarder », « rogner », « décheuver »... Vidéo.

L'église : bien que du XIXe siècle, elle possède un beau mobilier. Entre autres, des stalles au coup de ciseau rustique mais qui ne manquent pas de caractère. Dais gothiques, panneaux sculptés de saints, miséricordes (accoudoirs) reproduisant des figures. Au bout, un beau *Saint Michel terrassant le dragon.* À droite du chœur, jolie statuaire polychrome.

Balade en ville : à droite de l'église, maison à galerie. Cette place à arcades et fontaine qui glougloute se révèle d'ailleurs tout à fait charmante. Face à la poste, au n° 13, rue des Lombards, belle demeure de 1578, avec porte et fenêtre à accolade. Au n° 25, ravissante échauguette sur cul-de-lampe. Rue Saint-Thomas, minuscules fenêtres en accolade. Au n° 23, Grande-Rue, larges fenêtres à meneaux *(Crédit Agricole).* Pittoresque porte du Verger, ancienne entrée de ville et son bout de rempart (face au cimetière). Après la porte, au n° 19, rue des Nobles, d'autres demeures médiévales fort bien restaurées.

➤ DANS LES ENVIRONS DE CUISEAUX

🧍 **Varennes-Saint-Sauveur** *(71480)* : à l'ouest de Cuiseaux, ne pas manquer de voir la tuilerie du XVIIe siècle, classée Monument historique, avec ses toits à larges pentes, ainsi que l'ancien relais de diligence, belle demeure à pans de bois.

🧍 **Sainte-Croix** *(71470)* : dans l'église, beaux vitraux du XVIe siècle. Le château appartint à la famille de d'Artagnan. Non, ce n'est pas Charles de Batz, mais Mme d'Artagnan elle-même qui vécut et qui est enterrée ici, avec sa famille. Anne-Charlotte de Chanlecy, baronne du lieu, fut la seule femme (légitime !) du célèbre Gascon.
– **Association d'Artagnan** : ☎ 03-85-74-80-27. *Juil-août : dim-lun 15h-18h ; le reste de l'année : sur rendez-vous. Entrée : 1,50 € ; réduc.* Une association de passionnés a créé cet espace d'Artagnan, à côté de l'église, pour rendre hommage à son épouse.

🧍 **Sagy** *(71580)* : jolie maison du bailli du XVIIe siècle. Expo sur les moulins de la Bresse, qui sont une des grandes curiosités de ce pays, qu'ils soient sur bateau, sur étang, sur rivière ou à ban (☎ *03-85-76-27-16 ; accès libre*). Vitrine sonorisée géante interactive, qui sert de point de départ au circuit des Sept Moulins.

SAINT-GERMAIN-DU-BOIS (71330) 1 827 hab.

Au cœur du pays des « ventres jaunes », une étape réservée aux gastronomes. Pour les autres, prendre la direction de Pierre-de-Bresse directement.

Où manger dans l'est de la Bresse ?

|●| **Auberge de la Croix Blanche** : le Bourg, 71580 Beaurepaire-en-Bresse. ☎ 03-85-74-13-22. • aubergelacroixblanche@libertysurf.fr • *Tlj sf dim soir et lun hors saison. Menu du jour 15 € en sem ; autres menus 22-50 €.* Un ancien relais de poste du XVIIe siècle redynamisé en cuisine par une jeune chef pleine de bonne volonté qui s'amuse à revisiter le terroir avec élégance et imagination...

À voir

🧍🧍 **L'agriculture bressane** : maison Collinet. ☎ 03-85-76-27-16. ♿ (partiel). *15 mai-30 sept : tlj sf mar 15h-19h. Entrée : 3 € ; réduc.* Très intéressant. Vous saurez tout sur l'élevage des poulets de Bresse. Étonnant. On y apprend aussi que des petites manufactures bressanes construisirent des centaines de tracteurs de 1934 à 1964. Génie de l'invention également pour les charrues, adaptées aux demandes des agriculteurs. Âge d'or des batteuses de 1880 à 1955. Au rez-de-chaussée, la culture du maïs et du blé en Bresse, et un vrai poulailler ! Au 1er étage, l'atelier du maréchal-ferrant et du bourrelier.

➤ DANS LES ENVIRONS DE SAINT-GERMAIN-DU-BOIS

– 🧍 **La foire de la Balme** : *dernier w-e d'août*, à **Bouhans** *(71330)*, quelques km au nord-est de Saint-Germain. Ne pas rater cette foire qui est la plus importante de la région et qui existe depuis 1645 ! Fête foraine et jeux anciens en prime.

|●| **Ferme-auberge La Bonardière** : ☎ 03-85-72-00-08. *1er avr-15 nov : w-e ; juil-août : tlj. Pensez à réserver !* Menus 15-20 €. Une bonne table dans l'esprit de la région.

PIERRE-DE-BRESSE (71270) 2 039 hab.

Traversez la Bresse profonde pour arriver au siège du fameux écomusée, dont vous avez déjà aperçu les « antennes » ici et là.

🚶 **L'écomusée de la Bresse bourguignonne :** ☎ 03-85-76-27-16. • ecomusee-de-la-bresse.com • 15 mai-30 sept : tlj 10h-19h ; le reste de l'année : 14h-18h. Entrée : 6 € ; réduc.
Installé dans un magnifique château du XVIIe siècle ayant appartenu aux comtes de Thiard. Architecture en U avec quatre grosses tours surmontées d'un lanternon. Arrivée majestueuse par une large cour avec parterres, encadrée par les communs. Vous découvrirez une expo permanente expliquant de façon didactique l'histoire de la Bresse, son écosystème, ses métiers anciens et les multiples aspects de ses traditions.
– *Au 1er étage :* présentation de la Bresse (rivières, pêche, forêt, etc.). Histoire politique, charte de franchise de Cuiseaux, souvenirs de la Révolution française. Section ethnographique : beaux meubles paysans, objets domestiques, jouets anciens, bercelonettes ou « bré » (berceau local), armoires de mariage, vielles traditionnelles, atelier du sabotier, etc. Petites machines agricoles. Insolite vaisselier-horloge.
– *Au 2e étage :* reconstitution du « progrès » des années 1950-1960. Vieilles affiches, expo sur les productions locales, le maraîchage, les moulins. Reconstitution d'une épicerie de campagne. Intéressant retour sur le passé grâce notamment à la reconstitution de quatre « intérieurs », quatre cuisines qui invitent à un jeu, parfois cruel, de « remue-mémoire », avec objets usuels et musique d'ambiance. On en arrive à une photographie parlante de la Bresse d'aujourd'hui.

🍽 **Salon de thé** en rotonde ravissant, avec parquet et moulures... et aussi de bonnes pâtisseries, glaces, etc. Animations-contes en mars-avril et piano-bar de juillet à septembre.

🛍 **Boutique** avec vente de produits régionaux (art, artisanat, alimentation, etc.). Beau choix d'ouvrages sur le secteur.

LA BRESSE BOURGUIGNONNE

➤ DANS LES ENVIRONS DE PIERRE-DE-BRESSE

🌳 **La maison de la Forêt et du Bois :** dans le hameau de Perrigny, 71620 **Saint-Martin-en-Bresse.** ☎ 03-85-76-27-16. À 25 km à l'ouest. 15 mai-30 sept : tlj sf mar 15h-19h. Entrée : 3 € ; réduc. Dans une ancienne école, présentation des essences de bois rencontrés dans la Bresse. Reconstitution de l'atelier du menuisier et du charron. Sentier de découverte. Site d'interprétation de la place de Perrigny (lavoir, trieur à grains).

🌳 Voir aussi l'adorable **chapelle de Bellefonds** (de l'extérieur seulement), du XIVe siècle. Toute de brique et hérissée de lanternons.

VERDUN-SUR-LE-DOUBS (71350) 1 220 hab.

Ancienne ville frontière du traité de Verdun en 843, ce qui atteste de son long passé. Construite à la jonction de la Saône et du Doubs, elle baigne littéralement dans l'eau. Pas étonnant, donc, qu'on y mitonne cette délicieuse matelote de poissons de rivière : la pauchouse.

Adresse utile

ℹ **Office de tourisme :** pl. de la Liberté. ☎ 03-85-91-87-52. • tourisme-verdun-en-bourgogne.com •

Où dormir ? Où manger dans les environs ?

🏠 🍴 **Chambres d'hôtes chez Huguette Bocard :** 7, rue Claude-Lebault, à Chauvort, 71350 Allerey-sur-Saône. ☎ 03-85-91-89-78. Fax : 03-85-91-88-66. À 3 km de Verdun. Tte l'année. Doubles 45 €. Repas 23 €. *Apéritif, café ou digestif offert sur présentation de ce guide.* Une maison 1930, joliment rénovée, pour changer des fermes traditionnelles, à deux pas de la Saône : autre paysage, autre cuisine. On peut aller pêcher le silure et le rapporter pour le dîner. Jardin très agréable. Bel accueil.

🏠 🍴 **Chambres d'hôtes chez Martine Lyssy :** à Champseuil, 71350 Saint-Gervais-en-Vallière. ☎ 03-85-91-80-08. • martine.lyssy-chambres-dhotes@wanadoo.fr • À 4 km en fait de Verdun. Doubles 58 €. Repas (sur résa) 27 €. Au bord d'une petite route de campagne, à l'orée d'un hameau, une demeure qui vous tient sous son charme dès que vous passez la porte (Martine Lyssy est décoratrice d'intérieur !). Chambres coquettes et chaleureuses, avec de beaux enduits traditionnels. Cour et jardin clos. Cuisine familiale. Accueil souriant et décontracté.

À voir

🎯 **L'église Saint-Jean** et la **chapelle des Treize,** bâtie par treize familles de la ville qui échappèrent à la Grande Peste de 1348.

🎯 🚶 **La maison du Blé et du Pain :** 2, rue de l'Égalité. ☎ 03-85-76-27-16. Au confluent des deux rivières, près du pont Saint-Jean. 15 mai-30 sept : 15h-19h ; le reste de l'année : tlj 14h-18h. Congés : Noël-Jour de l'an. Entrée : 3 € ; réduc. Abritée dans une belle demeure du XVIII° siècle. Normal de trouver un tel écomusée au débouché des grandes plaines céréalières du val de Saône. C'est à Verdun que s'élèvent les premiers grands silos à blé dans les années 1930. Origines de la culture du blé dans le monde, histoire de la meunerie et des moulins, tous les métiers de la boulange, maquettes de moulins et de batteuses, collection de pains historiques.

CHALON-SUR-SAÔNE ET LA CÔTE CHALONNAISE

CHALON-SUR-SAÔNE (71100) 46 800 hab.

> Pour le plan de Chalon-sur-Saône, se reporter au cahier couleur.

La grande ville industrielle du département, la plus peuplée aussi et qui, par l'une de ces bizarreries légendaires de la Révolution, ne fut pas désignée comme préfecture. Contrairement à Mâcon, Chalon possède un vrai centre, avec une intéressante vieille ville autour, mais pas de quais animés (on ne peut pas tout avoir !). C'est la ville de l'image ; nos lecteurs fous de photographie iront, bien entendu, rendre visite au fascinant musée Niépce. Les fans d'archéologie, quant à eux, trouveront matière à saliver au musée Denon. Bref, une ville de culture d'ailleurs labellisée « Ville d'art et d'histoire ». Une ville agréable à vivre, à découvrir et à parcourir.

CHALON-SUR-SAÔNE 221

UN PEU D'HISTOIRE

Idéalement située, la ville fut depuis son origine un grand centre commercial. C'est Jules César qui choisit le site de Chalon pour y implanter un important poste d'approvisionnement pour ses légions. Avant lui, l'importante tribu gauloise des Éduens l'utilisait déjà comme port. Et tout au long des siècles, cette vocation fluviale devait s'affirmer. Fondation de la ville gallo-romaine de Cabilonnum, évangélisée par saint Marcel qui y fut martyrisé en 177 apr. J.-C.

À la fin du Moyen Âge, les grandes foires de la ville étaient très réputées, en particulier celles aux sauvagines (bébêtes des bois comme les fouines, blaireaux et autres renards).

À la mort de Charles le Téméraire, Chalon se trouve rattachée naturellement au royaume de France. En 1792, l'ouverture du canal du Centre donne un coup de fouet considérable à l'économie locale. Plus tard, en 1839, les usines Schneider du Creusot y implanteront une unité spécialisée dans la fabrication de navires de guerre. C'est ainsi que les Chalonnais « esbaudis » purent assister à des essais, dans la Saône, de sous-marins destinés à... la marine bolivienne !

Aujourd'hui, c'est la deuxième ville de Bourgogne par la population et l'une des plus dynamiques sur le plan économique.

Adresses et info utiles

🅸 Office de tourisme *(plan couleur B3) : 4, pl. du Port-Villiers.* ☎ 03-85-48-37-97. • chalon-sur-saone.net • *Juil-août : 9h30-19h ; dim et j. fériés 10h-12h, 16h-19h. Avr-juin et sept : lun-sam 9h-12h30, 14h-18h30. Oct-mars : lun-sam 9h-12h30, 14h-18h. Attention, les horaires risquent de changer. Renseignez-vous sur place. Service efficace et diligent. Demandez les différentes brochures. En été, « Les Animations estivales de l'office de tourisme ». Infos également sur le bateau-promenade Le Delta sur la Saône, au départ de Chalon-sur-Saône.*

🚆 Gare SNCF *(plan couleur A2) : pl. de la Gare.* ☎ 36-35 *(0,34 €/mn).*

■ Espace Patrimoine *(plan couleur B2) : 24, quai des Messageries.* ☎ 03-85-93-15-98. • chalon.fr/site/Patrimoine-20.html • *Juin-sept : tlj 10h-12h, 14h-18h ; oct-mai : mer-dim 10h-12h, 14h-18h. Entrée gratuite.* Visite architecturale et urbaine de la ville à travers des photographies, des cartes, des gravures, des dessins, une maquette représentant l'évolution de Chalon et un parcours thématique. Également des expos temporaires. Une bonne introduction avant la visite de la ville. Noter que le *service d'animation du Patrimoine* assure toute l'année des visites générales ou thématiques de la ville.

■ Maison des Vins de la Côte chalonnaise *(plan couleur C2) : 2, promenade Sainte-Marie.* ☎ 03-85-41-64-00. *Tlj sf dim 9h-19h.* Cette jolie maison avec terrasse, un peu à l'écart du centre, présente la particularité d'être traversée par un arbre. Mais elle est surtout là pour vanter les mérites du vignoble qui entoure Chalon. Resto de bonne réputation à l'étage.

– Marchés : *tlj sf lun, dans différents endroits de la ville.*

Où dormir ?

Camping

⛺ Camping du Pont de Bourgogne *(hors plan couleur par D3, 4) : 1, rue Julien-Leneveu, 71380 Saint-Marcel.* ☎ 03-85-48-26-86. • campingchalon71@wanadoo.fr • camping-chalon.com • ♿ *À la sortie nord de la ville. Avr-sept. Compter env 11 € pour 2, avec voiture et tente.* Fort bien situé en bord de Saône, près du golf et de la piscine. Ombragé.

Bon marché

☗ **Eco-bed** (plan couleur B1, **5**) : 10, rue des Jacobines. ☎ 03-85-48-12-24. Fax : 03-85-48-84-86. Position centrale. Compter 31 € la chambre avec douche, 34 € avec douche et w-c. Réduc de 10 % de sur les prix affichés sur présentation de ce guide. Très bien tenu mais sans grand charme. Parmi les hôtels les moins chers de la ville. Une aubaine pour les petits budgets !

De prix moyens à plus chic

☗ **Hôtel Saint-Jean** (plan couleur B3, **7**) : 24, quai Gambetta. ☎ 03-85-48-45-65. • reservation@hotelsaintjean.fr • hotelsaintjean.fr • Fermé dim ap-m. Doubles 55 € avec douche et w-c ou bains. Parking payant. Café offert sur présentation de ce guide. Un des rares hôtels situés en bord de Saône (et en retrait de la circulation). Ancien hôtel particulier, décoré avec goût. Accueil pro et chaleureux. Cage d'escalier qui mériterait presque d'être classée, avec ses belles marches et son faux marbre patiné du début du XXe siècle. Tranquille, propre, jolie vue, grandes chambres aux fraîches couleurs : tout pour plaire à des prix séduisants.

☗ |●| **Le Saint-Georges** (plan couleur A2, **9**) : 32, av. Jean-Jaurès (pl. de la Gare). ☎ 03-85-90-80-50. • accueil@le-saintgeorges.fr • le-saintgeorges.fr • Face à la gare. Resto fermé sam midi et dim soir. Congés : fin juil-fin août. Doubles 73-135 €. Menus 19-44 €. Apéritif maison et un petit déj par chambre offerts sur présentation de ce guide. Le 3-étoiles classique et sûr, renommé dans toute la région. Resto gastronomique traditionnel, ainsi qu'un attachant resto-bistrot (*Le Petit Comptoir d'à Côté*, voir « Où manger ? »).

Où manger ?

Dans le centre ancien

|●| **Le Petit Comptoir d'à Côté** (plan couleur A2, **15**) : 30, av. Jean-Jaurès. ☎ 03-85-90-80-52. Tlj sf sam midi et dim. Formule 13,50 € servie midi et soir ; menus de 15 €, avec buffet d'entrées, à 22 €. Apéritif maison offert sur présentation de ce guide. La succursale bistrotière du grand établissement voisin (*Le Saint-Georges*). Déco assez réussie où des fauteuils de style fricotent avec du vieux matériel de bistrot, sur un fond de même très « comme il faut ». La cuisine, plus simple qu'à côté, sort des mêmes fourneaux, et on y retrouve la patte d'un vrai cuisinier. Adresse très prisée des cadres du quartier.

|●| **Au Chal'on Bar** (plan couleur B2, **16**) : 12, pl. du Châtelet. ☎ 03-85-48-06-58. Ouv 12h-20h. Formules 13,95-16 €. En plein cœur de la ville, un lieu de passage où il fait bon s'arrêter, en salle ou en terrasse, l'été venu, pour regarder passer tout Chalon dans la rue, même en dehors du festival. Cuisine de brasserie, qui ne cherche pas à faire dans le génie mais dans la continuité, c'est parfait.

|●| **Le Jardin des Saveurs** (plan couleur C2, **18**) : 16, rue aux Fèvres. ☎ 03-85-48-24-05. Slt à midi, mar-sam. Congés : courant août. Compter env 13 € le repas. Café offert à nos lecteurs qui prennent un repas sur présentation de ce guide. Un petit coin de terre belge au cœur du vieux Chalon, un salon de thé où il fait bon grignoter entre copines à midi, autour d'un plat du jour léger et savoureux, ou faire une pause sucrée dans l'après-midi. Bonnes bières belges pour les connaisseurs et ceux qui ne demandent qu'à connaître.

|●| **Le Verre Galant** (plan couleur C2, **19**) : 8, pl. Saint-Vincent. ☎ 03-85-93-09-87. Tlj sf dim-lun. Congés : Pâques et Toussaint. Résa nécessaire, les places sont comptées ! Formule 12,90 € à midi en sem. Terrasse très appréciée sur

Sur l'île Saint-Laurent

Sur l'île Saint-Laurent, la rue de Strasbourg *(plan couleur C2-3)* est entièrement dédiée à la grande bouffe. En manque de perspectives un dimanche soir pluvieux, vous y trouverez toujours quelque chose, du trivial au sophistiqué, de la simple grillade au rouleau de printemps...

|●| *Chez Jules* (plan couleur C2, 20) : 11, rue de Strasbourg. ☎ 03-85-48-08-34. Tlj sf sam midi et dim. Congés : 2 sem début fév et 3 sem fin-juil début août. *Menus 18-34 € ; autour de 45 € à la carte.* Petit resto où les autochtones aiment à se retrouver entre murs saumon, poutres, cuivres, vieux bahut et quelques tableaux. Atmosphère chaleureuse et cuisine inventive qui s'amuse à redonner goût et couleurs à nos bons vieux classiques du terroir bourguignon. Bonne carte des vins.

|●| *L'Air du Temps* (plan couleur C2-3, 22) : 7, rue de Strasbourg. ☎ 03-85-93-39-01. ● lair.du.temps@wanadoo.fr ● Mar-sam. *Menu à midi 17 € ; autres menus 24-34 €.* L'heureuse surprise ! Un nom de resto qui ne triche pas, et une cuisine de grand chef à prix doux. Cyril Bouchet a acquis une technique irréprochable chez les plus grands avant de se lancer seul, en cuisine, dans une formule qui fait la joie des habitués. Le cadre est plutôt neutre, on sent les petits moyens dans la déco, mais les couleurs, les saveurs éclatent dans les assiettes et le sourire s'affiche sur les visages. C'est frais, précis, subtil, avec juste ce qu'il faut d'épices pour vous dérouter un instant. Service drôle, chaleureux. Goûtez à *L'Air du Temps*, tant qu'il est temps !

|●| *Le Bistrot* (plan couleur C2-3, 23) : 31, rue de Strasbourg. ☎ 03-85-93-22-01. Lun-ven. Congés : 2 sem en fév et 3 sem en août. *Menus de 25 € (à midi) à 35 €.* Le rouge est mis, la déco est d'enfer, les affiches anciennes revivent et il y a même un caveau pour une table d'hôtes au milieu des bouteilles, avec menu unique. Un lieu à découvrir, comme la cuisine du chef, Patrick Mézière, qui sort de l'ordinaire bistrotier avec une cuisine d'hier revisitée. Les légumes sont de sa propre production... Et toujours en salle, pour vous accueillir, une patronne souriante et efficace... Salle climatisée l'été (important !)

Où dormir ? Où manger dans les environs ?

Voir aussi nos bonnes adresses dans la Côte chalonnaise toute proche.

🛏 *Chambres d'hôtes Les Barongères* : 3, rue du Boubouhard, 71150 Farges-lès-Chalon. ☎ 03-85-41-90-47. ● lesbarongeres.com ● Attention, prendre la direction Chalon nord, direction Chagny, et tourner non pas à Fragnes, mais à Farges, qui est plus proche de la Côte chalonnaise. *Doubles 60 €, petit déj compris.* Café offert sur présentation de ce guide. Familial, accueillant ; mêmes propriétaires (belges) que le salon de thé *Le Jardin des Saveurs*, en ville. Bon petit déj, donc. Chambres indépendantes, sur le côté de la maison. Jardin avec piscine.

🛏 |●| *Ma Campagne* : 56, quai Bellevue, 71100 Saint-Rémy. ☎ 03-85-48-33-80. Fax : 03-85-93-33-72. 🐕 Accès par la N 6, direction Tournus ; à env 4 km, entrer dans le village et suivre les panneaux. Tlj sf dim soir et lun hors saison. Congés : 15 j. début janv. *Quelques chambres 56-86 €, petit déj compris. Menus 18-45 €.* Apéritif maison offert sur présentation de ce guide. Isolée en bord de Saône et au milieu des arbres, cette grosse maison de campagne est sympathique mais pas toujours calme. Aux beaux jours, on mange sur une grande terrasse ombragée par un auvent. Cuisine classique très correcte, avec une prédilection pour le poisson.

Où boire un verre ? Où sortir ?

Rappel pratique : vie nocturne animée *rue de Strasbourg,* dans l'île Saint-Laurent. Calme plat alentour, sauf durant *Chalon dans la rue, THE* manifestation de l'été.

🍸 🎵 *Le Niépce (plan couleur B2, 30) :* pl. de l'Hôtel-de-Ville. ☎ 03-85-42-91-04. Un endroit sympa où sont organisées des soirées à thème.

À voir

La cathédrale Saint-Vincent *(plan couleur C2) :* édifiée du XIe au XVe siècle. C'est le gothique qui l'emporte nettement. La minceur des clochers s'explique par le fait qu'ils remplacèrent au XIXe siècle ceux qui avaient été démantelés lors de la Révolution.
À l'intérieur, dos à la façade, grand orgue du XVIIIe siècle. Plan classique. Un triforium du XIVe siècle court tout du long surmonté d'une balustrade tréflée. Arc à la croisée de transept percée d'une rosace, élément très rare dans les églises gothiques. Dais épiscopal en gothique fleuri finement ciselé. Dans le chœur et le long de la nef, chapiteaux historiés délicatement travaillés. Au 2e pilier gauche du chœur, *Apparition du Christ à sainte Madeleine* et *Les Pèlerins d'Emmaüs.* À droite du chœur, chapelle au plafond nervuré, vitrail du XVIe siècle en grisaille. Accès à la salle capitulaire. Côté droit toujours, proche de l'entrée du cloître, la chapelle Notre-Dame-de-la-Pitié, avec une magnifique tapisserie du Saint-Sacrement (1510). Noter, en haut à droite, la Cène avec Judas tournant le dos bourse à la main (!). Au centre, le donateur, sa femme et ses deux enfants. À côté de la tapisserie, *pietà* mutilée par les huguenots.
Bas-côté droit, chapelle fermée par une clôture de pierre avec belle fresque du XVe siècle *(Mort de la Vierge et Assomption).* Côté gauche de la nef, grand triptyque de la Crucifixion. Noter les anges recueillant le sang et, à gauche, le donateur en surplis blanc.
Cloître paisible aux arches trilobées *(juil-août : ven-dim 15h-19h et lors des visites guidées).* Petits chapiteaux aux thèmes variés : décor végétal, visages grimaçants, sirènes, animaux fantastiques.

Le musée Nicéphore-Niépce *(plan couleur B2) :* 28, quai des Messageries. ☎ 03-85-48-41-98. • museeniepce.com • Installé en bord de Saône dans l'ancien hôtel des Messageries royales (fin XVIIIe siècle). Tlj sf mar et j. fériés 9h30-11h45, 14h-17h45 ; juil-août : 10h-18h. Entrée : 3,10 € ; réduc ; gratuit pour les moins de 18 ans ainsi que pour ts le 1er dim de chaque mois et le mer ; visite guidée gratuite le 1er dim de chaque mois à 15h.
Dans la ville natale de Niépce, voici l'un des plus beaux musées du monde dédié à la photographie. Exceptionnelles collections de photographies et d'appareils photo de toutes époques, héliographies de Niépce, daguerréotypes, autochromes des frères Lumière...
Dans une salle rénovée récemment, on commence par l'histoire des prémices de la photo : la chambre obscure, l'optique, le support sensible dont l'alliance engendre la photographie, la dimension socio-économique ou esthétique de cet art... Parmi les pièces présentées, l'appareil de la même série que celui qu'utilisa Armstrong sur la lune, un 500 EL electric (offert par M. Hasselblad lui-même).
Après la salle d'expo temporaire au premier, arrivée à la salle Niépce, où nos lecteurs photographes ressentiront un moment d'émotion devant le tout premier appareil photo de l'histoire de l'humanité, puis la presse pour tirage d'épreuves de Nicéphore Niépce. Souvenirs et objets personnels, dont la draisienne qu'il fit construire en 1818. Un film passionnant retrace en 45 mn les débuts de la photographie et permet de mieux comprendre l'utilisation des appareils exposés.
Dans la salle Daguerre se trouve, forcément, un des premiers daguerréotypes, *L'hôtel de ville de Chalon,* les portraits et clichés de voyages (chutes du Niagara

tour de Pise), chambres pour daguerréotypes et matériels de laboratoire, portraits retouchés pastel, etc. Les salles suivantes sont consacrées à l'évolution et à l'industrialisation des procédés photographiques et du matériel (perfectionnement des négatifs, apparition des films couleurs et des diapos, photographie en relief), puis on aborde un voyage virtuel dans une collection contemporaine pour marquer une pause.
Dans la dernière salle (salle Bourgeois), la photographie contemporaine est à l'honneur et propose un regard sur les créations actuelles. Très intéressantes expos temporaires de photographies au rez-de-chaussée.
Une visite à compléter désormais par celle de la *maison de l'Invention de la Photographie*, à Saint-Loup-de-Varennes (voir plus loin), où fut vraiment inventée la photographie.

🚶🚶🚶 **Le musée Vivant-Denon** (plan couleur B2) : 3, rue Boichot. ☎ 03-85-94-74-41. Tlj sf mar et j. fériés 9h30-12h, 14h-17h30. Entrée : 3,10 € ; réduc ; gratuit le 1er dim du mois, le mer et pour les 13-17 ans. Billet commun avec le musée Niépce. Installé dans un ancien bâtiment du couvent des Ursulines remanié en style néoclassique, un remarquable musée, créé en 1819, et dont le nom rend hommage à un autre enfant célèbre de Chalon : le tout premier directeur (en 1802) de l'actuel musée du Louvre.
– Salles de droite et de gauche : expositions temporaires.
– La section Beaux-Arts du musée est un bon reflet de la création artistique du XVIe au XIXe siècle, avec notamment des peintures napolitaines, flamandes et hollandaises du XVIIe siècle.
– Des bois gravés et un bel ensemble de mobilier régional illustrent l'histoire de la ville et de sa région.
– Quant aux collections archéologiques, très importantes, elles témoignent de la présence de l'homme et de ses activités dans la région de la préhistoire à l'époque mérovingienne. Quelques points forts : nasse en osier du IIIe siècle, nombreux vestiges lapidaires romains, outils en fer gallo-romain, délicates figurines de bronze, superbe poignard de légionnaire et son fourreau gravé, bijoux de la nécropole de Curtil-sous-Burnand. Riche salle de la préhistoire.

Autour de l'hôtel de ville

Entièrement rénovée et rendue aux piétons, la place de l'Hôtel-de-Ville entend jouer dans les années à venir un rôle de premier plan dans l'animation chalonnaise. Possibilité de parking souterrain. Faites un tour chez le célèbre chocolatier de la place, *Allex* : remplaçant, ou plutôt successeur de Dominique Perben, l'ancien maire de Chalon, il n'a désormais que quelques mètres à faire pour concilier son ancien métier avec ses nouvelles obligations de maire de la ville.

🚶 **L'église Saint-Pierre** (plan couleur B2) : édifiée en 1698. Saint-Pierre était à l'origine l'église des moines bénédictins, dont le couvent était le bâtiment de l'actuel passage Milon qui mène depuis la place à la rue de Lyon. Le pape Pie VII donna sa bénédiction à la foule en 1805 depuis le parvis. À l'intérieur, style classique. Stalles sculptées du XVIIIe siècle et confessionnaux baroques.

➤ Flânerie dans un coin moins connu (le mot *coin* étant encore plus cher aux Chalonnais qu'aux routards, il désignait autrefois tous les croisements en ville). Au n° 15, *rue de l'Oratoire*, maison natale de Niépce. De l'autre côté de la rue, tour en brique du XVe siècle. Vieille atmosphère dans le coin de la **rue de Lyon.** Moins de charme, certes, que le quartier Saint-Vincent, mais plus de clins d'œil pour les fureteurs urbains. Rue de Lyon, pittoresque maison basse à encorbellement. De là, part la **rue Thalie,** avec ses bornes anti-carrosses. L'archétype de la ruelle médiévale. Au bout, maison à pans de bois. Au n° 7, rue Pasteur, bustes dans les niches, etc.

Dans la vieille ville

➤ Continuons **Grande-Rue** et musardons... Au n° 5, **rue des Tonneliers**, hôtel Chiquet du XVIIIe siècle, avec immense cage d'escalier et sa belle rampe. Napoléon y dormit en avril 1805. Entre les n°s 9 et 13, l'ancien beffroi de l'hôtel de ville du XVe siècle, avec porte ogivale. **Rue au Change**, noter le nom « rue des Grands-Hommes » gravé dans la pierre. Au n° 3, d'étranges lettres sur la façade « HING, INDE » et un couple en médaillons. Au n° 16, **place du Châtelet**, maison à double encorbellement et pans de bois. Au n° 39, **rue du Châtelet**, bel édifice avec arcades, hautes fenêtres et oculus. Au n° 37, maison des Quatre Saisons. Gargouilles en forme de lion, personnages en médaillon. Au n° 9, **rue des Cornillons**, bel hôtel particulier avec mascarons. Au n° 15, **rue du Châtelet**, maison avec masques et mascarons. Gargouilles en forme de bête et grande Vierge à l'Enfant. Pittoresque carrefour des rues du Châtelet, Saint-Vincent et Grande-Rue, avec une superbe demeure à double encorbellement et pignon d'angle original en bois et pierre. Noter aussi la statue à l'angle de l'ex-rue du Commerce.

➤ **La rue Saint-Vincent** aligne aussi de belles demeures médiévales. Au n° 5, maison de pierre avec fenêtres à meneaux. Au n° 7, fenêtres en accolade et à meneaux, porte ogivale et arche en anse de panier ; rare de voir autant de styles sur une même façade. Aux n°s 2, 4 et 6, maisons à colombages.

➤ Ravissante **place Saint-Vincent**, le cœur battant de la ville, débordant de terrasses aux premiers beaux jours, depuis qu'il est devenu piéton. Beaucoup de demeures à pans de bois. Au n° 10, **rue de l'Évêché**, fenêtres à meneaux et en accolade. Au n° 8, façade à double encorbellement. À l'angle de la place Saint-Vincent et de la rue aux Fèvres, console d'angle avec têtes sculptées. **Rue aux Fèvres** intéressante à arpenter. Au n° 34, l'ancien théâtre du XVIIIe siècle.

➤ À l'angle des rues Cochon-de-Lait et Pierre-Chenu, massive tour des Lombards du XVe siècle ; siège des banquiers (méfiants, vu le peu d'ouvertures !). **Place Louis-Calliat**, aux n°s 2, 4, 6 et 8, belle série de maisons à colombages.

➤ **Le Bastion Saint-Pierre** : *ouv au public juil-août ven-dim 16h-19h et en visites guidées*. Rare exemple de fortification bastionnée du XVIe siècle avec galerie de contremine.

Dans l'île Saint-Laurent

🏛 **L'hôpital Saint-Laurent et sa pharmacie** (plan couleur C3) : ☎ 03-85-44-65-87. *Visites guidées avr-sept : mer-jeu 14h30 ; oct-mars : slt mer. Accueil des groupes (min 5 pers) tte l'année sur résa. Entrée : 3 € ; gratuit pour les moins de 15 ans*. Hôpital fondé en 1529 par les échevins. Visite guidée de la pharmacie du XVIIIe siècle (et sa collection de pots en faïence), de la communauté des sœurs, de la salle des étains, du réfectoire des sœurs et de la **chapelle**, qui possède d'intéressants vitraux du XVIe siècle.

🏛 À la pointe de l'île, belle **tour du Doyenné** du XVe siècle, et vue sur Chalon.

Pour se mettre au vert

🏛 **Le jardin géobotanique** (plan couleur C1-2) : pl. Mathias. *Hiver 8h-17h ; été 8h-22h*. Un jardin original qui présente les végétaux par milieu d'origine : marais bressan, Côte chalonnaise, grande rocaille, Morvan... On passe d'un paysage digne des Hautes-Côtes à un étang où les canards évoluent entre les roseaux et toutes sortes de plantes aquatiques typiques des Dombes. On se retrouve en pleine zone alpine, avec des asters formant, en été, des édredons de fleurs mauves, roses, su

LA CÔTE CHALONNAISE 227

les rochers. Le plus étonnant est la simulation du jardin méditerranéen. Des cyprès gardent l'escalier qui mène à un rond-point entouré de pins parasols, où même les odeurs contribuent au dépaysement (figuiers, orangers...). Le tout attenant au *parc Georges-Nouelle,* doté d'une grande volière et de jeux pour enfants.

🎎 *La roseraie et le parc de loisirs Saint-Nicolas* : *à l'est de la ville, sur une vaste zone alluviale, à l'intérieur d'une boucle de la Saône. Tte l'année.* Parcours écologique et sportif. Arboretum pour les spécialistes et roseraie fameuse pour tous : elle compte quelque 26 000 rosiers représentant près de 600 espèces. Un cheminement piéton sur 2 km retrace l'histoire de la rose depuis les grands classiques jusqu'aux hybrides modernes. À voir en juin ou au printemps de préférence.

Fêtes et manifestations

– **Carnaval** : *la fête commence le w-e avt Mardi gras.* ☎ *03-85-43-08-39.* • *carna valdechalon.com* • Deuxième carnaval de France. L'occasion pour les « goniots » de se déchaîner dans les rues et d'acclamer le roi Cabache et son épouse Moutelle. Défilé de grosses têtes en carton mâché et atmosphère presque vénitienne en bord de Saône.
– **Montgolfiades** : *w-e de la Pentecôte. Rens à l'office de tourisme.* Grand festival de montgolfières, associant le monde de la vigne. Du coup, beaucoup de gens risquent de souffler dans le ballon.
– **Chalon dans la rue** : *pdt 3ᵉ sem de juil.* ☎ *03-85-90-94-70.* Festival national des artistes (plus de 1 000 !) de la rue. Moments de liberté intenses pour admirer les stars du macadam ou en herbe. Des dizaines de spectacles gratuits.

Deux lieux cultes et culturels permanents :

■ **Espace des Arts** : *5 bis, av. Nicéphore-Niépce.* ☎ *03-85-42-52-12.* • *espace-des-arts.com* • Scène nationale qui propose, tout au long de l'année, théâtre, cirque, cinéma, concerts, etc.

■ **Café musique La Péniche** : *52, quai Saint-Cosme.* ☎ *03-85-94-05-78.* • *la peniche.org* • Le lieu culturel alternatif de Chalon.

➤ DANS LES ENVIRONS DE CHALON-SUR-SAÔNE

🎎 *La maison de l'Invention de la Photographie* : *rue Nicéphore-Niépce, 71240 Saint-Loup-de-Varennes.* ☎ *03-85-94-84-60.* • *niepce.com* • *De mi-juin à début sept : tlj sf lun-mar 10h-19h ; pour les groupes, sur demande à l'office de tourisme de Chalon ou au* ☎ *01-40-09-18-58. Tarif : 6 € ; réduc (notamment sur présentation de ce guide).* C'est dans une pièce du 1ᵉʳ étage de cette maison que Nicéphore Niépce a réalisé ses premières prises de vue, depuis la fenêtre, à côté de la cheminée. Comme les propriétaires de la maison n'occupaient pas la partie où Niépce fit ses travaux, le photographe Pierre-Yves Mahé décida de la louer et de l'ouvrir au public. Il fallut reconstituer le site, aménager les greniers. Depuis l'ouverture, les touristes filant sur la N 6 peuvent venir se délasser dans le jardin avant de succomber à l'émotion de la découverte d'un lieu où commença l'une des plus étonnantes histoires de notre temps. Certains vont même se recueillir sur la tombe de l'inventeur de la photographie, dans le petit cimetière voisin.

LA CÔTE CHALONNAISE

Moins connue que les célèbres Côtes de Beaune ou Côtes de Nuits, qui la prolongent, au nord, elle regroupe 44 communes viticoles, dont cinq appellations classées : rully, mercurey, montagny, givry et bouzeron. La Côte chalonnaise s'étend de Chagny jusqu'au nord de Saint-Gengoux-le-National, sur une trentaine de kilomètres dont la D 981 forme l'épine dorsale. Peu de grands et notables monuments le long de cette côte. Mais, le vin n'ayant pas – comme en Côte-d'Or – réussi à grignoter toute surface arable, on prendra du plaisir à flâner entre ces microvallées qui forment la région. Les villages sont encore bien vivants, les églises romanes tiennent debout et de nombreux lavoirs se cachent un peu partout. À l'automne, à l'occasion de *La Paulée de la Côte chalonnaise*, les vignerons fêtent la fin des vendanges. Aussi, n'hésitez pas à faire des haltes pour découvrir à pied ou à vélo les pâturages et forêts de la Côte chalonnaise. L'été, vous trouverez des offices de tourisme dans presque chaque village.

LES VINS DE LA CÔTE CHALONNAISE

Les terrains se ressemblent, même si ici le plateau rencontré plus au nord se décompose en un ensemble de collines et de vallées.

Ici aussi, c'est le pinot noir qui donne les rouges (contrairement au Mâconnais et au Beaujolais où le gamay domine), et le chardonnay les blancs. N'oublions pas l'aligoté, un cépage qui donne le petit blanc « tout venant » de Bourgogne (avec lequel on fait les kirs), et qui bénéficie en Côte chalonnaise de sa seule appellation.

Outre le nom générique Côte chalonnaise (28 000 hl), en blanc et en rouge, dont les vins sont simples mais expressifs, il y a donc cinq appellations :

> **GIVRY J'Y RESTE !**
> *Bien qu'Henri IV lui-même ait, en son temps, apprécié les vins de Givry, la production de la Côte chalonnaise fut longtemps étouffée par le dynamisme commercial des vignobles du sud et la naturelle suffisance des grands crus du nord. Pourtant, que ce soit géographiquement ou géologiquement, sur les cépages ou la vinification, les vins de la Côte chalonnaise se rapprochent des grands bourgognes. Et même s'ils sont plus légers, ils n'en sont pas moins complexes et demeurent beaucoup moins chers.*

– **Bouzeron :** le seul aligoté classé de toute la Bourgogne. La particularité de ce vin-là tient à ce que le raisin pousse sur des coteaux, alors qu'on lui laisse en général les terrains plus ingrats, réservant au chardonnay les terres les mieux exposées. L'aligoté de Bouzeron tire de son classement une légitime fierté, qui lui permet de se vendre 50 % plus cher qu'un aligoté ordinaire. Cela dit, pour qui apprécie ce vin franc et sec, ça les vaut. 65 ha ; 3 500 hl.
– **Rully :** on connaît surtout les blancs de Rully (cépage chardonnay), d'une belle couleur dorée et aux saveurs subtiles, mais Rully produit aussi des rouges, encore assez proches du côte-de-beaune, et dont les plus charnus viendraient du versant est (205 ha et 8 200 hl pour les blancs ; 118 ha et 5 200 hl pour les rouges).
– **Mercurey :** les plus célèbres vins de la Côte, et les plus chers. Ce sont en tout cas les plus typés, robustes et tanniques, qui gagnent en vieillissant au moins 5 ans. Il existe également du blanc de Mercurey, excellent, mais plus marginal. 69 ha et 3 200 hl pour les blancs ; 566 ha et 25 000 hl pour les rouges.
– **Givry :** connus depuis Henri IV, pour reprendre la pub, les vins de Givry, surtout des rouges, possèdent du corps et de l'élégance. Leur goût – mais c'est vrai pour tous les vins – varie selon la vinification (fût de chêne, etc.). 35 ha et 1 700 hl pour les blancs ; 192 ha et 1 200 hl pour les rouges.
– **Montagny :** tout au sud de la Côte chalonnaise, sur quatre communes, on produit un merveilleux vin blanc. Sa personnalité vient en partie du terroir, un sous-sol kimméridgien (et après, y a des mauvaises langues qui disent qu'on n'est pas un guide culturel), du calcaire composé de petites huîtres fossilisées. Doré, minéral et moelleux, le montagny était déjà apprécié par les moines de Cluny. 300 ha pour 15 000 hl.

(Petit rappel scolaire : 1 ha = 10 000 m^2 ; 1 hl = 100 l.)

CHAGNY (71150) 5 750 hab.

Nous les descendrons donc du nord au sud, ces Côtes chalonnaises. D'une part, ça vous entraînera aux descentes de caves (fréquentes), et d'autre part, il se trouve qu'il est fort heureux que Chagny fût la plus septentrionale des villes de la région. Ne bénéficiant pas de la prestigieuse AOC, elle aurait tendance à se faire oublier, n'explosant de vie et de joie que pour le merveilleux et hebdomadaire marché du dimanche, qui draine les producteurs des alentours. En semaine, un petit tour de ville ravira le routard, qui pourra même y arriver par l'adorable petit port de plaisance du canal du Centre. À moins qu'il ne suive, depuis Chalon-sur-Saône, la piste cyclable goudronnée, utilisant l'ancien chemin de halage. Il trouvera aussi à se loger et à se restaurer plus que correctement, et c'est un euphémisme, car à Chagny officie l'un des plus éminents cuisiniers de France. Et l'un des plus discrets aussi, à la mode chagnotine.

Adresses utiles

Office de tourisme : 2, rue des Halles. ☎ 03-85-87-25-95. • chagny-bourgogne-tourisme.com • Près de l'église. Juin-sept : lun-sam 9h-12h30, 14h-18h30 (plus dim mat en juil-août) ; le reste de l'année : horaires légèrement réduits. En été, visites guidées de la ville, sur demande. Vente de topoguides sur la région. Location de vélos.
Gare SNCF : av. de la Gare. Sur la ligne Lyon-Dijon. Env 20 train/j.

Où dormir ? Où manger ?

Camping

Camping de Chagny : à 500 m du centre-ville. ☎ 03-85-87-21-42. • campingchagny@orange.fr • Avr-oct. Forfait emplacement autour de 13,40 €. En bordure de la Dheune (on peut y pêcher) et non loin de la piscine municipale (on peut s'y baigner), un gentil camping 3 étoiles, très bien tenu. Épicerie, resto le soir, jeux pour enfants. Espaces relativement ombragés.

De bon marché à prix moyens

Hôtel de la Ferté : 11, bd de la Liberté. ☎ 03-85-87-07-47. • reservation@hotelferte.com • hotelferte.com • Congés : fin déc. Doubles 40 € avec w-c et douche sur le palier, 65 € avec douche et w-c ou bains. Oct-mars, réduc de 10 % sur le prix de la chambre (hors ven-sam) sur présentation de ce guide. Une grosse maison bourgeoise transformée en hôtel. En tout, 13 chambres charmantes avec cheminée, tapisseries fleuries, meubles anciens, stuc, etc., ainsi qu'une efficace insonorisation. Le petit déjeuner se prend sur l'arrière, au jardin, où crissent les graviers. Un de nos meilleurs hôtels dans ces prix.

Auberge de la Musardière : 30, route de Chalon. ☎ 03-85-87-04-97. • auberge.musardiere@wanadoo.fr • http://monsite.wanadoo.fr/la.musardiere • À 500 m du centre en direction de Chalon. Resto fermé à midi, ainsi que dim soir hors saison. Congés : déc-janv. Doubles 43-47 €. Menus 15-40 €. Apéritif maison offert sur présentation de ce guide. Un jardin, une belle terrasse, un quartier tranquille, voilà pour les avantages. Sinon, les chambres manquent un peu de charme et de personnalité. Cuisine régionale avec beaucoup de choix. Accueil très bourguignon.

Très très chic

🏠 🍴 **Lameloise** : 36, pl. d'Armes. ☎ 03-85-87-65-65. • reception@lameloise.fr • lameloise.fr • Resto fermé mer et à midi mar et jeu. Congés : du 19 déc à mi-janv. Chambres 4 étoiles 135-290 € ; petit déj 22 €. Menu 95 € et menu-dégustation 145 €. Apéritif maison offert sur présentation de ce guide. La troisième génération de Lameloise, Jacques en l'occurrence, est toujours au piano et aux rênes de cette grosse maison. Murs de pierre, poutres, chaises confortables, fleurs fraîches, natures mortes de fruits : tout le charme discret de la bourgeoisie. Le service, léger, précis, impeccable, sait s'adapter : garder ses distances quand c'est nécessaire et se permettre des traits d'humour quand on les attend. Merveilleuse carte, bien sûr, qui puise ses racines dans la tradition et le terroir. Point de chichis ici : on quitte la table rassasié et radieux, en versant une larme sur ce qu'on n'a pu avaler. Restez, *Lameloise*, juste comme vous êtes, aussi longtemps que vous le pourrez, immuable comme la Bourgogne, sublime comme ses vins et discret comme Chagny.

Où dormir ? Où manger dans les environs ?

Chambres d'hôtes

🏠 **Chambres d'hôtes La Vierge Romaine** : chez Corinne Le Vot-Grondahl, 71150 Chassey-le-Camp. ☎ 03-85-87-26-92. • bienvenue@laviergeromaine.com • laviergeromaine.com • Chambres très confortables 75-100 €, petit déj compris. Café ou apéritif maison offert sur présentation de ce guide. Cuisine à disposition dans un pigeonnier et repas possibles. Des chambres de charme (demandez la « Beaune », spacieuse avec terrasse privée) dans un ancien domaine vinicole. Un site assez exceptionnel, à 1 km de la Voie verte.

De prix moyens à plus chic

🍴 **Restaurant L'Escale** : pont du Canal, 71510 Remigny. ☎ 03-85-87-07-03. • les caledubois@wanadoo.fr • Sur la route d'Aluze et de Chassey-le-Camp. Tlj sf dim soir, mer et jeu midi. Congés : 2e quinzaine de janv. Résa indispensable. Menus 12 € (à midi en sem) et 17 € (sf ven soir, sam soir et dim) ; autres menus 24-28 €. Face au canal, un lieu qui ne paie pas de mine, avec son petit bout de terrasse donnant sur la route. Si vous n'avez pas réservé, vous risquez de vous retrouver le bec dans l'eau, à regarder les canards, car les gastronomes du coin (-coin ; oui, c'est facile !) ont suivi le trajet de Fabrice Dubois et viennent se régaler ici d'une cuisine du marché fraîche et savoureuse. Sa jeune femme fait le service avec une amabilité qui ravit tout le monde, et chacun repart avec le sourire.

🏠 🍴 **Auberge du Camp Romain** : le Bourg, 71150 Chassey-le-Camp. ☎ 03-85-87-09-91. • contact@auberge-du-camp-romain.com • auberge-du-camp-romain.com • ♿ Doubles 70-90 €. Formule déj (en sem) 18,90 € ; sinon, menus 26-46 €. Apéritif maison offert sur présentation de ce guide. La jolie route étroite musarde entre bosquets et vignes. On se croirait presque en montagne. L'auberge domine une vallée verdoyante. Vaste complexe d'une quarantaine de chambres spacieuses et équipées, mais aussi piscine chauffée, minigolf, tennis, volley. Également piscine intérieure, sauna, jacuzzi, etc. Adresse sympa pour un week-end farniente et sport.

À voir

En centre-ville, le long des rues de ce bourg commerçant, plusieurs maisons anciennes, dont la doyenne serait la grosse *bâtisse médiévale* face à l'office de tourisme. Également deux *tours* du XVIIe siècle, une belle *mairie* et un *théâtre* à l'italienne.

🕺 Ne pas rater l'*église Saint-Martin,* au monumental clocher roman. Belle série de chapiteaux gothiques et, dans le chœur, dalle funéraire de Pierre Jeannin, célèbre pour avoir refusé de massacrer les protestants lors de la Saint-Barthélemy.

🕺 Devant l'église, une *sculpture* moderne, un bloc de 57 t ! Autre œuvre contemporaine au *port du Canal,* halte agréable des croisiéristes du canal du Centre.

🕺 La splendide *apothicairerie* de l'hôpital, aménagée en 1715 et restée dans son jus, n'est accessible que lors des visites guidées, au départ de l'office de tourisme et sur rendez-vous.

À faire

🕺 *La Voie verte :* 30 km de chemin de halage ont été goudronnés entre Chalon-sur-Saône et Saint-Léger-sur-Dheume en passant par Chagny. Super balade pour les piétons, rollers ou VTT. Guide disponible à l'office de tourisme.

➤ DANS LES ENVIRONS DE CHAGNY

🕺 *Bouzeron (71150) :* village modeste, mais capitale mondiale de l'aligoté (évidemment, caveau dans le centre). Voir l'intro à ce chapitre sur la Côte chalonnaise.

🕺 *Chassey-le-Camp (71150) :* c'est ici, en surplomb d'une falaise faisant obstacle naturel, qu'on a découvert les traces d'un camp néolithique (3200 à 2000 avant notre ère). Un parcours d'environ 5 km en fait le tour, mais, avis aux archéologues amateurs, il n'en reste rien. Beau site néanmoins.

🕺 *Les Maranges* (sur l'autre rive de la Dheune) : une jolie région vallonnée où, dans quelques villages (Cheilly, Sampigny, Dezize...), fleurit un vin proche du santenay (et de la ville de Santenay), d'ailleurs classé en côte-de-beaune, bien que nous soyons en Saône-et-Loire, ce qui fait qu'on en a déjà dit deux mots quand on était encore en Côte-d'Or (faut suivre, avec les Bourguignons !).

RULLY (71150) 1 560 hab.

Depuis la D 981, le château domine fièrement son parterre de vignes qui donne le prestigieux vin blanc. À sa droite, un village dont la richesse de certaines maisons et le côté coquet de l'ensemble dénotent une certaine et réelle aisance. De l'autre côté de la même D 981, les amateurs de lavoirs ne rateront pas l'hydraté village de Fontaines, le bien nommé.

Où dormir ? Où manger ?

🏠 🍽 *Le Vendangerot :* 6, pl. Sainte-Marie. ☎ 03-85-87-20-09. • vendangerot.com • Tlj sf mar-mer. Congés : de fév à mi-mars. Doubles 51-55 €. Menu 18 € (sf dim) ; autres menus 26-45 €. Sur la place de ce pittoresque village vigneron, grande maison fleurie entourée de verdure. Côté hôtellerie, un *Logis de France* 2 étoiles très correct et très bien tenu. Chambres pimpantes et spacieuses. Côté table, les fiertés de la cuisine d'Armand vous y attendent : pigeonneau confit, noix de Saint-Jacques... Une adresse sûre de la région.

À voir

✹ **Le château :** ☎ 03-85-87-20-89. Juil-août : tlj sf lun 11h-19h. Pour la visite des extérieurs, avec notice, et comprenant l'expo d'art contemporain, prix d'entrée : 4 € ; avec en plus visites commentées de l'intérieur (15h, 16h et 17h) : 8 €. Venir pour la visite de la grande cuisine médiévale, du vestibule, de la grande salle à manger familiale et des extérieurs. Les communs du château accueillent l'été une exposition d'art contemporain. Cette imposante bâtisse, construite entre le XIIe et le XVe siècle, appartient depuis 850 ans à la même famille. Quant aux communs du XVIIIe siècle, ils possèdent le plus grand ensemble de toits de pierre en Bourgogne. Bien éclairé la nuit.

✹ Dans Rully, plusieurs très belles demeures. Signalons particulièrement le *château Saint-Michel,* imposante construction en brique et pierre du XIXe siècle. Il fut bâti pour Napoléon III – qui n'y vint jamais –, servit de maison de retraite aux curés, avant d'être transformé en centre de formation hôtelière. Dommage que les élèves ne partagent pas avec le public le fruit de leurs études.

➤ *DANS LES ENVIRONS DE RULLY*

✹ Le GR 76 passe par le hameau d'*Agneux,* non loin des **grottes** du même nom. Les amateurs s'y aventureront prudemment avec une lampe de poche, et pas trop loin. En voiture, entrée et accès pas évidents à trouver.

✹ **Fontaines (71150) :** le village, à l'est de la D 981, doit son nom aux nombreuses sources qui jaillissent sur son territoire. Conséquence heureuse, le bourg fut équipé de l'eau courante en 1860. De cette magie jaillissante demeurent de nombreux témoignages : puits, canaux, moulins, et surtout une belle collection de *lavoirs* de différents styles, tous très bien restaurés. L'un ressemble à un baptistère (rue Chapelle), l'autre à un impluvium romain, un troisième à une chapelle (rue Chamilly), un autre fait très « IIIe République » (à côté de la mairie). Ne pas rater non plus l'*église* et son clocher de tuiles vernissées.

MERCUREY (71640) 1 560 hab.

Un nom qui résonne délicieusement au fond des palais les plus délicats. Le plus célèbre des crus du Chalonnais a donné de l'aisance au village qui l'a vu naître, et de grosses maisons cossues bordent la route qui le traverse.

Où dormir ? Où manger dans les environs ?

🏕 |●| *Camping municipal de la vallée de Vaux :* rue de la Piscine, 71640 Saint-Jean-de-Vaux. ☎ 03-85-45-14-70. ● stjeandevaux.mairie@wanadoo.fr ● ♿ Mai-sept. Emplacement à env 9 € pour 2 avec un véhicule. Un terrain municipal propre et pas cher, correctement équipé. Tout à côté de la piscine municipale. Parfois des animations (soirée techno). Snack sur place, ou sinon un café-resto qui peut dépanner dans le village.

|●| *Le Petit Blanc :* Le Pont-Pilley, 71510 Charrecey. ☎ 03-85-45-15-43. ● lepetitblanc@aol.com ● Fléché depuis la D 978. Tlj sf dim soir, lun, ainsi que jeu soir hors saison et dim midi en saison. Congés : 1 sem à Pâques, 15 j. fin août et Noël-Jour de l'an. Formule déj (en sem) 14,90 € ; autres menus 21,90-31,90 €. Coupe de crémant offerte en fin de repas sur présentation de ce guide. Toujours beaucoup de monde dans cette auberge de campagne, avec

nappes à carreaux, ardoises, plaques émaillées aux murs, et surtout une vraie « cuisine traditionnelle », comme le précise la carte. Jeûner la veille n'est pas idiot pour faire honneur à la terrine maison ou venir à bout de la tête de veau en cocotte. Salle animée, prolongée par une agréable terrasse. Service diligent, bon accueil et large choix de mercurey, un peu cher toutefois.

DANS LES ENVIRONS DE MERCUREY

En allant vers l'ouest de Mercurey, on passe par le village d'*Aluze*, dont la situation sur un promontoire permit à certains d'imaginer qu'il s'agissait du site d'Alésia. Depuis Aluze, musardez entre vignes et bois jusqu'à *Chamilly*, par exemple, village qui possède une attachante église au milieu d'un minuscule cimetière et un beau château privé.

Le hameau de Touches, à peine au sud de Mercurey et légèrement en surplomb, possède l'une des plus touchantes églises du coin, bâtie au XIIIe siècle. Clocher aux grosses gargouilles et quatre pignons. À l'intérieur, piliers ronds ou octogonaux, avec d'inhabituelles retombées d'ogives décalées sur les piliers. Dans le chœur, quatre bustes.

La vallée de Vaux : au sud de Mercurey, elle suit en fait le cours de l'Orbise, qui y prend sa source avant d'aller se jeter dans la Saône. Moins cossus que ceux de la Côte chalonnaise proprement dite, les villages de la vallée de Vaux, éparpillés sur plusieurs collines, peuvent faire l'objet d'une promenade champêtre. À *Barizey*, on verra une église du XVIIIe siècle, et, de son chevet, un panorama sur la vallée. Non loin de la jolie place de *Saint-Jean-de-Vaux,* une autre église, romane cette fois, avec clocher central. Celle de *Mellecey* domine le bourg. Dommage que des plâtres masquent la charpente et les pierres de la voûte en cul-de-four. En passant à *Saint-Martin-de-Montaigu*, essayez d'apercevoir, entre les arbres, les ruines de l'ancien donjon du château. On peut y monter à pied. De l'autre côté de la D 981, la vallée se poursuit par *Dracy-le-Fort*. Quelques belles demeures autour de sa place centrale.

Le château de Germolles (71640) : sur la D 981. ☎ 03-85-98-01-24. *De mai à mi-oct : tlj 9h30-19h30 ; de mi-mars à fin avr et de mi-oct au 11 nov : tlj sf lun 14h-18h ; et sur rendez-vous tte l'année. Entrée : 6,50 € (parc slt : 2 €) ; réduc. Visite guidée, sf pour le parc.* Au XIVe siècle, Philippe le Hardi, duc de Bourgogne, achète cette maison forte aux sires de Germolles. Sa femme, Marguerite de Flandre, convoque les plus grands artistes de l'école de Bourgogne pour la transformer en demeure de plaisance. Malgré la Révolution et plusieurs incendies, Germolles, retapé avec soin, demeure l'un des rares palais d'agrément de cette époque en France. On visite d'abord la partie la plus ancienne (XIIIe siècle), le cellier et la chapelle, avant de faire un tour vers les ruines des deux tours rondes. Les quatre pièces du XIVe siècle accessibles, majestueusement remises en beauté, valent vraiment le coup. Au 2e étage, immense voûte en « vaisseau renversé ». Au rez-de-chaussée, cheminée sculptée monumentale. Joli parc planté dans le goût romantique anglais du XIXe siècle. Le château a été repris en main récemment par deux passionnées et devrait connaître des évolutions au cours des années.

GIVRY (71640) 3 780 hab.

Au cœur de la Côte chalonnaise, Givry est la commune architecturalement la plus riche de la région. Elle le doit à Emiland Gauthey, important bâtisseur néoclassique bourguignon (canal du Centre, mairie de Tournus, etc.), qui réorganisa la ville vers la fin du XVIIIe siècle.

Le bourg possède plusieurs charmants hameaux au milieu des vignes. Il est aussi le point de départ historique de la fameuse Voie verte empruntant l'ancienne voie de chemin de fer et devenue, en l'espace de quelques années, une référence nationale pour tous les amateurs de deux-roues, de rollers et de randonnée.

Adresse et infos utiles

Office de tourisme : *en été dans la halle Ronde ; en hiver, 2, rue de l'Hôtel-de-Ville.* ☎ *03-85-44-43-36. Tte l'année lun-ven 9h30-12h30, 15h-19h, ainsi que w-e en saison.* Bonne documentation pour des balades dans les vignobles. En saison, expositions d'artistes et d'artisans locaux.
– **Marché** : *jeu mat, pl. d'Armes, et* **brocante** *1er dim du mois au même endroit.* Assez animé.

Où dormir ? Où manger ?

🛏 🍴 **Moulin Madame** : *rue du Moulin-Madame. Sur la D 69.* ☎ *03-85-44-38-50.* ● contact@moulinmadame.com ● moulinmadame.com ● *Doubles 45-90 €, petit déj compris. Dîners sur résa 25 €.* **Café ou apéritif maison offert sur présentation de ce guide.** Au cœur de la Côte chalonnaise, 3 vastes et confortables chambres aménagées dans un ancien manoir datant du XVe siècle, entouré d'un vaste parc arboré bordé d'une petite rivière. Petit déjeuner servi dans la salle à manger près de la cheminée ou en terrasse. Ambiance décontractée et œnologique pour les repas. Accrobranche à 1 km. Voie verte à 2 km. Possibilité de randonnées équestres sur place.

À voir

🚶 **L'église :** elle est l'œuvre d'Emiland Gauthey, et l'on sent bien sous ses rondeurs qu'il fut l'élève de Soufflot (l'architecte du Panthéon). La nef circulaire et sa tribune sont surmontées d'une coupole centrale percée de huit oculi et prolongées d'un chœur en ovale. De l'extérieur, le dôme compose un ensemble assez incongru avec le haut clocher de pierre.

🚶 Gauthey a également fait édifier l'**hôtel de ville** qui enjambe élégamment une rue et qu'un clocheton domine. La **fontaine des Dauphins**, le plus célèbre des points d'eau givrotins, lui est également attribuée. À côté, la **halle Ronde**, ancien grenier à grains, abrite l'office de tourisme.

🚶 En montant la rue en face (rue de Varanges, qui devient rue des Bois-Chevaux), on arrive, au n° 9, chez M. et Mme Besson, viticulteurs de leur état. Ils possèdent surtout une cave exceptionnelle du XVIIe siècle, longue de 45 m. On y donne, entre tonneaux et bouteilles, des concerts lors des *Musicaves* (voir ci-dessous). Téléphonez avant de passer ; ils sont très gentils mais pas souvent là (☎ *03-85-44-42-44*).

Manifestation

– **Les Musicaves :** *1 sem fin juin-début juil.* ☎ *03-85-44-48-89 ou 56-28* ● musicaves.fr ● M. Perrousset, un musicien givrotin, rassemble chaque année de très bons musiciens pour un festival de musique éclectique. Les concerts, très souvent associés à des dégustations, ont lieu dans des endroits originaux. Une initiative saluée par un succès croissant, à l'aube des grandes vacances annuelles.

➤ DANS LES ENVIRONS DE GIVRY

🛉 Autour de Givry, plusieurs hameaux charmants. Voir l'église romane Saint-Martin à **Cortiambles** *(en restauration mais visite possible sur demande au ☎ 03-85-44-35-26)*, ainsi qu'un beau lavoir. L'office de tourisme propose des documents pour des balades à pied à travers les vignes.

➤ 🛉 *La Voie verte :* belle idée que de transformer en piste cyclable une ancienne voie ferrée dont personne ne savait que faire. Partant de Givry, elle descend jusqu'à Mâcon à 60 km. Au nord, elle se prolonge jusqu'à Saint-Léger, en suivant les anciens chemins de halage du canal du Centre. À pied, en rollers, à vélo (surtout), une excellente manière de découvrir la région, sans difficulté majeure (une voie ferrée, c'est plat). Nombreuses digressions possibles dans les villages alentour. N'oubliez pas de vous procurer la brochure qui les détaille. Voir aussi le chapitre d'introduction au département.

SAINT-DÉSERT (71390) 904 hab.

Un peu plus loin sur la route des vins, n'hésitez pas à faire un petit détour par Saint-Désert, qui possède une curieuse église fortifiée et bizarrement remaniée au fil des siècles. Le clocher de tuiles vernissées est entouré de deux tours à créneaux. Et puis, ici, vous trouverez bonne table et bon gîte. Même les sœurs de Notre-Dame-de-la-Salette peuvent vous accueillir, dans leur grande maison à l'entrée du village !

Où dormir ?

🏠 **Chambres d'hôtes La Maison Romaine :** 29, av. de Bourgogne. ☎ 03-85-47-91-81. • maisonromaine@wanadoo.fr • Doubles 75-90 €, petit déj compris. Gîte pour 7-8 pers 410-500 €/sem. *Apéritif maison offert sur présentation de ce guide.* Au cœur du village, belle maison vigneronne qui a su garder son atmosphère du XIXᵉ siècle. Les nouveaux hôtes sont étonnés de trouver là, bien cachés derrière un haut mur, un parc avec piscine et tennis, un caveau de dégustation pour parler vin dans toutes les langues, et des chambres charmantes. Bon petit déj 100 % naturel.

Où dormir ? Où manger dans les environs ?

🏠 I●I **Chambres d'hôtes Le Moulin Brûlé :** chez Françoise et Yves Paupe, 71390 Moroges. ☎ 03-85-47-90-40. • moulin.brule@wanadoo.fr • moulinbrule.com • De Saint-Désert, une petite route mène à ce village, plus directement accessible d'ailleurs, si vous venez de Chalon ou du Creusot, par la N 80 ; Le Moulin *est fléché ; passez la barrière et descendez par un chemin de terre, à travers le parc. Doubles 70-75 €, petit déj compris. Table d'hôtes (3 fois/sem) 30 €, boisson incluse. Apéritif maison offert sur présentation de ce guide.* Au cœur d'un lieu adorable sorti d'un rêve de campagne profonde, voici 4 chambres à la déco très soignée. Accueil souriant et courtois.

BUXY (71390) 2 164 hab.

L'un des plus jolis villages de la Côte chalonnaise, avec ses vieilles demeures lovées autour de l'église et son étonnante tour de l'Horloge. La tour Rouge est la dernière debout des six qui formaient la défense de la ville.

Adresse utile

Office de tourisme : à l'entrée du village, sur la Voie verte, dans l'ancienne gare. ☎ 03-85-92-00-16. • buxy-tourisme.com • En été : tlj 9h30-12h30, 13h30-18h ; le reste de l'année : horaires plus variables. Principalement axé sur la Voie verte.

Où dormir ? Où manger ?

Hôtel Fontaine de Baranges : 4, rue de la Fontaine-de-Baranges. ☎ 03-85-94-10-70. • hotel.fontaine.de.baranges@wanadoo.fr • hotelfb.com • Congés : janv. Doubles 67-127 € selon taille. Également des suites avec terrasse. Une grande demeure du début du XIXᵉ siècle dans un grand jardin arboré. Des chambres joliment décorées, calmes et spacieuses, avec douche ou bains. Trois d'entre elles et trois suites ont une terrasse privative qui donne sur le parc. Une superbe adresse de charme, à côté d'un fort joli lavoir.

Aux Années Vins : pl. du Carcabot. ☎ 03-85-92-15-76. Tlj sf mar et mer midi, ainsi que lun soir et mer soir hors saison. Congés : de mi-janv à mi-fév et 10 j. en sept. Formule 15 € en sem ; beaux menus 20-46 €. Salle rénovée assez pimpante, dans les tons pastel, où la jeune femme du chef est fière de vous proposer une cuisine sortant de l'ordinaire bourguignon. Superbe menu du marché à tous les services. Agréable terrasse pour les beaux jours. Bonne sélection de vins à prix abordables. Accueil sympathique.

Où dormir ? Où manger dans les environs ?

Chambres d'hôtes

Chambres d'hôtes chez Thierry et Christine Davanture : Davenay, 71390 Buxy. ☎ 03-85-92-04-79. • dav_christine@hotmail.com • http://davenay.chez-alice.fr • Doubles 51-56 €, petit déj compris. Si vous avez envie de dormir au calme, au milieu des vignes, après un bon repas arrosé juste comme il faut, chez des viticulteurs qui ont le sens de l'accueil, profitez de l'aubaine. Grande terrasse avec vue superbe, où il fait bon prendre le petit déj. Fait aussi table d'hôtes.

Chambres d'hôtes chez Jean et Marie-Anne Cognard : 17, hameau de La Combe, 71390 Bissey-sous-Cruchaud. ☎ 03-85-92-15-40. • macognard@free.fr • champ-de-bey.com • À 3 km de Buxy. Doubles 57 €, petit déj compris. Apéritif maison offert sur présentation de ce guide. Une halte sympathique dans cette exploitation viticole. Du vin dans les verres et de l'eau dans la piscine. Sentiers pour se balader dans le vignoble.

Chambres d'hôtes La Randonnée : chez Françoise et André David, 71390 Fley. ☎ 03-85-49-21-85. • http://larandonneeafley.free.fr • Après Buxy, tourner à gauche (D 983) et continuer jusqu'à Fley. Résa indispensable hors saison. Congés : oct-fév et 15 j. en juin. Double avec douche et toilettes 55 €, petit déj compris. Réduc de 10 % hors saison sur présentation de ce guide. Dissimulée au fond d'un petit jardin fleuri et verdoyant, une ancienne fermette joliment restaurée, où vous serez bien accueilli. Chambres sur différents niveaux. Agréable salon avec une belle charpente, une collection de coqs et un jeu d'échecs. Françoise réalise de superbes aquarelles, ainsi que de petits bibelots peints. Cour close aménagée.

À voir

À Buxy, un petit tour derrière l'*église* devrait vous suffire pour avoir un aperçu de la ville. La restauration des ruelles est assez réussie. C'est minuscule, mais on se croirait au Moyen Âge. Dommage que l'intérieur de l'église ait, lors de sa réfection, perdu de sa magie. Elle se remarque toutefois de loin avec sa **tour de l'Horloge,** ajout du XVIe siècle, reliée au clocher par une passerelle. Voir aussi la massive **tour Rouge** (XIIe siècle), reste des défenses de la ville, aménagée en caveau. Comme c'est original ! À deux pas, le petit **musée du Vigneron,** au sous-sol de la perception, ouvre ses portes sur demande auprès de l'office de tourisme.

Où acheter du bon vin ?

● **Cave des Vignerons de Buxy :** presque en face de l'office de tourisme. ☎ 03-85-92-03-03. Tlj sf dim 9h-12h (12h15 sam), 14h-18h30. Bien pratique pour goûter les vins de la région et acheter des bouteilles-cadeaux (magnum, etc.).

➤ DANS LES ENVIRONS DE BUXY

➤ On montera évidemment jusqu'à **Montagny-les-Buxy,** village sur les hauteurs, berceau du vin blanc du même nom. Les paysages font presque penser aux Alpes, la vigne en plus. Continuez cette charmante balade par **Saint-Vallerin** et surtout **Chenoves,** dont les riches demeures entourent le château et l'église. Par **Saules,** on redescend vers la nationale et Saint-Boil. Avant le croisement, jetez un coup d'œil, à gauche, sur le **château du Thil,** qui domine la vallée. Géré par des bénédictines, il sert aujourd'hui de centre d'accueil. À la sortie sud de **Saint-Boil,** les amateurs d'archéologie pourront voir une **ancienne carrière.** Quelques panneaux expliquent le site.

SAINT-GENGOUX-LE-NATIONAL (71460) 1 072 hab.

Gros bourg au sud de la Côte chalonnaise, sur la D 98, présentant de belles demeures médiévales. Délicieuse promenade ombragée de platanes et ruelles pittoresques avec tourelles et échauguettes. De la terrasse de l'Arquebuse, admirez l'un des ensembles les plus harmonieux de toits de tuile de Bourgogne que l'on connaisse. L'église possède toujours son clocher du XIIe siècle, mais coiffé d'une flèche dessinée par Viollet-le-Duc. Autour, voir la maison du Prieuré (XVe siècle) et celle des Concurés (XVIe siècle).
De Saint-Gengoux, on rejoint directement Cormatin et le Haut-Mâconnais (voir plus haut), avant de poursuivre la découverte de la Bourgogne du Sud par les petites routes du Charolais et du Brionnais.

Adresse utile

Office de tourisme : La Promenade. ☎ 03-85-92-52-05. • aaot.stgengoux. fr • En saison : lun-sam 9h30-12h30, 14h30-19h ; dim 9h30-12h30 ; le reste de l'année : horaires un peu plus restreints.

LE CHAROLAIS ET LE BRIONNAIS

Charolais et Brionnais possèdent beaucoup de caractéristiques géographiques communes. Ce sont des paysages mamelonnés, tout en douceur, modèles d'harmonie et d'équilibre, qui font le charme de cette région commençant au nord de Charolles et Paray-le-Monial pour rejoindre l'extrême sud du département, à l'ouest du Mâconnais.

Paysages largement bocagers, patchwork de verts délimités par des haies touffues : on entre dans le Charolais sans s'en rendre compte, et on s'y sent bien. Peu de cultures, car tout le monde est ici au service du roi des bovins : le charolais à la succulente viande persillée... Cet aimable bestiau à la robe blanche a permis à cette région, pourtant enclavée, de mieux résister à l'exode rural. Tout ça pour vous dire qu'on y mange fort bien !

Et, en prime, on vous offre une belle architecture rurale, fermes fortifiées et grosses demeures paysannes cossues, avec toits à quatre pans, étant les meilleurs témoins de la richesse des éleveurs dans l'élevage d'embouche.

Situé à l'extrémité sud-ouest de la Bourgogne, le Brionnais est un petit « pays » peu connu, qui a beaucoup de choses à proposer, à commencer par son circuit des Églises romanes. Le calcaire blond ou ocre a permis aux sculpteurs d'exprimer tout leur talent, d'enrichir la palette des décors des porches et des clochers, au point qu'on peut parler ici de style brionnais (notamment concernant les clochers). Ses traits principaux restent cependant ceux de l'architecture clunisienne.

> **EMBOUCHEURS BIEN EMBOUCHÉS**
>
> *Parmi les vieilles familles d'emboucheurs du Brionnais, celle des Mathieu d'Oyé est devenue une référence. En 1747, Emiland Mathieu décide d'emmener ses bœufs au marché de Poissy : 400 km à pied en 13 jours. Sa réussite va faire des émules au XVIIIe siècle et provoquer, au siècle suivant, une expansion en tache d'huile de la race charolaise non seulement dans la région, mais dans tout le centre de la France.*

CHAROLLES (71120) 2 864 hab.

Bœufs charolais et moutons charollais (deux l pour le mouton !) ont fait la réputation de cette terre d'élevage par excellence. Mais Charolles, bâtie au confluent des rivières Arconce et Semence, se présente également comme un agréable camp de base pour partir à la découverte des belles églises romanes du Brionnais tout proche. Les vieilles demeures se mirant au ras de l'eau lui donnent en outre un petit air de Venise sur bocage. En souvenir, vous pourrez acheter de la faïence de Charolles, au joli décor floral (on peut d'ailleurs visiter la faïencerie *Molin*).

Adresse utile

I Office de tourisme : rue Baudinot. ☎ 03-85-24-05-95. • charolles.fr • Tlj sf dim et j. fériés 9h-12h, 14h-18h. Congés : vac de Noël. Bon accueil. Profitez-en pour détailler le lieu : c'est l'ancien couvent des Clarisses, bel édifice du XVIe siècle.

Où dormir ? Où manger ?

Prix moyens

🛏 I●I Hôtel-restaurant Le Lion d'Or : *6, rue de Champagny.* ☎ *03-85-24-08-28. Fax : 03-85-88-30-96. Dans le centre. Tlj sf dim soir et lun. Congés : fêtes* de fin d'année. Doubles 45-56 €. Menu (en sem) 17 € ; autres menus 28-36 €. Au bord d'une petite rivière, le lion ne dort pas mais vous accueille dans cet ancien relais de diligence du XVIIe siè-cle. Chambres spacieuses, avec une préférence pour celles avec vue sur la petite Venise. Bonne cuisine régionale et, bien sûr, viande hors pair (on est à Charolles, quand même !). Piscine.

Plus chic

🛏 |●| *Hôtel de la Poste* : 2, av. de la Libération. ☎ 03-85-24-11-32. • contact@la-poste-hotel.com • la-poste-hotel.com • ♿ Très central, face à l'église. Tlj sf soir, lun et jeu. Doubles 55-65 €. Menu (sf w-e) 23 € ; autres menus 35-70 €. Une très grande maison en Charolais. Chez les Doucet, la cuisine semble toujours aussi jeune, aussi goûteuse. Salle à manger cossue, service impeccable et particulièrement attentionné. Vins judicieusement conseillés. Dans l'assiette, télescopage réjouissant des parfums et des saveurs. Ne pas manquer le faux-filet d'entre-côte, servi sur une plaque chaude. Remarquable plateau de fromages et très beaux desserts. Aux beaux jours, agréable jardin intérieur pour manger sous les érables et la vigne vierge.

À voir

🎯 *L'ancien château* : détruit au moment des guerres de Religion, il en reste une porte fortifiée et deux tours du XVe siècle – la tour de Charles le Téméraire et celle de Diamant –, ainsi que la base de trois autres sur le mur d'enceinte, aujourd'hui jardin public de la mairie. Belle perspective sur les toits de la ville.

🎯 *La Maison du Charolais* : RN 79. ☎ 03-85-88-04-00. Tlj 10h-18h. Congés : 1er nov et derniers j. de déc. Entrée : 4,60 €. Pour tout savoir sur une viande célébrissime qu'il vous faudra apprendre à décortiquer, de la tête à la queue, au travers d'un itinéraire intelligemment composé pour intéresser un peu tout le monde. Un complexe muséographique convivial sur trois niveaux.
|●| Resto dans le même bâtiment.

🎯🎯 *Le musée municipal du Prieuré* : rue du Prieuré. ☎ 03-85-24-24-74. Juin-sept : tlj sf mar 14h-18h. Entrée : 3 € ; réduc ; gratuit pour les moins de 16 ans.
Ce fut d'abord un prieuré clunisien du Xe siècle, dont il ne subsiste qu'un corps de bâtiment et une tour octogonale du XVe siècle, avec grandes fenêtres à meneaux et porte en accolade. Il abrite aujourd'hui un musée où sont présentées les faïences de Charolles, ainsi que les peintures de Jean Laronze, peintre du XIXe siècle inspiré par la campagne environnante.
La faïence de Charolles fut créée en 1844 par Hippolyte Prost. Celui-ci inventa un bleu particulier, le « bleu de Charolles », qui fit son succès. Le décor était peint à la main sur émail cuit, puis recuit à grand feu. Ses caractéristiques principales sont une grande élégance des formes et la variété du décor : compositions florales, scènes champêtres, papillons, etc. En tout, plus de 400 pièces exposées.
Ne manquez pas, en partant, de faire un tour dans la salle capitulaire, pour admirer une poutre sculptée, unique en son genre, avec ses têtes d'animaux fantastiques et ses masques à bésicles. Réellement fabuleux. Admirer également les œuvres du sculpteur Davoine dans la chapelle. Une expo temporaire différente tous les ans.

LA CLAYETTE (71800) 2 190 hab.

Chef-lieu de canton et dynamique petit centre industriel. C'est ici qu'est né Potain, le fondateur d'une des premières fabriques de grues au monde, et on

y trouve une entreprise de pointe dans la production de pièces de haute technologie pour l'industrie aéronautique. Histoire présente aussi, avec un superbe château des XIVe et XIXe siècles, où François Ier séjourna. Longue tradition d'élevage de chevaux de race, puisque le fameux cheval blanc sur lequel Henri IV gagna la bataille d'Ivry, en 1590, vient d'ici.
À propos, avant la Révolution, la ville s'appelait *La Claite* et, preuve de l'indéfectible attachement des Brionnais aux traditions, on continue à dire par ici « La Claite »...

Adresse utile

Office de tourisme : *au pied du château. ☎ 03-85-28-16-35. ● laclayette.fr ● Mai-sept : tlj sf dim et j. fériés, plus sam et lun janv-fév.*

Où dormir ? Où manger ?

Camping

Camping Les Bruyères : ☎ *03-85-28-09-15. ● aquadis1@wanadoo.fr ● aquadis-loisirs.com ● Avr-oct. Compter 12 € pour 2, avec voiture et tente. Loc de chalets 195-372 €/sem. En bord de lac. Bon confort et bien ombragé.*

De prix moyens à plus chic

Restaurant Lesclette : *rue Lamartine. ☎ 03-85-28-28-60. Tlj sf mer et dim soir hors saison. Congés : 3 sem fév-mars. Menus à midi 13-48 €. Apéritif maison offert sur présentation de ce guide. Une adresse recommandée par des habitués, où l'on risque rarement de se retrouver seul. Dominant le lac et le château, un resto avec terrasse où l'on se régale avec, bravo, vous l'aviez deviné, du très bon charolais. Menus brionnais, pour vous surprendre, et menu grenouilles.*

Où dormir ? Où manger dans les environs ?

Chambres d'hôtes et ferme-auberge des Collines : *à Amanzé (71800). ☎ 03-85-70-66-34. ● philippe.paperin@wanadoo.fr ● fermeaubergedescollines.com ● À env 8 km au nord-ouest de La Clayette par la D 985 ; au niveau de Saint-Germain-en-Brionnais, prendre la direction d'Amanzé. Chambres d'hôtes ouv tte l'année. Congés : de déc à mi-mars. Ferme-auberge ouv Pâques-Toussaint, sam soir, dim et j. fériés à midi (plus le soir en été sf dim, sur résa). Résa obligatoire. Doubles avec douche et w-c 51 €. Menus 15-25 €. Réduc de 10 % sur le prix de la chambre, hors juil-août, sur présentation de ce guide. En pleine campagne, dans les dépendances de l'ancien château, brûlé à la Révolution. Quatre chambres claires, agréables et calmes, dans un beau corps de ferme. Ferme-auberge aussi charmante que réputée. Accueil hors pair.*

Chambres d'hôtes chez Alain et Michèle Desmurs : *La Saigne, 71800 Varennes-sous-Dun. ☎ 03-85-28-12-79. ● michele-alain.desmurs@orange.fr ● À quelques kilomètres à l'est de La Clayette, par la D 987. Doubles avec douche et w-c ou bains 49 €, petit déj compris. Table d'hôtes sur résa, sf dim et j. fériés 21 €. Digestif maison et réduc de 6 % sur le prix de la chambre à partir de la 3e nuit consécutive offerts sur présentation de ce guide. Michèle et Alain, agriculteurs, vous proposent 4 cham-*

LA CLAVETTE 241

bres, 1 en bas et 3 à l'étage. Sanitaires privés et salle commune avec coin cuisine. Une adresse pour ceux qui aiment la vie de la ferme et l'accueil authentique.

🏠 |●| *Ferme-auberge de Lavaux* : à Châtenay (71800). ☎ 03-85-28-08-48. ● *ferme-auberge-lavaux@wanadoo.fr* ● 🐾 *À 8 km à l'est de La Clayette. Tlj sf mar. Congés : 11 nov-Pâques. Résa fortement conseillée. Doubles 50-61 € pour 2. Menus 14,50-26 €.* Grande ferme de caractère typiquement brionnaise. Le patron adore restaurer dans les deux sens du mot ! L'ensemble possède un charme bien léché. Grande salle à manger au beau style rustique traditionnel. Cuisine d'excellente réputation (poulet à la crème, gâteau de foies de volailles, etc.). Pour dormir, de belles chambres donnant sur une galerie en bois et une autre dans le pigeonnier.

|●| *Auberge des Faillettes* : chez Martine et Bruno, à Saint-Racho (71800). ☎ 03-85-26-81-25. *À 7 km au sud-est de La Clayette. Tlj sf lun. Congés : janv. Menus 18,50-23,50 €.* Si vous rêvez de grenouilles fraîches et de poulet aux écrevisses, voilà une adresse d'un excellent rapport qualité-prix. La formule est royale : buffet de hors-d'œuvre à volonté, plat principal, fromage blanc ou plateau régional, carte des desserts. Si le plat principal est le poulet aux écrevisses, le menu est un peu moins cher. Carte des vins régionale dans toutes les couleurs (bon choix en pichet) : côte mâconnaise, côtes-du-rhône, beaujolais. Le cadre est tout simple, le service sympathique.

À voir

🎯 *Le château :* de loin, car il ne se visite pas. Mais on peut en admirer l'architecture séduisante. C'est lui qui donne surtout du caractère à la ville. Il se compose de deux parties : des édifices en parallèle avec tourelles d'angle, une grosse tour carrée avec mâchicoulis, une tour ronde avec lanternon du XIVe siècle, et le corps de logis qui hérita, au XIXe, d'un look « troubadour ». L'été, le château sert de cadre à un son et lumière et le parc accueille des concours hippiques fin août.

🎯 🚶 *La fabrique de chocolats Bernard Dufoux :* 32, rue Centrale. ☎ 03-85-28-08-10. 🐾 *Visite-dégustation tlj à 15h. Participation : 5 € pour la visite et la dégustation, 10 € pour la dégustation-apéritif. Cours de chocolat 1er mer de chaque mois 14h-18h (70 €) :* vous ferez vous-même orangettes, truffes, pâte d'amandes, griottes au kirsch, palets d'or et autres spécialités du moment. Meilleur chocolatier de France et collectionneur de médailles. Réputé dans toute la région. Idéal pour comprendre la fabrication, suivre le travail du chocolatier et découvrir quelques-unes de ses remarquables spécialités, autour d'un café.

🎯 *Le Centre du goût :* près de l'office de tourisme. *De mi-juin à mi-sept.* Expo et vente de produits artisanaux.

Fêtes et manifestations

– *Fête du Muguet :* 1er mai, dans le parc du château de La Clayette.
– *Festival des Mômes en Charolais-Brionnais :* fin juil. ☎ 03-85-84-53-03. Une jolie façon de permettre à un maximum d'enfants et de familles de profiter gratuitement de spectacles et d'animations sur plusieurs sites. Ateliers artistiques, jeux géants...
– *Courses hippiques :* à l'hippodrome de Montgelly, fin juil et mi-août. Concours hippique dans le parc du château de La Clayette dernier w-e d'août.
– *Festival Les Arts en fête :* 2 sem fin juil-début août. Nombreuses expos de peinture, de sculpture et de photos dans les galeries et chez les commerçants.

➤ DANS LES ENVIRONS DE LA CLAYETTE

🍴 **L'église de Bois-Sainte-Marie** (71800) : à 7 km au nord-est de La Clayette. L'une des plus belles du XIe siècle. Imposant chevet aux absides ornées de colonnes avec chapiteaux historiés. Au tympan de la porte latérale, la *Fuite en Égypte*. À l'intérieur, haute voûte en berceau. Belle luminosité, pourtant apportée par les seules petites ouvertures fortement abrasées. L'une des originalités, c'est le déambulatoire, très rare en Brionnais. Assez bas et reposant sur un harmonieux système de colonnes. Intéressants chapiteaux, d'un coup de ciseau souvent rudimentaire, mais possédant une grande force expressive. Ainsi, en face de la porte latérale, un pêcheur se fait arracher la langue avec des tenailles.

🍴 **Le château de Drée :** à **Curbigny** (71800). ☎ 03-85-26-84-80. ● chateau-de-dree.com ● Ouv Pâques-Toussaint : en été, tlj 10h-18h ; et tlj 14h-17h sinon. Visite guidée obligatoire des intérieurs du château, visite libre des jardins. Visite de 1h + jardins : 9,50 € (8,50 € sur présentation de ce guide) ; visite des jardins seuls : 4 € ; réduc ; gratuit pour les moins de 7 ans. Panier pique-nique du terroir en vente sur place (19 € pour 2 ; résa conseillée). Superbe château du plus pur style Louis XIII de plan rectangulaire, Drée est formé de trois corps en U. Façade occidentale plus sobre et s'ouvrant sur un vaste parc avec bassin central. À l'intérieur, beaux meubles du XVIIIe siècle et intéressants tableaux de l'époque. Les heureux propriétaires du château de Drée n'ont pas eu envie d'attendre vingt ans pour voir sa rénovation achevée. Ils n'ont pas ménagé leurs deniers ni leur peine, de passages rapides dans les salles des ventes en voyages éclairs autour du monde, pour dénicher les pièces de mobilier du XVIIIe siècle, rares et sublimes, capables de redonner vie aux différents étages. Car ce magnifique château, qui échappa heureusement aux troubles révolutionnaires, connut, après une période de fastes certaine, des heures grises au lendemain de la Seconde Guerre mondiale, quand son mobilier fut vendu aux enchères. Salons et pièces d'apparat, rénovés avec goût et intelligence, témoignent de nouveau, et brillamment, de la vie des nobles du Brionnais au Siècle des lumières. Parquets en étoile dans les chambres et boiseries très ouvragées dans les salons (en particulier le grand salon d'époque Louis XV). Mais Drée, c'est aussi, et heureusement, la découverte de lieux plus fonctionnels, témoins muets d'une époque disparue. Cuisine d'antan en l'état, à ne pas manquer. Visite également d'un beau colombier, de la salle des bains, de la prison, de l'écurie et d'une glacière. Et balade dans le parc au milieu des roses et des terrasses à la française ornées de buis et de statues. Diverses animations toute l'année.

🍴 **La filature Plassard et ses moutons :** moulin de Champerny, à **Varennes-sous-Dun** (71800). ☎ 03-85-28-28-24. ● http://filature.free.fr ● 🍴 Avr-juin : visites mer et sam 15h30 ; juil-10 sept : tlj sf dim et j. fériés 15h30 et 16h45 (14 juil-15 août, visite supplémentaire à 11h) ; 11 sept-5 nov : mer et sam 15h30. Visites guidées et commentées. Entrée : 5,80 €, couplée avec son complément naturel, la visite aux moutons de la filature. Reconstitution intéressante d'un atelier de filature du XIXe siècle et présentation des différentes étapes de la fabrication de la laine. Une visite couplée avec celle de la *Moutonthèque* : une vingtaine de races de moutons différentes présentées dans un parc aménagé. On se croirait dans une B.D. de F'murr... Il y en a des drôles et des tristes, des blancs et des noirs, avec ou sans laine... Vente de pelotes et de souvenirs attachés à l'univers des moutons, dans la boutique.

🍴 **L'église de Vareilles** (71800) : on aime beaucoup cette petite église perchée sur une butte, avec son clocher, l'un des plus typiques du brillant style brionnais. Chœur et clocher du XIe siècle très élancé qui s'ornemente dans les derniers étages de demi-colonnettes et de rangées de billettes. Flèche en pierre (même type de clocher à Saint-Laurent-en-Brionnais). Mignonne placette devant la façade. Noter cette jolie maison avec galerie et colonnes de pierre.

MATOUR (71520) 1 030 hab.

Grosse bourgade de « montagne », aux confins du Mâconnais, entourée de monts de 772 à 1 012 m. Station verte de vacances et de randonnées, avec six circuits qui s'étagent de 380 à 770 m d'altitude, notamment au col de la Croix-d'Auterre.

Adresse et infos utiles

Office de tourisme : maison des Associations, le Bourg. ☎ 03-85-59-72-24. • ot-matour.com • Juil-août : tlj ; mai-juin : mar-sam ; le reste de l'année : du lun ap-m au ven midi.

Mairie : ☎ 03-85-59-70-20. • matour.fr • Une dizaine de chalets « Loisirs » à louer toute l'année et deux gîtes de groupe.

Où dormir ? Où manger ?

Camping

Camping Le Paluet : ☎ 03-85-59-70-58. • resaaccueil.mairie.matour@orange.fr • matour.fr • À quelques centaines de mètres en dessous du bourg. Mai-sept. Forfait journalier pour 2 avec voiture et tente 13,50 € en hte saison. Piscine. Bon confort. Tennis.

Prix moyens

Chez Christophe Clément : 1, route de Saint-Pierre-le-Vieux. ☎ 03-85-59-74-80. Tlj sf dim soir, lun, ainsi que le soir mar-jeu hors saison. Congés : 15 déc-15 janv. Résa conseillée (surtout en basse saison). Menus 12-37 €. Digestif offert sur présentation de ce guide. On vient de loin pour goûter « l'andouillère du père Clément » à la fricassée de grenouilles et à l'embeurrée de choux... et pour admirer la collection de coqs maison. Façade fleurie et cadre agréable. Une deuxième salle (la *Coq Aie Try*, en v.o. !), dans un style bistrot plus chaleureux, est réservée aux groupes. Dommage, car c'est celle qu'on préfère ; mais vous pouvez toujours visiter.

Où dormir ? Où manger dans les environs ?

Camping

Le Village des Meuniers : 71520 Dompierre-les-Ormes. ☎ 03-85-50-36-60. • contact@villagedesmeuniers.com • villagedesmeuniers.com • Emplacement pour 2 avec voiture et tente 30,40 € en hte saison. Également loc de chalets et d'un gîte (6-8 pers). Snack, piscine, etc. Un très beau camping sur 4 ha en terrasses, avec une douzaine de chalets tout confort.

Chambres d'hôtes

Chambres d'hôtes chez Jean Dorin : Écussols, 71520 Saint-Pierre-le-Vieux. ☎ 03-85-50-40-99. Fermé janv-fév. Doubles 50 €, petit déj compris. Table d'hôtes 15 €. Réduc de 10 % sur le prix de la chambre à partir de la 3e nuit (sf juil-août) et apéritif, café et digestif maison offerts sur présentation de ce guide. Une petite ferme à la sortie du hameau, avec une bien belle vue sur les monts du Beaujolais. Éleveurs de volailles, Marie-Noëlle et Jean Dorin vous accueillent le soir à leur délicieuse table d'hôtes. Petite production de vin sur les coteaux juste au-dessus de la maison.

Château des Colettes : chez Corinne et Jacques Loron, 71520 Saint-Pierre-le-Vieux. ☎ 03-85-50-40-96. • jcloron@yahoo.fr • À 1 km du bourg. Congés : de janv à mi-mars. Doubles 59-69 €, petit déj compris. Table d'hôtes 21 €. Une belle demeure bourgeoise du XVIIe siècle avec deux tours carrées, qui bénéficie d'une superbe vue sur les environs. Quatre chambres accueillantes et une table d'hôtes familiale, avec les légumes du jardin. Accueil convivial. Passionné de vin, Jacques organise des séjours-dégustation avec visite de caves. Renseignez-vous.

À voir

La maison des Patrimoines : manoir du Parc. ☎ 03-85-59-78-84. Juin-août : tlj sf mar 14h-19h ; avr-mai et sept-oct : mer-dim 14h-18h. Congés : début nov-fin mars. Entrée : 4,60 €, réduc (notamment sur présentation de ce guide). Cette demeure historique du XVIIIe siècle, entourée d'un grand parc, présente une exposition interactive originale sur les patrimoines locaux. Histoire, nature et tradition sont les trois thèmes principaux de la visite, ponctuée de bornes interactives, animations sonores, films, jeux... Manifestations saisonnières comme les sorties-nature pour découvrir les plantes comestibles ou médicinales, les champignons et stages de sourcier ou de vannerie...

➤ DANS LES ENVIRONS DE MATOUR

DOMPIERRE-LES-ORMES (71520)

La Galerie européenne de la Forêt et du Bois : ☎ 03-85-50-37-10. • gefb-cg71.com • Juil-août : tlj 10h-18h ; le reste de l'année : tlj sf lun (excepté pour Pâques et la Pentecôte) 14h-18h. Entrée : 4 € ; réduc ; gratuit pour les moins de 18 ans. Un beau bâtiment en osmose parfaite avec le paysage environnant. Unique en France, il est à la fois un lieu de référence des professionnels de la filière du bois et un relais de connaissance pour parents, enfants, enseignants, etc. L'expo permanente sur la thématique « Forêts du Monde » et les expos temporaires techniques et artistiques présentent les différentes forêts de la terre, grâce à des objets exceptionnels qui évoquent les modes de vie des hommes et les différents usages du bois selon les lieux et les âges. Cet endroit se prolonge naturellement par la visite de l'arboretum domanial de Pézanin.

L'arboretum de Pézanin : en 1903, Philippe Levêque de Vilmorin choisit le vallon semi-montagnard de Pézanin, dont un étang occupe le fond, pour créer, sur 25 ha, un *arboretum,* mot savant surtout employé au XIXe siècle pour désigner un lieu de collection et de culture d'espèces et de variétés d'arbres sélectionnés pour pouvoir les étudier de près. Actuellement géré par l'Office national des forêts, l'arboretum de Pézanin compte quelque 450 espèces. Pistes et sentiers le parcourent, dont trois ont été aménagés pour la promenade et la découverte. Celui qui fait le tour du lac offre un bon panorama de la richesse végétale et botanique des lieux. Nouveauté : le *Martelodrome*, espace forestier où le visiteur peut, avec l'aide d'un guide, pratiquer la sylviculture.

CHAUFFAILLES (71170) 4 230 hab.

À la frontière du Brionnais et du Beaujolais, ce fut longtemps la petite capitale régionale du tissage du chanvre, puis de la soie. Au début du XXe siècle, plusieurs milliers de soyeux travaillaient dans le coin à domicile. Aujourd'hui, Chauffailles est une bourgade commerçante active, avec quelques petites industries. Les amoureux de vieilles bagnoles ne manqueront pas d'y faire un tour.

Où dormir ? Où manger ?

Camping

Camping municipal Les Feuilles : 18, rue du Châtillon. ☎ 03-85-26-48-12. Central ; juste à côté de la piscine municipale. Mai-sept. Forfait journalier env 7,60 € l'emplacement pour 2 avec l'électricité. Chalets de 4 à 6 places à la sem (se renseigner). Cadre verdoyant. Rivière à 50 m, étang à 100 m. Piscine municipale gratuite à 100 m.

Prix moyens

Le Fournil des Antiquaires : route de Charlieu. ☎ 03-85-84-64-41. Tlj jusqu'à 21h (23h le w-e et en saison). Menus 12-25 €. Grosse pizzeria-grill-boulangerie que les jeunes du coin adorent investir le week-end (en semaine, c'est plus calme !). Faut dire que l'accueil est extra, la nourriture copieuse et à prix fort modérés. Excellentes pizzas au feu de bois, grosses salades, bonne entrecôte, onglet à l'échalote, etc.

Où manger dans les environs ?

Restaurant de La Fontaine : à Châteauneuf (71740). ☎ 03-85-26-26-87. Tlj sf lun-mar et dim soir hors saison ; Congés : 10 janv-10 fév. Menu déj (en sem) 15 € et autre menu 44,50 €. Un rendez-vous de gastronomes dans un cadre qui sort de l'ordinaire ! Imaginez un ancien atelier de tissage transformé par un amoureux des mosaïques et revendu ensuite à un couple de restaurateurs originaires du pays, tombés sous le charme. Montez l'escalier sans peur, admirez le décor et savourez, peinard, une cuisine digne des grandes maisons où Yves Jury se fit un nom, avant de jouer la carte, plus sage, du plaisir de vivre.

À voir

L'Automusée du Beaujolais : 35, rue du 8-Mai-1945. ☎ 03-85-84-60-30. • au tomusee.fr • Mar-dim 10h-12h, 14h-18h. Entrée : 6 € ; réduc. C'est un musée de l'automobile qui ne prétend pas raconter l'épopée de la voiture, car tous les modèles sont à vendre. Un salon de l'auto permanent en quelque sorte, avec des modèles qui ont plus de 80 ans. Plus de 120 véhicules exposés.

Le musée du Tissage : 46 bis, rue du 8-Mai-1945. ☎ 03-85-84-65-16. Juil-août : tlj 14h30-19h (15h-19h dim) ; le reste de l'année : mer, sam-dim 14h30-18h. Congés : nov-mars. Entrée : 3 € ; réduc. Intéressante visite commentée et animée de l'industrie du chanvre et de la soie. Bien sûr, présentation de l'élevage du ver à soie jusqu'à sa mise en « flottes ». Exposition des vieilles machines à pédale pour le dévidage jusqu'aux machines modernes, démonstrations à l'aide d'antiques métiers à bras qui fonctionnent toujours.

SAINT-CHRISTOPHE-EN-BRIONNAIS (71800) 526 hab.

Situé sur la D 989, entre La Clayette et Semur. Le village abrite, chaque mercredi après-midi, l'un des plus importants marchés de bestiaux de France : le cinquième en taille et le premier, dit-on ici avec fierté, pour la qualité de viande de boucherie. On pense qu'un marché existait déjà au Xe siècle, mais on sait avec certitude que c'est en 1488, sous Charles VIII, que la toute première foire fut organisée. Quelques chiffres : on peut attacher jusqu'à 3 000 bêtes, 70 000 sont expédiées par an en France et dans les pays de l'Union européenne, 50 quais d'embarquement, etc.

Adresse utile

Antenne touristique : en face du foirail. ☎ 03-85-25-98-05 ou 85-57 ou 03-85-25-82-16 (mairie). Tte l'année mer et plusieurs matinées et ap-m en saison (rens sur place). Joignable tte l'année par téléphone. Bonne documentation et accueil sympathique. Visite guidée gratuite du marché aux bestiaux par des bénévoles passionnés et passionnants, le mercredi à 14h.

Où dormir ? Où manger ?

La Tour d'Auvergne : Grand-Rue. ☎ 03-85-25-82-23. Fax : 03-85-25-92-27. En remontant vers le marché. Doubles avec douche et w-c 48 €. Menus 11-25 €. On ne compte plus le nombre de ceux qui se bousculent sur la terrasse aux beaux jours, comme dans les grandes salles du resto. Le premier menu est sans surprise, et vous devriez être capable de donner, sans vous tromper, le trio gagnant des plats proposés. Également un menu grenouilles servi tous les jours.

Bar-restaurant du Midi : Grande-Allée-de-Tenay. ☎ 03-85-25-87-06. Tt en bas de la rue. Fermé le soir lun-ven ainsi que dim. Menus de 11 €, à midi en sem, à 24 € ; à la carte, env 17 €. Café offert sur présentation de ce guide. Au-delà du bar et de la cuisine, maquignons et visiteurs s'entassent chaque mercredi dans cette « grande salle à manger-cantine » pour avaler des portions impressionnantes de tête de veau, petit salé ou pot-au-feu. Aux premiers beaux jours, on en retrouve, attablés, jusqu'au bout de la rue voisine, et dans la grange. Uniquement de la bonne viande ici !

À voir. À faire

Le marché aux bestiaux : mer ap-m. L'ouverture des transactions sur les différentes catégories a lieu successivement de 13h à 15h ; embarquement immédiat à bord de gros camions. Plongez-vous dans l'ambiance du marché en mangeant le « bouilli » (pot-au-feu), la tête de veau ou l'entrecôte, en compagnie des maquignons et des éleveurs (voir « Où dormir ? Où manger ? »). Atmosphère assez unique, que vous n'aurez guère l'occasion de retrouver ailleurs en France. En semaine, bien sûr, Saint-Christophe reprend aspect et rythme de village paisible.

Le musée-école du Centre d'Études des Patrimoines : situé à la sortie du village (direction Charolles). ☎ 03-85-25-90-29. • cep.charolais-brionnais.net • Ouv mer 9h-17h ; sur résa le reste de l'année pour les groupes. Entrée gratuite (sf pour les groupes). Si vous êtes nostalgique de la plume sergent-major et de l'odeur de l'encre violette du temps passé, ne manquez pas la visite de cette ancienne salle de classe (1896) ! Également une expo, « Les chemins du Roman en Bourgogne du Sud », pour découvrir les richesses de l'art roman dans la région.

Manifestation

– **Fête du Pot-au-Feu :** *2ᵉ dim d'août*. Grosse et mémorable soirée pot-au-feu sur le champ de foire clôturant une journée marquée par des concours de bovins de boucherie et des intronisations pas tristes. Brocante et bal villageois.

➤ DANS LES ENVIRONS DE SAINT-CHRISTOPHE-EN-BRIONNAIS

🧍 **Varenne-l'Arconce** *(71110) :* ancien prieuré clunisien dont subsiste cette séduisante *église* construite ici en grès. Façade très sobre, pas de sculpture, mais il est vrai que le grès ne s'y prête guère. Clocher carré massif qui donne de l'assise à l'ensemble. On y retrouve le décor de Vareilles. Remarquer, sur le côté de l'église, l'une des rares sculptures : un agneau pascal dans un mouvement fort gracieux pour regarder la croix. À l'intérieur, même sobriété. Fenêtres très abrasées diffusant peu de lumière. Coupole sur trompes à la croisée de transept. Grand christ en bois polychrome du XVᵉ siècle, au style rigide. Quelques chapiteaux de la nef historiés : griffon, centaure, personnage tirant la langue, animaux fantastiques. Tout en haut, à l'arrière, dans les arcatures, statues de saints populaires en bois du XVIᵉ siècle (saint Sébastien, saint Roch, saint Denis, etc.).
– Possibilité de visiter les **jardins romans**. Bien indiqués. ☎ 03-85-25-92-05. • jardinsromans.com • Mai-oct : tlj 14h-18h. *Entrée-dégustation : 7 €.* Vous ferez connaissance, un petit livret de visite à la main, avec les plantes de Charlemagne, le jardin des aromates, le cloître des senteurs, le jardin ethnobotanique (avec présentation des plantes locales et leurs usages), etc. Après la promenade, on vous offrira une boisson glacée aux herbes, sous la treille. Jolie boutique, pour ceux et celles qui veulent rapporter des souvenirs, odorants ou non.

🧍 **Oyé** *(71800) :* considéré comme le cœur du Brionnais, la famille des Mathieu d'Oyé étant devenue une référence emblématique depuis que l'ancêtre partit un jour d'ici pour faire découvrir ses bœufs aux Parisiens. C'est grâce à lui que tout fut converti par ici en prairies pour faire du bœuf charolais. Belle vue sur le village depuis la route de Varenne (la D 34), avant d'arriver au hameau de Perrières. De l'ancien château médiéval ne reste qu'un logis du XVIᵉ siècle, flanqué de deux tours rondes. Nombreuses demeures solides et cossues d'éleveurs enrichis par l'embouche.
– **Mémoire d'Oyé :** ☎ 03-85-25-87-32. Expo racontant l'histoire du village et de ses habitants.
– **Fête de l'Entrecôte :** *1ᵉʳ dim d'août, sous les arbres, devant le château.* Ambiance champêtre. Repas de grillades le soir, avec animation et bal dans la grande tradition.

IGUERANDE (71340) 990 hab.

Sur l'ancienne frontière entre les tribus gauloises des Éduens et des Arvernes, le village bénéficie d'une belle vue sur la vallée de la Loire. Aire de production d'un petit vin de pays, qui s'améliore chaque année et monte, monte doucement.

Où dormir ? Où manger ?

🛏 🍴 **Chambres d'hôtes chez Denise et Maurice Martin :** *Outre-Loire, Les Montées.* ☎ 03-85-84-09-69. • http://lesmonty.free.fr • Suivre le fléchage. Tte l'année. Doubles 52 €, petit déj « gourmand » compris. Table d'hôtes pour les clients le soir, sur résa, 25 € boissons incluses. Café offert et réduc de 10 % sur le prix de la chambre à partir de la 3e nuit (sf juil-août) sur présentation de ce guide. Ancienne ferme rénovée avec belle vue sur la campagne environnante. Quatre chambres agréables.

Denise adore faire des confitures (fleurs de pissenlit, sureau, quetsches aux noix fraîches, etc.), du miel aussi... Gâteau différent chaque jour. Accueil sympathique et familial, qui donne envie de revenir !

À voir

୧୧ **L'église Saint-Marcel :** du plus pur roman du XIe siècle et ayant échappé aux influences clunisiennes. Massive, voire pataude, avec un clocher court sur pattes. À l'étage, baies ornées de fines colonnettes. À l'intérieur, nef obscure. Intéressants chapiteaux, dont plusieurs représentations de têtes de veau (on se demande bien pourquoi). Noter celui qui, curieusement, a la tête à l'envers.

୧ **Le musée « Reflet... Brionnais » :** pl. de l'Église. ☎ 03-85-84-15-69. Avr-oct : tlj 14h30-18h. Entrée : 4 € ; réduc. Présentation des richesses et du patrimoine de la région sous toutes ses formes : la vigne, l'élevage, les cultures, les traditions, etc., dans une visite commentée retraçant la vie quotidienne de 1860 à 1950.

Où acheter de bons produits à Iguerande et dans les environs ?

Huile

❀ **Huilerie artisanale Leblanc :** à Iguerande. ☎ 03-85-84-07-83. Tlj 9h-12h, 14h-19h. Spécialités d'huiles de noisette, noix, pistache, pignons de pins, pépins de raisins, etc. Des produits de grande qualité dont la réputation dépasse de loin les frontières régionales (boutique à Paris : 6, rue Jacob, 75006). Vente au détail, assurée avec une incroyable gentillesse, dans une boutique restée hors du temps, hors des modes. C'est en 1878 que Jean-Marie Leblanc créa cette huilerie, qui continue de fonctionner comme autrefois !

Vin

❀ **Vins des Fossiles :** hameau Les Chavannes, 71340 Mailly. ☎ 03-85-84-01-23. En été : tlj sf dim 15h-20h ; le reste de l'année : sam ap-m 14h-19h et sur résa. Un gars qui possède un enthousiasme réjouissant pour sa vigne et qui produit un bon petit vin de pays : le vin des Fossiles.

SEMUR-EN-BRIONNAIS (71110) 750 hab.

Accroché à son promontoire, Semur fut longtemps la capitale du Brionnais avant d'être classé l'un des « Plus beaux Villages de France », et avec raison ! La famille de Semur fut l'une des plus importantes de Bourgogne. Son représentant le plus illustre restant saint Hugues, abbé de Cluny. Le village, qui fut fortifié, offre son meilleur profil côté sud, depuis la D 8. Délice de s'y promener, dans l'après-midi déclinant, pour admirer l'église, le château et les nobles demeures qui l'environnent, lorsque le calcaire blond prend des tons dorés, voire d'incendie...

Adresse utile

Point Information : dans le château ; antenne de l'office de tourisme de Marcigny. ☎ 03-85-25-13-57. Mêmes horaires que le château. Organise des visites guidées du château ou de la vieille ville pour les groupes.

À voir

Le château : 1er mars-1er nov, tlj 10h-12h, 14h-18h (19h en hte saison). Entrée : 2,50 €. Pour la visite, fourniture d'un plan détaillé. C'est le plus ancien de Bourgogne (Xe siècle). De la forteresse initiale ne subsistent que le donjon et les deux tours de l'entrée. Donjon du Xe siècle de 22 m de haut avec murs de 2 m d'épaisseur à la base. Imposante cheminée, située au 2e étage et qui chauffait toute la partie noble. C'est ici que naquit saint Hugues en 1024. Un truc curieux : cette belle fenêtre à meneaux du XIVe siècle, comme suspendue en l'air et qui possède toujours ses bancs en pierre. Les belles dames avaient coutume de venir y admirer le paysage ou rêver au prince charmant. Dans le cachot (une ancienne salle de défense), à droite, dessins de prisonniers. Sur la pierre de la margelle de la meurtrière, un jeu gravé par les soldats du guet. Face à l'entrée, au 1er étage, dans la chapelle des prisonniers, quelques vestiges, poteries, etc. Intéressants documents, décrets sur la Révolution, ainsi que des affiches sur cette période. Le rez-de-chaussée de la maison du geôlier est consacré à saint Hugues. L'art militaire du XIe siècle est présenté dans la salle haute de la tour sud.

L'église Saint-Hilaire : ce fut l'une des dernières églises romanes de type clunisien (dit roman tardif). On la découvre par le chevet, modèle d'harmonie architecturale avec son abside flanquée de deux absidioles, le pignon triangulaire au-dessus percé d'un oculus, les transepts saillants, le clocher bien en proportion avec l'ensemble. Ce dernier présente un dernier étage très travaillé. Au grand portail de la façade ouest, voussures très ornementées. Au tympan, Christ en majesté. En dessous, un épisode de la vie de saint Hilaire, évêque de Poitiers au IVe siècle. Portail latéral nord présentant également une grande exubérance décorative. En revanche, le portail latéral sud, avec sa croix, est plus sobre.
À l'intérieur, on éprouve à nouveau ce sentiment d'élévation très clunisien. Le faux triforium accentue d'ailleurs l'impression de légèreté. Bel escalier en bois à gauche. À la croisée de transept, jolie coupole octogonale sur trompes. Au fond, superbe tribune en encorbellement, identique à celle de Cluny III.

Tout autour, festival de belles demeures. D'abord, la maison Beurrier, puis la **maison du Chapitre.** Dans la salle capitulaire, au 2e étage, décor XVIIe avec solives et cheminée peintes. Audiovisuel, expo photos. Sur la place, **hôtel de ville** du XVIIIe siècle, ancien auditoire de justice. Au-dessus de la porte, l'épée et la balance (ancien bureau des huissiers). À côté, le grenier à sel du XVIIe siècle. Plus loin, la maison des Clercs, avec sa tour ronde.

MARCIGNY (71110) 1 933 hab.

Chef-lieu de canton paisible qui, malgré la guerre de Cent Ans et les guerres de Religion, a conservé quelques vieilles demeures et, surtout, la splendide **tour du Moulin.**

Adresse et infos utiles

Office de tourisme : pl. des Halles. ☎ 03-85-25-39-06. Tte l'année lun-sam 9h-12h, 14h-17h (19h juil-août) ; dim et j. fériés 10h30-12h30. Très bien aménagé.

– **Marché :** lun mat. Existe depuis 1266.
– Également un **marché nocturne** *d'Artisanat et de Produits du Terroir* 1er *ven soir d'août, à partir de 19h.*

À voir

Le musée de la Tour du Moulin : dans le centre. ☎ 03-85-25-37-05. Avril-oct : tlj 14h-18h (15 juin-14 sept, 10h30-12h30, 14h-19h). Entrée : 3,50 € ; réduc ; gratuit jusqu'à 12 ans. Dernier vestige de l'enceinte fortifiée. Forme, avec son alignement de demeures de calcaire jaune, un ensemble très séduisant.
– *Niveau 1 (sous-sol) :* section lapidaire, vestiges du monastère des Dames de Marcigny, jolie Vierge polychrome du XIVe siècle, vieilles meules, outils préhistoriques de Marcigny et des villages le long de la Loire, ammonites, fossiles divers. Belle collection de minéraux.
– *Niveau 2 (rez-de-chaussée) :* riche ensemble de faïences françaises du XVIIIe siècle.
– *Niveau 3 (1er étage) :* belle Vierge à l'Enfant du XVIe siècle. Superbe Portement de croix du XVe siècle, en costumes d'époque. Vestiges de la ville médiévale, collection de ferrures, papiers peints anciens, apothicairerie de l'hôpital (bocaux et boîtes), beau portrait de Madame X (!), par Léandre (1906).
– *Niveau 4 (2e étage) :* histoire locale. Souvenirs de Philibert Fressinet, engagé à 16 ans dans les armées de la République, devenu général de Bonaparte, disgracié puis rappelé 6 ans plus tard... Insolite proclamation invitant à dénoncer les jean-foutre. Témoignages du passage de Richelieu à Marcigny, vases d'alchimie utilisés par Cagliostro. Atelier du dernier sabotier. Ne pas manquer, au dernier étage, la remarquable charpente en châtaignier d'origine, à quatre niveaux illuminés, sur 14 m de haut, et la roue monte-sac du XVe siècle.

Quelques **maisons** intéressantes : place des Halles (ou du Général-de-Gaulle), deux belles demeures à colombages. Noter, au milieu de la place, l'insolite balcon Art nouveau. À deux pas, rue du Général-Fressinet, maison de 1641, avec échauguette à encorbellement et fenêtre à meneaux. Peu avant la place, au tympan roman usé par le temps. À 20 m, dans une impasse, trois belles maisons à pans de bois et double encorbellement. À l'entrée de la ville, venant de Chauffailles, vieux lavoir.

Le musée de la Voiture à cheval : 56, rue de Bor-Champ. ☎ 03-85-25-04-29. Tlj 14h-18h, plus 10h-12h en juil-août. Tarif : 4,50 €. Présentation dans une atmosphère Belle Époque de pièces de collection du XIXe siècle, toutes des voitures hippomobiles...

Manifestation

– **Marcynéma :** dernière sem d'oct pdt 5 j., 10h-23h. ☎ 04-77-67-56-65. • marcynema.org • Rencontres cinématographiques au cinéma *Vox*, qui propose des longs et courts métrages sur un thème donné.

➤ DANS LES ENVIRONS DE MARCIGNY

Anzy-le-Duc (71110) : sur la route de Paray-le-Monial (la D 10). Pour son église n'exprimant qu'harmonie et équilibre. Édifiée à la fin du XIe siècle. Son clocher octogonal et ajouré à l'italienne est considéré comme le plus beau de la région. Portail remarquable aussi. Au linteau, les apôtres, et au tympan, l'ascension du Christ. L'architecture intérieure aurait inspiré Vézelay. S'attarder sur les chapiteaux historiés : on reconnaît Daniel dans la fosse aux lions, saint Michel terrassant le dragon, un acrobate aux prises avec des monstres, etc. À côté de l'église, vestiges de l'ancien prieuré. Au portail, sur le linteau, tentation d'Adam et Ève. Au tympan, la séparation des justes et des damnés au Jugement dernier.

PARAY-LE-MONIAL (71600) 9 065 hab.

Petite ville calme de province, dont le principal gagne-pain est le pèlerinage. En effet, sa basilique du Sacré-Cœur attire chaque année près de 400 000 visiteurs. Après Lourdes, c'est donc l'une des destinations religieuses les plus populaires. Sans compter les purs *roman art addicts*, qui viendront plus humblement pour l'une des plus jolies églises romanes de France.

UN PEU D'HISTOIRE

Fondation d'un monastère au Xe siècle, au bord de la Bourbince, qui ne tarda pas à passer sous la coupe de Cluny. Après, c'est le cortège habituel des vicissitudes de l'histoire : rapines du comte de Chalon au XIIe siècle (un copain au mec de Brancion, voir ce chapitre), guerre de Cent Ans, guerres de Religion où les parpaillots, en 1562, pillent le monastère, etc. La révocation de l'édit de Nantes, en 1685, provoque l'exil de tous les manufacturiers du lin gagnés à la Réforme et la ruine de la ville. Heureusement, à la même époque, une jeune religieuse du nom de Marguerite-Marie Alacoque, grâce à de nombreuses apparitions et révélations du Christ, va trouver, sur le long terme, une alternative économique à la ville. En 1864, sœur Marguerite-Marie est béatifiée par Rome (canonisée en 1920), et en 1873 a lieu le premier grand pèlerinage à Paray-le-Monial. S'appuyant sur cette réputation, de nombreuses communautés religieuses se sont installées dans le coin.

Adresse utile

Office de tourisme : 25, av. Jean-Paul-II. ☎ 03-85-81-10-92. Pâques-fin sept : tlj (pause à midi hors juil-août). Visite guidée de la ville tte l'année pour les groupes ; en juil-août : tlj 10h et 15h pour les individuels. Possibilité également de faire la visite avec un audioguide (2 € env).

Où dormir ? Où manger ?

Camping

Camping de Mambré : route du Gué-Léger. ☎ 03-85-88-89-20. • camping.parc.le.mambre@wanadoo.fr • À 1 km de la basilique. Avr-sept. Forfait emplacement pour 2 avec tente, voiture 18,20 €. Piscine et animation enfants. Cadre de verdure agréable.

De prix moyens à un peu plus chic

Hôtel du Champ de Foire : 2, rue Desrichard. ☎ 03-85-81-01-68. Fax : 03-85-88-86-30. (pour le resto). Très central. Tlj sf ven soir et dim soir. Doubles 34,50 € ; ½ pens 33 €/pers. Menus 13-28 €. Grand buffet de hors-d'œuvre pour vous refaire une santé, avant d'attaquer la tête de veau ou l'entrecôte sauce bourguignonne.

Hôtel de la Basilique : 18, rue de la Visitation. ☎ 03-85-81-11-13. • resa@hotelbasilique.com • hotelbasilique.com • À 100 m de la basilique et en face de la chapelle de la Visitation, où le Sacré-Cœur apparut à sainte Marguerite. De mi-mars à fin oct. Doubles

LE CHAROLAIS ET LE BRIONNAIS

43-53 €, ½ pens 38 €. Menus 13-38 €. Réduc de 10 % sur le prix de la chambre (sf de mi-juil à mi-août), sur présentation de ce guide. L'hôtel offre un grand choix de chambres avec vue, dont certaines refaites. Au 3e étage, côté sud, admirez l'embrasement de la basilique. Un hôtel plein de charme, mais ne soyez pas trop excentrique, c'est l'un des rendez-vous préférés des pèlerins. Cuisine qui elle aussi tient la route.

🏠 🍴 **Hôtel Terminus :** 27, av. de la Gare. ☎ 03-85-81-59-31. • hotel.terminus@club-internet.fr • terminus-paray.fr • Resto fermé dim. Congés : Toussaint. Doubles 58-68,50 € ; ½ pens 62,50 €/pers. Menus 13-27 € ; à la carte, compter 30 € env. Apéritif maison offert sur présentation de ce guide. Gros hôtel fort bien rénové. La façade reste austère mais, sitôt la porte franchie, tout est oublié. Accueil chaleureux. Chambres spacieuses et toutes identiques. Tissus fleuris. Salles d'eau un peu futuristes, alliant le bois, le plexiglas et les jets à pression.

Où dormir ? Où manger dans les environs ?

🏠 🍴 **Hôtel La Reconce et restaurant de la Poste :** le bourg, à Poisson (71600). ☎ 03-85-81-10-72. • la.reconce@wanadoo.fr • ⚔ Tlj sf lun-mar (ouv le soir en juil-août). Congés : en fév et 15 j. en oct. Doubles 66-80 €. Menus 16 € à midi en sem, puis 28-83 € ; à la carte, compter autour de 53 €. Café offert sur présentation de ce guide. Un tout petit hôtel aménagé avec passion et une certaine dose d'humour dans une ancienne maison, attenante au resto où Denise et Jean-Noël Dauvergne ont pris l'habitude d'accueillir de la même façon, depuis des années, familiers et gens de passage. Sous la véranda, en terrasse ou en salle, les jours gris, on se régale, en toute simplicité, d'une bonne petite cuisine régionale. Après, on part en balade ou l'on fait la sieste dans le jardin.

🏠 🍴 **Chambres d'hôtes Les Bruyères :** chez David et Marie-Paule Huyghe, 71600 Vitry-en-Charollais. ☎ 03-85-81-10-79. • ferme-des-bruyeres@wanadoo.fr • À la sortie de Paray, direction Moulins, tourner à gauche (D 479) et suivre le fléchage. Doubles 40,50-45 €, petit déj compris. Table d'hôtes sur résa, 17 €. Réduc de 10 % oct-mars sur le prix des chambres sur présentation de ce guide. David et Marie-Paule sont des agriculteurs spécialisés dans la culture bio ; ils élèvent aussi bien des volailles que des vaches charolaises. Dans une partie de la ferme mitoyenne à leur maison, ils ont aménagé six chambres simples mais agréables, et proposent une table d'hôtes avec tous les produits de la ferme.

À voir. À faire

🎯🎯🎯 **La basilique du Sacré-Cœur :** édifiée au XIe siècle, c'est l'église qui permet aujourd'hui, en réduction, de donner une idée de ce à quoi ressemblait Cluny III. Déjà, le même plan : deux tours encadrant un narthex, transept saillant, chœur avec déambulatoire et chapelles rayonnantes. L'analogie ne s'arrête pas là : on retrouve l'élévation tripartite de la nef, grandes arcades, triforium aveugle, trois fenêtres hautes, la voûte en berceau brisé. Ce chiffre 3, en plus (symbole de la Trinité), on le remarque partout ici : trois nefs de trois travées, trois grandes arches bien sûr, surmontées de trois fenêtres. À l'extérieur, en façade, deux tours dépareillées dont l'une, postérieure à l'autre, plus travaillée, servit de modèle à maintes églises du Brionnais, comme Vareilles. Chevet unique ! Malgré l'amoncellement des structures, c'est un chef-d'œuvre d'équilibre et d'harmonie.

À l'intérieur, beauté du clair-obscur, intelligence de la diffusion de la lumière par une disposition particulièrement élaborée des ouvertures. Elle se distille tout doucement au fil des heures, devenant de plus en plus rayonnante, tout en respectant les zones d'ombre indispensables au recueillement. Peu de sculptures, comme pour ne mettre en valeur que la pureté, la simplicité de l'architecture, l'harmonie des proportions et ne pas détourner l'émotion ! Du déambulatoire, dans la lumière irisée, fascinante vision de la nef, à travers colonnes et arcades. Dans l'abside en cul-de-four, fresque du Christ en majesté du XIVe siècle.

🏃 **Les bâtiments du prieuré :** collés à la façade, ils ne déparent pourtant pas trop l'ensemble. Architecture élégante du début du XVIIIe siècle, par la grâce du cardinal de Bouillon, abbé de Cluny, qui appréciait les belles choses et aimait venir à Paray se reposer de la gestion de son abbaye.

🏃 **Le musée Paul-Charnoz :** 32, av. de la Gare. ☎ 03-85-81-40-80. • musee-car relage-charnoz.org • ⚐ Juil-août : 14h30-19h ; tte l'année sur demande téléphonique. Entrée : 2,50 €. Dans une ancienne habitation ouvrière, exposition sur le patrimoine industriel du carrelage de céramique, production traditionnelle de Paray et de la région. Voir en particulier deux œuvres de Paul Charnoz : la « fresque » de 40 m², composée de 700 carreaux et récompensée à l'Exposition universelle de 1889, et la « rosace » de 120 m², composée de 4 000 carreaux et réalisée, elle, pour l'Exposition universelle de 1900.

🏃 **Balade en ville :** Paray possède encore quelques intéressants témoignages du passé, comme la *maison Jayet,* superbe édifice Renaissance (1525), demeure d'un riche commerçant (aujourd'hui la mairie). Construite en belle pierre blonde, avec fenêtres à meneaux et frises richement ornementées. Les médaillons représentent des rois et autres hauts personnages, signes ostentatoires, à l'époque, de la réussite sociale. On pense que le sieur Jayet voulut quelque chose qui ressemblât à la fameuse maison Jacques-Cœur de Bourges. À côté, une belle demeure avec fenêtres romanes et porte à accolade. À deux pas, la *tour Saint-Nicolas,* vestige de l'ancienne église paroissiale du XVIe siècle, fermée en 1792 et qui perdit chœur et chapelles par la suite. Elle abrite aujourd'hui des expos temporaires.

🏃 **Le musée du Hiéron :** 13, rue de la Paix. ☎ 03-85-81-24-65. Tlj sf lun, 10h-12h et 14h-18h. Congé : 1er janv-20 mars. Entrée : 4 € ; réduc ; gratuit pour les moins de 16 ans. Après de nombreuses années de fermeture, ce musée d'art sacré, entièrement rénové, a rouvert ses portes au public. Collection sur le thème de l'eucharistie en lien avec l'histoire de la ville. À voir, l'œuvre précieuse et monumentale *Via Vitae,* de Joseph Chaumet.

➤ DANS LES ENVIRONS DE PARAY-LE-MONIAL

– **Le Moulin de Vaux :** à *Nochize* (71600). ☎ 03-85-88-31-51. • lemoulindevaux. com • Tte l'année, tlj. Un centre de tourisme équestre agréé par la Fédération française d'Équitation et gîte d'étape labellisé *Gîte de France,* sur les bords de l'Arconce, où vous trouverez un *café de pays* pour un casse-croûte à la bonne franquette, des randonnées et des promenades à cheval parce que c'est la base de l'activité, mais aussi un gîte pour vivre au rythme des chevaux. Il y en a pour tous les prix, tous les goûts, il suffit de téléphoner.

ENTRE LOIRE ET CANAL DU CENTRE

DIGOIN   (71160)   8 530 hab.

C'est une ville « d'eaux », au confluent des rivières Arroux, Bourbince, Vouzance et Arconce, sans compter le canal de Roanne à Digoin, le canal du Centre, qui va nous servir de fil rouge (ou plutôt vert) tout au long de ce chapitre, le canal latéral à la Loire et... la Loire. Avec 100 km de berges, cette petite ville convient donc particulièrement aux flâneurs, pêcheurs et navigateurs fluviaux. D'autant qu'une déviation routière permet désormais de libérer Digoin d'un flux automobile qui n'incitait guère les amoureux du tourisme vert à s'arrêter. On va pouvoir repartir sur les petites routes avoisinantes, à bicyclette, le long du canal. Possibilités de balades à bord du *Ville de Digoin* (voir ci-dessous) et de location de petits bateaux sans permis.

Adresses utiles

Office de tourisme : 8, rue Guilleminot. ☎ 03-85-53-00-81. ● http://perso.wanadoo.fr/office-de-tourisme-de-digoin ● Avr-mai et sept-oct : lun-sam 10h-12h, 14h-18h ; juin-août : lun-sam 10h-12h, 14h30-18h30 (plus dim de mi-juin à mi-sept, 15h-18h30) ; nov-mars : lun-sam 10h-12h, 13h30-16h30.

■ *Bateau-promenade Ville de Digoin :* La Maison du Bateau *(rive droite).* ☎ 03-85-53-76-78. ● croisiere.fr ● 15 mars-11 nov. Départs réguliers en juil-août (2 à 3/j.). Croisière-promenade de 1h30 : 8 € ; déjeuner-croisière 28,90-36,30 €.

Où dormir ? Où manger ?

Camping

Camping La Chevrette : *rue de la Chevrette.* ☎ 03-85-53-11-49. ● lachevrette@wanadoo.fr ● lachevrette.com ● Mars-oct. Forfait pour 2 (emplacement et voiture) 14 € en hte saison. Loc de chalets (450 €/sem). En bord de Loire, au calme. Snack-bar. Piscine. Location de VTT et de canoës-kayaks. Accueil aimable.

Prix moyens

Les Diligences : 14, rue Nationale. ☎ 03-85-53-06-31. ● hotel-les-diligences@wanadoo.fr ● les-diligences.com ● Sur l'antique quai de Loire des mariniers, entre la place de la Grève et le pont-canal. Fermé lun-mar (sf juil-août). Congés : de mi-déc à mi-janv. Résa conseillée. Doubles 48-55 €. Menus 18-37 € ; à la carte, env 45 €. *Café offert sur présentation de ce guide.* Pierre apparente, poutres, meubles cirés et cuivres font de cette halte « rustico-chic », dans un ancien relais du XVIIe siècle, une adresse conseillée. Beaux menus. La carte reste, elle, cependant assez chère. Côté hôtel, 6 chambres au calme sur les bords de Loire, meublées et décorées avec goût, dont un duplex, véritable appartement avec une immense salle de bains. Certaines chambres bénéficient d'un grand balcon et d'une belle vue.

Où dormir ? Où manger dans les environs ?

Le Merle Blanc : 36, route de Gueugnon, 71160 Neuzy. ☎ 03-85-53-17-13. ● lemerleblanc@wanadoo.fr ● lemerleblanc.com ● À 3 km de Digoin ; prendre la D 994 en direction d'Autun. Tlj sf dim soir et lun midi. Doubles 35,50-49,50 €. Menu (en sem) 15 € ; autres menus 19,90-41,50 €. *Apéritif maison offert sur présentation de ce guide.* Largement en retrait de la route, l'hôtel propose des chambres confortables. Côté cuisine, plats copieux : tourte croustillante aux escargots, ris de veau braisé, etc.

À voir

¶¶ **Le musée de la Céramique :** 8, rue Guilleminot. ☎ 03-85-53-00-81. Visite guidée slt : tlj sf dim et j. fériés ; avr-mai et sept-oct, 10h30, 15h et 16h30 ; juin-août, 10h30, puis départs échelonnés de 14h30 à 17h ; nov-mars, 10h30 et 14h30. Tlj de mi-sept à mi-juin. Congés : 3 sem à partir du 24 déc. Entrée : 4 € ; réduc. « Portes ouvertes » en avr pour le Printemps des musées. Installé au siège de l'office de tourisme, dans un édifice du milieu du XVIIIe siècle. Panorama complet des techniques de la céramique et de la faïence depuis la période gallo-romaine. Four du IIIe siècle, amphores, sélection de terres. Salle exposant grès et poteries : tour à pied de potier, objets domestiques, moules. Salle où sont montrées les productions actuelles, explications sur le processus de fabrication. Salle de la faïencerie : schémas de production, techniques de décors (le style Obernai, qui a toujours autant de succès). Salle des anciennes productions (bols, pichets, tampons pour faire les décors, assiettes à thème). Dernière salle, beau plafond en bois. Accès au 2e étage par un élégant escalier à balustres. Expo de céramique sanitaire et d'anciennes pièces (le musée en compte autour de 25 000).

¶¶ **L'observaloire :** rue des Perruts. ☎ 03-85-53-75-71. • observaloire.com • À deux pas du pont-canal. En été : tlj 10h-18h (19h30 mer) ; balade ven 18h ; hors saison : tlj sf mar 14h-18h. Entrée : 4 € ; réduc. Pour mieux comprendre Digoin, découvrez l'univers des mariniers de la Loire, leur vie sur les canaux, plongez à la découverte des poissons, admirez le fleuve farouche. Site climatisé, car tant d'émotions donnent chaud (et vous apprécierez doublement, au cœur de l'été).

¶¶ **Le pont-canal :** pas très loin de l'office de tourisme. Construit en 1834, et mesurant 243 m, il permet au canal du Centre de communiquer avec le canal de Digoin à Roanne, par un pont de onze arches, à 12 m au-dessus de la Loire. Vision tout à fait insolite. Noter qu'il existe deux autres ponts-canaux du XIXe siècle à découvrir dans un périmètre de 5 km à la ronde.

BOURBON-LANCY (71140) 5 502 hab.

Dernière grande ville dans le « Far Ouest » bourguignon et station thermale dont on connaissait les propriétés déjà sous les Gaulois. En tout cas, les Romains en profitèrent largement (nombreux vestiges de leur présence) pour soigner rhumatismes articulaires aigus, arthrose et autres problèmes cardiovasculaires qui étaient légion (ouarf !) chez eux. La ville est très étendue : sur la colline, la vieille ville ; à ses pieds, la ville thermale, le plan d'eau et les parcs.

Adresse utile

Office de tourisme : pl. d'Aligre. ☎ 03-85-89-18-27. • bourbon-lancy.com • Tlj tte l'année, sf dim nov-mars et le 1er mai. Visite guidée organisée toute l'année de la vieille ville et des différents musées.

Où dormir ? Où manger ?

Camping

Camping Saint-Prix : rue de Saint-Prix. ☎ 03-85-89-20-98. • aquadis1@wanadoo.fr • aquadis-loisirs.com • Avr-oct. Forfait 2 pers avec voiture, tente et électricité autour de 15,50 €. Un camping 3 étoiles avec de grands emplacements (100 m^2). Location de mobile homes et de chalets (279-525 €/sem). Piscine à proximité.

Bon marché

|●| La Grignotte du Vieux Bourbon : *12, rue de l'Horloge.* ☎ *03-85-89-06-53. Congés : période de Noël. Menus de 12,50 € (à midi en sem l'hiver) à 19,50 €. Apéritif maison offert sur présentation de ce guide. Au cœur de la vieille ville, une halte savoureuse autant pour l'assiette que pour l'atmosphère. Un vrai bistrot, avec des habitués qui ont le sens de la répartie, et un jeune patron, « Hervé de la Grignotte », comme ils l'appellent, qui se démène pour livrer entrecôtes et plats du jour. Vente et dégustation de vins dans la boutique à côté, La Cav'atout.*

De prix moyens à un peu plus chic

≜ Le Grand Hôtel : *parc thermal.* ☎ *03-85-89-08-87.* ● *ghthermal@stbl.fr* ● *grand-hotel-thermal.com* ● ✂ *(partiel). À 5 mn du centre-ville, direction Digoin. Congés : fin oct-mars. Doubles 58-78 €. Apéritif maison offert sur présentation de ce guide. Routard nostalgique des vieilles villes d'eaux au charme désuet, cette adresse vous conviendra parfaitement. Aménagé dans un ancien couvent de visitandines dont le cloître a été conservé, l'hôtel en lui-même est moins pompeux que surdimensionné. Chambres propres, vastes salles de bains à des prix raisonnables.*

≜ |●| Hôtel Villa du Vieux Puits : *7, rue de Bel-Air.* ☎ *03-85-89-04-04. Fax : 03-85-89-13-87. Au pied de la vieille ville, au calme. Resto ts les soirs sf dim et j. fériés. Congés : 22 déc-10 janv et de mi-fév à mi-mars. Doubles avec douche et w-c 50 € ou avec bains 60 €. Menus 20-30 €. Cadeau personnalisé sur présentation de ce guide. Vous pourrez manger de la terrine maison fourrée aux foies de volaille, de la soupe de moules, etc. Plutôt agréable, quoiqu'un rien vieillissant.*

≜ Hôtel La Tourelle du Beffroi : *17, pl. de la Mairie.* ☎ *03-85-89-39-20.* ● *hotel latourelle@aol.com* ● *latourelle.net* ● ✂ *À l'entrée du vieux bourg, à côté du beffroi. Tte l'année. Doubles avec douche ou bains 55-73 € ; 9 € petit déj en formule buffet. Un petit déj par chambre offert dès l'arrivée sur présentation de ce guide. Un amour de petit hôtel dans la partie médiévale de la ville. Seulement 8 chambres aux noms très lyriques, toutes différentes, toutes très jolies, et donnant côté jardin pour trois d'entre elles. Petit déj servi dans la véranda ou sur la terrasse, d'où vous jouirez de la vue sur le beffroi.*

Où dormir ? Où manger dans les environs ?

≜ |●| Chambres d'hôtes du château des Lambeys : *chez Étienne de Bussière, rue des Lambeys, 71140 Saint-Aubin-sur-Loire.* ☎ *03-85-53-92-76.* ● *les-lambeys@wanadoo.fr* ● *À 4 km de Bourbon-Lancy. Avr-déc (sur résa le reste de l'année). Compter 65-90 € pour 2, petit déj compris. Possibilité de se restaurer sur place (sur résa). Apéritif maison offert sur présentation de ce guide. Six chambres confortables dans un château du XVIIIᵉ siècle, en bordure de Loire. M. de Bussière est un hôte charmant, pour qui sait apprécier le charme des demeures anciennes, et un fin cordon bleu. Décoration et ambiance un peu surannées des maisons d'autrefois, et étonnante collection photographique. Grand salon à la disposition des hôtes, et jardin d'hiver joliment restauré, où l'on vous servira le petit déj à la belle saison. Le grand parc est une invitation à la sieste polissonne ou au repos des sens. Barbecue à disposition. Piscine. Accès Internet.*

À voir. À faire

➤ **Balade dans le vieux Bourbon :** départ de la *porte du Beffroi,* vestige de l'enceinte de la vieille ville (XIVᵉ siècle). De l'autre côté de la tour, le « Beurdin » vous nargue toutes les heures. Sur la gauche, superbe demeure Renaissance à pans de bois sur piliers de pierre. Fenêtres en accolade et faïences de Nevers (médaillon de François Iᵉʳ). Avec les maisons cossues autour, le vieux puits à margelle en schiste rouge et la fontaine fleurie, l'ensemble compose un ravissant tableau. On arrive à une nouvelle porte de la ville. Belle vue sur la campagne. *Rue des Tours*, vestiges d'encorbellements et de tours, dont une de guet classée. Passer sous une arche, puis prendre à gauche et encore à gauche. Une très étroite ruelle mène à une paisible placette. Vierges dans leurs niches aux angles des maisons. Flânerie rue de l'Eminage, rue Pingré-de-Farvilliers ; belles demeures croulant sous la vigne vierge. Retour à la porte du Beffroi.

- *Le musée Saint-Nazaire :* ☎ 03-85-89-18-27. *Au nord de la ville (bien fléché). Juil-août : tlj sf mar 15h-18h. Gratuit.* Installé dans une église romane du XIᵉ siècle désaffectée, le musée présente des vestiges archéologiques gallo-romains, poteries, sarcophages mérovingiens, porcelaines de Sèvres, sculptures diverses, pirogue médiévale, etc. Également des toiles de Puvis de Chavannes.

- *Planétarium :* ☎ 03-85-89-09-78. *À côté du musée. Ts les sam à 16h ; gratuit.* Séances publiques avec un astronome haut en couleur !

DE BOURBON-LANCY À TOULON-SUR-ARROUX

- *Le Musée charolais du Machinisme agricole :* à *Neuvy-Grandchamp (71130).* ☎ 03-85-84-23-62. *Avr-oct : tlj sf mar 10h-12h, 14h-18h30 ; hors saison sur rendez-vous. Entrée : 4 € ; réduc (notamment sur présentation de ce guide) ; gratuit jusqu'à 10 ans.* Expo de plus de 500 pièces, dont de nombreux tracteurs, machines à vapeur, machines tractées, moteurs. La plupart fonctionnent lors des diverses manifestations locales.

- *Le mont Dardon :* point culminant de la région, à 506 m. Très beau panorama. Idéal pour un pique-nique.

- *Chambres d'hôtes du Carrège : chez Jean-Michel Augard, 71130 Uxeau.* ☎ *et fax : 03-85-85-39-79. Doubles 45 € avec petit déj. Repas à la ferme 13 €, vin compris. Apéritif et café offerts sur présentation de ce guide.* Sur la D 25, menant au mont Dardon, un gros corps de ferme où l'on peut se poser en paix. Les propriétaires élèvent bovins, volailles, chèvres et vous proposent une table d'hôtes avec les produits maison, en toute simplicité.
- *Possibilité de logement en gîte d'étape chez Gilles Gouin, un passionné de moto, à Bassenier, 71130 Uxeau.* ☎ *03-85-84-49-38. Compter 10-12 €/pers la nuit.* Organisation de randonnées tout chemin ou routière.

TOULON-SUR-ARROUX (71320) 1 601 hab.

Entre Arroux et Bourbince, aux portes du Morvan et du Charolais-Brionnais, une ville et une terre un peu oubliées. Une découverte très nature pour les amateurs d'insolite... et aussi pour les amoureux de randonnée, avec 80 km de sentiers balisés. Ici est également organisée la plus importante marche de la région, la « randonnée des Châtaignes » (très pacifique, pourtant), fin octobre. À voir également, l'église romane du début du XIIᵉ siècle, ouverte tous les après-midi en été, et le pont du Diable, avec ses 13 arches, construit au XIIᵉ siècle par un maçon qui aurait demandé de l'aide au Fourchu.

Où dormir ?

Camping

Camping du Lac des Arrouettes : Les Arrouettes. ☎ 03-85-79-50-30. À la sortie de Toulon. Juin-sept. Emplacement pour 2 avec voiture et tente 9 €. Une cinquantaine d'emplacements dans le cadre ombragé d'une magnifique propriété de 19 ha, au bord de l'Arroux. Sur le pourtour du lac, ancienne gravière aux eaux claires, plage, emplacement pour la pêche, chemin de promenade. Mobile homes.

Chambres d'hôtes

Chambres d'hôtes La Grange Morambeau : à la sortie de Toulon. ☎ 03-85-79-47-25. Tte l'année. Doubles 40 €. Apéritif offert sur présentation de ce guide. Pas le grand luxe, mais Henri et Colette Dufraigne sont si sympas qu'on ne regardera pas le papier peint ni la déco des chambres de trop près. Bien pratique en tout cas, d'autant que ce couple accueillant ne regarde pas non plus la pendule pour servir le petit déj.

À faire

Diverti'Parc : route de Gueugnon. ☎ 03-85-79-59-08. • http://divertiparc.com/ • Juil-août : tlj 10h30-19h ; de mi-avril à fin juin : dim slt 11h-18h ; fin oct-début nov : dim slt 14h-18h. Entrée : 6,90 €. Un parc qui porte bien son nom et cache bien... ses jeux. Certes, il y a le champ de maïs, qu'on voit venir de loin. Sept labyrinthes aux thèmes différents vous y attendent. Au centre se trouve une grande place avec une multitude de jeux géants en bois, pour la joie de tous, grands et petits : quilles, quatro, abalone, mikado, dominos, jeux d'adresse. Les jeux plus classiques côtoient des jeux originaux, on va faire trois petits tours dans le bois pour en trouver de nouveaux, on revient pour souffler devant un verre, en terrasse, près de la buvette, pendant que les enfants vont jouer plus loin. Par temps ensoleillé, prévoir chapeaux et crème solaire, bien que le parcours en sous-bois permette de se rafraîchir un peu. Restauration légère sur place.

➤ DANS LES ENVIRONS DE TOULON-SUR-ARROUX

Le temple des Mille-Bouddhas : au château de Plaige, 71320 **La Boulaye**. ☎ 03-85-79-62-53. • mille-bouddhas.com • À 6 km au nord de Toulon-sur-Arroux. Tte l'année, w-e, j. fériés et pdt les vac scol 14h30-18h (19h en été) ; juil-août : ouv aussi mat 10h-12h. Boutique-librairie fermée mar. Tarifs : 4 € (5 € en juil-août) ; réduc. Juil-sept : expo dans la galerie du temple ; 3 j. de danses sacrées en août (téléphoner pour les dates précises). Il est possible d'assister au rituel du soir qui a lieu tlj sf mer, à 19h en été et 18h en hiver. L'entrée est alors libre : il vous suffit simplement d'ôter vos chaussures à l'extérieur.
C'est peut-être le plus grand temple bouddhique d'Europe, avec son toit à trois étages symbolisant les trois corps du Bouddha, mais soyons clairs : mieux vaut avoir d'emblée une certaine complicité avec ce qui se passe dans ces lieux, sinon vous risquez, comme certains lecteurs, de nous envoyer un courrier nous demandant comment on peut « cautionner une telle institution ». Oubliez donc le « bazar extérieur », les peintures écaillées, la boutique folklo. À l'intérieur, murs couverts de fresques racontant la vie de Bouddha, plafond à caissons avec peintures sacrées et corniche aux Mille-Bouddhas. Traditionnelles statues de bouddhas de 7 m de haut.

DE TOULON-SUR-ARROUX À MONTCEAU-LES-MINES 259

🛏️ 🍴 Pour ceux qui ont faim de nourritures terrestres, *auberge* dans le bourg. *Gîte* également.

🚶 **Dettey** *(71190)* : un des plus petits villages de Saône-et-Loire. Tout en haut d'une colline boisée (529 m), par une route étroite et sinueuse. Tout en charme, sérénité et intimité, avec sa croquignolette église, sa mairie de poche et son auberge du bout du monde pour amoureux romantiques et bucoliques. Dans l'*église* de la fin du XIe siècle, intéressantes statues dont une Vierge à l'Enfant et, surtout, remarquable *Saint Martin sur son cheval, partageant son manteau*. Faites le tour de la statue, et vous verrez que le pauvre va-nu-pieds avait bien besoin de cette étoffe.

🛏️ *Gîte d'étape* : *dans le bourg.* ☎ *03-85-54-58-71.* • *mairiedettey@wanadoo.fr* • 🍽️ *Compter 8,50 €/pers (petit supplément de 1,50 € pour le chauffage électrique en hiver).* Une douzaine de lits superposés en dortoir. Aire de pique-nique. Adresse pour randonneurs et vététistes.

🚶 En repartant vers le sud, jolie route frayant son chemin en plongée dans une épaisse futaie. Balade en cours de route pour aller voir quelques beaux **rochers** comme la pierre qui Croule (un gros caillou de 47 t qui a gardé un remarquable équilibre instable au fil des siècles) et le profil de Napoléon.

DE TOULON-SUR-ARROUX À MONTCEAU-LES-MINES EN LONGEANT LE CANAL

🚶 *L'église romane de Perrecy-les-Forges (71420)* : arrêt en redescendant vers le canal, le temps d'admirer la masse importante de l'église et la richesse de son porche roman. La savante architecture de l'ensemble, l'équilibre robuste, le style des chapiteaux et des bases, l'élégance du décor la rendent unique en Bourgogne.

🚶 *La tranchée du canal à Génelard (71420)* : une véritable œuvre d'art que constitue la cuvette de la tranchée construite au XVIIIe siècle, entièrement en pierre (jusqu'au fond) et remaniée à la fin du XIXe siècle lors du passage du canal au gabarit Freycinet. Tronçon fort agréable à découvrir : il domine l'eau d'une dizaine de mètres, et les arbres apportent fraîcheur et sérénité. À Génelard, également à voir, le *Centre d'interprétation de la ligne de démarcation* (☎ 03-85-79-23-12).

🚶 *Le château de Digoine* : *à* **Palinges** *(71430).* ☎ *03-85-70-20-27. Juil-août : tlj ; hors saison : w-e et j. fériés slt. Fermé au public Toussaint-Pâques. Visite des intérieurs (château + théâtre) : 14h30-17h30. Entrée : 6,50 € (5,50 € sur présentation de ce guide) ; gratuit pour les moins de 12 ans. Visite (libre) du parc seul : 14h-19h. Entrée : 3,50 €.* Belle balade le long du canal jusqu'au château de Digoine, du plus pur style XVIIIe, avec sa façade classique côté cour d'honneur, œuvre de Verniquet, très différente de celle que M. d'Amarzit vous fera découvrir côté parc. Une visite passionnante s'il est en forme, car il vous fera partager un peu la vie de sa famille, entre les salles à manger d'hiver et d'été, le billard, la bibliothèque Charles X et un aperçu des appartements. Demandez-lui surtout à voir son trésor, ce petit théâtre à l'italienne resté dans son jus, qui ne revit que l'été, le temps de quelques soirées privées (les amateurs d'Offenbach, dont le souvenir plane par ici, seraient comblés !). M. d'Amarzit vous donnera un aperçu du parc à l'anglaise (normal, à l'époque des romantiques !) et vous laissera vous promener à votre guise entre cour et jardin, après avoir fait le tour de la serre.

🚶 *La briqueterie de Ciry-le-Noble (71420)* : ☎ *03-85-79-18-98. Prendre la D 974 qui longe le canal du Centre, l'usine est à la sortie du bourg, direction Génelard. Visite guidée sur rendez-vous pour les groupes ; visite libre ou commentée juin-sept : mar-dim 14h-19h. Tarifs : 3 € ; réduc (notamment sur présentation de ce guide) ; gratuit pour les enfants de moins de 12 ans.* Construite en 1893, cette usine

ENTRE LOIRE ET CANAL DU CENTRE

s'était spécialisée dans la fabrication de briques de pavage et de produits destinés à l'industrie chimique. Elle produisait également des briques réfractaires ainsi que divers produits en grès. Abandonné en 1967, le site est en partie réhabilité. Lors de la visite, vous pourrez découvrir tout le processus de fabrication de la céramique, depuis l'argile jusqu'au produit fini. Expos et résidence d'artistes autour du matériau terre.

MONTCEAU-LES-MINES (71300) 19 500 hab.

Le canal du Centre traverse de part en part cette ville désormais tournée vers un avenir plus souriant et touristique que son nom, lié à un passé dont elle reste fière, pourrait le laisser supposer. Un passé unique en son genre, témoin de l'éclosion industrielle. Ville minière et ouvrière, née en 1856, la petite sœur du Creusot se développa autour des mines de charbon de Blanzy dans la seconde moitié du XIXe siècle et se peupla de travailleurs charolais et morvandiaux.

UN PEU D'HISTOIRE

Montceau se trouve au bord d'une cuvette, sur la lisière nord-est du Massif central : ses dépôts houillers se sont formés dans une dépression qui le sépare du Morvan (anciens lacs devenus tourbières). Découverte de la houille au XVIe siècle : un acte daté de 1511 rappelle l'existence de petites exploitations artisanales affermées par ceux qui désiraient se faire « charbonniers ». En 1818, la mine est encore petite quand Jean-François Chagot l'acquiert. Quatre puits, une centaine d'ouvriers et dix chevaux. La première société minière sera créée en 1833 par son fils, Jules Chagot. Naissance en 1856 de la commune de Montceau-les-Mines qui comprend 1 300 habitants et dont le maire sera Léonce Chagot, un nom qui doit commencer à vous dire quelque chose.

Le règne des Chagot sera une vraie caricature du capitalisme triomphant au XIXe siècle. Bigoterie étouffante (l'église est construite de 1858 à 1861) et paternalisme total. L'état des dépenses sociales, dans les comptes de la société, est intitulé « sacrifices faits par la compagnie » ! Bas salaires et dures conditions de travail amènent à la création d'un embryon de syndicat en 1878, non reconnu par la direction. Ses adhérents s'organisent alors clandestinement sous le nom de « Bande noire ». Le patron lui oppose une police privée, la « bande à Patin », chargée du mouchardage et de la répression. L'agitation syndicale et politique mène à la grève de 1899. Le gouvernement lui-même est obligé d'intervenir dans le conflit, le syndicat est enfin reconnu, la « bande à Patin » dissoute. Conséquences politiques, aux élections de 1900, tous les élus du bassin (des maires au député) sont socialistes (bien avant Le Creusot).

Après la guerre de 1914-1918, grosse immigration polonaise et italienne. Pendant la Seconde Guerre mondiale, résistance très vive des mineurs. Le bassin minier se libère lui-même, le 6 septembre 1944. En 1946, nationalisation de l'entreprise, qui comprend 13 000 personnes. Dans les années 1960 à 1980, réduction des effectifs, concentration sur quelques puits et création de nouvelles techniques d'extraction, dont celle du « plateau-rabot ». En 1989, les houillères n'emploient plus que 1 000 personnes. En avril 1992, fermeture définitive du dernier puits de fond, après 240 ans d'exploitation souterraine. Le bassin aura produit 210 millions de tonnes de houille.

L'ère du changement

Aujourd'hui, après la fin des mines, la ville s'est reconvertie avec succès dans les nouvelles industries : téléphonie, métallurgie fine (les fleurets du championnat du monde d'escrime sont forgés à Montceau), nombreux sous-traitants travaillant pour le nucléaire et l'aviation, pneumatiques, entreprises textiles performantes (chaussettes de sport, collants, etc.). Reconversion particulièrement réussie également au niveau urbanisme : nombreux espaces verts, plans d'eau et parcs, habitat ouvrier rénové, commerces et vie culturelle et associative actifs en témoignent. Enfin, les plaisanciers aiment y faire étape.

Car le développement touristique de la ville s'oriente aussi sur la valorisation du canal du Centre : Montceau est l'une des rares villes à avoir conservé deux ponts levants qui permettent aux bateaux d'accéder au port fluvial en plein centre-ville. Pour une croisière-promenade ou une croisière-déjeuner, allez faire un tour à l'office de tourisme. Enfin, pour le bain de foule, rien ne vaut le marché du samedi matin.

Adresse utile

Office de tourisme : quai du Général-de-Gaulle. ☎ 03-85-69-00-00. • montceaulesmines.fr • Tte l'année : du lun ap-m au sam ap-m. Excellent matériel touristique.

Où dormir ? Où manger ?

Le France : 7, pl. Beaubernard. ☎ 03-85-67-95-30. • lefrance@jeromebrochot.com • jeromebrochot.com • Près de la gare de Montceau et du canal du Centre. Congés : 1 sem début janv ; resto fermé sam midi, dim soir et lun. Doubles avec douche et w-c ou bains 55 €, ½ pens 68 €. Le midi en sem menu 20 € ; autres menus 37-80 € ; à la carte, env 60 €. Café offert sur présentation de ce guide. Le charme de la tradition. Deux salles climatisées et une petite cour intérieure. À la carte, cuisine de saison, gastro et régionale. Parking face à l'hôtel.

Où dormir ? Où manger dans les environs ?

Chambres d'hôtes La Fontaine du Grand Fussy : chez Dominique Brun et Yves Rambaud, 71120 Le Rousset. ☎ et fax : 03-85-24-60-26. • la-fontaine-du-grand-fussy@wanadoo.fr • À 15 km au sud-est de Montceau, en direction de Cluny, par la D 980 ; prendre la D 33 vers Le Rousset, et tout de suite à droite la D 60 vers Ciry-le-Noble ; l'accès de la maison est à 900 m à gauche. Congés : janv. Compter 65 € pour 2 avec petit déj (75 € pour l'appartement). Table d'hôtes (sf dim et lun soir) 18 €, sans vin. Digestif maison offert sur présentation de ce guide. Une magnifique demeure du XVIIIe siècle. Dominique Brun, qui s'est aujourd'hui spécialisée dans les fresques et peintures murales, a réalisé un aménagement intérieur qui vous fera craquer : enduits à la chaux, glacis à l'eau, motifs au pochoir, trompe-l'œil, faux marbre se mêlent aux ferronneries et aux meubles de famille de tous styles. Cuisine familiale et goûteuse. Agréable terrasse avec tonnelle. Piscine.

À voir

Le parc Maugrand : Montceau a réussi son pari de faire, à l'endroit même où se trouvaient les anciens puits de mine, un grand parc urbain. Redessiné entièrement par un paysagiste, le site présente un caractère tellement naturel, sur 150 ha, qu'on oublie qu'il nécessita l'apport de 220 000 m³ de terre végétale et la plantation de plus de 100 000 arbres (chênes, bouleaux, acacias, hêtres...). Golf, toboggan, aires de jeux pour l'animation, mais aussi jardins familiaux, parcours d'orientation, ferme animalière. Grands totems pour rappeler l'emplacement des anciens puits. Quant au niveau du lac, il devrait monter encore jusqu'en 2011, pour se mettre au niveau de la Bourbince, la rivière qui traverse Montceau.

🛉 **Le parc Saint-Louis :** un parc architecturé doté d'une cascade, où la nature a repris ses droits, là aussi, avec de nombreuses plantations, sans apport de terre végétale cette fois. La pyramide qui le surplombe rappelle les anciens chevalements et offre un beau point de vue.

🛉 🛉 **La maison d'École :** 37, rue Jean-Jaurès. Tte l'année : 2ᵉ dim du mois 14h-18h ; juil-août : ts les ap-m sf lun, aux mêmes horaires. Pour les visites guidées, voir avec l'office de tourisme (☎ 03-85-69-00-00). Ce petit musée, composé de deux salles de classe des années 1881-1900 et 1950-1960 dans leur état d'origine, raconte les grandes lignes de l'Éducation nationale depuis Jules Ferry. Également une salle d'expositions temporaires et une petite expo, dans le hall, qui évoque encore l'évolution de l'école, du système patronal à l'école laïque.

Manifestations

– *L'Embarcadère :* quai Jules-Chagot. ☎ 03-85-67-78-10. Des programmations diverses et intéressantes (classique ou concert rock), des expos et des salons tout au long de l'année.
– *Festival Tango, Swing et Bretelles :* début oct. Rens et résa à l'Embarcadère. Festival plein de dynamisme et de têtes d'affiche. Pendant 3 semaines, Montceau s'accorde à l'accordéon sous toutes ses formes.

➤ DANS LES ENVIRONS DE MONTCEAU-LES-MINES

🛉🛉🛉 🛉 **Le musée de la Mine :** 34, rue du Bois-Clair, 71450 **Blanzy**. ☎ 03-85-68-22-85. 🛉 À 3 km au nord-est de Montceau. Ouv 15 mars-30 juin et de début sept à mi-nov : w-e et j. fériés 14h-17h (départ de la dernière visite) ; vac scol d'été : tlj sf mar aux mêmes horaires. Durée de l'immersion : 2h. Entrée : 5 € ; réduc ; gratuit pour les moins de 10 ans. Dernier témoin de plus de deux siècles d'exploitation souterraine du charbon, le musée de la Mine de Blanzy occupe le site du puits Saint-Claude. Après la visite de la lampisterie, du carreau avec son chevalement et de la salle des machines, voici 200 m d'aventure souterraine dans les galeries aménagées : on s'y croirait, la poussière et les cris des mineurs en moins. Les visites sont très vivantes, commentées quelques fois par d'anciens mineurs, ravis de raconter des anecdotes qu'ils ont vécues et de partager une véritable passion.

LE CREUSOT (71200) 26 800 hab.

Incroyable ! On s'attend à l'un de ces paysages industriels âpres, déglingués, et l'on découvre une ville verte, aérée, agréable, sans grand charme en soi, certes, mais au patrimoine historique, humain et social d'une richesse exceptionnelle ! Laissez-vous aussi surprendre par cette aventure qui démarra il y a 200 ans au petit hameau du Crozot, et devint l'une des sagas industrielles les plus fascinantes de notre pays...

UN PEU D'HISTOIRE

Plusieurs facteurs sont déterminants dans la création et le développement du Creusot : l'ouverture du canal du Centre, et bien sûr la présence du charbon dans la région (il y en a tant à fleur de terre qu'on dit qu'on le « jardine ») et de gisements de minerai de fer déjà exploités, la machine à vapeur fournissant, faute de cours d'eau, l'énergie nécessaire aux hauts-fourneaux. En 1785 est créée la Fonderie royale et, dans le même temps, par édit du roi Louis XVI, la manufacture des Cristaux de Sèvres est délocalisée au Creusot, car salaires et combustible y sont moins chers. En 1832, la cristallerie est rachetée par Baccarat et, quatre ans plus tard, c'est le tour de la fonderie par Joseph-Eugène Schneider et son frère. Début de la grande saga d'une famille. Le Creusot compte à peine 2 700 habitants. À la fin du XXe siècle, 32 000 ! Mais que s'est-il passé ?

Les Schneider, empereurs de l'acier !

Pendant 124 ans, à travers quatre générations, la famille Schneider règne sur Le Creusot. La famille gagne aussi un poids politique national. Courant 1851, l'affrontement, au Conseil général de Saône-et-Loire, entre Eugène Schneider et Lamartine est pathétique. D'un côté, un Lamartine considérablement affaibli, quasiment « has been », au sortir d'une révolution de 1848 écrasée (alors que le coup d'État de Napoléon III s'annonce) ; de l'autre, un maître de forges en fulgurante ascension (futur ministre de l'empereur) et en train de prendre le pouvoir au sein du Conseil général. Utopie de l'humanisme et des vieilles idées généreuses contre capitalisme triomphant, le combat est inégal. Au moment du coup d'État, les ouvriers ne bougent pas, ce sont les vignerons qui tentent d'y résister ! Pas un hasard, quand on connaît aussi la politique paternaliste efficace et pas désintéressée des Schneider... En 1856, 5 000 Creusotins pétitionnent pour que leur ville s'appelle... Schneiderville ! Refus quand même d'Eugène Ier.

Le nom de Creusot devient ainsi symbole de puissance industrielle mondialement reconnue. Businessmen, hommes d'État et têtes couronnées s'y précipitent : les rois de Bulgarie, de Serbie ou du Portugal, le prince de Galles, des amiraux japonais, ministres et chefs d'État d'Amérique du Sud, princes ottomans, jusqu'à Li Hung Chang, vice-roi du Petchili, grand secrétaire d'État de l'empire de Chine... qui visite la ville et les usines en palanquin. Les derniers visiteurs seront le général de Gaulle en 1959 et Nikita Khrouchtchev en 1960, quelque temps avant la mort du dernier Schneider. À l'époque, le château de la Verrerie était d'ailleurs surnommé la « basse-cour » !

Eugène Ier (1805-1875) ne se contenta pas d'être le roi du fer, il fut aussi ministre du Commerce et de... l'Agriculture de Napoléon III et l'un des fondateurs, puis président de la *Société Générale.* Il cumula aussi les mandats politiques.

Technologies, productions...

Sur le plan technologique, pour lutter contre le capitalisme anglais particulièrement dynamique, les Schneider innovèrent dans de nombreux domaines : premier chemin de fer français (1838), bateaux à vapeur (1839)... Au Creusot, on fabriqua de l'acier de qualité en grande quantité grâce à l'implantation d'abord du four Martin (1867), puis du procédé Bessemer (1870) ; construction du marteau-pilon de 100 tonnes (1876, record du monde), production d'acier procédé Thomas (1880), production de matériels électriques et du fameux canon de 75, fabrication de la charpente du pont Alexandre-III à Paris, de celle de la gare d'Orsay, ainsi que celle de Santiago du Chili, première loco électrique (1900). En 1914, Schneider avait produit depuis 1885... 90 000 canons (dont la moitié à l'export). Puis, centrale hydroélectrique de Chancy-Pougny (1925), mise au point d'aciers inoxydables (1929), construction du réacteur de la centrale nucléaire de Marcoule (1954), record du monde de vitesse sur rail de la célèbre loco électrique BB 9004 (1955), première cuve française pour réacteur nucléaire (à eau sous pression) pour la centrale de Chooz, commande reçue par Framatome et réalisée par la Société des Forges et Ateliers du Creusot (1959)... De 1838 à 1970, l'usine aura fabriqué 5 000 locomotives !

... paternalisme...

Et pour fabriquer tout cela, il faut des ouvriers en bonne santé et (bien) éduqués. Les Schneider, dans la grande tradition paternaliste patronale, mettent en place un extraordinaire système social : on naît dans les maternités Schneider, on fréquente les écoles Schneider, on dort Schneider et l'on est enterré dans les cimetières du patron... Aux logements collectifs du début succèdent des cités ouvrières faites de maisons de quatre logements, puis individuelles. Les élèves, avec « uniforme-képi » et ceinturon aux armes de l'usine, reçoivent des bons points avec l'effigie d'Eugène ou d'Henri. La boîte possède même sa propre école d'ingénieurs, mais ne délivrant pas de diplôme reconnu ! Le nombre de conscrits illettrés au Creusot est quatre fois moins élevé que dans les villes et campagnes alentour ! En 1878 (bien avant Jules Ferry, donc), avec 120 maîtres, les écoles Schneider scolarisent 6 107 élèves (record absolu !). À l'hôpital, les soins et séjours sont gratuits pour les ouvriers malades ou blessés, et pour les membres de la famille : c'est un franc par jour ! En 1905, le taux de mortalité infantile au Creusot est le plus bas de France. Maisons pour orphelins, maisons et caisses de retraite et d'épargne complètent le dispositif. Le système Schneider, c'est le développement d'une mentalité d'assistés respectueux, à la limite, pour certains Creusotins, de la dévotion.

... et paix sociale !

La contrepartie de tout cela, c'est évidemment la soumission et la paix sociale. Mais Le Creusot connaît quand même quelques grands mouvements sociaux. Le premier, en 1870, surprend tout le monde (et pourtant, les ouvriers voulaient seulement participer à la gestion de la caisse de secours !). Indice de la frousse patronale, des milliers de soldats furent déployés dans la ville. Court intérim révolutionnaire avec J.-B. Dumay, syndicaliste nommé maire et qui fait hisser le drapeau rouge sur la mairie en solidarité avec la Commune de Paris. Les mouvements de 1899 et de 1900 se font dans la foulée de la lutte des mineurs de Blanzy et Montceau-les-Mines. Mais au Creusot, on se bat surtout pour avoir la possibilité de participer plus à la vie et aux décisions de l'usine (délégués d'atelier élus) et de pouvoir faire plus de choix personnels d'existence (moins dépendre du système Schneider). Contrairement au bassin minier, ces mouvements n'entraînent pas plus tard de radicalisation politique et l'on continue à voter Schneider aux élections. La contestation rentre ainsi dans le rang, les agitateurs et leaders de la toute jeune CGT (née en 1895) sont licenciés, des centaines de familles quittent la région et la direction suscite la création d'un « syndicat jaune ».

La fête commémorative du centenaire d'Eugène Ier, en 1905, est une sorte d'apothéose du pouvoir des Schneider. Ce n'est qu'en 1914 que la ville connaît ses premiers élus « rouges » (grâce au vote sous enveloppe et à l'isoloir rendus obligatoires) et, en 1919, de vrais syndicats ouvriers. Pourtant, au moment du Front populaire et du grand mouvement social de 1936... Le Creusot ne connaît pas un jour de grève !

Fin de partie !

En 1960, mort de Charles et début de la fin de l'empire. En 1970, la SFAC (Société des Forges et Ateliers du Creusot) fusionne avec la Compagnie des Ateliers et des Forges de la Loire pour donner Creusot-Loire. Les années 1970 ne seront pas favorables au groupe : choc pétrolier de 1973, premières secousses de la crise de la sidérurgie, enlèvement du baron Empain en 1978, qui affaiblit l'image du groupe, manque de dynamisme dans ses objectifs, etc. En 1984, nouvelle crise de la sidérurgie, qui atteint gravement Le Creusot. L'empire dépose son bilan et est dépecé. Les activités sont reprises par diverses sociétés. Mais si le nom évoque encore un peu l'empire des Schneider, celui-ci n'existe plus au Creusot, bien sûr, en tant que tel.

LE CREUSOT / À VOIR. À FAIRE

Adresse utile

🛈 **Office de tourisme :** château de la Verrerie. ☎ 03-85-55-02-46. ☎ 03-85-80-11-03. • le-creusot.fr • Sept-juin : lun-ven 9h-12h, 14h-17h ; sam-dim et fêtes 14h-18h. Juil-août : lun-ven 10h-12h30, 13h30-18h ; w-e 14h-18h30. Dynamique et bien documenté.

Où dormir ? Où manger ?

🛏 I●I **Hôtel-restaurant Le Bourgogne :** 2, rue de la Verrerie. ☎ 03-85-80-32-02. Fax : 03-85-80-07-30. Sur la pl. Schneider. Doubles 44 €. Menu déj (en sem) à partir de 12,60 € ; env 22 € à la carte. Réduc de 10 % sur le prix de la chambre sur présentation de ce guide. Un petit hôtel entièrement rénové, au cœur de la ville ou ce qui pourrait en tenir lieu. Bien pratique et très sympathique. Grande terrasse sur la place.

I●I **Le Restaurant :** rue des Abattoirs. ☎ 03-85-56-32-33. • le.restaurant@free.fr • Au sud de la ville ; venant du sud, arrivé au Marteau-Pilon, prendre à droite la rue des Abattoirs ; au bout de 500 m, c'est indiqué à gauche ; au fond d'une rue en impasse. Tlj sf sam, dim, j. fériés et lun soir. Congés : 20 juil-20 août env. Le soir, résa conseillée. Menus 14-30 €. L'accueil est chaleureux. Beaucoup d'amis, une familiarité de bon ton imbibe les lieux. Salle claire, plaisante. Terrasse aux beaux jours. Cuisine de marché veillant à préserver le goût des bons produits. Très belle sélection de vins à tous les prix.

Où manger dans les environs ?

I●I **Le Vieux Saule :** route du Creusot, 71210 Torcy. ☎ 03-85-55-09-53. • restaurant.levieuxsaule@wanadoo.fr • À 3 km au sud-est en direction de Chalon. Tlj sf dim soir et lun. Menus 16-17,50 € (en sem) ; autres menus 26-67 € ; à la carte, compter autour de 45 €. Une des meilleures tables de la région, installée dans une ancienne auberge de campagne, aux portes du Creusot. Excellent accueil et cadre agréable. Cuisine particulièrement élaborée et goûteuse. Carte selon la saison. Desserts dans le ton. Bon choix de vins de propriétaires.

À voir. À faire

🎋🎋 **Le château de la Verrerie :** ☎ 03-85-73-92-00 ou 03-85-55-02-46 (office de tourisme). Juin-Journées du Patrimoine : lun-ven 10h-19h ; w-e et fêtes 14h-19h ; journées du Patrimoine-31 mai : lun-ven 10h-12h30 ; w-e et j. fériés 14h-18h. Entrée : 6 € ; gratuit jusqu'à 10 ans ; billet famille (2 adultes + enfants) 15,25 €. La visite inclut musée, exposition et petit théâtre. Prévoir 2h pour la visite complète du site.

C'est là, sur une colline, que fut choisi le site de la future cristallerie de la reine. Construite en 1787, sous la forme d'une cour centrale encadrée d'un long pavillon d'honneur et de communs en retour d'aile, pour les logements des ouvriers et de la direction, les bureaux et les entrepôts. Dans la cour, on éleva deux tours coniques pour installer les fours et les ateliers. La cristallerie réalisa d'emblée une très belle production, mais elle fut rapidement cassée par la Révolution. Malgré un bon redémarrage, la verrerie périclita, et machines et procédés furent vendus à Baccarat en 1832 (avec une clause de non-concurrence de 50 ans).

Eugène Schneider racheta les bâtiments et effectua des transformations. Eugène Ier et Henri y établirent leur résidence, mais plus tard, Eugène II décida d'en faire avant

ENTRE LOIRE ET CANAL DU CENTRE

tout la vitrine de la réussite de la firme. Il entreprit alors de grands travaux d'embellissement pour le transformer en vrai petit Versailles. Le grand parc fut redessiné, l'un des fours se métamorphosa en ravissant théâtre à la « Trianon ». Le sous-sol fut aménagé pour les déplacements discrets des domestiques. Visites de prestige et grandes fêtes de famille s'y déroulèrent de 1905 à 1960.
Les canons dans la cour ne proviennent pas des fonderies, mais faisaient partie de la collection privée de la famille. Château racheté par la municipalité en 1969.

Le musée de l'Homme et de l'Industrie
Site de l'écomusée du Creusot-Montceau. Présentation de ce que fut la grande histoire du Creusot. On est accueilli d'emblée par le très réaliste *Sortie d'une pièce de marine aux forges de Saint-Chamond* de J.-F. Layraud. À gauche, généralement, d'intéressantes expos temporaires. À droite, espace pédagogique « Autour des machines à vapeur » et introduction à l'usine grâce aux maquettes et photos de groupes par métiers. Dans la salle du fond, immense maquette animée, condensé des divers ateliers de Schneider.
– *Premier étage :* évocation de la ville par estampes, gravures, lithos, peintures, photos. Plan original de la verrerie (1794). Échantillons de la production, comme ces belles pièces bleues pour pharmacie. Autre salle avec drageoirs, vases, gobelets, flacons, verres à pied. Vitrines sur le travail à chaud, le moulage, ingrédients pour la fabrication du verre.
– *Autre aile :* tout sur la famille Schneider. Photo insolite du Creusot en 1860. Autre truc insolite : Henri Schneider sur un vitrail de l'église Saint-Henri, avec sa femme Eudoxie (si, si !) et le reste de la famille. Le même Henri en saint Éloi aussi, patron des forgerons. Photos des usines (quand elles s'étendaient devant le château), ainsi que des appartements. Papier peint panoramique, décor Brésil (1829) et Amérique du Nord (1843). Mobilier Empire et Restauration. Monuments sculptés, révélateurs de l'emprise de la dynastie sur la ville. Portraits de famille et, en pied, d'Eudoxie Asselin, dessins, bustes, etc.

Le métal, la machine et les hommes
Exposition permanente de l'académie François-Bourdon. À gauche de la cour, elle est installée dans l'ancienne salle du Jeu de Paume. Toute l'aventure industrielle du Creusot, de 1782 à nos jours, à travers maquettes de machines, objets, photos, documents divers. Quelques coups de cœur : d'abord, les maquettes des apprentis des anciennes écoles Schneider, qui permettent de mesurer la remarquable qualité de l'enseignement et des méthodes de formation qui y étaient prodigués. En particulier, la maquette du marteau-pilon de François Bourdon, réalisée en 1955. Historique, la maquette du canon de Gribeauval qui, le 20 septembre 1792, arrêta l'ennemi à Valmy. La maquette du Creusot, dans ses moindres détails, fut présentée à l'Exposition universelle de 1900 dans le pavillon Schneider. Nombreuses machines, qu'il ne faut pas manquer de faire fonctionner pour certaines (comme la dynamo de 1902).

Le Petit Théâtre
Construit au début du XXe siècle par Eugène II, pour le divertissement de ses plus illustres invités. Inspiré du petit théâtre de la reine Marie-Antoinette au Trianon de Versailles. Admirer le trompe-l'œil de la coupole, donnant l'illusion de la profondeur. Tout est en bois, décor à l'italienne. Colonnes dorées, cordons et passementeries en trompe l'œil donnent charme et intimité à l'ensemble. Excellente acoustique. Une anecdote : la famille Schneider se plaçait au fond avec ses invités. Les banquettes étaient installées en épi par correction envers la famille et ses hôtes, pour ne pas leur tourner le dos ! Au sous-sol, les loges, le pittoresque tableau de commandes électriques et le treuil pour remonter le rideau de scène, ainsi qu'un des accès aux souterrains du château.

Le parc de la Verrerie : heureux Creusotins qui se retrouvent avec un parc à l'anglaise de 28 ha en pleine ville ! Aménagé par Eugène Ier en parc paysager, comme c'était la mode sous Napoléon III (à Paris, Montsouris, les Buttes-Chaumont, etc.). Remanié sous Eugène II en 1905 par de célèbres paysagistes. Jardins à la française près du château et immense terrasse panoramique pour admirer la pelouse centrale qui coule vers deux plans d'eau. À l'entrée du parc, sur le côté du château, statue d'Eugène Iᵉʳ. Pas loin, la fontaine aux Enfants (1913), représentant les rejetons d'Eugène II. À mi-pente, une aire de jeux pour les mômes. À deux pas, les serres. Petit parc animalier (avec daims, lamas, chèvres, moutons et paons) et volière. Tout en bas, les piscines (à vagues) du parc.

🏃 **Le Marteau-Pilon :** *carrefour du 8-Mai-1945 ; à l'entrée de la ville, en direction de Chalon.* L'inventeur du marteau-pilon à vapeur fut l'ingénieur François Bourdon (1797-1865). Il conçut et installa le premier d'entre eux en 1840 (hauteur : 7,50 m). Il fut donc le père de celui dont le vagissement se fit entendre, le 23 septembre 1877, à 10 km à la ronde, et qui poussa son dernier cri d'agonie en 1928. En son temps, il fut le plus gros et le plus puissant du monde. Quelques caractéristiques : poids total, 1 300 t ; hauteur, 21 m ; poids de la masse active... 100 t ! D'une telle précision qu'il pouvait casser une noix sans toucher au fruit ou boucher totalement une bouteille de vin sans la casser. Après 50 ans de bons et loyaux services, le marteau-pilon fut remplacé par des presses hydrauliques plus puissantes et moins bruyantes. Pour honorer une telle carrière, on ne pouvait faire moins que de le démonter et de le mettre bien en valeur à une entrée de la ville, témoin et symbole pour toujours de sa vocation industrielle.

🏃 **Le belvédère des Crêtes :** *accès par la route de Saint-Sernin-du-Bois (CD 138) ; prendre la direction du parc touristique.* Du point de vue de la rue des Pyrénées, on comprend de suite la philosophie de la ville : la place centrale du château, les usines qui s'ordonnaient autour.

🏃 🏃 **Le parc touristique des Combes :** *accès par la promenade des Crêtes ; bien signalé.* ☎ 03-85-55-26-23. • parcdescombes.com • *En été : tlj 11h-19h ; 4 mars-4 nov : w-e et j. fériés ; mai, juin, sept et vac scol : mer 14h-19h. Passe-partout : 16 € ; réduc.* Sur la « montagne » surplombant la ville, plusieurs attractions qui raviront les enfants de 7 à 77 ans :

➢ **Le train touristique :** *fonctionne fin mars-début nov ; se renseigner sur les horaires (pour le train à vapeur aussi).* C'est l'ancien tortillard, surnommé le « tacot des Crouillottes », qui, à partir du début du XXᵉ siècle, transporta péniblement les scories des hauts-fourneaux vers le plateau de la Combe. Abandonné dans les années 1950, il a repris du service, pour la plus grande joie des Creusotins. Pendant une heure, il flâne dans un mini-paysage de montagne, avec petit viaduc d'une portée de 20 m, tunnel à la belle forme ogivale et maints points de vue pittoresques.
– Nombre de **balades** et d'**activités** comme la visite du dépôt-atelier des petites locos, la promenade sur le chemin Noir (sympathique sentier pédestre), l'accès aux aires de jeux et pique-nique de la combe Denis ou des celle des Quatre-Pierrettes, les bateaux Mississippi ou encore la tyrolienne... À noter, le **Fossiloscope,** expo interactive et multimédia sur l'histoire géologique du Creusot et sa région.
– **Luge d'été :** une piste de 435 m de long. Frissons et rires garantis. Également la plus grande piste de karting du département : **Slik Karting.** Parmi les dernières attractions : le **Déval'train,** grand huit de 207 m pour frémir en famille, et le **Nautic Jet,** un parcours en bateau qui vous promet de belles éclaboussures à l'arrivée.

Culture et festivals

– **L'ARC, Scène nationale :** *pl. de la Poste.* ☎ 03-85-55-13-11. Déjà une quarantaine d'années de belle programmation à des prix fort démocratiques.
– **Festival des Giboulés :** *4 j. pdt vac de printemps.* Les grands noms de la scène pop rock, électro, hip hop, musiques du monde...
– **Festival national de Blues :** *fin juin.* ☎ 03-85-55-02-46. L'un des plus importants rassemblements du genre en France. Au pays des gueules noires, ça déménage rudement !

DANS LES ENVIRONS DU CREUSOT

Le musée du Canal du Centre : à *Écuisses* (71210). ☎ 03-85-78-97-04. • bateau-musee-canal.com • À env 8 km au sud-est du Creusot. Avr-juin et sept-oct, 14h-18h ; juil-août, tlj 10h-12h, 14h-18h30. Entrée : 3 € ; réduc (notamment sur présentation de ce guide). Visite d'une maison éclusière du XVIII° siècle (avec histoire du canal, son rôle dans le développement économique de la région, etc.), d'une écluse datant de la construction du canal et d'une péniche où sont présentés son fonctionnement et la vie des mariniers. En saison, possibilité de balade en bateau jusqu'au bief du partage des eaux (passage de cinq écluses) et « croisière-déjeuner » de 3h et plus à la demande.

DU CREUSOT À AUTUN PAR LA ROUTE DES CHÂTEAUX

Plutôt que de prendre la route directe pour rejoindre Autun, vous pouvez très bien musarder à l'ouest, autour du signal d'Uchon. Paysages mamelonnés d'une grande plénitude, avec des « pics » livrant des panoramas très étendus, des villages secrets, de délicieuses petites auberges perdues... Le GR 131 a la bonne idée de s'y lover aussi. On vous en parle plus longuement dans le chapitre sur le Morvan.

Pour le moment, mieux vaut continuer vers l'est, pour terminer en beauté la route des châteaux en Bourgogne du Sud, tout en partant à la découverte des vins des coteaux du *Couchois*. Des vins étonnants, comme ceux d'Alain et Isabelle Hasard... que le hasard vous fera peut-être justement découvrir.

Le château de Brandon (71670) : ☎ 03-85-55-45-16. • chateau-de-brandon. com • À env 10 km au nord du Creusot. D'avr à mi-oct : tlj 12h15-17h30. Compter 50 mn de visite. Entrée : 6 € ; réduc. Construit sur un camp gallo-romain, Brandon fut une place forte du duché de Bourgogne. Modèle de construction militaire avec ses cours haute et basse fermées, son chemin de ronde du XII° siècle, sa porterie (non, pas sa poterie !) du XIII° et son corps de logis principal modifié sous Louis XIII au XVII° siècle pour en faire une résidence. Exposition permanente sur l'héraldique (l'art du blason).

Le château de Couches (71490) : ☎ 03-85-45-57-99. À une douzaine de km au nord-est du Creusot. Juil-août : tlj 10h-12h, 14h-18h ; juin et sept : tlj 14h-18h ; avr-mai et oct : dim et j. fériés 14h-18h. Visite guidée de 45 mn ; la 1re à 10h30, puis ttes les heures. Entrée : 7 € ; réduc. Fier château à l'imposant donjon du XI° siècle. Marguerite de Bourgogne y serait morte en 1333. Remparts et tours du XIII° siècle. Visite de la belle chapelle du XV° siècle, construite par Claude de Montaigu, chambellan de Charles le Téméraire (riche statuaire), de la terrasse, du pont-levis, de la tour des Prisons.

– **Festival de Jazz** : 4 j. début juil. ☎ 03-85-49-66-29. • jazzacouches.com • Un festival comme on les aime, à ne pas manquer !

– À environ 3 km de la sortie de Couches, en direction d'Autun (par la D 978), vous ne manquerez pas ces sept beaux **menhirs** oubliés un jour par Obélix. Le septième, couché à terre, indique que Falbala a dû passer par là...

Où dormir dans les environs ?

Chambres d'hôtes Le Clos de l'Abbaye : 1, chemin des Charrières, 71510 Saint-Sernin-du-Plain. ☎ 03-85-98-05-51. • leclos@nordnet.fr • bnb-gite-leclos.com • À 6 km de Couches. Doubles 62 €, petit déj compris. Repas le soir sur résa, 15 €. Apéritif maison et réduc de 10 % sur le prix de la chambre en basse saison (hors vac scol) offerts sur présentation de ce guide. Une ancienne maison de vigneron bicentenaire, dominant la vallée. De jolies chambres pour dormir au calme, au beau milieu des vignes des coteaux du Couchois. Bonne table d'hôtes, qui vous propose de goûter à ces vins, moins connus que ceux de la Côte chalonnaise voisine. Deux des chambres sont à conseiller pour une famille ou 4 personnes, les sanitaires étant communs. Gîte également à louer pour 6 personnes. Petit déj chaleureux, en terrasse, et soirées agréables au coin du feu dès que les nuits deviennent fraîches.

▲ I●I *Chambres d'hôtes La Lison : chez Jean-Pierre Bertrand, Lusigny, 71490 Tintry.* ☎ *03-85-82-98-98.* • *lalison2@wanadoo.fr* • *À 11 km au nord-ouest de Couches et 11 km au sud du château de Sully. Doubles 38-46 €. Repas 16 €, sf dim-mar en juil-août. Apéritif maison et réduc de 30 % sur la 2e nuitée de début nov à mi-avr et en juin offerts sur présentation de ce guide.* Trois chambres spacieuses et coquettes dans une maison tranquille, avec salle de gym pour l'effort et jardin pour la détente. On vous prêtera un vélo pour les balades, de quoi vous mettre en appétit pour la table d'hôtes, très régionale, accompagnée de vins de pays du Couchois. Bien sympathique.

%% *Le château de Sully* (71360) : ☎ *03-85-82-09-86.* • *chateaudesully.com* • *À 30 km au nord-ouest de Couches et 18 km au nord-est d'Autun. Fin mars-début nov : tlj 10h-18h (19h en juil-août) ; première visite à 10h30, puis ttes les heures (sf 12h30) jusqu'à 16h30 (17h30 en juil-août). Visite guidée : 7,30 € ; parc et jardins seuls : 3,50 € ; réduc.*
Construit par la famille de Saulx au XVIe siècle, recherché par les Morey en 1714. C'est qu'arriva d'Irlande un jeune médecin, Jean-Baptiste de Mac-Mahon, fuyant les persécutions anglaises. Il épousa la veuve Morey et rejoignit ainsi nombre d'Irlandais qui firent brillamment souche en terre française. Beaucoup avaient émigré en un mouvement appelé « The Flight of the Wild Geese » (le vol des Oies sauvages) et rejoint la fameuse Brigade irlandaise des armées de Louis XIV et Louis XV (soldats irlandais à qui l'on doit en grande partie la victoire de Fontenoy !). C'est au château que naquit, en 1808, Maurice de Mac-Mahon, qui fut élu président de la République en 1873. Son bicentenaire est donc célébré comme il se doit en 2008 ! Arrivée sur le château assez somptueuse, vastes pelouses entre d'imposants communs, puis pont pour franchir les douves. Les travaux titanesques de remise en état du grand escalier, du perron et de la terrasse (façade nord) viennent de se terminer. Magnifique cour Renaissance. Les deux tours côté parc datent de la maison forte du XIIIe siècle. Visite des appartements, des pièces de réception et de la salle d'armes. Possibilité de se balader dans le beau parc et de rendre visite au jardin potager. Ne pas manquer d'aller admirer les séduisantes façades le long des douves. Enfin, on peut déguster les vins du vignoble familial de Chassagne-Montrachet et prendre un repas au château sur résa. Le château est aujourd'hui habité par les descendants de Mac-Mahon, la duchesse de Magenta et ses enfants.

➤ Pour qui voudrait continuer en direction d'Autun, voir plus loin la partie « Le Morvan ».

LA NIÈVRE

Bordée à l'ouest par le Val de Loire et son paysage de long et large fleuve tranquille, la Nièvre étend ses lignes douces, ses bois et ses bocages le long d'une vaste campagne où naissent cent rivières et où pointe toujours un clocher. Puis, à l'est, les vieux monts du Morvan dressent leur masse sombre, pays rude et secret, riche en lacs et forêts : une terre incongrue dans l'opulente Bourgogne – au centre de laquelle elle se trouve pourtant – et qui isole assez le département (voir la partie suivante : « Le Morvan »).

De fait, cette Nièvre excentrée est à peine bourguignonne. Par sa physionomie d'abord, qui n'est pas sans rappeler le Berry ou le Bourbonnais voisins ; par son climat, plus humide et plus doux qu'en Côte-d'Or ou Saône-et-Loire ; par son histoire et son économie aussi, bien particulières, et ses choix politiques (terre d'accueil de François Mitterrand, la Nièvre vote traditionnellement à gauche).

Département un peu atypique, donc, et inattendu par bien des aspects ; il faut prendre son temps pour le découvrir, paisiblement. L'amateur de vieilles pierres y trouvera son compte : Nevers, La Charité-sur-Loire ou Clamecy, villes d'histoire, ont conservé de remarquables ensembles architecturaux. La campagne n'est pas en reste : églises romanes, châteaux forts ou de plaisance abondent.

Mais la carte maîtresse du département reste sa nature, éminemment bucolique et champêtre tout au long du canal du Nivernais, ou plus abrupte et sauvage dans le Parc naturel régional du Morvan, domaine privilégié de la randonnée, qui fait, comme vous l'avez compris, l'objet d'un chapitre à part. Bonne nature aussi, car la Nièvre n'oublie pas les amateurs de bonnes petites tables. Eh quoi, nous sommes en Bourgogne ! – en *Bourgogne verte*, précisément.

ABC DE LA NIÈVRE

- *Superficie :* 6 800 km^2.
- *Préfecture :* Nevers.
- *Sous-préfectures :* Cosne-sur-Loire, Clamecy, Château-Chinon.
- *Population :* 222 000 hab.
- *Densité :* 33 hab./km^2.

UN PEU D'HISTOIRE

Formée en 1792, comme la plupart des départements français, la Nièvre correspond à peu près à l'ancien comté puis duché (en 1538) de Nivernais, et se compose de deux principaux espaces : d'une part, le Nivernais occidental, qui s'étend sur les deux tiers du département, du Val de Loire – zone la plus peuplée du département – au Nivernais central (ou plateau nivernais) ; d'autre part, le Morvan, massif granitique ancien qui s'étend sur le tiers oriental du département et déborde sur l'Yonne, la Côte-d'Or et la Saône-et-Loire. On peut y ajouter un troisième espace, petit et médian, au nord du département : Clamecy et les vaux d'Yonne, tournés vers l'Auxerrois, la vallée de la Seine et Paris.

Les Éduens : nos ancêtres les Gaulois

On trouve dans la Nièvre de nombreuses traces d'une occupation préhistorique : silex taillés, outils néolithiques, céramiques et tumuli du premier âge du fer. Puis on suppose que les Éduens, peuple celte, se fixèrent dans la région autour de l'an mil av. J.-C. ; on connaît les noms de quelques-unes de leurs cités, décrites par les chroniqueurs romains, et si l'on a parfois des doutes (Nevers fut-elle *Noviodunum* ?), on sait en revanche avec certitude que Bibracte, oppidum situé sur le mont Beuvray, dans le Morvan, fut leur capitale. Bien vus des Romains, qui les traitaient en alliés, les Éduens se rallièrent pourtant à Vercingétorix en 52 av. J.-C. et rendirent les armes avec lui à Alésia, face à Jules César. L'auguste ne leur en tint pas rigueur, et les Éduens reprirent ensuite de constructifs rapports politiques et commerciaux avec leur vainqueur, en bons Gallo-Romains.

Le Nivernais, zone de conflits

C'est avec Nevers, cité épiscopale, et le long de la Loire que le Nivernais s'est d'abord formé, aux alentours du VIe siècle. En 989, Henri Ier, duc de Bourgogne, donne ce fief à Landri, premier comte de Nevers. Le vicomte de Clamecy est déjà son vassal, et au XIIe siècle le Donziais est annexé : les limites du Nivernais ne changeront pas beaucoup ensuite. Notez qu'elles ne comprennent pas l'importante seigneurie de Château-Chinon.
L'originalité de ce comté – duché ensuite – est de n'avoir jamais été formellement rattaché à la couronne de France (voir la rubrique « Un peu d'histoire » à Nevers). Souveraineté bien artificielle en réalité, qui s'accompagnait d'une soumission de fait à de puissants voisins, la Bourgogne surtout, et de ravages, les belligérants trouvant dans le Nivernais un terrain idéal pour en découdre. Idéal et, surtout, obligé par sa position de zone-tampon, pays coincé entre la Bourgogne, le Berry et le Bourbonnais. Et les Nivernais, victimes de ces conflits, en étaient les témoins impuissants.
Ainsi, pendant la guerre de Cent Ans, mercenaires, soldats ou « écorcheurs » de tout poil ravagent le pays, tantôt pour la Couronne, tantôt pour les Anglo-Bourguignons, tantôt pour leur propre compte. Et toutes les villes y passent, et deux fois plutôt qu'une, à l'exception notable de Nevers. Héroïne fameuse de ces combats, Jeanne d'Arc, heureuse à Saint-Pierre-le-Moûtier, qu'elle emporte en 1429, malheureuse quelques mois plus tard à La Charité-sur-Loire, où l'affreux condottiere Perrinet Gressart lui résiste victorieusement.

Une ère de prospérité

La Renaissance puis l'époque classique sont en comparaison bien tranquilles, même si les guerres de Religion ébranlent à nouveau La Charité-sur-Loire et Clamecy, fiefs protestants. Et les grandes dynasties nivernaises, Clèves et Gonzague, laissent de cette période un souvenir de prospérité. Le comté est érigé en duché en 1538, et c'est en général le duc de Nevers qui gouverne la province du Nivernais - qui déborde largement le duché, comprenant les évêchés d'Auxerre et d'Autun. Les éléments fondateurs de l'économie nivernaise se développent ou se mettent en place alors : batellerie sur la Loire, grand vecteur de commerce et d'échanges vers Nantes et l'Atlantique ; faïence, dont la technique est importée d'Italie au XVIe siècle ; dès cette époque, exploitation d'un sol riche en minerais, fer et charbon, qui donnera une industrie minière et métallurgique de premier plan, perdurant encore aujourd'hui (Imphy, à l'est de Nevers, reste la « capitale des alliages et aciers inoxydables », comme l'annonce un panneau à l'entrée de la ville) ; filière bois, avec es massifs du plateau nivernais et du Morvan, très concerné, avec Clamecy, par cette activité de commerce et de transport du bois vers Paris ; l'élevage enfin, de harolais surtout, réputé pour ses qualités bouchères mais qui s'est généralisé ssez tard dans le département, au XIXe siècle – la Nièvre moderne ayant longtemps été plus industrielle qu'agricole, ou tout autant.

Identité nivernaise et personnalités

Cette longue période de croissance économique est aussi celle où s'est illustrée le mieux l'identité nivernaise. Car celle-ci, du fait sans doute du poids de ses puissants voisins, ne s'était pas beaucoup manifestée auparavant. Ainsi, il n'y a pas d'architecture nivernaise, fût-elle rurale (nous ne parlons pas, évidemment, du Morvan), mais une somme d'influences, bourguignonnes, auvergnates ou franciliennes, qu'on retrouve dans l'habitat et dans les monuments ; de même, nulle « école de Nevers » n'a jamais existé, et le seul domaine proche des arts plastiques où le Nivernais se soit exprimé reste la faïence.

Et, à l'exception d'un Guy Coquille (1523-1603), grande figure régionale et auteur notamment d'une *Histoire du Nivernais,* ce n'est qu'à partir du XVIIIe siècle – en gros, avec l'avènement de la démocratie et la révolution industrielle –, que quelques personnalités, intellectuels, écrivains, politiques, sont apparues, esquissant un esprit nivernais, une identité de veine particulière, à la fois idéaliste et terrienne.

Des noms ? Saint-Just, l'Ange de la Révolution, ou Pierre-Gaspard Chaumette, artisan de la Terreur et inventeur, avec Fouché, du culte de la Raison – et guillotiné, comme Saint-Just, en 1794. Mais ces deux-là font un peu bande à part, et, même s'il fut morvandiau plus que nivernais, Pierre Malardier, l'instituteur-député élu en 1849, républicain et anticlérical convaincu, qui tâtera du cachot et connaîtra l'exil, fait un héros plus présentable. Parmi les écrivains, citons Claude Tillier (1801-1844) pour *Mon Oncle Benjamin* ; Jules Renard (1864-1910), le sensible et caustique auteur de *Poil de Carotte,* des *Histoires naturelles* et du célèbre *Journal* ; Romain Rolland (1866-1944), philosophe et pacifiste d'envergure, dont le héros *Colas Breugnon* est un vieux Bourguignon plein de sagesse et vert encore (un personnage comme on les aime par ici) ; enfin Maurice Genevoix (1890-1980), chantre de la campagne et des gens, au réalisme précis. Notez qu'aucune de ces figures nivernaises – sauf Chaumette – n'est native de Nevers, qui n'a, assez curieusement, jamais donné de personnalités de tout premier plan.

Le déclin et la crise

Au début du XXe siècle, le transport fluvial, supplanté par la route et le train, a quasiment disparu. Le transport du bois par flottage depuis Château-Chinon via Clamecy aussi ; du reste, Paris n'avait plus besoin de ce bois de chauffage, que le charbon et le gaz peu à peu remplaçaient. Et, après la Seconde Guerre mondiale – qui toucha assez le département : Nevers et Cosne furent bombardés, la Résistance en Morvan se montra vive –, les forges et la mine se sont éteintes progressivement.

Si bien qu'aujourd'hui la Nièvre vit davantage du secteur tertiaire (administrations et services) que de l'agriculture (élevage et sylviculture, mais aussi culture céréalière et viticulture dans le nord du département) ou de l'industrie (sidérurgie, accessoires auto, caoutchouc et chantiers SNCF : une dizaine d'entreprises installées dans le Val de Loire, vers Nevers surtout), mais n'en vit pas très bien, voyant sa population vieillir et diminuer d'environ 1 000 habitants par an.

Une crise que même François Mitterrand, maire de Château-Chinon de 1959 à 1981, et qui fut ensuite un président sensible aux problèmes des Nivernais, n'a pas su enrayer. Il faut dire que l'isolement du département, son éloignement du grand axe ferroviaire et routier Paris-Dijon-Beaune-Lyon qui passe plus à l'est, au delà du Morvan, constituent un handicap. Aller de Dijon ou Lyon jusqu'au cœur de la Nièvre fait toujours partie de ces trajets qui semblent ne jamais finir, surtout si vous devez rendre visite à une tatie Bernie perdue dans la campagne nivernaise. Néanmoins, depuis l'aménagement de l'autoroute A 77 sur l'ancien tracé de la N 7 entièrement gratuite, les communications avec la capitale se sont nettement améliorées. Nevers est à présent à 2h30 à peine de Paris.

LES COUPS DE CŒUR DU **routard 2007**

Nos meilleures chambres d'hôtes en France

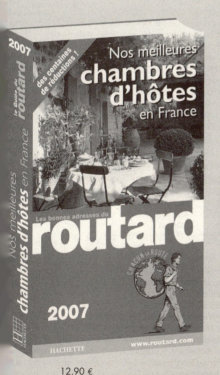

+ de 1500 adresses à la campagne, à découvrir en amoureux ou avec des enfants.

INDEX THÉMATIQUE :
- adresses avec piscines
- trésors d'œnologie
- activités sportives
- adresses insolites

12,90 €

HACHETTE

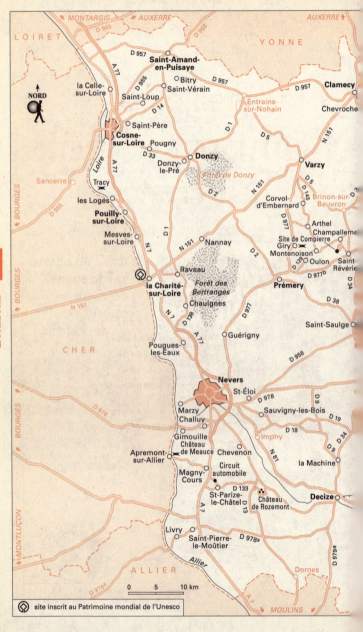

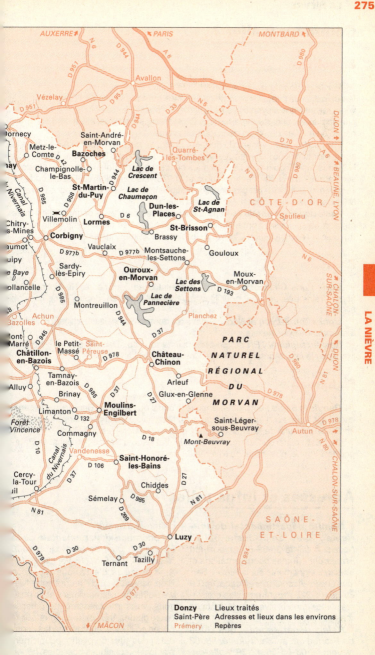

LA NIÈVRE

Comment y aller ?

En voiture

➤ *Par la nationale puis l'autoroute :* la bonne vieille N 7 (on continuera longtemps par ici de l'appeler comme ça, même si les cartes changent dans les mois à venir) reliant Paris à Lyon traverse la Nièvre à l'ouest, passe par Nevers, et reste le principal axe routier du département. De Montargis à Nevers, elle a déjà été aménagée en A 77 en deux fois deux (ou trois) voies.

➤ *Par l'autoroute :* venant du nord (de Paris), on peut emprunter l'A 6 jusqu'à la sortie Montargis, où l'on retrouve l'A 77. Venant de Lyon par l'A 6, sortie Mâcon puis N 79 direction Digoin puis Decize (mais ce n'est pas pratique) ; ou sortie Chalon-sur-Saône, puis N 80 direction Autun et D 978 vers Châtillon-en-Bazois ou N 81 vers Decize (mais ce n'est pas pratique non plus). Si l'on vient de Clermont-Ferrand, N 9 jusqu'à Moulins, puis N 7 (c'est déjà mieux).

➤ *Par la départementale :* si l'on n'aime pas les autoroutes, la bonne vieille « route buissonnière » reliant Fontainebleau à Lyon, et signalée par un petit lapin rouge, traverse la Nièvre (D 985 : Clamecy, Corbigny, Moulins-Engilbert).

En train

➤ *Ligne Paris-Clermont-Ferrand :* dessert Cosne, La Charité, Nevers et Saincaize. Trains ttes les 1h30 pour Nevers (15 allers-retours/j. depuis Paris-gare de Lyon).

➤ *Lignes Tours-Lyon et Nantes-Nevers :* dessert Saincaize, 2 trains/j. Puis correspondance pour Nevers.

➤ *Réseau régional TER :* Dijon-Nevers (*Intermorvan :* Decize), Bourges-Nevers, Moulins-Nevers, Montargis-Nevers (Cosne, Pouilly, La Charité).

En bateau

➤ *Depuis la Seine :* emprunter ensuite le canal du Loing, de Briare, puis le canal latéral à la Loire ; ou l'Yonne et le canal du Nivernais à partir d'Auxerre.
➤ *Du Sud :* canal de Roanne à Digoin, puis canal latéral jusqu'à Decize.
➤ *De l'Est :* canal du Centre, puis canal latéral jusqu'à Decize ; ou canal de Bourgogne, l'Yonne, puis canal du Nivernais.

Adresses et infos utiles

■ *Comité départemental de tourisme :* 2, av. Saint-Juste, 58003 Nevers. ☎ 03-86-36-39-80. • nievre-tourisme.com • Toutes documentations et tous renseignements sur la Nièvre. Service *Loisirs-Accueil* très efficace (☎ 03-86-59-14-22). Programme des croisières sur les canaux nivernais et vente de topoguides.

■ *Relais départemental des Gîtes de France :* 2, av. Saint-Juste, 58003 Nevers. ☎ 03-86-36-42-39. • gite-de-france-nievre.com • Pour toute info sur les chambres d'hôtes, les gîtes d'étape ou ruraux.

■ *Fédération départementale de la Pêche :* 7, quai de Mantoue, 58000 Nevers. ☎ 03-86-61-18-98. • unps.fr • Amis pêcheurs, c'est à vous que le bon Dieu pensait quand il a créé cette Nièvre truffée de rivières, de lacs et de poissons. Vous trouverez à cette adresse deux guides très bien conçus sur la pêche en Nièvre, avec toutes les infos détail des sites de pêche, peuplement piscicole, techniques possibles, hébergement si l'on veut, etc.

NEVERS (58000) 38 300 hab.

> Pour le plan de Nevers, se reporter au cahier couleur.

Posée sur la rive droite de la Loire, au confluent de la Nièvre (souterraine de son entrée dans la vieille ville jusqu'au fleuve royal) et à 10 km à l'est du Bec-d'Allier, Nevers est de ces villes de province tranquilles, au beau patrimoine architectural, agréable à vivre et à visiter. Mais elle est aussi un centre administratif et commercial important, et la troisième agglomération de Bourgogne.

Flâner rue François-Mitterrand, longue et étroite voie piétonne flanquée de boutiques et toujours animée, s'asseoir en terrasse place Guy-Coquille, coller son nez aux vitrines des faïenciers, s'arrêter face au palais ducal, « premier château de la Loire », admirer la cathédrale gothique Saint-Cyr-et-Sainte-Julitte ou l'église Saint-Étienne, romane à souhait, en faire le tour et y entrer, voilà le programme. Puis sucer un *Négus* en regardant passer la Loire.

UN PEU D'HISTOIRE

On ne sait pas grand-chose de *Noviodunum Aeduorum,* cette place forte des rives de la Loire que César évoque dans *La Guerre des Gaules,* et que les Éduens, peuple gaulois, auraient incendiée en 52 av. J.-C., après y avoir massacré la garnison romaine. On doute même qu'il s'agisse de Nevers.

On sait en revanche que le premier évêque de Nevers s'installa sur *la Butte* au début du VIe siècle, ce qui en fait le quartier le plus ancien (s'y trouvent aujourd'hui la cathédrale et le palais ducal). Puis la tradition rapporte qu'aux alentours de l'an 600, saint Colomban, un Irlandais, aurait fondé un monastère de femmes sur le site de la future église Saint-Étienne, où de récentes fouilles ont effectivement mis au jour des sarcophages du VIIe siècle. Mais ce n'est qu'après l'an mil que Nevers se développe largement, avec notamment la construction de l'église Saint-Étienne à la fin du XIe siècle, puis l'édification au siècle suivant d'une enceinte fortifiée, et l'octroi de franchises par le comte Pierre de Courtenay.

Fait notable, le comté de Nevers (duché à partir de 1538) ne sera jamais rattaché à la couronne de France. Autre particularité, pour la plupart, les seigneurs seront étrangers, non Nivernais dans tout cas : maisons de Flandre de 1271 à 1369, de Bourgogne jusqu'en 1491, Rhénans ensuite avec les Clèves jusqu'en 1565, puis Italiens avec les Gonzague jusqu'en 1659, qui introduiront la faïence. Enfin, Mazarin achètera le duché, qui restera aux Mancini-Mazarini jusqu'à la Révolution. Notons aussi que sous l'Ancien Régime, la ville ne connut aucun trouble majeur, n'ayant été assiégée qu'une fois, et faiblement, pendant la Fronde des princes.

De ces changements de propriétaires s'ensuivirent des fortunes diverses, et si les Clèves ou les Gonzague s'employèrent à développer les arts et l'industrie, pour d'autres, le duché ne fut qu'une source de revenus complémentaires ; ce fut le cas de Mazarin, qui n'y résidait même pas. Cependant, forte de sa faïence (qui occupait plus de 1 000 ouvriers au XVIIIe siècle), de la navigation sur la Loire et des forges voisines, Nevers a prospéré jusqu'au Second Empire. Puis le chemin de fer en fit un carrefour ferroviaire important, ce qui lui valut, en 1944, un copieux bombardement allié : le quartier de la gare fut dévasté et la vieille ville endommagée.

Après-guerre, le déclin des activités traditionnelles, entamé au début du XXe siècle, se poursuit. D'autres apparaissent (caoutchouc Kléber, accessoires auto Valeo), et les cheminots restent nombreux avec les ateliers de Vauzelles. Plus récemment, à Magny-Cours, autour du circuit automobile Jean-Behra où se dispute le Grand Prix de France, une technopole a fleuri, et l'ISAT (Institut supérieur de l'automobile et des transports) s'est installé à Nevers. Par ailleurs, la faïence renaît un peu, réveillée par le tourisme. Mais cela ne doit pas faire illusion : la ville souffre, avec le département, de la perte des industries lourdes et de la dépopulation rurale. Elle reste cependant dynamique et vivante, en grande partie grâce aux administrations et services divers, et au petit commerce qui anime tout le centre ancien.

Adresses utiles

ℹ Office de tourisme (plan couleur B2) : palais ducal, BP 818, 58008 Nevers Cedex. ☎ 03-86-68-46-00. • nevers-tourisme.com • Hte saison : lun-sam 9h-18h30 ; dim 10h-13h, 15h-18h ; basse saison : lun-sam 9h-12h, 14h-18h. On y trouve des hôtesses aimables et différentes brochures passant en revue les points les plus intéressants de Nevers. En été, visites guidées, randonnées pédestres et sorties nature en canoë.

✉ **Poste** (plan couleur B1) : 25, av. Pierre-Bérégovoy. ☎ 03-86-59-87-00.

■ **Bureau des guides de Loire et Allier** : quai des Éduens (pont du Chemin-de-fer). ☎ 03-86-57-69-76. • l-o-i-r-e.com • Propose des randonnées accompagnées ou non à la découverte d'un des derniers fleuves sauvages d'Europe, et des animations autour des fleuves.

■ **Radio locale** : Radio-Nevers, 99 FM.

■ **Hôpital Pierre Bérégovoy** : 1, bd de l'Hôpital. ☎ 03-86-93-70-00.

■ **SAMU :** ☎ 15 ou 03-86-93-71-25.

Transports

🚉 **Gare SNCF** (plan couleur A2) : pl. de la Gare. ☎ 36-35 (0,34 €/mn). La gare de Saincaize, à 6 km au sud-est du centre-ville, est un arrêt sur la ligne Tours-Lyon et Nantes-Lyon, avec correspondance pour Nevers. Nevers se trouve sur la ligne Paris-Clermont, à 2h de Paris env. Nombreuses liaisons régionales (Decize, La Charité, Cosne, Saint-Honoré-les-Bains, Dijon, Autun, etc.).

🚌 **Gare routière** (plan couleur A2) : rue de Charleville. ☎ 03-86-57-16-39. À côté de la gare SNCF. Bus pour Nevers et sa banlieue, Cosne, Clamecy, Decize, Corbigny, Château-Chinon. Bonne synchronisation trains-bus.

■ **Cars Siyategie** (plan couleur B2) : 20, rue Saint-Martin. ☎ 03-86-90-90-75 (horaires : ☎ 03-86-71-94-20). Cette société de transport dessert les lignes interurbaines. À noter, le tarif réduit spécial pour les jeunes (jusqu'à 18 ans) en juillet-août, qui met le Morvan (Château-Chinon) à quelques euros de Nevers (30 % de réduction sur le prix du ticket), une vraie promo !

■ **Taxis** : station pl. de la Gare. Radio-taxis : ☎ 03-86-59-58-00. Euro Taxi : 📱 06-07-51-11-60.

■ **Location de vélos** : au Bureau des guides de Loire et Allier, ☎ 03-86-57-69-76. Voir plus haut.

Où dormir ?

Bon marché

🛏 **Hôtel Beauséjour** (plan couleur A1, 11) : 5 bis, rue Saint-Gildard. ☎ 03-86-61-20-84. • hbeausejour@wanadoo.fr • hotel-beausejour-nevers.com • À 8 mn de la gare, face au couvent Saint-Gildard, où se trouve l'espace Bernadette-Soubirous. Doubles sommaires ou plus confortables 34-48 €. Connexion wi-fi. Garage payant. Il n'a qu'1 étoile ce petit hôtel, mais c'est la bonne ! Excellent accueil, chambres toutes avec de vrais bons lits, mignonnes pour certaines, d'une irréprochable propreté. Petit déj sous la véranda face à un jardinet fleuri. Seul inconvénient très légèrement excentré et dans une rue où ça circule un peu.

Prix moyens

Hôtel de Clèves (plan couleur A2, **12**) : 8, rue Saint-Didier. ☎ 03-86-61-15-87. Fax : 03-86-57-13-80. Tlj. Congés : 10 j. autour du Nouvel An. Doubles avec douche et w-c ou bains 52-55 €. Réduc de 10 % sur le prix des chambres sur présentation de ce guide. Pas mal situé, non loin de la gare et dans une rue calme du centre-ville, un petit établissement fort bien tenu par une proprio énergique, volontiers causante au petit déj (si votre plumage a plu à l'hôte de ces lieux...). Certaines chambres sont rénovées et bénéficient d'une bonne literie. Coin-jardin sympathique.

Hôtel Molière (hors plan couleur par B1, **17**) : 25, rue Molière. ☎ 03-86-57-29-96. ● contact@hotel-moliere-nevers.com ● hotel-moliere-nevers.com ● Accès par le bd du Maréchal-Juin (anciennement N 7) ; à la station BP, rue de Vauzelles, à droite ; suivre les panneaux. Doubles avec douche et w-c ou bains, TV, 49-68 €. Sur présentation de ce guide, chambre 40 € le w-e, 1er nov-31 mars. Dans un quartier résidentiel certes excentré mais au calme, un petit hôtel bien tenu par une dame adorable. L'immeuble n'a aucun charme, mais les chambres sont lumineuses, assez gaies, et certaines ont une vue sur le jardin. Grand parking clos gratuit tout près de l'hôtel.

Hôtel-restaurant La Folie (hors plan couleur par A3, **15**) : route des Saulaies. ☎ 03-86-57-05-31. ● lafolie@orange.fr ● hotel-lafolie.fr ● À 3 km du centre-ville par le quai des Mariniers. Resto tlj sept-mai sf ven et dim soir, juin-août ven midi. Doubles avec TV satellite 56-59 € ; hébergement gratuit pour les enfants de moins de 2 ans. Menu déj (en sem) 16 €, autres menus 20-30 €. Parking intérieur gratuit. La vraie campagne à 2 mn du centre. Une ambiance de club de vacances, avec le parc arboré, les tennis et la piscine. Accueil souriant, service aux petits soins. Chambres fonctionnelles. Et gentille cuisine de tradition servie, quand il fait soleil, sur une belle terrasse. La Loire coule au bout du chemin.

Hôtel-restaurant Le Morvan (plan couleur C2, **14**) : 28, rue du Petit-Mouësse. ☎ 03-86-61-14-16. Fax : 03-86-21-81-00. Direction Mâcon-Dijon à partir du centre-ville. Tlj. Doubles avec douche et w-c ou bains, TV 48-58 €. Formule déj (plat + dessert ; en sem) 13 €, puis menus 17-45 €. Parking intérieur clos gratuit. Apéritif maison offert sur présentation de ce guide. Vénérable établissement qui compte 9 chambres standard, toutes donnant sur cour, pourvues d'une bonne literie. Le resto, climatisé quand il fait chaud, est un peu plus fastueux, avec son plafond-fresque de ciel nuageux du plus bel effet.

Un peu plus chic

Hôtel Clos Sainte-Marie (plan couleur C2, **16**) : 25, rue du Petit-Mouësse. ☎ 03-86-71-94-50. ● clos.ste.marie@wanadoo.fr ● clo-sainte-marie.fr ● Direction Mâcon-Dijon à partir du centre-ville. Tlj. Congés : 23 déc-3 janv. Doubles avec douche et w-c ou bains, TV câblée, 67-82 €. Parking gratuit (et fermé le soir). Un petit déj offert par chambre et par nuit sur présentation de ce guide. Un clos qui mérite bien son nom : oubliez la rue, la façade, et découvrez, côté jardin, ce petit hôtel au charme fleuri, avec ses terrasses idéales pour prendre un verre et flemmarder. Pour les amateurs d'atmosphère et néanmoins amoureux de leur confort, mieux vaut réserver dans la partie ancienne, joliment rénovée. Accueil tonique.

Où manger ?

De bon marché à prix moyens

Le Goémon, crêperie bretonne (plan couleur A2, **21**) : 9, rue du 14-Juillet. ☎ 03-86-59-54-99. ● le.goemon@wanadoo.fr ● Tlj sf dim-lun. Congés : de mi-août à début sept. Menu déj (en sem) 9,80 € ; env 15 € à la carte. Apéritif maison offert sur présentation de ce guide. Cadre assez banal, mais de bonnes crêpes. Le midi en semaine, le 1er menu comprend hors-d'œuvre, galette complète et dessert. Service plutôt sympa.

I●I L'Assiette (plan couleur B2, 24) : 7 bis, rue Ferdinand-Gambon. ☎ 03-86-36-24-99. Lun-sam à midi et ven-sam le soir. Formule déj (plat du jour + dessert + café ; en sem) 13,50 € ; menu du soir 23 € ; compter 20 € à la carte. Café offert sur présentation de ce guide. Une adresse très urbaine (dans tous les sens du terme), accueillante et un peu branchée. Déco moderne, assiettes qui font tout un repas, qu'on grignote avec contentement au bar ou autour de petites tables. Idéal pour un déjeuner pressé. Beau menu, si vous avez un peu plus de temps, les soirs où c'est ouvert.

I●I Le Gambrinus (plan couleur A2, 22) : 37, av. du Général-de-Gaulle. ☎ 03-86-57-19-48. Près de la gare. Tlj sf lun midi, sam midi, dim. Congés : 15 j. en août et 1 sem en mars. Formule 17,50 €, sf sam soir et lun soir ; menu 21 €. Apéritif maison offert sur présentation de ce guide. Il y a ici un patron savoureux qui s'assied à votre table pour prendre commande. Tout aussi savoureuses sont les viandes, avec une évidente prédilection pour le charolais qu'on savoure presque sans mâcher. Service gentil tout plein.

Plus chic

I●I Jean-Michel Couron (plan couleur C1, 26) : 21, rue Saint-Étienne. ☎ 03-86-61-19-28. Dans le quartier historique de Saint-Étienne. Tlj sf dim soir, lun et mar midi. Congés : 2 sem début janv et 3 sem à partir de mi-juil. Résa conseillée. Menus 20 € (sf w-e) ; puis 29,50-48 €. Ce chef neversois ne l'a pas volée son étoile (Michelin...) ! Il propose, dans 3 petites salles élégantes, une cuisine harmonieuse et fine. Et qui plus est à prix abordables : irréprochable menu avec fromage et dessert.

Où dormir ? Où manger dans les environs ?

Bon marché

â I●I Hôtel Val de Loire : 126, route de Corcelles, 58180 Marzy. ☎ 03-86-38-86-21. À 5 km à l'ouest par la D 131 ; traverser Marzy vers Corcelles ; l'hôtel se trouve sur la droite de la chaussée. Doubles avec w-c sur le palier 30 €, avec douche et w-c ou bains 32-38 €. Menu 12 €. Café offert sur présentation de ce guide. Le petit hôtel de campagne vraiment tranquille (les chambres sont en outre dans une annexe), très bien tenu et où règne une ambiance familiale. Seul inconvénient, on est un peu loin de Nevers, et le bus pour s'y rendre ne passe que deux fois par jour. Au resto, une cuisine simple, pas chère non plus, mais un peu irrégulière.

De prix moyens à un peu plus chic

â I●I Chambres d'hôtes chez Sylvie Besson : Nioux, 58470 Magny-Cours. ☎ 03-86-58-17-94. ● alain.besoon986@orange.fr ● Tourner à droite, à l'arrivée à Magny-Cours, Nioux est à 4 km. Doubles avec douche et w-c 46-49 €, petit déj compris. Table d'hôtes 23 €. Trois chambres plutôt confortables dans un ancien relais de chasse du XVIIIe ; une dernière dans un bâtiment annexe. Cadre champêtre, vue sur le bocage et les blancs charolais. À la table d'hôtes, cuisine familiale de bon aloi. Bon accueil.

â I●I Chambres d'hôtes domaine de Trangy : 8, route de Trangy, 58000 Saint-Éloi. ☎ 03-86-37-11-27. ● chambreshotestrangy@free.fr ● http://chambreshotestrangy.free.fr ● Depuis Nevers : prendre la direction de Chalon

Mâcon par la D 978 ; avt Forges, C 1 vers Aubeterre jusqu'à Trangy ; la maison est au bout du hameau. Doubles avec douche et w-c 52 €, petit déj compris. Table d'hôtes 22 €. Dans une ferme de la fin du XVIIIe siècle entièrement transformée, le domaine de Trangy compte trois corps de bâtiments répartis en U autour d'un parc très agréable. Ajoutez encore quelques dépendances, une petite roseraie, un pigeonnier, une piscine isolée du bruit et un poney-club monté par les proprios juste en face.

|●| L'Auberge du Moulin de l'Étang : 64, route de l'Étang, 58160 Sauvigny-les-Bois. ☎ 03-86-37-10-17. ● restaurant@moulin-de-letang.fr ● À 10 km à l'est de Nevers ; direction Château-Chinon (D 978) puis à droite, par la D 18, direction Sauvigny. Auberge un peu à l'écart du village, le long de la D 209. Tlj sf lun, mer soir, dim soir. Congés : 1re quinzaine d'août. Menus 19,50-50 €. Une des bonnes tables du Nivernais, où les amateurs de tête de veau comme de plats moins consistants, seront aux anges. Service souriant et diligent, grande salle à manger à l'atmosphère toute provinciale.

|●| La Gabare : 171, route de Lyon, 58000 Challuy. ☎ 03-86-37-54-23. ✂ À 3 km au sud par la N 7. Tlj sf dim soir, lun soir, mar. Congés : de fin juil à mi-août et dernière sem de déc (ouv le 31). Menus 17,50 € en sem, puis 26 € ; à la carte, env 35 €. Café offert sur présentation de ce guide. Une maison au toit moussu au bord de la route de Lyon, avec, à l'arrière, un petit coin jardin et une belle terrasse qui réussissent à donner à l'ensemble un petit côté campagne. Cuisine classique et gastronomique. Grand parking attenant.

Plus chic

🛏 |●| Domaine du Grand Bois : route de Fertôt, 58470 Gimouille. ☎ 03-86-21-09-21. ● info@grand-bois.com ● grand-bois.com ● À 10 km à l'ouest de Nevers ; direction Bourges-La Guerche. Chalet autour de 300 €/w-e pour 2-3 pers, 385-735 €/sem. Chalet pour 4-6 pers, 483-994 €/sem. Réduc de 10 % sur le prix des loc pour un séjour min d'1 sem, sur présentation de ce guide. Un lieu étonnant, situé dans le périmètre classé du Bec-d'Allier : 200 ha pour se mettre au vert, dans l'une des soixante maisons en bois qui donnent une allure champêtre quelque peu nordique à ce coin de campagne nivernais. Des habitations joliment décorées, idéales pour un week-end au grand air hors saison ou un séjour d'une semaine pendant les vacances.

Très chic

🛏 |●| Hôtel-restaurant Absolue Renaissance : 2, rue de Paris, 58470 Magny-Cours. ☎ 03-86-58-10-40. ● absolue-renaissance@orange.fr ● absolue-renaissance.fr ● À 12 km au sud de Nevers par la N 7 ; dans le bourg. Doubles avec douche ou bains, 84-92 €. L'adresse chic des environs de Nevers, évidemment prisée des *happy few* qui fréquentent le circuit automobile posé à une poignée de kilomètres de cette tranquille bourgade. Belles chambres, sobrement contemporaines. également un resto *(menus 17-49 €)*.

Où boire un verre ? Où écouter de la musique ? Où danser ?

En journée, place Guy-Coquille, deux ou trois **terrasses** agréables. La place Carnot, carrefour important, possède aussi quelques **cafés** qui réunissent du monde, mais elle est beaucoup moins conviviale.

🍸 Le Donald's Pub (plan couleur B2, 41) : 3, rue François-Mitterrand. ☎ 03-86-61-20-36. Tlj sf lun 17h-2h. Une véritable institution. Bon esprit, bonnes biè-

🍸 🎵 **Le New Bar** (plan couleur C2, 42) : 8, rue de Nièvre. ☎ 03-86-36-76-48. Ouv 19h-2h (4h ven). Un pub à concerts, version jeune et agité.

🍸 🎵 **Soft Music Bar** (plan couleur C2, 43) : 10, rue du Champ-de-Foire. ☎ 03-86-23-96-90. Hte saison : tlj sf lun 17h-2h (19h-2h dim) ; en basse saison : tlj sf lun 20h-2h (ven-dim 19h30-2h). Un bar-boîte. Plusieurs petites salles dans l'air du temps, façon années 1970 revisitées 2000. Jolie terrasse aussi. DJs en fin de semaine. Et ouf, pas de portier irascible, mais un slogan maison qui fait plaisir : « ouvert à tous et à tout état d'esprit ».

🍸 🎵 **Café Charbon** (hors plan couleur par C1, 44) : 10, rue Mademoiselle-Bourgeois. ☎ 03-86-61-23-52. • cafe charbon@aucharbon.org • aucharbon. org • Lieu associatif, donc petite cotisation à prévoir (2 €). La salle de musiques actuelles de Nevers. Concerts aussi éclectiques qu'électriques 3 à 4 fois par mois dans un site industriel réhabilité.

À voir

L'office de tourisme a réalisé deux itinéraires piétons dont les tracés, matérialisés par une ligne bleue sur les trottoirs, permettent de visiter les principaux monuments et hôtels particuliers du quartier Saint-Étienne (premier itinéraire) ou de la Butte (second itinéraire, passant par les faïenciers). Demandez-leur le topoguide.

🎭 **Le palais ducal** (plan couleur B2) : entrée par l'office de tourisme (et mêmes horaires, avec un accueil supplémentaire le dim en basse saison, 15h-18h). Gratuit. Élégante construction réalisée de 1464 à 1565, dans la belle pierre ocre clair du pays, et qu'on doit essentiellement aux Clèves puis aux Gonzague, ducs de Nevers. C'est tout à fait un « château de la Loire », de style Renaissance, à la façade sud d'une grande harmonie : tourelles polygonales, hautes fenêtres stylées et toiture de rêve. En face, la charmante *place de la République*, du XVIIe siècle, tout en longueur et donnant sur la Loire. Malheureusement, un hideux bâtiment administratif se dresse en contrebas et gâche assez la vue.
À l'intérieur du palais, totalement remanié au XIXe siècle, et plus récemment encore avec l'adjonction d'un escalier monumental, le rez-de-chaussée accueille des vestiges de fouilles, un diaporama sur l'histoire de Nevers, des aquariums de poissons de la Loire et même des montures de skis et une Formule 1 ! À l'étage, un très kitsch mannequin animé qui raconte l'histoire du palais, et des expos temporaires.
Sur la droite du palais, la *place des Reines-de-Pologne* rappelle que deux princesses nivernaises, Marie de Gonzague et sa suivante, Marie de la Grange-d'Arquian, devinrent reines de Pologne en épousant des Polonais bien nés : le vieux roi Ladislas et Jean Sobieski. Sur cette place, mignon *théâtre* construit au début du XIXe siècle, avec décor à l'italienne (pour le voir, toquer à l'accueil, l'après-midi).

🎭 **La cathédrale Saint-Cyr-et-Sainte-Julitte** (plan couleur A-B2) : au sommet de la Butte. ☎ 03-86-36-41-04. Lun-ven 9h-18h ; juil-août, visite guidée gratuite, tlj à 16h.
La cathédrale de Nevers présente une grande diversité de styles du XIe au XVIe siècle. Initialement bâtie au milieu du XIe siècle à l'emplacement d'une église primitive, des incendies successifs (1221, 1308) imposèrent des reconstructions partielles ; puis les derniers travaux (chapelles, tour) traînèrent un peu et ne furent achevés qu'en 1528. Soit cinq siècles d'architecture. Autre particularité assez exceptionnelle, les deux absides opposées : l'une romane à l'ouest, l'autre gothique à l'est. Après avoir fait le tour de cet impressionnant vaisseau de 101 m de long, extrêmement décoré dans ses parties gothiques (portail sud et haute tour carrée de style flamboyant, un vrai délire d'ornementation), on entre pour découvrir l'abside et le transept romans. Belle voûte en cul-de-four et grand fragment de fresque du XIIe siècle, assez effacée malheureusement. Dans la crypte (ouv slt du 1er juil au 15 sept), remarquable Mise au tombeau d'inspiration flamande, du XVe siècle. La

nef, du XIIIe siècle, s'élève gracieusement, et on observe de pittoresques personnages sculptés à la base des colonnettes du triforium (galerie courant à mi-hauteur). Le chœur, du XIVe siècle, complète élégamment l'ensemble. À gauche, quelques marches descendent vers un baptistère presque secret du VIe siècle.
Les vitraux ayant été détruits par un bombardement en juillet 1944, un programme de restauration ambitieux a été établi dès la fin des années 1970. Avec 1 052 m² de verrière, c'est l'un des plus importants chantiers européens. Raoul Ubac a signé les vitraux du chœur roman occidenté – c'est-à-dire tourné vers l'ouest – à l'opposé du chœur gothique orienté, dont les verrières ont été réalisées par Claude Viallat. Les vitraux des chapelles du déambulatoire, aux couleurs très vives – le damassé rouge du vêtement de saint Mathieu est étonnant –, ont été réalisées par Jean-Michel Alberola. Les chapelles latérales sont l'œuvre de François Rouan, les fenêtres hautes, une ponctuation divine dans un ciel quadrillé, de Gottfried Honegger. Une réalisation *in vitro* qui fait triompher la lumière et mérite plus qu'une messe.

Le Musée nivernais de l'Éducation (plan couleur A2) : 8, rue du Cloître-Saint-Cyr. ☎ 03-86-21-51-75. *Ouv pdt période scol et grandes vac, mar, jeu, ven, 14h-17h ; fermé 1er-15 sept. Entrée : 3 € ; réduc ; gratuit jusqu'à 10 ans.* Le musée est installé dans l'ancienne école de la Maîtrise, typique avec son petit préau et ses toilettes dans la cour. Au rez-de-chaussée, reconstitution d'une salle de classe des années 1900 avec ses pupitres de bois, son poêle dans un coin, le guide chant et les sabots. Reconstitution également d'une cuisine d'instit des années 1920. À l'étage, une foule d'objets, du protège-cahier à la lanterne magique, du buvard publicitaire au premier ordinateur. Expositions thématiques.

La porte du Croux (plan couleur A2) : au cœur de l'ancien quartier des faïenciers, au caractère médiéval assez marqué. Imposante porte de la fin du XIVe siècle, bel exemple de ce que pouvaient faire les militaires quand ils se piquaient d'architecture. Machicoulis, échauguettes, pont-levis : tout y est. Dans le jardin des Remparts voisin, quelques vestiges des anciennes fortifications (XIIe-XIIIe siècle).

Le musée municipal Frédéric-Blandin (plan couleur A2) : 16, rue Saint-Genest. *Accès par la porte du Croux ou le quai des Mariniers.* Le musée est fermé jusqu'en 2010 pour restauration. On peut toujours admirer l'ancienne abbaye de l'extérieur et la tour Goguin (XIIe siècle) attenante, mais les passionnés de faïence devront patienter, ou peut-être se contenter des quelques pièces exposées dans le sous-sol du palais ducal.

Le quartier Saint-Martin et le quartier Saint-Étienne (plan couleur B1-2) : de la *place Carnot* part la *rue Saint-Martin*, bordée de quelques hôtels particuliers (hôtels de Saulieu-Saincaize ou hôtel Flamen-d'Assigny, du XVIIIe siècle) et de l'étonnante *chapelle Sainte-Marie*, de style baroque (donc unique en son genre dans la Nièvre), bâtie vers 1640.
Cette rue Saint-Martin mène à la *rue François-Mitterrand*, ex-rue du Commerce (et d'ailleurs toujours appelée ainsi par une majorité de Nivernais), où sont les halles et le beffroi : Nevers est l'une des rares villes du Centre à posséder un beffroi du XVe siècle.
De là, par la rue de Nièvre, on accède au *quartier Saint-Étienne (plan couleur C1)*, avec sa belle église (voir ci-dessous) et, là encore, d'intéressantes demeures

> **FAIRE DES CLOCHERS TABLE RASE**
>
> *Dans la rue Saint-Martin, presque au niveau de la place Carnot, vous pourrez admirer la maison Fouché, l'homme par qui Nevers perdit son aspect de « ville pointue » : on lui doit en effet la décision révolutionnaire (1793) de raser une grande partie des clochers dont la ville était hérissée.*

historiques dans la petite *rue Creuse*. Au n° 12, imposant hôtel de Maumigny flanqué d'une tour, XVe siècle, au n° 7, vécut en 1923-24, Simenon, alors secrétaire du

Marquis de Tracy. Rebelote dans la *rue Saint-Étienne* (hôtel Tiersonnier, du XVIIIe siècle, et belle maison à pignon du XVIe siècle). La *porte de Paris,* modeste arc de triomphe élevé en 1746, et l'*église Saint-Pierre,* de style byzantin et du XVIIe siècle (voûtes décorées de fresques de Baptiste et Gherardini un peu fatiguées), ferment ce vieux quartier au nord.

L'église Saint-Étienne *(plan couleur C1) : rue Saint-Étienne.* Certes moins en vue que la cathédrale, la discrète église Saint-Étienne, bâtie fin XIe siècle, est pourtant une petite merveille d'art roman bourguignon (mâtiné d'auvergnat, disent les spécialistes). Haute et sobre façade, magnifique chevet à déambulatoire, et chapelles rayonnantes. À l'intérieur, pas de fioritures mais des lignes pures, des proportions et une lumière parfaites. Vitraux anciens.

L'espace Bernadette Soubirous *(plan couleur A1) : 34, rue Saint-Gildard.* ☎ 03-86-71-99-50. ● espace-bernadette-nevers.com ● Avr-oct : 7h-12h30, 13h30-19h30 ; nov-mars : 7h30-12h, 14h-18h. L'accès à la chapelle, au musée et aux jardins est libre, mais une participation de 2 € aux frais généraux est demandée. Chaque année, plusieurs milliers de visiteurs se rendent au couvent Saint-Gildard – maison-mère des sœurs de Charité de Nevers – pour se recueillir sur la châsse de sainte Bernadette, oui, la Bernadette Soubirous de Lourdes ! Elle a passé les 13 dernières années de sa vie dans ce lieu, au sein de cette congrégation qu'elle avait connue à Lourdes, avant les apparitions. À l'entrée (côté rue Saint-Gildard), une nouvelle muséographie présente quelques objets ayant appartenu à la sainte, dont le fauteuil où elle rendit son dernier souffle. Passer devant la reconstitution de la grotte de Lourdes avant de rejoindre la chapelle (XIXe siècle) où est présenté, dans une châsse, le corps de la sainte, menu mais étonnamment conservé. Dans les jardins, un petit itinéraire permet de découvrir l'oratoire où Bernadette fut enterrée de 1879 à 1925, puis, tout au fond du jardin, une émouvante statue de Notre-Dame des Eaux.

➤ **Le sentier du Ver-Vert** *(hors plan couleur par A3) : départ du sq. Henri-Virlogeux, route des Saulaies (D 504), à 5 mn à pied du centre-ville.* Sentier thématique (7 km aller-retour) à la découverte de la faune et de la flore des bords de Loire. Accessible aux VTT. Descriptif disponible à l'office de tourisme.

Achats

Faïence et céramique

Quatre **faïenciers** tiennent encore atelier et boutique à Nevers (liste à l'office de tourisme). La faïence de Nevers, bleu et jaune sur fond blanc (mais pas uniquement), est belle sans doute mais pas donnée. Les paresseux pourront s'arrêter dans la *galerie de François Bernard,* maître faïencier, située juste à côté de l'office de tourisme.

Confiseries

Dans un tout autre registre, plus comestible, on pourra trouver l'authentique *nougatine* de Nevers chez **Edé** *(75, rue François-Mitterrand),* ou encore **Au Négus** *(n° 96 de la même rue).* Ce dernier propose aussi, en exclusivité, ses délicieux *Négus* (justement) : un caramel mou au chocolat enrobé de sucre cuit, qui bousille bien les dents, mais tant pis !

Fêtes et manifestations

– **Les Zaccros d'ma rue** *: pdt 10 j., début juil.* ☎ 03-86-61-17-80. Plus de 80 spectacles de rue mêlant le théâtre, le cirque, la musique, l'humour et la fantaisie.

– **Marchés de l'été :** *mer ts les 15 j. en juil-août. Parc Roger-Salengro.*
– **Nevers à Vif :** *dernier w-e d'oct ou 1er w-e de nov.* Un festival rock qui va sur ses 20 ans, et a déjà accueilli la Mano Negra, Willy De Ville ou Miossec. Du sérieux !
– **Rencontres internationales de Jazz de Nevers :** *1 sem début nov. Rens et résa :* ☎ *03-86-57-88-51.* Ce festival, qui a fêté en 2007 sa 21e édition, réunit des jazzmen du monde entier pour de swinguants concerts.

➤ DANS LES ENVIRONS DE NEVERS

Marzy (58180) **:** à une poignée de km à l'ouest de Nevers, cette charmante commune possède une belle église romane du XIIe siècle et un petit musée municipal, qui porte le nom de l'érudit local qui créa en 1938 ce « musée de village nivernais » :
– **Musée Gautron-du-Coudray** : 22, pl. de l'Église. ☎ *03-86-59-28-47.* ♿ *(partiel). Tlj sf mar (ouv mar fériés), 14h30-17h30. Gratuit.* En fait, presque tout, comme dans tout bon « musée de village », provient de la commune de Marzy. Présentation exceptionnelle d'objets usuels et d'outils permettant d'appréhender la vie au quotidien et la pratique des métiers traditionnels liés à la viticulture et à la paysannerie, de la fin du XIXe siècle au milieu du XXe siècle. Également une collection de fossiles, de minéraux et d'oiseaux naturalisés, et quelques œuvres d'artistes locaux.

Le Bec-d'Allier : on appelle Bec-d'Allier le confluent de la Loire et de l'Allier, deux des dernières rivières sauvages d'Europe, qui sont à l'origine de milieux naturels exceptionnels et de paysages magnifiques. Le classement du Bec-d'Allier en Site Panda permet l'accueil de tous les publics en harmonie avec la protection de la nature. Pour en savoir plus : ● *wwf.fr* ● Joli point de vue depuis la rive droite de la Loire, sur la commune de Marzy (parcours fléché depuis le village). Promenade haut perchée avec panorama sur le Bec-d'Allier. Sentier de découverte dit du Passeur (4 km) au départ du village de Gimouille.

Apremont-sur-Allier *(18150)* **:** on pourra quitter la Bourgogne et la Nièvre pour une incursion dans le Cher, sur la rive gauche de l'Allier, à 8 km au sud du Bec-d'Allier, où le village médiéval d'Apremont s'enorgueillit à juste titre de compter parmi les plus beaux, les plus fleuris et les plus pittoresques de France. Un petit coin de paradis où l'on ne voit pas le temps passer : parc floral, château et resto. À voir aussi, entre le Bec-d'Allier et Apremont, le curieux *pont-canal du Guétin*, permettant au canal latéral à la Loire d'enjamber l'Allier.

Le circuit de Nevers Magny-Cours (58470) **:** ☎ *03-86-21-80-00. À env 15 km au sud de Nevers par l'A 77.* Inauguré en grande pompe par François Mitterrand en 1989 sur les traces de l'ancien circuit Jean-Behra de Jean Bernigaud, le circuit de Nevers Magny-Cours accueille, depuis 1991, le championnat du monde de Formule 1. Propriété du Conseil général de la Nièvre, il attire beaucoup de monde chaque année pour cet événement. Une dizaine d'écuries, 100 000 spectateurs, 1 200 journalistes, 260 commissaires, 165 pompiers, 250 gendarmes, et de façon plus ou moins permanente 100 000 pneus de sécurité répartis le long de ses 4,411 km parcourus 70 fois à chaque grand prix. Différents aménagements ont récemment été faits, pour augmenter les possibilités de dépassement des bolides dans certains virages et rendre le circuit plus spectaculaire. Un monde fou également pour l'un des plus gros rassemblements d'Europe d'amateurs de belles carrosseries (les fans disent *tuning*...) en juillet et pour le célèbre Bol d'Or moto en septembre. Attention, difficile – sinon en réservant très longtemps à l'avance – de trouver un hébergement dans le coin (et même bien plus loin !) pour chacun de ces événements.
– On peut aussi visiter le *musée Ligier,* qui présente une collection quasi complète d'une écurie de Formule 1 (☎ *03-86-21-80-00 ; ouv lors manifestations sur le circuit).*

Entre Loire et Allier

Une campagne bocagère assez plate et qu'on appelle la **Sologne bourbonnaise** s'étend entre Loire et Allier, avec de loin en loin quelques villages, quelques églises ou quelques châteaux dignes d'intérêt – et, bien sûr, le circuit automobile de Magny-Cours (voir ci-dessus). C'est cependant davantage par la qualité de son élevage bovin (charolais de concours) que ce « pays » se distingue.

✶ À 23 km au sud de Nevers se trouve le gros bourg agricole de **Saint-Pierre-le-Moûtier,** où Jeanne d'Arc fit des siennes en arrachant miraculeusement (à cent contre une, au moins !) la place aux Anglais, en 1429. À voir, les vestiges médiévaux (tours rondes, fossés) et quelques maisons Renaissance, mais surtout l'*église Saint-Pierre* (XIIe siècle) avec le remarquable tympan de son portail nord, figurant le Christ et les évangélistes (XIIIe siècle). À l'intérieur, de bien belles choses (chapiteaux, statues et bas-relief), mais vous risquez de trouver porte close.

● **Le Rioussat :** *SCEA du Clos de Rioussa, 58240 Livry.* ☎ *03-86-90-80-46 ou 06-11-33-81-60. De Saint-Pierre-le-Moûtier, prendre la D 978a à l'ouest ; à Livry (4 km), se rendre au hameau de Riousse. Accueil tlj l'ap-m. Un petit vin de pays de la Nièvre qui vaut le détour. Riousse est un hameau pittoresque construit à flanc de coteau autour d'une fontaine légendaire. Un ancien vignoble réhabilité par des vignerons opiniâtres qui utilisent les cépages gamay, chardonnay et pinot noir. Propose du rioussat en pinot rouge, chardonnay blanc, rosé et vin en vrac.*

✶ Non loin de Magny-Cours (3 km au sud du circuit), le village de **Saint-Parize-le-Châtel** possède une église étonnante par sa crypte romane (accès par la gauche de l'autel), dont les courtes colonnes donnent l'occasion rare de voir les chapiteaux de près, puisqu'ils se trouvent à hauteur d'homme : sirène bifide, antipodiste tordu, bestiaire bizarre. Superbe et très bien conservé.

✶ Toujours dans cette Sologne bourbonnaise, deux **châteaux** médiévaux (qui ne se visitent pas, mais dont on peut voir la façade ou l'enceinte) : celui de **Chevenon,** à 11 km au sud-est de Nevers par la D 13, une haute construction moyenâgeuse (fin XIVe siècle) flanquée de tours défensives ; et le château de **Meauce** (en face d'Apremont-sur-Allier, côté rive droite), avec une insolite enceinte circulaire et une tour hexagonale massive.

✶ Enfin, les **ruines du château de Rozemont,** à côté de Luthenay-Uxeloup *(22 km au sud-est de Nevers par la D 13),* enceinte et tours, sont parmi les plus belles du département.

LE VAL DE LOIRE

Frontière occidentale du département, la Loire a beaucoup influencé le Nivernais, dont elle fut, jusqu'au XIXe siècle, la première voie de communication, de commerce et d'échange. Un axe autour duquel se sont naturellement développées les villes les plus importantes du département et où vivent aujourd'hui 60 % de ses habitants.
Suivant son cours paisible depuis Nevers, on rencontre d'abord La Charité-sur-Loire et son prestigieux prieuré, puis les vignobles de Pouilly-sur-Loire, enfin Cosne-sur-Loire, centre commercial et seconde ville du département. Avec toujours cette atmosphère douce, ces fameux « ciels de Loire », et les grèves blondes du fleuve royal. Moins agréables, les radars qui ont fait de la

quatre voies, entre La Charité et Cosne, la « tirelire » du département : levez le pied, rien ne vous presse...

LA CHARITÉ-SUR-LOIRE (58400) 5 405 hab.

C'est essentiellement pour l'église prieurale Notre-Dame, chef-d'œuvre d'art roman clunisien classé au Patrimoine mondial de l'Unesco, qu'on vient à La Charité-sur-Loire. La ville bénéficie en outre d'un site de toute beauté, avec une très belle vue sur la cité historique et ses clochers depuis le pont sur la Loire, qui reste le dernier fleuve sauvage d'Europe (classé Réserve naturelle sur 20 km entre Pouilly et La Charité). Depuis quelque temps déjà, c'est aussi le rendez-vous des bibliophiles éclairés (voir plus loin « Les livres à La Charité »).

UN PEU D'HISTOIRE

Un lieu consacré du nom de *Seyr* existait ici dès les premiers siècles de notre ère. Ce n'est qu'avec la fondation en 1059 par saint Hugues, abbé de Cluny, d'une nouvelle église et d'un monastère que « La Charité des bons pères », ainsi baptisée parce qu'on y bénéficiait de la charité, se développa à nouveau. Le vocable *charitate* apparaît d'ailleurs très tôt (1084) dans les actes.

Le prieuré prospéra tant et si bien qu'il finit par compter plus de 400 dépendances en France et en Europe. Ville-étape sur la route de Compostelle, La Charité profitait aussi de son port de commerce et d'un pont sur la Loire, le seul alors entre Nevers et Gien. Mais, revers de fortune, la cité fut le théâtre de nombreux épisodes guerriers : quatre fois prise et reprise durant la guerre de Cent Ans (jusqu'à l'échec devant ses murs, en 1429, de Jeanne d'Arc qui dut lever le siège, première défaite de la Pucelle), La Charité fut pillée pendant les guerres de Religion (massacre des huguenots par le duc de Nevers en 1572). Toutefois, son prieuré conserva sa puissance territoriale jusqu'à la Révolution, même si le nombre de moines diminua régulièrement (12 en 1789). Des recherches archéologiques ont permis de saisir la dimension de cet établissement, dont seule l'église Notre-Dame émergeait auparavant.

Dès l'origine, le prieuré fut conçu comme un grand établissement par l'abbaye-mère de Cluny. Il était vraisemblablement destiné à essaimer dans la partie septentrionale du royaume et en Europe du Nord. Sur le plan spirituel, le prieuré acquit vite une grande renommée et l'église Notre-Dame fut consacrée en 1107 par le pape Pascal II, de passage en France. Sur le plan matériel, une importante seigneurie monastique se constitua, grâce à un grand nombre de donations territoriales et d'affiliations de prieurés. Devenu un établissement prestigieux, Cluny décerna à La Charité-sur-Loire, au début du XIIIe siècle, le titre de « fille aînée ».

Adresse et infos utiles

🅸 **Office de tourisme :** 5, pl. Sainte-Croix. ☎ 03-86-70-15-06. ● *lacharitesurloire-tourisme.com* ● *En saison :* tlj 9h30-12h30, 14h30-18h30 ; hors saison : tlj sf dim 10h-12h, 14h30-17h30. Juillet-août, des visites commentées de l'église, du prieuré et de la cité historique sont organisées. Également des visites-découvertes, pour sortir des sentiers battus sur La Charité et sa région. Jours et horaires à l'office.

■ **Canoë-kayak :** ☎ 03-86-70-35-88. Juil-août slt. Hors saison, rens à l'office de tourisme.

■ **Randonnées pédestres :** rens à l'office de tourisme.

– **Marché :** sam mat.

Où dormir ? Où manger ?

De bon marché à prix moyens

Hôtel Le Bon Laboureur : quai Romain-Mollot. ☎ 03-86-70-22-85. • le bonlaboureur@wanadoo.fr • lebonlaboureur.com • Dans l'île de Loire ; direction Bourges, à gauche avt le 2e pont. Resto tlj sf dim soir, lun. Doubles avec douche et w-c ou bains, TV satellite 42-55 €. Grande bâtisse ancienne où les chambres, de surfaces et de confort variés, ont été rénovées. Les plus agréables donnent sur le jardin intérieur ou sur la Loire. Accueil souriant. Tout nouveau resto où le chef propose une cuisine dans la grande tradition et des poissons de Loire.

L'Auberge de Seyr : 4, Grande-Rue. ☎ 03-86-70-03-51. En centre-ville. Tlj sf dim soir, lun. Congés : 1 sem en mars et 3 sem après 15 août. Menu 12 € (en sem) ; autres menus 20-32 €. Le petit resto sympa où, dans une salle d'humeur printanière, le chef s'applique à faire bien, au gré du marché. Fort honorable menu du jour, avec fromage ET dessert, s'il vous plaît.

Bar-brasserie du Centre : 28-30, rue des Hôtelleries, et 2, pl. du Commandant-Barat. ☎ 03-86-70-27-89. Tlj sf dim, lun en été et sam en hiver. Congés : 1 sem début nov, 1 sem autour du Jour de l'an et 2 sem fin mai. Formule déj (plat du jour et café) 9 €, menu 12 € ; compter 15 € à la carte. Un verre de vin régional offert sur présentation de ce guide. Un bar-brasserie en centre-ville, à la façade en bois clair, avec une belle terrasse aux beaux jours. À midi, salades, sandwichs, assiettes et gril. Portions copieuses à un bon rapport qualité-prix.

Très chic

Le Grand Monarque : 33, quai Clemenceau. ☎ 03-86-70-21-73. • le grand.monarque@wanadoo.fr • le-grand-monarque.fr • Congés : de mi-fév à mi-mars. Doubles avec douche et w-c ou bains, TV, 86-95 € selon surface et exposition. Formule 20 € avec rouelle de gigot, verre de pinot, fromage ou dessert ; menu 26 €. Petit parking clos payant. Apéritif maison offert sur présentation de ce guide. Le resto est tout à la fois panoramique et gastronomique. Une cuisine de terroir, inventive et sérieuse. Les chambres du dernier étage, sous combles, spacieuses, sont ravissantes, et celles qui ont vue sur la rivière sauvage, très appréciables. Une suite avec lit à baldaquin recherchée. Beau jardin en façade.

Où dormir ? Où manger dans les environs ?

De bon marché à prix moyens

Hôtel-restaurant Les Eaux Vives : 62, route de Paris, 58320 Pougues-les-Eaux. ☎ 03-86-90-17-35. • hoteleauxvives@wanadoo.fr • hotelleseauxvives.com • Tlj sf ven, sam midi. Congés : 10 j. autour de Noël. Doubles avec douche et w-c ou bains, TV 45-60 €. Menus 12-29 €. Réduc de 10 % sur le prix de la chambre, hors grand prix de Formule 1, sur présentation de ce guide. Les très accueillants propriétaires se sont battus pour redonner un coup de jeune à ce petit hôtel. Une bonne étape, surtout depuis que la route à quatre voies a détourné la circulation du centre. Bar où l'on sait tout ce qui s'est passé au village la veille. Chambres confortables, toutes de couleurs différentes, arrangées avec goût. Et gentille cuisine familiale à goûter dans le patio l'été ou le douillet salon l'hiver.

Chambres d'hôtes Le Bois Dieu : 58400 Raveau. ☎ 03-86-69-60-02. • leboidieu@wanadoo.fr • leboisdieu.com • À 6 km à l'est, direction Clamecy-Auxerre ; passer le pont qui enjambe l'A 77, prendre la N 151, puis à

gauche, la D 179, direction Raveau ; puis fléchage « Le Bois Dieu ». Congés : de mi-nov à fin mars. Doubles avec douche et w-c 58 €, petit déj compris. Table d'hôtes (ts les soirs sf dim), sur résa, 25 €, vin inclus. Dans une grande maison de famille d'agriculteurs-éleveurs, en lisière de la forêt des Bertranges, de vastes chambres aux noms des ancêtres, avec vue sur la campagne ou le grand parc (fumeurs, s'abstenir !). Au menu des dîners : légumes du jardin et animaux de la ferme (volailles, mouton...). Un délice !
I●I **Le Massava :** 80, route d'Antibes, 58400 Mesves-sur-Loire. ☎ 03-86-69-03-23. ● lemassava@wanadoo.fr ● De La Charité, A 77 vers Paris (3 km), sortie Mesves ; à l'entrée du village. Tlj sf lun, jeu soir hors saison. Congés : 1 sem début janv et 2 sem début sept. Résa conseillée en fin de semaine. Menus 11 € à midi en sem, puis 15,50-26,50 €. Kir maison offert sur présentation de ce guide. Un concept axé sur les salades et les omelettes. Une halte qu'on recommande volontiers à ceux qui surveillent leur porte-monnaie. Grande terrasse fleurie. Carte des vins à prix raisonnables.

Un peu plus chic

I●I **Chambres d'hôtes Domaine des Forges de la Vache :** chemin de la Fontaine, Raveau, 58400 La Charité-sur-Loire. ☎ 03-86-70-22-96. ● contact@domaine-des-forges-dela-vache.com ● domaine-des-forges-dela-vache.com ● À 5 km à l'est, direction Clamecy-Auxerre ; passer le pont qui enjambe l'A 77, prendre la N 151, puis à gauche, la D 179, direction Raveau ; au hameau de la Vache, panneau « Fontaine de la Vache ». Tlj sf mar hors saison. Doubles avec bains et TV 72 €. Gîte d'étape 20 €/pers et gîte de séjour (2-6 pers). Dîner (sur résa) 18-26 €. Réduc de 10 % en basse saison sur présentation de ce guide. Au pied de la forêt des Bertranges, corps de bâtiments des anciennes forges royales. La maison de maître date du XIVe siècle et offre des chambres spacieuses avec belle vue sur le parc. À l'entrée du site, expositions d'artistes contemporains en été. Concerts classiques tous les mois d'octobre à mai. Superbe bibliothèque sous les combles. Un espace plein de poésie et d'inventions. Repas à base de produits du terroir et du jardin.

À voir

L'église prieurale Notre-Dame et les bâtiments conventuels : site majeur, l'église prieurale a été édifiée, tout comme l'église annexe Saint-Laurent, dans la seconde moitié du XIe siècle. Depuis 1998, elle est classée au Patrimoine mondial de l'Unesco. Au début du XIIe siècle, le chœur fut prolongé et un déambulatoire créé. L'église fut ensuite restaurée du XIVe au XVIIe siècle. De la place des Pêcheurs, on accède par un porche à la petite place Sainte-Croix où se dresse la tour du même nom, de plan carré, bel et imposant ouvrage d'art roman bourguignon ; au bas, superbe portail roman. Cette tour est séparée du reste de la nef depuis l'incendie de 1559 qui a détruit la moitié de celle dernière. Depuis longtemps, les habitants de La Charité se sont installés à l'intérieur des arcades restantes. La nef, ample et élancée, ne manque pas d'allure. Les chapiteaux ouvragés, les sculptures témoignent d'un éventail complet de l'art roman, véritable catalogue. Dans le transept, on admire le tympan du portail sud, déposé ici en 1835 à la demande de Prosper Mérimée qui voulait éviter sa dégradation. Soixante-dix-huit vitraux remarquables ont été refaits par Max Ingrand de 1954 à 1957. De l'église Notre-Dame, il est possible de sortir par une galerie du XVIe siècle ouverte dans le transept sud, « le passage de la Madeleine », de contourner le chevet et de s'arrêter devant les archives archéologiques : l'église Saint-Laurent, dont la fonction résulte d'un rituel funéraire mis en place par Cluny au XIe siècle, procession des moines de Notre-Dame à Saint-Laurent, prière et office des défunts. En contournant les trois absides de Saint-Laurent encore en élévation, on rejoint les bâtiments conventuels. En été, il est possible d'entrer dans la salle du chapitre (XIIIe-XIVe siècle) dans laquelle sont organisés concerts et spectacles de juin à septembre. Le bâtiment nord du cloître reconstruit *a fundamentis* par le cardinal de Bernis, dernier prieur de La Charité, est également ouvert au public. Ces salles – réfectoire, cuisine, salle de compagnie – construites vers 1778, servent de lieu d'expositions temporaires au musée. De là, le cloître (XVIIe-XVIIIe siècle) est visible. Ressortant dans la cour du prieuré, on rejoint celle du château, dans laquelle se trouvent le logis du prieur, la porterie, le cellier.

✺ **Le Musée municipal :** 33, rue des Chapelains. ☎ 03-86-70-34-83. *Tlj juin-sept, 10h-12h, 15h-18h sf mer en juil-août, et sf lun et mar en juin et sept. Entrée : 2 € ; gratuit jusqu'à 12 ans.* Musée d'art et d'archéologie nourri des fouilles mentionnées plus haut, faites sous le prieuré. Les expositions temporaires ont lieu dans le prieuré, faute de place. On entre en passant sous l'ancien monastère de La Charité. Quelques ossements, des ustensiles de cuisine, des carreaux de céramique pour l'archéologie médiévale. Plus intéressante est la salle consacrée au sculpteur Alfred Pina (1887-1966), proche de Rodin, qui termina sa vie dans la région. Mignon *M. G. Monin à l'âge de 13 ans*, maquette en cire du tombeau de Dante (projet de sculpture pour un jardin public de Rome) et curieuse *Danaïde* à cul convexe. Deux autres salles présentent, l'une la collection Maurice Berger (céramiques et verrerie Art nouveau et Art déco : Lalique, Gallé, Daum, école de Nancy, etc.), l'autre quantité de limes et du matériel à tailler les limes, la production de limes ayant longtemps été une spécialité locale, allant jusqu'à occuper la moitié des hommes du canton en 1901. Petite section sur la faïencerie fine de La Charité, qui concurrença au XVIIIe siècle la porcelaine. Également des expos temporaires régulières : se renseigner.

✺✺ **Les remparts et les vieilles rues :** dominant la vieille ville et le prieuré, les remparts (principalement le rempart nord) permettent d'embrasser un superbe panorama sur la Loire et la ville. Il faudra parcourir le noyau urbain médiéval, en partie reconstruit après l'incendie de 1559, les rues basses de Loire, place des Pêcheurs, rue des Chapelains (conduisant au musée), rue des Hôtelleries (maisons du XVIe au XVIIIe siècle). Remonter la Grande-Rue jusqu'à l'église Saint-Pierre (XVe et XVIIe siècle). Les quartiers vignerons qui bordent les remparts au sud/sud-est sont intéressants : maisons minuscules sur caves. À voir : la rue de la République, bordée de maisons à échoppes (XVIe et XVIIe siècle).

Les livres à La Charité

✺✺ *La Ville du Livre :* ☎ 03-86-70-15-06 (office de tourisme). • ville-du-livre-info • *Boutiques ouv en fin de sem (ven-dim), j. fériés et pdt vac scol 10h-12h30, 14h30-19h. Oct-mars : marché ts les 3e dim du mois ; avr : marché de printemps du Livre ancien ; 3e dim de juil : foire aux livres anciens dans les rues ; août : nuit du Livre (téléphoner pour les dates exactes).* La Charité-sur-Loire est la 6e ville en France qui consacre une activité majeure au domaine du livre. À l'initiative d'une dizaine de professionnels, une quinzaine de librairies à thèmes et un atelier de reliure et d'enluminure jalonnent la ville : rue du Pont, Grande-Rue, rue de la Verrerie, place des Pêcheurs, etc. Les boutiques, toutes différentes, ont dans l'ensemble des devantures qui rappellent le style anglais du XIXe siècle.

Où acheter de bons produits ?

Vin

✺ *Le Vin :* 7, pl. des Pêcheurs. ☎ 03-86-70-21-30. Jean-Paul Quenault, ancien restaurateur et œnologue confirmé, vous reçoit dans sa boutique

autour d'une dégustation véritablement amicale. C'est l'ambassadeur de ce cru du terroir qui embaume le palais : les coteaux-du-charitois (60 % de blanc). À servir à 12 °, avec du poisson de préférence.
- **Caves Jean Pabion :** 29, quai Clemenceau. ☎ 03-86-70-13-26 ou 06-66-16-51. À côté de l'hôtel Le Grand Monarque, en bord de Loire. Tte l'année : 11h-12h30, 17h-19h. Récoltant spécialiste de 2 cépages : chardonnay et sauvignon, méthode traditionnelle. On trouve également des coteaux-du-charitois. Dégustation gratuite (sauf pour les groupes).

Confiseries

- **Caprices et Chocolat :** 10, Grande-Rue. ☎ 03-86-70-04-65. Trois spécialités maison : les *chardonnettes* (truffes aux raisins), le *p'tit crottin* et les *croquets*, qui se trempaient à l'origine dans le vin blanc. Fraîcheur garantie et accueil sympa.
- **La Confiserie du Prieuré :** 11, pl. des Pêcheurs. ☎ 03-86-70-01-81. Maison tenue par un maître chocolatier. Ici, la spécialité, c'est le *charitois*, un caramel tendre au beurre de Charente, aromatisé au café et au chocolat. Autre possibilité plus raisonnable, s'installer sur la terrasse et siroter un chocolat façon grand-maman ou un thé d'Orient, ou d'ailleurs.

Festivals

– **Festival du Mot :** début juin. Fête originale autour du mot et de la parole. Spectacles, conférences, ateliers, expositions.
– **Festival de Piano :** fin juil. • festival-piano-la-charité-sur-loire.com • Tous les pianos (classique, contemporain) dans des lieux parfois inattendus.
– **Blues en Loire :** 1 w-e fin août. Un festival de blues avec des pointures américaines du genre et leurs émules européens.

➤ DANS LES ENVIRONS DE LA CHARITÉ-SUR-LOIRE

Pougues-les-Eaux (58320) : située entre Nevers et La Charité-sur-Loire, Pougues fut jusqu'en 1969 une ville thermale dont les eaux avaient la réputation d'être très appréciées des rois de France. Aujourd'hui abandonné par les curistes, son pourtant superbe parc thermal n'est plus que nostalgie. Le salut viendra-t-il du tout nouveau *casino*, le plus proche de Paris comme dit leur pub, posé fièrement à l'entrée de la commune (☎ 03-86-90-17-00) ? Ou bien du dynamique *centre d'Art contemporain* du département, logé dans un bâtiment destiné autrefois à l'embouteillage des eaux de la station (rens : ☎ 03-86-90-96-60. En été : mar-dim 14h-19h ; le reste de l'année : mer-dim 14h-18h) ? Il accueille 4 à 5 expositions par an et est également un lieu de résidence d'artistes.

Les forges de Guérigny (58130) : av. Arnault-de-Lange. ☎ 03-86-37-01-08. À une dizaine de km à l'est de Pougues par la D 8. De début juil à mi-sept : tlj sf mar 15h-19h. Entrée : 3 € ; réduc.
Fermées définitivement en 1971, les forges de Guérigny, qui existaient déjà au XVIe siècle, employèrent jusqu'à 600 ouvriers, et s'étaient spécialisées dans l'ancre de marine. En effet, toutes les ancres de la « Royale » provinrent de la région (Cosne et Guérigny), après que Colbert eut préconisé l'emploi du fer nivernais – d'où le nom de « forges royales », impropre en vérité car ces forges n'appartenaient pas à la Couronne.
Sur le site d'ateliers du XVIIIe siècle sont exposées d'une part des maquettes avec topos didactiques, histoire de se familiariser un peu avec l'endroit et le métier, d'autre part des pièces et des machines-outils parfois impressionnantes.

Chaque année, une expo thématique est organisée. Une visite qui vaut beaucoup par le cadre exceptionnel du site (bief et roue à aubes) et par la présence et les commentaires des « Amis du Vieux Guérigny », anciens de la forge pour certains, à qui l'on doit ce musée.

> **C'EST EN FORGEANT...**
>
> *Dans les anciens ateliers des forges de Guérigny où ils sont exposés, observez ces maillons de chaîne d'ancre que le forgeron devait assembler : un travail d'Hercule dont on peut mesurer la difficulté en soulevant un seul de ces maillons d'environ 20 kg. Quelle charge quand on sait qu'il fallait en manier plusieurs à la fois, à longueur de journée, les chauffer et les fondre, les tordre et les souder !*

¶¶ **La forêt des Bertranges :** à l'est de La Charité-sur-Loire, elle s'étend sur 10 000 ha. Très ancien domaine boisé de hêtres et surtout de chênes (2e chênaie française après Tronçais), dont la futaie pluriséculaire (de 185 à 255 ans) se prête admirablement aux longues promenades...
Du XIVe au XIXe siècle, ce massif forestier était entouré de *forges*, comme celles de Guérigny, que le sol riche en minerai de fer, le charbon de bois et l'énergie hydraulique des nombreux cours d'eau alimentaient. Quelques-unes, désaffectées, subsistent, le plus souvent intégrées à des exploitations agricoles ou à des bâtiments privés.
– *Fête des Métiers en Bertranges :* 2e w-e de sept.

¶ **Les jardins du Manoir de Chazeau :** *à Chaulgnes (58400).* ☎ *03-86-37-80-30. À une dizaine de km au sud-est par la D 907, puis la D 110. Avr-sept : sur rendez-vous pdt la sem ; dim 14h-18h. Gratuit.* Créé en 1960, un jardin botanique d'humeur romantique qui, au long de ses allées, rassemble plus de 500 variétés d'arbres et d'arbustes, une collection de rosiers, etc.

Festival

– **Les Conviviales :** *2e quinzaine d'août, à Nannay, à une vingtaine de km au nord-est par la N 151.* 📱 *06-23-08-72-00 ou 06-62-99-19-64.* ● *nannay.com* ● Un festival de cinéma dans un bourg du centre-Nièvre, il fallait le faire. Des bénévoles le font, et depuis plusieurs années déjà. Projections de courts, de moyens et de longs métrages qui tous ont un rapport avec le monde rural, tournage d'un film avec les habitants, résidence d'artistes contemporains qui créent une œuvre pour l'occasion.

POUILLY-SUR-LOIRE (58150) 1 745 hab.

Réputé pour ses vins, pouilly-sur-loire (cépage chasselas) et pouilly-fumé (cépage sauvignon blanc fumé), ce gros bourg présente la singularité de se trouver à équidistance de la source et de l'embouchure de la Loire : 496 km, d'où la création récente du pavillon du Milieu-de-Loire. Sinon, rien d'extraordinaire mais de bien bonnes tables et une promenade sympa le long du fleuve, bordé d'une allée de platanes, d'une pelouse, de jeux pour enfants et d'une aire de pique-nique, sur ce tronçon classé par décret en Réserve naturelle.

Adresse utile

🛈 **Office de tourisme :** *17, quai Jules-Pabiot.* ☎ *03-86-39-54-54.* ● *pouillysurloire.fr* ● *Juil-août : tlj 10h-19h ; en moyenne saison : tlj 10h-12h30, 14h-18h ; hors saison : tlj 14h-18h ; fermé janv.* Opération « caves ouvertes » une journée par mois de mai à août et tous les après-midi en juillet-août (liste des viticulteurs à l'office de tourisme).

Où dormir ? Où manger ?

Camping

🏕 **Camping municipal Malaga :** sur les bords de Loire, face au pavillon du Milieu-de-Loire. ☎ 03-86-39-14-54. ♿ Ouv 1er juin-5 sept. Emplacement pour 2 avec voiture et tente autour de 10 €. Au cœur de la Réserve naturelle du Val de Loire, un joli camping bien ombragé qui offre de multiples possibilités pour se divertir : canoë, kayak, pêche, randonnées, etc.

De bon marché à prix moyens

🛏 IOI **Le Relais des 200 Bornes :** 1, av. de la Tuilerie. ☎ 03-86-39-10-01. • le s200bornes@wanadoo.fr • ♿ À l'entrée de Pouilly lorsque l'on vient de Pougues par l'A 77. Resto tlj sf soir ven et dim et le w-e en hiver. Doubles avec douche (w-c sur le palier) 38 €, avec douche ou bains et w-c, TV, 43-53 €. Formule (en sem) 12 € ; compter 15 € à la carte. Apéritif maison ou café offert au resto et 10 % de réduc sur le prix de la chambre juil-nov sur présentation de ce guide. Dernier survivant des relais-stations-service qui jalonnaient la vieille N 7 toutes les 100, 200, 300... bornes, celui-ci a survécu pour notre plus grand plaisir. Les chambres sont simplement confortables, la table est belle et bonne, et les patrons sont une mine d'anecdotes sur la route des vacances qui passait à leurs pieds, avant que l'autoroute... Une histoire banale, somme toute, mais une adresse qui ne l'est pas !

🛏 IOI **Hôtel-restaurant L'Écu de France :** 64, rue Waldeck-Rousseau. ☎ 03-86-39-10-97. Fax : 03-86-39-16-17. Tlj sf soir dim-lun hors saison. Doubles avec douche et w-c ou bains, TV, 40 €. Menus 11 € (en sem), puis 16-21 €. Un hôtel classique et un peu vieillissant mais au bon rapport qualité-prix en restauration comme en hôtellerie. Cuisine maison : terrines, coq au vin, poisson, etc. De plus, grand parking clos gratuit. Attention, changement de direction prévu courant 2008.

IOI **Chez Mémère :** 72, rue Waldeck-Rousseau. ☎ 03-86-39-02-43. En centre-ville. Tlj sf dim soir et lun. Résa conseillée. Menus 11-20 €. Café offert sur présentation de ce guide. Une adresse qui fut excellente et reste correcte. Ambiance familiale et cuisine sans prétention, simple et rustique.

Un peu plus chic

🛏 IOI **Le Relais Fleuri – Coq Hardi :** 42, av. de la Tuilerie. ☎ 03-86-39-12-99. • le-relais-fleuri-sarl@wanadoo.fr • lerelais fleuri.fr • ♿ Au sud-est, à 1 km du centre-ville, face aux caves coopératives. Tlj sf mar-mer (hors juil-août), mer midi tte l'année. Congés : 20 j. en janv. Doubles avec douche et w-c ou bains, TV, 58-90 €. Menus 23 € midi et soir (sf sam soir), puis 43-58 €. Très classique établissement, mais aussi un bon accueil et de belles chambres, surtout celles avec leurs petits balcons donnant sur la Loire. À table, cuisine régionale de bonne tenue. Carte des vins très fournie.

🛏 IOI **Le Relais de Pouilly :** quai de Loire. ☎ 03-86-39-03-00. • sarl.relais-depouilly@wanadoo.fr • relaisdepouilly .com • ♿ (au resto). Sur l'axe A 77 en venant de Paris, sortie Pouilly-Charenton ; en venant de La Charité, sortie Mesves. Doubles climatisées avec douche et w-c ou bains, TV, 66-72 € selon saison. Formule (plat + dessert) 13,50 € ; menus 17,50-32 €. Réduc de 10 % sur le prix de la chambre 1er oct-31 mars sur présentation de ce guide. Ne pas s'inquiéter de l'autoroute qui frôle cet hôtel moderne. Les chambres, spacieuses et vraiment tout confort, sont tranquillement posées face à un vaste jardin à deux pas de la Loire. Au resto, la table est simple mais bonne et la terrasse bien agréable. Accueil aussi souriant que le service. L'adresse idéale avec des enfants : tout ce qu'il faut pour les bébés et une belle aire de jeux. VTT à disposition.

À voir

🎨🎨🎨 Le pavillon du Milieu-de-Loire : *même adresse et mêmes horaires que l'office de tourisme.* • *pavillon-pouilly.com* • 🗝 *Entrée : 4,50 € ; réduc. Expos temporaires gratuites.*
Logé dans les anciens abattoirs municipaux, en bord de Loire. Il s'organise autour de trois salles. La première accueille des expositions temporaires variées sur la flore, la faune ou le vin (de loin les plus intéressantes !). La deuxième propose un parcours didactique et interactif du vignoble. Enfin, la troisième, après une traversée virtuelle du fleuve, présente les milieux naturels en Val de Loire via huit maquettes aussi appelées « îles ».
Trois sentiers de découverte sont également proposés au départ du pavillon, peut-être une plongée moins virtuelle dans une nature toute proche !

Randonnée pédestre

➢ **Le circuit des Vignobles de Pouilly-sur-Loire :** *une boucle de 8 km pour 2h30 de marche (peut également se faire à VTT en 1h15).* Agréable au moment des vendanges et toute l'année pour les dégustations. Balisage : blanc et rouge, jaune. Référence : *PR dans la Nièvre,* éd. Agence départementale du tourisme. Carte : IGN au 1/25 000, n° 2523.
Depuis l'*église de Pouilly,* dirigez-vous en direction de Cosne vers le pont de chemin de fer. Vous retrouvez alors le balisage blanc et rouge du GR 31. Remontant la rive droite de la Loire, vous traverserez bosquets et vignobles avec des aperçus sur l'île de Malaga et les îlots des Loges. Un vrai dépaysement. Aux Loges, village de vignerons, continuez sur la droite par une ruelle qui s'enfonce en direction des vignobles pour retrouver la N 7. Traversez-la prudemment pour arriver au hameau des Berthiers et à celui de Saint-Andelain. L'église et la table d'orientation méritent un détour. Redescendez alors plein sud vers le splendide *château du Nozet,* qui possède le vignoble de pouilly-fumé le plus réputé, le préféré de Napoléon. Le chemin continue par la D 503, puis les vignobles jusqu'au Bouchot. Retraversez prudemment la N 7 pour retrouver l'église de Pouilly-sur-Loire. Un petit coup de pouilly-fumé, servi bien frais, vous remettra de la balade.

Où déguster et acheter du vin ?

🍷 **Cave coopérative Les Moulins à Vent :** *39 av. de la Tuilerie.* ☎ *03-86-39-10-99. En face du Relais Fleuri. Lun-ven 8h-12h, 13h30-18h ; sam 9h-12h30, 14h-18h ; dim en saison, 10h-12h30, 14h30-18h30.* Mise en bouteille à la propriété de pouilly-fumé, de pouilly-sur-loire et de coteaux-du-giennois. Dégustation sur place.
🍷 **Jean Pabiot et fils :** *9, rue de la Treille, Les Loges.* ☎ *03-86-39-10-25. Lun-ven 8h-12h, 14h-18h ; w-e et j. fériés sur rendez-vous.* On pourra goûter ici le pouilly-fumé du domaine des Fines Caillottes. Accueil sympathique dans une belle cave flanquée d'une salle d'attente (comme chez le dentiste !). Chacun son tour pour déguster. Au fait, pourquoi le pouilly est-il fumé ? Est-ce en raison de la pruine, cette fine pellicule bleu-gris qu'on trouve à la surface du raisin à la vendange ? Ou bien de cette poussière grise – champignons microscopiques – qui s'élève quand on verse le raisin dans la hotte ? Ou encore de cette brume qui nous appareille après quelques verres... ?

Fêtes et manifestations

– **Le Rendez-vous des Terroirs :** *1er dim de juil.*
– **Foire aux Vins :** *15 août.*
– **Fête du Vin nouveau :** *oct.*

➤ DANS LES ENVIRONS DE POUILLY-SUR-LOIRE

🎯 À 3 ou 4 km en aval, le pittoresque village vigneron des *Loges,* où l'on pourra acheter quelques bonnes bouteilles. Agréable circuit sur les bords de Loire.

🎯 À voir toujours, un peu plus loin en aval (à 7 km de Pouilly), le respectable *château de Tracy,* où Simenon passa une année, alors secrétaire du marquis de Tracy. Le château ne se visite pas, mais on peut l'admirer ou déguster le pouilly-fumé produit sur place (170 000 bouteilles par an).

🎯 *La Réserve naturelle du Val de Loire :* un classement instauré par décret pour préserver la faune et la flore sur ce tronçon de Loire entre Boisgibault, hameau de Tracy, et La Charité. Présence de saumons, castors, sternes, etc.

COSNE-SUR-LOIRE (58200) 11 400 hab.

Au confluent du Nohain et de la Loire, Cosne (du gaulois *condate* : confluent) fut occupé dès le Néolithique. Le commerce fluvial et sa position sur la route du Bourbonnais (axe Paris-Lyon) ont longtemps fait sa fortune, mais aussi son malheur, car, ville relativement importante et située à la frontière du Berry et du Bourbonnais, elle fut souvent assiégée durant le haut Moyen Âge puis pendant la guerre de Cent Ans. Il ne reste pour ainsi dire rien de ce passé tumultueux, les remparts ayant été rasés au XVIIIe siècle.

Le chemin de fer puis la construction mécanique ont ensuite, et jusque dans les années 1970, fait de Cosne-sur-Loire un centre industriel assez dynamique, deuxième ville du département. Mais nombre d'usines ont fermé depuis. Une activité viticole importante – appellation coteaux-du-giennois – a vu le jour depuis quelque temps déjà et le succès est grandissant.

Cosne reste une ville plutôt agréable en son centre, avec notamment les marchés du mercredi et du dimanche, et le petit (mais costaud) musée municipal.

Adresse utile

🛈 **Office de tourisme :** pl. de l'Hôtel-de-Ville. ☎ 03-86-28-11-85. • ot-cosne surloire.fr • Avr-juin et sept-oct : lun-sam 9h-12h30, 14h-18h ; dim 10h30-12h30 ; juil-août : 9h30-12h30, 14h-19h ; en basse saison : mar-sam 9h30-12h30, 14h-17h (mer 18h).

Où dormir ? Où manger ?

Camping

⛺ |●| **Camping Les Terrasses de l'Île :** de l'autre côté du pont de Cosnes. ☎ 03-86-28-18-10. • camping-de-l-ile. com • Avr-oct. Compter 18 € l'emplacement pour 2 avec voiture et tente. Menus 12-23 €. On a franchi la Loire et presque mis un pied dans le Cher. Joliment situé, pas tout au bord du fleuve (ça, c'est pour le resto) mais pas bien loin non plus. Piscine.

Prix moyens

🏨 |●| **Hôtel-restaurant Le Saint-Christophe :** pl. de la Gare. ☎ 03-86-28-02-01. • le.saint-christophe@wanadoo.fr • lesaintchristophe.fr • Face à la

LE VAL DE LOIRE

gare. Tlj sf ven, dim soir. Congés : 26 déc-3 janv et 22 juil-20 août. Doubles avec douche et w-c ou bains 45-46 €. Menus 15 € (sf dim), puis 21-39,50 €. Réduc de 10 % sur le prix de la chambre le w-e sur présentation de ce guide. Dans une jolie maison d'il y a au moins un siècle, coquettement rénovée. Chambres bien tenues et tout confort. Accueil souriant de la patronne et petit resto que semblent apprécier les locaux. Wi-fi.

|●| **Au Grain d'Orge :** 18, rue du Général-de-Gaulle. ☎ 03-86-28-01-05. Tlj sf mar soir, mer. Congés : de mi-fév à début mars et 3 sem juil-août. Menus 13 €, en sem, puis 22-37 €. Apéritif maison offert sur présentation de ce guide. Tenu par deux frères normands, les frères Graindorge, d'où le nom... Bonne cuisine de tradition, présentée avec élégance et sans grande pompe, dans un cadre un peu désuet où les copains viennent exposer leurs œuvres. Une bonne adresse, d'autant plus incontournable le lundi quand tous les restos de la ville sont fermés.

Très chic

🏠 |●| **Le Vieux Relais :** 11, rue Saint-Agnan. ☎ 03-86-28-20-21. • contacts@le-vieux-relais.fr • le-vieux-relais.fr • Au centre-ville, près de l'Eden Cinéma. Resto tlj sf ven soir, sam midi et dim soir (de sept à mai). Doubles avec douche et w-c ou bains 77-88 €. Menus 19,20 € (en sem), puis 22,50-36 €. Garage intérieur payant. Hôtel installé dans un ancien relais de poste du XIVe siècle. Les chambres portent des noms d'oiseaux. Elles sont douillettes et spacieuses (c'est un peu normal dans cette fourchette de prix) et la cuisine est l'un des points forts de la maison. Le papa et le fiston au piano, la maman et la belle-fille en salle, tout le monde y met son cœur et beaucoup de savoir-faire. Ça tourne bien et le sourire est toujours présent. Un coup de cœur pour la cour intérieure, avec son balcon envahi de vigne vierge et les toits tarabiscotés qui surplombent l'ensemble.

Où dormir ? Où manger dans les environs ?

🏠 |●| **Chambres d'hôtes Chez Elvire :** Chauffour-Saint-Loup, 58200 Cosne-sur-Loire. ☎ 03-86-26-20-22. À 12 km au nord-est de Cosne. De Cosne, D 114 vers Cours, puis Saint-Loup et Saint-Vérain ; c'est à 3 km de Saint-Loup. Tlj ; fermé nov-mars. Doubles avec douche et w-c 54 €, petit déj compris. Table d'hôtes le soir, sur résa, 23 € boisson comprise. Magnifique maison dont le toit descend jusqu'au sol et qu'Elvire et René Duchet ont restaurée à l'ancienne. Tomettes, poutres et 2 chambres spacieuses, mimi comme tout, avec salle d'eau. Ambiance un rien bohème, accueil très agréable et authentique.

🏠 |●| **Chambres d'hôtes L'Orée des Vignes :** Croquant, 58200 Saint-Père. ☎ 03-86-28-12-50. • loreedesvignes@wanadoo.fr • loreedesvignes.com • Dans un hameau, à 2 km de Cosne direction Donzy. Doubles avec douche et w-c 58 €, petit déj compris. Table d'hôtes sur résa 26 €. Apéritif maison offert sur présentation de ce guide. Une ancienne fermette familiale restaurée à merveille, avec tout ce qu'il faut pour passer un bon séjour : une belle salle à manger, une cheminée qui fonctionne, un petit salon et une terrasse. Le repas concocté par la maîtresse de maison est du terroir – ce mot magique qui inspire confiance – et les légumes sont du jardin. Stages en hiver pour apprendre à faire du foie gras. Grand parking.

À voir. À faire

🎨 **Le musée de la Loire :** pl. de la Résistance. ☎ 03-86-26-71-02. Tlj sf mar et dim mat (mar et dim oct-fév), 10h-12h, 14h30-18h30 ; fermé 24 déc-31 janv. Entrée : 3,50 € ; réduc ; gratuit jusqu'à 18 ans. Dans l'ancien couvent des Augustins réhabilité (bel escalier à vis et linteau remarquable, cheminée Renaissance). Au rez-de-chaussée, la Loire, ses paysages et ses activités, par le biais de toiles fauves de Messemin (1880-1944) ou de Claude Rameau (grands ciels doux), ainsi que de maquettes et d'objets divers présentant la batellerie et la vie des mariniers, protégés par saint Nicolas, plusieurs fois représenté. À l'étage, une grande salle est consacrée aux techniques de pêche traditionnelle. Ensuite, faïences, mais surtout une collection de peinture qui fut léguée par Maurice Loiseau, un amateur d'art de l'entre-deux-guerres : des œuvres peu connues mais ô combien plaisantes ! Une vingtaine de pièces, dont, par exemple, un Vlaminck (superbe paysage incliné), une gouache sur papier d'Utrillo, le *Moulin de la Galette,* une *Vue d'une fenêtre ouverte* de Dufy, sans oublier les lavis et aquarelles du moins connu Jules-Émile Zingg (portrait d'Émile Loiseau, 1922). Une visite qu'on ne peut que recommander.

Le musée du Facteur et de la Poste : près de... la poste. ☎ 03-86-28-49-95. Lun ap-m-sam mat 10h-12h, 15h-18h. Entrée : 2,50 € (2 € sur présentation de ce guide) ; réduc ; gratuit jusqu'à 10 ans. Les objets ressemblent à des colis en souffrance, tant l'espace est exigu et les marchandises aussi nombreuses qu'inattendues. Petites voitures, portraits en timbre, reproduction des « boule de moulins » qui officièrent en 1870 (pour faire passer du courrier vers Paris pendant le siège de la Commune). Eh oui, dans ces 55,33 m^2, on trouve presque tout, de l'essaim ramassé par un facteur à la boîte à faux-cols ! C'est que le facteur, attaché à son élégance, prolongeait son Marcel de ces pastiches amidonnés au-dessus de sa veste. D'ailleurs, en marge de ces tenues de facteurs du monde entier, de 1830 à nos jours, uniformément différentes, vous croiserez aussi des bas de pantalons croqués par des mâchoires canines de nationalité inconnue.

Promenade dans le vieux Cosne : rive gauche du Nohain, remarquable façade Art déco de l'*Eden Cinéma,* toujours en activité. Quelques pas plus loin, l'*église Saint-Agnan,* largement reconstruite au XVIIIe siècle, a conservé un beau portail roman orné de figures symboliques, auquel fait face un portail flamboyant décoré d'anges et de griffons, et d'une abbesse recevant sa crosse des mains de Jeanne de France.
De l'église, par la rue des Forges, on arrive *place des Marronniers* : agréable promenade ombragée avec vue sur la Loire, le pont suspendu et, au loin, les collines de Sancerre. Prendre à droite le quai du Maréchal-Joffre, où se trouvaient les anciennes *forges de la Chaussade*. Au-dessus d'une des anciennes baies de la façade, l'inscription « Forges Royales » (celles-ci seront transférées à Guérigny).
Sur l'autre rive du Nohain, on trouve d'intéressantes architectures, notamment place Pasteur, avec le très bel *ancien palais des évêques d'Auxerre,* du XIIIe siècle, récemment restauré. Dans la *maison* voisine *des Chapelains* (XVIe siècle) est présentée *(ap-m, juil-août)* une petite collection d'archéologie préhistorique, gallo-romaine et médiévale.
– *Cyclorail :* gare de départ au lieu-dit de Port-Aubry. ☎ 03-86-45-70-05. *À 3 km du centre-ville. Tlj sur résa, 10h-19h. De 15 €/h à 54 €/j. ; 4 pers par vélo.* Pour se muscler les mollets au long d'une ancienne voie ferrée (15 km aller-retour). Balade avec vue sur les vignes, sur la Loire du haut d'un pont. Chaque cyclorail peut accueillir jusqu'à 4 personnes.

Où acheter de bons produits ?

Le Domaine de Port-Aubry : 58200 Cosne-sur-Loire. ☎ 03-86-26-63-61. *À 3 km du centre-ville, direction Villechaud, puis suivre les panneaux. Tlj sf Noël et Jour de l'an, 9h-12h, 15h-19h (16h-18h dim et j. fériés).* Une ferme traditionnelle qui ouvre ses enclos aux familles car on peut circuler dans la basse-cour, aller assister à la traite des chèvres sur le manège (à 16h environ), voir des vaches, des cochons et même « Charlot », la vedette-journaliste.

Important : il est conseillé d'apporter du pain sec ! Également un gîte rural et une boutique. Espace pique-nique très sympa, avec point de vente boissons et glaces. Chaleureux accueil.

Manifestations

– **L'œil et la plume :** *fin mai.* Un salon du livre riche en événements : dictée, concours d'écriture, remise de prix littéraires dont le prix Jean Nohain, etc.
– **Nuits du Vieux Château :** *pdt 6 j. mi-juil, à partir de 22h. Rens à l'office de tourisme.* À l'origine, le vieux château avait été créé pour protéger et surveiller le confluent du Nohain et de la Loire. Récemment restauré, il accueille dans sa cour un spectacle alliant danse, jeux de lumières et création contemporaine.

➤ *DANS LES ENVIRONS DE COSNE-SUR-LOIRE*

La ferme de Cadoux : à *Saint-Loup-sur-Loire (58440).* ☎ *03-86-39-22-84. Au nord de Cosne, sur la N 7 (8 km). Juin-sept : tlj 14h-19h ; hors saison : sur rendez-vous. Entrée : 5 € ; réduc ; 20 % de remise pour nos lecteurs sur présentation de ce guide.* Un véritable musée paysan de la Bourgogne nivernaise. Dans la grange du XVᵉ siècle, de nombreux mannequins en situation, avec instruments et outils d'époque en main, font revivre des métiers disparus comme la lingère, la nourrice, le bourrelier, le charron, le tonnelier, etc. Curiosités : d'étonnantes ruches et un extracteur de miel. Enfin, le dernier bâtiment de ferme, qui fait également office d'accueil et de boutique, abrite à l'étage une immense exposition intitulée « Du blé au pain ».

LES COTEAUX DU GIENNOIS

Le vignoble s'étend entre Gien et la région de Cosne-sur-Loire et comprend une quinzaine de commune agréées, toutes étagées sur les coteaux de la Loire, à cheval sur le Loiret et la Nièvre. Cent cinquante hectares d'une production de coteaux-du-giennois aux arômes de cerise, mûre et myrtille pour les rouges et au bouquet aux notes fraîches, typique du cépage sauvignon, pour les blancs. Des vins d'appellation de qualité, au rapport qualité-prix excellent (pour le moment).

À voir

Le musée de la Machine agricole ancienne : à *Saint-Loup (58200).* ☎ *03-86-39-91-41.* À 8 km au nord-est de Cosne par la D 14 ou la D 114. *Mai-sept : tlj sf mar 10h30-12h, 14h30-19h. Entrée : 4 € (3 € sur présentation de ce guide).* Plus de 90 pièces de la fin du XIXᵉ siècle aux années 1960, dont un splendide tracteur à vapeur Robert Bell pesant plus de 10 t (1911). Pratiquement toutes les machines peuvent fonctionner et, le 15 août, chaque année, c'est la *fête de la Moisson* : défilé de plus de 130 tracteurs. Concours de moisson à l'ancienne avec une trentaine de moissonneuses-batteuses.

Où acheter du vin et des liqueurs ?

Domaine de Saint-Père, Veneau : *58200 Saint-Père.* ☎ *03-86-28-25-17. De Cosne, direction Donzy, puis Saint-Père, puis fléchage.* La bonne adresse pour trouver et déguster les fameux coteaux-du-giennois, en rouge, blanc ou rosé.

Liquosterie Langlois : *58200 Pougny.* ☎ *03-86-28-06-52. De Cosne, direction Donzy (D 33) ; au centre du vil-*

lage. Tte l'année ; dim sur rendez-vous. *Dégustation sur le point de vente*. Des coteaux-du-giennois, des pouilly-fumé, mais surtout une production de crèmes de fruits rouges entièrement naturelles, à la concentration en arômes exceptionnelle. À déguster seul ou accompagné de vin blanc (ou rouge) de la région.

LE PLATEAU DU NIVERNAIS

Des rives de la Loire aux vaux d'Yonne, le plateau nivernais dessine un paysage de collines et de verdure, où les rivières hésitent et serpentent, où les gros villages, les bourgs vivent paisiblement, comme en dehors du temps. Citadin harassé, stressé et compressé, arrêtez-vous à Donzy, Varzy, Préméry ou Saint-Amand, et respirez à fond, allez à la pêche, visitez la campagne et reposez-vous. Alors, ça va mieux ?

DONZY (58220) 1 660 hab.

La bourgade dont, en 1402, Jean sans Peur, duc de Bourgogne, ne laissa que ruines fumantes, est aujourd'hui un paisible village, station verte de vacances, que traverse le Nohain. Quelques demeures médiévales ajoutent à son charme rural, ainsi que deux spécialités locales : les croquets (petits gâteaux secs dont la recette remonte à 1872) mais aussi... les parapluies !

Où dormir ? Où manger ?

Le Grand Monarque : 10, rue de l'Étape. ☎ 03-86-39-35-44. • monarque.jacquet@laposte.net • (resto). Près de l'église. Tlj sf dim soir, lun (hors saison). Congés : de janv à mi-fév. Doubles avec douche et w-c ou bains, TV, 58-74 €. Menu déj 14 € (en sem), puis autres menus 23-38 €. *Apéro maison offert sur présentation de ce guide.* Une adresse de tradition aux chambres spacieuses (certaines ont une salle de bains toute neuve), dans une respectable bâtisse du vieux bourg, pas peu fière de son escalier en colimaçon du XVIe siècle. À table, cuisine régionale sans défaut.

Chambres d'hôtes Les Jardins de Belle Rive : lieu-dit Bagnaux. ☎ 03-86-39-42-18. • jardinsdebellerive@free.fr • http://jardinsdebellerive.free.fr • Pl. Gambetta, passer le pont au-dessus de la Talvane et 1re à droite. Doubles avec douche et w-c ou bains 47-55 €, petit déj compris. Table d'hôtes 20 €, vin inclus. CB refusées. *Café offert sur présentation de ce guide.* Un peu à l'écart du bourg, dans un écrin de verdure, charmante maison indépendante à l'intérieur cosy et raffiné. Trois chambres romantiques avec de luxueux sanitaires. Jolie déco (Josette est artiste-peintre et se débrouille plutôt bien). Un bon plan, vraiment, avec piscine et plan d'eau avec barque.

À voir. À faire

➢ **Balade dans le village :** on pourra voir, *rue de l'Étape*, plusieurs maisons à pans de bois, ou, *place Gambetta*, la belle bâtisse dite « à Fleur de Lys », du XVIIe siècle.

L'écomusée de la Meunerie : moulin de Maupertuis, rue André-Audinet. ☎ 03-86-39-39-46. *Au centre du village, suivre les panneaux.* Juin : tlj sf mer 16h-

19h (14h-19h w-e) ; juil-sept : tlj 14h-19h (18h à partir de mi-sept) ; hors saison : se renseigner. Entrée : 4 € (3,50 € sur présentation de ce guide) ; réduc ; gratuit jusqu'à 6 ans. Un moulin vivant (classé Monument historique) encore équipé de tout son matériel et qui servait à la fabrication de la farine jusqu'en 1961. La visite est commentée et animée, puisque les machines-outils et les trains d'engrenage fonctionnent devant vous. Plus de 57 moulins existaient au XIXe siècle dans la région. La moitié d'entre eux est encore visible, mais peu sont aussi complets et en bon état de marche que celui-ci. L'association organise également des fêtes du Pain, des expositions de peinture et des brocantes.

Le moulin à huile de noix : moulin de l'Île, 14, rue de l'Éminence. ☎ 03-86-39-31-48. Du centre de Donzy, direction La Charité. Lun-ven 8h-12h, 13h-17h ; sam 10h-12h. Gratuit. Dans l'une des plus belles maisons de la Nièvre, entourée d'eau, une charmante dame produit, à l'aide de son moulin de plus de 150 ans, de l'huile de noix et de noisette de grande qualité, que l'on retrouve sur les meilleures tables de France. En vente sur place. Accueil adorable.

Les ruines du prieuré clunisien de Notre-Dame-du-Pré : à **Donzy-le-Pré**. À 1 km au sud-ouest du bourg, sur la gauche de la route de Suilly-la-Tour. Superbes ! Remarquables tympan (classé) et chapiteaux sculptés, chefs-d'œuvre de l'art roman bourguignon. De la nef ne restent que les deux premières travées et la tour nord, dont les dimensions, monumentales, témoignent de l'importance du prieuré. Attention, risque de chute de pierres.

Achats

Les Oies du Pré : 58220 Donzy-le-Pré. ☎ 03-86-39-47-65. À l'ouest de Donzy sur la D 33 (2 km) ; indiqué à l'entrée du village. Lun-sam 8h-12h, 14h-20h ; dim ap-m sur résa. Une exploitation agricole tenue par un couple de passionnés et leur fiston, qui produisent un foie gras haut de gamme, oie et canard. Point de vente sur place.

Au Grès du Nohain : 15, rue Franc-Nohain. ☎ 03-86-39-42-45. Superbes grès faits maison, cuits dans un immense four à l'étage. En plus, tous les secrets d'un univers !

SAINT-AMAND-EN-PUISAYE (58310) 1 400 hab.

Situé au sud d'une microrégion appelée la Puisaye, vaste plateau boisé et creusé de vallées bocagères (dont on vous parle plus largement plus loin dans le chapitre consacré au département de l'Yonne), Saint-Amand fait figure de capitale de la poterie. Une tradition qui remonte au XIVe siècle. Et le siècle suivant, la tradition du grès prend à son tour naissance. Au XIXe siècle, la ville compte jusqu'à 22 poteries.
Une école perpétue cette tradition (possibilité de stages fin juin-début août et en sept : rens au CNIFOP, ☎ 03-86-39-60-17), ainsi qu'une importante production artisanale et industrielle.

Où dormir dans les environs ?

Chambres d'hôtes Domaine de la Berjatterie : la Berjatterie, 58310 Bitry. ☎ 03-86-39-67-14. • manneheut@aol.com • http://gites-de-france-nievre.com/la-berjatterie • Depuis Saint-Amand, prendre direction Donzy, puis suivre le fléchage. Double avec bains 54 €, suite 58 €, petit déj compris. Gîte pour 4 pers 260 €. Posé en haut d'une colline, le Domaine de la Berjatterie se compose d'une maison de maître vieille de plus de deux siècles et d'une dépendance, où sont installées 6 chambres propres et claires, dont une adorable petite suite. Accueil charmant.

À voir

🎥 **Le musée du Grès :** dans la tour nord du château, au centre du bourg. ☎ 03-86-39-74-97. Juin-sept : tlj sf mar 10h-12h30, 14h-19h ; Pâques-fin mai : w-e et j. fériés 10h-12h30, 14h-18h30. Entrée : 2 € ; réduc. Quelques poteries utilitaires anciennes (bonbonnes, saloirs) et, plus récentes, des poteries d'art.

🎥 **La maison de la Mémoire potière :** faubourg des Poteries. ☎ 03-86-39-63-01 ou 21. Juil-août : slt le w-e, 14h30-18h ; le reste de l'année sur rendez-vous. Visite guidée : 3 € ; visite libre : 1,50 € ; réduc. Association fondée en 1998 pour sauver l'une des dernières poteries traditionnelles de la région. Nous sommes chez les Cadet Gaubier, qui exercèrent leur métier jusqu'en 1966, grâce à l'un des trois derniers fours couchés de la région, avec sa voûte émaillée au fil des cuissons. Autour de l'atelier du potier, à côté du four, exposition de vieilles photos et démonstrations pour les groupes. Un excellent complément à la visite du musée ! Expos-vente en été.

➤ DANS LES ENVIRONS DE SAINT-AMAND-EN-PUISAYE

🎥 **Saint-Vérain** (58310) **:** à 8 km au sud par la D 2. Ce village fut au Moyen Âge une importante cité, ceinte d'un triple rempart. Il possède encore quelques restes de cette grandeur passée : portes fortifiées, donjon ruiné et belle église Saint-Blaise, du XIIe siècle, actuellement en cours de restauration, mais où l'on peut encore admirer l'un des rares vitraux du XIIe représentant la Vierge.

VARZY (58210) 1 360 hab.

Avec ses maisons serrées, sa pierre grise et ses toits pentus, avec aussi un environnement de collines boisées et de gais cours d'eau, Varzy s'apparente aux vaux d'Yonne, dont elle n'est guère éloignée (16 km au sud-ouest de Clamecy). La petite bourgade fut d'ailleurs, durant le Moyen Âge, la propriété des évêques d'Auxerre, et elle reste tournée vers l'Yonne et l'Auxerrois. Son église, son lavoir et son étonnant musée en font une halte plaisante.

À voir

🎥🎥 ⛪ **Le musée Auguste-Grasset :** pl. de la Mairie. ☎ 03-86-29-72-03. 🎥 Juil-août : tlj sf dim mat 10h-12h30, 14h-19h ; avr-juin et sept-oct : tlj sf dim mat, lun mat et mar, 10h-12h, 14h-18h ; hors saison : pour groupes slt. Entrée : 3 € (1,50 € sur présentation de ce guide) ; réduc. Possibilité de visites guidées.
Auguste Grasset (1799-1879), collectionneur comme on pouvait l'être alors, c'est-à-dire universaliste, s'intéressant à toutes les sciences et tous les arts, amassa quantité d'objets des quatre coins du monde, pièces d'archéologie, tableaux, sculptures et curiosités de toutes sortes (3 500 objets).
Ses collections, exposées sur les trois niveaux d'un bâtiment récemment réaménagé, se signalent par une section d'égyptologie de toute beauté (impressionnants sarcophages) et d'archéologie variée (silex biface ou rare fragment de texte cunéiforme assyrien), et quelques pièces majeures (le cavalier en faïence de Nevers

notamment, 1734). Le *Salon de Musique* permet une découverte sonore d'une vingtaine d'instruments anciens (XVIIe-XIXe siècle) aussi rares qu'étonnants : la serinette (ancêtre de l'orgue de barbarie), l'ophicléide, le tympanon, etc. Une visite très plaisante.

✸ **L'église Saint-Pierre :** *au centre du bourg.* Édifiée au XIIIe siècle, c'est un bel exemple de gothique rayonnant. On remarque ses hauts clochers jumeaux et, à l'intérieur, quelques jolies pièces de mobilier : au-dessus de l'autel, un retable flamand ; dans le chœur, une émouvante statue de sainte Eugénie (XVe siècle) et deux aimables triptyques ; mais surtout, le *trésor* conservé dans la sacristie présente de précieux reliquaires du XIIe siècle : les restes de sainte Eugénie (bras reliquaire avec main bénissante) et de saint Regnobert (grande châsse et autres reliquaires).

✸ À voir également dans le bourg, le *lavoir,* l'un des plus beaux du département.

PRÉMERY (58700) 2 240 hab.

Au cœur du département, un bourg un peu endormi depuis qu'a fermé l'usine qui en avait fait (comme l'affirment les pancartes d'entrée de ville) la capitale de la chimie du bois. Ancien fief des évêques de Nevers qui y ont laissé la collégiale gothique Saint-Marcel et le château qui leur tenait lieu de résidence secondaire.

Adresse utile

Office de tourisme : tour du Château. ☎ 03-86-37-99-07. *Mar-sam* 10h30-12h, 15h30-18h ; nov-fév : mat slt.

Où dormir ? Où manger dans les environs ?

De prix moyens à plus chic

Ferme-auberge du Vieux Château : *58700 Oulon.* ☎ *03-86-68-06-77.* • catherine.tilliot@club-internet.fr • vieuxchateau.com • *Par la D977 bis direction Corbigny, puis à gauche la D 107 ; fléché depuis Oulon. Tlj sf vac Toussaint. Doubles avec douche 43 €, avec douche et w-c 50 €, petit déj compris. Menu déj (en sem) 13 €, puis autres menus 18-26 €. Repas sur résa de préférence. Apéritif ou digestif maison offert sur présentation de ce guide.* Grand et superbe corps de ferme avec une jolie tour. Petite salle rustique avec cheminée. Ici, plus que pour l'accueil, on vient pour la table : navarin d'agneau, beau plateau de fromages de chèvre, superbes rillettes ! Une petite dizaine de chambres à l'ancienne (papier peint à fleurs ou crépi blanc). Piscine.

Chambres d'hôtes Le Colombier : *58210 Corvol-d'Embernard.* ☎ *03-86-29-79-60.* • contact@lecolombierdecorvol.com • lecolombierdecorvol.com • *Doubles avec bains 97-107 €, petit déj compris. Café offert sur présentation de ce guide.* Dans la cour d'un corps de ferme de 1812, flanqué naturellement d'un colombier, 5 chambres à la déco plutôt contemporaine qui s'ordonnent autour de la piscine chauffée. Galerie d'art contemporain sur place. Les proprios sont belges et accueillent en conséquence pas mal de leurs compatriotes.

À voir

🚶🚶 **Le musée du Grès ancien :** 3, Grande-Rue. ☎ 03-86-68-10-32. Pâques-Toussaint : w-e slt 14h30-18h30. Entrée : 3 €. Musée récent qui abrite une collection privée, riche de plus d'un millier de pièces patiemment réunies au cours des 30 dernières années. Jolie muséographie, d'une vraie sobriété, qui laisse tout simplement s'exprimer les objets. Au rez-de-chaussée, superbes créations de l'école de Carriès, un mouvement artistique qui s'est développé entre 1888 et la Première Guerre mondiale, dans le sillage de l'Art nouveau et autour de Jean Carriès, sculpteur formé à la poterie en Puisaye. Une œuvre à découvrir. À l'étage, une foule d'objets plus utilitaires venus des deux « patries » du grès, la Puisaye et le Berry. Objets utilitaires ? Avec la beauté formelle de certains épis de faîtage, le souci du détail apporté aux fontaines anthropomorphes, on est plus près de l'art que de l'artisanat.

➤ DANS LES ENVIRONS DE PRÉMERY

🚶 **Le château de Giry** (58700) : sur la D 977, à 6 km au nord. Visite sur rendez-vous, juil-sept slt. Rens : ☎ 03-86-60-17-52. Imposant château, dont la construction s'est étalée du XIVe au XVIIe siècle et qui a conservé son enceinte fortifiée.

🚶🚶🚶 **Arthel** (58700) : à une quinzaine de km au nord-est par la D 977, puis la D 140 (c'est fléché). Superbe endroit, d'ailleurs classé « site remarquable ». Blotti au pied d'un étang, ce minuscule village (71 habitants !) est dominé par deux *châteaux*. Celui d'Arthel, ancien château fort du XVIe siècle, a la particularité d'appartenir à l'oncle de Bernadette Chirac, qui y passa plusieurs étés. Celui *de la Motte,* édifié au XIIe siècle sur l'emplacement d'une maison forte, était la propriété des comtes de Nevers et surplombait l'ancienne voie romaine de Montenoison. Le château d'Arthel ne se visite que sur rendez-vous en été, plutôt en semaine (rens : ☎ 03-86-60-14-31).

🚶🚶 **La butte de Montenoison :** fléché depuis Arthel. Cette butte marque le croisement de deux voies romaines et portait, en 500 av. J.-C., un oppidum qui fut ensuite transformé en place forte. Ne reste qu'une église, son petit cimetière et quelques ruines d'une forteresse construite au XIIe siècle par Mahaut de Courtenay, comtesse de Nevers. Aujourd'hui, on y monte surtout pour la vue : à 417 m d'altitude, deux tables d'orientation permettent d'appréhender le Bazois d'un côté et le Morvan de l'autre.

🚶 **Champallement** (58420) : encore un joli village, un peu perché. De grosses maisons de pierre, une grande place gagnée par l'herbe et plantée d'arbres au moins centenaires ; et au coin d'une tour médiévale, une jolie vue sur la plaine, avec le Morvan en toile de fond.

🚶 **Le site gallo-romain de Compierre :** depuis Champallement, prendre la D 140 direction Saint-Révérien ; fléché ensuite. Visites guidées sur demande : ☎ 03-86-29-07-96. Au cœur d'une clairière, vestiges d'une cité gallo-romaine découverte entre 1824 et 1843, dont la population a été estimée à 1 000-1 500 habitants. Depuis, les fondations et quelques pans de murs du forum, de la nécropole, ainsi que de l'atelier du tailleur ou de la maison du boucher ont été mis au jour. L'ensemble des collections est visible au musée de Clamecy.

🚶 **L'église prieurale de Saint-Révérien** (58420) : au centre du village. Superbe église romane, petite sœur de Cluny. Si ses origines remontent au XIIe siècle, elle a été reconstruite après un incendie au XVIIIe. Saint Révérien, lors de ses prédications, refusa de sacrifier aux idoles, ce qui lui valut d'être décapité en l'an 274. Dans l'église, une émouvante statue le représente, tenant sa tête coupée à la main. Admirer surtout les chapiteaux du chœur (seul rescapé du XIIe siècle), finement ciselés de personnages et d'animaux fantastiques. Derrière l'autel, trois chapelles rayonnantes sont couvertes de fresques murales ; celle du centre, dédiée à la Vierge, date du XVe siècle. Enfin, à la hauteur de la troisième travée, étonnante dalle funéraire d'Hugues de Lespinasse.

LE CANAL DU NIVERNAIS, DE DECIZE À CLAMECY

Ah, *the canal* ! s'exclament les Anglais, grands amateurs de croisières fluviales (avant les Allemands et les Néerlandais), et qui tiennent le canal du Nivernais pour l'un des meilleurs de France, juste après l'indétrônable (mais surfréquenté l'été) canal du Midi. Oui, l'un des meilleurs pour le paysage toujours verdoyant, ondulant et tranquille, pour son échelle d'écluses, ses lacs, ses tunnels. Et pour ses étapes culturelles et gourmandes.

QUELQUES DATES ET CHIFFRES

Construit de 1784 à 1843, initialement pour faciliter le transport du bois de chauffage du Bazois (microrégion du Nivernais central) à Paris, le canal du Nivernais court sur 174 km de Decize à Auxerre (dont 122 km dans la Nièvre). Plusieurs ouvrages d'art ont été nécessaires à sa construction : 110 écluses (dont l'échelle de 16 écluses de la vallée de Sardy) et 3 tunnels, dont celui de la Collancelle, long de 758 m ! Ponts-canaux, aqueducs et ponts fixes ou mobiles (ces derniers, à bascule, réclament parfois de bons bras pour être actionnés) jalonnent le parcours, où la vitesse de navigation est limitée à 8 km/h pour les moins de 20 t.

Adresses et infos utiles

Location de bateaux

En juillet et août, les locations se font à la semaine, sauf avec *Aqua Fluviale,* qui loue aussi à la journée : compter 175 € pour un bateau à moteur ou de 58 à 68 € pour le passage des voûtes de la Collancelle en bateau électrique (5 à 7 personnes). Hors juillet et août, on peut louer des « mini-semaines » : à la journée, 3 jours ou 3 jours et demi.
Le prix d'une location à la semaine varie pas mal suivant la période et le nombre de personnes que peut accueillir le bateau. Renseignez-vous auprès des compagnies.

■ **Crown Blue Line :** bassin de la Jonction, 58300 Decize. ☎ 03-86-25-46-64. ● crownblueline.com ●
■ **Aqua Fluviale :** port des Poujeats, 58110 Bazolles-Baye. ☎ 03-86-38-90-70. ● aquafluviale.fr ●
■ **France Fluviale :** 1, quai du Port, 89270 Vermenton. ☎ 03-86-81-54-55. ● francefluviale.com ●

Périodes d'ouverture

Les écluses et le canal sont ouverts d'avril à octobre, 9h-12h, 13h-19h. Les écluses sont fermées le 1er mai et le 14 juillet (mais les balades en bateau sont tout de même possibles ces jours-là).

DECIZE (58300) 6 460 hab.

Decize profite d'une situation unique : bâtie sur un piton rocheux au milieu de la Loire, la ville se trouve au carrefour hydrographique du grand fleuve, de son confluent l'Aron, du canal du Nivernais et du canal latéral à la Loire. Encore faut-il y ajouter la Vieille Loire, large bras mort bordant la vieille ville. Mérite le coup d'œil, donc, selon l'expression consacrée. Et une petite balade au long de sa majestueuse allée de platanes ou dans les rues de la vieille ville encore enserrée dans une partie des anciens remparts.

UN PEU D'HISTOIRE

Les comtes de Nevers avaient édifié un château sur ce piton rocheux, ceint d'un puissant rempart qui permit à Decize de résister aux assauts des Anglais. Mais cela se gâte ensuite... En 1525, un certain Bellejoyeuse, chef mercenaire de retour d'Italie et qui regagnait sa Normandie natale, fait halte à Decize : ses troupes pillent et massacrent à cœur joie. Puis, en 1559, un gigantesque incendie détruit la ville.
Decize profite ensuite des mines de La Machine, devenant un grand port charbonnier. Au XIXe siècle, la canalisation de la Loire assèche le bras gauche du fleuve, donnant l'actuel bras mort – la Vieille Loire. Depuis, Decize n'est plus une île mais n'a rien perdu de sa singularité.
Citons enfin quelques illustres Decizois : Guy Coquille (1523-1603), auteur d'une *Histoire du Nivernais*, érudit et grande figure régionale ; Saint-Just (1767-1794) lui-même, en personne, oui, le grand révolutionnaire, est né ici, même s'il en est parti de bonne heure ; Louis-Adolphe Hanoteau (1814-1897), qui fut général et l'auteur d'ouvrages fondamentaux sur les Kabyles et les Touaregs et qui a donné son nom à un village d'Algérie ; Marguerite Monnot (1903-1961), pianiste et amie de Piaf pour qui elle composa *Milord* et *Mon Légionnaire* ; et Maurice Genevoix (1890-1980), écrivain, prix Goncourt et académicien.

Adresse utile

🚩 *Office de tourisme :* pl. du Champ-de-Foire. ☎ 03-86-25-27-23. • decize-tourisme.fr • En hte saison : mar-sam 9h-12h, 14h-18h30 ; plus dim 10h-12h et lun en juil-août. Hors saison : mar-ven 14h-17h ; plus sam en sept et juin. Visites guidées en été : l'occasion de voir les souterrains (ouvrages défensifs), la crypte de Saint-Aré, la salle Olga Olby, les ruines du château, etc. *Durée :* 2h. *Prix :* 5 € ; réduc.

Où dormir ? Où manger ?

Camping

🏕 *Les Halles :* en bordure de la Vieille Loire, à côté du stade nautique. ☎ 03-86-25-14-05. • aquadis1@wanadoo.fr • auadis-loisirs.com • 🍴 Mai-sept. Compter 15 € l'emplacement pour 2 en hte saison, avec voiture et tente. Ambiance sympa dans ce camping joliment situé, bien équipé et qui propose des animations variées l'été. Location de bungalows et de chalets. Piscine.

Bon marché

🛏 I●I *Hôtel-restaurant Le Bel Air :* 164, av. de Verdun. ☎ et fax : 03-86-25-01-86. 🍴 Au bord de la route qui conduit à Decize, 300 m avt le pont sur la Vieille Loire. Tlj. Doubles avec lavabo 27 €, avec douche et w-c 32 €. Menu 11 €. Apéritif maison offert sur présentation de ce guide. Une adresse toute simple (un routier, en fait). Les chambres sont propres et bien isolées de la route, toutes avec double vitrage. La literie est irréprochable. Au resto, on vous accueille aussi agréablement que possible avec le même repas pour tout le monde, à la bonne franquette, et les langues se délient très vite avec le voisin de table. Sourire et bon rapport qualité-prix.

|●| Snack du stade nautique : allée Marcel-Merle. ☎ 03-86-25-00-99 ou 27-23. Suivre le chemin qui passe devant l'office de tourisme, tt au bout à côté du camping. Tlj ; fermé oct-avr. Menu déj 11,50 € (en sem) ; compter 13 € à la carte. Café offert sur présentation de ce guide. Entre le bar de plage et la guinguette (il y a une petite salle de danse tout à côté), un endroit à fréquenter quand il fait soleil. Sourire de mise à l'accueil et décontraction totale. Installé sous les parasols publicitaires, on mange une cuisine d'humeur campagnarde : jambon de pays, omelette-salade et fromage blanc.

De prix moyens à un peu plus chic

🛏 |●| Hôtel de l'Agriculture : 20, route de Moulins. ☎ 03-86-25-05-38. ● hotel delagriculture@wanadoo.fr ● Tlj sf dim soir, lun. Congés : fév et nov. Doubles avec douche et w-c ou bains, TV, 56-63 €. Formule déj (en sem) 11,40 € ; menus 15-33 €. Parking privé et gratuit à l'arrière de l'hôtel. L'hôtel de campagne qui évolue doucement, doucement avec les années. Un certain charme désuet, même si quelques chambres ont été rénovées récemment. Cuisine de tradition. Connexion wi-fi.

|●| Auberge des Feuillats : 116, route des Feuillats. ☎ 03-86-25-05-19. ● au berge.feuillats@wanadoo.fr ● De l'office de tourisme, prendre le bd Voltaire, passer le pont du 152ᵉ-R.-I., puis suivre la route de Moulins ; à 1 km à gauche, prendre la route des Feuillats. Tlj sf lun soir (hors juil-août). Formule déj 11 €, sinon 15-18 € et menus 26-30 €. L'adresse pour déguster le pavé de charolais en toute confiance. C'est aussi l'endroit qui nous a plu, avec sa terrasse sur l'arrière au bord du canal latéral à la Loire où viennent accoster les plaisanciers de tout poil et de tout horizon. Ambiance de vacances.

À voir. À faire

Balade dans le vieux Decize : des lieux à découvrir tout en se promenant dans la pittoresque vieille ville, sur l'« île ».
Partant de la *place du Champ-de-Foire*, commencer par la remarquable *promenade des Halles*, longue de 985 m et plantée de platanes et de tilleuls géants dont beaucoup ont plus de 200 ans. La rue des Fossés mène aux *remparts*, en fait un ravelin (avancée triangulaire) couronné d'une échauguette, construit vers l'an 1600. En continuant, on arrive aux *tours*, derniers vestiges de l'enceinte bâtie vers 1194 par Pierre de Courtenay, comte de Nevers. Face au pont de la Loire, prendre la rue du Maréchal-Foch, puis la rue du Marquis-d'Ancre à droite, qui passe sous la *porte du Marquis-d'Ancre* (fin XVIᵉ siècle) ; à côté, au n° 9, bel hôtel particulier.
Revenir sur ses pas et tourner à droite par la rue Jean-Jacques-Rousseau, menant à l'*église Saint-Aré*, très modifiée depuis le XIᵉ siècle, et sous laquelle se trouve la châsse de saint Aré, évêque de Nevers, dont la dépouille, placée dans une barque, aurait remonté la Loire de Nevers à Decize, comme ça, toute seule. Miraculeux ! En contrebas de l'église, la place de l'Hôtel-de-Ville et la *tour Guy-Coquille*. Par la rue de la République, on arrive *place Saint-Just*, où donne le beau pont de la Vieille-Loire.

➤ **Promenades en gabare :** mai-sept, jeu et sam à 14h15, 15h30 et 17h, sur résa auprès de l'office de tourisme. Tarif : 8 €/pers. On vogue pendant une heure à bord d'une de ces embarcations traditionnelles qui autrefois sillonnaient la Loire.

Fêtes et manifestations

– **Fête foraine :** *à la Pentecôte*. Mine de rien, la 2e fête foraine de France en importance. Pour les amateurs d'autos-tamponneuses, de pommes d'amour ou de manèges autrement plus secouants. Un monde fou, surtout le dimanche.
– **Festiv'halles :** *fin juil.* Festival de musique traditionnelle (du Centre-France, d'Irlande comme des Balkans) dans le joli cadre de la promenade des Halles.
– **Festi'rues :** *2 j. début sept.* Festival populaire avec animations et expos en tout genre.
– **Journées de l'élevage :** *début nov.* Concours bovins, exposition de matériel agricole et vente de produits du terroir. Repas traditionnel le soir.

➤ DANS LES ENVIRONS DE DECIZE

Le musée de la Mine : 1, av. de la République, 58260 **La Machine.** ☎ 03-86-50-91-08. À 5 km au nord de Decize par la D 34. *15 juin-15 sept : tlj 14h-18h ; 1er mars-14 juin et 16 sept-31 oct : dim et j. fériés slt 14h-18h ; fermé le 1er mai. Congés : nov-fév. Entrée : 5 € ; réduc. Compter 2h30 de visite.*
Une visite au cœur de la mine, guidée et commentée par d'anciennes « gueules noires ». Elle commence par les bâtiments administratifs et d'ingénierie, où se trouve un « meuble à plans », ou encore l'austère bureau directorial des Schneider père et fils. Maquettes, photos et documents écrits (dont une lettre à Monsieur le Directeur, à propos d'un différend entre femmes de mineurs, envoyée par l'une d'elles : « Je ne nie pas l'avoir traitée de putain, d'andouille et de truie, etc. » ; du vécu !) introduisent au monde de la mine, particulièrement à celui de La Machine, où dès le XIVe siècle on glanait du « charbon de terre », et où le dernier puits a fermé en 1974.
Puis on se dirige vers la fosse d'extraction. Le temps de coiffer le casque de mineur, et le voyage commence : par une succession de galeries reproduites à l'identique, le visiteur découvre les techniques de percement et d'extraction, leur évolution, et surtout tout un univers : un monde de labeur, de drames (coups de grisou, de poussier, de charge, l'enfer !) mais aussi de travail noble et de solidarité. Très bien fait, vivant et pédagogique.

LE LONG DU CANAL, DE DECIZE À CHÂTILLON-EN-BAZOIS

L'église de Verneuil (58300) : l'église Saint-Laurent, à Verneuil, possède de remarquables fresques des XVe et XVIe siècles (si elle est fermée, demander les clefs chez Mme Evreniades, la maison à gauche face au portail). Le bâtiment lui-même, du XIIe siècle, nef unique et clocher-tour carré, est un bel exemple de roman dépouillé.

Cercy-la-Tour (58340) : cette ancienne place forte a conservé un cachet certain, avec ses ruelles, sa terrasse où veille la statue de Notre-Dame-du-Nivernais, qui domine la vallée de l'Aron, et sa grosse tour du XIIIe siècle, vestige du château médiéval. L'église Saint-Pierre, quant à elle, date du XIe siècle : une très vieille chose, massive et compacte, rustique. Aujourd'hui, Cercy est un centre de pêche animé, réputé pour ses sandres, ses brochets et ses carpes.

La forêt domaniale de Vincence : belle promenade dans cette forêt de 1 700 ha. Sentier balisé au départ de la maison forestière, à 3 km du canal.

LE CANAL DU NIVERNAIS

CHÂTILLON-EN-BAZOIS (58110) 1 060 hab.

Gros bourg agricole et commerçant, qui ne manque pas d'agrément, avec son beau château assis sur un méandre de l'Aron. Le Bazois, dont Châtillon est le chef-lieu, est un pays d'élevage et d'agriculture assez vert et prospère. Jusqu'au début du XXe siècle, il a fourni aussi, avec le Morvan, du bois de chauffage aux Parisiens.

Où dormir ? Où manger ?

Auberge de l'Hôtel de France : 28, rue du Docteur-Duret. ☎ 03-86-84-13-10. ● auberge-hotel-de-france@wanadoo.fr ● aubergehoteldefrance.fr ● Tlj sf dim soir et lun (hors j. fériés). Doubles avec douche et w-c, TV, 55-80 €. Menus 15-18 € (en sem), puis 28-40 €. Parking clos gratuit. Un ancien relais de poste du XVIe siècle tout en longueur, au toit en ardoise, où les chambres, rénovées, sont bien insonorisées à défaut d'être spacieuses. Au resto, produits du terroir et recettes de grand-mère.

Où dormir ? Où manger dans les environs ?

Bon marché

L'Ancien Café : à Brinay (58110). ☎ 03-86-84-90-79. De Châtillon, prendre la route en face de l'église. Tlj sf dim soir (sf groupe). Formule (plat + dessert) 10 € (en sem) ; menus 13 € (en sem) puis 18,50-22 €. Café offert sur présentation de ce guide. Le bar-resto de campagne, qui fait bien sûr aussi épicerie-dépôt de pain et de gaz. Salle à l'ancienne avec poêle à charbon entre les tables. Solide cuisine, aimablement servie et gentiment facturée : jambon cru du Morvan, tête de veau (« elle est belle, faut en profiter ! »), magret au miel, charolais ou fromage du pays. On se régale et on prend le temps de causer avec les patrons et leur fille, nivernais d'adoption. Terrasse ombragée.

De prix moyens à plus chic

Chambres d'hôtes du domaine de Semelin : 58110 Mont-et-Marré. ☎ et fax : 03-86-84-13-94. À 3 km de Châtillon par la D 945 vers Corbigny, puis la D 259 ; la ferme est à 500 m sur la droite. Toussaint-Pâques, sur résa slt. Doubles 45-50 €, petit déj compris. Cadre verdoyant, avec vue superbe sur la campagne environnante. Nicole et Paul, agriculteurs à la retraite, proposent 3 gentilles chambres d'hôtes au rez-de-chaussée de leur ferme. Chaleureuse salle rustique avec immense table de campagne et grande cheminée. Accueil tout à fait charmant, joli jardin plein de dahlias, ambiance calme et sereine.

Les Légendes : 6, rue du Commerce, 58330 Saint-Saulge. ☎ 03-86-58-27-67. ● guillot.patrice2@wanadoo.fr ● À 15 km au nord-ouest de Châtillon par la D 978 puis la D 38. Tlj sf dim soir et lun. Doubles avec douche et w-c ou bains, TV satellite, 50-70 €. Menus 15 €, à midi en sem, puis 19,90-48 €. Une immense salle claire et gaie, comme un cabinet de curiosités. Ici une lunette pour voir le ciel, là un étrange pot-pourri ; sur les murs, un festival de tableaux, chapeaux, outils, etc. Et la magie continue dans l'assiette, voire un peu trop parfois pour les gens du cru, peu habitués à cette cuisine hors norme. Mais on est à Saint-Saulge, que diable, un village de légendes où, un jour de disette, on fit monter « la vache à Mathieu » sur le toit de l'église pour brouter les derniers brins d'herbe. Chambres joliment réactualisées, spacieuses pour celles nichées sous les toits, si l'envie vous prenait d'entendre d'autres légendes.

À voir

🚶 **Le château et ses jardins :** ☎ 03-86-84-12-15. *15 juil-1er sept : visites tlj sf lun 14h30, 15h45 et 17h. Entrée : 5 € (jardin slt : 2 €) ; gratuit jusqu'à 10 ans.* Belle bâtisse dont quelques éléments sont du XIIIe siècle (tour circulaire), mais largement remaniée pour le reste, du XVIe au XIXe siècle. Beau parc à l'anglaise conçu au début du XIXe siècle justement. En contrebas de la route, le long du canal, on découvre également de jolis jardins contemporains.

➤ DANS LES ENVIRONS DE CHÂTILLON-EN-BAZOIS

🚶 **L'église d'Alluy** (58110) : un peu en retrait du canal, le long de la D 10 (4 km au sud-ouest de Châtillon). L'église de ce petit village possède une remarquable crypte du XIIe siècle, où l'on peut voir de non moins remarquables fresques du XIIIe siècle. Les clés sont chez M. Sayet, conseiller municipal ; il habite sur la place, à côté de la cabine téléphonique ! Lui ou son épouse vous ouvriront l'église s'ils sont là... (☎ 03-86-84-05-21).

🚶🚶 **La maison des Métiers du monde rural (Écomusée du Morvan) :** *à Tannay-en-Bazois* (58110). ☎ 03-86-84-14-54. *À 6 km à l'est de Châtillon ; dans Tannay, prendre la direction Brinay. Juin-sept : tlj sf lun 14h30-18h30 ; Pâques-mai et en oct : w-e slt 14h30-18h30. Entrée : 5 € ; réduc.* Installé dans une ancienne boulangerie, ce petit musée expose les outils de métiers un peu oubliés et, pour certains, disparus : maréchal-ferrant, tonnelier, tisserand et tant d'autres... Ce sont les gens du pays qui ont sorti du grenier ou de la grange leurs vieux outils vermoulus et rouillés, pour enrichir la collection initiale, qui compte désormais plus de 2 000 pièces. Travail de la laine avec ateliers, sur rendez-vous.

🚶 **La poterie du Petit-Massé :** *à La Tuilerie* (58110). ☎ 03-86-84-13-75. *Le long de la D 978. Tlj sf mer (hors juil-août) 9h-12h, 14h-19h. Visite de l'atelier sur rendez-vous.* Trois générations de la même famille ont mis au point cette technique du *flammé* qui caractérise les productions de la maison, connues dans le monde entier.

LE LONG DU CANAL, DE CHÂTILLON-EN-BAZOIS À TANNAY

– Sur le **lac de Baye**, quantité d'activités. *Mars-nov. Se renseigner à la base de Baye :* ☎ 03-86-38-97-39. Voile (catamaran, Optimist, New Bat 360), canoë-kayak, planche à voile. Propose aussi des sorties sur l'eau pour les personnes handicapées.

🚶🚶 **Les voûtes de la Collancelle et l'échelle de Sardy :** ces deux ouvrages colossaux se succèdent à mi-parcours du canal, entre Decize et Clamecy. Les voûtes sont historiquement le point de départ du canal, puisque les travaux ont commencé ici. Il s'agit d'une succession de trois tunnels longs de 758 m (la Collancelle), 268 m (Mouas) et 212 m (Breuil). Et il aura fallu 57 ans, de 1784 à 1841, pour percer ces souterrains !
L'échelle de Sardy est un ensemble de 16 écluses, qui forment un véritable escalier d'eau. Site charmant, fleuri et tranquille. Dans ce secteur, les maisons d'éclusier sont aussi parfois des ateliers d'artistes. À pied ou à vélo uniquement.

Épiry (58800) : en haut de l'échelle de Sardy se trouve le village de *Sardy-lès-Épiry*, et, à 3 km au sud, le *hameau d'Épiry*, où se dresse la *tour Vauban*. Celui qui allait devenir le militaire et le bâtisseur fameux que l'on sait y séjournait fréquemment avec sa jeune épouse. Les tourtereaux pouvaient s'ébattre à l'aise dans cette large et haute tour rectangulaire, du XVe siècle, et se courir après dans le chemin de ronde (vous ne pourrez pas nier qu'on fait tout ici pour vous présenter Vauban sous un jour sympathique !).

> **TOUS LES CHEMINS MÈNENT À MONTREUILLON**
>
> *Jusqu'alors méconnu, le petit bourg de Montreuillon (à environ 8 km d'Épiry) est devenu, d'après les calculs savants d'un ingénieur de l'IGN, le centre de gravité de tous les pays qui utilisent l'euro comme monnaie unique ! L'IGN y a même installé une borne sculptée dans un bloc de porphyre rouge. Sur la place de l'Euro, la boulangerie vend des pains de campagne à l'effigie de la monnaie... pour 1 € !*

CORBIGNY (58800) 1 680 hab.

Bourgade rurale de caractère, Corbigny se révèle assez agréable et reste une importante ville du Nivernais central, grâce notamment à ses abattoirs. Marché aux bestiaux typique le lundi après-midi, et foire très courue le 2e mardi de chaque mois. Une balade très intéressante dans la vieille ville est proposée l'après-midi en été.

Adresse utile

Office de tourisme du Pays corbigeois : 8, rue de l'Abbaye. ☎ 03-86-20-02-53. • corbigny.org • Juin-sept : lun (juil-août) 14h-18h ; mar-sam 10h-18. Oct-mai : mar-sam 10h30-12h30, 14h-17h30. Possibilité de se procurer plusieurs fiches (payantes) sur les différentes balades du coin.

Où dormir ? Où manger à Corbigny et dans les environs ?

Camping

Camping et chambres d'hôtes du domaine d'Ainay : chez Angela et Jean-Yves, 58420 Guipy. ☎ 03-86-29-07-11. • contact@domaine-ainay.com • domaine-ainay.com • À 7 km de Corbigny par la D 977 bis, direction Prémery ; sur le côté droit de la départementale juste avt d'entrer à Guipy. Compter 16 € l'emplacement pour 2 avec voiture et tente. Doubles avec douche et w-c 50 €, petit déj compris. Cette impressionnante propriété dominée par une étrange demeure, entre le manoir hitchcockien et le château de Fantômas, a été sauvée de l'abandon par un couple franco-néerlandais qui voit grand. On campe sur un immense terrain découvert en retrait de la route ; une vingtaine d'emplacements. Au programme, pizzas le dimanche, barbecue le mercredi et pain frais tous les matins ! Également de sobres mais très jolies chambres d'hôtes dans le château et un gîte dans les bâtiments attenants. Piscine pour tous, bar, petite restauration, élevage de chevaux.

Bon marché

Le Barolino : 7, av. Jules-Renard. ☎ 03-86-20-24-48. Près du passage à niveau. Tlj sf lun, mer soir et dim soir. Résa conseillée sam soir. Menu déj (en sem) 10 €, puis autres menus 16-19 €. Café offert sur présentation de ce guide. Une grande maison avec une belle terrasse ouverte dès les premiers rayons du soleil. Les pizzas sont réputées depuis que ce jeune couple italien a pris les choses en main. Sauces maison. Quelques plats à la française. Accueil sympa.

Prix moyens

Hôtel de l'Europe – restaurant le Cépage : 7, Grande-Rue. ☎ 03-86-20-09-87. • hoteleuropecepage@tiscali.fr • hoteleuropelecepage.com • Hôtel ouv tlj ; resto ouv tlj sf mer soir, jeu et dim soir (hors juil-août). Congés : 23 déc-6 janv. Doubles avec douche et w-c ou bains, TV, 52 €. Menu déj (en sem) 10 €, puis autres menus 17,30-36 €. Garage clos payant. Digestif maison offert sur présentation de ce guide. Chambres sympathiquement rénovées et resto à géométrie variable : un bistrot dans son jus et une terrasse dans la cour intérieure pour une cuisine à l'accent bourguignon, une crêperie pour des galettes, salades et autres grillades, et une salle un peu plus classe pour des plats gastro pas mal maîtrisés. Une foule de serveuses pour faire tourner tout ça. Wi-fi.

Hôtel La Buissonnière – restaurant La Marode : 36, av. Saint-Jean. ☎ 03-86-20-02-13. Fax : 03-86-20-13-85. Resto ouv tlj sf lun, dim soir. Congés : de mi-fév à mi-mars. Doubles avec douche et w-c ou bains 48-51 €. Formule déj (en sem) 10 € ; menus 17,95-30,50 €. Parking privé payant. Si les chambres de cet établissement ne sont pas à tomber par terre, elles ont le mérite d'être fonctionnelles et propres. Petit problème : on entend un peu trop le bruit des chaises qui provient du resto. Isolation phonique à revoir ! Pour cette raison, demander plutôt le 2e étage. En revanche, la cuisine est honnête, avec des plats à thème. Accueil et service charmants.

À voir

L'église Saint-Seine : maintes fois dévastée depuis le XIIe siècle et datant maintenant en majeure partie du XVIe siècle, elle abrite un beau mobilier : stalles, bénitier et fonts baptismaux du tonnerre, et belle *Jeanne d'Arc écoutant des voix* (1870) d'Henri Chapu.

La tuilerie de La Chapelle : ☎ 03-86-20-10-53 ou 06-07-44-16-48. Ouv lun, mer, jeu et ven ; souvent ouv le sam en été. Visite gratuite de l'usine. Téléphoner avt tt de même. Une tuilerie artisanale, la seule du département à n'avoir jamais cessé de fonctionner de père en fils depuis le XVIIIe siècle. Fabrication de tuiles et de carrelages. C'est la cuisson au feu de bois qui donne aux tuiles les couleurs et les nuances d'autrefois. Produit haut de gamme. À voir.

L'abbaye Saint-Léonard : pour les visites, s'adresser à l'office de tourisme, installé sur place. Cette abbaye, dont les origines remontent au VIIIe siècle, a abrité les reliques de saint Léonard, ce qui la plaçait d'office sur le chemin des pèlerins entre Vézelay et Compostelle. Les bâtiments actuels ont été reconstruits entre 1754 et 1783. Ils ont, depuis la Révolution, pas mal souffert de leurs attributions successives (haras, hôpital...) mais ils conservent quelques beaux restes : cour d'honneur, escalier monumental...

Festival

– **Fêtes musicales de Corbigny :** sur 10 j. en août. Festival de musique classique qui accueille les plus grands noms dans l'enceinte de l'abbaye, depuis maintenant 17 ans.

➤ DANS LES ENVIRONS DE CORBIGNY

LE PAYS DE JULES RENARD

Chitry-les-Mines (58800) : à 3,5 km au nord-ouest de Corbigny par la D 977 bis, puis à 200 m du canal rive est. Hameau mimi comme tout, que domine un château flanqué de tours rondes, et dont Jules Renard (1864-1910) fut le maire. Chitry et plus généralement la région de Corbigny ont souvent inspiré l'écrivain, dans *Poil de Carotte* bien sûr, mais aussi pour *Nos Frères farouches* qui décrit si bien le monde paysan, et encore un autre petit chef-d'œuvre, *Histoires naturelles*, qu'il faut lire toutes affaires cessantes et dans lequel on trouve par exemple cette définition du corbeau : l'accent grave sur le sillon. « Je suis le plus grand des petits écrivains », disait-il de lui-même. La maison de ses parents, qu'il est retourné habiter quelques mois avant sa mort, est dans le haut du village (mais ne se visite pas). Sur la place de l'Église, un buste de l'écrivain, flanqué d'un Poil de Carotte dubitatif. Au cimetière, tombe originale de toute la famille Renard, avec la palme en zinc offerte par Edmond Rostand posée en travers des pages. Un peu plus haut, contre le mur nord, sont enterrés les deux personnages majeurs de *Nos Frères farouches*, que l'on retrouve aussi régulièrement dans le *Journal* : la Ragotte et Philippe (M. et Mme Chalumeau dans la réalité).

Chaumot (58800) : de l'autre côté du canal, à gauche, on peut aller voir *La Gloriette*, maison que louait Jules Renard et où il écrivit ses plus belles pages. En face de cette maison, le château de Chitry qui l'agaçait prodigieusement, si l'on en croit les traits acerbes sur le sujet dans son *Journal*.
Sa sensibilité aiguisée lui permit de percevoir son environnement, pays et habitants, dans sa simplicité, en naturaliste. Nombre de sites remarquables sont fréquemment cités dans ses œuvres, notamment dans le *Journal* : Combres, les hauts de Ruages, de Nuars, Saisy, Moissy, le mont Sabot (« un sabot droit, au nez fendu »), Montenoison, Neuffontaines, Vignol, Bailly, Reunebourg, etc. Il écrivait : « Cela pourrait s'appeler : un Coin du Monde » et « Un merle sautille devant moi sur la route comme pour m'inviter à le suivre. » À la lettre, l'amour du Nivernais.

Le château de Villemolin : 58800 **Anthien**. ☎ 03-86-22-01-09. À 3 km de Corbigny par la D 958. Juil-août : tlj sf mar 14h-18h. Entrée : 5,40 € ; réduc. Édifié au XVe siècle, c'est dans ce château toujours habité, qui possède de très beaux intérieurs, qu'a été tourné *Le Mystère de la chambre jaune* des frères Podalydès, tiré du roman du célèbre Gaston Leroux. La visite permet d'ailleurs de découvrir décors, costumes et accessoires du tournage.

TANNAY (58190) 580 hab.

Agréable bourgade ayant conservé un beau centre ancien, Tannay est aussi un haut lieu de la vigne et du vin.

UN PEU D'HISTOIRE ET DE VIN

Si Richelieu n'avait pas, en 1630, donné l'ordre d'abattre les remparts de Tannay, on pourrait sans doute les admirer. Car ils devaient être beaux, ces remparts, et costauds. En effet, la ville était alors prospère, grâce au travail et au commerce du cuir (le nom de Tannay viendrait de *tan*, l'écorce du chêne servant au tannage des peaux), et surtout grâce à son vignoble, cultivé dès le XIIIe siècle par les moines de la collégiale. Un vin que Louis XIII appréciait et qui était très en vogue à Paris au XVIIIe siècle grâce au flottage. Las, le phylloxéra a bien failli tuer le tannay. Aujour-

LE LONG DU CANAL, DE TANNAY À CLAMECY

d'hui, il renaît sur 45 ha grâce au savoir-faire de quelques vignerons, qui produisent un vin blanc légèrement fruité et souple.

Adresses utiles

Syndicat d'initiative : 21, rue de Bèze. ☎ 03-86-29-32-20. En été slt : mar-sam 9h30-11h30, 14h30-16h30 ; dim 9h-12h. Permanence téléphonique tte l'année.

Union viticole de Tannay (les caves tannaysiennes sarl) : 11, rue d'Enfer. ☎ 03-86-29-31-59. • contact@caves-tannay.com • En 1996, une dizaine de viticulteurs ont eu la bonne idée de s'associer pour promouvoir leur produit, fruit d'un long travail et de beaucoup d'amour, le fameux tannay. Dégustation dans des caves du XVIe siècle que l'on peut également visiter. Conseils et vente.

Où dormir ? Où manger ?

Hôtel du Morvan : 58190 Tannay-Port. ☎ 03-86-29-82-20. Fax : 03-86-29-87-29. À 3 km du centre, au bord du canal. Tlj. Congés : fin oct. Doubles avec lavabo ou douche 30 €, avec douche et w-c ou bains, 45 €. Menus 10 € en sem, puis 15-36 €. Apéritif maison offert sur présentation de ce guide. Petit hôtel tout simple, à la déco un peu kitsch. Chambres sans fioritures mais bien tenues. En saison, le patron, musicien, anime des soirées en jouant de la trompette et du piano. Terrasse au bord du canal, billard, piano-bar. Service parfois expéditif.

Le Relais Fleuri : 2, rue de Bèze. ☎ 03-86-29-84-57. • le-relaisfleuri@wanadoo.fr • lerelaisfleuritannay.com • Au centre du bourg. Tlj sf dim soir, lun ; fermé 22 déc-1er mars. Doubles avec douche et w-c ou bains, TV, 46-58 €. Menus 18-32 €. Café offert sur présentation de ce guide. L'ancien relais de poste dans toute sa splendeur : de vieilles pierres (la maison date pour partie du XVIe siècle), des pans de bois, des pavés dans la cour intérieure. Mais la cuisine est bien d'aujourd'hui, les chambres, confortables, viennent d'être rénovées, et la patronne est souriante et chaleureuse.

À voir

Dans le centre du bourg, rue d'Enfer et rue de Bèze, par exemple, belles **maisons** Renaissance, dont, au hasard de la promenade, on verra les tourelles coiffées de chapeaux pointus.

➤ DANS LES ENVIRONS DE TANNAY

Metz-le-Comte (58190) : à 6 km au nord-est de Tannay, sur l'autre rive de l'Yonne par la D 165. Cela vaut la peine de traverser l'Yonne et le canal pour se rendre à Metz-le-Comte et grimper sur la colline dominant la région. Beau panorama, mais surtout une étonnante *église* rustique du XIIe ou du XIIIe siècle, Notre-Dame-de-l'Assomption, à demi enterrée et dont le toit couvert de pierres touche presque le sol. À l'intérieur (mais l'église est souvent fermée), chapiteaux romans, singulier tabernacle en forme de chapelle et la tombe d'une noble dame morte il y a six siècles.

LE LONG DU CANAL, DE TANNAY À CLAMECY

Dornecy (58530) : un peu en retrait du canal (3 km dans les terres, rive ouest, à partir de Villiers-sur-Yonne). Dornecy, qui se niche entre quatre collines, possède un clocher bourguignon du XIIIe siècle, deux lavoirs (superbes) et un tilleul âgé de 450 ans.

Chevroches *(58500)* **:** charmant village situé à flanc de colline, dominant l'Yonne et le canal. Ses carrières ont fait vivre Chevroches jusqu'au début du XXe siècle et ont laissé un bel et harmonieux ensemble bâti de pierre de taille et de moellon. Une curiosité : l'ancien méandre de l'Yonne, qui forme une boucle de terre cultivée derrière le village.

CLAMECY (58500) 4 570 hab.

Depuis toujours, une ville-étape entre l'Auxerrois et le Nivernais, entre le Morvan et la capitale. Son centre historique, bâti sur un éperon rocheux au confluent de l'Yonne et du Beuvron, est l'un des mieux conservés et des plus pittoresques du département, avec la collégiale Saint-Martin et d'anciennes rues pentues. Par ailleurs, son histoire – celle surtout si singulière des flotteurs de bois – et ses natifs illustres – Claude Tillier (1801-1884), romancier, l'auteur de *Mon Oncle Benjamin,* Romain Rolland (1886-1944), Prix Nobel de littérature, et Alain Colas, le fameux navigateur solitaire – contribuent à rendre la ville attachante.

UN PEU D'HISTOIRE

Vraisemblablement d'origine gallo-romaine, Clamecy dépendait de l'abbaye Saint-Julien d'Auxerre avant de tomber dans l'escarcelle du comte de Nevers (et de son compère l'évêque) au Xe siècle. Un château défendait alors la cité, et bientôt l'hôpital de Panténor fut édifié (XIIe siècle), puis la collégiale Saint-Martin (XIIIe siècle).
C'est l'époque d'une très curieuse péripétie : en 1168, Guillaume IV de Nevers, atteint de la peste lors d'une croisade, légua l'hôpital de Panténor à l'évêché de Bethléem. Aussi, lorsque, en 1223, l'évêque de Bethléem dut fuir la Palestine sous la pression des musulmans, il pensa tout naturellement à revenir en France, chez lui, dans l'hôpital donné par le bon Guillaume un demi-siècle plus tôt. Et c'est ainsi que l'*évêché de Bethléem* s'installa à Clamecy... et y resta jusqu'à la Révolution ! Aujourd'hui ne subsiste qu'une superbe et importante partie de l'église épiscopale, occupée par la salle de resto de l'*Auberge de la Chapelle,* face au pont de Bethléem.
Reprenons le cours de l'histoire : pendant la guerre de Cent Ans puis les guerres de Religion, Clamecy s'en prend plein les remparts. Quelques épidémies encore, et nous arrivons prestement au bien luné XVIIe siècle, qui voit naître et croître une activité qui fera la fortune de la ville jusqu'en 1900 : le commerce du bois, acheminé par l'Yonne puis la Seine jusqu'à Paris par l'importante corporation des flotteurs de bois.

Les flotteurs de bois

Le 21 avril 1547, le premier train de bois parti de Clamecy arrivait à Paris. Une révolution : pendant plus de trois siècles, Clamecy allait vivre de la coupe et de la vente du bois « de chauffe et de four » et de son transport par flottage jusqu'à la capitale. On imagine mal aujourd'hui l'importance de cette activité. Dire par exemple qu'en 1804, année record, 90 % du bois de chauffage parisien provenaient du Morvan, et que ce bois transitait aux trois quarts par Clamecy, en donne peut-être une idée.
L'impact économique et social de cette industrie fut considérable pour la ville et le Morvan en général. De là sont venus les grands aménagements hydrauliques (lacs artificiels, destinés à contrôler le débit des rivières, et percement du canal du Nivernais, conçu à l'origine pour le flottage) ; de là aussi la rentabilité de la forêt morvandelle et, partant, le repeuplement du massif.

Le dernier train de bois a quitté Clamecy en 1923. Mais dès l'ouverture du canal du Nivernais (1834 en ce qui concerne les vaux d'Yonne et Clamecy), le flottage avait décliné face à la concurrence des péniches – ce qui provoqua des grèves musclées de flotteurs –, puis l'arrivée d'énergies nouvelles, charbon et gaz, mit un terme au commerce du bois de chauffage.

Mais rappelons ce qu'était le flottage. Du Morvan, le bois coupé en bûches était d'abord descendu à l'automne par les petits cours d'eau jusqu'à l'Yonne en amont de Clamecy ; des étangs, des barrages et des lâchers d'eau facilitaient le transit. Puis, au printemps, c'était le « grand flot » : une vraie mer de bûches arrivait à Clamecy ; là, on préparait les « trains », des radeaux de 75 m de long ! Arrivait l'été : le 14 juillet, les joutes nautiques – dont la tradition est heureusement restée – fêtaient le départ pour Paris ; et le *Roi Sec*, vainqueur des joutes, représentait la corporation pour l'année à venir. Enfin, les trains descendaient jusqu'à Paris, terminus quai de Bercy. Un voyage de 10 à 15 jours, avec les flotteurs constamment dessus : du rafting avant l'heure !

Adresse utile

❶ Office de tourisme : *24, rue du Grand-Marché.* ☎ *03-86-27-02-51.* • *vaux-yonne.com* • *Avr-sept : mar-sam 9h30-12h30, 14h-19h ; plus dim et j. fériés 10h-13h en hte saison. Hors saison : mar-sam jusqu'à 17h30.* Dans une pittoresque maison à colombages et encorbellement. Documentation très complète sur la ville.

Où dormir ? Où manger ?

Prix moyens

🛏 |●| L'Auberge de la Chapelle : *5, pl. de Bethléem.* ☎ *03-86-27-06-21.* • *auberge.de.la.chapelle@wanadoo.fr* • *auberge-la-chapelle.com* • *Tlj tte l'année. Doubles avec douche et w-c ou bains, TV satellite, 49-70 €. Menus 17-39 €.* Cadre franchement exceptionnel pour le resto, installé dans l'ancienne chapelle de l'hôpital de Panténor dont les parties anciennes remontent au XIIe siècle. Simple mais bonne cuisine de région : andouillette de Clamecy, viandes du Charolais.... Chambres évidemment moins spectaculaires, simplement confortables, tranquilles sur cour. Wi-fi.

|●| L'Angélus : *11, pl. Saint-Jean.* ☎ *03-86-27-33-98. Dans la vieille ville. Tlj sf mar soir hors saison, mer, dim soir. Congés : 15 j. en fév et 1 sem pdt fêtes de fin d'année. Menus 17 € (en sem), puis 25-30 €.* Dans une bien vieille maison à pans de bois, de tradition gastronomique puisque c'est ici, paraît-il, qu'a été inventée l'andouillette de Clamecy. On profite pleinement des gargouilles de la collégiale, en terrasse, l'été. Jolie cuisine genre terroir revisité. Présentation raffinée, plats finement accompagnés, service efficace.

Où boire un verre ?

🍷 Bar-tabac La Taverne : *1, rue Romain-Rolland.* ☎ *03-86-27-05-53. À l'entrée de la vieille ville. Tlj sf dim ap-m et lun. Tapas offerts sur présentation de ce guide.* Le classique bar-tabac avec son comptoir en formica et son coin journaux. Mais un des endroits les plus sympathiques de la ville, dont les habitués ne changeraient pour rien au monde. On peut aussi y manger. Jolie terrasse aux beaux jours.

À voir. À faire

Le musée d'Art et d'Histoire Romain-Rolland : av. de la République. ☎ 03-86-27-17-99. Tlj sf mer et dim mat (lun, mar et dim mat d'oct à mai), 10h-12h, 14h-18h ; fermé en janv, les 1er et 11 nov, 25 déc. Entrée : 3 € ; réduc ; gratuit jusqu'à 16 ans.
Installé dans l'ancien hôtel du duc de Bellegarde, le musée s'est agrandi avec l'acquisition de la maison natale de Romain Rolland, contiguë à l'hôtel, et par l'adjonction d'un grand hall d'accueil masqué par un mur d'eau. C'est ici que le visiteur découvre la donation Mitterrand : une collection d'œuvres reçues par le président. Rien de très excitant en dépit de quelques toiles exécutées par des artistes célèbres. Suivent les collections d'archéologie : produit des fouilles de Compierre (jolies statues de divinités gallo-romaines) et sarcophages mérovingiens.
– Au *niveau 1,* la salle des Beaux-Arts offre dans un très bel écrin des toiles des XVIIe et XVIIIe siècles. La salle XIXe siècle présente quelques œuvres attribuées à Eugène Isabey, Horace Vernet et d'autres de Fragonard (Alexandre-Évariste, non le célèbre Jean-Honoré). La salle d'art contemporain expose notamment François Morellet, Henri Cueco. Au même étage, un espace est dédié à une superbe collection d'affiches et d'objets publicitaires conçus par Charles Loupot. Le nom de cet affichiste qui a fini ses jours à Chevroches ne vous dit peut-être rien, mais vous connaissez ses œuvres : le bonhomme en bois des Galeries Barbès, le petit peintre des peintures Valentine, le logo de l'apéritif Saint-Raphaël ou bien encore le lapin de la Route buissonnière que vous avez immanquablement croisé dans la Nièvre.
– Au *niveau 2,* magnifique salle consacrée aux faïences de Clamecy et de Nevers. Salle Romain Rolland retraçant la vie et l'œuvre de cet écrivain, prix Nobel de littérature avec éditions originales, objets personnels... Le point d'orgue est atteint avec la salle du flottage, située sous la charpente de l'hôtel. Magnifiquement aménagé – le parquet est disposé comme un train de bois –, cet espace ethnographique met en scène, avec une foultitude de documents et d'objets, l'extraordinaire épopée des flotteurs qui allaient alimenter les fours et les cheminées parisiennes jusqu'au début du XXe siècle.

La collégiale Saint-Martin et le centre ancien : bâtie au XIIIe siècle et flanquée d'une impressionnante tour de style flamboyant (XVIe siècle), la collégiale, en plus de son élégance intrinsèque, jouit d'un cadre pittoresque. En effet, le quartier domine fièrement l'Yonne et le Beuvron, et a conservé son plan moyenâgeux, sa place Saint-Jean, ses rues pentues et tortueuses, et quelques maisons remarquables (rue de la Monnaie, rue de la Tour, rue Bourgeoise). Au-dessus du portail principal, riche ornementation de tableaux sculptés ; au clocher, gargouilles diaboliques. Le style résolument gothique de l'édifice se retrouve à l'intérieur, dans les baies en lancettes, les voûtes d'ogives, les têtes grimaçantes planquées dans les recoins. À voir aussi, les vitraux du XVIe siècle de la chapelle située sous le clocher.

Promenade autour du port de plaisance : sur le pont traversant l'Yonne, la statue d'un flotteur rend hommage à ceux qui ont fait Clamecy. Juste avant le pont, abritant toujours la faïencerie familiale, la maison du navigateur *Alain Colas,* disparu en mer en 1978. De l'autre côté du pont se dresse la surprenante *église Notre-Dame-de-Bethléem,* construite en 1927, en béton armé mais dans un style oriental, à l'endroit où les cinquante évêques de Bethléem résidèrent jusqu'à la Révolution, après la disparition du royaume latin de Jérusalem, en 1225. En contrebas du pont, suivre le canal vers la maison éclusière pour découvrir ces *pertuis* qui servaient à réguler les eaux et à arrêter le bois – les bûches récupérées par les « triqueurs » équipés de « crocs » étaient ensuite marquées ; les pertuis provoquaient enfin les éclusées, ces lâchers d'eau destinés à augmenter le courant pour emporter le bois. C'est ici qu'ont lieu chaque année les joutes nautiques, le 14 juillet.

Fêtes et manifestations

– **Festival des Perthuis :** *en été, tlj (ou presque...).* Gratuit naturellement. Concerts en tout genre, théâtre de rue, marionnettes, dans les bars, sur les places publiques.
– **La descente bidon :** *2ᵉ dim d'août.* Une course (enfin, un semblant de course) à bord d'embarcations bricolées avec tout et n'importe quoi, dont on se demande comment elles parviennent à descendre l'Yonne du pont de Bethléem jusqu'à l'écluse de Basseville. Dégustation de cuisses de grenouilles à l'arrivée.
– **La fête de l'andouillette :** *pdt 3 j. en juil.* On fête cette andouillette inventée au début du XIXᵉ siècle par la Mère Chapuis. Dégustation, accompagnée d'un petit vin blanc local bien sûr ; et (avis aux amateurs) concours du plus gros mangeur d'andouillette.

➤ DANS LES ENVIRONS DE CLAMECY

⚜ En plus de Chevroches ou Tannay, plus avant sur cet itinéraire, on pourra aller à **Varzy,** à 16 km au sud-ouest de Clamecy (voir plus haut « Le plateau du Nivernais ») ou au **château de Bazoches,** à 35 km au sud-est (voir ci-après « Le Morvan, Parc naturel régional »).

LE MORVAN, PARC NATUREL RÉGIONAL

Il n'y a que les Anciens pour se souvenir de ces vieilles cartes de France en relief montrant un Massif central tout en brun et or dont le ventre était l'Auvergne et la tête le Morvan. Il aura fallu attendre de longues décennies pour que des intérêts politico-économiques enfin convergents permettent un rapprochement, fin 2005, entre ces deux massifs formant une seule et même unité géologique, au fond.

Pour le visiteur non averti qui, empruntant l'autoroute A 6 à la sortie de Paris, découvre sur sa droite, entre Auxerre et Avallon, un panneau annonçant les monts du Morvan, la surprise est grande. Comment ? Y aurait-il une montagne encore inconnue, si près de Paris ?

Qu'il se méfie de ces sommets arrondis, signes trop apparents d'un massif ancien et usé. Tout comme ses habitants, le Morvan cache bien son jeu. Beaucoup de touristes trop pressés ne sont jamais allés plus loin que Vézelay, Avallon ou Saulieu, les trois « portes » habituelles en venant de la capitale. Sur le chemin du soleil, de la mer et des vacances (quand il fallait encore nécessairement descendre vers le Sud pour passer l'été, croyait-on), les générations précédentes s'arrêtaient dans ces villes-étapes pour se restaurer et visiter églises et cathédrales, pas pour aller « se perdre dans le Morvan » !

Ne craignait-on pas autrefois de s'y aventurer, autant pour les loups qui chassaient encore autour de Quarré-les-Tombes et du mont Beuvray que pour les hommes, dont la mauvaise réputation était accréditée par un dicton : « Il ne vient du Morvan ni bon vent ni bonnes gens. » Mot terrible qui fit oublier longtemps cette contrée magnifique, qu'aucun des quatre départements qui composent la Bourgogne n'a vraiment cherché à revendiquer, jusqu'à ce que la création du Parc ne change la face du Morvan.

LE DÉPARTEMENT IMPOSSIBLE

Créé en 1970, le Parc naturel régional du Morvan a transformé, en trois décennies, ce « désert couvert de forêts » en un paradis vert que l'on comparait parfois à l'Écosse, avec ces villages-clans et ces fêtes où l'on joue tard dans la nuit au son de la vielle, de l'accordéon ou de la cornemuse. Un paradis qui avait envie de dire haut et fort ses quatre vérités au reste du monde, à commencer par la région qui l'entourait et l'ignorait tout à la fois.

Peut-être en avait-on assez, dans le Morvan, de regarder, sans pouvoir rien faire, les quatre départements « jouer aux quatre coins, sur la carte ». Pourtant, le pays était assez grand pour faire un département. Mais les raisons qui empêchaient toute cohésion furent longtemps évidentes. Amusant, à ce propos, de relire ce que Pierre Destray écrivait du Morvan en 1923 dans un numéro de *L'Illustration* : « À peine pénétré par les voies de communication, conservateur des traditions et des légendes où le sorcier voisine avec le médecin et le curé, un pays découpé par les eaux de source, au sous-sol bouleversé, faisant de chaque village un site isolé, avec son habitat, sa culture et son patois. De là, la conquête pénible du pays par le christianisme et la répercussion infime du mouvement communal du XIIIe siècle. »

Jusqu'en 1792, pas de tentative sérieuse de fédération, jusqu'à ce qu'Autun ne se voie dans le rôle de chef-lieu d'un département morvandiau. C'était sans compter

LE PARC NATUREL RÉGIONAL DU MORVAN

319

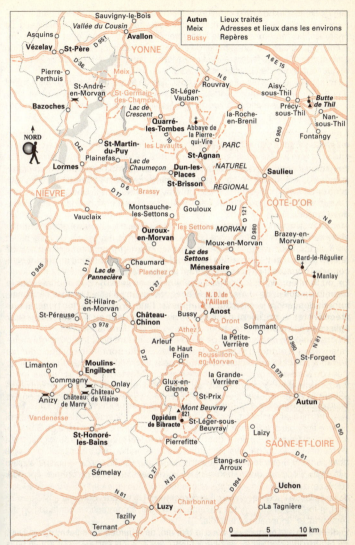

LE PARC NATUREL RÉGIONAL DU MORVAN

avec Château-Chinon. Et puis il fallait que les régions riches viennent en aide aux parents pauvres, et on préféra « dépieuter » le Morvan, qui ne pouvait rivaliser avec les riches élevages et les abondantes productions céréalières et viticoles de ses voisins. Couché, le Morvan !

Avec le temps, les choses ne s'arrangent pas. Vers 1850, le pays d'Autun a entamé sa révolution agricole, mais le Morvan devra attendre la fin de la Seconde Guerre mondiale pour commencer la transformation de ses élevages. Il faudra patienter jusqu'en 1952 pour que le comité d'études et d'aménagement du Morvan soit créé afin de limiter l'exode rural et favoriser l'expansion économique. Rompant l'isolement des agriculteurs, il va s'employer à valoriser des productions spécifiques : le charolais, les fameux sapins de Noël (première terre de France) et, plus récemment, l'agriculture bio. Sans parler du tourisme vert, dynamisé par la création d'un parc appelé à être le fédérateur de ce « Morvan typique » entouré de villes-portes et que tout le monde appelait de ses vœux.

Le tourisme n'est certes pas l'unique condition de survie du Morvan, mais il en est un des éléments essentiels, l'idéal étant qu'au vert et au bleu (la forêt et les lacs) s'ajoute un peu de blanc en hiver, mais là, les Morvandiaux n'y peuvent pas grand-chose, quoique...

UNE ÎLE DE GRANIT

La géologie nous apprend que le Morvan est en quelque sorte une île de granit, longue d'une centaine de kilomètres et inclinée de 300 à 900 m du nord au sud, large de 20 à 40 km d'est en ouest, et qui émerge au cœur de la Bourgogne calcaire. Ce qui est vrai, à tel point que cette île en fut vraiment une, pendant l'ère secondaire, au jurassique.

Massif ancien donc, ce poste avancé du Massif central (auquel il appartient officiellement, depuis le 28 octobre 2005, date historique !) présente un relief assez doux, érodé, mais avec des vallées encaissées et de fortes pentes. Le climat humide et frais ajoute à cette impression de montagne : premier obstacle en venant de la plaine occidentale, le Morvan retient les nuages... et la pluie.

Le granit, encore lui, conditionne aussi le caractère sauvage de la nature morvandelle. Car ce sol acide, peu fertile et donc contraignant pour l'agriculture, est devenu largement forestier (un tiers de la surface en 1900, la moitié en 2001) ; et, imperméable, il est tout ruisselant de rus et de rivières, et lacustre. De granit, d'eau et de forêt, tel est le Morvan.

HISTOIRE ANCIENNE

Il y a fort longtemps, 5 000 ou 6 000 ans, des hommes venus d'Europe centrale occupent la région ; poilus, vaguement couverts de peaux de bêtes, le silex à la main et la massue dans l'autre, tels pouvaient être les premiers Morvandiaux. Puis, vers l'an mil avant notre ère, les Éduens, peuple celte, s'installent à leur tour, mènent une vie agricole et artisanale, construisent des oppidums – dont celui de Bibracte, sur le mont Beuvray –, s'entendent très bien avec les Romains mais se joignent tout de même, Gaule oblige, à Vercingétorix et à la fédération des tribus gauloises, puis abandonnent Bibracte pour Augustodunum (Autun) en 85 apr. J.-C., disparaissant à la fin du IIIᵉ siècle, quand déferlent les hordes barbares. Fin du premier épisode.

Bûcherons, flotteurs, galvachers et nourrices : les métiers morvandiaux

Le Morvan étant ce qu'il est, c'est-à-dire une terre infertile au relief inhospitalier, il ne se repeuple que faiblement durant le Moyen Âge. Au XIVᵉ siècle, des seigneurs locaux dégagent quelques clairières et les Morvandiaux vivotent d'une agriculture à faible rendement, très parcellisée. Mais à partir du XVIIᵉ siècle, l'exploitation du bois et son exportation par flottage jusqu'à Paris vont tout changer. Dès lors, la forêt devient rentable et le Morvan revit.

Mais le bois ne suffit pas, et le Morvan reste une terre pauvre, avec de pauvres gens qui doivent s'exporter. Deux métiers propres au Morvan vont alors se développer et le faire vivre jusqu'au début du XXᵉ siècle : les galvachers et les nourrices.

La *galvache* consistait pour les hommes à descendre, de mai à novembre, dans les plaines voisines, accompagnés d'une paire de bœufs rustiques et d'une charrette. Ils allaient parfois loin, jusqu'au Bassin parisien, par exemple, et cherchaient de l'ouvrage de charretier, quel qu'il soit : le galvacher se proposait au transport du bois, du minerai, de tout ce qu'il pouvait charger et transporter.

Les *nourrices du Morvan,* quant à elles, introduites à Paris à la suite de leurs frères et cousins les flotteurs de bois, ont nourri et élevé des milliers de petits Parisiens, surtout à partir de 1850. Il y avait les « nourrices sur lieu », travaillant à Paris, et les « nourrices à emporter », qui ramenaient au pays les « Petits Paris », enfants de l'Assistance publique de la Seine. Cette activité était devenue une véritable industrie, qui assurait un revenu essentiel aux familles morvandelles et se révélait sordide par bien des aspects : enfants maltraités, tenus pour des marchandises, sources de profit plus que bien-aimés et connaissant un taux de mortalité effrayant (jusqu'à 30 % décédaient dans les 3 mois suivant leur arrivée !), etc. Des conditions que connut Jean Genet, voleur, vagabond, homosexuel et qui fut l'un de ces « Petits Paris ».

Les métiers morvandiaux traditionnels ont disparu au début du XXe siècle. C'est notamment l'arrêt brutal du commerce du bois vers Paris qui a entamé le déclin général. Il s'est traduit, en un siècle, par une véritable hémorragie, la population passant de 140 000 à moins de 30 000 habitants.

Une forte identité

Son histoire difficile a fait du Morvan et des Morvandiaux une terre à part et une société à forte identité. Un caractère solide, que le parler et le folklore continuent d'exprimer, même si le patois tend à disparaître, et qui aura eu l'occasion tragique de revendiquer son sens de la liberté pendant l'Occupation. Le maquis du Morvan fut l'un des plus actifs du pays, et la répression nazie fut à la hauteur. Dun-les-Places, l'« Oradour nivernais », ou Montsauche, brûlé en représailles le 25 juillet 1944, on ne compte plus les villages, les hameaux et les fermes où s'est organisée et illustrée la Résistance.

ET L'ON CRÉA LE PARC NATUREL RÉGIONAL DU MORVAN...

C'est en 1970 que fut créé le Parc naturel régional, financé par l'État et la région, avec pour vocation de préserver et mettre en valeur le patrimoine naturel et culturel du Morvan, de contribuer à son développement économique, qui passe en bonne part par le tourisme, de mener des recherches diverses, de sciences naturelles par exemple, et de coordonner ces actions entre les différentes communes du parc (104 communes et 8 villes-portes sur le département).

Les limites naturelles du massif ne sont pas précises, et l'on peut en discuter à l'infini. Le parc, en tout cas, pour ne parler que de cette entité, s'étend sur 225 762 ha (ce qui en fait l'un des plus grands parcs régionaux de France). Il comprend trois zones bien distinctes : le **Nord-Morvan,** appelé aussi *Morvan ouvert,* d'une altitude de 300 à 500 m, qui descend sans transition nette sur le plateau calcaire pour devenir alors assez bocager ; le **Morvan des Lacs** ou *Morvan central,* de 500 à 650 m d'altitude, sauvage et boisé, où se trouvent les six lacs morvandiaux ; et enfin le **Sud-Morvan,** qui suit un axe Château-Chinon – Autun, le plus montagneux (point culminant, 902 m, au Haut-Folin).

Un domaine préservé... mais fragile

Le Morvan est le plus important ensemble naturel de Bourgogne et le mieux préservé. Boisé à 50 % – jusqu'à 80 % par endroits –, il abrite une faune et une flore très riches. Parmi les mammifères, outre le blaireau, le renard, le chevreuil ou le sanglier, il faut citer la chauve-souris, espèce protégée. Les oiseaux sont nombreux également, avec 180 espèces : bécassine des marais, pipit farlouse ou chouette de Tengmalm. Mais n'oublions pas les amphibiens, formidablement représentés par le crapaud sonneur à ventre jaune, coooâââà ! Quant à la flore, le randonneur pourra enrichir son herbier avec la digitale pourpre, le genêt à balai, la callune fausse bruyère ou le prenanthe pourpre. Mais il évitera de cueillir la droséra, plante carnivore qu'on trouve dans les tourbières du Morvan ouvert et qu'il ne faut pas raréfier. L'identité paysagère du Morvan est marquée par le bocage. Composé ici de haies vives ou de murets, il constitue non seulement des paravents pour les animaux, mais aussi des niches écologiques qui sont autant de protections naturelles contre l'érosion des sols et l'uniformité des paysages.

Cependant, on ne peut ignorer que la richesse et l'équilibre écologiques du massif sont de plus en plus menacés par l'extension des résineux – épicéa, sapin pectiné ou pin –, plantations qui se sont beaucoup développées ces dernières décennies, au détriment des forêts de hêtres et de chênes traditionnelles et naturelles. Ce qui fait le bonheur de certains professionnels du bois mais n'est pas forcément la meilleure chose pour le paysage, ni pour la flore des sous-bois et la faune, qui ne s'adaptent pas toujours aux résineux.

C'est pourquoi le Parc naturel régional du Morvan s'est engagé dans une action collective aux côtés des producteurs, des propriétaires, des associations et de la charte forestière de territoire afin de permettre un nouveau contrat social relatif à la forêt morvandelle et à ses usages.

LE GOÛT DU MORVAN

Pour goûter au vrai Morvan, plus que dans les quelques grandes tables qui ont fait les beaux jours de Saulieu, Vézelay ou Avallon, il faut s'enfoncer dans la forêt profonde, s'arrêter dans une auberge, un bistrot de village, s'asseoir auprès d'anciens parlant encore un des patois locaux et buvant un des derniers vrais « jus de chaussette »... Le Morvan vit toujours d'eau pure, d'amour de la forêt... et de ses traditions charcutières.

Plus vous vous enfoncerez dans la « Montagne noire » (c'est le nom que les anciens Celtes lui ont donné et la couleur qu'elle prend en hiver, quand la neige n'est pas de la partie !), moins vous rencontrerez de bourgades, voire même de vrais villages. Levez le pied (vous n'aurez d'ailleurs pas le choix) en traversant des hameaux déserts en apparence, en longeant ces vallées encaissées où coulent des rivières à truite, ces prés grands comme un mouchoir à carreaux, fermés par des haies de houx et des barrières en bois typiques, ces fermes isolées, trapues, où hommes et bêtes, réunis sous le même toit, se sont longtemps tenu chaud, sinon compagnie. Ce qui n'empêchait pas les familles de se retrouver aux grandes occasions, notamment pour la Saint-Cochon, fête haute en couleur à déconseiller aux estomacs délicats, qui permettait aux voisins et amis de se partager les bêtes égorgées au petit matin et aussitôt transformées en boudin, futurs jambons, etc., tout étant bon à manger dans le cochon. Le reste du temps, on se contentait de manger « la treuffe sous la cendre » (traduction : la pomme de terre au feu de bois !) ou de bons gros crapiaux (ça saute aussi, mais ça ne vit pas dans les étangs : il s'agit de petites crêpes tenant particulièrement au ventre). Pas de vins ni de gastronomie célèbres comme dans les autres pays de la Bourgogne, mais de « biaux produits » qui n'avaient pas attendu la mode des produits bio pour faire des heureux.

Adresses utiles

■ **Espace Saint-Brisson, maison du Parc naturel régional du Morvan :** à Saint-Brisson (58230). ☎ 03-86-78-79-57. • parcdumorvan.org • morvan-tourisme.org • patrimoinedumorvan.org • À l'extrême-est de la Nièvre et surtout à 10 mn de Saulieu. Tout sur la randonnée, les activités diverses, l'hébergement, etc. Le petit guide sur les balades-nature donne également les contacts des sorties organisées (mycologiques, orthoptères, nuit de la chouette, de la rainette, flore morvandelle, etc.).

■ **Association Guides en Morvan :** à La Réserve, 58170 Tazilly. ☎ 03-86-30-

08-63. • *guidesenmorvan.com* • Des guides-accompagnateurs spécialisés : découverte archéologique, environnementale, patrimoniale ou historique du Morvan. Tous types de randonnées.

À faire

Le parc et les initiatives privées ont réussi au fil des ans à faire du Morvan un formidable espace de randonnées pédestres, équestres et à VTT, et d'activités diverses telles que pêche, kayak ou, dernier venu des sports en eau vive, l'*hydrospeed,* plus fort que le raft et qui consiste à se jeter dans des torrents en crue avec des palmes et coiffé d'un casque de sécurité. En avant !

Randonnées pédestres, à VTT et équestres

– Le Morvan est le domaine de la *randonnée* : 2 itinéraires de grande randonnée (le GR 13 et le GR Tour du Morvan), 80 circuits de randonnée en boucle (d'une demi-journée à 4 jours) et 30 gîtes d'étape, soit environ un gîte tous les 20 km (attention, on trouve de tout dans ces gîtes – des vieux de la vieille assez vétustes aux superconfortables genre 3 étoiles – et à tous les prix).
– **Les pistes de VTT :** constituées de 22 communes, elles représentent au total 137 circuits pour près de 2 500 km de pistes balisées. C'est le plus grand site en France.
– Quant à la *randonnée équestre,* il y a une dizaine de centres dans le Morvan et une vingtaine d'hébergements adaptés. Un tour équestre du Morvan est balisé.

■ *Pour les informations exhaustives sur les randonnées, renseignez-vous à l'office de tourisme de la* **maison du Parc,** *à Saint-Brisson (58230).* ☎ *03-86-78-79-57.*
■ **Vélo-Morvan-Nature :** ☎ *03-86-78-71-77.* • *velo.morvan.nature@wanadoo.fr* • Plus de 2 000 km de circuits balisés.
■ **Association pour la randonnée équestre en Morvan (AREM) :** *Eliette Picoche.* ☎ *03-86-22-73-19.* Itinéraire de 500 km pour cavaliers indépendants ; sinon, randonnées accompagnées, balades en calèche, séjours en roulotte, etc.

Activités nautiques

En ce qui concerne les activités en eau vive (kayak, canoë, rafting, hydrospeed), le gros avantage du Morvan est de pouvoir pratiquer des lâchers d'eau à date fixe (demander le calendrier à la maison du Parc), comme on faisait autrefois pour le flottage du bois, ce qui permet de gonfler les débits sur commande. Sur la *Cure* et le *Chalaux,* notamment, se déroulent grâce à ce procédé des compétitions de très haut niveau (championnats de France et d'Europe de canoë-kayak).
Pour les autres activités nautiques, le *lac des Settons* dispose d'une base bien aménagée. Voile, planche à voile, ski nautique, on y pratique de tout. Sur le *lac de Pannecière,* plus sauvage, également de nombreuses activités.

■ **Base nautique Activital :** *Les Settons.* ☎ *03-86-84-51-98.* • *contact-activital@wanadoo.fr* • Catamaran, planche à voile : cours ou location. Rafting, nage en eau vive, wake-board, bateaux électriques, aviron.
■ **Centre nautique de Pannecière :** juil-août. ☎ *03-86-78-20-11 (office de tourisme).*
■ **Okheanos :** *rens à Bornoux, Dun-les-Places (58230).* ☎ *03-86-84-60-61.* Hydrospeed, rafting, hot-dog.
■ **Loisirs en Morvan :** *à Avallon (89200).* ☎ *03-86-31-90-10.* • *info@loisirsenmorvan.com* • Hydrospeed, canoë, kayak et raft.
■ **AB Loisirs :** *à Saint-Père (89450).* ☎ *03-86-33-38-38.* • *contact@abloisirs.com* • Canoë-kayak, *hydrospeed,* rafting, VTT...
■ **Cap extrême :** *le Bourg, 58140 Brassy.* ☎ *06-83-49-51-17.* • *capxtrem@*

yahoo.fr ● Sorties en rafting sur le Chalaux et la Cure. « Parcours aventure aérien ». Randonnées en quad, paintball en forêt... de la demi-journée à plusieurs jours.

Autres activités

Il y en a plein : montgolfière, pêche évidemment, quad, tennis, tir à l'arc, etc. Liste complète à la maison du Parc.

DE CHÂTEAU-CHINON AU SUD-MORVAN

De beaux panoramas, une campagne riante et dégagée, des fermes et des herbages, il y a quelque chose de plaisant dans ce pays préservé, aux belles ondulations naturelles. Un pays à découvrir au départ de la capitale morvandelle, Château-Chinon, ville de passage située entre Morvan des Lacs et Sud-Morvan.

CHÂTEAU-CHINON (58120) 2 310 hab.

Située au carrefour des routes Nord-Sud et Est-Ouest, perchée sur une haute colline à 609 m d'altitude, cette petite ville, porte du Parc naturel régional du Morvan, est sans doute la meilleure base pour découvrir cette belle région sauvage de la Nièvre. Petite bourgade mais grande réputation, Château-Chinon a connu une sorte d'âge d'or du temps du président François Mitterrand, qui en fut le maire de 1959 à 1981. Celui-ci a légué au Conseil général de la Nièvre d'importantes collections de cadeaux qui lui avaient été offerts durant ses deux septennats. Ils sont exposés au musée du Septennat, dans la partie haute de la ville. De cet endroit, la vue sur la région est très évocatrice : vaste paysage à 360 degrés composé de bosquets épais, de vallées cultivées et de monts lointains couverts de sombres forêts. Voici l'antique Gaule chevelue, le seuil du pays des Éduens, que Jules César mit tant de temps à vaincre !

Adresse utile

Office de tourisme : à l'entrée du bd de la République. ☎ 03-86-85-06-58. Juil-août : lun-ven 9h-12h30, 14h-18h30 ; sam 10h-12h30, 14h-17h30 ; dim 10h-12h30. Le reste de l'année : horaires plus restreints et fermé dim.

Où dormir ? Où manger ?

Camping

Camping du Perthuis-d'Oiseau : rue du Perthuis-d'Oiseau. ☎ 03-86-85-08-17. Fax : 03-86-85-01-00. Mai-sept. Compter 10 € l'emplacement pour 2 avec voiture et tente. Un 3-étoiles municipal, donc bon marché, sans piscine ni tennis, resto ou épicerie ; mais une tranquillité à toute épreuve, en lisière de forêt.

Bon marché

🛏 **Café-hôtel du Centre :** 2, rue J.-M.-Thévenin. ☎ 03-86-85-08-36. Au centre (évidemment...). Tlj sf dim-lun. Congés : 2 sem en fév, juin et oct. Double 25 € avec douche et w-c. Apéritif maison offert sur présentation de ce guide. De toutes petites chambres proprettes ; rien de bien extraordinaire, mais un gentil rapport qualité-prix.

Prix moyens

🛏 |●| **Hôtel du Parc – Le Relais Gourmand :** route de Nevers. ☎ 03-86-79-44-94. Fax : 03-86-79-41-10. 🅿 Sur la gauche de la route de Nevers, juste avt de quitter la ville. Resto tlj sf ven soir, sam midi et dim soir (15 nov-31 mars). Fermé entre Noël et le Jour de l'an et en fév. Doubles climatisées avec bains 48 €. Menu déj compris 12 €, puis autres menus 17-29 €. Café offert sur présentation de ce guide. Un hôtel moderne, fonctionnel et aux chambres d'un honorable confort, où l'on sert une cuisine bon marché qui tient la route. Accueil souriant.

🛏 |●| **Hôtel-restaurant Au Vieux Morvan :** 8, pl. Gudin. ☎ 03-86-85-05-01. ● hotel.restaurant@auvieuxmorvan.com ● auvieuxmorvan.com ● 🅿 Tlj sf lun, dim soir (hors saison). Congés : de début déc à mi-janv. Doubles avec douche et w-c ou bains, TV, 48 €. Menus 16-32 €. Café offert sur présentation de ce guide. Depuis les fenêtres de la façade, on embrasse toute la rue principale. Mais c'est du resto panoramique que le spectacle est magnifique, avec le Morvan jusqu'à l'horizon. Plusieurs chambres (de bonne tenue) profitent aussi du paysage. Bon gîte, bonne table, bon accueil. Voici donc une adresse qui tient bien la route (François Mitterrand ne s'y était d'ailleurs pas trompé en descendant ici – toujours dans la même chambre – lorsqu'il venait dans sa circonscription).

Où dormir ? Où manger ? Où sortir dans les environs ?

🛏 **Chambres d'hôtes chez Édith et Jacques Caumont :** Courcelles, 58120 Saint-Hilaire-en-Morvan. ☎ 03-86-84-63-86. À 7 km au nord-ouest par la D 978, puis la D 25. Réouverture prévue entre Pâques et fin sept 2008. Doubles avec douche et w-c 50 €, petit déj compris. Réduc de 10 % sur le prix de la chambre à partir de la 2ᵉ nuit sur présentation de ce guide. Dans une vieille maison de pierre, joliment posée face au Morvan. Chambres simplement plaisantes et paisibles. Les accueillants proprios, agriculteurs, vous expliqueront sans avoir besoin d'insister tous les bienfaits du bio. Adresse non-fumeurs évidemment. Tir à l'arc (sur résa).

|●| 🍷 ♪ **Café Le Cornemuse :** à Arleuf (58430). ☎ 03-86-78-84-66. ● bistrad-music.com ● 🅿 À 8 km à l'ouest par la D 978. Tlj sf lun soir, mar (hors juil-août). Congés : sept. Menus 11,50-19 €. Café offert au resto sur présentation de ce guide. Ici, la façade annonce la couleur : des aplats bleus, verts, jaunes, rouges, qui explosent le regard et attirent le chaland. Sur la carte, pas moins de 70 bières, la spécialité maison, dont on retrouve les cadavres de bouteilles dans la déco intérieure. Au resto, cuisine à base de produits du pays : charolais au gril et vieilles recettes morvandelles. Le Cornemuse, c'est aussi « Bistrad », une association dynamique qui propose des soirées musicales à thème : des régions françaises au rock des années 1960 en passant par le rhythm'n'blues. Rendez-vous les fins de semaine dans l'immense salle du sous-sol, ambiance garantie !

À voir

🎭 **Le musée du Septennat :** 6, rue du Château. ☎ 03-86-85-19-23. ● cg58.fr ● 🅿 Juil-août : tlj, 10h-13h, 14h-19h ; le reste de l'année : tlj sf mar 10h-12h (13h en mai, juin et sept), 14h-18h. Fermé 1er janv-vac scol de fév. Entrée : 4 € ; réduc ; gratuit jusqu'à 6 ans et pour les chômeurs. Possibilité de billet groupé avec le musée du Costume 6,50 €. Expos temporaires présentées chaque année.

« Il m'a paru naturel que les cadeaux reçus dans mes fonctions de président de la République fussent accessibles à tous. » (François Mitterrand). Et que nous les contemplassions, évidemment !

En conséquence, quantité de cadeaux officiels : médailles par dizaines, artisanat, genre poncho des Andes, défense d'éléphant du Togo ou vase grec, etc. Quelques jolies choses telle cette curieuse roue à 2 000 rayons, « probablement unique au monde », offerte par la famille de William Robin, « modeste charron saintongeais ». Au sous-sol, très belle salle (la plus zen du musée) éclairée par une grande baie vitrée en demi-lune (merveilleuse vue sur les environs de Château-Chinon), abritant les cadeaux offerts par des chefs d'États d'Asie. Et tellement d'autres choses encore.

Le musée du Costume : entrée par le 4, rue du Château (à côté du musée du Septennat). ☎ 03-86-85-18-55. • cg58.fr • Mêmes horaires que le musée du Septennat. Entrée : 4 € ; réduc. Installé dans un bel hôtel particulier du XVIIIe siècle, il présente une assez riche collection vestimentaire adroitement mise en valeur. Sur deux niveaux, deux siècles de costumes français dont plusieurs ensembles régionaux : nourrices morvandelles, blouses du Morvan, mais aussi robes à panier, à crinoline ou à tournure. À l'étage, de beaux accessoires pour se parer de la tête au pied : chapeaux, coiffes, épingles, mais aussi chaussures richelieu, mules brocardées, cothurnes, brodequins. La visite s'achève par une scène de théâtre où sont présentés plusieurs mannequins en costume de soirée, sous l'œil de spectateurs réfugiés au balcon. À ne pas manquer.

À voir aussi, face à la mairie, la **fontaine de Niki de Saint-Phalle,** aux formes amusantes et aux couleurs pétantes (ou vice versa). Et, ouvrant sur la rue Notre-Dame et les quelque deux ou trois rues anciennes de Château-Chinon, la **porte Notre-Dame,** ouvrage flanqué de tours massives et unique témoin de la cité médiévale (en fait, cette porte a été construite au XVIe siècle avec des pierres du château en ruine, qui surplombait la ville et dont il ne subsiste que quelques vestiges). Mais le promeneur appréciera surtout la grimpette jusqu'au **calvaire** (30 mn aller-retour), belvédère naturel offrant un panorama sur Château-Chinon et, plus loin, le massif morvandiau verdoyant.

Où acheter de bons produits dans les environs ?

Biscuiterie Grosbost : Coeurty, 58340 Saint-Péreuse. ☎ 03-86-84-44-33. À une dizaine de km à l'ouest par la D 978 (fléché). Lun-ven 8h-12h, 14h-18h. La recette du célèbre biscuit à la cuillère inventée en 1902 est toujours la propriété exclusive de la famille Grosbost. Et même si ce biscuit n'est pas morvandiau (son créateur Eugène Grosbost était chef au Carlton), l'usine implantée ici depuis les années 1990 offre l'occasion de s'approvisionner à la boutique en biscuits et autres madeleines.

Fête et manifestation

– **L'Avis de Château :** 3e w-e de juil. Rens : ☎ 03-86-21-46-46. Festival de cinéma. Des courts-métrages essentiellement et quelques longs, projetés en salle ou en plein air. Concerts, animations sportives, expos. Convivial comme on sait l'être dans le coin.
– **Grande fête du Morvan et fête de l'âne :** 15 août. Autour des produits du terroir

MOULINS-ENGILBERT (58290) 1 685 hab.

Au sud-ouest de Château-Chinon, cet ancien bourg, bâti autour d'un camp romain et dont il subsiste des vestiges du château médiéval, est un centre rural animé, avec notamment les pittoresques marchés aux bestiaux de renommée mondiale.
– Fête traditionnelle de la Louée fin juin.

Où dormir ? Où manger ?

Hôtel Le Bon Laboureur : 15-17, pl. Boucaumont. ☎ 03-86-84-20-55. Fax : 03-86-84-35-52. (au resto). Au centre du bourg. Tlj sf dim soir et lun midi en basse saison. Congés : 1re quinzaine de janv. Doubles avec douche et w-c ou bains, TV, 54 €. Menus 14 € (en sem), puis 20-40 €. Elles surprennent un peu, ces salles qui pourraient être celles d'un bar branché derrière une façade d'hôtel de campagne d'autrefois. Mais ce design un peu minimaliste va finalement bien à la cuisine résolument contemporaine du chef : de « biaux » produits, comme on dit les jours de marché, de l'imagination, du métier. Service adorable. Une adresse sûre qui, quand les chambres auront toutes été rénovées, pourrait bien devenir un de nos meilleurs plans dans le Morvan.

Où dormir ? Où manger dans les environs ?

Chambres d'hôtes Aux Sources de l'Yonne : lieu-dit Anverse, 58370 Glux-en-Glenne. ☎ 03-86-78-66-92. • in fo@sdlyonne.fr • sdlyonne.com • De Moulins-Engilbert, prendre la D 18 direction Onlay ; passé le village, continuer encore sur 12 km, le village est indiqué sur la gauche. Doubles avec douche et w-c 41 €, petit déj compris. Table d'hôtes le soir (sf mer-jeu et dim) 15 €. Apéritif ou café offert sur présentation de ce guide. Les Néerlandais sont en nombre l'été dans le Morvan. Certains s'y installent même, comme ce couple qui a perché sa jolie maison à flanc de colline. Intérieur boisé et 3 chambres chaleureuses. Cuisine à disposition. Dans le jardin en contrebas, petite piscine bien animée l'été. Cuisine du monde à la table d'hôtes et accueil charmant. Possibilité de camper à côté de la maison (13 € l'emplacement).

Où boire un verre ?

Café de la Paix : 14, rue des Fossés. ☎ 03-86-84-23-30. Vrai café de village avec grande terrasse ombragée de tilleuls centenaires. Pas loin d'un siècle de bons et loyaux services et un cadre XIXe siècle préservé. Choix de boissons assez réduit, mais bons apéritifs locaux. Si vous arrivez à faire la conquête de la patronne (une sacrée personnalité), vous saurez bientôt tout sur la maison et le bourg d'autrefois.

À voir. À faire

La maison de l'Élevage et du Charolais (écomusée du Morvan) : rue de la Mission. ☎ 03-86-84-26-17. Fléché à partir du centre-ville. Ouv Pâques-fin sept. De juin à mi-sept : tlj sf lun (ouv j. fériés) 11h-13h, 15h-18h ; hors saison : w-e et j. fériés 15h-18h. Entrée : 3,20 € ; réduc. Si vous voulez en savoir plus qu'au resto sur les charolaises, exposition très didactique présentant tout le circuit de l'élevage : du vêlage à l'abattage, jusqu'au marché du Cadran pour la commercialisation. En sus, exposition de nombreux outils et machines agricoles d'hier et d'aujourd'hui.

Balade dans le vieux bourg : église gothique et quelques demeures remarquables (le *grenier à sel* face à l'église, ou encore l'ancien *couvent des pères de Saint-François* à la sortie du bourg, direction Saint-Honoré).

Le marché au Cadran : pl. du Cadran. ☎ 03-86-84-28-75. *Marché ovin lun mat (9h-12h), marché bovin mar (6h-15h – 13h en été).* Le plus important marché de France dans son genre, où transitent évidemment quelques solides bêtes du Charolais. Les enchères sont désormais électroniques. Pour l'authenticité conservée, faites un tour au coin-buvette, forcément.

➤ DANS LES ENVIRONS DE MOULINS-ENGILBERT

Les jardins du château de Limanton (58290) : ☎ 03-86-84-90-33. *De Moulins-Engilbert, prendre la D 985 à l'ouest, puis la D 132 à gauche (6 km). Juil-août : tlj 14h30-18h, sur rendez-vous slt. Entrée : 3 € ; réduc ; gratuit jusqu'à 15 ans.* Magnifique parc historique reconstitué, comme aux XVIIe et XVIIIe siècles, avec ses jardins à la française, classés « Jardins remarquables », en trois terrasses. Également visite de l'orangerie, du pigeonnier et de l'écurie.

Le prieuré de Commagny : *à 2 km au sud-ouest de Moulins-Engilbert.* Vaut le détour : joli point de vue depuis la colline et belle église romane à clocher carré (XIIe siècle).

Dans les environs, on pourra également voir en passant des châteaux ou vestiges de châteaux, assez rustiques et bâtis autrefois par quelques notables ruraux (ne se visitent pas) : le *château de Marry* (6 km au sud par la D 985), maison forte remaniée au XVIIIe siècle ; le *château de Villaine* (6 km au sud-est par la D 295), dont il ne reste au sein d'une ferme qu'un porche à pont-levis et une tour carrée ; ou encore le *château d'Anizy* (6 km au sud-ouest par la D 111), construction typique du XVIe siècle, avec son pigeonnier et ses toits pentus.

SAINT-HONORÉ-LES-BAINS (58360) 848 hab.

Station thermale pépère, accueillant quelque 4 000 curistes et vacanciers en saison mais comptant 5 fois moins d'habitants. Saint-Honoré-les-Bains était déjà connue des Romains, qui y avaient construit des thermes. Mais il fallut attendre le XIXe siècle pour qu'on redécouvre les vertus de ses eaux sulfureuses, sodiques et arsenicales, qu'on utilise aussi bien dans la salle de bains ou sous la douche qu'en gargarisme ou en boisson, avec d'excellents résultats dans le traitement de l'asthme ou de la bronchite chronique.

Mais quand on ne vient pas à Saint-Honoré pour raison de santé, on n'a pas grand-chose à y faire. Le casino pourra toujours vous occuper et vous plumer un peu, et le spectacle de quelques villas excentriques, néogothiques ou pseudo-normandes, vous divertir un instant. À voir aussi, l'établissement thermal, très Second Empire et « ville d'eaux » (☎ 03-86-30-73-27), ainsi que les jardins, magnifiques, parmi les plus beaux du département.

Adresse utile

Office de tourisme : 13, rue Henri-Renaud. ☎ 03-86-30-71-70. • st-honore-les-bains.com • *Hte saison : lun-sam 9h-12h, 13h30-17h30 ; dim et j. fériés 11h-12h. Hors saison : lun-ven 9h-12h, 14h-17h30.*

Où dormir ? Où manger ?

Camping

Camping Les Bains : 15, av. Jean-Mermoz, BP 17. ☎ 03-86-30-73-44. • campinglesbains@orange.fr • campinglesbains.com • Ouv début mai-début oct. Emplacement pour 2 avec voiture et tente autour de 15,50 € en hte saison. Loc de mobile homes et de gîtes. Réduc de 10 % sur le prix de l'emplacement sur présentation de ce guide. Un camping à taille humaine et propre, un peu cher mais bien équipé : snack, tennis (à proximité), piscine ludique, etc. Spacieux emplacements et ambiance familiale. Plein de balades à faire dans le coin.

Prix moyens

L'Auberge du Pré Fleuri : 22, av. Jean-Mermoz. ☎ 03-86-30-74-96. Fax : 03-86-30-64-61. Fermé nov-mars. Doubles avec douche et w-c ou bains 52 €. Menus 16-34 €. Café offert sur présentation de ce guide. Au milieu d'un petit parc arboré et à côté du centre thermal. Jolies chambres dans une petite maison bourgeoise d'autrefois et tout à côté, resto plus contemporain avec véranda et, aux beaux jours, terrasse ombragée d'humeur champêtre. Accueil aimable, bonne cuisine toute simple et ambiance pas du tout ville de cure. On n'a pas trouvé mieux à Saint-Honoré.

Hôtel-restaurant Lanoiselée : 4, av. Jean-Mermoz. ☎ 03-86-30-75-44. • lanoiselee@free.fr • http://hotel.lanoiselee.free.fr • À 300 m de l'établissement thermal. Hôtel tte l'année tlj ; resto fermé début nov-fin mars. Doubles avec douche et w-c ou bains, TV, 55 €. Menus 14-27 €. Café offert sur présentation de ce guide. L'un des plus anciens hôtels de la ville, joliment rénové par de nouveaux propriétaires qui ont à cœur de bien faire. Les chambres sont agréables et impeccablement tenues. Au resto (à priori, réservé aux pensionnaires), cuisine dans un registre régional, au gré du marché. Terrasse aux beaux jours et jardin bien agréable pour un peu de détente (même si la clientèle, ici essentiellement composée de curistes, n'a pas l'air trop stressé !).

Où manger dans les environs ?

Le Clos de la Bussière : pl. de l'Église, 58360 Sémelay. ☎ 03-86-30-91-66. • leclosdelabussiere@hotmail.fr • À 8 km au sud de Saint-Honoré par la D 985, puis à droite, la D 158. En saison : tlj sf soir mer et dim ; hors saison : tlj sf soir lun-mer (ouv sur résa mar et mer soir). Formule 11 € au bar, menu déj (en sem) 13,50 €, puis menus 18,50-31 €. Apéritif maison offert sur présentation de ce guide. Au pied d'une jolie église romane, un p'tit resto-bar-tabac de carte postale repris par un jeune couple de la région de retour au pays. Les amateurs de crustacés se régaleront du gratin de queues d'écrevisses, les carnivores ne seront pas en reste avec l'entrecôte de charolais maison ! Jolie cuisine de région, donc, pour cette petite adresse qui mérite la découverte.

Où boire un verre ? Où écouter de la musique ? Où sortir ?

Malys Café : 7 av. Jean-Mermoz. ☎ 03-86-30-60-14. En face du casino. Ven 18h-2h ; sam 18h-3h ; dim 17h-2h. En été, ouv tlj. Comme pour nous faire mentir d'avoir écrit quelques lignes plus haut qu'il ne se passait pas grand-chose à Saint-Honoré. Un sympathique zinc qui organise le vendredi des concerts de p'tits groupes d'ici ou d'ailleurs dans tous les genres. Le samedi, c'est plus club avec DJ et le dimanche, karaoké.

■ *Casino Le Vegas :* ☎ 03-86-30-70-99. *Lun-ven 14h-2h ; sam, veilles et j. de fêtes jusqu'à 3h ! Boule à partir de 21h30. Interdit aux moins de 18 ans. À l'intérieur, resto* Le Vegas, *proposant formules brasserie et menus gastronomiques.*

À voir

🎯 *Le musée Georges-Perraudin de la Résistance :* 1, *rue Joseph-Duriaux (entrée sur le côté de la rue).* ☎ 03-86-30-72-12. *Juin-sept : tlj sf lun-mar 14h30-18h30. Entrée : 4 € (3 € sur présentation de ce guide).* L'hôtel du Guet dans lequel est installé ce musée privé a joué un grand rôle pendant la Seconde Guerre mondiale. Son propriétaire, Georges Perraudin, y cachait des parachutistes, entreposait le ravitaillement des maquis... Riche documentation d'époque avec plus de 2 000 journaux, revues (de *Paris Match* au journal de la Wermacht), livres et affiches, et plus de 100 maquettes et armes. Évocation du maquis Louis qui s'est distingué dans les environs. Optez pour la visite guidée par les fondateurs du musée, riche en précisions et autres anecdotes historiques.

LUZY   (58170)   2 070 hab.

Chef-lieu de canton du Sud-Morvan, Luzy paraît bien tranquille, surtout lorsqu'on arrive par un dimanche après-midi dans ses rues désertées, bien à l'abri des vestiges de ses remparts. Mais dès le lundi matin, l'animation s'installe et la ville fleurie reprend sa place privilégiée et enviée de site stratégique d'éleveurs de viande de charolais, réputée mondialement.

Adresse et info utiles

🛈 *Syndicat d'initiative :* pl. de Chanzy. ☎ 03-86-30-02-65. *Juin- août : tlj 9h30-12h30, 15h-18h30. Sinon, s'adresser à la mairie :* ☎ 03-86-30-02-34.

– *Marchés :* pl. de l'Église, ven mat ; marché d'artisans d'art, 1er et 3e ven juin-août.

Où dormir ? Où manger à Luzy et dans les environs ?

Camping

🏕 ᐃ I●I *Camping du château de Chigy :* à Tazilly (58170). ☎ 03-86-30-10-80. ● reception@chateaudechigy. com ● chateaudechigy.com.fr ● 🍴 *À 4 km de Luzy par la D 973 ; fléché. Pâques-fin sept pour le camping ; tte l'année pour les gîtes. L'emplacement pour 2 avec voiture et tente 16-22 € selon saison. Repas en saison 10 et 15 € (pierrade, fondue, pizzas...).* Un domaine de 70 ha offrant un point de vue fantastique depuis la réception : trois étangs, une piscine, de petits chalets de vacances, un terrain de minigolf, un resto, des salles de ping-pong et... *of course,* le château où ont été aménagés des appartements ! Tout cela tenu d'une main de maître par une Néerlandaise, représentante d'une communauté très présente dans la région.

De bon marché à prix moyens

Hôtel du Centre : 26, rue de la République. ☎ 03-86-30-01-55. • antoniociraldo@wanadoo.fr • Tt à côté de la mairie. Tlj. Congés : vac scol de fév (zone B), Toussaint et Noël. Doubles 33 € avec lavabo ou douche, 36-40 € avec douche et w-c ou bains, TV. Menus 13,50-26 €. Petit garage clos payant. L'ensemble a reçu un coup de neuf et le patron vous serre la main à l'arrivée. C'est ça le charme de l'Italie, son pays d'origine. D'ailleurs, au resto que les locaux appellent « Chez Antonio », pizzas et autres spécialités transalpines comme régionales.

Hôtel-restaurant du Morvan : 73, av. du Docteur-Dollet. ☎ 03-86-30-00-66. • hotel.morvan@wanadoo.fr • À la sortie de la ville, direction Saint-Honoré-les-Bains. Tlj sf mer, sam midi. Congés : 1 sem en janv, vac scol de fév (zone B). Doubles avec douche 41 €, avec douche et w-c ou bains, TV 40-47 €. Menus 13 €, à midi en sem, puis 18,50-65 €. Café offert sur présentation de ce guide. Chambres confortables et agréables, dont une partie donne sur la campagne et l'autre sur la route. À table, cuisine de terroir revue au goût du jour.

À voir

L'hôtel de ville : ☎ 03-86-30-02-34. Lun-sam mat, aux horaires administratifs. Dans la salle des mariages, huit tapisseries de basse lisse en laine et soie d'Aubusson, les *Tentures d'Esther,* qui datent du début du XVIIIe siècle. Plafond à la française. Demander la clef aux charmantes hôtesses de la mairie.

Le musée de la Tour des Barons : rue du Vieux-Château (derrière la mairie). ☎ 03-86-30-02-65. Juil-août : mar 10h-12h ; ven 10h-12h, 16h-18h. Gratuit. Petit musée de village installé dans une tour du XVe siècle, qui présente la Préhistoire du département, le travail du bois (maquette d'une cabane de charbonnier, atelier de sabotier, etc.), des vestiges du passé de Luzy et une variété d'objets à vocation domestique.

➤ DANS LES ENVIRONS DE LUZY

Les retables de l'église de Ternant (58250) **:** à 14 km au sud-ouest de Luzy par la D 973 direction Bourbon-Lancy, puis, à droite, la D 30. La petite église paroissiale Saint-Roch possède deux magnifiques retables de la Vierge et de la Passion, milieu et fin XVe siècle. Impressionnants par leurs tailles (5,45 m de long sur 2,38 m de haut pour le retable de la Passion). Classés Monuments historiques, ces deux retables valent le détour. Fiches descriptives à l'intérieur de l'église. On en profite pour saluer le travail de *la Camosine,* association œuvrant pour la restauration et la mise en valeur du patrimoine nivernais (☎ 03-86-36-13-23). En sortant, jeter un œil à l'étonnante boulangerie.

LE HAUT-MORVAN, D'AUTUN À BIBRACTE

D'Autun, dans la vallée de l'Arroux, jusqu'à Bibracte, au sommet du mont Beuvray, vous remonterez 500 m de dénivelée et 2 000 ans d'histoire. Prenez des forces, vous allez découvrir un des sites majeurs du Haut-Morvan, un des plus visités de Bourgogne aujourd'hui. Pour vous entraîner, petite balade apéritive dans les hauteurs d'Uchon, à mi-chemin entre Luzy et Autun.

UCHON (71190) 90 hab.

Appelé longtemps dans les brochures « la perle du Morvan », c'est le point culminant du pays d'Autun (681 m). Autant dire que le dimanche, il y a du monde ! Difficile d'imaginer qu'au début du XXe siècle, il y avait ici 500 habitants. Le bois faisait vivre bûcherons, scieurs de long, charrons, sabotiers, etc.

Où dormir ? Où manger ?

Auberge La Croix Messire Jean : ☎ 03-85-54-42-06. ● messire.jean@wanadoo.fr ● À 1 km du village d'Uchon, à proximité du panorama ; suivre la D 994, puis la D 275 direction « signal d'Uchon ». Tlj sf mar soir, mer. Congés : pdt fêtes de fin d'année. Doubles 21-29 € selon confort ; 39 €/pers en ½ pens. Menus 11-24 €. *Café et 10 % de réduc à partir de la 3e nuit en pension offerts sur présentation de ce guide.* Sur place, point d'accueil du Parc du Morvan, pour de belles balades qui séduiront les vététistes, randonneurs et « montagnards ». Amoureux de solitude, mieux vaut éviter les week-ends de juillet-août. Gentille auberge offrant des chambres simples et correctes. À l'intérieur, cadre rustique de bon goût. Grande terrasse ombragée pour apprécier son « quatre-heures morvandiau » ou les petits menus à prix fort modérés. Location de VTT (gratuit pour les demi-pensionnaires).

Où dormir ? Où manger dans les environs ?

Hostellerie du Gourmet : 45, route de Toulon, 71190 Étang-sur-Arroux. ☎ 03-85-82-20-88. Fax : 03-85-82-36-13. Au nord-ouest d'Uchon ; dans la rue principale du village. Fermé dim soir en saison. Congés : 20 déc-10 janv. Doubles 29-39 € selon confort. Menus à partir de 13 €. *Apéritif maison et remise de 5 % sur l'addition offerts sur présentation de ce guide.* Hôtel classique, qui garda longtemps la nostalgie des longs banquets et des repas de famille à la campagne, avant de changer de style en même temps que de propriétaires. Le décor est un peu défraîchi, mais la cuisine s'actualise avec bonheur. Quelques plats exotiques au milieu d'une carte bourguignonne, la cuisinière venant du cap de Bonne-Espérance. Chambres simples mais bien tenues.

Chambres d'hôtes Le Jardin d'Aizy : Le Bois d'Aizy, 71190 La Tagnière. ☎ 03-85-54-57-90. ● deakin@wanadoo.fr ● lejardindaizy.com ● À env 5 km au sud-ouest d'Uchon ; direction Toulon-sur-Arroux. Fermé de mi-nov à fin fév. Doubles 47-49 €, petit déj compris. *Réduc de 10 % dès la 2e nuit (hors juil-août) sur présentation de ce guide.* Carol et Stephen Deakin avaient acheté cette ancienne ferme pour en faire leur résidence secondaire. Lorsqu'ils ont quitté l'Angleterre, ils ont aménagé des chambres d'hôtes dans l'ancienne grange et depuis, ils accueillent chaleureusement tous les amoureux du Morvan... et des jardins : ici, les fleurs et plantes sont classées, répertoriées, dans une atmosphère étonnante de jardin anglais, qui déteint sur la déco des 2 chambres et même dans les sanitaires. Pas de table d'hôtes, mais resto sympa dans le village.

À voir

Sur la route, on rencontre d'abord l'*église,* ancienne chapelle du château aujourd'hui disparu. Du XIIe siècle, elle présente un mélange de roman et gothique. À l'intérieur, les plus belles statues furent volées en 1973, mais il reste une *pietà,* une *sainte*

Barbe en bois polychrome (reconnaissable à sa tour), une *Vierge à l'Enfant* et un beau *saint Christophe* avec Jésus sur le dos.

🌿 En contrebas, un curieux monument. C'est l'**oratoire de Belle-Croix,** érigé au XVIᵉ siècle, au moment des grandes pestes. L'église étant trop petite pour contenir les milliers de fidèles fuyant l'épidémie et venus implorer saint Roch, on disait la messe depuis l'oratoire. Les pèlerinages durèrent jusqu'à la Révolution.

🌿 Mais le must, à Uchon, c'est de partir à la découverte de ces **roches** aux noms étranges : la *Pierre qui croule,* la *Griffe du Diable,* etc. Pour se rendre au *site du Carnaval,* on peut prendre un sentier qui part en bas de l'église ou y aller en voiture par la D 275 et la route de l'antenne ; parking, puis on finit le reste à pied. Au milieu des bruyères et des genêts, étonnant chaos de roches aux formes bizarres. De là-haut, magnifique panorama sur les monts alentour. Meilleur moment : le coucher de soleil, bien sûr ! Plus bas, sur la route de La Tagnière, premier chemin à droite pour la *Pierre qui croule,* une roche énorme qui donne une curieuse impression d'instabilité.

🌿 **Le centre monastique orthodoxe Saint-Hilaire-Saint-Jean-Damascène :** *au bourg d'Uchon, sur la D 228.* ☎ *03-85-54-47-75. De mi-juil à mi-sept : mar, jeu et sam-dim 15h-18h ; le reste de l'année : dim slt 15h-18h. Fermé au public 15 nov-15 mars. Visite guidée sur rendez-vous : compter 4,50 €.* L'occasion de s'informer sur cette Église orthodoxe française, issue des Églises grecque, russe et ukrainienne traditionnelles. Expo permanente de très belles icônes. Librairie, cadeaux, produits naturels, plantes aromatiques, etc.

AUTUN (71400) 18 100 hab.

> Pour le plan d'Autun, se reporter au cahier couleur.

Quelque peu épargnée par l'industrialisation, la ville ne déborde des limites imposées par les Romains que depuis peu. On y trouve tous les styles architecturaux, fusionnant avec harmonie. Seule vraie ville gallo-romaine de Bourgogne aux vestiges impressionnants, elle peut s'enorgueillir d'un passé religieux omniprésent lui aussi.

UN PEU D'HISTOIRE

Au Iᵉʳ siècle av. J.-C., Autun est créée de toutes pièces par l'empereur Auguste pour surveiller les remuants Gaulois (en particulier les fiers Éduens). Il la voulut prestigieuse pour humilier quelque peu sa voisine, Bibracte, la rustique capitale gauloise : 6 km de remparts, quatre portes monumentales, un théâtre immense... Cette vitrine de Rome prend le nom d'Augustodunum.
Lorsque la Gaule fait sécession, la ville demeure fidèle à Rome et elle subit, en 269, le courroux destructeur de l'empereur dissident Victorinus. Au Xᵉ siècle, arrivée du corps de saint Lazare et gros pèlerinages en prévision. Le comté d'Autun perd alors son autonomie et rejoint le duché de Bourgogne. La vieille cathédrale Saint-Nazaire devenue trop petite, on décide, en 1119, de la construction d'une nouvelle église placée sous la protection de saint Lazare. Grandes foires d'Autun, par ailleurs très réputées au Moyen Âge.

L'ère des « Rolin Stones » !

Ça baigne pour Autun, d'autant plus qu'au XVe siècle, Nicolas Rolin, avocat autunois, est nommé chancelier de Philippe le Bon et apporte sa pierre à la grandeur et au prestige de la ville. Autun s'enrichit alors de superbes demeures (comme l'actuel musée Rolin), et notre chancelier va même exporter son talent de bâtisseur aux Hospices de Beaune. Son fils, le cardinal Jean Rolin, y rajoutera sa patte, dotant la cathédrale de magnifiques sculptures et faisant construire sa flèche. Au XVIe siècle, c'est la deuxième ville de Bourgogne.

Aux XVIIe et XVIIIe siècles, la ville continue à prospérer. Évêché, chef-lieu de bailliage, siège de nombre d'institutions religieuses, juridiques et administratives, Autun coule des jours paisibles.

> **LAISSEZ REFROIDIR LES COLÈRES**
>
> *À Autun comme à Dijon, il n'y eut pas de Saint-Barthélemy. Pierre Jeannin, président du parlement de Bourgogne, refusa de prendre en considération le message du roi, déclarant : « Il faut obéir lentement aux souverains quand ils sont en colère ! »*

Évêque intérimaire et XIXe siècle soporifique !

Hélas, hélas, la Révolution la relègue au rang de sous-préfecture. Et ce n'est pas Talleyrand qui fera un effort pour l'en sortir. Ses rapports avec la ville furent d'ailleurs quelque peu tendus. Pourtant, tout avait commencé sous de bons auspices ! Charles-Maurice de Talleyrand arriva à Autun le 12 mars 1789 comme nouvel évêque de la ville. Juste le temps de dire une fois la messe à la cathédrale et de se faire élire député du clergé aux états généraux. Le moins qu'on puisse dire, c'est qu'il ne défendit guère sa corporation : par exemple, en proposant de partager les biens de l'Église (hurlements des chanoines) et, l'année suivante, en refusant de signer le document proposant que la religion catholique soit religion d'État (indignation proche de l'apoplexie des mêmes). Après que la constitution civile du clergé fut promulguée, Talleyrand prêta serment et reçut à nouveau son pesant d'opprobre. Peu de temps après, il démissionnait de l'évêché d'Autun… Tout du long de la Révolution, la ville bouffe du curé

Au XIXe siècle, Autun sombre dans une léthargie et un ennui que trouble à peine une résurgence de l'anticléricalisme à la fin du siècle. Depuis une trentaine d'années, heureusement, Autun s'est dotée de nouvelles industries et montre un certain dynamisme économique et culturel qui lui évite désormais l'étiquette quelque peu injuste et irritante de « ville de souvenirs » (comme l'appela un préfet au XIXe siècle !).

Adresses utiles

Office de tourisme (plan couleur A1-2, **1**) : 2, av. Charles-de-Gaulle. ☎ 03-85-86-80-38. • autun-tourisme.com • Tte l'année. Également une **antenne touristique** (plan couleur B3, **2**), pl. du Terreau (face à la cathédrale). Juin-sept.

Gare routière et ferroviaire (plan couleur A1) : rens au ☎ 03-85-52-73-65.

Où dormir ?

Camping

Camping de la Porte d'Arroux : à la sortie de la ville, direction Saulieu (D 980). ☎ 03-85-52-10-82. • contact@camping-autun.com • camping-autun.com • ⅄. Avr-oct. Compter 11-13,50 € pour 2 avec voiture et tente, selon saison. Réduc de 10 % sur présentation de ce guide. Au bord d'un plan d'eau, dans un coin assez boisé. Bon confort. Petite restauration juin-août, tous les soirs sauf jeudi, sur une belle terrasse au bord de l'eau, avec vue sur le temple de Janus.

De prix moyens à plus chic

🛏 **Chambres d'hôtes Maison Sainte-Barbe** (plan couleur B3, **7**) : chez Marie-Luce Lequime, 7, pl. Sainte-Barbe. ☎ 03-85-86-24-77. • maison.sainte.barbe.autun@wanadoo.fr • http://maison sainte barbe.free.fr • Résa fortement conseillée. Doubles 64 €, petit déj compris. Au chevet de la cathédrale Saint-Lazare, 3 belles chambres au 1er étage de l'ancienne demeure des chanoines. Un monde un peu hors du temps, avec un délicieux jardin clos, et des chambres qui ont beaucoup de charme.

🛏 |●| **Hôtel-restaurant de la Tête Noire** (plan couleur B2, **5**) : 3, rue de L'Arquebuse. ☎ 03-85-86-59-99. • welcome@hoteltetenoire.fr • hoteltetenoire.fr • ♿ Fermé de mi-déc à fin janv. Doubles 71-88 € selon confort ; petit déj 10 €. Menu 14 € (en sem) ; autres menus 17-44 €. Café et réduc de 10 % sur le prix de la chambre (15 nov-31 mars) offerts sur présentation de ce guide. Chambres confortables, certaines possédant un petit charme. Bonne cuisine de pays proposée au travers d'une multitude de menus : soupe d'escargots, entrecôte de charolais, pain perdu aux pommes, etc. Accueil chaleureux et salle climatisée. Wi-fi.

🛏 |●| **Hôtel Les Ursulines** (plan couleur A3, **6**) : 14, rue Rivault. ☎ 03-85-86-58-58. • welcome@hotelursulines.fr • hotelursulines.fr • ♿ Doubles 69-84 €. Apéritif maison offert au resto sur présentation de ce guide. Installé dans l'ancien couvent des Ursulines, adossé aux remparts, un établissement très classe où tout est luxe et recueillement. Beaucoup de charme et d'atmosphère. Calme garanti. Jardin à la française. Terrasse avec vue panoramique sur le Morvan. Resto gastronomique sur place (fermé dimanche soir).

Où manger ?

Bon marché

|●| **La Trattoria** (plan couleur A3, **13**) : 2, rue des Bancs. ☎ 03-85-86-10-73. Tlj sf sam midi et dim hors saison. Plat du jour 8 € ; compter env 15 € à la carte. Parmi les adresses préférées des Autunois, qui se réfugient aux jours gris dans la petite salle accueillante, et réservent une table, aux beaux jours, pour déjeuner ou dîner en terrasse dans le petit square, en face. Bonne nourriture italienne (vous êtes accueilli par une authentique famille calabraise) qui vous changera des basiques pizzas.

Prix moyens

|●| **Restaurant Chateaubriand** (plan couleur A1, **11**) : 14, rue Jeannin. ☎ 03-85-52-21-58. En plein centre-ville, derrière le théâtre municipal. Fermé dim soir, lun et mer soir. Congés : 15 j. en fév et 3 sem en juil. Menu 14 € (en sem), autres menus 23-29 €. Café offert sur présentation de ce guide. Voici une solide adresse qui, au fil des années, assure une cuisine bonne et régulière dans sa qualité. Spécialités de viandes particulièrement tendres, comme le filet de bœuf sauce à l'époisses, les cuisses de grenouilles, etc. Salle classique.

|●| **Le Chalet Bleu** (plan couleur A-B1, **12**) : 3, rue Jeannin. ☎ 03-85-86-27-30. • contact@lechaletbleu.com • À côté de l'hôtel de ville. Tlj sf lun soir, mar, plus dim soir en hiver ; fermé 15 j. en fév. Menu 17 € (en sem), autres menus 25-52 €. Apéritif maison offert sur présentation de ce guide. Certes, la façade n'évoque en

rien celle d'un chalet et la cuisine n'a rien de savoyarde. Philippe Bouché, qui a fait ses classes aux fourneaux du palais de l'Élysée, propose une cuisine imaginative et copieuse, aux intitulés délicieusement alambiqués. Très belle carte de desserts.

Voir aussi, plus haut, dans « Où dormir ? », le resto de l'*Hôtel de la Tête Noire* (plan couleur B2, 5), ainsi que *Le Relais des Ursulines* (brasserie) et *Le Capitole,* resto gastronomique de l'hôtel *Les Ursulines (plan couleur A3, 6).*

Où dormir ? Où manger dans les environs ?

Chambres d'hôtes du château de Millery : *chez Marie-Paule et Gérard Perrette, Millery, 71400 Saint-Forgeot.* ☎ 03-85-52-18-51. • château_de_millery@hotmail.fr • *À 4 km au nord d'Autun. Pâques-Toussaint. Compter 55-70 € pour 2, petit déj compris. Possibilité de louer un gîte pour 8. Table d'hôtes 20 €, le soir, sur résa. Réduc de 10 % (hors juil-août) sur présentation de ce guide.* Ce couple d'agriculteurs consacre toujours une belle énergie à la rénovation de ce curieux petit château revu et corrigé par Viollet-le-Duc (le balcon est d'ailleurs classé). L'accueil y est chaleureux, les chambres sont meublées simplement et vous ne serez réveillé que par le hennissement des chevaux et les oiseaux du parc.

Chambres d'hôtes du château de Vareilles : *chez Dick et Fransen Frieda Willemsen, 71540 Sommant.* ☎ 03-85-82-67-22. • chateaudevareilles@wanadoo.fr • chateaudevareilles.com • *À 11 km au nord d'Autun et à 15 km du site du mont Beuvray. Tte l'année. Doubles 98 €, petit déj compris. Table d'hôtes 25-30 €. Apéritif maison offert ou 10 % de réduc sur le prix de la chambre (mars-mai, sept et oct) sur présentation de ce guide.* Les chambres sont superbes et le petit déjeuner vaut à lui seul le déplacement. Quelques longueurs dans la piscine chauffée ou quelques exercices dans la salle de musculation qui est à votre disposition vous permettront d'éliminer les écarts alimentaires que vous ne manquerez pas de faire par ici.

Chambres d'hôtes chez Françoise Gorlier : *ferme de La Chassagne, 71190 Laizy.* ☎ 03-85-82-39-47. • francoise.gorlier@wanadoo.fr • *À 12 km au sud-ouest d'Autun. Fermé dim soir. Congés : de début nov à mi-fév. Compter 46 € pour 2, petit déj compris. Table d'hôtes 18 € le soir sur résa. Réduc de 10 % à partir de 2 nuits, hors juil-août, sur présentation de ce guide.* C'était le rêve de petite fille de Françoise : devenir fermière. Son bonheur est contagieux, car vous ressortirez de chez elle gonflé à bloc. La maison est magnifique et le panorama sur le massif du Morvan unique. Le lait, le beurre, les œufs, la confiture, les légumes, tout est maison et délicieux. Excellent rapport qualité-prix.

Où boire un verre ?

Le Lutrin *(plan couleur A-B3, 20) : 1, pl. du Terreau.* ☎ 03-85-52-48-44. • lutrin71@wanadoo.fr • *En saison : tlj midi et soir ; le reste de l'année : les soirs jeu-dim.* Une superbe terrasse en journée et une ambiance jeune le soir. Le seul pub de France à s'appuyer sur un mur du VIIe siècle. Son nom, pour ceux qui n'auraient pas remarqué la proximité de la cathédrale Saint-Lazare, comporte bien un « r » et n'a rien à voir avec les petits êtres de la forêt !

À voir

La cathédrale Saint-Lazare *(plan couleur A-B3) :* même si, de l'extérieur, à cause de la flèche gothique et des chapelles des XVe et XVIe siècles sur les côtés on ne voit pas qu'elle est romane, sa construction date bien du XIIe siècle. L'un des chefs-d'œuvre de la cathédrale, c'est le *tympan,* extraordinaire travail de Gislebertus. Celui-ci se moquait de l'anatomie, idéalisant corps et expressions, ce qui ne plut pas à beaucoup de conformistes de toutes époques. En 1766, trouvant ce boulot vraiment médiocre, les chanoines le firent disparaître derrière une épaisse couche de plâtre ! Et les ouvriers chargés du travail, constatant que la tête du Christ dépassait de trop... la coupèrent ! C'est donc le plâtrage imbécile du tympan qui le sauva des destructions de la Révolution. Merci, les chanoines ! On le retrouva par hasard en 1837 et on lui restitua par la suite la tête du Christ, qui traînait au musée Rolin !

Impossible de décrire entièrement le tympan, mais voici quelques scènes coups de cœur ! Au linteau, les élus à gauche et les damnés à droite (c'est comme une élection, hein !). Parmi les élus aux visages extatiques, un pèlerin (coquille Saint-Jacques sur le sac) et deux évêques. Côté damnés, c'est l'abattement, bien sûr. Une femme incarnant la luxure voit des serpents sortir de ses seins ; les grosses pattes du diable, comme des tenailles, s'emparent de l'un d'eux. À côté, l'avare serre contre lui un sac d'argent ; à l'extrême droite, l'ivrogne, etc. Mais la scène qu'on adore, c'est la pesée des âmes : rythme superbe de la composition, corps comme disloqués, visages tordus par l'effroi... Saint Michel appuyant sur le plateau de la balance pour favoriser les élus.

À l'intérieur, on se sent saisi par l'ampleur de la nef. La voûte en berceau brisé indique à l'évidence une influence clunisienne. Mais ce qui frappe, c'est le côté romain du décor. Visiblement, l'architecte fut inspiré par les monuments de la ville, notamment la porte d'Arroux ! Cannelures des piliers, forme du triforium qui court au-dessus des arches. Après, il faut détailler les admirables *chapiteaux* de Gislebertus, un par un. On retrouve cette sobriété, cette élégance du trait. Ne comptez pas sur nous pour les décrire, il y a un dépliant complet à votre disposition. À droite du chœur, tombeau de Pierre Jeannin et de sa femme. Puis on accède à la salle capitulaire où sont exposés les chapiteaux qui étaient initialement sur certains piliers du chœur et de la nef. Une chance unique de les admirer de près. Parmi les plus célèbres : le deuxième à droite en entrant, *La Pendaison de Judas,* avec ses deux diables tirant sur la corde. Également *La Fuite d'Égypte,* où l'on peut noter la sérénité de la Vierge et l'âne qui sourit timidement. Le Christ, comme c'était de coutume dans la statuaire, présente déjà une tête d'homme. Dans *Le Sommeil des Mages,* noter l'élégante stylisation de la scène, l'équilibre de la composition ! Dans le transept, *Le Martyre de saint Symphorien* par Ingres, dans sa période la plus académique. Dans la quatrième chapelle, vitrail de l'Arbre de Jessé, le seul vieux vitrail de la cathédrale (XVIe siècle). Bel escalier gothique en colimaçon menant au clocher. Ravissante tribune d'orgue du XVe siècle, de style flamboyant.

Et si vous voulez passer « Vos nuits à la cathédrale », c'est possible en été. Découvrez librement « La Cathédrale en lumière », 1er juillet-15 septembre. Nocturnes en août et grande nuit du 15 août.

🏃🏃🏃 **Le musée Rolin** *(plan couleur A2-3)* **:** 5, rue des Bancs. ☎ 03-85-52-09-76. Avr-sept : 9h30-12h, 13h30-18h ; oct-mars : 10h-12h, 14h-17h (14h30 dim) ; fermé mar et j. fériés. Entrée : 3,40 € ; gratuit le 1er dim du mois. Le billet donne droit à des réduc pour le musée de la Civilisation celtique (Bibracte), le château de la Verrerie au Creusot et les musées du Costume et du Septennat à Château-Chinon.

L'un des plus riches musées d'art de Bourgogne, installé dans l'hôtel particulier du chancelier Rolin. Belles mosaïques d'entrée, notamment celle des auteurs grecs dont on apprécie l'exceptionnelle insertion de citations épicuriennes. Salle des poteries, amphores, verres et petits bronzes. Salle des vieux outils, métallurgie du Ier au IVe siècle, jolies figurines, grande variété de fibules, bijoux, épingles. Superbe casque de parade en bronze doré. Encore des salles gallo-romaines (consacrées aux religions et rites funéraires) avec de ravissants petits bronzes, statues. Noter les délicats dessins sur le sarcophage de saint Francovée et l'une des premières inscriptions chrétiennes (du IVe siècle) : l'inscription de Pectorios. Reconstitution d'une petite nécropole avec stèles, sarcophage en plomb d'enfant du IVe siècle. Passage dans la cour nord, ce qui permet d'admirer la ravissante façade et la tour avec fenêtres et porte à accolade de l'hôtel Rolin. Préparez-vous à un choc : la

LE HAUT-MORVAN

fameuse *Tentation d'Ève* qui figurait sur le linteau du portail latéral de la cathédrale et qu'on retrouva dans le mur d'une maison, comme matériau de construction. Composition voluptueuse, tout en courbes sensuelles, avec un beau travail sur la chevelure. Position allongée, de face et de profil tout à la fois, très rare ! Elle semble perdue dans une douce rêverie, inconsciente qu'aujourd'hui, on paie encore son geste !

Accès par l'escalier à vis au premier étage, où l'on est pris d'émerveillement, notamment devant *Le Maître de l'Adoration* d'Utrecht : visages superbement traités, sauf, curieusement, celui de l'Enfant Jésus, à la limite de la laideur. Dans *La Cène* de Pieter Coeck Van Aelst, visages enlevés et pittoresques. Ravissante sainte Madeleine en calcaire polychrome. Admirable grand triptyque de *L'Eucharistie*, œuvre bourguignonne aux couleurs éclatantes (XVIe siècle), et délicate *Adoration des Mages*. Encore plus émouvante de beauté et de tendresse, une Vierge à l'Enfant en albâtre du XVe siècle.

Mais l'un des chefs-d'œuvre sublimes du musée se découvre avec la *Nativité au cardinal Rolin* (où ce dernier figure en donateur) de Jean Hey, alias le « Maître de Moulins ». Bon rendu de l'Enfant Jésus, bien sûr, remarquable modelé du visage de Joseph, mais ce sont les bleus qui sont tout simplement extraordinaires. Comment ne pas être touché aussi par la douceur de la *Vierge Bulliot*, berçant son bébé emmailloté comme au XVe siècle ? Une légère mélancolie semble nimber le visage. Si vous avez encore un peu de temps, allez admirer, au premier étage du bâtiment méridional, une superbe armoire sculptée à deux corps du XVIe siècle et un cabinet d'ébène du XVIIe entièrement ciselé. Toiles de Natoire et Van Loo. Quelques petits flamands et délicats Nicolas Bertin. Du XIXe siècle, les romantiques, les réalistes et les pompiers. Remarquer un beau *Paysage d'Écosse*, le roi des « pompiers patrioticards », Horace Vernet, et quelques petits (par la taille seulement, bien sûr !) Maurice Denis, du groupe des nabis.

Le musée d'Histoire naturelle *(plan couleur B2) : 14, rue Saint-Antoine.* ☎ 03-85-52-09-15. *(rez-de-chaussée). Tlj sf lun-mar et j. fériés, 14h-17h (17h30 juin-août). Entrée : 3,35 € ; réduc.* Installé dans un ancien hôtel particulier avec moult moulures et dorures. Exposition permanente sur les milieux naturels et anciens de la région : minéraux, fossiles, insectes, oiseaux et mammifères. Pour tout savoir sur l'autunite – qui n'est pas une maladie qui rend sourd, mais le premier minerai d'uranium découvert –, les rapaces oubliés et d'autres bestioles sympathiques comme ces bons vieux dinosaures...

L'Autun romain

Le théâtre romain *(hors plan couleur par B2) : entrée av. du 2e-Dragon.* Construit au Ier siècle apr. J.-C., avec 148 m de diamètre, il fut le plus grand de la Gaule romaine et pouvait contenir jusqu'à 20 000 spectateurs. Ne subsiste aujourd'hui que la *cavea*, la partie où l'on s'asseyait. Comme beaucoup de monuments romains, le théâtre servit de carrière de pierre, notamment pour la construction du grand séminaire.

La porte d'Arroux *(hors plan couleur par A1) : rue du Faubourg-d'Arroux.* Des quatre portes de la ville, il n'en reste que deux. Elles étaient toutes construites sur le même plan. Pour sa part, la porte d'Arroux, qui commandait la route de Sens, n'a jamais été reconstruite et nous parvient donc dans son état originel. Édifiée en calcaire, large de 17 m, elle est percée de deux grandes ouvertures pour les véhicules et de deux petites pour les piétons.

La porte Saint-André : *rue de la Croix-Blanche.* Située sur la route de l'est, vers Langres. Plus massive que la précédente, car enterrée, elle fut un peu remaniée et restaurée durant les siècles. Elle possède encore sa tour de garde, qui fut transformée en église au Moyen Âge.

AUTUN / À VOIR

🏃 **Les remparts** *(plan couleur A-B3) :* construits par les Romains, il en subsiste plus de la moitié, ainsi que 23 des 54 tours existant à l'époque. Bien entendu, une partie des remparts et des tours a été englobée dans les habitations, mais certains éléments se laissent encore assez bien deviner. Cette muraille, inhabituelle en Gaule si tôt dans la conquête romaine, montrait bien la volonté des conquérants d'affirmer leur puissance sur les Gaulois. Appareillage de pierre très régulier. La partie la plus homogène, quasiment intacte, s'étend sur le boulevard Mac-Mahon, depuis la tour des Ursulines.

🏃 **Le temple de Janus** *(hors plan couleur par A1) : au lieu-dit La Genetoye, à env 500 m des remparts. Accès par la rue du Faubourg-Saint-Andoche ou celui d'Arroux.* Ce qui reste impressionne drôlement et pourtant, ce n'est que la *cella*, la partie centrale, qui faisait 24 m de haut et 2,20 m d'épaisseur. C'est ici que se tenait la statue du dieu. Tout autour tournait une galerie. Les trous que vous apercevez dans la façade sont ceux de la charpente de la galerie ou des boulins qui servirent à fixer les échafaudages durant la construction.

🏃 **La pyramide de Couhard** *(hors plan couleur par B3) : à l'est de la ville, en direction de la cascade de Brisecou.* Date probablement du Ier siècle apr. J.-C. On devine un monument funéraire ou un cénotaphe de forme pyramidale qui, à l'origine, devait bien faire une trentaine de mètres de haut. Son revêtement de plaques de calcaire a disparu et l'on peut voir un trou béant causé par les recherches effectuées au XVIIe siècle.

Balade dans la ville haute *(plan couleur A-B3)*

🏃 À partir de la cathédrale, c'est un délice de vagabonder le long des ruelles médiévales... Au n° 7, place du Terreau, à côté du point information de l'office de tourisme, entrée par la cour de la Maîtrise, vers le dernier vestige de l'ancienne cathédrale : la **chapelle Saint-Aubin**. En 1699, la voûte s'effondra. Au XVIIIe siècle, ce qui restait fut transformé en atelier pour les ouvriers travaillant sur Saint-Lazare, puis abandonné. En 1783, Saint-Nazaire fut démolie définitivement. Ensemble charmant formé par la chapelle, la basse demeure médiévale à côté, la porte en anse de panier, les fenêtres en accolade, la flèche en fond. Au n° 9, *Art Vitrail Saint-Lazare* : fabrication et vente sur place de vitraux, comme des miroirs, lampes, etc. (☎ 03-85-52-82-05. *En sem slt).* Original.

🏃 Devant la cathédrale s'élève la **fontaine Saint-Lazare** *(plan couleur A3),* construite en 1543 dans le style Renaissance. Pittoresques impasses autour de la cathédrale venant butter contre la muraille. À l'angle de celle du Jeu-de-Paume, belle demeure à pignons pointus, colombages et fenêtres à accolade ; au n° 5, élégant hôtel particulier. Au n° 12, rue Notre-Dame, l'**hôtel de Millery,** du XVIIe siècle, son grand jardin, son beau perron avec escalier en fer à cheval. Côté impasse, l'hôtel s'appuie sur les murs de bâtisses du XVe siècle (façade plus frustre). Impasse Notre-Dame, du n° 6 au n° 10, **maisons canoniales** au style sobre. À l'angle de l'impasse Rivault, belle maison de pierre avec niche à l'angle.

🏃 Au n° 6, rue Dufraigne, demeure du XVIe siècle. Au n° 12, petit **hôtel Louis XIII** avec portail à fronton triangulaire. Au bout de la rue Dufraigne et de la rue du Faubourg-Saint-Blaise, puis à droite, s'élève la **tour des Ursulines** (XIVe siècle), octogonale. Bâtie sur la base d'une tour romaine, c'est le seul vestige de la forteresse du bailli des ducs de Bourgogne.

🏃 Paisible **rue Chaffaut**, à l'image de tout le quartier d'ailleurs. Au n° 2, dans la cour, fenêtre à accolade et à meneaux tout à la fois. Au n° 3, **rue du Breuil**, belle maison avec fenêtres à accolade jumelles. Plus bas, pittoresque poterne du Breuil percée dans l'enceinte et s'ouvrant sur la campagne. Au fond de l'**impasse de l'Évêché,** on aperçoit ses jardins, avec tour du XVe siècle à l'entrée.

LE HAUT-MORVAN

🌿 Sereine rue Saint-Quentin. Au n° 7, *rue des Sous-Chantres,* jolie lucarne gardée par deux lions. Partout, de hauts murs débordent de vigne vierge et de glycine dissimulant des jardins secrets. Charmante *rue Sainte-Barbe* pleine de « signes » : au n° 6, maison rénovée avec petite fenêtre médiévale surmontée d'une fleur ; à côté, au n° 8, belle lucarne sculptée en pierre du XVIIe siècle et oculus sur toit de tuiles brunes patinées. Au n° 3, *place Sainte-Barbe,* trois clins d'œil du passé : stèle romaine insérée dans le mur, petite baie romane et fenêtre du XVe siècle. *Place d'Hallencourt,* entrée de l'Évêché (ne se visite pas). Portail du XVIIIe siècle et tour Saint-Léger du XIIIe. Talleyrand y résida en 1789.

🌿 *Rue des Maréchaux,* échauguette au n° 2. Maison du XVIe siècle au n° 8, avec sablières sculptées (gueules de monstres). En haut de la *Petite-Rue-Chauchien,* une tour du XIVe siècle, vestige d'une porte de ville fortifiée. Au n° 5, *rue Cocand,* demeure de l'ambassadeur de François Ier en Angleterre, et au n° 3, l'une des plus jolies maisons du coin, avec fenêtres à meneaux et accolade tout à la fois, colombages, encorbellement, niche, etc. Dans la *rue au Raz,* demeures basses très anciennes.

Quelques pas dans la ville classique

C'est la ville qui se développa au XVIIIe siècle, autour de la *place du Champ-de-Mars* (plan couleur A2).

🌿 Au bout de la place, le *lycée Bonaparte,* ancien collège des Jésuites du XVIIIe siècle. En 1779, Napoléon y fut élève avant de rejoindre Brienne. Son frère Joseph y resta plus longtemps. Belle grille en fer forgé de 1772 (monogramme de Louis XVI). À côté, l'*église Notre-Dame,* ancienne chapelle du collège. À l'intérieur, belle statue de sainte Anne et la Vierge, en pierre, du XVe siècle. Mairie de style assez hybride, comme il sied souvent à cette architecture du XIXe siècle.

🌿 Au n° 12 de la place débute le beau *passage couvert* qui finit rue aux Cordiers. Construit en 1848 à l'emplacement de la halle aux marchands forains, il ne manque pas d'élégance, avec sa double galerie sur le toit des boutiques, formant balcon sur le passage. Accès par un gracieux escalier. Beau décor néoclassique qui plut à Alain Resnais. Il y tourna une scène d'*Hiroshima mon amour* (d'après le roman de Marguerite Duras).

🌿 Derrière la mairie, la *rue Jeannin* (plan couleur A1) est typique de l'urbanisme citadin du XVIIIe siècle. Hôtels particuliers aux façades élégantes et sobres tout à la fois. Grandes portes cochères s'ouvrant souvent sur de beaux jardins.

🌿 Le long de la *promenade des Marbres* s'étend le lycée militaire qui prit la place du grand séminaire en 1884. Construit par Daniel Gittard en 1675 (l'un des architectes de l'église Saint-Sulpice à Paris).

🌿 Rejoindre maintenant le *quartier Marchaux* (plan couleur B1). Appelé longtemps « ville basse », il possède également ses maisons médiévales et pittoresques ruelles. En particulier, les rues de la Bondue (au n° 10, une tour), Grande-Rue-Marchaux, rue Saint-Nicolas. Dans la Petite-Rue-Marchaux, tour de 1412. Au n° 34, fenêtre trilobée d'une des plus vieilles maisons de la ville (XIIIe siècle).

À faire

– *Visites et spectacles nocturnes :* juil-août, une douzaine de représentations. Entrée : 8 € ; gratuit jusqu'à 16 ans. Belle animation des nuits d'été dans les rues autour de la cathédrale. Comédiens, musiciens, guides conférenciers et jeux de lumière font revivre la grande histoire de la ville.

– 🚶 *Augustodunum, le voyage de Murcie :* début août. Le théâtre romain résonne sous les pas des Celtes et des Gaulois à l'occasion de cette grande fresque historique consacrée à l'époque gallo-romaine, unique en son genre. Le spectacle a fait peau neuve en 2003 ; ne boudez pas votre plaisir et réservez vos places, vous serez étonné. Garez-vous en face du lycée militaire ou près du plan d'eau si vous voulez éviter les bouchons. Pour ce spectacle, vous pouvez vous procurer à l'office de tourisme le *pass Augustodunum* qui vous donne droit au spectacle plus un repas.

➢ *Tours à vélo gourmands :* pdt l'été, sur résa la veille au ☎ 03-85-52-43-52. Compter autour de 10 € avec votre vélo et 13,50 € avec prêt. Visite des monuments gallo-romains à vélo en compagnie d'un guide-conférencier. Une balade originale et sympa de 4h au cours de laquelle vous ferez halte dans une ferme autunoise pour une dégustation de produits régionaux (foie gras, magret de canard, saucisson, jus de fruits...).

Où acheter de bons produits ?

🍴 *Le Cellier de Benoît Laly (plan couleur A1, 30) :* 14, rue de la Grange-Vertu. ☎ 03-85-52-24-83. Cellier et minimusée de la Vigne et du Vin. Mar-sam sf j. fériés 8h-12h30, 14h-19h30 (tlj l'été). Un endroit magique si vous aimez le vin et son histoire. Dégustation possible, vente en vrac et à la bouteille.

🍴 *La Ferme de Rivault (hors plan couleur par B3, 31) :* sur les hauteurs de Saint-Blaise, d'où l'on domine tout Autun. ☎ 03-85-52-43-52. Philippe Labonde fait l'élevage de canards. Il vend foies gras, rillettes, confits, et surtout, il prépare, sur résa, un mâchon à la bonne franquette à base de produits maison : avec l'apéritif, quelques tranches de canard fumé, puis, en entrée, un peu de foie gras sur un lit de pain d'épice, un délicieux magret, et l'on repart repu et content. C'est ici que se termine le tour à vélo gourmand (voir ci-dessus).

BIBRACTE (LE MONT BEUVRAY) (71990)

Il était une fois, aux IIe et Ier siècles av. J.-C., à la fin de l'âge du fer, une grande ville gauloise qui, croyait-on, résisterait encore et toujours à l'envahisseur... L'histoire aurait pu continuer ainsi et faire l'objet, quelques siècles plus tard, d'une série de bandes dessinées célèbres. Le seul best-seller écrit ici n'est pas d'Uderzo ni de Goscinny, mais de César qui acheva la rédaction de ses *Commentaires sur la guerre des Gaules,* une fois vainqueur à Alésia.

Quelques décennies après la conquête romaine, Bibracte fut abandonnée au profit d'Autun, ce qui explique pourquoi il vous faut impérativement parcourir, après la visite d'Augustodunum, les 25 km qui vous séparent de cette ville endormie depuis mais conservée, fossilisée, au cœur de la forêt.

L'oppidum de Bibracte, capitale des Éduens, culmine sur le mont Beuvray à 821 m et s'articule aujourd'hui autour de trois pôles : le site d'une ville gauloise florissante qui entra dans l'histoire en devenant ce haut lieu de la guerre des Gaules où Vercingétorix fit l'unité gauloise contre les Romains, mais aussi aujourd'hui le centre de recherche archéologique et le musée de la Civilisation celtique.

Bibracte était à l'époque un ensemble fort exceptionnel avec ses quartiers de nobles et d'artisans, ses sanctuaires, ses voies d'accès. L'oppidum, ville fortifiée avec 5 km de remparts en partie visibles et quatre portes, était certes un carrefour de foires mais surtout le siège du pouvoir civil et religieux des Éduens.

Des Éduens qu'il faudrait peut-être arrêter de montrer comme les ennemis héréditaires des Romains, alors qu'ils en étaient partenaires de longue date. Leur revirement, scellé par la fameuse coalition gauloise, avait été fortement anticipé par le comportement de Jules César, trop à l'aise dans ses *caligulae* (ancêtres des baskets !). Mais tout cela vous sera largement commenté au cours de la visite passionnante du musée, qui risque de remettre en cause bien d'autres idées reçues depuis le XIXᵉ...

Où dormir ? Où manger dans les environs ?

Prix moyens

Gîte d'étape, gîtes ruraux, camping et chambres d'hôtes du Château de Pierrefitte : Pierrefitte, Poil, 58170 Poil-Luzy. ☎ 03-86-30-48-37. • neerman.o@orange.fr • pierrefitte. net • Tte l'année. Emplacement pour 2 avec voiture et tente 10 €. Nuitée 14-18 €. Doubles avec douche et w-c 42-59 €. Réduc de 10 % sur le prix de la chambre en juil-août à partir de 3 nuits consécutives, sur présentation de ce guide. Au pied du mont Beuvray, au cœur d'un domaine de 130 ha de prés et de bois. Olivier et Marina vivent toute l'année dans ce ravissant manoir romantique du XIXᵉ siècle, loin du vacarme du monde. Excellent accueil. Plein de possibilités d'hébergement, de l'emplacement de camping aux jolies chambres du château. Piscine chauffée en plein air, randonnées pédestres et équestres accompagnées (de 1 à 3 jours, ou plus). Marina prépare elle-même la cuisine et sert à la table d'hôtes les produits de la ferme, cultivés par Olivier (il est ingénieur agronome) : délicieuses terrines maison, jambon du Morvan, viande, légumes et fromage biologique, champignons de la forêt à l'automne.

Hôtel de la Poste, Chez Cécile : à La Grande-Verrière (71990). ☎ 03-85-82-52-41. Fax : 03-85-82-55-86. À 10 km de Bibracte. Resto fermé dim soir en hiver. Congés : 21 déc-4 janv. Sept chambres sympas 24-44 €. Menus 12-25 €. Un passage chez la « Pépète Cécile » est incontournable pour tout routard en goguette dans le Morvan. Ici, c'est la patronne qui décide de ce que l'on mange, qui vous « engueule » si vous arrivez en retard, qui vous embrasse et vous adopte si votre tête lui revient. Et surtout, elle vous mitonne de ces repas copieux ! Trop, même : vous criez grâce devant la jatte de fromage blanc et l'écuelle de crème fraîche. Tâchez quand même de garder une place pour le plateau des desserts.

Chambres d'hôtes Les Dués : chez Paul et Jeannette Care, 71990 La Grande-Verrière. ☎ 03-85-82-50-32. Double 43 €, petit déj compris. C'est un peu au diable vauvert, comme disent tous ceux qui arrivent la première fois, mais c'est suffisamment confortable, et l'accueil est tellement chaleureux qu'on oublie très vite la route. Les chambres sont à l'étage de l'ancienne grange. Calme garanti. Petit déj pantagruélique. Vue magnifique. Grande terrasse.

Chambres d'hôtes L'Eau Vive : chez Catherine et René Denis, 71990 Saint-Prix. ☎ 03-85-82-59-34. • redenis@club-internet.fr • Congés : 5 nov-20 mars et 15 j. fin juin. Double 48 €, petit déj compris. Table d'hôtes le soir 19 €. Apéritif maison offert sur présentation de ce guide. En contrebas de la route, un ancien corps de ferme aménagé à côté de la maison d'habitation, avec quatre jolies chambres. Belle vue sur les environs. En outre, Catherine cuisine merveilleusement (ah, les pâtés et les succulentes tartes !) et René connaît super bien les randonnées et itinéraires de VTT.

Très chic

Chez Franck et Francine : à Saint-Prix (71990). ☎ 03-85-82-45-12. • chez-franck-et-francine@wanadoo.fr • Tlj sf dim soir et lun Congés : janv. Réservé tôt (2 j. à l'avance) si vous espérez obtenir les bonnes grâces de Francine, qui fait partie des figures locales incontournables. Menus 34-55 €. Une cuisine digne des grandes toques de Bourgogne, vous n'en reviendrez pas ! Encore faut-il pouvoir obtenir une place, car le chef est seul en cuisine et, comme il ne cuisine que du frais, si vous arrivez par hasard, vous n'aurez droit qu'à des regrets, les vôtres, bien sûr.

À voir. À faire

Le musée de la Civilisation celtique de Bibracte : à Saint-Léger-sous-Beuvray (71990). ☎ 03-85-86-52-35. • bibracte.fr • De mi-mars à mi-nov : tlj 10h-18h (19h en juil-août). Entrée : 5,75 € avec audioguide ; 9,50 € pour l'entrée au musée et la visite guidée du site (tlj à 11h, 14h, 15h et 16h15 l'été, et dim à 14h30 en mai-juin et sept) ; réduc ; gratuit pour les enfants de moins de 12 ans et le 3e enfant d'une famille. Avec ce billet, réduc pour le musée Rolin et le muséum d'histoire naturelle à Autun, les musées du Costume et du Septennat à Château-Chinon, ainsi que pour le musée de Clamecy. Pour les enfants, bornes interactives et animation sur des thématiques renouvelées chaque année.

Bâti au pied du mont Beuvray, ce bel et ambitieux musée est d'abord un vrai pari architectural en pleine nature, au pied de la ville antique. Partez du bas du parking paysager, construit sur la nécropole, pour profiter de l'architecture du musée, qui se déploie en strates : pierres taillées, pierres polies, verre et zinc, en rappel des âges de l'humanité (on est chez des archéologues !).

L'intérieur du musée, de conception contemporaine, présente la civilisation celtique sous tous ses aspects : économie, spiritualité, arts et techniques, organisation sociale, etc.

Il est devenu en quelques années le centre européen incontournable de cette civilisation assez méconnue, qui s'étendait pourtant du Danube à l'Océan et dont faisaient partie les Gaulois. Ainsi, au premier étage de l'exposition permanente, vous saurez tout sur les Celtes et la répartition géographique des Pétrocores, Ségusiaves, Médiomatriques, Arvernes et autres Triboques. C'est par le biais de vidéos, de schémas, de maquettes ou de reconstitutions diverses qu'on en découvre les richesses, comme le superbe fac-similé réalisé par les équipes danoises, qui conservent l'original du *chaudron de Gundestrup* à Copenhague.

Au rez-de-chaussée, musardez à travers la ville antique de Bibracte telle que les archéologues (venant de toute l'Europe chaque été pour poursuivre les fouilles) se l'imaginent, par le biais de restitutions : nécropoles, ateliers d'artisans bronziers, maisons gauloises... Un conseil : suivez les visites guidées du site, pour mieux rêver la ville enfouie sous la forêt.

On trouve aussi au musée une *boutique,* bien riche en matière d'archéologie et d'environnement, et proposant en outre toute une gamme de bijoux originaux.

Également un resto de cuisine gauloise en été, à midi, *Le Chaudron,* pour prolonger votre découverte archéologique jusque dans l'assiette. Sur résa slt. Compter env 14 € par adulte ; 10 € pour les enfants ; gratuit pour les moins de 6 ans. Attention : pas de sanglier au menu ! Encore une idée reçue qui fait mal : nos ancêtres ne couraient pas après ces grosses bêtes mais élevaient déjà des cochons ! Les repas sont pris sur des sortes d'établis assez bas, sans couverts (mais avec une écuelle en bois), dans de la vaisselle fabriquée sur des modèles d'époque. Un lieu expérimental original, ce qui fait que vous ne serez pas reçu par une clonesse de Falbala, mais par des scientifiques testant avec vous les habitudes retrouvées de nos ancêtres. Le resto propose également des vins que buvaient les Gaulois, élaborés selon les recettes de Pline et Columelle, à moins que vous ne préfériez de la cervoise.

Pour les petites faims et les grandes soifs, également un *café touristique.* En été, on peut y acheter un pique-nique à consommer sur place *(14 € pour 2)* ou à emporter *(12,50 €)*, composé de produits du terroir : terrine du Morvan, fromage de chèvre, miche de pain, fruits et eau minérale, entre autres. On y déguste aussi de belles tartes aux myrtilles, du gâteau à la peau de lait, de la cervoise, du miel et du pain d'épice... Et on y trouve toute une panoplie d'infos sur la région, pour continuer son périple.

➤ *Le tour des remparts de Bibracte et les fouilles archéologiques du mont Beuvray :* le long de chemins frais, bordés de haies vives, vous découvrirez l'histoire de ces paysages depuis l'époque des Gaulois jusqu'à nos jours (il n'y avait pas de forêt aussi dense à l'époque, car il fallait bien se chauffer !).
Passez la porte du Rebout, située sur les remparts gaulois au nord-est du mont Beuvray, prenez le chemin sur la droite et remarquez, sur la droite, les levées de terre du *murus gallicus,* vestiges de l'ancien rempart qui entourait le site de Bibracte. Reconstitués, ils sont maintenus par un treillis de poutres, liées au parement de pierre par des crosses de fer. Continuez le chemin jusqu'à la légendaire Pierre de la Wivre, dragon pétrifié qui se souviendrait, dit-on, d'événements anciens et mystérieux.
Traversez le GR et continuez en face en montant sur la gauche. Vous rencontrez alors le balisage jaune et rouge du tour du Morvan, que vous avez la possibilité d'emprunter. Continuez sur la gauche pour profiter de la table d'orientation et du panorama du mont Beuvray, l'un des plus dégagés du Morvan ; vous retrouverez le balisage du PR jaune, qu'on reprend sur la gauche pour boucler ce tour des remparts et de l'oppidum de Bibracte en longeant les chantiers de fouilles de la pâture du Couvent, organisés par les différentes équipes européennes. Au sortir d'un sous-bois de feuillus et de résineux, l'itinéraire continue toujours au nord par la côme Chaudron pour revenir à la porte du Rebout.
En été, il existe un service de navettes gratuit entre le musée et le site. Vous pouvez également terminer la visite par le *centre de recherche* de Glux-en-Glenne, situé à quelques kilomètres de là et dont le centre de documentation est ouvert au public. Attention, l'hiver, tout est gelé dans le secteur : on est tout de même à 800 m d'altitude !

Randonnées autour de Bibracte

➤ Cinq circuits (de 9, 15, 16, 22 et 24 km) sont balisés et accessibles aux randonneurs pédestres et à VTT depuis la place de l'Église de Saint-Prix.

ENTRE BIBRACTE ET ANOST

✴ Peu après Saint-Prix, au lieu-dit La Croisette, une route forestière monte au ***Haut-Folin***, point culminant du Morvan (902 m). Sans grand intérêt aujourd'hui. Quant à la D 179, elle suit les gorges de la Canche, dans un beau paysage de bois et rochers. Très belle rando. On retrouve la D 978 avant de rejoindre Anost par Athez, à travers des paysages assez abrupts. Jolie route par ***Bussy,*** village qui fournit, dans le passé, le plus de galvachers à la région.

ANOST
(71550) 670 hab.

Anost a su cristalliser sur son nom toutes les envies de grand air, de randonnées, de convivialité, par une politique d'accueil touristique intelligente et préservant son identité villageoise. Tout ça pour vous dire que vous aimerez ce camp de base pour toutes les évasions sur des sentiers fort bien balisés ou des routes sereines et sauvages.

Où dormir ? Où manger ?

Camping

🏕 **Camping municipal du Pont de Bussy :** ☎ 03-85-82-79-07. ● anost.com ● À la sortie du village, en direction de Bussy-Corcelles. De mi-juin à sept. Emplacement à 11,50 € pour 2 avec voiture, tente et électricité. Dans un cadre bucolique à souhait, un petit camping avec accueil sympa, beau gazon, sanitaires impeccables, aire de jeux, tennis, baignade... Au calme, à part un ruisseau qui glougloute insupportablement !

Gîtes

🛏 |●| **Gîte de séjour municipal :** à Dront, à 3 km d'Anost. ☎ 03-85-82-75-75 (permanence mar et jeu). ● anost.com ● Tte l'année. Compter 352-423 €/w-e et 879-1 050 €/sem (l'ensemble du gîte est réservé à un seul groupe à la fois, de 12 pers min ; au-delà, compter 9 ou 10 € par pers supplémentaire). Une ancienne école rénovée avec 10 chambres de 2 à 6 places. Possibilité de restauration.
🛏 À 5 km, **gîte d'étape d'Athez** (même téléphone). Compter 7,50 €/pers. Randonnées équestre, pédestre, VTT.

Prix moyens

🛏 |●| **Hôtel Fortin :** au bourg. ☎ 03-85-82-71-11. ● hotelfortin@wanadoo.fr ● Hors été : tlj sf dim soir et lun. Congés : 10 j. autour de Noël. Doubles 42-52 € ; ½ pens 46 €/pers. Menus 15-32 €. Réduc de 10 % sur le prix de la chambre sur présentation de ce guide. Un établissement qui a fortement contribué en son temps à revitaliser le village et ses environs, grâce à ses structures annexes (pub, gîte d'étape). Aucune chambre ne se ressemble, c'est simple et pas trop cher. Au rez-de-chaussée, touristes et randonneurs aiment pourtant bien se retrouver au pub, un vrai havre de convivialité en pleine toundra morvandelle.

Où dormir ? Où manger dans les environs ?

🛏 |●| **Auberge de la Chaloire :** à La Petite-Verrière (71400). ☎ 03-85-54-14-10. ● hotel@auberge-de-la-chaloire.com ● auberge-de-la-chaloire.com ● En saison : tlj sf lun midi et mar midi. Hors saison : tlj sf lun-mar. Congés : de début déc à mi-fév. Doubles rénovées avec douche et w-c 54-62 €. Menu 19 € (en sem) ; autres menus 17-30 €. Apéritif maison offert pour un séjour en ½ pens sur présentation de ce guide. Des Néerlandais sympathiques ont repris cet ancien hôtel-resto où l'on se retrouve, entre Européens gastronomes, pour savourer des plats du terroir intelligemment remis à l'honneur, à tout petits prix. Près de la route, en pleine campagne mais idéalement situé.

À voir

🏠🏠🏠 🚶 **La maison des Galvachers :** au centre du village. ☎ 03-85-82-73-26. ● anost.com ● Juil-août : tlj sf mar 14h-18h ; juin et sept : sam-dim slt ainsi que w-e de la Pentecôte ; ouv également lors de la foire des Galvachers, le 1er w-e de déc. Entrée : 2 € ; réduc ; gratuit jusqu'à 14 ans. Très intéressant petit musée sur ce que fut l'une des activités typiques du Morvan : galvacher, c'est-à-dire charroyeur (conducteur de charroi nomade). De mai à novembre, le galvacher effectuait des transports de bois ou de marchandises aux quatre coins du Morvan et même plus loin. Le dernier attelage cessa de courir les chemins en 1978. Histoire d'un dur métier donc, racontée en images, émouvantes photos, documents, souvenirs divers et, bien sûr, à travers costumes, outils... Belle collection de jougs, dont le zulotte (joug à une place) et le trô (entrave pour bœuf indiscipliné). Quelques instruments agraires, la fourche traditionnelle, le fléau, la cognée de galvacher, etc. Vieux chariot.

Randonnée pédestre

➤ **Panoramas sur la forêt du Morvan à Notre-Dame-de-l'Aillant :** 6 km, 2h. Un bain de nature facile. Balisage : blanc et rouge du GR 13, jaune et rouge du GR de pays, jaune du PR. Références : *PR et Week-end en Morvan,* éd. Chamina ; *Tour du Morvan,* éd. FFRP. Carte : IGN au 1/25 000, n° 2824.
Départ de la mairie d'Anost. La traversée de la vallée du Coterin, puis le contournement du mont Athez (564 m) vous mèneront au panorama de Notre-Dame-de-l'Aillant, magnifique, sur les collines boisées du Morvan. Vous continuez vers le nord et le village de Sarceray, en suivant la vallée du Corterin ; sinon, vous pouvez retourner directement à Anost par le balisage jaune et rouge du GR de pays.

Fêtes

– **Fête patronale :** 1er ou 2e w-e d'août. C'est la Saint-Amour ! On s'y régalera d'écrevisses dans les restos. Omelette géante le samedi soir.
– **Fête de la Vielle :** 3e w-e d'août. ☎ 03-85-82-72-50. Trois jours assez endiablés réunissant entre 12 000 et 15 000 fans de musique traditionnelle morvandelle et démontrant qu'elle possède une sacrée santé. Inutile de préciser que si vous voulez rentrer chez vous à pied, y'a intérêt à réserver, y compris au camping. Atmosphère dans le village que nous ne ferons pas l'injure de décrire à nos lecteurs !

ENTRE AUXOIS ET MORVAN

Petit détour par la partie côte-d'orienne du Parc, jusqu'à Saulieu, ville désormais célèbre pour avoir abrité « Loiseau du Morvan » (qui fut un des chefs de Bourgogne les plus médiatiques de la fin du XXe siècle).

MÉNESSAIRE (21430) 90 hab.

Dominé par un élégant château, un tout petit village perché à 550 m d'altitude au milieu des forêts, curieuse enclave côte-d'orienne entre la Nièvre et la Saône-et-Loire.

À voir

🎄 **Le château :** ☎ 03-80-64-15-88. 1er juil-15 août : tlj sf dim 9h-12h, 14h-18h. Entrée : 3,50 € ; réduc. La fierté du village ! Au pied de la colline du Gros-Moux, le château, fondé au XIIe siècle mais reconstruit en grande partie au XVIIe, présente une étonnante façade polychrome typique de la Renaissance italienne. Des générations de bénévoles ont permis la sauvegarde de ce château de conte de fées morvandiau, qui possède, dans sa grande salle à manger, un extraordinaire plafond à la française (de quoi vous donner un joli torticolis !).

🍴 **La maison du Seigle :** à la mairie. ☎ 03-80-64-28-65. Tte l'année : lun 15h-17h ; jeu 14h-17h ; sinon, sur rendez-vous. Entrée : 2,30 € ; réduc. Sympathique petit musée autour d'une des cultures emblématiques du Morvan d'hier. La campagne morvandelle, où aujourd'hui domine le vert des prairies et des forêts, se teintait jusqu'à la fin du XIXe siècle de l'or des champs de seigle, céréale peu exigeante qui s'adaptait sans problème aux sols granitiques et peu fertiles du Morvan. Une céréale qui, en outre, s'avérait parfaite pour des paysans vivant en quasi-autarcie. Parce que, comme on le découvre dans ce musée, le seigle servait à tout ou presque : on utilisait ses grains pour faire du pain, sa paille pour couvrir les maisons ou fabriquer des paniers, des ruches, voire de plus étonnants objets comme la *capêche,* sorte de casquette qui évitait que les bêtes de trait ne se blessent...

DE MÉNESSAIRE À SAULIEU

🍴 **L'église de Bard-le-Régulier** *(21430) : à une vingtaine de km au sud-est de Saulieu par la D 15 puis la D 15e. Juil-août : 9h-18h ; le reste de l'année : 10h-17h.* Dans un tout petit village hors circuits touristiques, belle église romane, dernier vestige d'un prieuré du XIIIe siècle. Surprenante tour octogonale, d'un goût très oriental. Dans la nef, intéressantes statues des XVe, XVIe et XVIIe siècles (dont une, très expressive, de saint Jean l'Évangéliste auquel l'église est consacrée). Dans le chœur, bel ensemble (une trentaine au total) de stalles du XIVe siècle, dont il faut prendre la peine de détailler toutes les sculptures.

🍴 **L'église de Manlay** *(21430) : dans un autre petit village à une poignée de km de Bard par la D 11a.* Une église du XIVe siècle aux airs de forteresse : façade flanquée de deux grosses tours rondes percées d'étroites meurtrières, donjon carré pour abriter le chœur.

SAULIEU   (21210)   2 970 hab.

Depuis vingt siècles, il semble que les voyageurs aient pris l'habitude de faire étape sur ce site, à mi-chemin entre Bibracte et Alésia, entre montagnes du Morvan et plaines de l'Auxois. La N 6 a seulement remplacé l'ancienne voie Agrippa, le gaz et l'électricité permettent des cuissons plus subtiles que la braise antique, les cavernes sont devenues tavernes puis « relais-zé-châteaux ».
Et oui, c'est ici que Bernard Loiseau avait fait son nid derrière les fourneaux de *La Côte d'Or,* pour gagner ses 3 étoiles tout en se forgeant une solide réputation médiatique. Sa disparition prématurée laisse un grand vide parmi les toques françaises.

Adresse utile

🛈 **Office de tourisme :** *24, rue d'Argentine.* ☎ *03-80-64-00-21.* • *saulieu. tourisme@cegetel.net* • *Tlj sf dim-lun hors saison.*

Où dormir ? Où manger ?

🛏 🍴 **La Vieille Auberge :** *15, rue Grillot.* ☎ *et fax : 03-80-64-13-74. À la sortie de la ville. De mi-juil à fin août : tlj sf mar soir (et mer hors saison) ; fermé 2 sem en fév et fin juin-début juil. Doubles avec douche et w-c ou bains 37-44 € ; ½ pens 46 €/pers. Menus 13-35 €. Réduc de 10 % sur le prix de la* chambre à partir de 2 nuits sur présentation de ce guide à l'arrivée. Salle croquignolette, jolie terrasse cachée, et bonne cuisine de tradition, généreuse (sandre au beurre rouge,...). Pour dormir, choisir de préférence les chambres (toutes simples) donnant sur la cour.

La Borne Impériale : 16, rue d'Argentine. ☎ 03-80-64-19-76. ● borne-imperiale.com ● Tlj sf lun soir et mar hors saison. Congés : début janv-début fév. Doubles avec douche, avec douche et w-c ou bains et TV à 53 €. Menus de 18 € (en sem) à 23, 29 et 45 €. Café offert sur présentation de ce guide. Une auberge à l'ancienne mode, vestige de l'époque dorée de la N 6. Celle-ci propose 7 chambres (dont certaines rénovées). Préférer celles avec la jolie vue sur le jardin. Belle salle de resto avec terrasse aux beaux jours, pour goûter une cuisine régionale de niveau correct, entre aiguillette de charolais et matelote de poisson de rivière.

Où dormir ? Où manger dans les environs ?

Chambres d'hôtes chez Pierre et Jacqueline Berthier : 1, rue du Général-Leclerc, 21530 Rouvray. ☎ 03-80-64-74-61. À 18 km au nord par la N 6, aux portes du Parc du Morvan. Congés : de mi-nov à mi-mars. Doubles avec douche, w-c et TV env 44 €, petit déj compris. Réduc de 10 % à partir de la 3e nuitée sur présentation de ce guide. Petite maison de village avec 2 chambres mignonnettes (on préfère « La Crèche ») qui sentent bon la cire, les dentelles et les vieilles tomettes. Accueil chaleureux et authentique.

Chalets-loisirs : La Coperie, 21430 Brazey-en-Morvan. ☎ 03-80-84-03-15. ● lacoperie.loisirsettourisme@wanadoo.fr ● http://perso.wanadoo.fr/lacoperie/ ● À 12 km au sud-est de Saulieu par la D 15 ; à la sortie de L'Huis-Renaud, tourner à droite en direction de Villiers-en-Morvan ; après l'entreprise de travaux publics, aller tt droit, puis tourner à droite et continuer sur 1 km. Pour un chalet de 4 pers, compter 305-385 €/sem selon saison et 153 €/w-e. Également gîte d'étape, avec 2 chambres de 3 lits et 2 de 4 lits, autour de 15 € la nuitée (draps et couvertures fournis). Dégustation d'agneau grillé une fois par semaine : repas complet 16 €. Dans un site superbe, Isabelle et Alain Simonot, éleveurs de moutons, ont aménagé 9 chalets à quelques centaines de mètres de plusieurs plans d'eau. Dans chaque habitation : cuisine, séjour avec cheminée, chambre et mezzanine, sanitaires. Certains loisirs sont inclus dans le prix (piscine, pêche, tennis...). Excellent accueil. Les quatre chambres (3 et 4 personnes) du gîte disposent d'une superbe salle commune rustique, avec une agréable cheminée. Repas du terroir... dont un agneau grillé dans la cheminée !

Chambres d'hôtes La Clé des Champs : Chenesaint-le-Bas, 21530 La Roche-en-Brenil. ☎ 03-80-64-79-06. ● rene.legrand@free.fr ● clefdeschamps-bourgogne.com ● À 13 km au nord-ouest de Saulieu par la N 6, puis la D 15a vers Saint-Agnan ; suivre le fléchage ensuite. Fermé nov-mars. Doubles avec douche et w-c 55 €, petit déj compris. Repas 25 €, boissons comprises. Apéritif maison et 10 % de réduc sur le prix de la chambre pour un séjour d'1 sem avec table d'hôtes offerts sur présentation de ce guide. Au cœur d'un petit hameau, 4 chambres fleuries avec salles de bains rénovées dans l'ancienne grange d'une agréable ferme du XIXe siècle. Chaleureuse salle à manger avec une immense cheminée pour prendre le petit déj et partager les repas (tarte à l'époisses...) en compagnie de vos hôtes. Piscine et terrain de pétanque.

Auberge de la Feuillouse : 4, route de Paris, 21530 Rouvray. ☎ 03-80-64-74-56. ● lafeuillouse@wanadoo.fr ● auberge-la-feuillouse.com ● Tlj. Congés : janv-fév. Doubles 52-63 €. Menus 20-36 €. Café offert sur présentation de ce guide. Ne vous fiez pas à son look béton, ni à son enseigne colorée faite pour attirer tous les regards sur la N 6, entre Avallon et Saulieu. Reprise par des propriétaires jeunes et entreprenants, cette ancienne ferme s'est réanimée : chambres rafraîchies, très clean, suffisamment confortables pour un court séjour, avec vue reposante sur les prés environnants, et surtout bonne et saine cuisine régionale à prix justes. Vraie tourte morvandelle, œufs au vin fondant dans la bouche, etc. Bon petit choix de vins de Bourgogne. Service détendu. Grande terrasse abritée et tables dans le jardin.

Où boire un verre ? Où manger sur le pouce ?

|●| ▼ *Le Café parisien :* 4, rue du Marché. ☎ 03-80-64-26-56. Tte l'année : tlj 7h-22h (20h en hiver) sf lun midi et les soirs mar-dim oct-mai. Menu du jour à 13,50 €. Jean-Marc Tingaud, enfant du pays et photographe de renom à Paris, a choisi de sauver ce vieux café datant de 1832. Sous les glaces qui couvrent les murs, jeunes et moins jeunes se donnent rendez-vous autour des grandes tables pour le café du matin, l'apéritif ou la pause déjeuner. Vins, pâtisseries, fromages, poissons : tout est cultivé, préparé ou fabriqué par des artisans de la région. Bonne viande, évidemment. Au 1er étage, c'est le coin des joueurs en tout genre : billards, tables de jeux permettent de se retrouver pour papoter. Au 2e étage, expo-photos et au 3e, musée-brocante plein d'atmosphère. Les idées ne manquent pas pour la suite. Déjà sont organisés des petits déj gourmands-découverte de la ville (en juillet-août), des concerts et des soirées contes. Demandez le programme...

À voir

La basilique Saint-Andoche : édifiée au XIIe siècle. Si, au hasard de l'histoire, le chœur et le transept ont subi des modifications, la nef, elle, est un parfait exemple de ce qu'a pu créer l'art roman bourguignon. Remarquable suite de chapiteaux sculptés : des scènes bibliques classiques (la fuite d'Égypte, l'exécution de Judas) et d'autres thèmes plus réjouissants (des vouivres qui se bécotent, des cochons embarqués dans une gigue endiablée). Dans le chœur, non moins remarquables stalles du XIVe siècle, typiques de l'école bourguignonne. De l'école bourguignonne également, la tribune en chêne du XVe siècle et son orgue contemporain. Tombeau de saint Andoche, un des trois martyrs locaux dont les corps furent ensevelis en 178, à l'endroit où, quelques années après, des guérisons miraculeuses ne manquèrent pas de se produire. Aujourd'hui, le saint a son propre tombeau, tout en marbre. *Visite guidée (1h) sur rendez-vous.* ☎ 03-80-64-07-03.

Le musée municipal François-Pompon : pl. du Docteur-Roclore. ☎ 03-80-64-19-51. • saulieu.fr • (partiel). Lun mat et mer-sam 10h-12h30, 14h-18h (17h30 oct-déc et mars) ; dim et j. fériés 10h30-12h, 14h30-17h ; fermé lun ap-m, mar et en janv-fév. Entrée : 4 € ; réduc ; gratuit jusqu'à 12 ans. Visites guidées sur rendez-vous.
Installé dans un hôtel particulier du XVIIe siècle. Petit musée local qui n'est pas uniquement – comme son nom pourrait le laisser croire – consacré à l'œuvre de François Pompon. La section archéologique présente par exemple des stèles gallo-romaines venant de l'antique Saulieu. D'autres salles sont consacrées aux vieux métiers, aux traditions populaires morvandelles, à l'art sacré, au statut de ville-étape de Saulieu (avec reconstitution d'une salle d'auberge à l'ancienne). Il faut grimper au premier étage pour contempler les œuvres de François Pompon, l'enfant du pays, fabuleux sculpteur animalier (dont la copie de son « ours polaire » réalisée par Martinet se trouve dans le jardin Darcy à Dijon).
Si le musée est fermé, ou même s'il est ouvert, allez voir le taureau sculpté à l'entrée de la ville et le condor qui veille sur la tombe de son maître, dans le vieux cimetière, au pied de la petite église Saint-Saturnin.

Le centre ancien : balade le nez en l'air, avec arrêt au *Café parisien* (voir plus haut). Vieilles demeures rue Vauban et rue de la Truie-qui-File. Une rue qui doit son nom à ce qu'on appellerait aujourd'hui un fait divers : un homme qui avait dressé une truie à filer la quenouille a été condamné à brûler avec elle sur le bûcher, étant accusés tous deux de sorcellerie ! Et si vous cherchez un moyen d'occuper votre soirée (on ne fait pas la fête tous les soirs à Saulieu), allez donc au cinéma, étonnamment installé dans une ancienne église.

Fêtes et manifestation

– **Journées gourmandes du Grand Morvan :** *en mai, à l'Ascension.*
– **Fêtes cajuns :** *1er w-e d'août.* Centré, évidemment, sur la culture franco-canadienne (*cajun* étant la déformation d'*acadien*, comme chacun sait !).
– **Fêtes du Charolais :** *3e w-e d'août.* Immenses comices agricoles à la gloire du bœuf.

LA BUTTE DE THIL

Sur la D 980, à mi-chemin entre Saulieu et Semur-en-Auxois, impossible d'échapper à cette grosse colline plantant ses 490 m d'altitude au milieu de la plaine. Du sommet, on profite évidemment du spectacle des environs, l'Auxois au sud, le Morvan au nord. On comprend instantanément pourquoi une grosse tour carrée monte la garde ici depuis le Moyen Âge. Et pour peu que le ciel se teinte de gris, entre les ruines du château et celles de la collégiale, on peut trouver l'endroit d'un total romantisme.

Adresse utile

Office de tourisme : *rue de l'Église, 21390 Précy-sous-Thil.* ☎ *03-80-64-40-97.* Dans le village, au pied de la butte. De mi-juin à mi-sept : du lun ap-m au sam 10h-12h, 15h-19h ; le reste de l'année : lun-ven 10h-12h, 15h-19h ; fermé en déc.

Où dormir ? Où manger dans les environs ?

Prix moyens

Hôtel Loriot : *6, rue de l'Église, 21390 Précy-sous-Thil.* ☎ *03-80-64-56-33. Fax : 03-80-64-47-50.* Fermé dim soir et lun hors saison. Doubles avec douche et w-c ou bains et TV 56 €. Menus 13-33 €. Jardin calme et fleuri. Chambres qui sentent bon la campagne éternelle, avec vue sur le jardin pour les plus sympas.

Chambres d'hôtes Les Forges : *21390 Aisy-sous-Thil.* ☎ *03-80-64-53-86.* • *dangiroudeau@aol.com* • *À 6 km à l'ouest par la D 70.* Double avec douche et w-c 45 €, petit déj compris. Cuisine bien équipée à disposition. Quatre chambres aménagées dans une ancienne ferme, à l'écart du logis des propriétaires, qui sont par ailleurs charmants, voire passionnants. Garage pour abriter votre cheval à moteur.

Ferme-auberge La Morvandelle : *21390 Fontangy.* ☎ *03-80-84-33-32.* À 8 km au sud-est par la D 36. D'avr à mi-nov : w-e et j. fériés slt. Menu env 20 €. Voici une bonne ferme-auberge où vous pourrez goûter salmis de pintade, feuilleté de canard. Une cuisine de grand-mère... et de référence régionale. De plus, vente de produits fermiers superbes.

Très chic

📧 **Château de Beauregard** : 21390 Nan-sous-Thil. ☎ 03-80-64-41-08. • beauregard.chateau@wanadoo.fr •http://perso.wanadoo.fr/beauregard.chateau • À 5 km au sud-est par la D 10. Fermé déc-janv. Doubles avec bains 100-130 €, petit déj inclus ; suite 200 €. Boisson offerte sur présentation de ce guide. En pleine nature, cet ancien château du XIIIe siècle, remanié au XVIIe, domine le petit village de Nan. Le bâtiment, affichant déjà un cachet superbe, a magnifiquement été restauré. Confort douillet et chambres spacieuses (les suites affichent quelque 200 m^2). Beau petit déj. Balades dans le parc.

À voir

🏛 **La collégiale et le château** : ☎ 03-80-52-46-16 pour la collégiale, ☎ 03-80-64-49-38 pour le château. Juil-août : 10h-12h, 14h-18h ; j. de fermeture hebdomadaire indéterminé (se renseigner). Entrée : 3 € ; gratuit jusqu'à 16 ans. Ces deux monuments se partagent le sommet de la butte de Thil.
La *collégiale* d'abord. Le temps a laissé sa marque sur cette église fondée en 1340 (le toit en lave a, par exemple, complètement disparu), mais elle conserve de précieux vestiges : une étonnante nef voûtée aux pierres posées de chant, une pierre tombale aux inscriptions tracées dans une langue inconnue et une solide tour fortifiée.
À l'autre extrémité de la butte se dresse ce qui reste d'un *château* construit entre le XIe et le XIVe siècle. Derrière les murs d'enceinte percés d'étroites meurtrières, on découvre le donjon massif et carré, des salles médiévales où subsistent de vastes cheminées, etc.

🏛 **Le Manège** : Le Brouillard. ☎ 03-80-64-51-70 ou 47-07. Dans un hameau à une poignée de km, au pied de la butte de Thil (c'est fléché depuis Précy-sous-Thil). Saison touristique slt, 14h-19h. Entrée : 2 €. Dans la cour d'une superbe ferme ancienne (avec pigeonnier, bergerie...), un étonnant manège octogonal du XIXe siècle. On y logeait autrefois les chevaux de l'Auxois. Aujourd'hui, sous une invraisemblable charpente en sapin du Jura, voici une exposition de matériel agricole ancien...

LE MORVAN DES LACS

Partie centrale du Morvan, cette région des lacs – qui appartient à la Nièvre tout entière – ne possède pas vraiment de ville importante, mais des hameaux, des fermes isolées. Les bourgs les plus grands, Montsauche, Dun-les-Places ou Lormes, restent modestes et pittoresques. Mais l'attrait du pays est ailleurs, dans ses sous-bois, ses sentes, ses grands lacs. Tous sont artificiels, créés pour le flottage du bois et servant à la régulation des cours d'eau (Les Settons, Pannecière), la production électrique (Chaumeçon, Crescent) ou la production d'eau potable (Saint-Agnan, Chamboux). Les lacs de Pannecière et des Settons sont les plus grands (520 et 359 ha), et ce dernier est le mieux aménagé mais malheureusement un peu trop fréquenté l'été. En revanche, les autres bénéficient souvent d'un cadre plus naturel et sauvage.

LE LAC DE SAINT-AGNAN (58230)

Avec ses prairies qui glissent doucement vers les eaux, comme un petit coin d'Irlande au cœur du Morvan, l'étroit et profond lac de Saint-Agnan, à une vingtaine de kilomètres au nord-ouest de Saulieu, ne manque pas de romantisme, pour commencer en beauté ce circuit. Tranquille (même en été...) village de Saint-Agnan sur une rive, base nautique et sentier de découverte sur l'autre.

Où dormir ? Où manger ?

Camping

X ≜ |●| **Camping du Lac :** *58230 Saint-Agnan.* ☎ *03-86-78-73-70.* ● *camping dulac.fr.st* ● *Au village. Ouv début mai-fin oct ; resto slt juil-août. Emplacement pour 2 avec voiture et tente autour de 14 €. Menu 12 € et carte.* D'anciens bâtiments de ferme et une prairie léchée par les eaux du lac. Site plutôt formidable pour planter sa tente, non ? Également un gîte d'étape.

Bon marché

≜ |●| **Village-vacances Le Bois du Loup :** ☎ *03-86-79-62-62.* ● *leboisduloup@wanadoo.fr* ● *leboisduloup.org* ● *Sur les hauteurs du lac, fléché depuis Saint-Agnan. Compter 35 €/pers la ½ pens, 43 € la pension complète + 10 € (4 € 2-16 ans) d'adhésion au club. Apéritif maison et café offerts sur présentation de ce guide.* Si, l'été, ce village-vacances est le monopole des familles qui réservent entre 1 à 2 semaines, hors saison, l'adresse est attractive et l'on peut y passer une, voire plusieurs nuits pour un excellent rapport qualité-prix. Vous bénéficierez de la piscine, du centre hippique, de la base nautique et des nombreuses activités organisées par une équipe qui fera tout pour votre plaisir.

Prix moyens

≜ |●| **La Vieille Auberge :** *58230 Saint-Agnan.* ☎ *03-86-78-71-36.* ● *contact@vieilleauberge.com* ● *vieilleauberge.com* ● ♿ *Au village. Resto fermé lun-mar (tlj sur résa) ; hôtel ouv tlj. Congés : de mi-nov au 10 janv. Doubles avec douche et w-c ou bains, TV, 45 €. Menus 17-40 €. Apéritif maison offert sur présentation de ce guide.* Grosse maison de pierre posée à quelques enjambées du lac. Accueil é-pa-tant ! Chambres tout simplement plaisantes et tranquilles dans ce village d'une poignée de maisons. Et dès le premier menu, une cuisine franchement enthousiasmante, pleine d'amour du travail bien fait, d'idées abouties et de respect du produit. De quoi se consoler de n'avoir pas vue sur le lac. Établissement non-fumeurs.

SAINT-BRISSON (58230) 280 hab.

Village serein, un peu perché au-dessus d'un étang où tous les visiteurs du Morvan se doivent de passer un jour ou l'autre puisqu'il abrite l'Espace Saint-Brisson, avec la maison du Parc.

Où dormir ?

Camping

X **Camping les Saults :** ☎ *03-86-78-71-48. Fax : 03-86-78-70-80. Ouv Pâques-30 sept. Autour de 9 € l'emplacement pour 2 avec voiture et tente.* Un tout petit camping municipal, très simple (les douches sont payantes...) mais bien placé et au calme.

À voir

🎭 🚶 **L'Espace Saint-Brisson, maison du Parc naturel régional :** château de Saint-Brisson. ☎ 03-86-78-79-57. • parcdumorvan.org • morvan-tourisme.org • patrimoinedumorvan.org • 1ᵉʳ avr-10 nov : lun-sam 9h30-12h30 (10h sam), 14h-17h ; dim 10h-13h, 15h-17h. 11 nov-31 mars : mêmes horaires mais fermé w-e. Accès libre pour les extérieurs, ouv tte l'année. Installée dans une belle propriété, avec dépendances et grande maison bourgeoise (le « château »). Le parc est agrémenté d'un jardin botanique, d'un arboretum, d'un herbularum et du sentier de découverte de l'étang Taureau. À voir aussi en été, l'exposition « Artisans et producteurs », un petit espace animalier et deux musées (ci-dessous). L'office de tourisme de la maison du Parc dispense également toutes les documentations et infos diverses à propos du Parc naturel régional, et présente parfois des expos, du printemps à l'automne. Librairie et boutique. Un endroit enthousiasmant !

🎭 **Le musée de la Résistance en Morvan :** dans le domaine du château. ☎ 03-86-78-72-99 ou 79-06. ♿ 1ᵉʳ avr-11 nov : tlj sf mar 10h-13h, 14h-17h (18h mai-sept ; ouv mar en été). Entrée : 4 € ; réduc ; gratuit jusqu'à 7 ans. Pour 1 € de plus, nous vous conseillons de prendre l'audioguide, qui complète merveilleusement la visite.
La France occupée par les Allemands, la ligne de démarcation est tracée. La zone libre se situe à quelques kilomètres au sud du Morvan. Dès lors, cette région forestière, sans grandes voies de communication et administrativement répartie sur quatre départements, va devenir une terre de refuge puis de résistance où vont s'illustrer de nombreux maquis (Socrate, Camille, Le Loup, etc.).
Le musée est divisé en trois espaces thématiques : Occupation, Résistance et Libération. De nombreux objets et témoignages visuels et sonores illustrent de façon simple ce « désordre de courage » qui comptait lors du débarquement de Normandie une trentaine de maquis et quelque 10 000 hommes. Une visite émouvante qui peut être vécue comme un nouvel hommage à ces hommes qui versèrent un très lourd tribut à la liberté. Il suffit de voir le long des routes les nombreuses plaques commémoratives et de rappeler quelques noms de communes comme Planchez, Montsauche ou Dun-les-Places, pillées, incendiées par les nazis.

🎭 **La maison des Hommes et des Paysages (écomusée du Morvan) :** au rez-de-chaussée du musée de la Résistance. ☎ 03-86-7879-57. • patrimoinedumorvan.org • ♿ Mêmes horaires que le précédent. Entrée : 3 € ; billet commun 6 € pour les deux musées.
La maison des Hommes et des Paysages fait partie du réseau de l'écomusée du Morvan composé de neuf sites d'exposition. Déjà croisés au fil des chapitres, son ambition est de présenter « autrement » le Morvan. Ici, hommes et paysages sont à l'honneur. Dans la 1ʳᵉ salle, grande fresque historique sous forme de tableaux imagés où l'on retrouve l'histoire des flotteurs, des nourrices, des foires annuelles qui marquaient la fin des migrations saisonnières pour les galvachers, jusqu'aux Néerlandais qui prospèrent actuellement dans la région.
La 2ᵉ salle est plus ludique : maquettes, panneaux interactifs, jeux de questions. Un exemple : savez-vous pourquoi l'activité des moulins, sur le bassin versant de la Seine, doit être réglementée en Morvan ? Le 26 février 1569, un décret du roi informe les meuniers qu'ils devront chômer les jours de flottage moyennant un dédommagement ! Petite vidéo dans la dernière salle. Passionnant !

➤ DANS LES ENVIRONS DE SAINT-BRISSON

🎭 **Le saut du Gouloux :** à 8 km au sud-est (fléché). « C'est un trou de verdure où chante une rivière, accrochant follement aux herbes des haillons d'argent (...) » Voici, à une poignée de minutes de marche depuis le parking, une cascade picturale aux accents rimbaldiens inscrite dans un petit cirque naturel, pour les plus poètes d'entre vous. C'est aussi plus simplement une sympathique petite promenade familiale.

Le Musée vivant de la Saboterie : *Le Meix-Garnier, 58230* **Gouloux.** ☎ 03-86-78-73-90. *À une dizaine de km au sud par la D 20, puis la D 977 bis. Tlj 9h-12h, 14h-19h ; fermé 24 déc-5 janv. Entrée : 2 €.* Où nous avons compris que c'était beau, un sabot, et très intéressant de le voir réaliser par l'un des derniers artisans du département. Sur place, point de vente de sabots et d'objets de boissellerie, etc. Démonstration de fabrication à l'ancienne, par groupe de dix minimum, sur rendez-vous seulement.

DUN-LES-PLACES (58230) 355 hab.

Dun-les-Places a été surnommé l'« Oradour nivernais » en raison des atrocités qui y furent perpétrées par les nazis. Le 29 juin 1944, le village est pillé puis brûlé par les soldats allemands qui fusillent 27 hommes sous le porche de l'église.

Où dormir ? Où manger ?

L'Auberge Ensoleillée : *Huis-Gally.* ☎ *03-86-84-62-76. Fax : 03-86-84-54-67. À peine à l'écart du centre (c'est fléché). Tlj sf Noël ; en hiver, il est conseillé de téléphoner avt de s'y rendre. Doubles avec w-c sur le palier 36 €, avec douche et w-c 43 €. Menus 16 € en sem, puis 23-40 €. Café offert sur présentation de ce guide.* Une auberge qui semble là depuis toujours, avec ses femmes aux commandes, au bar et en salle. Accueil franc et souriant, cuisine très simple et chambres pleines de modestie derrière une façade mangée par la vigne vierge.

Le Chalet du Montal : *à Pont-du-Montal.* ☎ *03-86-84-62-77.* • chalet dumontal.com • *À 1,5 km au nord-est du village. Tlj. Congés : déc-fév. Doubles avec douche 35-45 €, avec douche et w-c 45-60 €. Emplacement de camping pour 2 13 €. Compter 25 € à la carte.* Une baraque de planches juchée au-dessus de la rivière : un décor encore sauvage, digne de *Twin Peaks*. Si l'envie de rester vous gagne, demandez aux proprios (néerlandais, comme désormais souvent dans le Morvan) à voir l'une des 4 chambres (les plus confortables sont côté rivière, ça tombe bien !) ou plantez votre tente près de la rivière. Mais, on vous prévient gentiment, ce n'est pas le grand confort ! Resto pas très emballant non plus...

À voir

L'église Sainte-Amélie : construite par un ancien lieutenant de vaisseau avec du granit morvandiau, elle résista aux terribles massacres de juin 1944 dont elle fut le témoin. Un émouvant monument aux victimes rappelle ces événements tragiques devant le portail d'entrée. Petite curiosité, quatre piliers frappés chacun d'un étrange nom (Marie-Augustin-Xavier-Feuillet) entourent l'enceinte de l'église. Explication dans le narthex, avec la citation du fondateur des lieux : « Je déclare qu'aucune construction ne pourra être établie dans l'enceinte que je réserve de marquer aux quatre coins par des colonnes que je ferai élever et dont chacune portera un de mes noms ». Un peu mégalo quand même !

LE LAC DES SETTONS

De Saint-Brisson, prendre la D 977 bis puis la D 236 (très beau parcours) pour gagner le doyen des lacs morvandiaux : mis en eau en 1858, il est aussi le plus visité, le plus « pratiqué », grâce à ses infrastructures (base nautique de la presqu'île des Branlasses).
Sa digue en pierre, unique en France, retient pas moins de 360 ha de surface d'eau. Beaucoup de monde en été.

Où dormir ? Où manger autour du lac ?

Campings

X *Camping L'Hermitage de Chevigny :* Chevigny, 58230 Montsauche-les-Settons. ☎ 03-86-84-50-97. X Sur la rive gauche (amont) ; de Saint-Brisson, prendre la D 977 bis puis la D 236. Avr-sept. Emplacement pour 2 avec voiture et tente 15,60 €. Loc de caravanes (175 €/sem) et chambres d'hôtes. Camping en pleine verdure et dans un coin plutôt tranquille. Nos emplacements préférés donnent sur le lac. Bloc sanitaire bien équipé et équipement *ad hoc* : bar, terrain de jeux, magasin d'alimentation générale... Pas loin du GR 13.
X I●I *Camping de la Plage du Midi :* Les Branlasses, 58230 Montsauche-les-Settons. ☎ 03-86-84-51-97. ● cam plagedumidi@aol.com ● settons-cam ping.com ● Sur la rive droite du lac. De début avr à mi-oct. Emplacement pour 2 avec voiture, tente et électricité autour de 14,50 €. Loc de chalets (457 €/sem). Possibilité de petit déj 5,50 €. Soirée musicale deux fois par semaine. Joliment placé, les pieds dans l'eau. Ambiance dynamique (un peu bruyant, parfois, du coup). Petite restauration en extérieur, sur la plage, genre saucisses-frites.

Prix moyens

🏠 I●I *Les Grillons du Morvan :* Les Settons, 58230 Montsauche-les-Settons. ☎ 03-86-84-51-43. ● info@les grillonsdumorvan.com ● lesgrillonsdu morvan.com ● Sur la rive droite du lac des Settons. Resto tlj sf mer et jeu soir ; hôtel tlj sf 4 j. autour de Noël et 3-7 mars. Doubles avec douche et w-c ou bains 44-54 €. Menus 16,50-39,60 €. Café offert sur présentation de ce guide. Brocante ? Galerie d'art ? Bar à concerts ? Maison d'hôtes ? Il y a un peu de tout ça dans la plus atypique des adresses du Morvan. Et il y aura sûrement plein d'autres trucs à découvrir quand vous rendrez visite à la joyeuse bande qui a décidé de faire revivre l'ancien *Hôtel du Lac* du XIXe siècle. L'accueil est très cool, la cuisine s'amuse avec le terroir, les chambres sont rigolotes (il y a même un petit chalet dans le parc), et le lac est là, juste en contrebas. Presque inutile de vous écrire qu'on a bien aimé...
🏠 I●I *Hôtel-restaurant Beau Site :* Bellevue, 58230 Moux-en-Morvan. ☎ 03-86-76-11-75. Fax : 03-86-76-15-84. À 5 km du lac des Settons ; accès par la D 121 ou la D 193. Tlj sf dim soir, lun (nov-mars). Congés : jan-fév. Doubles, de la plus simple (lavabo) à la plus confortable, 27,50-42 €. Menus 13 € (sf dim midi), puis 16,50-32 €. Apéritif maison offert sur présentation de ce guide. Un établissement qui ne paie pas de mine mais qui porte bien son nom. Dans le pays, il est aussi bien connu pour sa table fiable et généreuse. Franche cuisine familiale traditionnelle. Quant à l'hôtel, il dispose de chambres simples mais spacieuses et à tous les prix selon confort.

À faire

– **Station de voile des Settons :** 58230 Montsauche-les-Settons. ☎ 03-86-84-51-98. • activital.net • Pâques-1er nov. Une des trois bases nautiques de la Nièvre. Location de planches à voile et d'avirons. Bateaux miniatures et stages de voile pour enfants. Location de VTT. On peut également y pratiquer la pêche.

Bateaux-promenade : Le Morvan sur la rive gauche. ☎ 03-85-52-52-17 ou 06-75-39-38-89. Les Settons sur la rive droite. ☎ 03-86-84-51-97. De Pâques à mi-oct, 30 à 40 mn de balade commentée sur le lac. Tarif : 5 € ; réduc.

Plages : nombreuses autour du lac. Baignade surveillée en été, l'après-midi sur les plages de la Presqu'île (rive droite).

OUROUX-EN-MORVAN (58230) 670 hab.

Autour de ce village aujourd'hui bien paisible s'est déroulée une page glorieuse de la Résistance, avec le maquis Bernard, le plus important du Morvan. Ouroux s'est, depuis quelques années, ouvert à l'art contemporain avec plusieurs installations permanentes d'artistes dont un insolite « feu tricolore » en face de l'office de tourisme.
Tout petit musée de la Tonnellerie et du Vin (Caves Barbotte, ☎ 03-86-78-24-01). Nombreux circuits de randonnées pédestres et équestres au départ du village.

Adresse utile

Office de tourisme : pl. Jean-Gautherin. ☎ 03-86-78-20-11. • ouroux-en-morvan.com • En saison : tlj 9h-12h, 15h-19h ; hors saison : mar-ven 9h-12h30, 14h-17h30.

Où dormir ? Où manger ?

Camping

Les Genêts : route de Pannecière. ☎ 03-86-78-22-88. • josette.guyollot@orange.fr • De mi-avr à fin sept. Forfait emplacement pour 2 avec voiture et tente 12,80 €. Un camping très nature et un accueil extra.

De bon marché à prix moyens

Gîte d'étape et de séjour chez Mme Dangel : ☎ 03-86-78-25-87. • dangelc@wanadoo.fr • Tlj sf de mi-nov à fin déc. Nuitée 13-16 €. Repas 13-15 €. Réduc de 10 % sur la nuitée (hors vac scol) sur présentation de ce guide. Très sympathique gîte. Un dortoir de 10 lits et des chambres de 2 à 5 lits. VTT acceptés (mais pas les animaux !).

Le Lion d'Or : pl. de l'Église. ☎ 03-86-78-15-55. (resto). Doubles avec douche et w-c ou bains 35 €. Menu déj (en sem) 11,50 € sinon menu 19 €. Petit hôtel de campagne traditionnel, joliment remis au goût du jour. également un resto.

Ferme-auberge de Cœuzon, Chez Flo : ☎ 03-86-78-21-87. À 3 km d'Ouroux en direction de Montsauche-les-Settons. Tlj sf lun (dim-lun en juil-août) et de mi-déc à mi-janv. Réserver 48h à l'avance. Menu unique 20 €. Un produit de la ferme offert sur présentation de ce guide. Dans une ferme traditionnelle spécialisée dans la viande charolaise et les vaches laitières, un repas concocté avec des produits maison. Accueil souriant et bon rapport qualité-prix.

LE LAC DE PANNECIÈRE

Le plus grand et peut-être bien le plus beau des lacs morvandiaux, encore sauvage. Impressionnant barrage et nombreux pêcheurs. Au bord du lac, *Chaumard*, village martyr pendant la Seconde Guerre mondiale.

Où dormir ? Où manger ?

Camping

△ **Camping des Îles :** 58120 Chaumard. ☎ 03-86-78-03-00. ● otsi.lac.de.pannecière@orange.fr ● Début mai-fin sept. Pas de possibilité de résa. Emplacement pour 2 avec voiture et tente autour de 9 €. Entre l'aire naturelle et le camping aménagé. Simple et sympa, et dans le cadre splendide des rives boisées du lac. Bon marché.

Prix moyens

🏠 |●| **Chambre d'hôtes Le Château :** 58120 Chaumard. ☎ 03-86-78-03-33. Tlj. Congés : déc-fin fév. Doubles avec douche et w-c ou bains 49 €, petit déj compris. Table d'hôtes sur résa 23 €. Apéritif ou café offert sur présentation de ce guide. Belle maison bourgeoise d'autrefois (de celles qu'effectivement on appelle vite château dans les villages). Chambres confortables avec une très belle vue sur un parc boisé. À 200 m de la plage du lac de Pannecière. Une excellente adresse, un peu à l'écart de l'agitation du lac. Accueil qui peut sembler curieux, mais vous êtes dans le Morvan, que diantre !

🏠 **Hôtel-restaurant La Vieille Auberge :** 58120 Chaumard. ☎ 03-86-78-03-22. ● vieille.auberge@libertysurf.fr ● vieille-auberge.fr ● ⚐ Tlj sf mar soir, mer (hors saison). Congés : janv. Doubles avec douche ou bains et w-c, TV, 48-55 €. Menu déj (en sem) 10,30 €, puis autres menus 16,90-33 €. Face à l'ancienne école communale, un établissement tranquille aux chambres simplement confortables. Également un resto.

LORMES (58140) 1 389 hab.

Ce gros village, dominé par l'église Saint-Alban, ne comptait pas moins d'une trentaine de bistrots en 1947. Aujourd'hui, Lormes tente de redonner vie à la région, en organisant un important *festival de Chanson française* sur un week-end fin juillet. Le village est également la patrie d'Henri Bachelin (1879-1941), célèbre écrivain local, ami et admirateur de Jules Renard, et ancien secrétaire d'André Gide.

Adresse utile

🛈 **Office de tourisme :** 5, route d'Avallon, ☎ 03-86-22-82-74. ● ot.morvandes lacs@wanadoo.fr ● morvan-des-lacs.com ● Tte l'année, sf lun (et dim en hiver).

Où dormir ? Où manger ?

🏠 |●| **Hôtel Perreau :** 8, route d'Avallon (D 944). ☎ 03-86-22-53-21. Fax : 03-86-22-82-15. Tlj sf dim soir, lun (nov-avr). Congés : janv. Doubles avec douche ou bains et TV, 47-60 €. Formule 13 € et menus 18-32 €. Réduc de 10 % sur le prix de la chambre sur présentation de ce guide. L'hôtel de bourg de campagne comme on peut se l'imaginer. Une vieille et imposante maison, de grandes chambres au confort sans reproche, une salle à manger au cadre rustico-bourgeois (avec un superbe plafond à la française) et une cuisine soignée qui n'oublie pas qu'on est en Bourgogne.

Où dormir ? Où manger dans les environs ?

🏠 I●I **Hôtel de la Poste :** 58140 Vauclaix. ☎ 03-86-22-71-38. ● direction@hotel-vauclaix.com ● hotel-vauclaix.com ● ♿ À 8 km au sud de Lormes par la D 944. Tlj sf fév. Doubles avec douche ou bains et TV, 57 € ; suite 72 €. Menu déj (en sem) 14 €, puis autres menus 20-42 €. Vieille adresse morvandelle, tenue depuis 5 générations par la famille Desbruères, des pros. Grandes chambres au confort douillet, récemment rénovées. Piscine et jardin d'agrément avec jeu d'échecs géant et ping-pong. À table, des plats traditionnels qui changent selon les saisons et les produits du marché. Service en terrasse.

À voir. À faire

🔸 **L'église Saint-Alban :** tout en haut du bourg, cette église domine la région et dispose d'un point de vue sur tout le pays corbigeois. En 1591, elle fut témoin de la résistance des Dames de Lormes, qui s'opposèrent aux troupes envoyées par le duc de Nevers pour reprendre la ville aux liguers, premiers « réformés » de la région. Reconstruite en 1866, dans un style néoroman. Les piliers de la nef supportent de beaux chapiteaux sculptés par Guillaumet.

🔸 **Vitrail Passion :** 16, rue du Panorama. ☎ 03-86-22-81-73. En face de l'église. Dernier maître-verrier du département de la Nièvre, Sylvain Bourlet crée, expose et restaure des vitraux. Possibilité de visiter (gratuitement) son atelier et de participer à des stages afin de se sensibiliser à l'art du vitrail. Attention, il déménage (mais pas très loin) courant 2008. Se renseigner sur place !

🔸 **Les gorges de Narvau :** à 300 m du centre-ville (c'est fléché) ; parking sur la droite. Profonde entaille creusée dans le granit morvandiau par l'Auxois. Joli site naturel où dégringolent les cascades à découvrir au long de deux circuits pédestres. Falaises propices à l'escalade et quelques petits coins sympas où pique-niquer.

SAINT-MARTIN-DU-PUY (58140) 360 hab.

Joli village, vaguement perché, qui s'étend autour d'une vaste place centrale. Une élégante fontaine y est posée. Sur un côté de la place, très belle église, qui possède un chœur du XIe siècle.

Où dormir ? Où manger ?

🏠 I●I **Gîte d'étape de Saint-Martin :** sur la place centrale. ☎ 03-86-22-60-70. ● maritingite@aol.com ● http://maritingite.free.fr ● ♿ Doubles avec douche et w-c ou bains, TV, 50 € ; nuitée en dortoir 15-25 €. Repas 15 €. Apéritif maison offert sur présentation de ce guide. Un gîte tout neuf, dans une mignonne maison de pierre du XIXe siècle. Poutres, carrelages anciens... un bel endroit ! Capacité de 12 personnes, en chambres de 2 à 4 lits, vastes et agréables. Terrasse panoramique sur le toit.

➤ DANS LES ENVIRONS DE SAINT-MARTIN-DU-PUY

¶¶ Le lac de Chaumeçon : depuis Saint-Martin-du-Puy, tourner à gauche par la D 235 pour redescendre vers le lac de Chaumeçon. Là encore, très beau point de vue en corniche juste avant d'arriver au lac, où l'on peut pratiquer des activités nautiques.

¶¶ Le lac de Crescent : prenez votre temps (réseau compliqué de départementales secondaires et tertiaires, une bonne carte s'impose) pour arriver au lac de Crescent, cerné de pentes abruptes.

BAZOCHES (58190) 200 hab.

Construit sur le versant d'une vallée à peine encaissée, bucolique et secrète, le château de Bazoches semble veiller sur son village et son « pays » depuis toujours. Un site superbe, plein d'harmonie, en visibilité directe avec Vézelay, à 10 km. Outre le château, on ira voir l'église, charmante et « historique », ayant reçu le cœur du maréchal Vauban.

Où dormir ? Où manger ?

I●I La Grignotte : au cœur du village. ☎ 03-86-22-15-38. ⅄ Tlj sf lun, dim soir (hors saison). Congés : 15 j. en nov et 10 j. en mars. Le soir sur résa. Menu unique 12,90 € à midi en sem, 14,80 € les soirs et w-e. Apéritif maison offert sur présentation de ce guide. Petit-bar-resto-épicerie de village. Eh oui, incroyable, cela existe encore. Mieux, c'est même tout nouveau ! Cuisine simple et généreuse, servie avec une attention toute particulière. Mais ne venez pas trop tard, même s'il y a une terrasse aux beaux jours.

â I●I Ferme-auberge de Bazoches : domaine Rousseau. ☎ 03-86-22-16-30. ● fermeauberge.bazoches@wanadoo.fr ● À l'entrée du village, face au château. Tlj sf dim soir (au resto), résa obligatoire en sem. Doubles avec douche et w-c 42 €, petit déj (tt simple) compris. Repas 17-24 €. Dans une longue maison de pierre du XIXe siècle, salle rustique pour goûter estouffade de bœuf à l'ancienne, côte de porc à l'époisses ou tarte aux fruits de saison. Vin en sus, et très correcte réserve maison. Cinq chambres (dont deux familiales) d'un honorable confort. Accueil jeune et agréable.

Où dormir ? Où manger dans les environs ?

â I●I Ferme-auberge La Pierre des Canes : Villurbain, 58140 Saint-André-en-Morvan. ☎ et fax : 03-86-22-67-08. ⅄ (au resto). Au nord-est de Bazoches (5 km) ; suivre la direction de Domecy-sur-Cure, puis fléchage. En saison : tlj sf dim soir et lun ; hors saison : fermé dim soir-jeu midi. Doubles avec douche et w-c ou bains 46-48 €, petit déj compris. Repas 16-23 €. Café offert sur présentation de ce guide. Une ferme-auberge située dans un hameau un peu perdu, dans les forêts, où il est possible de vivre en autarcie car on y produit depuis cinq générations la viande d'élevage, les volailles, le lait, le fromage et les légumes du jardin. Sauf la salade : c'est la cousine, maraîchère, qui s'en occupe. C'est l'occasion rêvée de goûter aux recettes morvandelles. Chambres à la déco toute simple mais de bon confort, dont une offre une jolie vue sur la vallée (les autres sont mansardées). Accueil gentil.

À voir

Le château de Bazoches, demeure du maréchal de Vauban : au village. ☎ 03-86-22-10-22. Ouv 25 mars-5 nov : tlj 9h30-12h, 14h15-18h (17h à partir du 1er oct) ; en juil-août : journée continue. Visite libre avec dépliant : 7 € ; réduc (notamment sur présentation de ce guide) ; gratuit jusqu'à 7 ans. Le château est entièrement meublé et chauffé.

Noble et imposant, le château de Bazoches, construit au XIIe siècle par Jean de Bazoches, grand seigneur local, a conservé trois ailes et trois tours d'origine ; la façade est postérieure, du XVIIe siècle, édifiée par son plus illustre propriétaire : Vauban (1633-1707), le bâtisseur de forteresses, à qui l'on doit plus de 160 places fortes et tout autant d'ouvrages. Vauban, bien sûr, y demeure très présent : armure et coffre de garde, plans divers et portraits dont celui, fameux, de Louis XIV à cheval, cadeau du roi à son maréchal, qui possède la particularité d'être signé de son auteur, Van der Meulen, chose très rare s'agissant d'un portrait du roi.

Initiative originale, les arbres généalogiques représentés aux murs du grand salon, et qui ont demandé plus de 1 000 écussons (en porcelaine de Limoges). Durant la visite, quantité de belles choses en une succession de chambres et de salons : superbe mobilier souvent estampillé et toiles et pastels de maîtres (Mignard, Clouet, Quentin de La Tour...).

En sortant, jetez un œil à la cour intérieure entièrement restaurée. Puis traversez les jardins et regardez au loin. La vue est superbe et l'on aperçoit, sur son promontoire, la basilique Sainte-Madeleine de Vézelay.

L'église Saint-Hilaire : petite église reconstruite à partir du XVIe siècle, qu'on visite surtout pour la tombe de Vauban. Dans l'une des chapelles à droite du chœur, une plaque de marbre noir signale la sépulture du maréchal. Son cœur, dont il avait, en toute humilité, souhaité qu'il soit enseveli sous les marches de l'autel pour être foulé par les pieds du curé, repose désormais sous le dôme des Invalides, à Paris.

AU NORD DU PARC : L'YONNE EN MORVAN

Située au sud-est d'Avallon, cette partie du Parc naturel régional du Morvan est un plateau aimablement vallonné, planté de profondes forêts de feuillus et bordé par les vallées de la Cure et du Cousin. La nature est là et bien là, agréable et fraîche pour des balades en pleine campagne, des promenades à VTT ou des visites de Vézelay et Avallon en toute sérénité.

QUARRÉ-LES-TOMBES (89630) 715 hab.

Ce gros bourg doit son nom aux quelque 2 000 étranges tombes qui entouraient autrefois sa petite église. De bien énigmatiques sarcophages de pierre, dont on ne sait pas vraiment comment ils ont atterri ici entre le VIIIe et le Xe siècle. À côté de ça, une belle forêt vraiment idéale pour d'agréables promenades. En 1942, elle reçut le premier parachutage d'armes et de matériel en provenance de Londres pour la Bourgogne, puis, en 1944, elle joua un rôle déterminant en abritant plus de 2 200 résistants dans ce maquis considéré comme le plus important de la moitié nord du pays, dans le bois des Isles-

Ménéfrier. La forêt au Duc cache des lieux superbes, comme la roche des Fées ou le rocher de la Pérouse, point culminant de l'Yonne avec ses 609 m (quand même !).

Adresse utile

🛈 Syndicat d'initiative : *rue des Écoles.* ☎ *03-86-32-22-20. À la sortie de la ville, route de Saint-Brisson, sur la gauche. Juil-août : tlj 10h-12h, 14h30-17h30.* Sinon, vous pouvez vous renseigner à la bibliothèque située juste à côté. Accueil serviable. Attention, déménagement place de l'Église prévu pour l'été 2008.

Où dormir ? Où manger ?

🛏 |●| Hôtel du Nord et restaurant Le Saint-Georges : *25, pl. de l'Église.* ☎ *03-86-32-29-30. ● hoteldunord@hoteldunord-morvan.com ● hoteldunord-morvan.com ● En centre-ville. Tlj sf mer soir et jeu. Congés : 2 nov-10 fév. Doubles 48-75 € ; ½ pension 55-75 €/pers selon saison. Également 2 jolis gîtes pour 5 pers. Menu du jour 21,50 € (en sem), puis menus 29,50-36,50 €.* Cet établissement a été sauvé du néant par le chef le plus créateur et le plus entreprenant de la région, Francis Salamolard, avec l'aide de nombreux habitants et artisans d'art qui ont participé à sa reprise et à sa restauration. Côté cuisine, du bon, du traditionnel revu et corrigé, servi avec gentillesse. Mais rien à voir, évidemment, avec la maison mère (*L'Auberge de l'Âtre*, ci-dessous). Accueil diligent.

🛏 |●| Hôtel-restaurant Le Morvan : *6, rue des Écoles.* ☎ *03-86-32-29-29. ● reservation@le-morvan.fr ● le-morvan.fr ●* 🍴 *À la sortie de la ville par la route de Saint-Brisson. Tlj sf lun-mar. Congés : janv-fév et 2 sem début oct. Doubles 52 €. Menus 22-49 €.* L'établissement n'a rien d'une vieille ferme morvandelle, mais on s'y sent tout de suite bien. C'est que, ici, on sait accueillir, on a le sourire facile, et la bonne humeur est au rendez-vous. Les chambres sont propres et personnalisées, la cuisine bourguignonne, respectueuse du marché, est délicieuse et joliment présentée. Service en terrasse aux beaux jours et petit salon pour les jours plus gris. Une adresse très agréable.

Où dormir ? Où manger dans les environs ?

🛏 |●| L'Auberge de l'Âtre : *Les Lavaults, 89630 Quarré-les-Tombes.* ☎ *03-86-32-20-79. ● laubergedelatre@free.fr ● auberge-de-latre.com ●* 🍴 *Au sud-est de Quarré-les-Tombes par la D 10 (direction Lac des Settons). Tlj sf mar-mer. Congés : fév et 15 j. fin juin. Doubles 72-95 €. Menu 29,50 € (en sem) ; autres menus 48,50-57 €.* Bien qu'isolée, cette bonne auberge a de quoi rassurer le voyageur égaré. Une première salle qui a gardé la mémoire des bistrots d'autrefois, un décor rustique mais chaleureux pour les autres, ajoutées au fur et à mesure des transformations, depuis 20 ans. Véranda très agréable, mais une place près du feu, allumé dans la vieille cheminée, aux jours gris, fait partie des petits bonheurs du moment. Francis Salamolard adore jouer dans les plats qu'il crée avec les plantes et les champignons du Morvan. Et pour ceux qui cèderaient au sommeil, on trouve quelques chambres plaisantes et bien aménagées, portant toutes un nom de champignon.

Où acheter de bonnes confitures ?

❀ Quarré de chocolat : *24, pl. de l'Église.* ☎ *03-86-32-22-21. ● contact@quarredechocolat.com ● Tte l'année : tlj sf mer (hors juil-août).* La boutique d'un

LE NORD DU MORVAN

côté et un petit musée gourmand de l'autre....ici, tout est en chocolat ! Mais pour le voyage, achetez plutôt les confitures insolites (à la courge, à la cramaillotte, au gratte-cul...) qui ont fait le succès de la marque. Bonnes glaces pour l'été et différents pavés (morvandiau, quarréen...), biscuits parfumés.

➤ DANS LES ENVIRONS DE QUARRÉ-LES-TOMBES

🍴 **L'écomusée du Morvan – maison Vauban :** *4, pl. Vauban, 89630 Saint-Léger-Vauban.* ☎ *03-86-32-26-30.* • *vaubanecomusee.org* • ♿ *De Quarré, prendre la D 55 derrière l'église. Pâques-fin oct. Appeler pour les horaires. Entrée : 5 € (4 € sur présentation de ce guide) ; réduc.*
Un petit musée et un village qui a vu passer plus de monde en 2007 que durant toute la décennie précédente, puisque la France célébrait le tricentenaire de la mort de l'illustre maréchal.
Saint-Léger-Vauban ! Avec un nom comme ça, on s'attend à découvrir une place forte, et on tombe sur un village bien ordinaire. Pourquoi « Vauban » ? Parce que celui-ci y est né, bien sûr, en 1633, sous le nom de Sébastien Le Prestre. Arrêtez-vous pour jeter un œil à sa maison natale, à l'entrée du village, une petite ferme à l'allure de grange. Une plaque, en hauteur, rappelle ce souvenir. Au centre du village, un petit musée, joliment et intelligemment aménagé, retrace sa carrière, celle-ci ne se limitant pas uniquement à la construction d'imprenables forteresses. Formidable bâtisseur, Vauban a conduit 53 sièges, construit 30 places fortes et assuré la restauration d'une centaine d'autres sites. Ingénieur de Louis XIV, le maréchal fut aussi philosophe, humaniste, réformateur.
Et si vous l'avez manqué au cours de vos balades bourguignonnes précédentes, faites un détour, sur la route qui mène à Vézelay, pour découvrir, tout au nord de la Nièvre, le *château de Bazoches,* où le grand homme venait se ressourcer... Prenez les petites routes si vous avez du temps, zappez un ou deux lacs du Morvan au passage. Construit sur le versant d'une vallée à peine encaissée, bucolique et secrète, le château de Bazoches semble veiller sur son village et son « pays » depuis toujours. Un site superbe, plein d'harmonie, en visibilité directe avec Vézelay, à 10 km. Outre le château, on ira voir l'église, charmante et « historique », ayant reçu le cœur du maréchal Vauban (voir plus haut le chapitre « La Nièvre »).

🍴 **L'abbaye de La Pierre-qui-Vire :** ☎ *03-86-33-19-20.* • *abbaye-pierrequivire. asso.fr* • *À 4 km au sud de Saint-Léger-Vauban.* Une somptueuse voûte végétale conduit à ce monastère perdu en pleine forêt. Bâtiments des XIXᵉ et XXᵉ siècles, qu'on ne visite pas (une communauté bénédictine y vit). Cependant, il est possible de suivre les offices ou d'être accueilli à l'hôtellerie pour une retraite. Nombreuses promenades agréables à travers les bois à faire au départ de l'abbaye (parking). À deux pas de l'abbaye, à *la Ferme,* faites provision de fromages de vache et de chèvre frais, affinés et secs, qui font partie de la culture de ces lieux (☎ *03-86-33-03-73*).

VÉZELAY (89450) 473 hab.

Vézelay ne mérite pas seulement une visite pour sa célèbre basilique, haut lieu de l'histoire et de la chrétienté, classée au Patrimoine mondial de l'Unesco. C'est aussi un charmant petit village (classé lui aussi) de près de 500 habitants, perché sur une colline dominant à la fois la vallée de la Cure et le nord du Morvan. Traversé d'une rue principale, quasi piétonne, où se succèdent restos, magasins, artisans. Un conseil : garez-vous au pied de Vézelay, les places de parking (payantes, certes) sont nombreuses alors qu'elles sont rarissimes à l'intérieur.

Connue de l'Europe entière, dès le XIe siècle, pour abriter les reliques de sainte Madeleine, l'abbaye fut le point de départ de la deuxième croisade prêchée, au XIIe siècle, par saint Bernard. Plus tard, le roi de France Philippe Auguste et le roi d'Angleterre Richard Cœur de Lion s'y donnèrent rendez-vous pour le début de la troisième croisade. Saint François d'Assise choisit la colline pour y fonder le premier monastère franciscain en France. Au cours des siècles, Vézelay fut une étape essentielle pour les pèlerins qui se dirigeaient vers Saint-Jacques-de-Compostelle. Cela explique l'importance de la basilique, comparée à la taille du village.

En saison, vous croiserez pas mal de monde (jusqu'à 800 000 visiteurs par an !) dans les rues de la cité, mais rassurez-vous : Vézelay, malgré tout, a su se préserver des magasins commerciaux pour flots de touristes assoiffés de culture ou de biens plus matériels. Côté tables, elles sont nombreuses, certaines de qualité, mais malheureusement rarement économiques.

> **À LIRE ENTRE LES VIGNES**
>
> *Vézelay est aussi un village d'écrivains : Éluard a écrit ici Liberté, René Char et Georges Bataille y sont passés, et les maisons de Romain Rolland et de Max-Pol Fouchet sont cachées dans les petites rues du village où s'est éteint, en 2000, Jules Roy. À présent, vous savez quels livres glisser dans vos bagages, entre deux polars bourguignons, qui vous parlent autrement de cette microrégion attachante.*

Adresse et infos utiles

Office de tourisme : 12, rue Saint-Étienne. ☎ 03-86-33-23-69. • vezelaytourisme.com • Dans la rue principale qui monte vers la basilique, à 100 m à droite de la place du Champ-de-Foire. Tlj 10h-13h, 14h-18h, sf jeu début oct-fin mai ; fermé dim Toussaint-Pâques. En été, des balades dans la ville avec dégustation de vin sont organisées. Compter 1h30 de visite et 5 € par personne. Très compétent. Documentation sur le parc du Morvan et toute la proche Bourgogne.

➤ **Transport :** peu d'accès hors saison pour rejoindre Vézelay, si ce n'est en taxi. En été, seul un bus fait la liaison avec Avallon et la gare de Montbard. Horaires auprès de l'office de tourisme.

■ **France Montgolfières :** ☎ 02-54-32-20-48. • franceballoons.com • Sachez que vous pouvez survoler la région en montgolfière ! Un coup de folie qui a, certes, un prix. *Compter 185 à 225 €/pers hors formules, mais vous bénéficierez de 10 % de réduc sur la prestation choisie, sur présentation de ce guide.*

Où dormir ? Où manger ?

Camping

Camping de l'Hermitage : route de l'Étang ; à côté de l'auberge de jeunesse. Mêmes coordonnées que celle-ci. Avr-oct. Forfait pour 2 avec voiture, tente et électricité à 11 €. Emplacements de verdure en terrasses face au Morvan pour tentes, camping-cars et caravanes. *Réduc de 10 % sur les tarifs sur présentation de ce guide.*

De bon marché à prix moyens

Auberge de jeunesse : route de l'Étang. ☎ et fax : 03-86-33-24-18. Prendre la 1re route à gauche à l'entrée du village (indiqué) ; à 10 mn à pied de Vézelay. Avr-oct ; accueil de groupe en hiver. Compter 8-10 € la nuitée. Réduc de 10 % pour les non-membres des Auberges de jeunesse, sur présentation de ce guide. D'accord, il n'y a pas de vue sur la basilique mais seulement sur la nature alentour, qui est superbe. Capacité totale de 22 lits. Quatre chambres de quatre et une de 6 lits dans un ensemble de bâtiments classiques. Cuisine à disposition et grande salle commune avec cheminée. Accueil sympathique.

▣ **Centre Sainte-Madeleine :** rue Saint-Pierre. ☎ 03-86-33-22-14. Presque sur la place de la basilique. Hébergement en dortoirs de 12 lits : autour de 7 € la nuit. En chambre : 9,50 € à plusieurs, 10,50 € à 2 et 15 € pour 1 pers. Lavabos, douches, toilettes à l'étage. Les sœurs de Sainte-Madeleine accueillent toujours pèlerins et touristes dans l'ancien couvent, dans des conditions simples mais fort honnêtes. Il existe même une grande chambre individuelle avec vue sur la basilique : la moins chère et la mieux placée ! Mais elle est évidemment difficile à obtenir si l'on ne s'y prend pas longtemps à l'avance.

▣ ιοι **Au Porc-épic :** 80, rue Saint-Pierre. ☎ 03-86-33-32-16 et ☎ 03-86-32-38-06 (salon de thé). • leporc-epic. com • Dans la rue principale, à 100 m de la basilique. Salon de thé 12h-18h. Doubles 62-80 €, petit déj compris. Chambres d'hôtes pour non-fumeurs. On accède au logis par la galerie de sculpture et de peinture des propriétaires. Les chambres de caractère offrent des murs en pierre apparente et, par la croisée, on peut voir le château de Bazoches, à l'horizon. Belle salle voûtée du XIIe siècle au sous-sol (non-fumeurs), vouée à l'origine à l'accueil des pèlerins et aujourd'hui transformée en petit salon de thé.

▣ **Le Compostelle :** pl. du Champ-de-Foire. ☎ 03-86-33-28-63. • le.compostelle@wanadoo.fr • http://compostelle.vezelay.monsite.wanadoo.fr • Congés : de janv à mi-fév et 20 j. en déc. Mieux vaut réserver. Doubles 49-60 €. Les pèlerins médiévaux ne se sont certainement pas arrêtés dans cette jolie maison bourgeoise (ce n'est un hôtel que depuis le début du XXe siècle). Mais comme le service est de qualité, que les chambres, modernes et bien équipées, ouvrent sur la campagne ou le jardin, on se dit que son enseigne n'est pas usurpée et que les voyageurs de ce début de millénaire ont bien de la chance ! Terrasse dès les premiers rayons de soleil.

▣ ιοι **Hôtel La Maison des Glycines :** rue Saint-Pierre. ☎ 03-86-32-35-30. Fax : 03-86-33-21-67. Face à l'office de tourisme. Tte l'année, tlj sf jeu. Chambres 54 €. Les chambres, qui répondent ici, forcément, aux noms de « Marie-Madeleine » ou « Saint Bernard », sont raffinées, peintes de couleurs patinées, avec vieilles tomettes et, pour certaines (celles d'en haut), vue sur la basilique. Petite restauration sympathique dans la journée (salades, grillades). Très beau patio, avec sa terrasse où s'étend la belle glycine. On y prend un thé le soir, un verre en journée ou le petit déj au buffet à volonté le lendemain matin.

ιοι **À la Fortune du Pot :** pl. du Champ-de-Foire. ☎ 03-86-33-32-56. À l'entrée du village. Tlj sf le soir sam-dim. Congés : de mi-déc à mi-janv. Menu 12 €. La petite adresse sans prétention mais sympa, avec sa grande terrasse aux beaux jours où toutes les générations se retrouvent. Service sans chichis et bons plats de terroir à prix raisonnables. Goûtez le pâté en croûte, entre autres spécialités.

De prix moyens à plus chic

ιοι **Le Bougainville :** 26, rue Saint-Étienne. ☎ 03-86-33-27-57. Dans la rue principale. Fermé mar-mer (et lun hors saison). Congés : de mi-nov à mi-fév. Menu 20-27 € ; à la carte, compter env 36 €. Dans une belle et ancienne maison très fleurie, voici un resto qui reste abordable. Depuis un quart de siècle (déjà), les pèlerins gourmands ont pris l'habitude de se retrouver ici, dans le cadre plaisant d'une salle à manger dotée d'une magnifique cheminée ancienne. Bonne cuisine revisitant les recettes locales : terrine d'époisses aux artichauts, beignets d'andouillette, joue de porc braisée au pain d'épice...

VÉZELAY / À VOIR

🛏 🍴 Hôtel de la Poste et du Lion d'Or : pl. du Champ-de-Foire. ☎ 03-86-33-21-23. ● contact@laposte-liondor.com ● laposte-liondor.com ● Resto fermé lun-mar (à midi slt en été). Congés : janv-fév. Doubles 69-102 €. Formule déj 18 € (en sem) ; menus 24-45,50 €. Ancien relais de poste, cette belle bâtisse recouverte de lierre est redevenue, après de longs mois de travaux, une agréable étape. Grandes chambres à l'ancienne donnant sur la basilique d'un côté, le vallon de l'autre. On a craqué pour les chambres d'angle et pour celles qui sont nichées sous les toits. L'arrivée d'un jeune chef, passé au moule Ducasse, a ouvert le resto sur de nouveaux horizons. Courte et belle carte, proposant des plats qui ont les saveurs du moment et risquent de surprendre, comme la succulente terrine de raie et d'andouillette. Service très agréable, en terrasse ou en salle climatisée. Une belle maison, qui ne frime pas.

Où manger ? Où boire un verre à Vézelay et dans les environs ?

🍴 🍷 Les Hirondelles : pl. sous l'Orme, 89450 Asquins. ☎ 03-86-33-24-22. ● barleshirondelles@wanadoo.fr ● Tlj sf lun. Env 12,50 € le repas. Apéritif maison offert sur présentation de ce guide. Un bar-resto membre de l'*association Cafés de Pays*, qui propose une cuisine bien sympathique à midi et des concerts parfois en soirée (chaque semaine en juillet-août).

🍷 Les Chandelles : 26, Route nationale. ☎ 03-86-33-33-30. Fermé mar-mer, ainsi qu'à midi en basse saison. Congés : fév. Apéro ou café offert sur présentation de ce guide. Voilà une petite adresse qui vous permettra de prolonger agréablement la soirée, en écoutant un concert par exemple, en l'accompagnant d'une pizza ou d'une grillade.

À voir

Comme d'habitude avec les hauts lieux du tourisme, arriver tôt le matin en été, ou attendre la fin de la journée, quand les cars sont partis. Le site reste aussi très beau à la nuit tombée... et hors saison, bien sûr.

⛪ La basilique Sainte-Madeleine : ☎ 03-86-33-39-50. ● http://vezelay.cef.fr ● pour les visites guidées de la basilique (juil-août). Tte l'année : tlj du lever au coucher du soleil.
La montée est longue et parfois épuisante, sous le soleil, mais la visite de la basilique récompense, aujourd'hui comme hier, les visiteurs arrivés jusqu'à elle. Elle comprend, du point de vue architectural, à la fois des éléments romans du XIIe siècle (nef et narthex) et des parties gothiques du XIIIe siècle (chœur et transept). La façade, sobre et humble, a été restaurée par Viollet-le-Duc au XIXe siècle, à la demande de Prosper Mérimée, inspecteur des Monuments historiques.
On pénètre d'abord dans le narthex (avant-nef, lieu d'accueil des pèlerins), plongé dans la pénombre, avec ses quatre imposants piliers. Au-dessus du portail central, l'admirable tympan de la Pentecôte, fort bien conservé, date de 1120. Il représente la mission des apôtres après la Résurrection. Au centre, Christ en majesté, assis sur un trône. Superbe drapé, presque en mouvement ! Tympan de droite foisonnant, lui aussi, de détails (prenez votre temps !) : thèmes de l'Annonciation, de la Visitation, de la Nativité, et, au-dessus, de l'Adoration des Mages.
La nef romane, haute de 18 m, impressionne par sa perspective. Les chapiteaux des colonnes offrent les scènes les plus variées, dont les thèmes sont généralement tirés de la Bible. Un des plus connus est *Le Moulin mystique* (4e pilier sur la droite) : un homme verse du blé dans un moulin, un autre recueille la farine. La seule ornementation se limite aux décorations florales qui soulignent les lignes architecturales principales de l'église (étages, voûtes, etc.).

LE NORD DU MORVAN

En vous dirigeant vers le chœur gothique, n'oubliez pas de descendre dans la petite crypte carolingienne qui abrite une partie des reliques de sainte Madeleine. Douze colonnes reposant directement sur le rocher et une faible hauteur de voûte lui confèrent une atmosphère à la fois intime, lumineuse et médiévale. Sur le côté droit de la nef, on peut jeter un œil à la partie du cloître restaurée par Viollet-le-Duc. La salle est soutenue par six voûtes d'ogives assez harmonieuses.

Depuis 1993, les frères de Jérusalem (une vingtaine d'hommes et femmes) ont redonné un peu de vie monastique à la basilique. On les croise en prière, renseignant les passants ou encore en train d'astiquer les marches de l'entrée.

Le musée de l'Œuvre Viollet-le-Duc : dans l'ancien dortoir des moines, au-dessus de l'aile du cloître. ☎ 03-86-33-24-62. Pâques-fin sept : w-e ; juil-août : tlj 14h-18h. Le musée comprend deux salles abritant des sculptures médiévales et des moulages provenant des travaux de restauration de la basilique.

Derrière la basilique s'étend une vaste **terrasse** plantée d'arbres. Un ancien chemin de ronde longe les remparts. La vue sur les vallons du Morvan et une douce campagne, tellement bien préservée ici, est superbe.

La maison du Visiteur : pl. Guillon. ☎ 03-86-32-35-65. ● vezelay-visiteur.com ● Juil-sept : tlj sf mar ; Pâques-Toussaint : jeu, sam-lun. Entrée : 7 € (eh oui !). À mi-chemin de la montée, une visite à faire, après ou avant celle de la basilique, pour mieux en comprendre le sens. Une visite scénographique dans l'univers des bâtisseurs du XIIe siècle, très bien conçu et surtout commenté.

La maison Jules Roy : Le Clos du Couvent, rue des Écoles. ☎ 03-86-33-35-01. Rameaux-Toussaint : tlj sf mar 14h-18h (17h lun). Entrée libre. Jules Roy adorait Vézelay. Il y vécut, écrivit dessus (Vézelay ou l'amour fou, éd. Albin Michel), et y mourra en 2000. Gainsbourg et Mitterrand, à l'occasion, venaient lui rendre visite. Désormais, la maison accueille des écrivains à la recherche d'inspiration. On découvre son bureau (en l'état), son cadre de vie et un panorama splendide sur la basilique et la vallée de la Cure depuis le beau parc.

Le musée Zervos : rue Saint-Étienne. ☎ 03-86-32-39-26. 15 mars-15 nov : tlj sf mar 10h-18h ; juil-août : tlj. Entrée : 3 € ; réduc, gratuit pour les moins de 18 ans. Musée d'Art moderne vraiment attachant, installé dans l'ancienne maison de Romain Rolland (dont on peut encore voir la chambre conservée en l'état), au bas de la rue principale. Des œuvres des années 1925 à 1965, dont de nombreux Picasso, Giacometti, Miró, Calder, Laurens, Kandinsky, etc., léguées par Christian (éditeur et critique d'art) et Yvonne Zervos, sous réserve qu'elles soient exposées. Certainement l'une des plus belles collections dans le genre, que de nouvelles acquisitions sont encore venues enrichir ! Et une muséographie particulièrement réussie, toute en sobriété, jouant avec la lumière, pour donner vie à cette maison de village vraiment pas comme les autres. Une maison qui joue les modestes, l'accrochage des chefs-d'œuvre n'ayant rien d'accrocheur, d'où l'intérêt de prendre son temps pour admirer ceux qui ont fait l'histoire de l'art du XXe siècle. Voir aussi la rubrique « Dans les environs de Vézelay ».

Où déguster des vins de pays ?

■ **Caves du Pèlerin :** 32, rue Saint-Étienne. ☎ 03-86-33-30-84. ● cavesdupelerin@wanadoo.fr ● Tlj sf mar-mer 9h30-12h, 14h-18h pour les dégustations et 14h-17h pour la visite de la cave ; fermé de janv à mi-mars. Visite guidée, avec dégustation, 5 € (4 € sur présentation de ce guide). En plein centre, des caves anciennes réaménagées sur plusieurs étages. Explications complètes sur les vins du pays et leur production, face aux vignobles, depuis la terrasse.

Randonnée pédestre

➤ **Le tour de Vézelay :** *6,50 km, 2h20 aller-retour sans les arrêts. En boucle depuis Vézelay.* Balade facile, avec un balisage jaune, environnée de sites remarquables. Référence : *Le Morvan, balades et randonnées,* éd. Chamina, réf. 116. Carte IGN au 1/25 000, T 25, n° 2722 ou carte postale randonnée « Boucle de la fôret de Chauffour » en vente à l'office de tourisme. Vézelay est le point de départ de l'un des grands chemins de Compostelle, la *via Lemovicensis,* qui passe par le Limousin et le Pays basque. La présente randonnée est plus modeste mais vaut vraiment le coup.

Fête et manifestations

– **Fête de sainte Marie-Madeleine :** *22 juil.* Rassemblement des pèlerins, marche d'Asquins à Vézelay, procession des reliques de la sainte, messe et repas champêtre.
– **Rencontres musicales de Vézelay :** *4 j. fin août (autour du 20).* Rens : ☎ 03-86-32-34-24. ● rencontresmusicalesdevezelay.com ● Concerts de musique classique dans les différents monuments de la ville et ses alentours.
– **Concerts dans la basilique :** *mai-oct.* Rens auprès de l'office de tourisme ou sur ● vezelaytourisme.com ● Prestigieux concerts de musique.

➤ *DANS LES ENVIRONS DE VÉZELAY*

🚶 Il est possible de rejoindre **La Goulotte,** ce hameau à 2,5 km de Vézelay, où Yvonne et Christian Zervos (voir le texte sur le legs Zervos dans la rubrique « À voir ») possédaient leur maison, et qui offre une somptueuse vue sur la ville et la basilique. *La maison accueille en été des expositions ouv au public 14h-19h.* ☎ 03-86-32-36-10. ● fondationzervos.com ● Atelier d'artistes.
Prendre la route de Clamecy, puis direction Châtel et La Goulotte (indiqué). Belle aire de pique-nique toute proche, dans le bois de la Madeleine.

SAINT-PÈRE (89450) 380 hab.

Village blotti au pied de la colline de Vézelay. Il s'y cache une petite église, joyau souvent ignoré des touristes, avec un atelier de poterie à l'ombre de cette dernière (fermé le mercredi).
Ces dernières décennies, le village fut surtout connu pour abriter la table d'un des grands chefs emblématiques de la Bourgogne, au même titre que Loiseau ou Lameloise : Marc Meneau, figure de la région.

Où dormir ?

🏠 **Chambres d'hôtes Val en Sel :** *chez Mme Armengaud-Carrez, 1, chemin de la Fontaine.* ☎ 06-80-33-33-01. ● valensel@aol.com ● http://valensel.vezelay.free.fr ● *En sortant de Saint-Père, direction Pierre-Perthuis, c'est juste à droite avt le monument aux morts. Fermé 11 nov-1er avril. Double 80 €. Boisson offerte à l'arrivée sur présentation de ce guide.* Cette ancienne maison bourgeoise a su conserver tout son cachet. Calme, fraîcheur et style sont au rendez-vous : les chambres, équipées de sanitaires modernes, ont encore ce cachet ancien, les portraits de famille sont accrochés aux murs dans une déco restée très « naturaliste », et le parc est un plaisir à lui tout seul.

Où dormir ? Où manger dans les environs ?

🏠 🍽 **Chambres d'hôtes Le Petit Cléret :** chez Mireille Demeule, Fontette, 89450 Saint-Père. ☎ 03-86-33-25-87. En sortant de Saint-Père, direction Avallon, dans la côte, chemin à gauche (panneau). Avr-sept. Doubles 40-47 €, avec w-c privés mais douche commune ; gîte 2-6 pers, dans une maison indépendante, 55-132 €. Repas 15-19 € avec le vin. Apéritif maison offert sur présentation de ce guide. Dans le jardin, l'un des meilleurs points de vue pour admirer la campagne et surtout la basilique de Vézelay. La charmante hôtesse mitonne un bon repas le soir, sur commande, à partir des légumes de son jardin. Accueil gentil tout plein.

🏠 🍽 **Hôtel-restaurant Les Deux Ponts :** 89450 Pierre-Perthuis. ☎ 03-86-32-31-31. ● lesdeuxponts@gmail.com ● lesdeuxponts.com ● ♿ À 5 km de Saint-Père ; au carrefour du GR 13, dans le bas du village. Tlj sf mar, plus mer hors saison ; fermé vac de fév. Résa souhaitée. Doubles 50-57 €. Menus 23-30 €. Depuis sa réouverture, dès les premiers beaux jours, elle ne désemplit plus, la vieille auberge du père Lemeux, près des deux ponts sur la Cure. On s'y sent bien, surtout l'été en terrasse, sous le marronnier, à déguster un filet de bœuf charolais, un poisson ou un simple en-cas. Ambiance intime le soir, avec la cheminée qui fonctionne dès les premiers frimas. Possibilité de louer chevaux, vélos, canoës, etc. Agréable balade digestive ensuite le long de la rivière, et, du haut du village, jolie vue sur Vézelay au loin.

À voir

🎯🎯 **L'église Notre-Dame :** un véritable défi lancé par les villageois de Saint-Père aux abbés de Vézelay ! De taille humaine pourtant. Mais cette église de style gothique bourguignon, construite du XIIe au XVe siècle, est une vraie dentelle ! Façade emplie de colonnettes, d'arcades, de statues. Tour finement ouvragée. À chacun des angles du clocher, des anges sonnent de la trompette ; au-dessus, des chevaliers combattent des monstres. L'intérieur fait plus dans la sobriété : nefs aux clefs de voûte peintes, étonnants fonts baptismaux carolingiens, pierre d'autel du Xe siècle, etc.

🎯 **Le Musée archéologique :** dans l'ancien presbytère. ☎ 03-86-33-37-31. Pâques-Toussaint : tlj 10h-12h30, 13h30-18h30. Entrée : 4 €, jumelée avec le site des Fontaines-Salées ; réduc. Il abrite des objets trouvés lors des fouilles des Fontaines-Salées : puits en bois de 4 500 ans, objets de toilette, céramiques, etc. Également des vases et bijoux gallo-romains, une salle des monnaies, quelques statues médiévales, dont un Saint Jacques de Compostelle de la fin du XIIIe siècle. Maquette explicative du site des Fontaines-Salées.

🎯🎯 🚶 **Les Fontaines-Salées :** à 1,5 km par la route de Pierre-Perthuis. Mêmes horaires que le Musée archéologique. Visite libre ; compter env 30 mn. Entrée : 4 €, à coupler avec le Musée archéologique. C'est un site archéologique unique en France, comprenant un sanctuaire et des thermes gallo-romains : bassin, piscine, etc. Les résurgences d'une source captée au Néolithique (2300 av. J.-C.) coulent toujours. Son eau chlorurée, sodique et radioactive (on peut remplir sa gourde !) est censée soigner les problèmes de peau et les rhumatismes. Paradis des grenouilles, on en trouve ici depuis 4 500 ans. Ce site serait à l'origine de Vézelay, mais les animateurs sur place vous en diront plus. Panorama sur la basilique de Vézelay.

À faire

– **Sports en plein air :** deux organismes proposent des activités en plein air sur Saint-Père et sa région :

■ **Avallon Morvan Canoë Kayak :** *rue du Gravier.* ☎ *03-86-33-35-64.* • *cano ekayak.amck@wanadoo.fr* • *À la base de Saint-Père.* Location et initiation à la descente en canoë-kayak le long de la Cure.

■ **AB Loisirs :** *route du Camping.* ☎ *03-86-33-38-38.* • *contact@abloisirs. com* • Plusieurs activités de loisirs nature réparties dans les alentours : quad, équitation, spéléo, *paint ball,* raid-aventure d'une journée, raft, kayak et rafting, location de VTT. Et nouveau parc-aventure pour côtoyer les cimes des arbres (70 ateliers). Belle et grande infrastructure gérée avec sérieux par une équipe jeune et dynamique.

AVALLON (89200) 8 658 hab.

Définitivement rattachée au Morvan, désormais, la petite ville d'Avallon est restée longtemps une « Belle au bois dormant ». Son réveil actuel ne fait que plus plaisir à voir. Mieux vaut arriver par la vallée du Cousin, afin de découvrir, un peu par surprise, la vieille ville perchée sur son promontoire granitique. Vision suffisante pour avoir envie d'aller fouler les gros pavés disjoints de ses quelques rues anciennes, et découvrir sa collégiale ainsi que son unique et très beau musée du Costume.

Adresses utiles

Office de tourisme de l'Avallonnais et du Morvan : *6, rue Bocquillot.* ☎ *03-86-34-14-19.* • *avallonnais-tourisme. com* • En été : tlj 9h30-13h30, 14h30-19h ; le reste de l'année : lun-sam 10h-12h, 14h-18h. Installé dans une maison du XVe siècle près du beffroi. Accueillant et compétent. Vend (pour 0,50 €) un document pour découvrir la ville. Point Internet sur place. Est à l'initiative du passeport *Cœur de Bourgogne* (2 €), proposant des réducs sur plus de 100 sites à travers la Bourgogne (voir « Bons plans » dans l'introduction sur l'Yonne).

Gare SNCF : *pl. de la Gare.* ☎ *36-35 (0,34 €/mn).* Trains pour Dijon, Sens, Clamecy, Paris.

Internet : Point Cyb-Mission locale, *55, Grande-Rue.* ☎ *03-86-34-47-40.* Lun-jeu 8h30-12h30, 13h30-17h. Point Internet gratuit en plein centre-ville.

Où dormir ? Où manger ?

Prix moyens

Hôtel Avallon-Vauban : *53, rue de Paris.* ☎ *03-86-34-36-99.* • *avallonvau banhotel.com* • Près du centre historique. Doubles tt confort 59 €. Un petit déj offert pour 2 petits déj pris la 1re nuit, sur présentation de ce guide. Ancienne résidence bourgeoise devenue aujourd'hui un hôtel animé par une équipe gentille et serviable. Jolie cour fleurie et grand parc boisé. Les chambres donnant sur le jardin sont vraiment calmes. Elles sont toutes différentes, joliment meublées en merisier et dans un style floral qui plaira forcément aux romantiques.

I●I Hôtel-restaurant des Capucins : *6, av. Paul-Doumer.* ☎ *03-86-34-06-52.* • *hotellescapucins@wanadoo.fr* • *avallonlescapucins.com* • Dans la rue qui mène à la gare. Tte l'année, tlj. Doubles 45-55 €. Formule déj (en sem) 14 € ; menus 17-44 €. Les chambres manquent un peu de caractère mais sont calmes, même celles avec vue sur la rue. Choisissez plutôt celles avec vue sur le parc, tant qu'à faire. Belle terrasse fleurie à l'arrière, pour déguster l'été une cuisine régionale sympathique que le chef prépare quasiment devant vous, car on le voit s'affairer en cuisine.

Le Grill des Madériens : 22, rue de Paris. ☎ 03-86-34-13-16. Non loin de la place principale. Tlj sf lun, plus dim soir hors saison. Menu du midi 10 € et menu complet 17 €. Café offert sur présentation de ce guide. Pourquoi Madère ? À cause de cette présentation de brochettes avec repose-pic que l'on retrouve là-bas, tout simplement. Et qu'on goûte ici, au feu de bois. Déco en faïence de Nevers et petite terrasse. Service correct.

Chez Dame Jeanne : 59, Grande-Rue. ☎ 03-86-34-58-71. Tlj 10h30-18h. Congés : du 8 janv à mi-fév. Assiettes 6-9 € ; compter env 16 € le repas complet. Café offert pour tout repas, sur présentation de ce guide. Un amour de salon de thé, dans l'une des grandes maisons de la rue principale. Au fond du couloir d'entrée, une salle à l'atmosphère chaleureuse, avec poutres apparentes et petites tables pour faire la dînette, autour de plats maison ou assimilés, comme la tourte bourguignonne venue en voisine. Grande terrasse intérieure, aux beaux jours, entourée de hauts murs couverts de glycines. Autre salle, à l'entrée, pour les jours gris, dont le décor en fera rêver plus d'un(e).

Chic

Hostellerie de la Poste : 13, pl. Vauban. ☎ 03-86-34-16-16. • info@hostelleriedelaposte.com • hostelleriedelaposte.com • En centre-ville. Resto fermé dim-lun. Congés : janv-fév. Doubles 102-126 €. Formule déj 14 €, côté bistrot ; menus 42-65 € côté resto. Cet ancien relais de poste, où séjourna Napoléon Iᵉʳ de retour de l'île d'Elbe, vit sa vie autour d'une cour intérieure tout en longueur, aux balcons fleuris en été. La cour pavée, promenade romantique d'un autre temps, conduit à un délicieux jardin tranquille. Chambres au charme suranné (surtout celles sous les toits), resto Empire à la moquette épaisse bien dans la note. Bistrot pour donner le ton (et les prix) d'aujourd'hui. Parking privé gratuit.

Où dormir ? Où manger dans les environs ?

À la limite de la Côte-d'Or et de l'Yonne, Avallon ne manque pas de bonnes adresses à quelques dizaines de kilomètres à la ronde. À commencer par l'**Auberge de la Feuillouse**, à Rouvray, un de nos coups de cœur, à mi-chemin de Saulieu et d'Avallon (voir « Où dormir ? Où manger dans les environs ? » à Saulieu, plus haut).

Camping

Camping municipal sous Roche : à Cousin-la-Roche, 89200 Avallon. ☎ 03-86-34-10. • campingsousroche@ville-avallon.fr • ville-avallon.fr • À 4 km au sud-est d'Avallon sur la D 10, direction Quarré-les-Tombes. Ouv mars-oct. Compter 10,40 € l'emplacement pour 2 avec voiture et tente. Dans une portion très encaissée et assez sauvage de la vallée du Cousin. Bons équipements pour une centaine d'emplacements.

Prix moyens

Les Fleurs : 69, route de Vézelay, 89200 Pontaubert. ☎ 03-86-34-13-81. • hotel-lesfleurs.com • À 4 km à l'ouest d'Avallon par la N 6 ; à la sortie de Pontaubert, sur la droite par la route de Vézelay. Tlj sf mer (excepté en été) et jeu. Congés : de mi-déc à fin janv et 1 sem fin juin. Doubles 50-54 €. Menus de 17 €

(sf dim midi) à 41 €. Apéritif maison offert sur présentation de ce guide. Grande bâtisse blanche décorée avec soin, au milieu d'un jardin débordant de fleurs. Des chambres simples mais joliment mises en valeur, idéales pour un court séjour, et une salle à manger chaleureuse avec ses boiseries. Goûtez l'émincé de jambon d'agneau fumé maison, entre autres plats préparés par un chef qui a retenu le meilleur des grandes maisons où il a travaillé. Bonnes petites suggestions de vins avec les menus. Service en terrasse aux beaux jours.

Très chic

Hostellerie du Moulin des Ruats : vallée du Cousin. ☎ 03-86-34-97-00. • contact@moulin-des-ruats.com • moulin-des-ruats.com • À 4 km à l'ouest d'Avallon par la D 427. Resto ouv dim et le soir mar-sam. Congés : de mi-nov à mi-fév. Doubles 82-152 €, selon confort ; ½ pens demandée les grands w-e et j. de fêtes : 98-133 €/ pers. Menus 29,50-46 € ; à la carte, compter env 60 €. Un ancien moulin à farine recouvert de lierre. Terrasse au bord de la rivière pour l'été. Au resto, on se régale du spectacle de la grande roue du moulin, mais surtout d'une belle cuisine classique, à l'image de la maison. Bons produits, joliment servis. Chambres élégantes, au calme, avec pour certaines la vue sur la rivière et la verdure.

Où boire un verre ? Où sortir ?

L'Antirouille : 6, rue du Marché. ☎ 03-86-34-42-89. Tlj sf lun, 18h-2h (plus 10h-14h sam). Le bar qui fait bouger Avallon. Clientèle à l'image de la déco, des plus variées : profs, footeux, étudiants de tous âges. Lumières sympas. Soirées à thèmes et concerts le week-end. Huîtres le samedi midi, en hiver.

– Et l'été, c'est ici le siège du festival « Roule Ma Poule », un événement désormais national, où l'éclectisme musical est de mise : de la chanson française à l'électro en passant par le rock, le reggae... Il enflamme Avallon le 1er w-e de juil. Infos au ☎ 03-86-31-66-80 ou sur • zikafon.org •

À voir

La tour de l'Horloge : Grande-Rue-Aristide-Briand. Date du XVe siècle. Massive et pourtant d'une certaine élégance. Le très haut campanile servait à faire le guet.

La collégiale Saint-Lazare : édifiée au IVe siècle, agrandie au XIIe pour accueillir les pèlerins venus se recueillir sur les reliques de saint Lazare. Les portails restent d'une belle exubérance malgré les dégâts du temps (et des protestants, de la Révolution...). Le grand portail est surmonté de voussures qui alignent, dans la tradition romane, signes du zodiaque, travaux des mois, angelots, musiciens de l'Apocalypse, etc. Sur la droite, étonnante statue-colonne d'un prophète. Fines draperies semblables à des stalactites. À l'intérieur, une fois passé les panneaux qui la défigurent, nef qui descend en doux paliers et, dans une chapelle en rotonde, des peintures en trompe l'œil du XVIIIe siècle qui font illusion dans la pénombre.

Les maisons anciennes : du XVe au XVIIIe siècle, le centre a su conserver la mémoire du passé, sans rien défigurer. La distinguée *maison des Sires de Domecy* (XVe siècle), typiquement bourguignonne, accolée à la collégiale Saint-Lazare ; la maison du Prévôt au 55, Grande-Rue-Aristide-Briand ; belle tour d'escalier d'une maison du XVᵉ siècle rue Belgrand (face à l'hôtel de ville), etc.

🍴 **Le musée de l'Avallonnais :** 5, rue du Collège. ☎ 03-86-34-03-19. Ouv w-e, pdt les vac scol tlj sf mar 14h-18h ; juil-sept : tlj sf mar 14h-18h. Gratuit. À priori, le classique petit musée de province, installé dans un ancien collège du XVIIᵉ siècle, avec des œuvres d'artistes locaux (l'orfèvre Jean Desprès, le peintre Antoine Vestier et le sculpteur Pierre Vigoureux). Pourtant, il réserve quelques surprises. Une riche collection archéologique d'abord : vestiges préhistoriques retraçant l'histoire de l'homme depuis plus de 150 000 ans ; statues du temple gallo-romain du Montmartre, mosaïque romaine dite de Vénus (IIᵉ siècle), grosse collection de pièces de monnaie romaines et médiévales. Collections de minéralogie et de paléontologie. Et pour les beaux-arts : œuvres de Georges Rouault, dont le célèbre et expressionniste *Miserere* et deux toiles, *Stella Matutina* et *Stella Vespertina,* de sa période symboliste. Mais également des œuvres de Dürer et Braque.

🍴 **La statue de Vauban :** pl. Vauban. Une statue de l'enfant du pays réalisée par Bartholdi, le sculpteur de la statue de la Liberté de New York.

🍴🍴 **Les remparts :** prendre la rue Bocquillot (elle longe la collégiale) et franchir la Petite-Porte. À droite, la tour Gaujard (XVᵉ siècle) et la promenade de la Petite-Porte (vue sur la vallée du Cousin et les premiers vallonnements du Morvan) ; à gauche, bastion de la Petite-Porte flanqué d'une échauguette, sous lequel s'amorce l'ancien chemin de ronde qui suit les anciens remparts (XVᵉ et XVIᵉ siècle). Toute petite balade sympa entre murailles et jardins suspendus.

🍴🍴 **L'hôtel de Condé – centre d'exposition du Costume :** 6, rue Belgrand. ☎ 03-86-34-19-95. De mi-avr à la Toussaint : tlj 10h30-12h30, 13h30-17h30. Entrée : 4 € ; réduc. Visite guidée d'env 45 mn. Installé dans l'ancien hôtel de Condé (XVIIᵉ siècle), un surprenant musée à l'ancienne, tenu par une mère et sa fille, vraies passionnées qui vous inviteront à partager leur douce folie, en vous entraînant dans un fabuleux voyage au fil de la mémoire. De salle en salon, on se promène dans un autre temps, à la découverte non seulement de costumes d'époque mais de tout un art de vivre, car la maison est là, habitée, qui vous livre ses secrets si vous voulez bien écouter. Les pièces exposées changent régulièrement selon les thèmes mis en avant (Balzac, les impressionnistes, le romantisme...) et qui changent chaque année. Car ces deux drôles de dames possèdent de véritables trésors : plus de 5 000 pièces du XVIIᵉ siècle à nos jours, que viennent consulter les plus grands stylistes de mode pour trouver l'inspiration. Visite guidée passionnante à ne pas manquer, car elle vous laissera un souvenir ému.

➤ DANS LES ENVIRONS D'AVALLON

🍴🍴 **La vallée du Cousin :** *au sud-ouest de la ville.* Une des plus jolies vallées de la région ; elle suit le lit d'une petite rivière déboulant du Morvan et creusant dans le granit des gorges fraîches et boisées. La D 427 s'y glisse pour quelques kilomètres entre Avallon et Vault-de-Lugny. Magnifique vallée à découvrir le matin, au soleil levant, à vélo ou à pied.

🍴 **La verrerie d'art d'Avallon :** *13, rue des Isles,* **La Baume,** *vallée du Cousin.* ☎ *03-86-34-10-14. À 1,5 km du centre-ville. Tlj sf lun en hiver 10h-12h, 14h30-18h.* Une verrerie des plus artisanales, où l'on peut voir les maîtres du verre souffler leur pâte incandescente selon la technique de la « canne », qui date du XIVᵉ siècle. La série des lampes « climatiques » vaut le coup d'œil. Point de vente sur place.

🍴🍴 **Le musée des Voitures des Chefs d'État :** *château de Montjalin, 89200* **Sauvigny-le-Bois.** ☎ *03-86-34-46-42.* ● *voitures-presidentielles.com* ● *À 7 km à l'est, entre Avallon et Montréal, par la CD 957 puis suivre les panneaux. Tte l'année : tlj 9h-19h. Entrée : 6 € (demi-tarif sur présentation de ce guide) ; gratuit pour les moins* *de 10 ans.* Dans les communs du château, une collection impressionnante autant qu'originale rassemblée depuis une trentaine d'années. Ce musée unique au monde compte une trentaine d'automobiles aussi célèbres que le furent leurs distingués propriétaires : les Zil de Brejnev et Honecker, la Simca de De Gaulle, la DS 23 de Valéry Giscard d'Estaing, la papamobile de Paul VI, la 604 GT de Mitterrand et la réplique de la voiture de JFK lors de l'attentat de Dallas ! Très nombreux documents et photographies d'époque, et même le podium de discours du général de Gaulle. Expos thématiques.

L'YONNE

« J'avais une soif de l'Yonne, voulant savoir à quoi l'Auxerre, en homme de Sens, j'y Joigny un peu de vin et je dis : Tonnerre, Avallon ! »

Amusante formule mnémotechnique d'autrefois pour obliger le dernier des cancres à se souvenir des préfectures, sous-préfectures et autres chefs-lieux de canton. Un résumé quelque peu caricatural, il faut bien le reconnaître, de ce département, riche en sites de prestige (Vézelay, le chantier médiéval de Guédelon, les châteaux de Tanlay et Saint-Fargeau, la cathédrale de Sens...), qui cache surtout une bien bonne et belle nature : vignobles de renom avec le chablis ou l'irancy, collines du Morvan, forêt d'Othe, grottes d'Arcy... sans oublier ses cours d'eau, de l'Yonne à la Cure en passant par le canal de Bourgogne.
Les villes, à taille humaine, dotées d'une certaine sérénité autant que d'un riche patrimoine, vivent tranquillement, tout comme les villages qui les entourent, au rythme des saisons, des vendanges, du tourisme fluvial ou des fêtes de pays.

ABC DE L'YONNE

- *Superficie :* 7 427 km^2 (12e rang national).
- *Préfecture régionale :* Auxerre.
- *Sous-préfectures :* Avallon, Sens.
- *Population :* 341 000 hab.
- *Densité :* 46 hab./km^2.

UN DÉPARTEMENT QUI VOIT GRAND

Et puisqu'on parle festivités, vous ne devriez pas vous ennuyer si vous parcourez l'Yonne à la bonne saison : le département possède l'un des plus beaux son et lumière de France dans le cadre historique de Saint-Fargeau. Dans le même esprit, ne pas manquer l'unique et majestueux feu d'artifice de Rogny-les-Sept-Écluses en juillet, où les lumières viennent se refléter dans l'eau du canal. Le chantier médiéval de Guédelon, devenu en quelques années le site le plus visité de Bourgogne, au même titre que les Hospices de Beaune, est un spectacle permanent à lui tout seul, tout comme Vézelay, dans un autre genre, évidemment, dont la majesté sereine est un bonheur pour les yeux autant que pour l'esprit.
Cette partie de Bourgogne, la plus proche de la capitale, est surtout très bien desservie par les autoroutes A 5 et A 6, ainsi que par le TGV. Cela se sent, de plus en plus. Il n'y a pas que la route des vins à attirer du monde ; en toutes saisons, la Puisaye fait partie des destinations nouvelles consacrées par les amoureux d'un art de vivre préservé, désormais à portée de tous ou presque.

UN ART DE VIVRE QUI INSPIRE LES ROMANCIERS

Pour ce qui est de l'art de vivre, en matière de vins, on peut dire que les Icaunais s'y connaissent (c'est le nom des habitants du département, qui doivent cette bizarrerie phonétique aux changements de noms de l'Yonne, au fil des siècles : Icona, Yona, Yconioe !). Difficile d'échapper à son complément, la célébrissime gougère au fromage qui accompagne toute dégustation de blanc qui se respecte. À propos de fromage, du côté de Tonnerre, il y en a deux qu'il vous faudra goûter absolument, avec un rouge du pays cette fois : le *soumaintrain* et le *saint-florentin*. Si vous préférez le cidre, on ne vous en voudra pas ici, surtout si vous goûtez celui du *pays d'Othe*. Et puis, pour la vue comme pour le goût, il y a bien sûr les *cerises bigarreau-marmotte* ou *burlat,* qui mûrissent en vallée de l'Yonne, à découvrir dans les vergers, sur les marchés, ou en clafoutis, à l'approche de l'été. Bon, vous l'avez compris, vous ne mourrez ni de soif ni de faim par ici. Goûtez au moins une fois à l'andouillette au chablis, pour changer des œufs meurette ; on ne vous parle même pas des célèbres *escargots* ou encore de la *truffe de Bourgogne*.

Et si vous ne savez pas quel livre emporter avec vous pour faciliter la digestion, sachez que ce coin de Bourgogne a vu fleurir en quelques années nombre de romanciers spécialisés dans le polar, qui ont une façon bien à eux de vous parler du pays. Une autre façon d'évoquer le terroir, en somme, en mettant le doigt sur tous les petits scandales, tous les malaises de la société, ou en éclairant d'un jour nouveau certains faits divers ayant eu l'Yonne comme point de départ. Lisez, entre autres, toute la série signée Émilie Vilmont, aux Éditions Pavic. Vous ne risquez pas de rester sur votre faim, d'autant que la table y tient souvent une place importante...

DES FIGURES EMBLÉMATIQUES

Côté littérature générale, pour en revenir aux choses sérieuses (amusant de voir que le polar, comme la B.D., sont toujours catalogués « à part »), outre *Pierre Larousse* né à Toucy, les grands écrivains ne manquent pas : *Colette,* bien sûr, née à Saint-Sauveur et la plus grande ambassadrice de la Puisaye, *Marcel Aymé,* à Joigny, *Jean Vautrin* à Auxerre, *Jean d'Ormesson,* qui a passé son enfance à Saint-Fargeau où il situe l'un de ses célèbres romans, *Au plaisir de Dieu,* ou encore *Jacques Lacarrière,* qui écrivit grand nombre de ses ouvrages dans la propriété familiale de Sacy, au pays de *Restif de la Bretonne*. À Vézelay, de nombreux auteurs trouvèrent ou retrouvèrent l'inspiration, de *Paul Éluard* à *Jules Roy* ou *Romain Rolland* en passant par *Serge Gainsbourg,* qui, à la fin de sa vie, aimait prendre pension chez le grand chef bourguignon *Marc Meneau*. Côté cinéma, citons simplement *Leslie Caron,* qui s'est installée à Villeneuve-sur-Yonne, *Hubert Deschamps* (il repose à Chêne-Arnoult) et *Jean-Paul Rappeneau,* le réalisateur, originaire d'Auxerre.

Et pour les amoureux de l'histoire, rappelons seulement que l'architecte militaire le plus célèbre de France, un certain *Vauban,* a grandi dans l'Avallonnais ; quant à *Colbert,* il fut le premier marquis de Seignelay, et le *docteur Petiot,* avant son arrestation, était un jeune maire apprécié de Villeneuve-sur-Yonne (un fait divers détrôné depuis par beaucoup d'autres, plus d'actualité). Autres figures passées par l'Yonne, *Hubert Reeves, Jorge Semprun,* emprisonné à Auxerre en 1942, ou encore *Jacques Soufflot,* né à Irancy et architecte du Panthéon à Paris.

Pour retomber dans des questions plus dignes des jeux télévisés qui permettent de gagner des millions, avec ou sans l'aide du Larousse, pas besoin de vous demander quel est l'entraîneur de football le plus célèbre du pays, connu auprès des mêmes téléspectateurs pour son amour d'une certaine eau minérale ? *Guy Roux,* bien sûr, resté dans l'esprit de tous le personnage le plus célèbre (avec certains de ses joueurs, certes) du club de foot régional, l'Association de la Jeunesse Auxerroise (AJA).

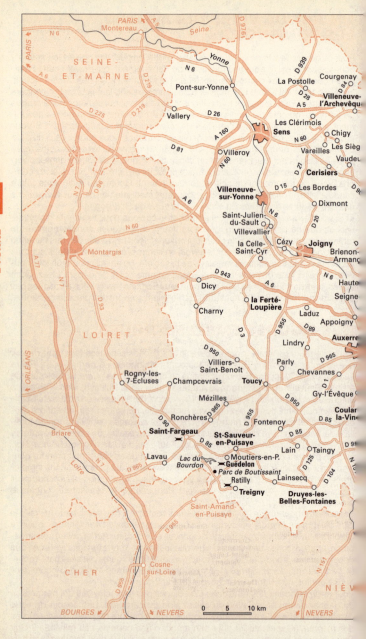

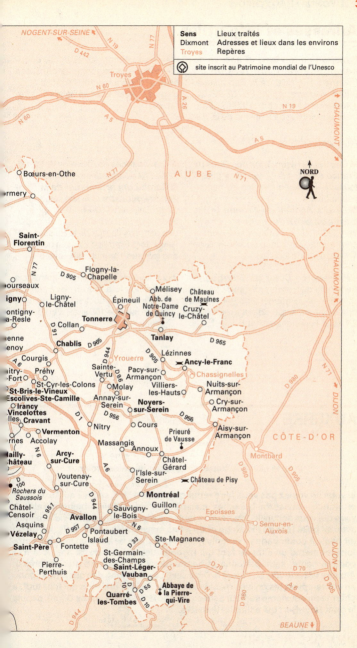

L'YONNE

Adresses et info utiles

❶ *Maison du tourisme et agence de développement touristique de l'Yonne* : 1-2, quai de la République, 89000 Auxerre. ☎ 03-86-72-92-00. ● tourisme-yonne.com ● Même bâtiment que l'office de tourisme de la ville d'Auxerre. Nombreuses infos, documentations et expositions dans son espace départemental. Propose aussi un guide touristique des visites d'entreprises.

À la même adresse :

■ *Central de réservation des Gîtes de France* : ☎ 03-86-72-92-15. ● gites@tourisme-yonne.com ● gites-de-france-yonne.com ●
■ *Loisirs Accueil de l'Yonne et les Bateaux de Bourgogne* : ☎ 03-86-72-92-10. ● sla@tourisme-yonne.com ● tourisme-yonne.com ● Près de 150 bateaux de location.

■ *Clévacances de l'Yonne* : ☎ 03-86-72-92-10. ● sla@tourisme-yonne.com ●
■ *Comité départemental de la Randonnée pédestre* : Maison des Sports, 12, bd Gallieni. ☎ 03-86-52-61-82. ● randopedestre89.com ● Plusieurs topoguides par pays (le tour de la Puisaye, GR Restif de la Bretonne...), avec des balades remises à jour chaque année.

– *Passeport « Cœur de Bourgogne »* : pour faire des économies, pensez à demander auprès des offices de tourisme ce passeport futé, mis en place par l'OT d'Avallon et qui permet d'obtenir un très grand nombre de réductions sur des sites de l'Yonne, mais aussi dans le reste de la Bourgogne (plus de 100 sites). On l'achète 2 € et on l'amortit aussitôt !

L'AUXERROIS

AUXERRE (89000) 37 500 hab.

> Pour le plan d'Auxerre, se reporter au cahier couleur.

Si vous ne voulez pas vous faire remarquer en arrivant, sachez qu'Auxerre se prononce « ausserre ». Sachez aussi que c'est une ville bien agréable à vivre qui vous accueille : de bonnes tables, de beaux musées, un vieux centre avec sa belle tour de l'Horloge et de jolies maisons à pans de bois (ici, on ne dit pas « à colombages » non plus, mais personne ne vous en voudra, cette fois), et même un club de foot qui rayonne depuis plus de 30 ans. À la fois commerçante, semi-piétonne et fleurie (deux fois le grand prix national !), Auxerre est une ville où l'on se balade avec plaisir le long des quais de l'Yonne en contemplant les églises médiévales et les vieilles maisons qui font tout le charme du deuxième secteur sauvegardé de Bourgogne (après Dijon), depuis le pont Paul-Bert qui enjambe la rivière.

UN PEU D'HISTOIRE

La ville existe dès l'époque romaine. Au Ier siècle, Autessiodurum profite de sa position sur la voie Agrippa entre le Bassin méditerranéen et la mer du Nord. La christianisation (précoce : une cathédrale y est construite dès le Ve siècle) décide ensuite de la destinée d'Auxerre. L'évêque Germain, futur saint Germain (418-448), entoure la ville de monastères, une véritable « muraille sainte ». Après la mort du saint homme, ses reliques suscitent de nombreux pèlerinages. Les IXe et Xe siècles marquent l'apogée de l'abbaye Saint-Germain. Auxerre devient le siège d'écoles religieuses réputées dans toute l'Europe, à tel point que la papauté la déclare ville sainte au XIIe siècle. Tout pour plaire aux huguenots qui, en 1567, s'acharnent sur ses églises. La ville resta très catholique, jusque dans son club de foot, fondé en 1905 par l'abbé Deschamps (dont le stade porte le nom) et dont les maillots affichent, si l'on peut dire, toujours les couleurs de la Vierge !

Jusqu'à l'arrivée au XIXe siècle d'un hémiptère quelque peu vorace (le phylloxéra !), Auxerre vécut essentiellement de la vigne. Depuis, elle s'est transformée en ville de services et d'administration, où il fait bon vivre, et ceci, à 1h30 à peine de la capitale.

Adresses utiles

🛈 Office de tourisme de l'Auxerrois (plan couleur C2) : 1-2, quai de la République. ☎ 03-86-52-06-19. • ot-auxerre.fr • ♿ En été : lun-sam 9h-13h, 14h-19h ; dim et j. fériés 9h30-13h, 15h-18h30. Le reste de l'année : lun-sam 9h30-12h30, 14h-18h (sam 18h30) ; dim 10h-13h. Bon accueil. Plan de ville gratuit et bonne documentation. Pour faciliter la visite du centre historique, l'office de tourisme a fait sceller au sol des bronzes en forme de flèche directionnelle, à l'effigie de Cadet Roussel. Vous n'avez plus qu'à marcher sur les pas de l'enfant du pays en suivant les explications de la brochure... Visite guidée autour d'un thème tous les jours en été et le week-end hors saison (5 €). Loue aussi vélos et bateaux électriques (avr-sept ; compter 19 €/h pour 4 ou 5 pers). Renseignements sur les 19 communes composant l'Auxerrois. Vente de topoguides intéressants : L'Yonne à pied ; Traversée du Morvan ; Sentier de Saint-Jacques-de-Compostelle. Un passeport Auxerre Privilège (2 €/an) permet d'obtenir des réductions sur les visites des grands sites d'Auxerre, sur les caves Bailly-Lapierre et sur la location de vélos électriques.

– Également une **antenne touristique en centre-ville** (plan couleur B2) : rue des Fourbisseurs-d'épées (près de la tour de L'Horloge). ☎ 03-86-51-03-26. Tte l'année : mar-sam 10h-12h, 13h-19h (18h hors saison).

🖥 Internet : La Poste, pl. Charles-Surugue ; accès avec une cybercarte. Speed Informatique : cybercafé, 32, rue du Pont. ☎ 03-86-51-13-98. Ouv ts les ap-m. Media 2 : 17, bd Vauban. ☎ 03-86-51-04-35. Lun-ven.

🚆 Gare SNCF (hors plan couleur par C2) : 6, rue Paul-Doumer. ☎ 36-35 (0,34 €/mn). De l'autre côté de l'Yonne. Trains pour Dijon, Paris, Lyon, Montpellier, Bordeaux, Avallon et Clamecy. TER direct de/vers Paris (gare de Bercy).

■ **Location de bateaux :** Aquarelle, port de plaisance d'Auxerre. ☎ 03-86-46-96-77.

■ **Location de vélos électriques :** à l'office de tourisme. Compter 3 €/h. VTC ou vélos à assistance électrique (plus facile pour les montées !).

Où dormir ?

Chic

🏨 Le Parc des Maréchaux (plan couleur A2, **1**) : 6, av. Foch. ☎ 03-86-51-43-77. • contact@hotel-parcmarechaux.com • hotel-parcmarechaux.com • Proche du centre-ville, sur la route de Montargis. Doubles climatisées 84-120 €. Apéritif maison offert sur présentation de ce guide. Comme cette vaste bâtisse fut édifiée sous Napoléon III, côté chambres, on a le choix entre « Bernadotte », « Lannes », « Murat », etc., puisqu'elles ont toutes été baptisées du nom des maréchaux de France. L'un des beaux hôtels d'Auxerre, entièrement rénové par ses récents propriétaires. Piscine chauffée. Et beau parc, forcément.

◈ **Hôtel Normandie** *(plan couleur A1, 2) : 41, bd Vauban.* ☎ *03-86-52-57-80.* ● *reception@hotelnormandie.fr* ● *hotel normandie.fr* ● *Sur la promenade autour du centre-ville. Congés : 25 déc-6 janv. Doubles 60-90 € selon taille et confort. Réduc de 10 % à partir de 2 nuits* consécutives sur présentation de ce guide. *Grande et belle bâtisse bourgeoise de la fin du XIXe siècle, avec un petit jardin sur l'arrière et de la vigne vierge sur la façade. L'enseigne rend hommage au fameux paquebot. Et il y a quelque chose de l'ambiance des grandes croisières transatlantiques dans ce lieu. Mobilier de style dans les chambres d'un grand confort. Salle de gym, sauna, billard et garage à vélos. Accueil sympathique.*

Où manger ?

De bon marché à prix moyens

|●| **Le Schaeffer** *(plan couleur B2, 5) : 14, pl. Charles-Lepère.* ☎ *03-86-52-16-17. En plein centre. Slt à midi et en sem. Congés : 1 sem fin août et 1 sem autour de Noël. Plat du jour 9,50 €, assiette bourguignonne 14,40 € et grand choix de salades autour de 10 €.* Une cantine pratique en centre-ville. Glissez-vous jusqu'à la salle à l'arrière pour déguster un bon jambon à la chablisienne ou une tarte salée maison accompagnée d'un verre de chablis blanc. À propos, *Schaeffer* était le nom d'un résistant ayant installé son QG dans le sous-sol d'une maison du quartier.

|●| **Le Petit Monde d'Édith** *(plan couleur B2, 4) : 13, rue Fourier.* ☎ *03-86-51-49-69. Dans la rue qui descend vers la cathédrale. Slt à midi (salon de thé jusqu'à 17h30) tlj sf dim-lun ; fermé pdt les vac scol. Plats à la carte autour de 8 € ; compter 15 € avec un dessert. Café offert sur présentation de ce guide.* Un resto-salon de thé de poche (*résa conseillée, donc*). Ce fut autrefois un magasin de jouets (l'enseigne est restée), puis une mercerie : les vitrines sont toujours là, pleines de menus objets, de souvenirs de famille... Édith, charmante, est au service, et son mari en cuisine. On se régale autant avec les tourtes salées que les œufs cocotte, et les tartes aux fruits en dessert sont à réserver d'entrée. Simple, bon et abordable.

|●| **Le Bistrot du Palais** *(plan couleur B2, 6) : 65, rue de Paris.* ☎ *03-86-51-47-02. Tlj sf dim-lun. Congés : 2 sem à Noël et août. Compter autour de 25 € à la carte. Apéritif maison offert sur présentation de ce guide.* Joseph reçoit ses clients à coup de tutoiement et se démène pour trouver de la place. On est un peu serré, mais ça reste convivial. Les murs sont décorés d'affiches anciennes et de petits mots laissés par quelques *people* passés par là. La cuisine maison tourne autour de terrines, pâté de tête, blanquette de veau, œufs en meurette, saint-marcellin façon bistrot. Une vraie tranche de vie dans cette petite rue calme et discrète.

|●| **La P'tite Beursaude** *(plan couleur C2, 7) : 55, rue Joubert.* ☎ *03-86-51-10-21. Tlj sf mar-mer. Résa conseillée. Formules 17,50-19 € à midi ; menus 23-26,50 €. Café offert sur présentation de ce guide.* Vingt-huit couverts et six seulement en terrasse, dans une rue typique du vieil Auxerre. Cuisine régionale faite maison, qui rassure, tout comme la déco, et qui joue la carte nostalgie, sans exagération, avec une pointe d'humour décalé. Tables en bois, carrelage. Service en costume d'autrefois, tout en finesse (non, pas de gros sabots).

Très chic

|●| **Restaurant Jean-Luc Barnabet** *(plan couleur C2, 9) : 14, quai de la République.* ☎ *03-86-51-68-88. Tlj sf dim soir, lun et mar midi. Formules (en*

sem) 32-50 €, avec une sélection de vins au verre incluse et un café ; compter env 70 € à la carte. Une adresse étonnante, qui joua dans la cour des grands, et même des très grands, à l'heure où la France découvrait la nouvelle cuisine, et qui a eu l'intelligence de s'adapter au changement d'époque. Oubliez le service et le carte, un peu trop sérieux, et profitez des formules du midi, royales, surtout aux beaux jours, avec la terrasse. Du terroir revisité avec humour et légèreté. Plats aux truffes en automne.

|●| **Le Jardin Gourmand** (plan couleur A1, 8) : 56, bd Vauban. ☎ 03-86-51-53-52. ●contact@lejardingourmand. com ● Près du centre-ville, sur les promenades, à 50 m du carrefour de Paris. Tlj sf mar-mer. Congés : 10-19 mars, 17 juin-2 juil et 11 nov-3 déc. Résa conseillée. Formule déj (en sem) 45 € ; menus 55-65 € et dégustation 90 €. Une cuisine toujours aussi inventive, fière de ses racines mais ouverte sur le monde, avec toujours des produits de grande qualité. La carte suit l'humeur, la saison et la récolte du jour provenant du potager personnel de Pierre Boussereau. Très belle sélection de bourgognes pour accompagner vos plats. Salle chaleureuse et délicieuse terrasse dans le jardin aux beaux jours.

Où dormir ? Où manger dans les environs ?

Prix moyens

🛏 **Chambres d'hôtes de la Fontaine :** 2, rue de la Fontaine, 89580 Gy-l'Évêque. ☎ 03-86-41-61-64. Fax : 03-86-41-74-17. Au cœur du village mais au calme, dans la cour d'une ferme. Congés : déc-janv. Doubles 49-51 €, petit déj compris. Réduc de 10 % sur le prix de la chambre à partir de la 2e nuit (hors vac scol) sur présentation de ce guide. La ferme, spacieuse, avec sa grande cour, est ancienne, mais les 5 chambres sont plaisantes. Agréable accueil, plein de petites attentions, salon avec mobilier de jardin et super petit déj. Et allez jeter un coup d'œil au beau lavoir tout près.

D'un peu plus chic à très chic

🛏 **Chambres d'hôtes Château de Ribourdin :** chez Marie-Claude et Claude Brodard, 89240 Chevannes. ☎ 03-86-41-23-16. ●chateau.de.ribourdin@wanadoo.fr ● chateauderibourdin. com ● 🛴 D'Auxerre, prendre la direction Nevers-Bourges ; dans le village, indiqué sur la gauche (direction Vallan) ; c'est au milieu des champs. Tte l'année. Chambres 70-80 €. Cinq chambres de charme aménagées dans les dépendances de cette superbe ferme-gentilhommière du XVIe siècle. Déco sobre de bon goût et tout le charme des vieux murs. Pas de table d'hôtes mais un coin-cuisine à disposition. Petite piscine et location de VTT.

🛏 |●| **Chambres d'hôtes Le Puits d'Athié :** 1, rue de l'Abreuvoir, 89380 Appoigny. ☎ 03-86-53-10-59. ● bnb puitsdathie@wanadoo.fr ● À 8 km au nord d'Auxerre. Indiqué dans le village. Tte l'année sur résa. Quatre chambres, 59-160 € pour 2, petit déj compris. Table d'hôtes (résa 24h avt) 45 € vin compris. Réduc de 10 % sur les chambres au-delà de 2 nuits (hors vac scol et grands w-e) sur présentation de ce guide. Belle demeure bourguignonne du XVIIIe siècle, avec un jardin. Évitez les vins proposés à la vente si votre budget est serré. À disposition, un billard, une table de ping-pong...

🛏 |●| **Restaurant La Chamaille :** au lieu-dit La Barbotière, 4, route de Boiloup, 89240 Chevannes. ☎ 03-86-41-24-80. ●contact@lachamaille.fr ● la.cha maille.fr ● D'Auxerre, prendre la direction Nevers-Bourges, puis à droite la D 1 ; dans le village, 2e rue à gauche qui passe derrière l'église (indiqué). Tlj sf dim soir et lun de mi-oct à fin mars. Congés : 1 sem début nov et vac scol de fév. Quelques chambres spacieuses 50-60 €. Menus 36,50-56 € ; à la carte, compter env 56 €. Une bonne table dans un cadre apaisant, à deux tours de roue d'Auxerre. L'ancienne demeure sent bon l'encaustique, et le cadre est bucolique à souhait. On mange face à une baie vitrée donnant sur la campagne et un ruisseau, ou en terrasse. Voici une cuisine raffinée, à la fois inventive et traditionnelle, à découvrir dès le premier menu, dit « Barbotière ».

🏠 🍽 **Hôtel-restaurant Le Moulin de La Coudre :** La Coudre, 89290 Venoy. ☎ 03-86-40-23-79. ● moulin@moulindelacoudre.com ● moulindelacoudre.com ● ♿ À 2 mn de l'A 6, sortie Auxerre sud, direction Chablis ; faire 3 km et chemin à droite ; suivre les panneaux. Fermé dim soir et le midi lun-mar. Doubles 60-90 €. Menu 22 € (en sem) ; autres menus 39-62 €. Apéritif maison offert sur présentation de ce guide. Dans un cadre enchanteur et calme, le vieux moulin joue d'entrée la carte cosy, avec la cheminée et le salon anglais pour paresser, rêver ou prendre le café. Tout à côté, la belle salle de resto à l'ambiance reposante pour ne pas oublier que l'on est en pleine campagne, tout de même. On y sert une cuisine qui a le goût du terroir et de l'authentique. Les chambres sont confortables et joliment décorées. Aire de jeux pour enfants et parking.

Où boire un verre ? Où écouter de la musique ?

🍷 🎵 **La Piscine** (hors plan couleur par B3, 22) : av. Yver-Prolongé. ☎ 03-86-52-25-42. À côté de la piscine, près du stade, sur les bords de l'Yonne. Toujours l'adresse pour aller prendre un verre le soir ! Un peu à l'écart du centre-ville, une ambiance décontractée, de la vie et des concerts tous les vendredis soir. Terrasse en été ou petite salle souvent bondée.

À voir

🚶 **La Passerelle** (plan couleur C2) : la balade, à l'aide du précieux petit guide de l'office de tourisme *Sur les traces de Cadet Roussel*, peut commencer sur cette passerelle début de XXe siècle (ou, pour les plus courageux, sur le pont Paul-Bert). Belle vue sur la vieille ville hérissée de clochers. Superbe de nuit.

🚶🚶 **Le quartier de la Marine** (plan couleur C1) : quelques rues jalonnées de maisons à pans de bois autour de la délicieuse place Saint-Nicolas où laquelle veille, depuis 1774, la statue du patron des mariniers. Boutiques d'antiquaires ou d'artisans d'art, chats qui paressent au creux des ruelles : à la fois discrètement chic et popu, ce quartier, qui perpétue le souvenir d'une activité marinière disparue au début du XXe siècle, a beaucoup de charme.

🚶🚶 **L'abbaye Saint-Germain** (plan couleur C1) : 2, pl. Saint-Germain. ☎ 03-86-18-05-50. ● musees.mairie@auxerre.com ● ♿ (pour les salles médiévales slt). Tlj sf mar et certains j. fériés. Juin-sept : 9h30-12h30, 14h-18h30 ; le reste de l'année : 10h-12h, 14h-18h. Accès libre au cloître et à l'église. Visite guidée des cryptes ttes les heures en été ; dernière visite 1h avt la fermeture. Compter 1h30 de visite. Entrée : 4,50 € ; demi-tarif avec la formule « Passeport Auxerre Privilège » ; gratuit pour les moins de 16 ans et pour les étudiants et pour ts le 1er dim de chaque mois ; réduc sur présentation de ce guide.

Il y avait déjà ici, au Ve siècle, un oratoire contenant le corps de saint Germain. Une église, édifiée selon la légende par sainte Clotilde, épouse de Clovis, l'a remplacé un siècle plus tard. Ses célèbres cryptes remontent à l'époque carolingienne. Pour le reste, l'abbaye est plutôt composite : à l'entrée, solitaire tour Saint-Jean, ancien clocher du XIIe siècle.

À noter, à l'entrée de l'église, la même statue de la poétesse Marie Noël que celle qui se trouve en ville près de l'horloge... sauf que celle-ci est l'originale.

– *Les cryptes :* impressionnantes ! Accessibles uniquement par le biais d'une visite guidée. Une véritable église souterraine : une succession de voûtes, des poutres

d'origine du IXe siècle dans le déambulatoire, le caveau de saint Germain et, surtout, un exceptionnel ensemble de fresques carolingiennes exécutées vers 850 (ce qui en fait les plus anciennes connues en France), représentant le jugement, l'extase et le martyre de saint Étienne. Très plaisant, belle restauration.
– *Le musée d'Histoire :* installé dans les anciens dortoirs des moines (fin XVIIe siècle). Collections archéologiques. Au 2e étage, produits de fouilles : impressionnant vase silo d'Augy (âge du bronze), trépied à baguettes (d'importation étrusque, VIIe siècle av. J.-C.), cheval-enseigne gaulois de Guerchy, unique en son genre, etc. Le 1er étage fait revivre la gallo-romaine Autessiodurum (nom romain de la ville), avec un atelier de céramiste reconstitué, des objets usuels (surprenante pince à épiler en bronze, paire de semelles cloutées) et une belle collection de statues : statue équestre de légionnaire, Mercure (fin IIIe siècle), une paire de petits chevaux en terre blanche et d'étonnants risus, bustes d'enfants chauves avec des yeux en amande.
Au rez-de-chaussée, salles consacrées au Moyen Âge et à l'histoire de l'abbaye, avec notamment le « suaire de saint Germain », exceptionnel tissu de soie provenant des ateliers impériaux de Constantinople en l'an mil. Une salle, à la scénographie moderne et pédagogique, expose les dix années de fouilles qui ont permis de restituer des éléments de la nef du XIe siècle, en grande partie détruite au XIXe. Parcours pédagogique pour les plus jeunes.

La cathédrale Saint-Étienne *(plan couleur B-C2) :* ☎ 03-86-52-23-29. (prévenir l'accueil du trésor). Tte l'année, 8h-17h (18h en saison). Pour la crypte et le trésor, tlj sf dim ap-m 9h-18h (hors saison 10h-17h et fermé dim). Env 1h de visite. Entrée gratuite pour la cathédrale. Entrée à la crypte : 3 € ; au trésor : 1,90 € ; gratuit pour les moins de 12 ans. Concerts de musiques classiques organisés en été par les « Amis de la cathédrale » (programme : ☎ 03-86-52-23-29 ; ● bielauxerre@wanadoo.fr ●) ; spectacle son et lumière ts les soirs début juin-fin sept, vers 22h. Entrée : 5 €.
Les travaux de construction de la cathédrale actuelle (la première datant du Ve siècle), entamés au XIIIe siècle, furent terminés trois siècles plus tard. Pourtant, la cathédrale est d'une étonnante unité. Façade flamboyante percée de trois portails surmontés de motifs et hauts-reliefs superbes, bien qu'ils aient été mutilés lors des guerres de Religion. Une imposante rosace de 7 m de diamètre domine le portail central. À l'intérieur (attention à la volée de marches en entrant !), nef et chœur gothiques sont d'une surprenante harmonie et forment un ensemble lumineux. Tout autour du déambulatoire, superbes vitraux du XIIIe siècle *(La Création),* aux bleus encore très vifs. Visite très agréable.
– *La crypte :* seul vestige d'un ancien édifice roman (XIe siècle). Belle perspective de voûtes sur des piles cruciformes. Dans la chapelle absidiale, rarissimes peintures murales du XIe siècle traitées dans les ocres : un christ à cheval, et dans le cul-de-four, un christ en majesté.
– *Le trésor :* ce n'est pas celui de la cathédrale, fondu par les huguenots au XVIe siècle, mais une collection privée. Quatre cents pièces exposées par rotation dans une petite chapelle : livres d'heures enluminés (XVe-XVIe siècle), orfèvrerie religieuse (XIIIe-XVIIe siècle), beaux ivoires...

L'église Saint-Pierre *(plan couleur C2-3) : accès par la rue Joubert (et par le portail Renaissance d'une ancienne abbaye).* Clocher gothique flamboyant qui a un petit air de famille avec celui de la cathédrale. Au-dessus du portail (milieu du XVIe siècle), on reconnaît Noé. Est-il là (on sait son penchant pour le vin) parce que les vignerons ont financé en partie la construction de l'église ?

La tour de l'Horloge *(plan couleur B2) :* élevée en 1483, elle témoigne de l'entrée symbolique du temps civil et de la bourgeoisie dans une cité que les nobles et les clercs verrouillaient jusqu'alors. L'horloge présente deux cadrans : d'un côté, les heures ; de l'autre, le cadran astronomique. Juste à côté s'élevait la maison du célèbre cadet Roussel (il n'en possédait pas trois, comme le prétend la chanson ?),

huissier de justice, fervent partisan de la Révolution en 1791, qui devait sa réputation à un mode de vie quelque peu excentrique. On y trouve une plaque commémorant le lieu, mais pour beaucoup, la vraie maison se trouverait de l'autre côté de l'horloge (chez « Garreau »).
Au n° 7, rue de l'Horloge travailla comme imprimeur le fameux écrivain libertin Nicolas Restif de La Bretonne.

L'église Saint-Eusèbe (plan couleur A-B3) : pl. Saint-Eusèbe. Pour en finir avec les églises auxerroises. Admirable clocher roman, aux trois étages à baies en plein cintre abondamment sculptées. Portail assez usé du XVIIe siècle. Lumineux chœur Renaissance. Beaux vitraux du XVIe siècle.

Les vieilles maisons : le quartier piéton (plan couleur B2) n'en manque pas. L'expression « avoir pignon sur rue » semble d'ailleurs avoir été inventée ici ! Voyez la rue de l'Horloge ! Belles maisons également place Surugue. À l'angle des rues Joubert et Fécauderie, vous découvrirez les plus beaux poteaux corniers (piliers d'angle, quoi !) sculptés d'Auxerre.

Le musée Leblanc-Duvernoy (plan couleur A2) : 9 bis, rue d'Égleny. ☎ 03-86-52-44-63. Tlj sf mar et certains j. fériés 14h-18h. Entrée : 2,20 € ; demi-tarif avec le passeport Auxerre Privilège. Dans une élégante demeure du XVIIIe siècle. Importante collection de faïences et grès de Puisaye, dont une nouvelle série de faïences patronymiques, qui commémorent des événements et la mémoire de grandes familles. Intéressant ensemble (230 pièces fabriquées entre 1789 et 1794) d'assiettes décorées de thèmes et de slogans révolutionnaires. Un bon outil de propagande : quand on lit tous les jours dans son assiette « Je vous annonce le bonheur de la France », on doit finir par y croire ! Dans le salon de musique, tapisseries de Beauvais de 1710 (quatre panneaux... le Louvre et Versailles n'en ont qu'un chacun !), évoquant, d'après les récits de voyage de jésuites, la vie de l'empereur Kang-Xi, contemporain de Louis XIV et à l'origine de la mode des chinoiseries qui déferla ensuite sur l'Europe.

La chapelle des Visitandines (plan couleur B1) : 100, rue de Paris. ☎ 03-86-18-05-50. Juil-sept : mer-dim 14h-18h. Entrée gratuite. 80 étonnantes statues en bois polychrome de François Brochet, élève de Fernand Py et décédé en 2000. Vous avez déjà croisé quelques-unes de ses œuvres en ville : Restif de La Bretonne, Cadet Roussel, Marie Noël. D'autres peuplent presque tout l'espace de cette belle chapelle du XVIIIe siècle, construite par Soufflot, dont Le Massacre des Innocents.

Le clos de la Chaînette (plan couleur B1) : bd de la Chaînette. En plein centre-ville, un vignoble, ancien clos de l'abbaye Saint-Germain (d'où l'enseigne sur les bouteilles), rescapé du phylloxéra, qui produit quelques rares bouteilles de bourgogne blanc. Ce sont seulement 5 ha, en blanc et en rouge, qui sont actuellement cultivés dans l'enceinte de l'hôpital psychiatrique.

Manifestations

– **Nuits métisses :** pdt 4 j. fin juin, parc Roscoff. Rens auprès de l'ADDIM : ☎ 03-86-46-56-56. • addim89.org • Musique du monde, avec un concert gratuit chaque soir en plein air, au bord de la rivière.
– **Festival « Aux Zarb's » :** pdt 3 j. en juil à l'Arbre Sec. ☎ 03-86-94-00-89. D'importants concerts en plein air.
– **Garçon la Note :** juil-août. Programme auprès de l'office de tourisme. Du lundi au vendredi, chaque soir, ou presque, un concert dans l'un des cafés de la ville, et le samedi après-midi « Fanfaronnade » en centre-ville, à partir de 15h30.

– **Festival international de Musique et de Cinéma :** *sur 4 j. en oct, au Ciné Casino, au théâtre municipal et à* Auxerrexpo. ☎ *03-86-72-89-47.* • festivalmusiquecinema.com •.

➢ DANS LES ENVIRONS D'AUXERRE

🎬 **Les villages aux portes d'Auxerre :** à quelques encablures de la ville, on retrouve très vite la campagne, les vignes, les vieux lavoirs, de beaux paysages vallonnés surplombant l'Yonne et Auxerre, ainsi que les nombreux villages voisins. **Appoigny** et sa collégiale du XIIIᵉ siècle (• appoigny.com •) ; **Chevannes,** avec ses fermes fortifiées de Baulche et Ribourdin ; **Gy-l'Évêque,** son christ en bois du XIIIᵉ siècle, son beau lavoir ancien et son monument aux morts antimilitariste qui veut faire « la guerre à la guerre ».

COULANGES-LA-VINEUSE (89580) 930 hab.

À 15 km au sud d'Auxerre par la N 151, un village, avec quelques maisons Renaissance, bien agréable et paisible, comme on en trouve plusieurs dans cette vallée de l'Yonne. Un de ces villages au nom chantant, cachés dans les vignobles et la campagne, qui ont conservé de belles demeures, des églises émouvantes, et s'entourent de cerisiers créant, au printemps, un tableau unique au monde... On appelait celui-ci autrefois Coulanges-la-Sèche, car le village n'avait aucun point d'eau. Un pays agréable pour les amateurs de rando ou de balade à VTT. Et pour les amateurs de pinot noir, un vin très aromatique à découvrir.

Adresse utile

🛈 **Maison du Pays coulangeois :** *9, bd Livras.* ☎ *03-86-42-51-00.* • cc-pays coulangeois.fr • *L'été : tlj 14h-18h ; l'hiver : lun-ven 14h-17h.* À la fois point d'information bien documenté et salle d'exposition de mars à octobre.

À voir

🎬 **L'église Saint-Christophe :** architecture vraiment peu rurale, puisqu'elle a été construite au XVIIIᵉ siècle par Servandoni (architecte de l'église Saint-Sulpice à Paris). De style froid et néoclassique, assez unique et qui détone dans le coin.

🎬 **Le musée du Vieux Pressoir et de la Vigne :** *dans la rue principale.* ☎ *03-86-42-20-59 (mairie) ou 03-86-42-54-48. En été slt : tlj sf mer et dim 14h-18h ; sur rendez-vous hors saison.* Entrée : 3,50 € ; gratuit pour les moins de 16 ans ; visite commentée. Durée : 1h env. Belle collection des outils du vigneron. On peut surtout y découvrir un pressoir à abattage de 1757, de belles caves du XIᵉ siècle et des objets usuels de la ville.

> **IL EST PARFOIS UTILE DE METTRE DU VIN DANS SON EAU !**
>
> *L'église Saint-Christophe a été édifiée sur les ruines fumantes de la précédente église, détruite en 1676 par un incendie, comme 170 maisons du village. L'eau venant à manquer, on perça 30 barriques de vin pour finir de l'éteindre ! Seul le clocher, qui date de la fin du XIVᵉ siècle, est resté intact.*

LES VILLAGES DE L'AUXERROIS

ESCOLIVES-SAINTE-CAMILLE (89290) 690 hab.

Au sud d'Auxerre, un village charmant qu'il va vous falloir découvrir tant pour son vin que pour sa vue. Intéressante église du XIIe siècle surmontée d'un clocher octogonal et précédée d'un beau porche à arcades. En descendant la rue, à 50 m sur la droite, jeter un coup d'œil (si l'on n'a pas décidé d'y dormir) dans la cour du *domaine Borgnat* pour admirer un superbe escalier extérieur à double couvert, typiquement bourguignon.

Où dormir ? Où manger ?

Chambres d'hôtes Domaine Borgnat, Le Colombier : 1, rue de l'Église. ☎ 03-86-53-35-28. • regine@domaineborgnat.com • domaineborgnat.com • Doubles 54 €, petit déj compris. Table d'hôtes le soir sur résa, 24 €, boisson comprise. Réduc de 10 % sur le prix de la chambre et de fin oct à fin mars, après 3 nuits consécutives, une nuitée gratuite sur présentation de ce guide. Belle maison de vignerons fortifiée, datant du XVIIe siècle. Dans une aile, des chambres lumineuses avec parquet, beaux meubles rustiques et jolis tissus. Grand séjour avec billard américain. Cuisine à disposition pour ceux qui ne voudraient pas goûter chaque soir aux bons petits plats de Régine Borgnat. N'hésitez pas, en tout cas, à rendre une petite visite aux deux étages de caves superbement voûtées où les coulanges du domaine vieillit dans un bel alignement de tonneaux. Vente de vins à la propriété. Piscine chauffée et un gîte dans le colombier. Wi-fi.

Hôtel Le Mas des Lilas : 1, rue du Pont, à La Cour-Barrée. ☎ 03-86-53-60-55. • hotel@lemasdeslilas.com • lemasdeslilas.com • Double 59 €. Parking gratuit. Petits déj offerts pour tt séjour d'au moins 7 nuits, sur présentation de ce guide. Étonnamment calme, si près de la route. Les chambres, rénovées, colorées, climatisées et toutes de plain-pied, ouvrent sur un jardin et se trouvent dans de curieuses maisonnettes octogonales. Bon rapport qualité-prix et un accueil des plus diligents. Cadre très fleuri. Location de vélos.

À voir

Le site archéologique : 9, rue Raymond-Kapps (information). ☎ 03-86-53-34-79. En contrebas, à l'entrée du village ; bien indiqué. En saison, tlj ; en hiver, slt le w-e (sur rendez-vous). Visites guidées ttes les heures 10h-12h, 14h-16h (17h en été). Compter 45 mn de visite. Entrée gratuite. Chantier et dépôt de fouilles. Les recherches conduites depuis un demi-siècle livrent des vestiges d'une occupation humaine depuis le Néolithique. Riche période gallo-romaine, surtout : thermes et habitats romains (IIIe siècle), grande peinture murale du IIe siècle. Également une nécropole mérovingienne.

VINCELOTTES (89290) 310 hab.

Autre adorable village bourguignon longeant l'Yonne (rive droite), qui fut, jadis, un port d'embarquement pour le vin.

Où dormir dans les environs ?

Camping

Camping Les Ceriselles : route de Vincelottes, 89290 Vincelles. ☎ 03-86-42-39-39. • camping@cc-payscoulangeois.fr • campingceriselles.com •

🏕 *De l'autre côté du pont qui relie Vincelottes à Vincelles. 1er avr-15 oct. Forfait emplacement pour 2, avec voiture, tente et électricité, 15-18 €. Apéritif offert à l'arrivée sur présentation de ce guide.* Un grand camping, bien aménagé et entretenu sur les bords de l'Yonne et du canal du Nivernais. Plus de 80 emplacements, tennis, location de VTT, minigolf, animations pour enfants, et non loin du centre-ville.

➤ DANS LES ENVIRONS DE VINCELOTTES

🍴 **Les caves Bailly-Lapierre :** *hameau de Bailly, 89530* **Saint-Bris-le-Vineux.** ☎ *03-86-53-77-77.* • *home@caves-bailly.com* • 🏕 *À 3 km au nord-ouest de Vincelottes, sur la D 362 ; indiqué. Ouv à la dégustation et à la vente tlj 8h-12h, 14h-18h. Visites guidées ts les ap-m 14h30-17h30 fin mars-début nov ; w-e, j. fériés et hors saison à 16h et 17h. Entrée : 4 € ; réduc sur présentation de ce guide ; gratuit jusqu'à 18 ans. Prévoir 1h de balade (avec dégustation) et une petite laine (température ambiante autour de 13 °C) !* Ici, on entre en voiture pour venir découvrir ces anciennes carrières de pierre exploitées depuis le XIIe siècle (et utilisées pour Notre-Dame et le Panthéon à Paris, via un transport au fil de l'Yonne, qui coule au pied des carrières). Noter encore les traces des lampes à huile des mineurs. Le lieu a aussi été pendant près de 50 ans une champignonnière. Ce sont désormais de spectaculaires caves (4 ha, creusées à 50 m sous la roche) où sont stockées 5 millions de bouteilles de crémant-de-bourgogne. Visite guidée (bien agréable les jours de canicule), d'où l'on ressort avec une flûte gravée, et dégustation-vente.
En sortant, prenez à gauche pour rejoindre le col du Crémant (206 m) pour surplomber la vallée et rejoindre Saint-Bris-le-Vineux à travers les coteaux. Une bien belle balade pour nos amis cyclistes.

IRANCY (89290) 315 hab.

À 2 km au nord-est de Vincelottes par la D 38. Croquignolet village à la belle pierre blanche issue des carrières voisines, fleuri, blotti au creux d'un vallon et tout entouré de vignes. Village natal de Soufflot, l'architecte du Panthéon à Paris, qui vit le jour au 36 de la rue qui porte son nom.
Bourgogne oblige, une trentaine de producteurs y vendent directement ce fameux vin au goût de fruits rouges que les connaisseurs ont adopté depuis belle lurette, pour son goût comme pour son prix. L'irancy bénéficie d'une « appellation d'origine contrôlée » (AOC) depuis 2000. Un vin bien en bouche qui ne déçoit pas et se garde plus de 10 ans (si l'on sait être patient).

À voir

🏛 **L'église,** dont les contreforts présentent une belle ornementation Renaissance.

🍴 Sur la route qui grimpe vers Saint-Bris-le-Vineux, table d'orientation. Très joli *panorama* sur le vignoble, Irancy et la vallée de l'Yonne.

SAINT-BRIS-LE-VINEUX (89530) 1 070 hab.

Encore une grosse bourgade vinicole à laquelle on peut accéder depuis Auxerre (à 10 mn) par la route de Chablis. La route monte à travers les coteaux, surplombe Auxerre et toute la vallée, avant de redescendre sur Saint-Bris et sa charmante église, dans un paysage qui rappelle les plus belles cartes postales de promotion pour la Bourgogne. Depuis janvier 2003, on parle, avec d'autant plus de respect, du vin de Saint-Bris comme AOC (sauvignon et pas du chardonnay).

Où manger ?

|●| Le Saint-Bris : *13, rue du Docteur-Tardieu.* ☎ *03-86-53-84-56. Tlj sf dim soir, lun soir et mer. Menu 20 € (en sem), sinon menus 24-26 €.* Une devanture aux couleurs du vin qui fait la richesse du bourg, un resto attachant aux allures d'un café d'autrefois, avec des ardoises qui annoncent les menus du jour, d'une jolie écriture à la craie. C'est frais, c'est sympa, et comme le chef est seul en cuisine, on laisse sa femme nous guider au mieux dans les trouvailles du marché. Et pour le vin aussi, bien sûr.

À voir

¶¶ L'église : édifiée du XIIᵉ au XVIIᵉ siècle, elle dresse sa façade sur la place centrale. Il faut emprunter la rue de l'Église, qui débouche sur le chevet, pour en saisir toute l'harmonieuse architecture. Sur la gauche du chevet, porte monumentale Renaissance à deux tourelles. Sur le côté droit, beau portail en accolade. À l'intérieur, riche ornementation révélatrice de l'aisance des viticulteurs bailleurs de fonds. Jeter plus qu'un œil distrait sur les vitraux du XVIᵉ siècle et la chaire en bois sculpté du XVᵉ siècle, même si le trésor de cette église demeure l'Arbre de Jessé peint (sur le côté droit du chœur) en 1500 et figurant la généalogie du Christ (intéressants costumes d'époque).

¶¶ De nombreux viticulteurs du village possèdent de très anciennes et pittoresques *caves*. Sans aller bien loin, derrière l'église, la *cave Bersan* (☎ *03-86-53-33-73*) est certainement l'une des plus belles et des plus impressionnantes de la région. Elle date du XIᵉ siècle et s'avance dans un dédale de couloirs bien frais... comme le sauvignon blanc de la maison, qui est aussi bien fruité.

Où acheter du vin de l'Auxerrois ?

⊛ Maison du vignoble auxerrois : *14, route de Champs.* ☎ *03-86-53-66-76. À la sortie de la ville, route de Champs. Tlj sf mer et dim 9h-12h, 13h30-19h (18h hors saison).* On retrouve les vins des principaux producteurs (sauf des chablis) dans toutes les gammes de prix. Une trentaine de produits sélectionnés, renouvelés tous les six mois, sont à la dégustation et à la vente. Sur résa, visites guidées du vignoble, dégustations à thèmes ou d'anciens millésimes. À vous l'irancy, le vin d'Épineuil, le saint-bris...

LE CHABLISIEN

CHABLIS (89800) 2 475 hab.

Village mondialement connu pour ses grands bourgognes blancs issus du cépage chardonnay, où l'on roule désormais moins les « r » qu'on ne siffle les « th », la clientèle anglo-saxonne en ayant fait une de ses destinations préférées. Classé parmi les sites remarquables du goût, Chablis est considéré

comme la porte d'Or de la Bourgogne, avec son vignoble qui tient le haut du pavé depuis le haut Moyen Âge.
Tout commença plus précisément avec un certain Probus, qui réhabilita la culture de la vigne vers 280. Puis, comme souvent, c'est aux moines que l'on doit le développement des vignobles. Au XVe siècle, des traces de commande de vin de Chablis apparaissent jusque dans le nord du royaume, autour de Maubeuge. Il passera ensuite par les tables des rois, la meilleure publicité pour l'époque ! Son exportation est impressionnante... l'Europe, les États-Unis et même la Russie, où Tolstoï le cite même dans son roman *Anna Karénine*, à égal avec le champagne ! Revers de la médaille, son nom est banalisé et représente dans certains pays un simple vin blanc. Puis le phylloxéra, à la fin du XIXe siècle, met un frein à la production.
Depuis, le chablis a connu une renaissance bien installée. On trouve 4 appellations : petit chablis, chablis, chablis premier cru et chablis grands crus (répondant aux noms de Blanchot, Bougueros, Les Clos, Grenouille, Preuses, Valmur et Vaudésir).
Côté ville, malgré la destruction par un bombardement en 1940 de presque toutes ses maisons à colombages, Chablis, avec ses promenades ombragées le long du Serein, possède encore bien du charme... Et pour accompagner un verre de blanc, rien de mieux qu'une des spécialités du cru, comme le jambon de Chablis, l'andouillette ou le duché, ce petit biscuit qui renoue avec la tradition des grands-mères.

Adresses et info utiles

Office de tourisme du Chablisien : 1, rue du Maréchal-de-Lattre-de-Tassigny. ☎ 03-86-42-80-80. ● chablis. net ● Ouv 10h-12h30, 13h30-18h, sf dim déc-mars. Vente de carte du vignoble et topoguide des randonnées. Location de vélos (compter 12 €/j.).
– **Marché bourguignon :** rue Auxerroise, dim mat. Marché typique.
Boulangerie-pâtisserie Body : 21, rue du Maréchal-de-Lattre-de-Tassigny. ☎ 03-86-42-12-78. Tlj sf lun. Faites provision ici de duchés, ces petits biscuits que l'on déguste avec un verre de chablis (certains vont même jusqu'à le tremper dedans !).
La Maison de l'andouillette : 3 bis, pl. du Général-de-Gaulle. Tlj. Pour la route, achetez ici andouillettes au chablis, andouille au marc, terrine d'andouillette, jambon persillé, fromages locaux affinés au chablis. Accueil féminin et souriant.

Où dormir ? Où manger ?

De prix moyens à plus chic

La Feuillette 132 : 8, rue des Moulins. ☎ 03-86-18-91-67. ● lafeuillette132@wanadoo.fr ● chablis.net/lafeuillette132 ● Tlj sf mer et dim soir hors saison. Congés : 2 sem autour de Noël. Résa conseillée le w-e. Trois menus copieux 18-30 € ; à la carte, compter 25 €. Café offert sur présentation de ce guide. Si vous n'êtes pas du pays, la feuillette, c'est le nom donné aux anciens fûts de chablis contenant 132 l. L'adresse n'a aucune prétention gastronomique, ce qui est bien agréable, l'accueil est convivial et le cadre, simple et boisé, reste celui d'une maison ancienne à pans de bois sur deux étages. Régalez-vous ici d'un jambon à la chablisienne ou d'un dessert dont le chef connaît le secret.
Le Bistrot des Grands Crus : 8-10, rue Jules-Rathier. ☎ 03-86-42-19-41. Tlj midi et soir. Congés : 1 mois en déc-janv. Plat du jour, avec son verre de vin 9,80 € ; menu complet 20 € ; à la carte, compter 25 €. Certes, pour les régionaux, c'est d'abord l'annexe de l'*Hos-*

tellerie des Clos, tenue par la famille Vignaud (voir « Très chic »), mais c'est surtout une vraie adresse pour tous ceux qui passent par Chablis. *Le Bistrot* est un lieu où l'on vient pour se faire plaisir et déguster une bonne cuisine de pays. On peut très bien se contenter d'un bœuf bourguignon ou d'une andouillette braisée et d'un dessert maison. Belle carte de vins et service rapide.

|●| **Laroche Wine Bar** : *18, rue des Moulins.* ☎ *03-86-42-47-30.* ● *winebar@larochewines.com* ● *Pâques-fin oct : ouv à midi en sem et le soir jeu-sam ; fermé dim. Formule du jour le midi 15 € ; carte 29-45 €. Vins au verre à partir de 3 €.* La vitrine des domaines Laroche, avec une boutique où l'on peut aller chercher son vin, à l'entrée, et un bar-resto d'une grande sobriété (rare pour un bar, surtout par ici). Pierre blanche, fauteuils en osier, lumières bleutées, de l'inox et de l'ardoise pour faire encore plus contemporain. Belle vue sur la rivière et le bief, éclairé en soirée. La cuisine, simple, saine et de qualité, ouverte sur tous les terroirs, participe, comme les vins maison, produits aussi bien à Chablis que dans le sud de la France, au Chili ou en Afrique du Sud, au charme de cet espace aménagé dans l'ancien moulin à grains du Xe siècle.

Très chic

🛏 **Hôtel Le Bergerand's** : *4, rue des Moulins.* ☎ *03-86-18-96-08.* ● *hotelbergerand@chablis-france.fr* ● ♿ *Fermé de mi-déc à mi-janv. Résa conseillée. Doubles de charme 88-98 € selon confort. Chambres dans le village, au bord de l'eau, 118-158 €.* Nicole de Merteuil a transformé cet ancien hôtel du centre-ville en un charmant *Bed & Breakfast* très couru par les nombreux Anglo-Saxons qui viennent régulièrement ici faire une cure de chablis. De belles chambres, fraîches, printanières et colorées, où le confort est au rendez-vous, même si elles sont de taille inégale. Bar à vin et salon de thé anglais au rez-de-chaussée. Ambiance très cosy, évidemment. Parking payant (9 €).

🛏 |●| **Hostellerie des Clos** : *rue Jules-Rathier.* ☎ *03-86-42-10-63.* ● *host.clos@wanadoo.fr* ● *hostellerie-des-clos.fr* ● *Tlj ; fermé en déc-janv. Doubles confortables 78-128 €. Menus 42-75 €.* Dans cette hostellerie (un ancien hôtel-Dieu et sa chapelle), même les jardins illuminés restent adorables, les serveurs ne se prennent pas (trop) au sérieux et la patronne a un accueil qui décontracte. Quant à Michel Vignaud, son amour pour les chevaux ne le pousse pas à négliger sa cuisine, loin de là, même si l'heure de la retraite approche. L'équipe formée par lui assure toujours autant en cuisine. Réservez une soirée pour un repas dans la grande tradition ou réfugiez-vous à quelques pas de là, dans son bistrot (voir *Le Bistrot des Grands Crus,* plus haut).

Où dormir dans les environs ?

🛏 **Gîte communal de Saint-Cyr-les-Colons** : *1, rue de la Fontaine, 89800 Saint-Cyr-les-Colons.* ☎ *03-86-41-40-83.* ● *mairie-st-cyr-89@wanadoo.fr* ● *À 9 km au sud de Chablis, route de Saint-Cyr. Nuitée 13 € (11 € à partir de 9 pers) en dortoirs 6-8 pers. Draps en loc, coin-cuisine.* Au cœur d'un paisible village dominant les coteaux chablisiens, ce gîte municipal rénové récemment est installé entre la mairie et l'école. Aux beaux jours, on profite du jardinet et de son salon de jardin à disposition. Tout près, l'église et l'épicerie, qui met un peu de vie dans ce village idéalement situé pour qui veut sillonner la région à pied ou en voiture.

🛏 **Chambres d'hôtes de Courgis** : *chez Mathilde et Patrick Andru, 7, rue de Larminat, 89800 Courgis.* ☎ *03-86-41-48-82.* ● *pat-mat@tele2.fr* ● *À 6 km au sud de Chablis ; indiqué dans le village, mais c'est dans une tte petite rue. Tte l'année. Doubles avec petit déj 46 €. Apéritif maison offert sur présentation de ce guide.* On vous choie, on vous dorlote dans cette ancienne maison, avec jardin, terrasse, barbecue... Deux chambres soignées. Savoureux petit déj servi dans la grande cuisine mise à disposition. Un espace douillet pour toutes les bourses.

🛏 *Chambres d'hôtes La Marmotte :* chez Élisabeth et Gilles Lecolle, 2, rue de l'École, 89700 Collan. ☎ 03-86-55-26-44. •lamarmotte.glecolle@wanadoo.fr • bonneadresse.com/bourgogne/collan.htm • À 6 km au nord-est de Chablis ; dans le village. Tte l'année sur résa. Doubles avec petit déj 45 €. Une belle et grosse maison au cœur de ce village sur les hauteurs de Chablis. L'accueil est chaleureux, les chambres sont simples mais confortables, et ici, on se déconnecte vite du bruit ou de la ville. Grande salle de petit déj et jardin. Deux gîtes en complément quand on vient à plusieurs, situés sur le GR 654. Les animaux sont admis, mais pas les fumeurs.

À voir

🕅 *La collégiale Saint-Martin :* messe dim 11h15. Lun-jeu 11h-13h, 15h-18h ; ven-sam 11h-13h, 14h30-18h ; dim 14h-18h. Des visites guidées gratuites y sont organisées en juil-août : tlj 11h-12h, 15h-18h.
Édifiée au XIIIe siècle, mais la flèche date du XIXe siècle. Célèbre pour son portail latéral roman recouvert de fers à cheval. Au Moyen Âge, les pèlerins (saint Martin est le patron des voyageurs) les clouaient pour implorer la guérison de leurs montures.

> **ILS EN CONNAISSAIENT UN RAYON !**
>
> *Une curiosité pour les exégètes : les bâtisseurs, qui mêlaient souvent le mystique à l'architecture, ont œuvré pour que le 24 juin (solstice d'été) la lumière vienne illuminer l'agneau sculpté sur la face arrière de l'autel (de 7h à 7h15, heure solaire, donc, d'après nos calculs, de 9h à 9h15, heure normale). À 10h, heure solaire, c'est le visage du Christ qui s'illumine à son tour sur l'autre côté de l'autel.*

À l'intérieur, intéressants chapiteaux. Si la collégiale est, paraît-il, copiée sur la cathédrale de Sens, le déambulatoire, lui, est inspiré de celui de l'abbaye de Pontigny.

🕅 *L'obédiencerie :* au chevet de l'église, groupe de solides demeures de pierre du XVe siècle, propriété du chapitre des moines de Tours jusqu'à la Révolution.

🕅 *La porte Noël :* deux tours du XVIIIe siècle, édifiées à l'emplacement d'une ancienne porte de ville, lorsque Chablis était fortifié. Juste à côté, dans la rue des Juifs, au n° 6, une superbe fenêtre à meneaux. Au n° 10, une curieuse demeure Renaissance aux pierres disparates, appelée la « synagogue ».

🕅 *Le Petit Pontigny :* sur la route de Chichée (en droite ligne de la porte Noël). Ensemble de bâtisses médiévales où se tiennent toutes les fêtes et cérémonies du vin à Chablis. Dans la cour, impressionnant pressoir à abattage du XVIIe siècle. Cellier du XIIe siècle parfaitement aménagé.

Randonnée pédestre

Les sentiers de randonnée au départ de Chablis sont nombreux. L'office de tourisme propose un topoguide à ce sujet. Idéal pour découvrir le vignoble.

➢ *Le tour des grands crus de chablis :* 8 km, 2h45 aller-retour sans les arrêts. Depuis l'aire des Clos. Prendre à gauche un petit chemin sur la D 150, au nord-est de Chablis, en direction de Tonnerre. Balade facile, à éviter toutefois à l'automne pour ne pas déranger les vendangeurs. Vignoble oblige : terrain où souvent affleure un beau calcaire blanc et ensoleillement garanti ! Référence : *Sentiers de Chablis*, disponible à l'office de tourisme de Chablis. Carte IGN au 1/25 000, n° 2720.

Où déguster et acheter du chablis ?

🍇 **La Cave du Connaisseur :** *rue des Moulins.* ☎ *03-86-42-48-36.* • *chablis.net/caveduconnaisseur* • *En centre-ville. Tlj 10h-18h.* Une cave bien fraîche, appartenant à la même famille depuis six générations, en est la preuve. L'accueil est pédagogique, historique et familial. On pourra découvrir à quoi ressemble une feuillette et goûter les vins dans le petit salon voûté. Visite de vignoble commentée sur réservation (payant).

🍇 **La Chablisienne :** *8, bd Pasteur.* ☎ *03-86-42-89-98.* • *chablisienne.com* • *En sortie de ville, route de Vézelay. Tlj 9h-12h30, 14h-19h. Visite sur résa (pour les groupes slt) des vignes et de la cuverie.* Cette coopérative possède 1 100 ha sur Chablis (un tiers du territoire). Créée en 1923 pour faire face aux épidémies (l'union fait la force !), elle représente aujourd'hui plus de 300 adhérents-producteurs et les 4 AOC de Chablis (seul propriétaire à faire le grand cru Château Grenouille). En sous-sol, petites expositions, hôtesses compétentes incollables sur la vinification ou les verres INAO, et dégustation.

🍇 **Domaine Jean-Claude Martin :** *rue de Chante-Merle, à Courgis.* ☎ *03-86-41-40-33. À 7 km au sud-ouest de Chablis. Visite des caves sur rendez-vous.* Une propriété littéralement au milieu des vignes, au panorama magnifique. Le vin produit ne l'est pas moins, car les vignes poussent sans engrais ni produits de désherbage. 80 % de la production sont voués à l'exportation. À signaler qu'un sentier de grande randonnée passe devant le chai.

Fêtes et manifestation

– *Saint-Vincent tournante du chablisien :* 1er w-e de fév. Grande fête vineuse autour du saint patron, avec une dégustation gratuite mise à disposition du public en échange de l'achat d'un verre. Passe d'un village à l'autre d'une année sur l'autre. Pittoresque et chaleureux !
– *Marché des vins de l'Yonne :* 1er sam de mai. Également un marché aux fleurs le même j.
– *Grande fête des Vins de Chablis :* oct.

➤ DANS LES ENVIRONS DE CHABLIS

🏞 **Les paysages et collines autour des villages de Chitry-le-Fort** (89530), **Préhy** (89800) **et Courgis** (89800) : à une dizaine de kilomètres au sud de Chablis, on peut rejoindre en voiture Chitry-le-Fort. Agréable village avec son impressionnante église fortifiée au donjon à encorbellement du XVe siècle (malheureusement, on ne voit que les extérieurs). Plus près de Chablis, qu'on peut même rejoindre à pied, les villages de *Préhy* et *Courgis*, isolés et pris dans les vignes. Courgis, aux allures médiévales, a reçu Restif de La Bretonne pendant une partie de sa vie et représente plus de 300 ha de chablis premier cru. Quant à Préhy, son charme réside dans son église Sainte-Claire du XVe siècle, au sommet d'un vallon, à l'écart du centre du village et qui n'est entourée que de vignes.

PONTIGNY (89230) 809 hab.

Tout juste si l'on remarque, à l'orée de ce village qu'on imaginerait volontiers « sans histoire », la plus grande abbaye cistercienne de France. Construite en 1114, elle est la deuxième « fille » de Cîteaux. Paradoxalement, c'est peut-

PONTIGNY

être aussi la moins connue. Au Moyen Âge, les archevêques de Canterbury (Thomas Beckett, Étienne Langton et Edmond Rich, futur saint Edme, qui repose sur place), persécutés en Angleterre, y trouvèrent refuge.
En 1906, après la séparation de l'Église et de l'État, l'abbaye de Pontigny fut vendue au professeur et essayiste Paul Desjardins, dont les entretiens de Pontigny (les *Décades*) réunirent pendant 30 ans les grands noms de la littérature européenne : Bachelard, Curtius, Malraux, Thomas Mann, Gide, T. S. Eliott ou François Mauriac.

Adresse utile

Office de tourisme de Pontigny : 22, rue Paul-Desjardins. ☎ 03-86-47-47-03. En face de l'abbaye. Avr-oct : tlj ; le reste de l'année : lun-sam 10h-12h, 14h-16h30. Fermé de mi-déc à début janv. Salle d'expo d'art contemporain en face.

Où manger ?

Le Moulin de Pontigny : RN 77. ☎ 03-86-47-44-98. Tt près de l'office de tourisme. • aumoulindepontgny@wanadoo.fr • Tlj sf lun-mar. Congés : janv. Menus 15-30 €. Caché derrière un impressionnant saule pleureur, le vieux moulin s'est transformé en une table agréable et familiale. Rejoindre la grande terrasse ou la salle cossue et boisée où vous accueille la patronne. La cuisine est sans surprise et bien du pays : œufs en meurette, jambon à l'aligoté, poire belle-dijonnaise...

Où dormir ? Où manger dans les environs ?

Le Soleil d'Or : 89230 Montigny-la-Resle. ☎ 03-86-41-81-21. • le-soleil-dor@wanadoo.fr • lesoleil-dor.fr • Sur la N 77, à 7 km au sud de Pontigny, direction Auxerre. Résa conseillée pour l'hôtel. Doubles 57 €. Menu déj (en sem hors j. fériés) 12 € ; autres menus 22-68 €. Café offert sur présentation de ce guide. Installé dans d'anciennes maisons paysannes entièrement rénovées. Chambres coquettes et confortables, avec clim'. Table classique et régulière, avec sa dose d'imagination.

Le Relais Saint-Vincent : 14, Grande-Rue, 89144 Ligny-le-Châtel. ☎ 03-86-47-53-38. • relais.saint.vincent@libertysurf.fr • À 4 km de Pontigny. En centre-ville. Congés : de mi-déc à début janv. Doubles 47-73 €. Quatre menus 13,50-28 €. Apéritif maison offert sur présentation de ce guide. Dans cette rue et ce village d'un autre âge, une ancienne maison à colombages du XVIIe siècle, résidence du bailli de Ligny, aménagée avec goût, confortable et propre. Au resto, une bonne et traditionnelle cuisine de terroir qui rassure par son authenticité. Terrasse fleurie, au calme dans la cour.

Auberge du Bief : 2, av. de Chablis, 89144 Ligny-le-Châtel. ☎ 03-86-47-43-42. À 4 km de Pontigny, à côté de l'église, le long du Serein. Ouv le midi, sam soir, mer-ven soir en saison ; fermé lun. Congés : 2 sem fin août et vac scol de Noël. À midi en sem, menu 15 €, puis menus 28-48 €. L'une des adresses que les gens du pays aiment fréquenter, surtout le dimanche midi. Il n'y a pas trop de place dans la grande salle à l'élégante mise de table, alors il faut arriver de bonne heure ou réserver. À moins que l'on ne vous trouve encore une petite table en terrasse. La cuisine maison (terrines, filet de sandre à l'irancy, gâteau d'artichauts au beurre citronné), bien présentée, est raffinée. Accueil simple, charmant et souriant. Parking à proximité.

LE CHABLISIEN

À voir

🏛🏛🏛 **L'abbaye :** visite libre tte l'année tlj. En été : 9h-19h ; hors saison : 10h-17h ; pas de visite pdt les offices religieux. Des visites et des concerts de musique vocale sont organisés par les « Amis de Pontigny ». Programme : ☎ 03-86-47-54-99 ou sur • abbayedepontigny.eu •

Une merveille ! D'inspiration romane, c'est l'un des plus beaux exemples de transition vers le gothique (comme Saint-Denis et Sens). Une majestueuse allée de tilleuls mène à un porche d'entrée dont la sobriété laisse auguror de ce que l'on va découvrir à l'intérieur. Vaisseau d'une grande ampleur (119 m de long, on n'est pas loin des dimensions de Notre-Dame de Paris !) à la blancheur immaculée (calcaire blanc), dégageant une atmosphère émouvante pour les uns et d'une grande spiritualité pour les autres. Lignes simples, complètement épurées. Pas de fioritures, de la luminosité. On pense à Alcobaa, au Portugal, autre chef-d'œuvre cistercien. Seule la tribune d'orgues est richement ornementée et, comme la clôture du chœur (installée au XVIIe siècle), on se demande un peu ce qu'elle fait là. À l'intérieur de la clôture, une centaine de stalles en chêne sculpté. Le chœur, construit en dernier (fin du XIIe siècle), démontre la maîtrise du gothique. Son déambulatoire est rythmé par de fines ogives en étoile. Dans le transept droit, vénérée Vierge de Miséricorde du XVIe siècle.

En sortant, gagnez le fond du cimetière pour avoir une vue d'ensemble de l'harmonieux chevet. Librairie spécialisée sur place.

LE TONNERROIS ET SES ENVIRONS

Ce beau pays vallonné court le long des deux rives de l'Armançon et du canal de Bourgogne, d'Aisy au sud jusqu'à Flogny au nord. À la fois terre viticole (on plantait déjà les vignes au XIe siècle), avec les bourgognes blanc et rouge de Tonnerre (sans oublier le rouge et le rosé d'Épineuil), et pays de fromages avec le soumaintrain, du village du même nom, et les fameuses gougères au fromage, complément indispensable de toute dégustation qui se respecte. Le Tonnerrois reste la partie « Renaissance » du département, avec des châteaux de l'époque ou d'anciens lavoirs qui ponctuent cette campagne qui sent bon la Bourgogne éternelle...

TONNERRE   (89700)   5 440 hab.

La ville dégringole d'un amphithéâtre de collines jusqu'à la rive gauche de l'Armançon. Les ruelles s'enchaînent, dans cette cité assez calme, marquée par l'histoire et par une certaine tristesse ambiante qui en ferait un décor de film parfait pour un polar contemporain... Ravagée par un incendie au XVIe siècle, Tonnerre a conservé peu de monuments anciens mais mérite une halte pour deux d'entre eux : son exceptionnel hôtel-Dieu et la fosse Dionne.

> **UN CHEVALIER DU TONNERRE !**
>
> *Tonnerre est la ville natale du célèbre chevalier d'Éon, l'espion au service de Louis XV, qui parcourait l'Europe sous diverses identités. Le chevalier se vit imposer le costume féminin jusqu'à la fin de ses jours par Louis XVI, mais l'autopsie post mortem révéla qu'il s'agissait bien d'un homme.*

Adresses utiles

🛈 Office de tourisme du Tonnerrois : pl. Marguerite-de-Bourgogne. ☎ 03-86-55-14-48. • tonnerre.fr • Dans le cellier de l'hôtel-Dieu. Avr-sept : 9h30-12h, 13h30-18h (en été : 9h30-12h30, 14h-18h) ; dim et j. fériés 10h-12h30, 14h-18h ; hors saison : lun-sam 9h-12h, 14h-18h. Accueil souriant et dynamique dans ce bel office. Location de vélos sur place.

🍬 Pâtisserie-chocolaterie La Tentation : 51, rue de l'Hôpital. ☎ 03-86-55-02-05. À deux pas de l'office de tourisme, allez découvrir la spécialité de Tonnerre, un gâteau à base de crème et de génoise, léger et délicieux, qui porte bien son nom.

🚆 Gare SNCF : pl. de la Gare. ☎ 36-35 (0,34 €/mn). Trains quotidiens pour Paris, Dijon, Sens, Lyon et Marseille.

Où dormir ? Où manger ?

Camping

⛺ Camping municipal La Cascade : av. Aristide-Briand. ☎ 03-86-55-15-44. • ot.tonnerre@wanadoo.fr • ♿ À 2 km du centre-ville, route d'Épineuil, à droite avt le canal. Mars-oct. Compter 12 € pour 2 avec voiture, tente et électricité. Petit camping ombragé et tranquille, en bord de rivière et du canal. Ambiance familiale et petits prix. Bungalows, location de vélos. Restauration.

De prix moyens à un peu plus chic

🛏 |●| Chambres d'hôtes de La Ferme de la Fosse Dionne : chez Gilles Barjou, 11, rue de la Fosse-Dionne. ☎ 03-86-54-82-62. • infos@fermefossedionne.fr • fermefossedionne.fr • Face à la fosse Dionne. Résa fortement conseillée en été. Doubles 60 €, petit déj compris ; 2 appartements disponibles au w-e ou à la sem (450 €). Repas sur demande 18 €. Belle adresse cachée face au curieux site de la fosse Dionne, qui apporte sa fraîcheur. Chambres colorées et tout à fait confortables, pour un séjour dans le Tonnerrois. Mais on peut s'arrêter juste pour prendre un verre ou découvrir quelques produits sélectionnés du terroir ou... des Antilles (de Pâques à novembre).

|●| Le Saint-Père : 2, rue Georges-Pompidou. ☎ 03-86-55-12-84. Tlj sf dim soir, mer, plus mar soir hors saison. Congés : 3 sem en janv. Menu déj (en sem) 11 €, puis menus 16-50 €. Café offert sur présentation de ce guide. Une petite auberge de campagne à la ville. Un comptoir pour les habitués, une salle d'un rustique achevé et une petite terrasse dans la cour. Bonne et régulière cuisine maison. Et savez-vous ce qu'est un « molafabophile » ? Inutile de chercher dans le dictionnaire ! C'est le nom donné aux collectionneurs de moulins à café ; ici, vous serez servi. Il faut voir la collection, dont le plus ancien exemplaire date de 1750.

🛏 |●| L'Auberge de Bourgogne : route de Dijon. ☎ 03-86-54-41-41. • auberge.bourgogne@wanadoo.fr • aubergedebourgogne.com • Double 56 €. Petit déj 8 €. Menus 16-22 €. Café offert sur présentation de ce guide. Une adresse très pratique, aux portes de la ville. Une construction qui n'a rien de traditionnel, mais une équipe qui respecte les traditions. Bon accueil, service impeccable. Possibilité de restauration sur place.

Où dormir dans les environs ?

🛏 Chambres d'hôtes Les Champs Mélisey : chez Dominique et Henri Ogier, 1, rue Basse, 89430 Mélisey. ☎ 03-86-75-73-20. • champsmelisey@club-internet.fr • champsmelisey.com • Double 65 €, petit déj compris. Égale-

LE TONNERROIS

ment 1 gîte pour 10 pers. Table d'hôtes 20 €. Apéritif maison ou café offert ainsi qu'un petit déj par pers et par nuit, sur présentation de ce guide. Une jolie maison du XIXe siècle bien dans l'esprit de la région, transformée en résidence d'artistes... et en résidence tout simplement, aux beaux jours. Chambres raffinées. Petit déj servi à la belle saison dans la roseraie.

À voir

L'hôtel-Dieu Notre-Dame des Fontenilles (Vieil Hôpital) : entrée par l'office de tourisme. ☎ 03-86-55-14-48. ♿ (pour la grande salle des Malades, pas pour le musée). Mêmes horaires que l'office de tourisme. Dernière visite 30 mn avt la fermeture. Entrée : 4,50 € en visite libre ; réduc sur présentation de ce guide ; gratuit jusqu'à 10 ans. Compter 45 mn de visite.

La visite commence par la grande salle des malades fondée en 1293 par Marguerite de Bourgogne, comtesse de Tonnerre, veuve de Charles d'Anjou, roi de Naples et de Jérusalem (rien que ça !) et par ailleurs frère de Saint Louis. La voûte en berceau soutenue par une superbe charpente en bois domine de 18 m la longue et lumineuse salle (90 m de longueur) où étaient installés les lits des malades. Superbement vide ! Sur le dallage, un « gnomon », instrument astronomique que la lumière d'une des fenêtres vient frapper quand le soleil est à son zénith. On trouvera le midi solaire à 13h44. Dans la chapelle, *Mise au tombeau* du XVe siècle (une des plus anciennes d'Europe), bourguignonne mais d'inspiration flamande, assez saisissante par sa taille (sept statues grandeur nature) et son intensité dramatique. À l'étage, le *Musée hospitalier* évoque l'histoire de cet hôpital : du manuscrit original de la charte de fondation de l'hôtel-Dieu à la reconstitution d'un bloc opératoire de l'hôpital de Tonnerre (qui administre toujours l'hôtel-Dieu !) au début du XXe siècle. Très attrayante guillotine pour ablation d'amygdales ! Salles d'art religieux et des chartes consacrées à Marguerite de Bourgogne : petite croix en or offerte par Saint Louis, contenant des morceaux de la Vraie Croix (il suffit d'y croire...), une des plus belles statues (Marguerite et l'une de ses suivantes) en bois polychrome du XIIIe siècle, etc. Belle maquette de la charpente de l'édifice réalisée par les compagnons du Devoir.

L'hôtel d'Uzès : rue des Fontenilles (parallèle à celle de l'hôtel-Dieu). Petit et raffiné hôtel particulier Renaissance : tourelle à encoignure, délicates frises sculptées... Édifié, semble-t-il, dans la seconde moitié du XVIe siècle, restauré au XIXe (avec quelques fautes de goût, comme ces deux statues latérales). Le fameux chevalier d'Éon y serait né en 1728... C'est désormais la *Caisse d'Épargne* !

La fosse Dionne : prendre la rue en face de l'hôtel-Dieu, puis à gauche. La « curiosité » tonnerroise par excellence, cachée au fond d'un quartier qui reprend goût à la vie, après des décennies difficiles. Bains peu recommandants dans ce bassin du XVIIIe siècle à la forme circulaire particulièrement harmonieuse et dont l'eau est d'une étrange et quelque peu angoissante couleur verte. Ce lavoir, de 14 m de diamètre, dont on ignore exactement l'origine de la source (elle se poursuivrait sur plus de 360 m et jusqu'à 61 m de profondeur), dégage une atmosphère d'un autre temps. C'est le père du chevalier d'Éon, Louis d'Éon, maire de Tonnerre, qui le fit aménager de la sorte. Avec son auvent et les vieilles maisons surélevées tout autour, en voie de restauration, charme et pittoresque garantis, si le temps s'y prête !

L'église Saint-Pierre : un escalier y grimpe depuis la fosse Dionne par le chemin des Roches (accessible mais parfois fermé). Bâtie sur un promontoire offrant un joli panorama sur la ville et les environs, elle possède un portail superbe.

L'église Notre-Dame : elle a souffert mille maux à travers les siècles et menace, à vrai dire, un peu ruine, mais la façade, usée, rabotée, livre encore de beaux éléments Renaissance. Permet une agréable montée dans le village (elle avait pour vocation première d'accueillir les pèlerins en route vers Vézelay).

➤ DANS LES ENVIRONS DE TONNERRE

ÉPINEUIL (89700)

À 2 km au nord de Tonnerre, un village-rue resté longtemps dans son jus, avec son pâtis, son bistrot de village. De plus en plus reconnu pour son vin – qui fait partie des bonnes affaires de la région, si vous savez le choisir –, c'est aussi le village d'origine d'Alfred Grévin, le caricaturiste qui créa et laissa son nom au célèbre musée parisien. Tout à côté, mais c'est une coïncidence, maison où vécut par ailleurs, durant son enfance, un des auteurs les plus turbulents de ce guide...

Où déguster ? Où acheter des vins du Tonnerrois ?

La Cabotte : 46, Grande-Rue. ☎ 03-86-54-48-17. Fermé dim en basse saison et lun. Apéro maison offert sur présentation de ce guide. Du nom des petites cabanes de vigne, en pierre sèche. L'endroit, labellisé « Café de Pays de l'Yonne », renoue avec la tradition du bon vieux « ouchon d'Épineuil ». Idéal pour déguster les vins des producteurs locaux, tout en grignotant un morceau (à base de produits locaux également). Terrasse fleurie. Une à deux fois par mois, concerts et soirées thématiques en entrée libre.

Domaine de l'Abbaye du Petit Quincy : rue du Clos-de-Quincy ☎ 03-86-55-32-51. ● bourgognevin.com ● À l'entrée du village, rue des Fossés (à gauche) ; suivre les panneaux. Tlj sf dim. Dégustation, visite de chais et vente. Idéal pour découvrir les vins rouges mais aussi rosés d'Épineuil.

Château Clos de Vaulichères : chez Olivier Refait. ☎ 03-86-55-02-74. ● vaulicheres.com ● À la sortie d'Épineuil, sur la D 202, direction Molesmes ; indiqué sur la droite dans le hameau. Dégustation de bourgogne blanc et rouge de Tonnerre, de bourgogne d'Épineuil rouge ou rosé et d'un Clos Vaulichères bien appréciable. Et savez-vous que Vaulichères vient de « val lichée », qui signifie le vallon du bon vin ? Plutôt bon signe !

TANLAY (89430) 1 145 hab.

Un petit village à 9 km à l'est de Tonnerre sur la D 965, au bord du canal de Bourgogne, connu pour son étonnant château, qui abrite un centre d'Art contemporain justifiant à lui seul le détour.

À voir

Le château : ☎ 03-86-75-70-61. ● chateaudetanlay.com ● 1er avr-2 nov : tlj sf mar. Pour l'intérieur du château, visite guidée obligatoire, ttes les heures 10h-17h15 (sf pause-déj). Entrée : 8,50 € ; réduc.
Le parfait symbole d'une Renaissance française qui tente d'oublier ses influences italiennes. Passé l'élégant portail, vous voilà dans la cour d'honneur. Grand château flanqué de tours coiffées d'hémisphères à l'impériale et entouré de douves. Un pont encadré de deux obélisques conduit au monumental portail d'entrée Renaissance. C'est la famille Coligny qui le fit construire et le célèbre amiral y séjourna fréquemment. Depuis sept générations, le château appartient à la famille du marquis de Tanlay.

On découvre d'abord la *salle des trophées* (de chasse) avec les bois de la dernière chasse à courre, en 1931. Dans le vestibule, dit des Césars (nombreux bustes d'empereurs romains), superbe grille en fer forgé du XVIe siècle, vestige de l'abbaye voisine de Quincy.
Le *grand salon* est très richement meublé. Sur les commodes, photos de souverains étrangers dédicacées (dont la reine des Pays-Bas, Juliana, descendante des Coligny) au comte de La Chauvinière, qui joua un rôle important dans la diplomatie française. Remarquez l'adorable coiffeuse vénitienne du XVIIIe siècle, dont les quatre pieds sont différents : un pied de cheval, un pied d'âne, une patte d'aigle et une patte de lion... Tout le charme d'un château habité ! Peintures en trompe l'œil qui font vraiment illusion dans la grande galerie et étonnant décor peint du XVIe siècle ornant la voûte de la tour de la Ligue où des divinités mythologiques, représentant les principaux chefs des catholiques et protestants, se disputent les faveurs de la monarchie... Pour anecdote, c'est ici qu'on tourna des scènes d'un des épisodes d'*Angélique, marquise des anges* ! Eh oui, le temps là aussi a passé...

%% *Le centre d'Art contemporain de l'Yonne* : installé dans les communs du château (accès à droite après le petit cabanon). ☎ 03-86-75-76-33. ● centredart@cg89.fr ● Juin-sept : tlj 11h-18h30. Entrée : 3 € ; réduc ; gratuit avec la visite du château, et pour les moins de 14 ans ; entrée à moitié prix si vous avez visité l'abbaye de Quincy. Visite guidée sam-dim à 16h. Compter env 45 mn de visite. Un bel espace pour de remarquables expos temporaires d'art contemporain, dont les thèmes changent chaque année : quelques grands noms (Picasso, Matisse, Giacometti, Warhol...) y sont régulièrement exposés, tout comme des artistes contemporains et autres jeunes talents.

➤ DANS LES ENVIRONS DE TANLAY

%% *L'abbaye de Notre-Dame de Quincy* : route de Quincy-Commissey. ☎ 03-86-75-87-03. ● abbayedequincy@wanadoo.fr ● De mars à mi-nov : 10h-12h, 14h-18h (19h en été ; l'ap-m slt en mars et nov). Tlj sf mar. Visites guidées d'1h à 11h et 15h30 tte l'année, sans supplément de prix. Entrée : 5 € ; réduc. Billet à moitié prix si vous avez visité le Centre d'Art contemporain de l'Yonne. Cette abbaye cistercienne, fondée en 1133, est la 6e « fille » de Pontigny. L'ensemble – hôtellerie, logis abbatial, bâtiments claustraux – incite à la balade, et on prendra plaisir à aller d'un bâtiment à l'autre ou à rejoindre le moulin près de la fontaine Saint-Gaulthier. Celui-ci alimentait en eau potable les 200 à 250 moines qui vivaient ici à son apogée. Labyrinthe végétal de buis de Conrad Loder. Le site reste assez mystique, reculé et isolé, ce qui lui donne tout son charme. Promenade sur 3 km, où il n'est pas rare de croiser des chevreuils, d'apercevoir des truites dans le ruisseau et d'avoir de beaux points de vue sur l'ensemble de l'abbaye. Tous les ans une expo de sculptures contemporaines *(1er sam juin-15 oct)*.

➤ *De Quincy au curieux château de Maulnes* : de l'abbaye, poursuivre le chemin qui passe par derrière pour rejoindre une route goudronnée ; continuer à droite à travers les bois vers Rugny, puis Villon. Ce circuit verdoyant passe de la forêt aux crêtes surplombant la région. Vraiment très beau et frais, mais attention aux cerfs sur la route. De Villon, suivre Cruzy. À 4 km, vous arrivez au hameau de Maulnes où se trouve sur votre droite, dans la descente, un chemin qui mène au château de Maulnes, désormais ouvert au public.

% *Le château de Maulnes* : route de Cruzy-le-Châtel. ☎ 03-86-72-85-03. De mi-avr à fin oct : sam-dim 14h30-17h30. Visites guidées slt. Entrée : 2 €. Étonnante bâtisse du XVIe siècle, dont la construction fut entreprise par Antoine de Crussol, comte de Tonnerre, avant d'être abandonnée inachevée. Délaissée complètement depuis un siècle, elle a été rachetée par le Conseil général... et fait désormais l'objet d'un programme de recherche passionnant qui permettra de mieux comprendre son histoire. Le but ? Restaurer évidemment au plus près de son état d'origine cet étonnant château, le seul en France de forme pentagonale, construit et organisé autour d'un puits central et d'un imposant escalier en spirale ! En 1917, le général Pershing et tout son état-major installèrent leur QG dans le château...

– On pourra finir le circuit en rejoignant *Cruzy-le-Châtel*, charmant village médiéval perché, où l'église Saint-Barthélemy du XVIIIe siècle, à la façade d'un classicisme faussement sobre, a été réalisée par Claude-Nicolas Ledoux (l'une de ses rares réalisations encore intactes, avec la célèbre saline d'Arc-et-Senans dans le Doubs). À noter aussi, le beau lavoir en contrebas du village.

> **UN CHÂTEAU HAUT DE FORME**
>
> *On ne trouve que très peu de bâtiments de cette forme dans le monde, au point que le château de Maulnes intéressa même Le Corbusier. Clemenceau, Aristide Briand, Karl Lagerfeld, passionnés par le chiffre 5, approchèrent les lieux et l'on y tourna aussi certaines scènes de* La Reine Margot, *avec Isabelle Adjani.*

ANCY-LE-FRANC   (89160)   1 090 hab.

Le long du canal de Bourgogne, le château d'Ancy représente certainement l'exemple de construction le plus parfait de la Renaissance italienne sur le territoire français. Un voyage à Rome ou à Florence en plein Pays tonnerrois ? Pour le plaisir des yeux, le canton a mis en place le circuit des Lavoirs au départ d'Ancy, à l'écart des chemins touristiques. On n'en dénombre pas moins d'une petite trentaine dans un secteur de 30 km à la ronde (3 circuits disponibles gratuitement auprès des offices de tourisme). Les amateurs de VTT et de rando apprécieront aussi les nombreuses balades le long du canal de Bourgogne, vers Tonnerre au nord et vers Montbard au sud (brochure à disposition).

Adresse utile

Office de tourisme : 59, Grande-Rue. ☎ 03-86-75-03.15. • cc-ancylefranc.net • Avr-oct : tlj 10h-13h, 14h-18h ; hors saison : lun-ven. Nombreuses brochures à disposition, dont le circuit des Lavoirs et des promenades dans les villages avoisinants. Bon accueil.

Où dormir ? Où manger ?

Hostellerie du Centre : 34, Grande-Rue. ☎ 03-86-75-15-11. • hostellerieducentre@diaphora.com • diaphora.com/hostellerieducentre • Près du château. Tlj sf dim soir et lun hors saison. Parking privé, clos et gratuit. Doubles avec douche 49 € et avec bains 52 €. Menus 15-45 €. Dans la rue principale, une belle maison ancienne où l'ambiance reste bon enfant. Chambres douillettes, dans les tons pastel, climatisées. Gamme de menus corrects aussi variés que copieux. Deux salles (la plus grande est la plus coquette) et une terrasse pour les beaux jours. Piscine couverte et chauffée.

Où dormir ? Où manger dans les environs ?

Hôtel-restaurant Au Petit Câlin : 4, Grande-Rue, 89160 Pacy-sur-Armançon. ☎ 03-86-75-51-17. • aupetitcalin@wanadoo.fr • aupetitcalin.

LE TONNERROIS

com ● À 6 km au nord-ouest d'Ancy-le-Franc par la D 905 (direction Lézinnes), puis petite route à gauche ; indiqué dans le village. Tlj sf lun et mer midi hors saison. Chambres 52 €. Menus 17-25 €. Apéritif maison offert sur présentation de ce guide. Les chambres sont installées dans l'ancienne grange, vaste et confortable. L'accueil est chaleureux et la cuisine sans prétention. Aux beaux jours, réservez sur la terrasse fleurie. Demandez à goûter les *bougnettes*, galettes de pomme de terre fondantes et maison, accompagnées d'une andouillette de Chablis ou d'une fondue bourguignonne (et le petit câlin ? C'est après, pour digérer !).

⌂ ***Chambres d'hôtes La Clé des Champs :*** *chez Sophie et Michel Gemble, 35, rue Basse, 89160 Villiers-les-Hauts.* ☎ *03-86-75-13-58.* ● lacledeschamps89@wanadoo.fr ● *À 7 km au sud d'Ancy-le-Franc par la D 905 jusqu'à Fulvy, puis petite route à droite jusqu'à Villiers ; dans la rue principale en bas du village. Tte l'année. Doubles 50 €, bon petit déj compris. Réduc de 10 % à partir de la 3ᵉ nuit (hors saison) sur présentation de ce guide.* Difficile de trouver plus calme. Sophie aime recevoir, et ça se voit ! Elle vous préparera même, sur demande, des paniers pique-nique à déguster sous le grand tilleul dans la cour ou en virée dans la région. Seul regret, seulement 2 chambres qui communiquent entre elles, cosy et bien confortables certes. Parking clos.

À voir

🎭🎭🎭 ***Le château :*** *18, pl. Clermont-Tonnerre.* ☎ *03-86-75-14-63.* ● chateau-ancy.com ● *De Pâques à mi-nov : tlj sf lun hors fériés. Visite guidée obligatoire, à 10h30, 11h30, 14h, 15h, 16h, plus 17h début avr-fin sept (et 9h30 juil-août). Env 50 mn de visite. Entrée : 8 € ; gratuit pour les moins de 6 ans. Visites guidées nocturnes en costumes en août. Nombreuses animations tout au long de l'année.*
Construit sur des plans de l'Italien Sebastiano Serlio, architecte de Fontainebleau apprécié de François Iᵉʳ, pour la famille de Clermont en 1544. Louvois l'achète en 1684 (et y laisse sa fortune). En 1845, le château revient aux Clermont-Tonnerre, qui garderont la propriété jusqu'en 1981. Ne vous fiez pas à la façade d'un exemplaire dépouillement, symbolique d'une époque encore un rien troublée. La cour intérieure carrée, déjà, tient du palais, avec sa galerie à arcades ornée de pilastres composites. Et l'on ne vous a encore rien dit de la décoration intérieure, œuvre d'autres Italiens, Nicolo Dell'Abate et le Primatice.
Durant la visite du château d'Ancy, vous traverserez une salle des gardes, qui fut spécialement conçue pour accueillir Henri III à son retour de Pologne... Son frère ayant été assassiné entre-temps, il ne vint jamais.
Ensuite, plusieurs salons à la décoration fort bien conservée (superbes plafonds à caissons) et le cabinet du Pastor Fidot lambrissé de chêne sculpté, où Mme de Sévigné aimait à venir se réfugier pour papoter auprès de Mme de Louvois. Le salon bleu et or est l'un des plus fastueux ; il a accueilli Louis XIV (qui n'avait pas l'habitude de s'arrêter dans des bouges !). La chambre des Arts, due au Primatice, n'est pas mal non plus dans le genre. Impressionnant mobilier dont le « meuble noir » qui demanda 35 ans de travail. Pourtant, c'est une autre merveille du château, la presque secrète chapelle Sainte-Cécile, qui, au final, est peut-être notre pièce préférée pour ses somptueux trompe-l'œil représentant les apôtres, avec la jolie galerie Pharsale, récemment restaurée. À noter, sur certaines perspectives, la présence de symboles rappelant le monde de la franc-maçonnerie dont le marquis de Louvois était adepte. Pour les cinéphiles, des scènes de *Highlander*, avec Christophe Lambert, ont été tournées dans le château, ainsi qu'une grande partie du film *Le Petit Poucet*, avec Catherine Deneuve.

🎭 ***La Faïencerie du château :*** *au sein de l'office de tourisme.* 🎭 *Mêmes horaires d'ouverture. Entrée gratuite.* Compter 20 mn de découverte et visite guidée sur demande. Dans d'anciens bâtiments du XVIIIᵉ siècle. En quelques vitrines, toute l'histoire et les techniques de fabrication de la faïencerie du château, qui dura une vingtaine d'années, fondée par le marquis de Courtauvaux, arrière-petit-fils de Louvois. Les pièces proviennent des fouilles effectuées sur place. Jolie scénographie dans de belles salles voûtées.

➤ DANS LES ENVIRONS D'ANCY-LE-FRANC

🥾 **Autour des villages et des lavoirs du canton :** le circuit des lavoirs vous mène tranquillement vers de charmants villages. **Nuits-sur-Armançon** et son château Renaissance *(qu'on peut visiter avr-fin oct : tlj sf mar ; visite guidée possible :* ☎ *01-47-63-82-78)*, ancienne propriété de Jean-Étienne Bernard, fondateur de la grande loterie royale, future loterie nationale. Autre village, **Aisy-sur-Armançon,** à l'extrémité du Tonnerrois et du département, sur les bords du canal de Bourgogne, d'où partent d'agréables chemins de randonnée *(rens auprès de l'office de tourisme d'Ancy-le-Franc)*.

🎭🥾 **Le parc Aventure Acrobatix :** 3B-Tourisme, 89390 *Cry-sur-Armançon.* ☎ *03-86-55-93-54.* • *3btourisme.com* • *Avr-fin oct. Entrée : 15 € ; 7,50 € pour le mini-parc ; réduc sur présentation de ce guide.* Un parc décontracté, en pleine nature, qui réjouira les petits comme les grands. Plusieurs animations : un parcours acrobatique en forêt pour côtoyer les cimes d'aulnes, d'acacias ou d'érables grâce à l'échelle du Corsaire, les ponts de singes, la passerelle de l'enfer et pour finir 80 m de super-tyrolienne au-dessus de l'eau. Mini-parc pour les tout petits (à partir de 1 m). Location de canoës et de vélos. Snack sur place.

NOYERS-SUR-SEREIN (89310) 740 hab.

Prononcer « Noyère » pour faire plus local. Méconnu du grand public, et assez fier de l'être (dans la série : pour vivre heureux, vivons cachés !), Noyers est pourtant l'un des plus beaux villages de Bourgogne et de France. Encore protégé par quelques-unes de ses tours massives du XIIe siècle, il se love dans un méandre du Serein. On y pénètre par trois portes fortifiées : celle de Tonnerre, celle de Venoise et la porte Peinte (dite d'Avallon). Des maisons à pans de bois, un enchevêtrement de rues et de placettes : un vrai décor pour le cinéma qui, d'ailleurs, y a souvent planté ses caméras. Dans *La Grande Vadrouille,* Louis de Funès et Bourvil y sont logés au *Café du Globe.* La ville apparaît aussi au générique de *Mon Oncle Benjamin,* avec Jacques Brel.

DÉTOURNEMENT DE FONDS

Noyers est tombé dans l'oubli à cause d'une lubie de Louis XVI. La route royale qui passait par là a été déplacée afin de desservir le château de l'intendant de Paris, à qui le souverain souhaitait accorder une faveur. Tout le négoce fut donc dévié et les bourgeois de la ville furent ruinés !

Adresse utile

🛈 **Syndicat d'initiative :** *22, pl. de l'Hôtel-de-Ville.* ☎ *03-86-82-66-06.* • *noyers-sur-serein.com* • *Tlj 10h-13h, 14h-18h. Oct-mai : fermé dim.* Organisation d'intéressantes visites de la ville de mi-juin à mi-sept, jeu-dim 14h et 16h (6 €/pers). Équipe dynamique, bonne documentation.

Où dormir ? Où manger ?

Chambres d'hôtes Le Moulin de la Roche : chez Monique et Michel Facq, 1, route d'Auxerre. ☎ 03-86-82-68-13. ● facgarch@wanadoo.fr ● À 1 km à la sortie du village, direction Auxerre ; à droite en haut de la côte. Tte l'année. Résa conseillée en été. Doubles 65-73 €, petit déj inclus. Réduc de 10 % sur le prix de la chambre (de nov à fév inclus) sur présentation de ce guide. Au bout d'un chemin, un moulin du milieu du XIXe siècle, planté au bord du Serein, dans un parc de 4 ha, et joliment restauré. À l'étage, plusieurs chambres de goût, fraîches et plaisantes. À l'entrée, une salle où l'on retrouve en l'état le mécanisme du moulin, un salon et une bibliothèque. Un lieu reposant et plein de charme.

Chambres et table d'hôtes de la Vieille Tour : pl. du Grenier-à-Sel. ☎ 03-86-82-87-69. Fax : 03-86-82-66-04. Au centre du village. Fermé oct-mars. Doubles 50-75 €, petit déj inclus. Table d'hôtes tlj sf jeu ; résa conseillée (☎ 03-86-82-87-36) ; 15 €. C'est dans cette belle bâtisse du XVIIe siècle, couverte de vigne vierge, qu'est né le chansonnier Charles-Louis Pothier, auteur des célèbres *Roses blanches* qui faisaient pleurer grand-maman. Une dizaine de chambres aux murs ornés de tableaux d'art contemporain. Le cadre chaleureux et l'ambiance décontractée font depuis 25 ans le succès de cette étonnante « maison d'hôtes ». À table, vous goûterez une cuisine familiale, parfois exotique, à base de légumes et de fines herbes du jardin.

Où dormir ? Où manger dans les environs ?

Auberge et hôtel de La Beursaudière : 9, chemin de ronde, 89310 Nitry. ☎ 03-86-33-69-69 (resto) et 03-86-33-69-70. ● message@beursaudiere.com ● beursaudiere.com ● À 9 km au sud-ouest de Noyers par la D 49 ; prendre la route de Sacy (ou sortie A 6, Nitry). Congés : 3 sem en janv. Beaucoup de monde : résa conseillée. Doubles 80-115 €. Formule (en sem) 12 € autour d'un plat ; menus 19-38 €. Superbe bâtisse morvandelle, avec son pigeonnier de style médiéval, qui plaît autant aux locaux qu'aux visiteurs en transit. Jolies chambres de style ancien et resto très couleur locale : serveuses en costume régional, menus dits des « roulants » ou des « batteuses ». Une grande terrasse permet de déjeuner ou de petit-déjeuner dehors. On vient de loin pour goûter les œufs en meurette ou les *beursaudes*, spécialités de la maison.

Auberge du Moulin : 89310 Sainte-Vertu. ☎ 03-86-75-95-33. À 10 km au nord-ouest de Noyers par la D 86, direction Tonnerre ; à 7 km, Sainte-Vertu est indiqué sur la gauche ; à l'entrée du village, passer le pont, c'est dans la rue à gauche. Congés : Noël-Jour de l'an. Doubles 40 €. Formule déj (en sem) 12 € ; menus 19-28 €. Café offert sur présentation du guide. Baie vitrée donnant sur la rivière et grande terrasse. Les femmes sont au service pendant que le seul homme de la famille travaille aux fourneaux, sous l'œil de la grand-mère qui mène la baraque. Les chambres sont modestes mais propres, et les repas copieux.

Chambres d'hôtes de la Vallée du Serein : chez Pascal Gastebois, 35, Grande-Rue, 89310 Annay-sur-Serein. ☎ 03-86-82-63-98. ● valleeduserein@wanadoo.fr ● http://valleeduserein.free.fr ● À 6 km au nord-ouest de Noyers par la D 86, direction Tonnerre ; prendre la 2e à gauche en quittant la D 86 ; à l'entrée du village, sur la droite, non loin de la rivière. Tte l'année ; sur résa hors saison. Doubles 45 € avec petit déj. Table d'hôtes, sur résa, 20-32 € selon menu choisi. Ici, pas de stress, on est là pour se reposer en terrasse, à lire un bon livre, à discuter avec Pascal ou à piquer une sieste dans l'une des jolies chambres patinées, à pans de bois et pierre ancienne. Agréable patio fleuri pour prendre le petit déj ou déguster la cuisine concoctée par vos hôtes. Chiens acceptés.

🛏 🍴 **Chambres d'hôtes Le Calounier** : chez Pascal et Corinne Collin, 5, rue de la Fontaine, Arton, 89310 Molay. ☎ et fax : 03-86-82-67-81. • info@lecalounier.fr • lecalounier.fr • De Noyers, direction Auxerre (D 956) ; suivre cette route sur 6 km et prendre la 3ᵉ à droite ; au cœur du hameau d'Arton. Doubles 61 € avec copieux petit déj. Table d'hôtes sur résa, menu 23 € (ven-dim soir) ; assiette terroir 17 € (lun-jeu soir). Grande maison ancienne aux volets blancs aménagée avec beaucoup de goût : grande baie vitrée, beau mobilier. Les chambres, coquettes, pimpantes, spacieuses, bien équipées et au calme, portent des noms de fleurs. Non-fumeurs.

🛏 🍴 **Chambres d'hôtes Château d'Archambault** : chez M. et Mme Marie, 89310 Cours. ☎ 03-86-82-67-55. • chateau-archambault@wanadoo.fr • chateau-archambault.com • À 1,5 km au sud de Noyers par la D 86. Tte l'année. Doubles 70-90 €, petit déj compris. Table d'hôtes le soir sur résa 26 €. À l'écart d'un hameau, dans une élégante maison de maître du XIXᵉ siècle (qu'on appelle vite « château »). Chambres plaisantes, fraîches et colorées. Balcons sur le parc ou sur le jardin potager. Table d'hôtes assez frugale, ceci dit pour les gros mangeurs.

À voir

🏛🏛 **Les maisons anciennes** : *autour de la place de l'Hôtel-de-Ville*. Jolies maisons des XVᵉ et XVIᵉ siècles, à pans de bois, fort bien restaurées, notamment la *maison du Schématisme* (mouvement avant-gardiste des années 1960), au n° 10, unique en son genre, sorte de tour de Pise du village. Certaines possèdent encore des arcades, mode de construction très utilisé au Moyen Âge pour se protéger des intempéries. Tout à côté, place du Marché-au-Blé, intéressante place triangulaire avec d'autres maisons anciennes. Place de la Petite-Étape-aux-Vins, encore une maison du XVIᵉ siècle.

🏛 **L'église** : du XVIᵉ siècle. D'un gothique flamboyant. Sur le côté, porche en accolade, bénitier extérieur et curieux gisant sculpté dans le mur.

🏛🏛 **Le Musée municipal** : *25, rue de l'Église*. ☎ 03-86-82-89-09. • noyers-sur-serein.com • Juin-sept : tlj sf mar 11h-18h30 ; oct-mai : w-e, j. fériés et pdt vac scol 14h30-18h30 ; fermé en janv. Compter 1h de visite. Entrée : 4 € (demi-tarif sur présentation de ce guide) ; gratuit pour les enfants. Installé dans un ancien collège (XVIIᵉ siècle), il fut conçu à l'origine comme un « cabinet de curiosités » par un érudit local (une pièce lui rend hommage). Mais cet étonnant musée, grâce à la donation du peintre Jacques Yankel (fils du peintre Kikoïne qui venait ici avec Soutine dans les années 1930), présente désormais une des plus belles collections d'art naïf de France. Cette collection est aujourd'hui complétée par celle de Jacqueline Selz, amie des surréalistes, et poursuivie par le peintre Yvon Taillandier : les objets d'art populaire qu'ils ont rassemblés initient les visiteurs aux différentes croyances et modes de vie de l'Asie, l'Europe du Sud et l'Amérique latine. Expositions temporaires passionnantes, toute l'année, autour de toutes nouvelles donations, qui intégreront petit à petit le musée.

🏛🏛 **Les remparts et le site du vieux château** : *pour tte info, contacter* Le Patrimoine Oublié, *rue du Poids-du-Roi*. ☎ 03-86-82-61-73. • lpo.levieuxchateau@wanadoo.fr • Visite libre tte l'année. Compter 2h. Promenade délicieuse, chemin des Fossés, le long du Serein, jalonnée par quelques tours de l'ancienne enceinte. Elle se prolonge jusqu'au site du vieux château, enfin, ce qu'il reste, et son beau belvédère donnant sur la région. Animations en juillet-août. Avec notamment, durant le week-end du 15 août, un Gargouillosium unique en son genre. Voir plus loin.

🏛 **L'hôtel de ville** : *près de la porte Peinte*. Sur la façade figure le trait qui matérialise la crue du 25 septembre 1866.

Fête et manifestations

– **Rencontres musicales de Noyers et du Tonnerrois :** *juil.* Nombreux concerts de musique classique, organisés dans les différents édifices historiques du Tonnerrois ; à Noyers, dans l'église Notre-Dame.
– **Procession de la Sainte-Verote :** *14 août.* Grande fête ancestrale où les jeunes filles habillées de blanc défilent dans la rue, en compagnie des vignerons ; pour finir : retraite aux flambeaux.
– **Gargouillosium :** *w-e du 15 août, sur le site du vieux château.* Une vingtaine de sculpteurs sont invités à tailler en 3 j. une gargouille qui sera mise en vente.

➤ DANS LES ENVIRONS DE NOYERS-SUR-SEREIN

Le prieuré de Vausse : 89310 **Châtel-Gérard.** ☎ 03-86-82-64-55 ou 86-84. ● vausse.org ● À une quinzaine de km au sud-est de Noyers ; rejoindre Châtel-Gérard, c'est fléché ensuite. Juil-août : tlj sf mar 14h-19h ; en juin et sept : dim slt 14h-18h. Compter 45 mn de visite. Entrée : 3,50 € ; réduc sur présentation de ce guide ; gratuit pour les enfants. Au cœur de la forêt domaniale, jolie apparition que ce prieuré cistercien fondé vers 1200 par Anséric VI de Montréal. Un lieu hors du temps où, depuis 200 ans, une ferme est exploitée par la même famille sur le finage exact utilisé par les moines il y a 8 siècles ! Le cloître, d'une grande sobriété, cache un délicieux jardin fleuri. Curieusement, le site a été construit à 360 m d'altitude, donc loin d'un point d'eau. Les moines ont par conséquent élaboré un ingénieux système de recueillement d'eau de pluie. Accueil passionné d'un des 6 frères (de sang et non de monastère) qui entretiennent les lieux. Voir aussi la chapelle, où sont régulièrement organisés des concerts et expos en été.

La tour de télégraphe Chappe : *association des Amis de la Tour, 1, rue du Moulin-à-Vent, 89440* **Annoux.** ☎ 03-86-33-84-49 ou 84-07. ● mpiault@aol.com ● À mi-chemin de Châtel-Gérard et Massangis, arrêtez-vous en forêt de Reppe pour découvrir une de ces tours qui permirent au physicien Claude Chappe d'inventer, il y a 200 ans, un nouveau système de communication entre les hommes. Celle-ci se trouvait sur la ligne sud-est reliant Paris à Marseille (elles étaient séparées les unes des autres d'une dizaine de km) et le télégraphe se trouvait au sommet, composé d'un mât et de trois pièces mobiles auxquelles on faisait prendre (à l'aide d'un système de câbles et de poulies) différentes positions correspondant à des signaux répertoriaux. On vous expliquera tout ça sur place si vous passez par là le 1er dimanche de chaque mois entre mai et septembre, 14h-18h.

Le P'tit Train de l'Yonne : *gare de* **Massangis** *(89440).* ☎ 03-86-33-93-33. ● massangis.com ● À 9 km au sud de Noyers par la route d'Avallon. De mi-mai à mi-sept : dim et j. fériés 14h30-17h30. Compter 50 mn aller-retour. Adultes : 5 € ; réduc. En voiture ! Découvrez un morceau d'Yonne à bord de cet ancien petit train qui longe la vallée du Serein sur 5 km, sur l'ancienne ligne départementale du vieux *Tacot*. Ce train circula de 1880 à 1951 jusqu'à Migennes, traversant Chablis et Noyers.

MONTRÉAL (89420) 180 hab.

Situé au sud de Noyers-sur-Serein (21 km). Plus méconnu encore que Noyers et pourtant l'un des plus beaux villages féodaux de Bourgogne. La reine Brunehaut y aurait vécu au VIe siècle, d'où son nom (Mont-Royal). Un cortège de maisons de pierre d'une totale homogénéité architecturale monte à l'assaut d'une colline. Une grande rue qui grimpe entre la porte d'En-Bas et la porte d'En-Haut, des maisons des XVe et XVIe siècles flanquées de tourelles, d'échauguettes, et aucune trace de pseudo-artisans d'art.

Où manger ? Où boire un verre ? Où sortir ?

|●| ♚ ♪ **Au Quinze :** 15, pl. du Prieuré. ☎ 03-86-32-16-49. ● barauquinze@free.fr ● Mar-dim jusqu'à 20h (2h ven-sam). Congés : 2 sem en fév et en sept. Festivallon ts les mer soir en juil-août à 21h. Café offert pour tout repas sur présentation de ce guide. Un petit bar accueillant, en bas du village, où l'on peut déjeuner simplement en semaine, à prix doux (menu 11 €) ; service à la carte le week-end. Membre du réseau « Café de pays », il organise des concerts et soirées à thème tout au long de l'année.

Où dormir ? Où manger dans les environs ?

î |●| **Auberge du Pot d'Étain :** 24, rue Bouchardat, 89440 L'Isle-sur-Serein. ☎ 03-86-33-88-10. ● potdetain@ipoint.fr ● potdetain.com ● À 5 km au nord-ouest de Montréal, à la sortie du village. Tlj sf dim soir, mar midi (hors juil-août) et lun. Congés : en fév et 2 sem fin oct. Doubles 56-75 € selon confort. Menus 25-50 €. Café offert sur présentation de ce guide. Cette minuscule et charmante auberge rurale cache une des vraies bonnes table de la région. Belle cuisine entre terroir et modernisme, où l'andouillette et l'escargot s'en donnent à cœur joie, sans alourdir l'estomac ni l'addition. Cave spectaculaire (avec plus de 1400 références !). Chambres plaisantes, dont certaines avec salon. On a un faible pour celles, au calme, au fond de la petite cour fleurie. Parking payant.

î |●| **Chambres d'hôtes du Domaine des Roches :** 6, rue Chaume-Lacarre, 89420 Sainte-Magnance. ☎ 03-86-33-14-87. ● contact@domainedesroches.com ● domainedesroches89.com ● Au feu, tourner à l'angle du resto L'Auberge des Cordois, suivre la petite route jusqu'à une grande courbe, sur la droite. Doubles 60-70 €, petit déj compris. Table d'hôtes sur résa 24 €, vin compris. Réduc de 10 % sur le prix de la chambre d'oct à mars et café offert sur présentation de ce guide. Arrêtez-vous dans cette maison de village reprise par Éric et Jean-Claude, deux Parisiens égarés qui ont su donner des couleurs et de la vie non seulement aux chambres, mais aussi à l'environnement.

À voir

⚐ **L'église :** tt en haut du village, sur une terrasse d'où la vue porte jusqu'au Morvan. Ancienne collégiale édifiée vers 1170. Viollet-le-Duc l'a restaurée (enfin, il l'a amputée de son clocher...) au XIXe siècle. Sobre, mais joli portail en plein cintre. À l'intérieur, exceptionnel ensemble de stalles en chêne sculpté du XVIe siècle, attribué aux frères Rigolley (des rigolos qui se sont même représentés pendant la pause-déjeuner !) et un magnifique – même s'il est incomplet – retable en albâtre anglais du XVe siècle. Malheureusement, 4 des 7 panneaux ont disparu dans la nature. L'église est parfois fermée, dommage.

➤ DANS LES ENVIRONS DE MONTRÉAL

⚐ **Le château de Pisy** (89420) : à 9 km de Montréal, direction Montbard, par la D 957 ; Pisy se trouve sur la droite. Au bout du village, un impressionnant château, à l'abandon semble-t-il, dominant fièrement la Côte-d'Or située en face. En contre-

LE TONNERROIS

bas passe le TGV, contraste entre forteresse du Moyen Âge et nouvelles technologies ! Le site fut utilisé pour le tournage du film *Jeanne la Pucelle,* de Jacques Rivette.

Le canton de Guillon *(89420)* **:** voici un canton bien trop souvent négligé, qui marque la jonction entre le Tonnerrois, l'Avallonnais et le Morvan. Les petits villages se succèdent avec leur part de belles églises (Sainte-Magnance, Trévilly, Vignes), de lavoirs (Santigny, Sceaux), de fontaines (Bierry-les-Belles-Fontaines, Saint-André-en-Terre-Plaine) et de donjons (Pisy, Cisery, Thizy).

ENTRE AUXERROIS ET MORVAN

Entre le Morvan et l'Auxerrois, la vallée de la Cure est une voie de passage dans laquelle la N 6 coupe aujourd'hui au plus droit. D'abord torrent dans le Morvan, après Vézelay (voir le chapitre précédent), la Cure s'assagit et dessine d'élégantes boucles, tout en semant de somptueuses falaises calcaires dans le paysage.

ARCY-SUR-CURE (89270) 460 hab.

Village célèbre surtout pour ses fameuses grottes... à visiter, sauf si vous n'en avez « cure » !

Où dormir ? Où manger dans les environs ?

Auberge Le Voutenay : RN 6, 89270 Voutenay-sur-Cure. ☎ 03-86-33-51-92. • auberge.voutenay@wanadoo.fr • Au sud d'Arcy-sur-Cure par la N 6. Tlj sf dim soir, lun et mar. Congés : 3 sem début janv, 1 sem fin juin et fin nov. Doubles 55 €. Plusieurs menus 25-55 €. Un parc au milieu duquel coule une charmante rivière au nom tout indiqué pour un restaurateur : le Vault-de-Bouche. Randonneurs et pèlerins en route vers Saint-Jacques-de-Compostelle s'arrêtent souvent à l'auberge et dégustent une cuisine goûteuse élaborée à base de produits du terroir. Quand ils n'ont plus envie de partir, ils disposent de quelques chambres spacieuses, confortables et personnalisées, dont certaines avec salon dans la tour. VTT à disposition des clients.

À voir

Les grottes : ☎ 03-86-81-90-63 (ou 03-86-52-18-14 hors saison). • grottes-arcy.net • Juil-août : tlj 9h30-12h30, 13h30-18h ; hors sais : tlj 10h-12h, 14h-17h. Entrée : 8 € ; réduc. Visite guidée slt. Visite archéologique dim 9h30-13h, sur rendez-vous ; tarif : 15 €.
Un site archéologique majeur, constitué d'un ensemble de cavernes creusées par la Cure. Elles ont le statut de deuxièmes grottes ornées les plus anciennes du monde ouvertes à la visite ! Visite qui traverse, dans la *Grande Grotte,* 900 m de galeries et salles souterraines. Deux petits lacs, des stalactites, stalagmites et autres concrétions qui inventent un univers étrange et merveilleux. Buffon, qui les a visitées en voisin au XVIIIe siècle, y voyait fruits, plantes, meubles, draperies... Les grottes contiennent aussi des peintures et des gravures de mammouths, bouque-

tins, oiseaux, poissons, précisément datées au carbone 14 à 30 000 ans BP (*before present,* c'est-à-dire avant 1950). Mais elles ne se visitent que sur rendez-vous préalable.
Promenade libre ensuite, pour retrouver la lumière du jour, sur les bords de la Cure, en suivant un agréable petit chemin qui part de la Grande Grotte.

✗ *Le château de Chastenay :* à 800 m des grottes. ☎ 03-86-81-93-41. Juil-août : tlj 14h30-18h. Entrée : 7 € ; réduc. Le comte de La Varende, ancien propriétaire des grottes, a concentré tous ses efforts dans cette demeure pour lui restituer ses couleurs et son statut d'origine. Il a su faire ressortir l'aspect « ésotérique » de ce château des XIVe et XVIIIe siècles, aux faux airs de Renaissance. Les sculptures et autres décorations symboliques sont décrites en détail.

✗ ✗ *Le camp de Cora :* site archéologique. Infos auprès de l'association Cora : ☎ 03-86-33-44-19. • coraliger@wanadoo.fr • Tte l'année. Déjà habité au Néolithique, puis village retranché celte, et enfin poste fortifié sur la voie Agrippa. La muraille gallo-romaine flanquée de tours rondes est toujours debout.

VERMENTON (89270) 1 200 hab.

Gros bourg accessible par la N 6. De bien paisibles balades le long des rives de la Cure jusqu'au parc des Îles, par exemple, d'où l'on a une vue sur la tour du XIIIe siècle de l'église et où, en été, sont parfois organisés des concerts.
– Pour une croisière en bateau au départ de Vermenton, contacter le service *Loisirs Accueil* de l'Yonne, à Auxerre (☎ 03-86-72-92-10).

Où manger ?

I●I *Auberge de l'Espérance :* 3, rue du Général-de-Gaulle. ☎ 03-86-81-50-42. ✗ Sur la N 6. Tlj sf lun midi, plus dim soir, lun soir et jeu soir hors saison. Congés : janv. Menus 17-36 €. Café offert sur présentation de ce guide. Une enseigne qui, à elle seule, devrait remonter le moral des troupes ! D'autant que l'accueil est charmant et les petits plats mitonnés délicieux : gambas au marc de Bourgogne, cuisses de grenouilles à la crème d'ail... Formule buffet froid avec le premier menu en été. Vins servis au verre.

Où dormir ? Où manger dans les environs ?

🏠 I●I *Hostellerie de la Fontaine :* 16, rue de Reigny, 89460 Accolay. ☎ 03-86-81-54-02. • hostellerie.fontaine@wanadoo.fr • À 3 km à l'ouest. Indiqué dans le village. Tlj sf dim soir hors saison, ainsi que lun et mar midi tte l'année. Congés : de mi-déc à mi-fév. Doubles 50 €. Plusieurs menus 25-49 €. Réduc de 10 % sur le prix de la chambre sur présentation de ce guide. Dans un gentil village de la vallée de la Cure, une belle demeure typiquement bourguignonne où, aux beaux jours, on s'installe dans le jardin pour goûter la cuisine maison bien typée avant d'aller dormir, au calme, dans une chambre qu'ici on trouve « coquette ». Beau petit déj. L'hiver a aussi ses charmes avec ces plats de terroir servis dans le caveau (avec fromage et dessert) et un pichet d'aligoté ou de pinot noir.

ENTRE AUXERROIS ET MORVAN

CRAVANT (89460) 840 hab.

Sur la N 6, au confluent de la Cure et de l'Yonne, une aimable bourgade anciennement fortifiée. Devant Cravant s'est déroulée, en 1423, une célèbre bataille entre Anglais et Bourguignons d'un côté, Français et Écossais de l'autre. On entre dans le bourg par la porte de Paris (XVIIIe siècle). Dans son prolongement, la rue d'Orléans cache une maison forte avec tourelle d'angle ronde et, surtout, la maison de Bois, la plus ancienne du bourg (1527), qui a conservé un charme émouvant. À deux pas, église du XIIIe siècle au remarquable clocher Renaissance.

Adresses utiles

Syndicat d'initiative intercommunal entre Cure et Yonne : sur la halte nautique de Bazarnes. ☎ 03-86-81-54-26. • coeurdelyonne.com • Mar-sam 10h-12h30, 14h30-19h. Met à disposition un guide pratique sur la région.

Syndicat d'initiative : 4, rue d'Orléans. ☎ 03-86-42-25-71. À droite une fois passé la porte de Paris. L'été slt : 10h-12h. Bonne documentation et infos sur la randonnée dans les environs.

Où dormir ? Où manger dans le coin ?

Hostellerie Saint-Pierre : 5, rue de l'Église, 89460 Cravant. ☎ 03-86-42-31-67. • hostellerie-st-pierre.com • À côté de l'église. Fermé mer et dim soir hors saison. Congés : de fin déc à mi-janv. Résa conseillée l'été et le w-e. Chambres 61-66 €. Menus uniques sur résa 20 € à midi et 31 € le soir. *Café et digestif maison offerts sur présentation de ce guide.* L'agréable petite surprise de la région. Une dizaine de chambres colorées et calmes, donnant sur la cour, toutes de style différent : meubles anciens, beaux tissus, boiseries. Cuisine qui suit astucieusement les saisons. Salle de fitness, billard pour se dépenser ensuite.

Restaurant La Griotte : 3, av. de la Gare, 89460 Bazarnes. ☎ 03-86-42-39-38. Dans Cravant, suivre le canal du Nivernais jusqu'à la gare Cravant-Bazarnes. Du jeu midi au dim soir. Congés : de mi-déc à mi-fév. Menus 14,50-25 € ; à la carte, env 27 €. *Apéritif maison offert sur présentation de ce guide.* On aime toujours beaucoup ce petit resto avec ses heureuses propositions du jour, du style gras-double d'andouille de cochon ou estouffade de bœuf. Ne pas manquer la griotte en dessert, spécialité de la maison. En plus, le service est charmant. Port de plaisance et plage à 300 m.

MAILLY-LE-CHÂTEAU (89660) 560 hab.

Encore un joli bourg. Deux villages en fait : l'un anciennement fortifié, perché sur un promontoire ; l'autre installé au bord de l'Yonne. Au centre de Mailly-le-Haut, église fortifiée du XIIIe siècle, dotée d'une surprenante façade gothique. À l'extrémité du village, terrasse qui offre une vue panoramique sur l'Yonne et les collines du Morvan. Au pied de la falaise, Mailly-le-Bas. Pittoresque aussi, avec ses trois cours d'eau parallèles franchis par autant de ponts, ses écluses modèles réduits, la petite chapelle Saint-Nicolas (patron des flotteurs de bois) posée sur la rivière.

DANS LES ENVIRONS DE MAILLY-LE-CHÂTEAU

¶¶ *Les rochers du Saussois :* au sud de Mailly-le-Château. Superbes falaises calcaires de 50 m surplombant l'Yonne. Cheminée des fées et sentiers raides à travers les éboulis. En arrivant de Mailly-le-Château, prendre à gauche la petite route direction « Bois du Fourneau ». Elle grimpe au-dessus de la falaise. À vos pieds, des péniches qui glissent sur l'Yonne et un village tout à fait pittoresque, avec son moulin le long de la rivière.

¶¶ *Balades à vélo le long du canal du Nivernais :* il est possible de se procurer auprès des offices de tourisme de la région la carte *À vélo le long de l'Yonne et du canal du Nivernais*. Elle présente un tracé complet kilomètre par kilomètre, avec les étapes et les choses à voir. Reposant, agréable et pour tous niveaux.

¶¶ *Châtel-Censoir* (89660) : *à 10 km au sud de Mailly, le long du canal du Nivernais.* Châtel-Censoir est encore un bourg fortifié et perché (entouré d'une petite ville un peu industrialisée). Quelques ruelles concentriques et de solides maisons bourgeoises, ordonnées autour de la massive collégiale Saint-Potentien (XIe-XVIe siècle).

LA PUISAYE

« Il n'y a pas de mots, ni de crayons, ni de couleurs, pour vous peindre, au-dessus d'un toit d'ardoise violette brodé de mousses rousses, le ciel de mon pays », écrivait Colette. La bien modeste Colette. Parce qu'elle les a trouvés ces mots (et quels mots !) pour évoquer la beauté toute de retenue de sa Puisaye natale. Alors, comment écrire, après Colette, sur la Puisaye ? Comment, mieux qu'elle, raconter cette microrégion qui oublie le découpage administratif et englobe un petit morceau de la Nièvre, un autre du Loiret ? Comment vous emmener sur ses chemins creux et ses petites routes désertes qui sillonnent bocage et forêts percés d'étangs ? Comment vous faire pénétrer dans ses églises peintes à l'ocre, dans les ateliers où des potiers perpétuent une tradition médiévale ? Comment, sinon en vous invitant d'abord à lire (ou à relire) Colette ? Partez ensuite à l'aventure sur des routes qui invitent à la détente, même si vous risquez de ne plus être seul aux beaux jours, l'autoroute A 77 et le chantier médiéval de Guédelon ayant, en l'espace d'une décennie, ouvert au monde ce pays autrefois si secret.

DRUYES-LES-BELLES-FONTAINES (89560) 290 hab.

Un château féodal (XIIe siècle) qui dresse encore fièrement ses murailles sur un éperon rocheux. Autour du château, un vieux village à qui l'on n'a jamais dit que l'enrobé et le béton existaient. Cette poignée de maisons a un charme fou ! Au pied du château, d'autres vieilles maisons encore, une sobre église romane et un enchevêtrement de petits cours d'eau et d'étangs.

À voir

¶¶ *Le château fort des comtes d'Auxerre et de Nevers :* en haut du village. ☎ 03-86-41-51-71. • chateau-de-druyes.com • Juil-août : tlj 15h-18h ; Pâques-

fin sept : slt w-e et j. fériés 15h-18h. Tarif : 5 € ; réduc. Parcours-découverte en visite libre. Un château fort bien conservé, construit à la fin du règne de Philippe Auguste, qui était la demeure des comtes d'Auxerre et de Nevers. C'est ici que Pierre de Courtenay, en 1216, a reçu les ambassadeurs venus lui proposer la couronne de l'Empire latin de Constantinople. Maquette reconstituant le château et le village au XVIIe siècle. Très beau panorama sur la vallée et sur l'un des plus beaux villages de l'Yonne. Animations en été, avec spectacles médiévaux et concerts.

➤ DANS LES ENVIRONS DE DRUYES-LES-BELLES-FONTAINES

¶¶ **Les carrières souterraines d'Aubigny :** 89560 Taingy. ☎ 03-86-52-38-79. • carriere-aubigny.com • ⚒ À 8 km au nord de Druyes par la D 148. *Juil-août : tlj 10h-18h30 (sf dim mat) ; hors saison : tlj sf lun 10h-12h, 14h30-18h30 ; fermé nov-avr. Entrée : 5,50 € ; réduc (notamment sur présentation de ce guide).* Compter une petite heure de visite. Prévoir sa petite laine (ils en prêtent

UNE CARRIÈRE DE PIERRES PRÉCIEUSES

Exploitées depuis l'époque gallo-romaine jusqu'à la Première Guerre mondiale, les carrières d'Aubigny (qui permettent de descendre jusqu'à 50 m sous terre) ont fourni les pierres de l'Hôtel-de-Ville de Paris, de l'Opéra Garnier ou des cathédrales de Sens et d'Auxerre.

aussi sur place). Les pierres (extraordinaire entassement de blocs de calcaire d'une blancheur quasi immaculée, voûte haute de 18 m) portent encore par endroits les traces des lances et autres aiguilles, seuls outils utilisés autrefois par les carriers. Quelque chose d'une gigantesque sculpture contemporaine souterraine. Pour tout savoir de A à Z sur l'extraction de la pierre. Frais, insolite et beau.
– À Taingy, en sortie de ville, route de Courson, à droite, une route accède à une **table d'orientation** qui offre un panorama à 360° sur tout le département. Situé à 386 m d'altitude, ce point est le deuxième plus haut de l'Yonne.

TREIGNY ET LE CHANTIER MÉDIÉVAL DE GUÉDELON (89520)

Un nouveau nom est apparu sur les cartes de la région ces dernières années : le chantier médiéval de Guédelon. Attention, si le chantier du château est bien sur la commune de Treigny, n'allez pas vous perdre sur les petites routes sinueuses qui mènent au village. Il se trouve en fait sur la D 955, entre Saint-Amand (dernier village de la Nièvre) et Saint-Sauveur (voir plus loin). Si vous êtes perdu, demandez aux habitants de Treigny. Mot de code : Guédelon ! Nom magique qui attire à lui seul des centaines de visiteurs chaque jour sur des routes peu habituées, il y a seulement dix ans, à en voir passer autant en un mois...

Où dormir à Treigny et dans les environs ?

🏠 **Gîte à la ferme :** chez Murielle et Ludovic Goury, 25, rue du Chanoine, « Le Chaineau », 89520 Treigny. ☎ 03-86-74-65-39. • ludoetmurielle@wanadoo.fr • giteduchaineau.fr • ⚒ *(pour le studio). Du chantier, prendre la D 955 vers Saint-Amand ; à 3 km, suivre Treigny, indiqué sur la gauche ; passer le hameau du Chaineau : à sa sortie, c'est une des dernières maisons sur la droite.*

TREIGNY ET LE CHANTIER MÉDIÉVAL DE GUÉDEL

Tte l'année. Un gîte (6 pers) et un studio (2 pers) loués respectivement 290 et 230 € la sem, 150 et 120 € le w-e, 30 € la nuit en studio avec le petit déj. Apéritif maison offert pour les loc d'1 sem, sur présentation de ce guide. Grand salon avec une cuisine équipée, à l'américaine, et 2 chambres fraîches et propres. Entrée indépendante, machine à laver et TV. Propriétaires toujours serviables et de bonne humeur.

🏠 *Chambres d'hôtes Le Châtelet :* chez Max Bourgoin, 7, rue du Ch 89520 Lainsecq. ☎ 03-86-74-7 À 7 km au sud-est de Guédelon par la D 7 puis la D 45 ; dans le village. Congés : Noël-Jour de l'an. Doubles 34 €, copieux petit déj compris. Réduc de 10 % dès la 4e nuit sur présentation de ce guide. Trois chambres toute simples dans l'un des bâtiments d'une exploitation agricole. Coin-cuisine à la disposition des hôtes. Accueil authentique et chaleureux.

À voir

🎭 *Le chantier médiéval de Guédelon :* D 955, 89520 Treigny. ☎ 03-86-45-66-66. • guedelon.fr • ♿ (partiel). Sur la D 955, à 6 km au sud-ouest de Saint-Sauveur en venant de Saint-Amand (bien indiqué... une fois arrivé sur place). Juil-août : tlj 10h-19h ; hors saison : tlj sf mer 10h-18h (19h dim et j. fériés). Fermeture des caisses 1h avt. Compter 2h de visite. Entrée : 9 € pour les grands, 7 € pour les plus jeunes.

Un site incroyable qui surprend chaque année un peu plus ceux qui suivent ce rêve, bien éveillés, depuis dix ans ! Dans une carrière abandonnée s'élève, pierre après pierre, un château féodal. Un vrai ! Avec pont dormant, douves, donjon et tout le reste ! Une pure création utilisant les canons architecturaux instaurés par Philippe Auguste aux XIIe et XIIIe siècles.

Plus incroyable encore, ce château est construit avec les moyens du XIIIe siècle. Et en temps réel : les travaux seront terminés dans une quinzaine d'années ! Vous pourrez découvrir d'ailleurs le chantier en marche à l'accueil des visiteurs, ou en consultant le site internet.

C'est à Michel Guyot, actuel propriétaire du château de Saint-Fargeau (voir plus loin), que l'on doit cette idée folle. Il lui fallut quelques mois seulement pour convaincre et mobiliser différents partenaires. La première pierre du château a été posée en 1997 (avec une pièce de monnaie de l'année, scellée, pour ne pas embrouiller les archéologues du futur !) et l'on se situait alors en 1228. On a pu voir s'ériger les murs du château fort en construction, une première tour à 8 m du sol, les premières salles fermées, une grange, et observer les artisans au travail (loges du tailleur de pierre, du charpentier, du forgeron, du potier, du cordier, des essarteurs...). Depuis, ils se sont attelés aux logis seigneuriaux et à la tour maîtresse du château. Dans ce futur village, toute technique de construction postérieure au XIIIe siècle a été proscrite : les chevaux tirent les chariots de pierres, le forgeron bat les fers rougis à la forge...

Les visiteurs (52 000 en 1998 ; ils étaient déjà 300 000 en 2006 !) reviennent d'une année sur l'autre pour apprécier l'évolution des travaux. Leur engouement a permis d'ailleurs au projet de s'autofinancer, dès la troisième saison, d'autant que certains visiteurs ont rejoint l'association à titre bénévole. Quarante-cinq personnes sont aujourd'hui salariées à plein temps. Au plus chaud de l'été, on ne sait d'ailleurs plus ce qu'il faut admirer chez eux, leur compétence, leur résistance, ou leur patience envers les visiteurs à qui ils se doivent de donner tous les renseignements possibles et imaginables.

La visite dure environ 2h et on peut apporter son pique-nique (aires abritées ou pas), bien qu'il existe une taverne (restauration médiévale, on s'en serait douté !) sur le site. Passionnant et ludique à la fois. À faire en famille. On peut, par un chemin, rejoindre à pied (5 km) le château de Ratilly, qui inspira Guédelon, bien que son architecture soit quelque peu différente.

🎭 *Le château de Ratilly :* 89520 **Treigny.** ☎ 03-86-74-79-54. Bien fléché depuis Treigny. Juil-sept : tlj 10h-18h ; (hors saison : lun-ven 10h-12h, 14h-17h ; sam-dim

15h-18h. Entrée : 4 €. On ne découvre vraiment le château, un peu perdu au milieu de nulle part et entouré de forêts, qu'arrivé en face de ses nombreuses tours. Bel édifice de pierre ocre (grès ferrugineux), construit en 1270. En anecdote, la Grande Demoiselle, arrivant de Saint-Fargeau, y passa, mais, trouvant l'endroit si « petit et ennuyant », elle le surnomma le « désert ». Place forte huguenote en 1567, puis refuge pour les jansénistes au XVIIIe siècle, Ratilly abrite un atelier de poterie ; expos, stages et concerts l'été.

Le parc animalier de Boutissaint : 89520 Treigny. ☎ 03-86-74-18-18. • boutissaint.com • À mi-chemin de Treigny et de Saint-Fargeau, sur la D 185. Tlj 8h30-19h. Fermé en hiver. Entrée : 8 € ; réduc. Près de 400 animaux (daims, biches, chevreuils, etc.) vivent en liberté sur 400 ha, et il faut parfois un peu de patience pour les débusquer. Pour les plus paresseux, trois enclos de sangliers, bisons, cerfs, daims et mouflons permettent d'observer en toute tranquillité. Jolie petite chapelle à l'entrée et un gîte rural sur place, pour venir écouter le brame du cerf, ainsi que deux étangs pour pêcher (plus calme !). Location de VTT sur place *(5 €/h)*.

Parcours aventure du Bois de la Folie : ☎ 03-86-74-70-33. • natureadventure.fr • À deux pas de Boutissaint, sur la D 185. De fin mars à mi-nov. Pour vous évader en famille dans les arbres.

SAINT-FARGEAU (89170) 1 693 hab.

« Petite » capitale de la Puisaye, touristique et charmante. Exilée à Saint-Fargeau, la cousine de Louis XIV en a complètement transformé le château. Depuis, l'édifice s'est redécouvert une nouvelle jeunesse avec l'un des plus beaux son et lumière présentés en France, retraçant son histoire.

ICI, ON SE RENGORGE !

Saint-Fargeau est la ville natale d'une certaine Herminie Cadolle qui a inventé, en 1889, le corselet-gorge, ancêtre du soutien-gorge. Un sous-vêtement que ne connaissait pas la Grande Mademoiselle, autre gloire locale.

Adresse utile

Office de tourisme de la Puisaye fargeaulaise : 3, pl. de la République. ☎ 03-86-74-10-07. • tourisme.ccpf.fr • Ouv du lun ap-m au sam 10h-12h, 14h30-17h (19h de mi-juil à fin août) ; dim 10h-12h, 15h-18h (19h en été) ; jusqu'à 19h30 les soirs de spectacles. De mi-nov à mi-mars, horaires restreints. Se rens sur place. Accueil serviable et bonne documentation : plan de la ville et de ses environs, brochures sur les routes des potiers, *Les Chemins de l'Art en Puisaye*, et les églises et peintures murales en Puisaye-Forterre.

Où dormir ? Où manger ?

Les Grands Chênes : Les Berthes Bailly. ☎ 03-86-74-04-05. • contact@hotel-de-puisaye.com • hotel-de-puisaye.com • À 4 km du château de Saint-Fargeau, en direction de Saint-Amand-en-Puisaye. Doubles 69-72 € ; maisonnette indépendante 80 € pour 2, 110 € pour 4 ; petit déj anglais sur résa 12 € (continental 7 €). Un vrai hôtel de charme, à 500 m du lac du Bourdon. Idéal pour se ressourcer, au calme, même si la route n'est pas loin. Jolies chambres mansardées, même si on a eu un coup de cœur pour celles, plus petites, avec terrasse et vue sur le parc. Amusant petit déj à l'anglaise (surtout quand le boucher du village ne se trompe pas de saucisses !), d'autant moins surprenant quand vous aurez entendu l'accent chantant de madame. Son mari, enfant du pays, saura vous indiquer les bons coins pour aller à bicyclette avec ou sans Paulette.

🛏️ |●| *Il était une fois... un jardin :* 2, rue Raymond-Vernay, route de Saint-Sauveur. ☎ 03-86-74-03-73. • iletaitunefoisjardin@free.fr • http://iletaitunefoisjardin.free.fr • Congés : janv-fév. Au centre du village, chambres d'hôtes de charme 60-80 €, petit déj compris. Repas 20 €, vin et apéritif compris. Réduc de 10 % mar-jeu sur présentation de ce guide. À deux pas du château, une adresse cachée qui plaira aux amateurs d'authentique et d'insolite tout à la fois, car cette belle maison du XVIIIe siècle, nichée dans la verdure, appartient à une femme hors du commun, qui peut en énerver plus d'un. Dany a de la personnalité, comme ses chambres, riches de ses fantasmes et de ses souvenirs. Craquerez-vous pour la japonaise ou la coloniale, ou encore pour la tour, avec vue sur la rivière ? À moins que vous ne préfériez l'atelier d'artiste, côté jardin.

|●| *L'Auberge Les Perriaux :* à la gare. ☎ 03-86-74-16-45. • fermeauberge@lesperriaux.com • 🍴 En sortie de ville, route d'Auxerre. Menu déj (en sem) 15 €, puis menus 20-35 €. Digestif maison offert sur présentation de ce guide. Une ancienne gare désaffectée convertie en une table sympa, où sont proposées les spécialités de la ferme familiale à Champignelles (foie gras, magret, confit...). On est accueilli par le dicton du jour sur l'ardoise, avant d'opter pour la grande salle blanche et fraîche, à la déco d'autrefois, ou la terrasse gazonnée sous les tilleuls. En dessert, l'assiette composée est tout simplement incontournable !

Où dormir ? Où manger dans les environs ?

🛏️ *Chambres d'hôtes du Domaine des Beaurois :* chez Anne-Marie et Bernard Marty, La Chasseuserie, 89170 Lavau. ☎ et fax : 03-86-74-16-09. À 8 km au sud de Saint-Fargeau par la D 965 ; suivre les panneaux. Congés : à Noël et 1er janv. Compter 54 € pour une chambre, petit déj compris. Apéritif maison offert et remise de 10 % dès la 2e nuit (sf 15 juil-15 août), sur présentation de ce guide. Une clairière perdue dans la forêt et, au milieu, cette ancienne ferme productrice d'un vin superbe des coteaux-du-giennois. Visite du chai possible. Accueil charmant. Deux chambres et une suite familiale, tout équipées, simples mais plaisantes. L'une d'elles ouvre sur le jardin et sa piscine. Animaux refusés. Plein de bons renseignements à glaner sur la région.

|●| *La Mare aux Fées :* Le Vieux-Pont, 89130 Mézilles. ☎ 03-86-45-40-43. À 10 km au nord-est de Saint-Fargeau par la route d'Auxerre. Tlj sf lun soir, mar soir et mer. Résa conseillée. Menus 18,50-25 €. À l'entrée d'un vieux pont où coule tranquillement le Branlin, *La Mare aux Fées* nous a enchantés : la cuisine reste classique mais elle est subtile, avec une bonne sélection de vins, dans un cadre reposant et bucolique, et l'accueil sonne juste. Dans l'assiette, de vrais œufs en meurette, un jambon à la chablisienne, une andouillette au vin blanc, et un Paris-Brest maison qui fond dans la bouche.

🛏️ |●| *Le Champcevrais :* 28, rue des Variétés, 89220 Champcevrais. ☎ 03-86-74-96-00. • le.champcevrais@wanadoo.fr • 🍴 À 17 km au nord-est de Saint-Fargeau ; direction Bléneau d'où l'on rejoint Champcevrais ; à côté de l'église. Tlj sf dim soir, lun et le soir hors saison excepté ven-sam. Résa conseillée. Double 33 € avec douche et w-c. Formule en été 11 € ; menus 22,50-60 € ; à la carte, env 45 €. Les chambres sont propres, calmes et lumineuses. Au resto, le cadre est plutôt cosy et la vaisselle dans l'air du temps. La carte change tous les 3 mois : souris d'agneau au piment d'Espelette, ragoût d'escargots au chablis... La bonne petite adresse dans ce village quelque peu isolé.

🛏️ |●| *L'Auberge des Sept Écluses :* 1, rue Gaspard-de-Coligny, 89220 Rogny-

LA PUISAYE

les-Sept-Écluses. ☎ 03-86-74-52-90. • rogny7@free.com • À 20 km au nord-ouest de Saint-Fargeau par la D 90 ; sur les bords du canal. Fermé lun, mar midi. Congés : janv-fév. Cinq chambres mansardées tt confort 45-50 €. Menus 17-35 €. Café offert sur présentation de ce guide. C'est l'endroit idéal pour voir passer les bateaux ou même en louer un. Le lieu est réputé dans la région et on peut y manger en terrasse aux beaux jours.

À voir

La tour de l'Horloge : en brique et en pierre, joliment rénovée, elle marque l'entrée de la vieille ville depuis le XVe siècle.

Les peintures murales de la chapelle Sainte-Anne : dans le cimetière de la ville. La chapelle Sainte-Anne possède d'anciennes peintures murales du XVIe siècle représentant des scènes de la passion du Christ. Demander la clé à l'office de tourisme.
Encore plus belles et peu connues, les *peintures murales de l'église Saint-Fiacre*, à **Ronchères**, à 4 km par la route d'Auxerre *(clé auprès de Mme Decoopman ;* ☎ *03-86-74-04-79).*

Le château de Saint-Fargeau : ☎ 03-86-74-05-67. • chateau-de-st-fargeau.com • Tlj 10h-12h, 14h-18h. Fermé 11 nov-1er avr. Visite guidée de 45 mn. Entrée : 9 € (7 € sur présentation de ce guide) ; réduc.
Les frères Guyot ont, après 20 années d'efforts et de restaurations en tout genre, offert une nouvelle vie à ce château qui fait déjà, d'entrée, un peu château de conte de fées grâce à ses murs de brique rose. Un château de légendes, au sens strict. En été, le spectacle retrace parfaitement l'atmosphère autant que la vie de ces vieilles pierres qui semblent n'attendre que les projecteurs pour nous confier leurs secrets. Dès le Xe siècle, il a commencé à faire parler de lui, mais ce sont les XVe et XVIIe siècles, surtout, qui l'ont vu croître et s'embellir.
Ses propriétaires les plus célèbres furent Jacques Cœur et Mademoiselle de Montpensier. Ce n'est pourtant pas à la Grande Mademoiselle – soucieuse d'ajouter une touche féminine à l'édifice et qui passa quelques années au château lors de son exil – qu'on doit ce majestueux pentagone de briques roses, mais à un autre propriétaire, Antoine de Chabannes, qui a choisi la brique pour son intérêt défensif ! L'architecte Le Vau, à qui l'on doit Versailles, intervint aussi sur les façades et la cour intérieures. Mais c'est essentiellement le tour complet des charpentes qui vaut le coup d'œil : impressionnantes (1 000 t de poutres de chêne) ! Visite guidée passionnante des salons et de la charpente. Écuries et parc en visite libre.
– **Promenade en calèche dans le parc du château :** *tlj en été, sur résa le reste de l'année.* ☎ *03-86-74-14-99 ou P : 06-81-93-46-94. Tarif : 4,50 € ; réduc.* Environ 25 mn de promenade dans le parc et autour du plan d'eau.

Le musée de l'Aventure du Son : pl. de l'Hôtel-de-Ville. ☎ 03-86-74-13-06. • aventureduson.fr • Mai-sept : tlj 10h-12h, 14h-18h ; hors saison : slt l'ap-m, sf mar ; en hiver : slt pour les groupes. Compter 1h30 de visite. Entrée : 5,50 € (4 € sur présentation de ce guide) ; réduc. Voici la plus importante collection du genre en Europe. Léguée par M. Nogues, ancien maire de la ville, elle présente plus de 1 000 pièces, réparties dans 8 salles d'exposition, de cet appareil dans lequel Prokofiev voyait une « invention du démon » : le phonographe, ou gramophone (suivant son fabricant : Edison ou la Deutsche Grammophon). En verre, en cuivre, en bois, en étain, certains fonctionnent encore très bien. Des pièces rares (les premières machines à dicter le courrier de 1888), des curiosités (le gigantesque mæstrophone), les retrouvailles avec une vieille connaissance (Nipper le chien, la voix de son maître !) et quelques révélations : le juke-box existait dès les années 1910 et il s'appelait phonotable. Impressionnante machine orchestre pneumatique de 1930. Également des radios et instruments de musique mécaniques : le limonaire, l'orgue de barbarie et le piano bastringue (du karaoké avant l'heure !). Un musée passionnant.

Manifestation

– *Spectacle historique Son et Lumière :* ☎ 03-86-74-05-67. • chateau-de-st-far geau.com • ♿ *De mi-juil à fin août : ven soir et sam soir. Début du spectacle vers 22h (durée : 1h30). Achat des billets sur place ou par courrier ; pas de résa par téléphone. Entrée adultes : 15 € ; réduc (notamment sur présentation de ce guide). Prévoir une petite (et même une grosse) laine.* Toute l'histoire du château et de la Puisaye sur 10 siècles, du Moyen Âge à l'arrivée des troupes américaines de la Libération. Avec des variantes selon les années, bien sûr. Pour ce spectacle, plus de 700 bénévoles de la région sont mis à contribution, 50 cavaliers, 6 000 costumes, 50 chevaux, 4 ânes, pour le bonheur de plus de 70 000 spectateurs par an. Unique en son genre.

➤ DANS LES ENVIRONS DE SAINT-FARGEAU

Le lac du Bourdon : à 3 km au sud-est par la D 185. Grand réservoir artificiel (250 ha) aménagé pour alimenter en eau le canal de Briare. Plage de sable et baignade, voile et planche à voile. Idéal les jours de grande chaleur.

Agréable aussi de s'installer l'été à la terrasse de *L'Auberge du Lac* pour boire un verre ou grignoter à midi (☎ 03-86-74-03-23).

Les sept écluses de Rogny : au nord-ouest de Saint-Fargeau par la D 90 et aux portes du Loiret (20 km). Un saut de trois siècles dans le temps pour voir combien le système initial des écluses était osé et leur franchissement impressionnant. Les sept écluses successives, présentant une élévation de 34 m, permettaient la réunion des deux bassins de la Loire et de la Seine. La construction de l'édifice, ordonnée à la hâte par Henri IV, commença en 1604 pour être abandonnée à sa mort. Elle fut reprise en 1638 pour se terminer en 1642. Le canal fut utilisé jusqu'en 1887. Depuis un siècle, les sept ouvrages ont été remplacés par un passage plus commode et moins monumental de cinq portes seulement. Balade agréable le long du chemin de halage. Attention, familles : pas de garde-fou ! Grand feu d'artifice en juillet *(rens :* ☎ *03-86-74-54-93 ; ou auprès de l'office de tourisme :* ☎ *03-86-74-57-66).*

SAINT-SAUVEUR-EN-PUISAYE (89520) 949 hab.

Surmonté d'un château des XVIIe et XVIIIe siècles et d'une tour en grès ferrugineux de forme ovoïde bâtie au XIe siècle par les comtes d'Auxerre et de Nevers, Saint-Sauveur-en-Puisaye s'étage jusqu'au bas de la colline. C'est un agréable lieu de séjour qui, sous un aspect faussement endormi, reçoit régulièrement d'intéressantes manifestations, telles le *Salon du Livre et de l'Écriture* (2e dimanche de mai), la *Foire aux Potiers* (3e week-end de juillet), un concours hippique (début juillet)... La tour sarrasine du château, qui domine la région environnante, est actuellement en cours de restauration.

On peut visiter l'église Saint-Jean-Baptiste, avec sa nef et ses collatéraux voûtés en berceaux de bois (comme d'ailleurs la plupart des églises en Puisaye), son chœur et son abside voûtés en pierre du XIIe siècle. Du château partent également des sentiers à thème, sur les pas de Colette, permettant de découvrir la Puisaye telle que l'a connue et si bien chantée l'écrivain.

COLETTE À L'HONNEUR

Saint-Sauveur-en-Puisaye connaît une certaine renaissance, voire même une reconnaissance certaine, en tant que ville de naissance de Gabrielle Colette, plus connue sous le simple nom de Colette, écrivain(e) de son état. Pour l'occasion, le château, restauré, est devenu un très intéressant musée littéraire, dédié à la vie et à l'œuvre de la grande Colette.

Où dormir ? Où manger à Saint-Sauveur et dans les environs ?

🏕 🛏 🍴 **Motel et camping du Parc des Joumiers** : route de Mézilles. ☎ 03-86-45-66-28. • campingmoteljoumiers@wanadoo.fr • camping-motel-joumiers.com • ⚐ À 1,5 km de Saint-Sauveur, sur la route de Mézilles. Fermé de mi-nov à mi-mars. Chambres (à 2 lits) 33 €. Au camping, forfait emplacement 2 pers avec voiture, tente et électricité 14 €. Loc de mobile homes. Snack avec des plats bon marché. Café ou apéritif offert sur présentation de ce guide. Dans un cadre de verdure au bord de l'eau où l'on peut pêcher. Baignade et plage de sable. Accueil sympa.

🛏 🍴 **Chambres d'hôtes Art' Monie** : 6, rue du Bourgelet, 89560 Lain. ☎ 03-86-45-20-39. • arlette@artmonie.net • artmonie.net • À 12 km de Saint-Sauveur par la route d'Ouanne ; à 6 km, sur la droite, une route indique Le Défens et Lain ; c'est dans le village (indiqué). Ouv de fév à mi-nov. Doubles 57 €. Dîner ven-sam, 23 €. Apéritif, café ou digestif offert, ainsi qu'une remise de 10 % en basse saison sur présentation de ce guide. Repas traditionnel de terroir (mais réservez tôt la veille). Une adresse calme, fleurie, avec des chambres de goût à l'étage, décorées de bibelots. Ici, on aime les tissus, il n'y a qu'à voir les dessus-de-lit. Quelques peintures aux murs, un jardin et Balthus, le chien de la maison. Accueil familial et gentil.

🛏 **Chambres d'hôtes du Domaine des Sapins** : chez Fabrice Brangeon-Bonnard, route de Mézilles. ☎ 03-86-45-50-32. • brangeon_bonnard@hotmail.com • domaine-des-sapins.com • Chambres 50-60 €, petit déj inclus ; possibilité de lit supplémentaire. Petits prix mais grande et belle maison de maître du XIXe siècle. Poussé par sa famille et de nombreux amis, Fabrice a décidé d'aménager quelques chambres, pour le plus grand plaisir de ses hôtes qui, outre les ombrages d'un parc aux arbres centenaires, bénéficient de la piscine (couverte et chauffée). Amoureux de sa Puisaye natale, il se montre particulièrement disponible pour raconter l'histoire de son village, indiquer les plus jolis itinéraires permettant de découvrir et de succomber au charme de cette région que Colette nommait « mon bouquet de Puisaye ».

À voir

🚶 **La maison de Colette** : rue Colette (ne se visite pas ; remarquez la jolie plaque de rue). « À grandes fenêtres et sans grâce, une maison bourgeoise de vieux village » qui n'a pas vraiment changé depuis la description qu'en fait Colette dans *Claudine à l'école*.

🚶🚶🚶 **Le musée Colette** : château de Saint-Sauveur. ☎ 03-86-45-61-95. ⚐ 1er avr-31 oct : tlj sf mar 10h-18h ; fév-mars : tlj sf mar 14h-18h ; le reste de l'année : slt les w-e 14h-18h. Congés : déc-janv. Entrée : 5 €.
Dans un château des XVIIe-XVIIIe siècles, le seul musée au monde consacré à Colette. Elle n'y a jamais vécu et pourtant elle est là : dans l'air flotte un parfum de violette, et sa voix rocailleuse couvre les roucoulements des pigeons derrière la fenêtre. Elle va arriver, saisir l'une des boules de sulfure de sa collection... Elle est là aussi, dans cette pièce tapissée de photos. Elle est là, enfin, dans cette bibliothèque où 1 500 livres s'ouvrent sur 1 500 fragments de son œuvre. Un musée d'atmosphère, de sensations, d'émotions. Une franche réussite. Également une exposition permanente d'artistes qui se sont inspirés de l'œuvre de Colette. Librairie sur place, s'il vous manque une œuvre de l'auteur.
🍴 🍷 Et comme Colette était amatrice de thé, faites une pause à la librairie-salon de thé du rez-de-chaussée. Joli cadre et accueil sympathique pour goûter des parfums venus d'ailleurs. Possibilité de grignoter.

🍴 **La tour Sarrazine :** *à côté du château.* Donjon du XIe siècle. Curieuse forme ovoïde et belle pierre rouge.

➤ DANS LES ENVIRONS DE SAINT-SAUVEUR-EN-PUISAYE

MOUTIERS *(89520)*

🍴🍴 **L'église Saint-Pierre de Moutiers :** *à 3 km au sud-ouest de Saint-Sauveur par la D 85. Tlj 9h-19h ; en hiver : slt w-e 9h-18h. Visite guidée possible avec Mme Courtial (rens au ☎ 03-86-45-51-64).* Petite église qu'on visitera pour ses fresques (du XIIe siècle pour l'essentiel) à l'ocre typique de la Puisaye, représentant la vie du Christ, de saint Jean-Baptiste, des scènes de la Genèse...

🍴🍴 **Poterie de la Bâtisse :** *La Bâtisse. ☎ 03-86-45-68-00. • poterie-batisse.com • Tlj sf dim mat et lun 10h-12h30, 14h-18h30.* Un lieu qui sent bon le passé, les racines, le travail accompli par douze générations de potiers de la même famille, que les héritiers ont décidé de faire revivre. Grand four couché qui n'a guère le temps de se reposer. Pétrissage de la terre, tour à bâton ou à pied, émaillage, cuissons. Démonstration de tournage en fin de visite.

FONTENOY *(89520)*

🍴🍴 **Le centre régional d'Art contemporain :** *château du Tremblay. ☎ 03-86-44-02-18. À Saint-Sauveur, prendre la direction Saints-en-Puisaye, puis Fontenoy ; suivre les panneaux. Tlj 11h-19h, sf lun non fériés de Pâques à la Toussaint. Tarif : 3,50 € ; réduc.* Dans le cadre d'une gentilhommière du XVIIe siècle, deux espaces permanents, le premier étant dédié à l'œuvre de Fernand Rolland, co-fondateur du centre, l'autre à M'an Jeanne, vieille dame qui, pendant les trois dernières années de sa vie, s'est amusée à peindre des pastels gras étonnants. Artothèque de près de 400 œuvres. Expositions temporaires également.

🍴🍴 **Le musée et les monuments commémoratifs de la bataille de Fontenoy :** *☎ 03-86-44-23-90. Musée ouv le w-e de Pâques à la Toussaint ; entrée : 3 € ; gratuit pour les moins de 15 ans.* Le petit village de Fontenoy fut témoin, le 25 juin 841, d'une bataille à l'origine des grands conflits intereuropéens. Une bataille qui aurait opposé les trois petits-fils de Charlemagne et aurait marqué la fin du grand Empire occidental des Carolingiens. Aujourd'hui, on peut découvrir les alentours de ce lieu chargé d'histoire en suivant un parcours balisé de 5 km à travers les champs, passant d'un village à l'autre, et agrémenté de quelques œuvres artistiques qui longent le tracé : un plan-relief, le trône de Charlemagne, un petit musée qui explique la bataille et puis, devant l'église, une sculpture près de l'obélisque qui rappelle le souvenir à mi-parcours.

TOUCY   *(89130)*   2 590 hab.

Toucy est le bourg natal d'un certain Pierre Athanase Larousse qui se prit d'amour pour les mots et les sema à tous vents. Né en 1923 d'un père charron-forgeron et d'une mère aubergiste, il passa ici une enfance heureuse, entre l'école publique, la campagne et les livres.
Une petite ville qui s'anime surtout le samedi matin, quand toute la Puisaye ou presque se retrouve à son marché. Plusieurs commerces donnent le statut de poumon économique de la Puisaye icaunaise à la ville.

Adresse utile

ℹ️ Office de tourisme : 1, pl. de la République. ☎ 03-86-44-15-66. Tt près de la statue de Pierre Larousse. En saison : tlj sf lun mat 9h30-12h, 15h-18h ; hors saison : mar-sam 10h-12h, 15h-17h. Bien documenté.

Où manger ?

I●I Le Lion d'Or : 37, rue Lucile-Cormier. ☎ 03-86-44-00-76. Tlj sf dim soir et lun. Menus 18-27 €. Apéritif maison offert sur présentation de ce guide. Le vieux Lion a encore de beaux restes, s'il faut en croire ses habitués. L'hôtel est fermé, mais le resto continue de régaler les amateurs de jambon à la chablisienne, de tête de veau, de rognons à la dijonnaise. Salle restée dans l'esprit de l'époque.

I●I La Mée Coinchotte : 11, rue Paul-Bert. ☎ 03-86-44-20-32. ♿ Rue qui donne sur la pl. Pierre-Larousse, à côté de la pharmacie. Tlj sf mer soir, dim et j. fériés. Menus 12-23 € ; à la carte, compter 15-20 €. Ici, et c'est de bon augure, on vous dit bonjour, on vous sourit et on vous souhaite bon appétit. C'est rien et c'est beaucoup à la fois. On y déguste de belles salades, des pâtes ou une multitude de pizzas, un copieux plat du jour et des desserts de saison. C'est frais, copieux, et la salle à manger est pimpante. Déco moderne. Clientèle jeune et familiale.

Où dormir ? Où manger dans les environs ?

🛏️ Chambres d'hôtes La Védérine : hameau de Chazelles, n° 28, 89240 Lindry. ☎ et fax : 03-86-47-10-86. ♿ À 12 km au nord-est de Toucy par la D 965, puis la D 48 ; à Lindry, suivre la direction Chazelles. Double 45 €, petit déj compris. Sur place, gîte pour 10 pers à louer à la sem. Dans une ancienne ferme, quelques chambres à la déco simple mais chaleureuse, d'un bon rapport qualité-prix. Terrasse dans un grand jardin qui ouvre sur la campagne.

🛏️ I●I Le Relais Saint-Benoît : 89130 Villiers-Saint-Benoît. ☎ 03-86-45-73-42. • micheline.roche@wanadoo.fr • relais-saintbenoit.fr • À 9 km au nord-ouest de Toucy par la D 950 ; face au musée. Tlj sf dim soir, lun et mar midi. Congés : 15 j. en fin d'année. Doubles 43,50-64 € selon confort. Menus 19-29,50 € ; à la carte, compter autour de 35 €. Accueil particulièrement convivial. On s'y sent instantanément bien. Les chambres ont leur petit charme. Cuisine régionale : cassolette d'œufs mollets à la bourguignonne, rognons de veau au ratafia, par exemple. Délicieuse terrasse dans une petite cour. Cadre simple et gentiment désuet.

À voir. À faire

⛪ L'église de Toucy : costaude ! Et avec son chevet flanqué de deux tours du XIIe siècle reliées par un chemin de ronde, elle ressemble plus à une forteresse qu'à une église.

🚂 Le train touristique de Puisaye : av. de la Gare, à Toucy. ☎ 03-86-44-05-58 ou 15-66 (office de tourisme). • http://perso.wanadoo.fr/aaty/ • Slt sam-dim et j. fériés début mai-fin sept, et sur résa en sem en été. Se renseigner pour les horaires de départ. Ticket aller-retour : 6-9,50 € (plein tarif), selon longueur du trajet ; réduc enfants ; demi-tarif sur présentation de ce guide. Billet forfaitaire à la journée, qui vous permet de descendre où vous voulez. Transport de vélos, voitures d'enfant, animaux de compagnie : gratuit. À la croquignolette gare de Toucy, l'autorail Picasso, qui accuse pas moins d'un demi-siècle, vous trimbale dans une chaude ambiance de vacances à travers la campagne. Le trajet ? Toucy – Villiers – Saint-Benoît (environ 9 km à parcourir en 20 mn), tronçon de l'ancienne ligne Montargis-Clamecy, ou Toucy – Moutier – La Bâtisse (ligne Gien-Auxerre, compter 1h). Demandez au conducteur de vous faire visiter la cabine de conduite et le compartiment moteur. Passionnant et ludique. Petit coin bar-boutique dans l'autorail. En gare de Toucy, visite complémentaire du musée des Ambulants de la Poste et du Musée ferroviaire. Animation formidable par des bénévoles sympas.

➤ DANS LES ENVIRONS DE TOUCY

VILLIERS-SAINT-BENOÎT (89130)

✸✸ ✸ **Le cyclo-rail de Puisaye :** *à la gare.* ☎ *03-86-45-70-05.* • *cyclorail.com* • *À 9 km au nord-ouest de Toucy, au point de rencontre avec le train touristique de Puisaye (indiqué). Tlj sur résa. De 15 €/h à 42 € la demi-journée par vélo (4 adultes maxi ou 2 adultes et 3 enfants).* La ligne Montargis-Toucy a repris du service grâce à M. Bertrand et son cyclo-rail. Facile à manœuvrer, ludique, sa « machine » nous permet de découvrir les paysages de Puisaye, avec le temps que l'on désire. Quand on veut faire demi-tour, rien de plus facile, un ingénieux système a été mis au point pour pouvoir facilement retourner le vélo. Sur le parcours, deux aires de pique-nique pour faire un stop en famille, et l'on passera même un curieux wagon qui est en fait une habitation ! Partiellement ombragée, cette balade n'a rien de sportive, elle est plutôt « décompressive » !

✸✸ ✸ **Le musée d'Art et d'Histoire de Puisaye :** *rue Paul-Huillard.* ☎ *03-86-45-73-05. À 9 km au nord-ouest de Toucy ; dans le village. En travaux jusqu'à début 2008.* Ce musée, en travaux depuis trois ans, est à l'origine un lieu de culture où les enfants étaient rois et où on les instruisait à l'aide d'objets de la région qu'ils collectaient. On doit ce lieu au mécène Georges Moreau (proche de Pierre Larousse). Depuis, ces objets ont été mis en vitrine et on pourra les contempler dans cette jolie maison bourgeoise à l'ambiance XVIIIe reconstituée, avec sa salle à manger cossue, sa bibliothèque, etc. Mais puisqu'on est en Puisaye, on s'intéressera surtout au remarquable ensemble de grès : des gourdes qu'attachaient les seigneurs du XVIe siècle à leurs selles aux œuvres début de XXe siècle de l'école de Carries, en passant par un rigolo pichet trompeur du XVIIe siècle. Sous les combles, belle collection (un millier de pièces) de faïences auxerroises. Et quelques beaux exemples de sculptures bourguignonnes de l'école de Dijon (XVe siècle).

✸✸ **L'église Saint-Benoît :** elle abrite l'une des moins connues des fresques murales de la Puisaye, le *Dict des Trois Morts et des Trois Vifs* (XVe siècle). Clés auprès du musée.

PARLY (89240)

✸✸ ✸ **Le centre d'Art graphique de La Métairie-Bruyère :** *Le Petit-Arran.* ☎ *03-86-74-30-72.* • *la-metairie.fr* • *À 7 km au nord de Toucy ; suivre la route d'Auxerre (D 965) ; à 2 km, Parly est indiqué sur la gauche ; ensuite, suivre « La Métairie-Bruyère ». Visite guidée des ateliers de gravure en taille-douce, de lithographie et de typographie : juin-sept, tlj à 10h ; sur rendez-vous hors saison. Entrée : 4 € ; réduc. Également des stages de gravure tte l'année pour les adultes, les mer d'été pour les enfants. Visite libre des salles d'expos tlj 10h-12h, 14h-19h (l'ap-m slt hors saison).* C'est ici l'un des rares sites en France où l'on pratique encore l'imprimerie « à la Gutenberg » sur d'anciennes presses. Équipe jeune, pro et très sympa, qui travaille avec les plus grands artistes ou maisons d'édition de luxe. Des éditions aussi et un lieu d'exposition avec d'impressionnantes pièces, dont des textes de Queneau, de Tardieu, le dernier livre édité par Miró et un magnifique livre antifranquiste, avec son message subliminal...

LA PUISAYE

LA FERTÉ-LOUPIÈRE (89110) 560 hab.

À 20 km au nord de Toucy par la D 955 puis à gauche (D 3). Petit village autrefois fortifié, dont l'église abrite la plus célèbre fresque murale de la Puisaye, l'une des six danses macabres que l'on connaisse en France.

Où dormir ? Où manger dans le coin ?

Chambres d'hôtes Ferme du Gué de Plénoise : 89120 Charny. ☎ 03-86-63-63-53. À 10 km à l'ouest de La Ferté-Loupière par la D 145 ; à Charny, prendre la direction Châtillon-Coligny ; au sommet de la première côte, prendre à droite direction Chêne-Arnoult, puis Plénoise (fléchage « Gîtes de France »). Doubles 49 €, petit déj compris. Table d'hôtes sur résa, 18 € vin compris. En pleine campagne, pas loin des berges d'une charmante petite rivière. Quatre chambres dans une vieille maison qui donne sur la cour d'une exploitation agricole (pas besoin de réveil, le coq s'en charge !). Petit déj avec lait de la ferme et pâtisseries maison. Accueil toujours aussi chaleureux et ambiance familiale. Vélos à disposition.

Brasserie de la Halle : 24, Grand-Rue, 89120 Charny. ☎ 03-86-63-62-21. Ouv le midi slt, tlj sf dim-lun. Congés : 15 j. entre fév et mars et 3 sem entre août et sept. Menu à 12 € ; env 28 € à la carte. Apéritif maison offert sur présentation de ce guide. En fin de semaine, ce bar-PMU bruisse des espoirs arrosés des parieurs. Puis ils sont remplacés par les gourmands du cru et les gourmets parisiens pour déguster la viande tendre et goûteuse de charolais, ou le pavé de bœuf aux escargots, inoubliable ! Le tout arrosé d'un irancy ou d'un coulanges-la-vineuse.

À voir

L'église : tlj 8h-19h. Pour les visites guidées, appeler Mme Breton au ☎ 03-86-73-18-79 (fait visiter le mat jusqu'à 13h et 15h-19h). Trois nefs rythmées par de grandes arches très basses. Intéressant plafond en bois, en forme de carène de navire renversée. Difficile de rater la fresque : elle court sur 25 m de mur et met en scène 42 personnages. Cette danse macabre du XVe siècle (des squelettes entraînent des hommes dans leur ronde), avait, paraît-il, choqué un pape parce qu'elle plaçait tout le monde à égalité face à la mort, ecclésiastiques comme gens du peuple. Il l'avait donc fait recouvrir. Résultat : la fresque a traversé les siècles sans trop d'encombre. Grande luminosité des couleurs, dessins encore très marqués.

➤ DANS LES ENVIRONS DE LA FERTÉ-LOUPIÈRE

La Fabuloserie : 89120 Dicy. ☎ 03-86-63-64-21. Par la D 943, direction Montargis. Juil-août : tlj 14h-18h ; hors saison : w-e et j. fériés ; fermé nov-mars. Durée de la visite guidée : 2h. Entrée : 7 € ; réduc (notamment pour 1 pers sur présentation de ce guide).
Art brut ? Dubuffet a réservé l'appellation à son musée de Lausanne. Art hors les normes, donc, le tout fondé sur la base de la collection d'Alain Bourbonnais, un architecte disparu en 1988 et fils spirituel de Dubuffet. Une étiquette qui va finalement bien à cette étonnante collection exposée dans une maison de campagne transformée en un véritable labyrinthe (couloirs à la Gaudí, greniers enveloppés de tapis). Des œuvres bricolées avec du fil de pêche, du bois flotté, des matelas ficé-

lés, des emballages de chocolat et des poupées brisées, des épluchures peintes... ; un garçon-vacher du Loiret, un maçon de l'Hérault... Des autodidactes, sans références artistiques.

Fabuleuse *Fabuloserie* où la visite saute d'un dessin aux crayons de couleur à la salle des Turbulents (personnages extravagants, en papier mâché et fil de fer) d'Alain Bourbonnais, aux engrenages d'Émile Ratier, ou de la naïve usine nucléaire de monsieur Petit à la flippante « vie de Mauricette » de Françis Marshall. Chaque pièce a son ambiance, c'est la magie de l'art ! Et la visite s'achève dans le jardin où, après avoir croisé Clemenceau ou Jane Mansfield (statues de Camille Vidal, en béton peint et grandeur nature !), on voit tourner l'exceptionnel manège de Petit Pierre : une tour Eiffel en branchages de 23 m de haut, des trains et des avions en vieux bidons, une vache (qui pisse !).

En sortant du musée, profitez de la beauté de ce charmant village en longeant la rivière, par exemple, lors d'une petite promenade dominicale.

※※※ ★ ***Le musée des Arts populaires :*** *22, rue du Monceau, 89110* **Laduz.** ☎ *03-86-73-70-08.* ● *art-populaire-laduz.com* ● *À 12 km à l'est de La Ferté-Loupière et à 15 km au sud de Joigny. Juil-août : tlj 14h30-18h (et le mat, sur disponibilité) ; hors saison : sur rendez-vous ; fermé l'hiver. Visite non guidée ; compter 2h. Entrée : 6 € ; réduc (notamment de 10 % sur le prix des entrées sur présentation de ce guide).*

Installé au cœur d'un petit village un peu loin de tout, un de nos coups de cœur bourguignons, fruit de quarante années de passion et de recherche obstinée. Mme Humbert, qui a pris courageusement la succession de son mari, nous fait à son tour revivre le passé, ou plutôt nous ouvre les portes d'un présent qu'on aimerait éternel. Ce passionnant musée, qui n'y va pas de son couplet nostalgique, se veut juste un endroit où est conservée vivante la mémoire d'une civilisation rurale vieille de plusieurs millénaires mais disloquée en quelques décennies par l'industrialisation. Le tout décoré avec soin et goût, ce qui le démarque de loin de tous ces musées d'Arts et Traditions populaires que l'on peut croiser sur les routes de France.

Au départ, faute de vrais panneaux explicatifs, cette formidable accumulation d'outils et d'œuvres d'art donne un peu le tournis : sabots de mariage, poterie de Puisaye, vannerie, lanternes de procession, jouets anciens... Et puis on se laisse gagner par le calme du lieu, par sa poésie. On découvre le monde des galochiers, des bourreliers, on se pose dans le délicieux jardin avec un verre de cidre fermier, puis on explore à nouveau ce musée : œuvres proches de l'art brut, aubes de premiers communiants, chevaux de bois de manège... Impressionnante salle de jouets d'autrefois, qui rappellera des souvenirs ou fera rêver les plus jeunes. L'été, expos temporaires autour du textile et du papier.

LE NORD DE L'YONNE

JOIGNY   (89300)   10 737 hab

Il faut voir d'abord Joigny depuis le pont d'Yonne : une enfilade de quais, puis la ville construite en amphithéâtre, avec ses maisons à pans de bois serrées les unes contre les autres comme si chacun voulait avoir à tout prix son petit morceau de vue. On découvre ensuite, au hasard de ses rues tortueuses, de nombreux témoins d'un passé déjà plus que millénaire (la ville apparaît dans l'histoire en 996).

Même s'il n'y a pas vécu, c'est ici que naquit l'écrivain Marcel Aymé. Et les gastronomes apprécieront une des plus célèbres tables de la région, *La Côte Saint-Jacques*, dirigée par le grand chef Jean-Michel Lorain.

> **UN PEU MARTEAU...**
>
> *Sachez qu'on appelle les habitants de Joigny des Joviniens mais aussi des « Maillotins » : ce nom leur a été donné au XVe siècle suite à une révolte des habitants et vignerons de la cité contre un seigneur local, à coups de... maillet !*

Adresse utile

❚ *Office de tourisme :* 4, quai Ragobert. ☎ 03-86-62-11-05. • *tourisme-joigny.fr.fm* • ✗ Juil-août : lun-sam 9h-12h30, 14h-19h ; dim et j. fériés 10h-13h. Hors saison : 9h-12h, 14h-18h (17h lun et sam en janv-fév et nov-déc), sf lun mat et dim. Bel office à l'accueil serviable. Nombreuses documentations. Organise des visites guidées en été (4,50 €) d'environ 1h30 suivant des thématiques (visite de belles demeures, des caves, de la vieille ville...). Des ateliers « nature » gratuits pour les enfants sont également proposés en été.

Où dormir ? Où manger ?

Camping

✗ *Camping municipal d'Épizy :* quai Ragobert. ☎ 03-86-62-07-55. Fax : 03-86-62-08-43. Avr-oct. Compter 5,50 € pour 2, avec tente et véhicule. Le long de l'Yonne et non loin du centre, un camping de bon confort avec quelques équipements de loisirs.

De bon marché à prix moyens

🛏 |●| *Le Paris-Nice :* rond-point de la Résistance. ☎ 03-86-62-06-72. • *parisnice@wanadoo.fr* • Tlj sf dim soir et lun. Congés : 3 sem pdt vac scol de fév et 2 sem fin août. Doubles 48 €. Menus 13,50 € (en sem) ; puis 16-32 € ; à la carte, compter autour de 30 €. Apéritif maison offert sur présentation de ce guide. Une adresse qui eut son heure de gloire quand la N 6 était le chemin obligé pour la Côte d'Azur. Les chambres, rénovées et insonorisées, gardent le nom d'étapes (optez pour « Lyon », « Nice » ou « Beaune »). Bonne cuisine régionale traitée avec goût : cochon rôti au miel de Joigny ou rencontre originale de saumon et grenouilles à la bourguignonne.

|●| *Brasserie du Pont :* 2, rue Basse-Pêcherie. ☎ 03-86-62-05-51. Au pied de la ville haute, en face du pont, juste derrière l'office de tourisme. Ouv slt à midi ; fermé dim. Congés : 2 sem fin juin. Formule avec plat du jour 10,50 € ; menu 15,80 €. Une petite cuisine régionale bien appréciée des administratifs du quartier, où les restos sont rares, il faut le dire. Petite terrasse aux beaux jours. L'adresse économique de Joigny.

Où dormir ? Où manger dans les environs ?

🛏 |●| *Auberge de la Fontaine aux Muses :* 89116 La Celle-Saint-Cyr. ☎ 03-86-73-40-22. • *fontaineauxmuses@aol.com* • *fontaine-aux-muses.fr* • ✗ En sortant de l'A 6, prendre la route de Joigny (D 943), puis la D 194. Ouv ven-dim (sf dim soir hors saison) et les soirs mar-jeu en saison. Doubles 58-98 € selon confort. Menu 28 € (en sem) ; à la carte, compter 35 €. Apéritif maison et 10 % de réduc offerts sur présentation de ce guide. Isolée dans les coteaux bourguignons, belle maison de campagne à la façade recouverte de lierre. Chambres rustiques et cuisine savoureuse, qu'accompagnent à merveille les vins du domaine. À déguster en prenant son temps, devant un feu de cheminée en hiver ou dans le jardin en été. Tennis, piscine chauffée et parcours de golf 6 trous. Idéal pour un week-end en tête à tête.

🏠 *Le P'tit Claridge :* 2, route de Joigny, Thèmes, 89410 Cézy. ☎ 03-86-63-10-92. Fax : 03-86-63-01-34. À 3 km à l'ouest de Joigny, direction Sens ; de Saint-Aubin-sur-Yonne, prendre la D 134 à gauche vers Cézy ; traverser le pont suspendu, le village, puis le pont du chemin de fer. Doubles 45-52 € avec tt le confort. Chambres propres, spacieuses pour certaines, avec vue sur le jardin. C'est loin de tout, au calme. Tout juste reprise, la maison devrait connaître sous peu un léger lifting. également un resto *(fermé dim soir et lun)*.

À voir

🚶 *L'église Saint-Thibault :* reconstruite entre les XVe et XVIe siècles. Grosse tour carrée. Au-dessus du portail, très expressive statue équestre de saint Thibault. À l'intérieur, chœur bizarrement de guingois (il tourne vers la gauche). Quelques statues, dont une Vierge du XIVe siècle, au sourire aussi discret que celui de la Joconde ! Quelques beaux vitraux bien expliqués par une fiche gratuite remise par l'office de tourisme. À l'intérieur, expos permanente et temporaires.

🚶🚶 *Les maisons à pans de bois :* entre Saint-Thibault et Saint-Jean, vous avez le choix ! Voir la jolie maison de l'Arbre de Jessé, juste au bout de la rue Cortel. Place du Pilori, maison à pans de bois sculptés, égayés par des céramiques polychromes. Admirable maison du bailli, rue Couturat, face à la porte Saint-Jean : demeure à pans de bois du début du XVIe siècle, façade de type champenois entièrement sculptée, portes et fenêtres en accolade. À l'intérieur, exposition permanente, *(mer-sam 14h30-18h30, entrée libre)*.

🚶🚶 *L'église Saint-Jean :* on passe sous le clocher-porche et on se prépare à un choc émotionnel. La nef est couverte d'une incroyable voûte de pierre en berceau réalisée au XVIe siècle par Jean Chereau. Ce berceau s'appuie sur des colonnes ornées de statues des apôtres et supporte un décor sculpté tout au long. Comme les plafonds à caissons style Renaissance. Dans le bas-côté droit, monument funéraire (XIIe siècle) d'Adélaïs, comtesse de Joigny, décoré d'une allégorie finement sculptée représentant la mort souriante. Une incitation à se mettre en règle avec Dieu une ultime fois.

🚶 *Le château des Gondi :* près de l'église Saint-Jean, de style Renaissance (fin XVIe-début XVIIe siècle). Famille venue d'Italie dans les bagages de Catherine de Médicis, les Gondi, sous l'influence du précepteur de leurs enfants (un certain saint Vincent de Paul), consacraient plus d'argent aux œuvres de bienfaisance qu'à l'entretien de leur château... Des travaux s'essaient donc depuis quelques années à lui redonner de sa superbe.

🚶 *L'église Saint-André :* souvent fermée, on se contentera donc de jeter un coup d'œil aux sarments de vigne sculptés sur son portail. Ils rappellent, comme les caves des maisons alentour, le passé vigneron du quartier. Chaque dernier week-end de juillet, une fête de la commune libre de Saint-André célèbre le souvenir de ses habitants qui, au XVe siècle, avaient fait comprendre (à grands coups de maillets de tonneliers !) à leur comte le grand tort qu'il avait de vouloir soutenir les Bourguignons contre les Armagnacs !

🚶 *L'espace Jean-de-Joigny :* pl. Jean-de-Joigny. ☎ 03-86-91-49-61. • ville-joigny.fr • Tte l'année : tlj sf lun et j. fériés 14h30-18h30. Un ensemble de bâtiments contemporains qui a pris la place de l'ancienne cour des Miracles médiévale. Expositions temporaires d'arts plastiques et d'arts décoratifs.

🗝 *La porte de Bois :* du XIIIᵉ siècle, c'est la seule des quatre portes de la ville ancienne qui a survécu.

🗝 *L'atelier Cantoisel :* 32, rue Montant-au-Palais. ☎ 03-86-62-08-65. Atelier d'art contemporain.

🗝🗝 *La côte Saint-Jacques :* à 1,5 km au nord par la D 20. Une belle route en lacet qui traverse le vignoble de Joigny. À La Croix-Guémard, superbe panorama sur la ville et la vallée de l'Yonne. On pourra y suivre à pied une petite route des Vins ou profiter d'une visite organisée par l'office de tourisme.

À faire

– **Navigation sur l'Yonne :** Locaboat Holidays, *quai du Port-au-Bois.* ☎ 03-86-91-72-72. • locaboat.com • *À côté de l'hôtel* Le Rive Gauche. *Fin mars-début nov.* Grand choix de pénichettes de location sans permis (plus ou moins grandes) pour naviguer sur l'Yonne.

– **Les Nuits maillotines :** *certains ven et sam de l'été. Rens auprès de l'office de tourisme. Compter 9 € ; réduc.* Des visites-spectacles retracent l'histoire de la ville, accompagnées de comédiens et de chanteurs.

SAINT-FLORENTIN (89600) 5 076 hab.

Cette petite ville blottie contre une butte qui la protège des vents du nord tient son nom des reliques de saint Florentin, qui furent apportées en 833. Quelques vieilles maisons dominées par une église aux exceptionnels vitraux. Les vrais amateurs de fromage de vache dégusteront sur place le fameux saint-florentin.

Adresse et info utiles

🛈 *Office de tourisme :* 8, rue de la Terrasse. ☎ 03-86-35-11-86. *Lun-sam 9h15-12h45, 14h30-19h ; dim et j. fériés 10h15-12h45, 16h-18h. En hiver : fermé mar, sam ap-m et dim.* Bien documenté. Plan de la ville et livret *Saint-Florentin et sa région.* Propose des visites guidées (3 €) de la ville et de l'église en été.
– **Marchés :** *sam mat sous la halle (le petit) et lun en centre-ville (le grand).*

Où dormir ? Où manger ?

Camping

⛺ *Camping municipal de l'Armançon :* ☎ 03-86-35-08-13. • ot.saint-flo rentin@wanadoo.fr • *Entre rivière et plan d'eau, à l'entrée de la ville, sur la N 77. De mi-avr à mi-oct. Compter 10,35 € l'emplacement pour 2, avec tente et voiture.* Sur 4 ha de terrain semi-ombragé. Les emplacements (une centaine) derrière la butte sont les plus agréables car le plus loin de la route. Possibilité de pêcher (rivière). Aire de jeux pour les enfants, minigolf, terrain de pétanque et boutique de ravitaillement.

Prix moyens

🏠 |●| *Les Tilleuls :* 3, rue Decourtive. ☎ 03-86-35-09-09. • hotel-les-tilleuls. com • *Tlj sf lun et dim soir hors saison (resto). Fermé de mi-fév à mi-mars.*

Doubles 50-55 €. À midi en sem, menu 16,50 € ; autres menus 25-39 €. À deux pas du centre mais dans une rue paisible, cet établissement fut un dortoir des capucins en 1635. Les chambres, rassurez-vous, sont confortables et bien équipées. Une jolie terrasse bordée d'un jardin non moins délicieux permet de déjeuner au calme, à l'ombre des tilleuls ! Le chef, qui n'a pas oublié sa région d'origine, après 20 ans de vie parisienne, s'amuse à donner des couleurs et des saveurs nouvelles aux plats de la carte.

À voir

L'église : *demandez la clé à l'office de tourisme (muni de votre pièce d'identité, quand même !), à moins que vous ne suiviez une des visites guidées.* Monumentale église Renaissance pour une aussi petite ville. Édifiée du XVe au XVIIe siècle, en fait, elle témoigne de l'opulence de la ville à cette époque. À l'intérieur, les ateliers des écoles champenoise et troyenne de la Renaissance s'en sont donné à cœur joie. Un jubé à triple arcature cintré d'une ordonnance très pure sépare le chœur du transept. Dans le chœur, au-dessus du maître-autel, expressives statues équestres de saint Florentin et saint Martin. Et surtout, dans la deuxième chapelle sur la gauche, trois vitraux de 1529, encore radieux, représentant *La Création du Monde* (original, car se lit à l'envers, de haut en bas) et *L'Apocalypse,* inspirés de dessins de Dürer. D'une extrême précision de détails.

La fontaine : *pl. des Fontaines.* À côté de l'office de tourisme, elle matérialise le centre-ville commerçant. Remplace une fontaine Renaissance qui se trouvait là en 1859, mais les dragons de bronze d'origine ont été heureusement repris.

Le panorama du Prieuré : *en contrebas de la Grande-Rue, on accède à des escaliers qui permettent de monter jusqu'au lieu-dit du Prieuré.* De là, un agréable point de vue sur la ville et sa région.

À faire

Balades fluviales, sans permis, sur des bateaux tout équipés, avec solarium s'il vous plaît ! On peut même emporter des vélos, présents sur la base.

■ **Rive de France :** *port de Plaisance.* ☎ 03-86-43-44-00. • rivedefrance. com • *Tarifs au w-e, à la sem, etc.*

➤ DANS LES ENVIRONS DE SAINT-FLORENTIN

La réserve ornithologique de Bas-Rebourseaux : ☎ 03-86-48-31-94. *Par la D 43, traverser Vergigny ; après le hameau de Bas-Rebourseaux, prendre le chemin d'accès à la réserve (2 km). Entrée gratuite.* Prévoir un pique-nique. Sur une ancienne gravière de 20 ha, réserve d'oiseaux d'eau : foulques, canards, cygnes, grèbes, fuligules, etc. Prévoir bottes ou chaussures de marche. Permanence les 1er et 3e dimanches de chaque mois. Possibilité de sortie-initiation ; se renseigner pour connaître les dates et réserver à la Ligue pour la Protection des Oiseaux (même numéro).

Seignelay (89250) : *à 18 km au sud-ouest de Saint-Florentin.* La paisible ville de Seignelay a eu comme hôte un célèbre personnage. Le grand argentier de Louis XIV, Colbert, y acquiert en 1658 un château. Il deviendra le premier marquis de Seignelay et apporta des aménagements à sa propriété, réalisés par l'architecte du Louvre, Le Vau. Le Roi-Soleil passa même pour une chasse, mais le domaine fut détruit à la Révolution, et l'on utilisa les matériaux pour paver les rues de Joigny, ville voisine. Triste fin !

Brienon-sur-Armançon (89210) : *à 8 km à l'ouest de Saint-Florentin.* C'est une petite ville agréable pour une rapide balade autour de ses lavoirs restaurés et de sa collégiale Saint-Loup du XVIe siècle.

CERISIERS

(89320) — 890 hab.

Modeste village au cœur de la forêt d'Othe, qui a donné son nom à ce pays qui se prolonge tout naturellement dans l'Aude voisine. Cerisiers en est la capitale, en toute modestie. Le pays d'Othe s'ouvre de plus en plus au tourisme, mais cette région champêtre garde tout son charme « douce France » : de profondes forêts sillonnées par de petites routes désertes, quelques bourgs surprenants avec leurs maisons tout en brique et des hameaux entourés de vergers de pommiers. Le pays d'Othe, c'est aussi un peu la touche normande de la Bourgogne, car il produit un excellent cidre fermier et un redoutable ratafia.

Adresse utile

Syndicat d'initiative du pays d'Othe : 42, rue du Général-de-Gaulle. ☎ 03-86-96-24-99. Sur la place du village. Juil-août : tlj sf dim ap-m 10h-12h, 15h-18h ; hors saison : tlj sf dim-lun. Quelques documentations sur le pays d'Othe et un bon topoguide en vente pour découvrir les 24 sentiers de randonnées à faire dans la région.

À voir

La Grange-à-Janou : 2, route de Genève. ☎ 03-86-96-23-72. À la sortie de Cerisiers, route de Saint-Florentin. Pâques-Toussaint : w-e et j. fériés slt 14h-18h30 ; hors saison, sur rendez-vous. Compter 1h de visite. Entrée : 5 € (4 € sur présentation de ce guide) ; réduc. Janou a passé une trentaine d'années à accumuler les quelque 600 poupées qu'elle met en scène : une vitrine de bébés par-ci, une sur les poupées du monde par-là, et un escalier de Barbie pour faire rêver les petites filles, au passage. La plus ancienne poupée date de 1860. Également une belle collection de documents anciens sur l'imprimerie et le vieux Paris. Une autre salle est consacrée aux travaux de dames (dentelles, broderies anciennes et récentes). Un vrai musée de grand-mère Ne soyez pas surpris de voir une photo d'Édith Piaf avec la petite Janou. Celle-ci la rencontra au village lors d'un accident de voiture sans gravité (avec André Pousse et Charles Aznavour, pour ne rien vous cacher !) dans le mur de la maison familiale, dans le virage tout à côté. Au cours de la saison, démonstrations de dentelles aux fuseaux et de broderie.

➤ DANS LES ENVIRONS DE CERISIERS

Dixmont (89500) : une église romane dont il ne reste que bien peu de chose, sinon les statues de Marie et de l'ange Gabriel au portail.

Le prieuré de l'Enfourchure : sur la D 140 entre Dixmont et Villechetive. Ouv généralement en juil-août l'ap-m. Une arche magnifique et un petit corps de bâtiment (XVIe siècle) sont tout ce qu'il reste d'un monastère construit à partir du XIIe siècle.

Le musée de la Pomme et du Cidre du pays d'Othe : au hameau des Brissots, 89320 **Vaudeurs**. ☎ 03-86-96-25-37. • cidrefrottier.com • À 6 km de Cerisiers, direction Saint-Florentin ; indiqué sur la gauche. De mars à mi-nov : tlj 15h-18h ; hors saison : sur rendez-vous. Compter 30 mn de visite. Entrée : 2,50 €. Louisette Frottier, active militante pour la promotion de son pays, vous fera découvrir son étonnant et très impressionnant pressoir « à roue de perroquet » du XIXe siècle et goûter son cidre, ses jus de pomme ou son ratafia. Si vous êtes gentil, elle poussera même la porte de sa cour, qui ouvre sur un adorable hameau.

Chez Nathalie et Frédéric Bance : 6, les Brissots. ☎ 03-86-96-44-80. À côté du musée, une autre ferme qui fait *chambres d'hôtes* si vous avez décidé de « tomber dans les pommes » et profiter pleinement du moment.

🍴 **Le Cidre fermier de Philippe Charlois :** au hameau du Champion, 89320 Bœurs-en-Othe. ☎ 03-86-88-00-29. *Ouv le w-e ; sur rendez-vous en sem ; fermé lun.* Dans les hauteurs d'un des plus jolis villages du pays d'Othe, une bonne adresse pour découvrir tout à la fois le cidre fermier et le jus de pomme des Charlois, sans parler des eaux-de-vie de fruits non traités distillées maison. Petit musée, caves, pressoirs et alambic pour s'imprégner de l'atmosphère du pays.

VILLENEUVE-L'ARCHEVÊQUE (89190) 1 230 hab.

Dans la vallée de la Vanne, à la lisière du pays d'Othe, une ville nouvelle créée au XIIe siècle par l'archevêque de Sens. Au bout de son austère et rectiligne grande rue, le beau portail de l'église Notre-Dame (XIIe-XVIe siècle), qui cache une intéressante *Mise au tombeau*. La ville vit défiler un certain nombre de personnalités au fil des siècles : en 1239, la reine Blanche de Castille et son fils, le roi Louis IX, y vinrent chercher la couronne d'épines du Christ, pour laquelle sera construite la Sainte-Chapelle à Paris. François Ier passa des fêtes de Pâques à l'abbaye de Vauluisant en 1542, puis ce furent Charles IX et le duc de Guise qu'amenèrent les guerres de Religion. Plus tard, Napoléon Ier et Joséphine y firent un arrêt le temps de rencontrer le maire, puis le pape Pie VII quelques jours après. Victor Hugo s'arrêta le temps d'écrire à sa femme, de Gaulle y passa pour se rendre à Colombey-les-Deux-Églises, et nous on va s'arrêter là car on se croirait dans un film de Sacha Guitry : « Si Villeneuve m'était conté ».

Adresse utile

🛈 **Syndicat d'initiative de la vallée de la Vanne :** 38, rue de la République. ☎ 03-86-86-74-58. ● villeneuve-archeveque.com ● *En saison : tlj sf dim ap-m 9h30-12h, 15h-17h (18h sam) ; hors saison : tlj 9h30-12h, ainsi que mer et sam ap-m.* Très bonne documentation historique et touristique sur la ville et les villages alentour (Chigy, Vareilles...). Propose aussi des circuits de randonnées et des visites guidées de l'église sur réservation.

Où dormir ? Où manger ?

🛌 |●| **Hôtel-restaurant Les Vieux Moulins Banaux :** 18, route des Moulins-Banaux. ☎ 03-86-86-72-55. ● contact@bourgognehotels.fr ● bourgognehotels.fr ● 🍴 *À la sortie du village, route d'Arces-Dilo. Tlj sf lun midi. Congés : 10 j. début nov, 3 sem en janv et 1 sem début mars.* Doubles 41-50 €. Menu 16,75 € (en sem) ; autres menus 25-28 €. **Café offert sur présentation de ce guide.** Une équipe et une cuisine internationales ont donné des ailes, si l'on peut dire, à ce moulin peu banal (la « banalité » faisant référence au droit de ban, façon originale d'apporter de l'eau au moulin). Un moulin à eau bien à eux, avec une terrasse au bord de l'eau, un jardin paisible pour l'apéro et une grande salle avec le mécanisme du moulin, des boiseries et de l'espace. Tout est soigné, de la déco de la table au service féminin et jusque dans l'assiette. Bonne cuisine du pays d'Othe teintée de sucré-salé venu d'Orient ou d'Indonésie. Les chambres possèdent tout le confort. Préférez tout de même celles sur l'arrière.

Où dormir ? Où manger dans les environs ?

🛌 |●| **Gîte Le Couvent de l'Orée :** chez Lise Coquerelle et Pierre Féral, 9, rue au Bécat, 89570 Sormery. ☎ 03-86-56-32-73. ● couventdeloree@free.fr ● http://

LE NORD DE L'YONNE

couventdeloree.free.fr • À 30 km de Villeneuve ; rejoindre Arces-Dilo puis Chailley, d'où l'on retrouve Le Fays et Sormery ; derrière l'église (indiqué). Compter 15-22 €/pers (chambres 2-4 pers). Repas complet 15 € sur résa. Apéritif maison et 10 % de réduc sur le gîte, du lun soir au jeu soir, offerts sur présentation de ce guide. Au fin fond du pays d'Othe, une petite adresse simple et remplie de poésie. Un ancien couvent de la fin du XIXe siècle, où l'on se reposer divinement. La décoration est raffinée, très boisée, avec une belle cheminée, des sièges en rotin, des meubles anciens, un beau jeu d'échecs... Accueil avenant, et cuisine familiale savoureuse ! Nombreux sentiers de randonnée tout proche.

➤ DANS LES ENVIRONS DE VILLEUNEUVE-L'ARCHEVÊQUE

Les villages autour de la vallée de la Vanne : à l'ouest de Villeneuve-l'Archevêque, **Vareilles, Les Clérimois, La Postolle, Les Sièges, Chigy** sont vraiment intéressants. Chigy produit l'eau courante qui alimente la capitale ; La Postolle possède une bien curieuse éolienne centenaire ; cours d'eau et belle église Saint-Maurice se livrent à Vareilles, et un centre métallurgique du IVe siècle a été mis au jour aux Clérimois.

L'abbaye de Vauluisant : 89190 **Courgenay.** ☎ 03-86-86-78-40. • vauluisant. com • À 9 km au nord de Villeneuve-l'Archevêque, aux frontières de la Bourgogne, de la Champagne et de l'Île-de-France. De mi-avr à fin oct : dim et j. fériés 14h-17h30. Entrée : 5 € ; réduc. Cette abbaye cistercienne du XIIe siècle a vu passer bien des pèlerins et possédait même, au XIIIe siècle, une notoriété qui la faisait bénéficier d'un certain pouvoir. La Révolution mit fin à tout ça. Les vestiges datent des XVIe et XVIIe siècles, dont un bel escalier monumental de Franque, une belle porte fortifiée... mais on imagine bien encore l'ampleur du domaine à ses heures de gloire. Festival de Vauluisant (musique classique et jazz) organisé en juin ; expos temporaires et conférences toute l'année.

VILLENEUVE-SUR-YONNE (89500) 5 400 hab.

Son plan très géométrique s'explique. Cette gentille petite bourgade, entourée de murailles ouvertes par cinq portes encore visibles, a été créée de toutes pièces en 1163 par Louis VII. Une ville entière comme résidence secondaire, leurs seigneuries ne se refusaient rien ! La ville a aussi fait parler d'elle en donnant refuge à des visiteurs célèbres : le peintre Édouard Vuillard y est passé ; Chateaubriand y avait une très bonne connaissance, M. Joubert, originaire de Villeneuve.

FAIT DIVERS

L'un des médecins de Villeneuve-sur-Yonne, le tristement célèbre docteur Petiot, a sombrement défrayé la chronique au lendemain de la Seconde Guerre mondiale. Jeune maire à 30 ans et apprécié de tous, il habitait rue Carnot (au 55, pour être précis) avant de partir pour Paris... et de finir sur l'échafaud pour ses 63 crimes commis pendant la guerre.

Adresses utiles

🛈 **Syndicat d'initiative :** cours de l'Europe. ☎ 03-86-87-12-52. • villeneuve-yonne.fr • Juil-août : mar-sam 10h-12h, 14h30-18h30 ; le reste de l'année :

mar-sam 14h-17h30. Nombreuses documentations. Accueil compétent. Le syndicat propose des fiches de randonnées pour découvrir le patrimoine et la nature des environs.

Gare SNCF : *100, av. du 8-Mai-1945.* ☎ *36-35 (0,34 €/mn).* Ligne Paris-Sens-Dijon.

Où dormir ? Où manger ?

Très chic

La Lucarne aux Chouettes : *7, quai Bretoche.* ☎ *03-86-87-18-26.* • *lesliecaron-auberge@wanadoo.fr* • *lesliecaron-auberge.com* • *Tlj sf dim soir et lun. Congés : janv. Doubles 99-170 €. Menu déj (en sem) 25 € et menu-carte 46 €.* Quatre vieilles maisons sur un pittoresque quai, au bord de l'Yonne, transformées en hôtel de charme par la comédienne Leslie Caron. Superbe salle de resto d'un rustique presque zen. Cuisine de marché avec une bonne dose d'inventivité. Chambres toutes avec vue sur la rivière, décorées à l'ancienne.

Où dormir ? Où manger dans les environs ?

Le Pavillon Bleu : *31, rue de la République, 89330 Villevallier.* ☎ *03-86-91-12-17. Fax : 03-86-91-17-74. À 8 km au sud de Villeneuve-sur-Yonne, par la N 6. Tlj sf ven soir, dim soir. Doubles 35-45 € ; ½ pens 52 €/pers. Menu 16 € (en sem) ; autres menus 27-30 €.* Grande bâtisse avec des volets bleus. Des chambres pas bien grandes mais dotées d'un certain charme, et des prix raisonnables. Cuisine familiale et généreuse : salade d'escargots, filet de bœuf gratiné à l'époisses...

Chambres d'hôtes : *chez Brigitte Soret, 39, rue de Villeneuve-sur-Yonne, 89500 Les Bordes.* ☎ *03-86-96-06-42.* • *lepetiticaunais2@wanadoo.fr* • *À 7 km à l'est de Villeneuve, direction Dixmont. Doubles avec douche 48 €, petit déj compris. Réduc de 10 % sur le prix de la chambre (de nov à fév) sur présentation de ce guide.* Une adresse de dépannage sympathique en pays d'Othe, dans un agréable petit village, à la lisière des bois. Brigitte est serviable et met 4 chambres colorées à la disposition des hôtes de passage. Miniterrasse avec jardinet où vous croiserez peut-être Flocon, le chien de la maison, qui ne se met jamais en boule. Accès indépendant, TV, jeux pour les enfants, kitchenette.

À voir

Les portes : de vrais petits châteaux en fait, à chacune des entrées de la rue principale. Du XIIIe siècle, remaniées au XVIe siècle. Porte de Joigny et porte de Sens, qui abrite des expos temporaires et un *Musée archéologique (ouv en principe juil-sept, ven-lun, 15h-18h30. Entrée gratuite).*

L'église Notre-Dame : construite entre le XIIIe et le XVIe siècle. Imposante façade qui mêle les influences champenoise et bourguignonne. Portail Renaissance. À l'intérieur, dans le bas-côté gauche, curieuse Mise au tombeau composite : personnages en stuc la Renaissance et christ en bois du XIVe siècle, qui fait un peu pièce rapportée (les bras ont été bricolés, comme l'a montré la radiographie).

La grosse tour : comme son nom l'indique ! Donjon de pierre, vestige de l'ancien château royal du XIIIe siècle.

➤ DANS LES ENVIRONS DE VILLENEUVE-SUR-YONNE

Saint-Julien-du-Sault (89330) : *à 8 km au sud de Villeneuve par la D 3, de l'autre côté de l'Yonne.* Pas mal de charme. Au centre de cet ancien bourg fortifié, la collégiale Saint-Pierre : chœur élevé surmonté d'une belle charpente en bois, vitraux des XIIIe et XVIe siècles aux couleurs d'une étonnante vivacité. À deux pas, une très belle maison à colombages du XVIe siècle. Du village, on peut remonter vers la chapelle romane de Vaucuilin, d'où l'on observera un beau panorama sur la région.

SENS (89100) 26 500 hab.

À 1h en train de Paris, cette ville d'art, de foire et de marché est un vrai carrefour dans la région, et ce depuis des siècles. Des pages entières de l'histoire de France sinon d'Europe s'y sont inscrites. « De l'art compliqué d'histoire », disait Victor Hugo de la cathédrale, dont la flèche pointait déjà quand les compagnons posaient à peine les premières pierres de Notre-Dame de Paris. Autrefois ville de tannerie, elle a su évoluer pour tendre aujourd'hui davantage vers l'industrie. En dépit de son riche passé et de son patrimoine historique, Sens n'est pas devenue une ville-musée : au contraire, elle a même la plus jeune population de l'Yonne, ce qui se remarque, dès les premiers rayons de soleil, sur les terrasses de la place de la cathédrale et dans les rues fleuries de la ville ! Une ville restée fidèle à ses traditions commerçantes, à découvrir le lundi, jour de grand marché, où tout est ouvert. Si vous préférez le calme, en revanche, passez un mardi...

UN PEU D'HISTOIRE

Sens commence à faire parler d'elle avec les Sénons, l'une des plus puissantes tribus gauloises (d'où ce nom de Sénonais qui colle à ses habitants). Commandés par Brennus, les Sénons envahissent l'Italie et s'emparent, en 390 av. J.-C., de Rome. Retour de manivelle : les Romains conquièrent la Gaule et trouvent sur les rives de l'Yonne un petit coin à leur goût. Pendant la *Pax Romana*, Sens, devenue capitale de la Sénonie, se couvre de villas raffinées, de temples et de thermes.
Son intégration dans le domaine royal par Henri Ier, en 1055, annonce une nouvelle période de prospérité. Sens devient l'une des capitales de la Chrétienté. Ses prélats portent le titre de « primats des Gaules et de Germanie ». Le pape Alexandre III s'y réfugie, comme Thomas Becket, archevêque de Canterbury (reliques à l'abbaye de Pontigny). En 1234, Saint Louis épouse en la cathédrale Marguerite de Provence. Le puissant archevêché de Sens commande même l'évêché de Paris. Une belle opulence mise à mal par les sursauts de l'histoire : guerre de Cent Ans, guerres de Religion, Révolution... Par ailleurs, l'architecture de la célèbre abbaye de Canterbury en Grande-Bretagne serait inspirée de celle de Sens.

Adresses et info utiles

⊟ Office de tourisme : *pl. Jean-Jaurès.* ☎ 03-86-65-19-49. • office-de-tourisme-sens.com • *Juil-août : lun-sam 9h-19h ; dim et j. fériés 10h30-16h30. Hors saison : tlj sf dim 9h-12h, 13h30-18h15 (17h15 sam).* Équipe dynamique et compétente. Donne un petit livret très complet sur la ville.

Gare SNCF : *pl. de la Gare.* ☎ 36-35 (0,34 €/mn). Trains pour Dijon, Paris, Lyon ; 2 arrêts TGV/jour.
– **Marchés :** *au centre-ville, lun tte la journée et ven mat ; marché bourguignon certains sam mat.* Dans cette ville de tradition commerçante, le centre se transforme alors en rues piétonnes.

Où dormir ?

Camping

▲ **Camping municipal d'Entre-deux-Vannes** : av. de Sénigalia. ☎ 03-86-65-64-71. • espacesvert@mairie-sens.fr • De mi-mai à mi-sept. Compter autour de 10,50 € l'emplacement pour 2 avec voiture et tente. À l'orée d'une zone commerciale du sud de la ville mais au bord d'une rivière miniature.

Prix moyens

▲ **Hôtel Brennus** : 21, rue des Trois-Croissants. ☎ 03-86-64-04-40. • hotel.brennus@wanadoo.fr • hotel-brennus.fr • À 300 m de la cathédrale. Doubles 45-65 €. Maison du XIXe siècle. Des escaliers étroits, des poutres au plafond : un certain charme. Chambres propres et plaisantes, aux bonnes grosses couettes pour les jours un peu frais, mais pas toutes bien insonorisées... Une maison ancienne avec ses petits défauts. Accueil discret mais gentil. Copieux petit déj.

Plus chic

▲ **Chambres d'hôtes La Maison d'Aviler** : chez Christiane et Bernard Barré, 43, quai du Petit-Hameau. ☎ 03-86-95-49-25. • daviler@online.fr • daviler.online.fr • Le long des quais, côté sud. Tte l'année. Doubles avec petit déj 70 €. Apéritif maison offert sur présentation de ce guide. Cet ancien hôpital général, avec son parc, à 10 mn à pied du centre-ville, s'est transformé en une gentille et grande maison aux chambres personnalisées et spacieuses. Quelques lithographies de Marie Laurencin dans les couloirs pour la déco et une chambre de marin avec sa fresque à la Corto Maltese qu'on a bien aimée. Pour les amateurs, jardin paysager et potager. Aviler est le nom de l'architecte (Claude-Louis d'Aviler) qui conçut cette maison en 1753.

Où manger ?

Prix moyens

|●| **Le Soleil Levant** : 51, rue Émile-Zola. ☎ 03-86-65-71-82. À l'ouest du centre-ville (franchir les deux ponts). Tlj sf dim soir, mer et en août. Formule déj (en sem) 15 € ; autres menus 25-38 €. Café offert sur présentation de ce guide. Un resto classique, tant côté décoration (petite salle rustique) que côté cuisine. Réputé pour ses spécialités de poisson. Quelques viandes pour les carnivores. Impeccable formule à 15 €.

|●| **Le Bosa** : 162, rue de la Résistance. ☎ 03-86-95-44-33. Dans une petite rue derrière la cathédrale. Plat du jour 9 € ; compter 20 € à la carte. Apéritif offert sur présentation de ce guide. Un resto italien quasi clandestin ! Avec les lasagnes du chef, la traditionnelle pasta et le tiramisù maison. On croit entrer dans un appartement. Une poignée de tables, une déco réduite au strict minimum et une patronne sympathique aux petits soins pour ses clients. Les jours d'affluence, s'armer d'un peu de patience... Accueil souriant.

Plus chic

|●| **Au Crieur de Vin** : 1, rue d'Alsace-Lorraine. ☎ 03-86-65-92-80. Tlj sf dim-lun et mar midi. Menus 22,50-38 € ; à la carte, compter 50 €. Au vrai plaisir de(s) Sens. Un bistrot bourguignon sympa et généreux, une annexe de grande maison (La Madeleine, le 2-étoiles de Patrick Gauthier) qui fait le bonheur des

gourmets. C'est petit, mais on ne mange pas le coude dans l'assiette du voisin, d'où une réservation indispensable. Beau nappage et serviettes, couverts Laguiolle à laisser sur place, pot de rillettes maison, beurre d'Isigny sur la table, qui peuvent disparaître très vite, en revanche, le temps de déguster un vin de l'Yonne. Au verre, bien sûr, pour mieux apprécier ensuite la carte du moment. Produits de qualité, belles assiettes qui sortent de la même cuisine que pour la salle située à l'étage. Service attentionné. Impeccable sélection (normal, vu l'enseigne) de vins de propriétaires.

|●| **Le Clos des Jacobins** : *49, Grande-Rue. ☎ 03-86-95-29-70. ● lesjacobins@wanadoo.fr ● Tlj sf mar soir, mer et dim soir. Menus 29-52 €.* Au fond d'un passage dans le quartier piéton de la ville, un beau resto, aux allures de brasserie élégante, avec une jolie mise de table. Sourire à l'accueil pour cette adresse où se croisent les notables de la région. Du classique revisité par un regard neuf et un talent d'aujourd'hui.

Où dormir ? Où manger dans les environs ?

▲ |●| **Relais de Villeroy** : *route de Nemours, 89100 Villeroy. ☎ 03-86-88-81-77. ● reservation@relais-de-villeroy.com ● relais-de-villeroy.com ● ⚘ (au resto). À 6 km au sud-ouest de Sens par la D 81. Tlj sf dim soir. Congés : 1re quinzaine de juil et fin déc-début janv. Doubles 49-59 € selon confort. Menu (en sem) 16,80 € servi au bistrot ; autres menus 28,50-50 €. Réduc de 10 % sur le prix de la chambre (du 1er nov au 30 juin) sur présentation de ce guide.* Dans cette maison pimpante, les patrons distillent une ambiance familiale avec bonne chère et bon accueil au programme. Salle à manger rustico-chic. Véranda et terrasse sur l'arrière pour les beaux jours. À la carte, beaucoup de poisson. Et des pâtisseries maison qui fondent dans la bouche. Plus accessibles sont les petits plats du bistrot mitoyen, *Chez Clément*. Les chambres sont à l'image du reste (tapisseries fleuries et meubles anciens), un peu en bord de route, mais il y a désormais un double vitrage.

À voir

🎨🎨🎨 **La cathédrale Saint-Étienne :** *fermé dim mat.* La première des grandes cathédrales gothiques de France (XIIe siècle). Abondamment copiée donc (jusqu'à Canterbury, Genève, voire Jérusalem). Diminuée d'une tour, la façade a pourtant conservé toute son harmonie. Haute (78 m) et élégante, avec son campanile Renaissance.
Ample nef d'un grand équilibre et d'une belle unité. Des piles fortes et des colonnes jumelées soutiennent en alternance une voûte sexpartite. Sur la gauche, monument de marbre noir (XVIe siècle) élevé par l'archevêque de Salazar à la mémoire de ses parents. Transept élevé entre le XVe et le XVIe siècle, quand le gothique se fait flamboyant. Dans le croisillon droit, exceptionnels

> **UN BONNET QUI NE PROTÈGE PAS QUE DU FROID...**
>
> *Sur le trumeau du foisonnant portail central de la cathédrale Saint-Étienne, on remarque une intéressante statue de saint Étienne. Celle-ci fut épargnée lors de la Révolution parce qu'un citoyen l'avait coiffée d'un bonnet phrygien !*

vitraux du XVIe siècle dus à des artistes troyens : Arbre de Jessé, légende de saint Nicolas... En rosace, le Jugement dernier. Chœur fermé par d'impressionnantes grilles en bronze du XVIIIe siècle. Le déambulatoire est la partie la plus ancienne de l'édifice. Sur le côté droit, quatre admirables vitraux de la fin du XIIe siècle : scènes de la vie de saint Thomas Becket, vie de saint Eustache, le Bon Samaritain, l'Enfant Prodigue. Dans la chapelle Sainte-Colombe, imposant mausolée du Dauphin, fils de Louis XV. Dans la chapelle absidiale, martyre de saint Savinien, un peu pompeux. Enfin, dans la chapelle Notre-Dame, intrigante Vierge à l'Enfant du XIVe siècle.

🛖🛖🛖 **Le musée et le trésor de la cathédrale** : *pl. de la Cathédrale.* ☎ *03-86-64-46-22.* • *portaildusenonais.com* • ♿ *(avec accompagnement par le personnel d'accueil pour certaines salles). Juin-sept : tlj sf mar 10h-12h, 14h-18h (non-stop juil-août) ; oct-mai : mer et w-e aux mêmes horaires ainsi que lun, jeu et ven ap-m. Entrée : 4 € (3 € sur présentation de ce guide) ; réduc ; gratuit jusqu'à 18 ans et pour ts le dim.* Installé dans l'ancien palais des archevêques, ensemble architectural aussi somptueux que composite : une aile du XVIIIe siècle, deux autres Renaissance et le palais synodal (XIIIe siècle), avec ses cachots médiévaux (encore couverts de graffiti). Un bien beau musée, malheureusement encore bien trop méconnu. En complément de la visite traditionnelle, jetez un œil sur l'importante collection Marrey présentant des œuvres des XIXe et XXe siècles, ainsi que des tableaux flamands et hollandais des XVIe et XVIIe siècles.

La Préhistoire et la Protohistoire
On verra notamment une sépulture et les vestiges d'une maison (dite danubienne) du Néolithique ; pour le Paléolithique, la Vénus de Marsangy (silhouette féminine taillée dans un minuscule morceau de silex) et surtout deux « trésors » : celui de Villethierry (âge du bronze), un surprenant ensemble de 867 épingles, bracelets, colliers... provenant du stock d'un artisan bijoutier et retrouvés dans un vase. Et les encore plus surprenants globules à la croix (première moitié du Ier siècle) découverts lors de travaux d'aménagement de l'autoroute. 240 drôles de pièces de monnaie (appelées statères), toutes rondes et gravées d'une croix.

Les vestiges gallo-romains
Visite obligatoire ! Impressionnante façade des Thermes (35 blocs sculptés remontés ici sur 7 m de haut et 13 m de large), complétée par deux grandes mosaïques dont l'une consacrée à Phaéton. Dans les caves voûtées, étonnant alignement de stèles funéraires. Ambiance bizarre : on s'y sent un peu comme un aventurier indélicat en train de violer quelque sépulture sacrée ! Des sculptures évoquent, comme le fait encore la statuaire des cimetières italiens, la vie quotidienne des défunts. Épitaphe d'un gladiateur libéré, scènes de banquet (où l'on mangeait couché), portrait du forgeron Bellicus au travail, etc. Dans une autre salle souterraine, mosaïque aux Cerfs exceptionnellement bien conservée (fin Ve-début VIe siècle) et la fameuse inscription (IIIe siècle) de Magilius Honoratus gravée sur 12 m et 3 étages de blocs de pierre.

Le trésor de la cathédrale
Exceptionnel de richesses. Nombreuses pièces de tissus anciens, souvent d'origine orientale : suaire de saint Victor (soie façonnée perse du IXe siècle), samit byzantin, etc. Également des vêtements sacerdotaux de Thomas Becket, du XIIe siècle. Pièces d'orfèvrerie religieuse : la Sainte Châsse (coffret-reliquaire byzantin du XIIe siècle en ivoire finement sculpté), la Sainte Coupe (ciboire en vermeil de la seconde moitié du XIIe siècle), un précieux peigne en ivoire du VIIe siècle. Tapisseries du XVe siècle représentant l'Adoration des Mages et le Couronnement de la Vierge. Et un impressionnant manteau royal, don de Charles X en 1826.
– Voir aussi à l'extérieur, les jolis *jardins de l'Orangerie* pour une petite promenade hors du temps. Les jardins particuliers de l'archevêché ont été remarquablement restaurés, et chaque saison apporte un éclairage nouveau sur les plantes médicinales, les plantes d'orangerie, les rosiers anciens. *Tlj 8h-20h30 (17h30 en hiver).*

🛖 **Le marché couvert** : *face à la cathédrale.* Typique de l'architecture métallique Baltard du XIXe siècle.

🛖🛖 **Les vieilles maisons** : la Grande-Rue en aligne un grand nombre, mais seuls les étages ont conservé leurs pans de bois. Poussez plutôt jusqu'à la maison d'Abraham (XVIe siècle), en voie de restauration complète, à l'angle de la rue de la République et de la rue Cousin : une ancienne maison de tanneurs sur laquelle monte un Arbre de Jessé, finement sculpté sur le poteau cornier (Flaubert tomba sous le charme, en 1864). Contiguë, et du même siècle, la maison du Pilier au porche intrigant. Remarquable maison Jean-Cousin, dans la rue Jossey, dont les façades à pans de bois datent de la même époque, et qui possède un bel escalier à vis derrière un petit jardin.

🛈 **L'hôtel de ville :** *rue de la République*. Impossible à rater ! Très kitsch bâtiment du début du XXe siècle. Sa flèche surmontée d'une étincelante statue de Brennus sent le règlement de compte avec la cathédrale.

🛈 **L'église Saint-Maurice :** *de l'autre côté du pont d'Yonne (dans le prolongement de la Grande-Rue)*. Pittoresque petite église du XIIe siècle (avec son toit et sa flèche d'ardoise), posée sur une île.

🛈 **Le parc du moulin à Tan et ses serres tropicales :** ☎ 03-86-95-38-72. *À la sortie de la ville, direction Auxerre (indiqué sur la droite). Tlj 8h-20h30 (17h30 en hiver) ; serres tropicales ouv slt l'ap-m. Entrée libre.* Un grand parc, bien entretenu, de 10 ha, qui annonce la ceinture verte dont devrait être entourée Sens, à terme. À l'entrée, une succession de serres dédiées aux plantes tropicales qui nous éloignent quelques instants de Bourgogne. Plus de 1 500 variétés, des orchidées aux plantes carnivores en passant par des avocatiers, orangers, cacaoyers...

Fête

– **Les Quinte et Sens :** *fin juin-début juil, durant 10 j.* ☎ 03-86-83-97-70. Toute une série de manifestations autour de spectacles de rue, concerts de musique classique, projections de films.

➤ DANS LES ENVIRONS DE SENS

PONT-SUR-YONNE (89140)

À 12 km au nord de Sens, direction Paris par la N 6. Ce bourg commerçant assez important draine habitants de la région et touristes, surtout les jours de marché, les mercredi et dimanche matin.

Où dormir ? Où manger ?

🛏 🍽 **Hostellerie de l'Écu :** 3, rue Carnot. ☎ 03-86-67-01-00. • hostellerie-ecu.fr.st • *Près du pont. Tlj sf dim soir et lun (resto) ; Congés : quelques j. autour de Noël. Doubles 29-32 €. Menu (en sem) 18 € ; autres menus 26-46 € ; à la carte, compter env 50 €.* La bonne hostellerie traditionnelle de province indémodable, un peu proche de la route il est vrai, mais les fenêtres des chambres sont munies de double vitrage. Au resto, agréablement situé au fond du jardin et refait à neuf, on sert une cuisine bourguignonne sérieuse, à base de produits frais. Terrasse fleurie pour l'été.

À voir

🛈 **Le pont :** le pont de pierre s'en est allé, emporté, soit par une crue, soit par les affres guerrières destructrices. Il y a bien aujourd'hui celui qu'emprunte la N 6, urbain et bruyant, mais ce n'est pas pareil. Car en fait, plusieurs ponts successifs ont été construits à cet endroit, ou en amont, et à différentes époques. L'un des premiers aurait été construit au VIIe siècle. Plus tard, Anglais, huguenots et notamment les Autrichiens de l'épopée napoléonienne de 1814 en auraient fait un passage obligé, ce qui était, il faut bien le dire, le lot de la plupart des ponts. Quand on est pont, on est pont...

🕯 **L'église Notre-Dame :** construction de style gothique, dont l'origine remonterait au XIIIe siècle. Son clocher élancé lui donne fière allure et sa façade ornée d'une imposante Vierge à l'Enfant Jésus possède beaucoup de grâce. L'église comptait de beaux vitraux avant la Seconde Guerre mondiale.

🕯 **Le pont-aqueduc :** tout en haut du bourg, allez voir ce qu'il reste (une partie fort bien conservée) de l'aqueduc de la Vanne. L'édifice de 270 m de long, à arcades à deux étages, est typique de la construction dite « à la romaine ». Cet aqueduc, qui a longtemps alimenté en eau la ville de Paris, parcourait 156 km jusqu'à la capitale ! Avec seulement 31 m de dénivellation entre ses points de départ et d'arrivée, sa pente moyenne était forcément très faible !

VALLERY (89150)

Village paisible du Gâtinais à l'ouest de Sens par la D 26, pas peu fier d'avoir été résidence des Condés. De l'aile du château Renaissance construit au milieu du XVIe siècle par Lescot, architecte du Louvre, et où la famille de Condé a résidé pendant plus d'un siècle, vous ne verrez que la façade. À moins d'avoir décidé d'y faire la fête ou de vous y marier (la chambre nuptiale est superbe !).
– **Château :** ☎ 03-86-97-77-00. • chateaudesconde.com • *De mi-juil à mi-août : tlj 15h-17h30 ; hors saison : slt dim et j. fériés ; fermé en hiver. Entrée : 3,90 €.*
Une visite guidée fait découvrir les vestiges de remparts de ce château féodal du XIIIe siècle.
Pour compléter la visite, balade dans le parc de 5 ha (une curiosité, le chêne planté en 1621 pour la naissance du 4e prince de Condé). Dans la petite église du XIIe siècle, imposant monument funéraire d'Henri II de Bourbon-Condé, entre autres. La vie, la mort, vaste sujet de méditations, avant de repartir sur Paris ou Dijon, pour terminer votre périple.

Où dormir ?

🏠 |●| ***Chambres d'hôtes La Ferme de La Margottière :*** *à la Margottière.* ☎ *03-86-97-57-97.* • *lamargottiere. com* • 🕯 *À la sortie de Vallery, sur la D 26 vers Sens. Doubles 65 €, petit déj compris. Table d'hôtes, sur résa, 20 €. Réduc de 10 % sur le prix des chambres (hors saison) sur présentation de ce guide.* Une bergerie du XVIIe siècle joliment restaurée, dans la cour d'une grande ferme, ancienne dépendance du château. Entre ces vieux murs, 6 belles chambres dans le ton, plaisantes, toutes avec salle de bains et TV. Repas servis dans une salle (utilisée pour des réceptions à l'occasion) avec une grande cheminée. Accueil chaleureux et authentique.

436 NOTES PERSONNELLES

NOTES PERSONNELLES

La Chaîne de l'Espoir

Ensemble, sauvons des enfants

Chirurgiens, médecins, infirmiers, familles d'accueil… se mobilisent pour sauver des enfants gravement malades condamnés dans leur pays.

Pour les sauver nous avons besoin de vous !

Espace offert par Le Guide du Routard

yellowstone

Envoyez vos dons à
La Chaîne de l'Espoir
96, rue Didot - 75014 Paris
Tél. : 01 44 12 66 66 - Fax : 01 44 12 66 67
www.chainedelespoir.org
CCP 3703700B LA SOURCE

COMITÉ DE LA CHARTE
donner en confiance

La Chaîne de l'Espoir est une association de bienfaisance fiscalement à une association reconnue d'utilité publ

LES COUPS DE CŒUR DU **routard 2007**

À la découverte des produits du terroir

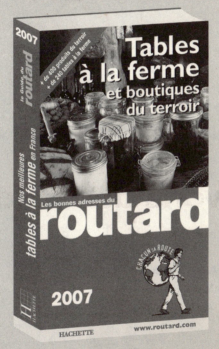

11,90 €

Plus de 630 adresses pour déguster des produits gourmands fabriqués sur place.

▶ index des tables à la ferme
  et des produits du terroir

▶ index des produits "bio"

HACHETTE

LES COUPS DE CŒUR DU **routard 2007**

Nos meilleurs hôtels et restos en France

4 000 établissements de qualité sélectionnés pour leur originalité et leur convivialité.

- des cartes régionales en couleurs
- index thématique : catégorie de prix, piscine, parking et terrasse.

17,90 €

HACHETTE

LES COUPS DE CŒUR DU **routard 2007**

Nouveau

Nos meilleurs campings en France

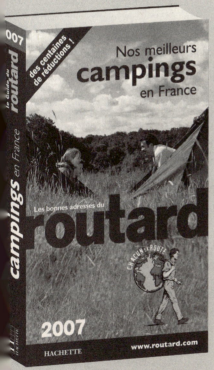

+ de 1 700 adresses pour découvrir les joies du camping.

Les plus :
- les balades à faire
- les monuments à ne pas manquer.

11,90 €

HACHETTE

INDEX GÉNÉRAL

A

ACCOLAY	407
AGNEUX (grottes d')	232
AIGNAY-LE-DUC	145
AISY-SOUS-THIL	350
AISY-SUR-ARMANÇON	401
ALÉSIA (ALISE-SAINTE-REINE)	131
ALISE-SAINTE-REINE (ALÉSIA)	131
ALLEREY-SUR-SAÔNE	220
ALLIER (entre Loire et ; la Sologne bourbonnaise)	286
ALLUY (église d')	309
ALOXE-CORTON	90
ALUZE	233
AMANZÉ	240
ANCY-LE-FRANC	399
ANIZY (château d')	328
ANNAY-SUR-SEREIN	402
ANNOUX (tour de télégraphe Chappe à)	404
ANOST	344
ANTHEUIL	125
ANTHIEN (château de Villemolin à)	312
ANZY-LE-DUC	250
APPOIGNY	381, 385
APREMONT-SUR-ALLIER	285
ARCELOT (château d')	152
ARCENANT	88
ARCY-SUR-CURE	406
ARLEUF	325
ARNAY (pays d')	115, 117
ARNAY-LE-DUC	115
ARTHEL	303
ASQUINS	365
ATHÉE	154
AUBIGNY (carrières souterraines d')	410
AUTUN	333
AUXERRE	378
AUXERROIS (l')	378
AUXEY-DURESSES	107
AUXOIS (nord de l')	127
AUXOIS (sud de l')	117
AUXOIS (vignoble de l')	139
AUXOIS ET MORVAN (entre)	346
AUXONNE	154
AVALLON	369
AVALLON (verrerie d'art d')	372
AZÉ (grottes d')	196

B

BAGNOT (église de)	158
BAIGNEUX-LES-JUIFS	146
BAILLY-LAPIERRE (caves)	387
BARBIREY-SUR-OUCHE (jardins et parc du château de)	126
BARD-LE-RÉGULIER (église de)	347
BARIZEY	233
BAS-REBOURSEAUX (réserve ornithologique de)	425
BAUBIGNY	114
BAUDRIÈRES	212
BAUME (La)	372
BAYE (lac de)	309
BAZARNES	408
BAZOCHES	317, 359, 362
BEAUMONT-SUR-VINGEANNE (maison des Champs à)	151
BEAUNE	93
BEAUNE (Hautes-Côtes de)	111
BEAUNOTTE	145
BEAUREPAIRE-EN-BRESSE	218
BEC-D'ALLIER (le)	285
BELLEFONDS (chapelle de)	219

BELLENOT-SOUS-
  POUILLY 121
BERGERESSIN (parcours
  Acro'bath à) 195
BERTRANGES (forêt des) 292
BERZÉ-LA-VILLE 182
BERZÉ-LE-CHÂTEL (château
  de) 183
BESSEY-EN-CHAUME 123
BEUVRAY (mont) 341
BÈZE 151
BIBRACTE 341
BISSEY-LA-PIERRE (ferme-
  musée du Châtillonnais à) ... 140
BISSEY-SOUS-CRUCHAUD   236
BISSY-LA-MÂCONNAISE 197
BISSY-SOUS-UXELLES 200
BITRY 300
BLANOT 195
BLANZY (musée de la Mine
  à) 262
BLIGNY-SUR-OUCHE 122
BŒURS-EN-OTHE (cidre
  fermier à) 427
BOIS DERNIER (Le ; musée
  du Vélo) 200
BOIS-SAINTE-MARIE (église
  de) 242
BORDES (Les) 429
BOUHANS (foire de la Balme
  à) 218
BOUILLAND 89
BOULAYE (La ; temple des
  Mille-Bouddhas à) 258
BOURBILLY (château de) 129
BOURBON-LANCY 255
BOURDON (lac du) 415
BOURGVILAIN 179
BOUTISSAINT (parc
  animalier de) 412
BOUZE-LÈS-BEAUNE 100
BOUZERON 231
BOYER 207
BRANCION 201
BRANCION (col de) 202
BRANDON (château de) 268
BRAZEY-EN-MORVAN 348
BRESSE BOURGUI-
  GNONNE (la) 211
BRESSE-SUR-GROSNE 201
BRIENON-SUR-
  ARMANÇON 425
BRINAY 308
BRIONNAIS (le) 237
BROCHON (château de) 80
BUFFON 137
BUFFON (forges de) 138
BURE-LES-TEMPLIERS 144
BURGY 197
BUSSIÈRE-SUR-OUCHE
  (La) 125
BUSSIÈRES 181
BUSSY 344
BUSSY-LE-GRAND 135
BUXY 235

C

CANAL DU CENTRE (entre
  Loire et) 253
CELLE-SAINT-CYR (La) 422
CELLE-SUR-LOIRE (La ;
  ferme de Cadoux à) 298
CERCY-LA-TOUR 307
CERISIERS 426
CÉZY 423
CHABLIS 388
CHABLISIEN (le) 388
CHAGNY 229
CHALLUY 281
CHALON-SUR-SAÔNE 220
CHALONNAISE (Côte) 227
CHAMBOLLE-MUSIGNY 82
CHAMILLY 233
CHAMPAGNY (école-musée
  de) 135
CHAMPALLEMENT 303
CHAMPCEVRAIS 413
CHAMPLITTE 151
CHAPAIZE 200
CHAPELLE-NAUDE (La ;
  Grange Rouge à) 216
CHARITÉ-SUR-LOIRE (La) 287
CHARNAY-LÈS-MÂCON 168
CHARNY 420
CHAROLAIS (le) 237
CHAROLLES 238
CHARRECEY 232

CHASSAGNE-MONTRACHET	110
CHASSELAS	176
CHASSEY-LE-CAMP	230, 231
CHÂTEAU-CHINON	324
CHÂTEAUNEUF	245
CHÂTEAUNEUF-EN-AUXOIS	117
CHÂTEL-CENSOIR	409
CHÂTEL-GÉRARD (prieuré de Vausse à)	404
CHÂTENAY	241
CHÂTILLON (forêt de)	143
CHÂTILLON-EN-BAZOIS	308
CHÂTILLON-SUR-SEINE	140
CHÂTILLONNAIS (le)	139
CHAUDENAY-LE-CHÂTEAU	125
CHAUFFAILLES	244
CHAULGNES (jardins du manoir de Chazeau)	292
CHAUMARD	357
CHAUMEÇON (lac de)	359
CHAUMOT	312
CHENÔVE	77
CHENOVES	237
CHEUGE (pont-levis de)	153
CHEVAGNY-LES-CHEVRIÈRES	167
CHEVANNES (Côte-d'Or)	88
CHEVANNES (Yonne)	381, 385
CHEVENON (château de)	286
CHEVROCHES	314
CHIGY	428
CHITRY-LE-FORT	392
CHITRY-LES-MINES	312
CHOREY-LÈS-BEAUNE	100
CIREY-LÈS-NOLAY	112
CIRY-LE-NOBLE (briqueterie de)	259
CÎTEAUX (abbaye de)	158
CLAMECY	314
CLAYETTE (La)	240
CLÉRIMOIS (Les)	428
CLESSÉ	196
CLUNY	185
COLLAN	391
COLLANCELLE (voûtes de la)	309
COLLONGES-LES-BÉVY	88
COLOMBIER	124
COMBLANCHIEN	89
COMMAGNY (prieuré de)	328
COMMARIN (château de)	120
COMPIERRE (site gallo-romain de)	303
CONCŒUR	88
CORABŒUF (château de)	114
CORBIGNY	310
CORMATIN (château de)	197
CORPEAU	110
CORTIAMBLES	235
CORVOL-D'EMBERNARD	302
COSNE-SUR-LOIRE	295
CÔTE (la ; de Beaune à Santenay)	106
CÔTE (la ; de Dijon à Nuits-Saint-Georges)	77
CÔTE (la ; de Nuits-Saint-Georges à Beaune)	89
CÔTE CHALONNAISE (la)	227
COTEAUX DU GIENNOIS (les)	298
CÔTE-D'OR (la)	52
COUCHES (château de)	268
COUCHEY	78
COUCHOIS (le)	268
COULANGES-LA-VINEUSE	385
COURGENAY (abbaye de Vauluisant à)	428
COURGIS	390, 392
COURS	403
COUSIN (vallée du)	371, 372
CRAVANT	408
CRÊCHES-SUR-SAÔNE	167, 168
CRESCENT (lac de)	359
CREUSOT (Le)	262
CROIX-BLANCHE (La)	183
CRUZILLE (domaine viticole et musée de l'Outillage de l'artisanat rural à)	203
CRUZY-LE-CHÂTEL	399
CRY-SUR-ARMANÇON (parc Aventure Acrobatix à)	401
CUISEAUX	217
CUISERY	212
CURBIGNY (château de Drée à)	243
CURTIL	8

INDEX GÉNÉRAL

D

DAMES-DE-LANCHARRE (archiprieuré des)	201
DARDON (mont)	257
DECIZE	305
DETTEY	259
DICY (La Fabuloserie à)	420
DIGOIN	253
DIGOINE (château de)	259
DIJON	53
DIXMONT	426
DOMANGE	184
DOMPIERRE-LES-ORMES	243, 244
DONZY	299
DORNECY	313
DRACY-CHALAS	116
DRACY-LE-FORT	233
DRÉE (château de)	242
DRUYES-LES-BELLES-FONTAINES	409
DRONT...	345
DUN-LES-PLACES	354

E

ÉCHALOT	145
ÉCHEVRONNE	89
ÉCUISSES (musée du Canal du Centre à)	268
ÉGUILLY	121
ÉGUILLY (château d')	122
ENCEINTS (col des)	180
ENFOURCHURE (prieuré de l')	426
ÉPINEUIL	397
ÉPIRY	310
ÉPOISSES	129
ESCOLIVES-SAINTE-CAMILLE	386
ESSAROIS	143
ESSAROIS (abbaye du Val-des-Choues à)	144
ÉTALANTE	146
ÉTANG-SUR-ARROUX	332
ÉTRIGNY	207
EVELLE	114

F

FABULOSERIE (La)	420
FARGES-LÈS-CHALON	223
FARGES-LÈS-MÂCON	211
FERTÉ-LOUPIÈRE (La)	420
FIXIN	79
FLAGEY-ÉCHÉZEAUX	84
FLAVIGNY-SUR-OZERAIN	133
FLEY	236
FONTAINE-FRANÇAISE	149
FONTAINES	232
FONTAINES-EN-DUESMOIS	147
FONTANGY	350
FONTENAY (abbaye de)	139
FONTENOY	417
FRÔLOIS (château de)	135
FUISSÉ	176

G

GÉMEAUX	149
GÉNELARD (tranchée du canal à)	259
GERMOLLES (château de)	233
GEVREY-CHAMBERTIN	80
GIENNOIS (Coteaux du)	298
GIMOUILLE	281
GIRY (château de)	303
GIVRY	233
GLUX-EN-GLENNE	327
GOULOTTE (La)	367
GOULOUX (Musée vivant de la Saboterie à)	354
GOULOUX (saut du)	353

GRANCEY-LE-CHÂTEAU-
NEUVELLE 147
GRANDE-VERRIÈRE (La) 342
GRANDS CRUS (route des) 77
GRISELLES (randonnées à
cheval à) 140

GUÉDELON (chantier
médiéval de) 411
GUÉRIGNY (forges de) 291
GUILLON (canton de) 406
GUIPY 310
GY-L'ÉVÊQUE 381, 385

H

HAUT-FOLIN (le) 344
HAUT-MÂCONNAIS (le) 195
HAUT-MORVAN, D'AUTUN À
BIBRACTE (le) 331
HAUTES-CÔTES DE

BEAUNE (les) 111
HAUTES-CÔTES DE NUITS
(les) 87
HAUTEVILLE-LÈS-DIJON 65
HURIGNY 167

I-J

IGÉ 184
IGUERANDE 247
IRANCY 387
ISLE-SUR-SEREIN (L') 405
IS-SUR-TILLE 148

IVRY-EN-MONTAGNE 114
JEUX-LÈS-BARD 130
JOIGNY 421
JUIF 217

L

LADOIX-SERRIGNY 89
LADUZ (musée des Arts
populaires à) 421
LAIN 416
LAINSECQ 411
LAIZÉ 196
LAIZY 336
LAMARCHE-SUR-
SAÔNE 154, 155
LAMARTINIEN (Val) 178
LAVAU 413
LAVIÈRES (petit train des) 149
LEUGLAY 143
LEVERNOIS 99
LEYNES 175
LIGNY-LE-CHÂTEL 393
LIMANTON (jardins du
château de) 328

LINDRY 418
LIVRY 286
LOGES (Les) 295
LOIRE (réserve naturelle du
Val de) 295
LOIRE (Val de) 286
LOIRE ET ALLIER (entre ; la
Sologne bourbonnaise) 286
LOIRE ET CANAL DU CEN-
TRE (entre) 253
LONGECOURT-EN-PLAINE
(château de) 157
LORMES 357
LOUHANS 213
LOURNAND 189
LUSIGNY-SUR-OUCHE .. 123, 124
LUX (château de) 152
LUZY 330

M

MACHINE (La ; musée de la
Mine à) 307
MÂCON 164

MÂCONNAIS (Haut-) 194
MÂCONNAIS (monts du) 171
MÂCONNAIS (Sud) 171

INDEX GÉNÉRAL

MAGNY-COURS 280, 281, 285
MAILLY 248
MAILLY-LE-CHÂTEAU 408
MÂLAIN (château et fouilles
  gallo-romaines de) 126
MANLAY (église de) 347
MARANGES (les) 111, 231
MARCENAY (lac de) 140
MARCENAY-LE-LAC 139, 140
MARCIGNY 249
MARMAGNE 139
MARRY (château de) 328
MARSANNAY-LA-CÔTE 78
MARZY 280, 285
MASSANGIS (P'tit Train de
  l'Yonne à) 404
MATOUR 243
MAULNES (château de) 398
MAXILLY-SUR-SÂONE 153
MEAUCE (château de) 286
MELLECEY 233
MÉLISEY 395
MÉNESSAIRE 346
MERCUREY 232
MESSIGNY-ET-VANTOUX 65
MESVES-SUR-LOIRE 289
METZ-LE-COMTE 313
MEURSAULT 107
MÉZILLES 413
MILLY-LAMARTINE 181
MOLAY 403
MOLESME(S) 139
MONCEAU (château de) 184
MONTAGNY-LÈS-BEAUNE 100
MONTAGNY-LES-BUXY 237
MONTBARD 136
MONTCEAU-ÉCHARNANT 123
MONTCEAU-LES-MINES 260
MONTCULOT (château de) 126
MONTENOISON (butte de) 303
MONT-ET-MARRÉ 308
MONTHELIE 107
MONTIGNY-LA-RESLE 393
MONTIGNY-MORNAY 150
MONTIGNY-SUR-AUBE (le
  château de) 143
MONTLIOT 141
MONTRÉAL 404
MONTREUILLON 310
MONT-SAINT-JEAN 121, 122
MONTSAUCHE-LES-
  SETTONS 355
MONTVAL (hameau de) 180
MOREY-SAINT-DENIS 82
MOROGES 235
MORVAN (entre Auxois et) 346
MORVAN (Haut- ; d'Autun à
  Bibracte) 331
MORVAN (le, Parc naturel
  régional) 318
MORVAN (nord du) 360
MORVAN DES LACS (le) 351
MOULINS-ENGILBERT 327
MOUTIERS 417
MOUTIERS-SAINT-JEAN
  (apothicairerie de l'hôpital
  Saint-Sauveur à) 131
MOUX-EN-MORVAN 355

N

NAN-SOUS-THIL 351
NEUVY-GRANCHAMP
  (Musée charolais du Machi-
  nisme agricole à) 257
NEUZY 254
NEVERS 277
NEVERS MAGNY-COURS
  (circuit de) 285
NIÈVRE (la) 270
NITRY 402
NIVERNAIS (balades à vélo
  le long du canal du) 409
NIVERNAIS (canal du, de
  Decize à Clamecy) 304
NIVERNAIS (plateau du) 299
NOCHIZE (Moulin de Vaux
  à) 253
NOLAY 111
NOTRE-DAME DE QUINCY
  (abbaye de) 398
NOYERS-SUR-SEREIN 401
NUITS-SAINT-GEORGES 84
NUITS-SUR-ARMANÇON 401

O

ORCHES	114
OUCHE (sources de l')	124
OUCHE (vallée de l')	122
OULON	302
OUROUX-EN-MORVAN	356
OYÉ	247
OZENAY	203

P

PACY-SUR-ARMANÇON	399
PALINGES (château de Digoine à)	259
PANNECIÈRE (lac de)	357
PARAY-LE-MONIAL	251
PARLY	419
PERNAND-VERGELESSES	90
PERRECY-LES-FORGES (église romane de)	259
PETITE-VERRIÈRE (La)	345
PIERRECLOS	180
PIERRE-DE-BRESSE	219
PIERRE-PERTHUIS	368
PIERRE-QUI-VIRE (La ; abbaye de)	362
PISY (château de)	405
PLUMERON	130
POIL-LUZY	342
POISSON	252
POMMARD	106
PONT (lac de)	129
PONT-D'OUCHE	124
PONT-ET-MASSÈNE	128
PONTAILLER-SUR-SAÔNE	153
PONTAUBERT	370
PONTIGNY	392
PONT-SUR-YONNE	434
POSTOLLE (La)	428
POUGNY	298
POUGUES-LES-EAUX	288, 291
POUILLY-EN-AUXOIS	120
POUILLY-SUR-LOIRE	292
PRÉCY-SOUS-THIL	350
PRÉHY	392
PRÉMERY	302
PRENOIS	65
PUISAYE (la)	409
PULIGNY-MONTRACHET	109

Q-R

QUARRÉ-LES-TOMBES	360
QUINCEROT (château de)	138
QUINCEY	85
QUINCY (abbaye de Notre-Dame de)	398
RANCY (musée de)	213
RATILLY (château de)	411
RAVEAU	288, 289
RECEY-SUR-OURCE	144
REMIGNY	230
RENARD (pays de Jules)	312
REULLE-VERGY	87
RICEYS (Les)	140
ROCHE-EN-BRENIL (La)	348
ROCHEFORT-SUR-BREVON	145
ROCHEPOT (La)	113
ROCHE-VINEUSE (La ; carrières de la lie à)	181
ROGNY-LES-SEPT-ÉCLUSES	414, 415
ROMANÈCHE-THORINS	173
ROMENAY (village médiéval de)	212, 213
RONCHÈRES (peintures murales de l'église Saint-Fiacre à)	414
ROSIÈRES (maison forte de)	15
ROUSSET (Le)	26
ROUVRAY	348, 37
ROYER	20
ROZEMONT (ruines du château de)	28
RULLY	23

S

SAGY	218
SAINT-AGNAN	352
SAINT-AGNAN (lac de)	351
SAINT-AMAND-EN-PUISAYE	300
SAINT-AMOUR-BELLEVUE	174
SAINT-ANDRÉ-EN-BRESSE	216
SAINT-ANDRÉ-EN-MORVAN	359
SAINT-AUBIN-SUR-LOIRE	256
SAINT-BOIL (ancienne carrière de)	237
SAINT-BRIS-LE-VINEUX	387
SAINT-BRISSON	352
SAINT-CHRISTOPHE-EN-BRIONNAIS	246
SAINT-CYR-LES-COLONS	390
SAINT-DÉSERT	235
SAINT-ÉLOI	280
SAINT-FARGEAU	412
SAINT-FLORENTIN	424
SAINT-FORGEOT	336
SAINT-GENGOUX-LE-NATIONAL	237
SAINT-GERMAIN-DU-BOIS	218
SAINT-GERVAIS-EN-VALLIÈRE	220
SAINT-HILAIRE-EN-MORVAN	325
SAINT-HONORÉ-LES-BAINS	328
SAINT-JEAN-DE-LOSNE	155
SAINT-JEAN-DE-VAUX	232, 233
SAINT-JULIEN-DU-SAULT	430
SAINT-LÉGER-SOUS-BEUVRAY	343
SAINT-LÉGER-VAUBAN	362
SAINT-LOUP (musée de la Machine agricole ancienne à)	298
SAINT-LOUP-DE-VARENNES (maison de l'Invention de la Photographie)	227
SAINT-MARTIN-DE-MONTAIGU	233
SAINT-MARTIN-DU-PUY	358
SAINT-MARTIN-EN-BRESSE (maison de la Forêt et du Bois à)	219
SAINT-MAURICE-SUR-VINGEANNE	150
SAINT-PARIZE-LE-CHÂTEL	286
SAINT-PÈRE (Nièvre)	296
SAINT-PÈRE (Yonne)	367
SAINT-PÉREUSE	326
SAINT-PIERRE-LE-MOÛTIER	286
SAINT-PIERRE-LE-VIEUX	243, 244
SAINT-POINT	178
SAINT-PRIX	342
SAINT-PRIX-LÈS-ARNAY	117
SAINT-RACHO	241
SAINT-RÉMY	223
SAINT-RÉVÉRIEN	303
SAINT-ROMAIN	114
SAINT-ROMAIN (mont)	197
SAINT-SAULGE	308
SAINT-SAUVEUR-EN-PUISAYE	415
SAINT-SEINE-L'ABBAYE (église abbatiale de)	135
SAINT-SEINE-SUR-VINGEANNE	150
SAINT-SERNIN-DU-PLAIN	268
SAINT-THIBAULT (église de)	122
SAINT-USUGE	215
SAINT-VALLERIN	237
SAINT-VÉRAIN	301
SAINT-VÉRAND	175
SAINT-VICTOR-SUR-OUCHE	125
SAINT-VINCENT-EN-BRESSE	212
SAINTE-CÉCILE	190
SAINTE-CROIX	218
SAINTE-MAGNANCE	405
SAINTE-MARIE-LA-BLANCHE	99
SAINTE-VERTU	402
SALIVES	147, 148
SALMAISE	135
SANCÉ	168
SANTENAY	110

SAÔNE (val de) 149
SAÔNE-ET-LOIRE (la) 160
SARDY (échelle de) 309
SAULES 237
SAULIEU 347
SAUSSOIS (rochers du) 409
SAUVIGNY-LE-BOIS (musée
 des Voitures des Chefs
 d'État à) 372
SAUVIGNY-LES-BOIS 281
SAVIGNY-LÈS-BEAUNE 91
SEIGNELAY 425
SEINE (sources de la) 134
SELONGEY 149
SÉMELAY 329

SEMUR-EN-AUXOIS 127
SEMUR-EN-BRIONNAIS 248
SENS 430
SETTONS (lac des) 355
SEURRE 157
SIÈGES (Les) 428
SOLOGNE BOURBONNAISE
 (la ; entre Loire et Allier) 286
SOLUTRÉ-POUILLY 176
SOMMANT 336
SORMERY 427
SUD MÂCONNAIS (le) 173
SUD-MORVAN (le) 324
SULLY (château de) 269

T-U

TAGNIÈRE (La) 332
TAINGY 410
TAIZÉ 200
TALMAY 152
TAMNAY-EN-BAZOIS (mai-
 son des Métiers du monde
 rural de) 309
TANLAY 397
TANNAY 312
TAZILLY 330
TENARRE 217
TERNANT (retables de
 l'église de) 331
THIL (butte de) 350
THIL (château du) 237
THOMIREY 123
TIL-CHÂTEL 149
TILLE ET VINGEANNE
 (entre) 147
TINTRY 269

TONNERRE 394
TONNERROIS (le) 394
TORCY 265
TOUCHES (hameau de) 233
TOUCY 417
TOULON-SUR-ARROUX 257
TOURNUGEOIS (circuit des
 églises romanes du) 211
TOURNUGEOIS (monts du) ... 200
TOURNUS 204
TOUTRY 130
TRACY (château de) 295
TREIGNY 410
TRUCHÈRE (La ; réserve
 naturelle de) 213
TUILERIE (La ; poterie du
 Petit-Massé à) 309
UCHIZY 211
UCHON 332
UXEAU 257

V

VAL DE LOIRE (le) 286
VAL DE LOIRE (Réserve
 naturelle du) 295
VAL DE SAÔNE (le) 149
VAL LAMARTINIEN (le) 178
VAL-DES-CHOUES (abbaye
 du) 144
VALLERY 435
VANDENESSE-EN-AUXOIS ... 119
VANNE (villages autour de la

vallée de la) 421
VAREILLES (église de) 241
VAREILLES (vallée de la
 Vanne) 421
VARENNE-L'ARCONCE 241
VARENNES-SAINT-
 SAUVEUR 213
VARENNES-SOUS-
 DUN 240, 241
VARZY 301, 31

VAUCLAIX 358
VAUDEURS (musée de la
  Pomme et du Cidre à) 426
VAULUISANT (abbaye de) 428
VAUSSE (prieuré de) 404
VAUX 183
VAUX (vallée de) 233
VELOURS (forêt de) 152
VENAREY-LES-LAUMES 132
VENOY 382
VERDUN-SUR-LE-DOUBS 219
VERGISSON 177
VERMENTON 407
VERNEUIL (église de) 307
VÉZELAY 362
VIC-DE-CHASSENAY (château de Bourbilly à) 129
VIEILLES DEMEURES
  BRESSANNES (circuit
  des) 216
VILLAINE (château de) 328
VILLAINES-EN-DUESMOIS
  (château de) 147
VILLARS (Le) 207, 211
VILLEMOLIN (château de) 312
VILLENEUVE-
  L'ARCHEVÊQUE 427
VILLENEUVE-LES-
  CONVERS (La ; musée du
  Matériel agricole et musée
  de la Première Guerre
  mondiale à) 146
VILLENEUVE-SUR-YONNE ... 428
VILLEROY 432
VILLEVALLIER 429
VILLIERS-LE-DUC 144
VILLIERS-LES-HAUTS 400
VILLIERS-SAINT-
  BENOÎT 418, 419
VINCELLES 386
VINCELOTTES 386
VINCENCE (forêt domaniale
  de) 307
VINGEANNE (entre Tille et) 147
VINZELLES 175
VIRÉ 197
VITRY-EN-CHAROLLAIS 252
VIX (site de) 143
VOIE VERTE (la ; Côte
  chalonnaise) 231, 235
VOIE VERTE DE CLUNY
  (la) 195
VOLNAY 106
VOSNE-ROMANÉE 84
VOUGEOT 83
VOULAINES-LES-
  TEMPLIERS 144
VOUTENAY-SUR-CURE 406

Y

YONNE (l') 374
YONNE (P'tit Train de l') 404
YONNE EN MORVAN (l') 360

OÙ TROUVER LES CARTES ET LES PLANS ?

- Autun, *cahier couleur* 5
- Auxerre, *cahier couleur* ... 14-15
- Beaune, *cahier couleur* 6-7
- Bourgogne (la) 12-13
- Chalon-sur-Saône, *cahier couleur* 10-11
- Cluny, *cahier couleur* 9
- Cluny (l'abbaye de) 190-191
- Côte-d'Or (la) 54-55
- Dijon, *cahier couleur* 2-3
- Mâcon, *cahier couleur* 8
- Morvan (le Parc naturel régional du) 319
- Nevers, *cahier couleur* 12-13
- Nièvre (la) 274-275
- Saône-et-Loire (la) 162-163
- Tournus 205
- Yonne (l') 376-377

Les *Routards* parlent aux *Routards*

Faites-nous part de vos expériences, de vos découvertes, de vos tuyaux. Indiquez-nous les renseignements périmés. Aidez-nous à remettre l'ouvrage à jour. Faites profiter les autres de vos adresses nouvelles, combines géniales... On adresse un exemplaire gratuit de la prochaine édition à ceux qui nous envoient les lettres les meilleures, pour la qualité et la pertinence des informations. Quelques conseils cependant :
– Envoyez-nous votre courrier le plus tôt possible afin que l'on puisse insérer vos tuyaux sur la prochaine édition.
– N'oubliez pas de préciser l'ouvrage que vous désirez recevoir.
– Vérifiez que vos remarques concernent l'édition en cours et notez les pages du guide concernées par vos observations.
– Quand vous indiquez des hôtels ou des restaurants, pensez à signaler leur adresse précise et, pour les grandes villes, les moyens de transport pour y aller. Si vous le pouvez, joignez la carte de visite de l'hôtel ou du resto décrit.
– N'écrivez si possible que d'un côté de la lettre (et non recto verso).
– Bien sûr, on s'arrache moins les yeux sur les lettres dactylographiées ou correctement écrites.
En tout état de cause, merci pour vos nombreuses lettres.

Les Routards parlent aux Routards :
122, rue du Moulin des Prés, 75013 Paris

e-mail : guide@routard.com
Internet : www.routard.com

Le Trophée du voyage humanitaire ROUTARD.COM s'associe à VOYAGES-SNCF.COM

Parce que le *Guide du routard* défend certaines valeurs : Droits de l'homme, solidarité, respect des autres, des cultures et de l'environnement, il s'associe, pour la prochaine édition du Trophée du voyage humanitaire routard.com, aux Trophées du tourisme responsable, initiés par Voyages-sncf.com.
Le Trophée du voyage humanitaire routard.com doit manifester une réelle ambition d'aide aux populations défavorisées, en France ou à l'étranger. Ce projet peut concerner les domaines culturel, artisanal, agricole, écologique et pédagogique, en favorisant la solidarité entre les hommes.
Renseignements et inscriptions sur • www.routard.com • et • www.voyages-sncf.com •

Routard Assistance *2008*

Routard Assistance et Routard Assistance Famille, c'est l'Assurance Voyage Intégrale sans franchise que nous avons négociée avec les meilleures compagnies, Assistance complète avec rapatriement médical illimité. Dépenses de santé et frais d'hôpital pris en charge directement sans franchise jusqu'à 300 000 € + caution + défense pénale + responsabilité civile + tous risques bagages et photos. Assurance personnelle accidents : 75 000 €. Très complet ! Le tarif à la semaine vous donne une grande souplesse. Tableau des garanties et bulletin d'inscription à la fin de chaque *Guide du routard* étranger. Pour les départs en famille (4 à 7 personnes), demandez-nous le bulletin d'inscription famille. Pour les longs séjours, un nouveau contrat *Plan Marco Polo « spécial famille »* à partir de 4 personnes. Enfin pour ceux qui partent en voyage « éclair » de 3 à 8 jours visiter une ville d'Europe, vous trouverez dans les Guides Villes un bulletin d'inscription avec des garanties allégées et un tarif « light ». Pour les villes hors Europe, nous vous recommandons Routard Assistance ou Routard Assistance Famille, mieux adaptés. Si votre départ est très proche, vous pouvez vous assurer par fax : 01-42-80-41-57, en indiquant le numéro de votre carte de paiement. Pour en savoir plus : ☎ 01-44-63-51-00 ; ou, encore mieux, sur notre site : • www.routard.com •

Photocomposé par MCP - Groupe Jouve
Imprimé en Italie par Legoprint
Dépôt légal : janvier 2008
Collection n° 15 - Édition n° 01
24/4209/3
I.S.B.N. 978-2-01-244209-2